V&R

Das Alte Testament Deutsch

Neues Göttinger Bibelwerk

herausgegeben von Reinhard Gregor Kratz und Hermann Spieckermann

Teilband 21

Das Buch Jeremia

Kapitel 21–52

Vandenhoeck & Ruprecht

Das Buch Jeremia

Kapitel 21–52

Übersetzt und erklärt
von
Werner H. Schmidt

Vandenhoeck & Ruprecht

Bibliografische Information der Deutschen Nationalbibliothek

Die Deutsche Nationalbibliothek verzeichnet diese Publikation in der
Deutschen Nationalbibliografie; detaillierte bibliografische Daten sind
im Internet über http://dnb.d-nb.de abrufbar.

ISBN 978-3-525-51206-7
ISBN 978-3-647-51206-8 (E-Book)

Vorwort

Die Auslegung sucht einerseits – über die Buchebene mit der die Überlieferung weithin prägenden Redaktion hinaus – nach Jeremias *Verkündigung* zu-
rückzufragen. In der Situation der Anfechtung vor der von ihm angesagten,
dann eingetretenen Katastrophe nimmt er Einsichten und Motive seiner prophetischen Vorgänger auf, um sie mit eigener Intention abzuwandeln. Angesichts der unterschiedlichen Themen und der Vielfalt seiner Ausdrucksfor-
men in wechselnden Situationen stellt sich zugleich die Frage: Lässt sich ein
Zusammenklang, eine innere Einheit erspüren, die seine Eigenart erkennen
lässt? Wie verhält sich insbesondere die Heilsbotschaft zu der Ansage drohender Katastrophe?

Die Auslegung möchte andererseits die erheblichen Ergänzungen oder redaktionellen Nachträge, in denen Jeremias Auftreten auf unterschiedliche
Weise nachwirkt, mit ihrer Aussage-Absicht bedenken.

Selbstverständlich steht ein solcher Versuch im Rahmen einer Forschungs-
geschichte, baut auf intensiven Arbeiten von Vorgängern auf und wäre ohne
ihre Einsichten so nicht zustande gekommen; die Zitate bringen dies auch
zum Ausdruck. Letztlich „verantwortlich" ist der Exeget aber gegenüber
Jeremia und der Überlieferung von ihm, die es zu verstehen gilt.

Angesichts der Sachlage habe ich mich bewusst nicht in allen Fällen entschieden, mich hier und da auch mit Fragen begnügt; sie möchten die Offen-
heit des Problems andeuten. – Gerne weise ich wie im Vorwort zu Band I
(ATD 20) nochmals darauf hin, dass der Kommentar „jede polemische Auseinandersetzung meidet".

Vor allem möchte ich meinen schon dort ausgesprochenen Dank erneuern.
Angesichts der umfangreichen, in sich verschiedenartigen, gelegentlich
schwierigen Textbereiche war mir die Unterstützung von Frau Dr. Dr. Gisela
Fuchs – mit der kritischen Durchsicht des Manuskripts und Korrekturvor-
schlägen – und von Frau Magdalene Pusch – mit dem, was man üblicherweise
„Formatierung" nennt, aber weit mehr umfasst – eine Ermutigung und Erleichterung. Bei der Arbeit am Schreibtisch bzw. Stehpult ist es eine große
Hilfe zu wissen, dass der eigene Auslegungsversuch von anderen mit Einfühlung und viel Mühe mitgelesen wird. Wäre der Kommentar ohne diese Begleitung überhaupt abgeschlossen worden?

Zudem weiß ich mich, wie ebenfalls schon das Vorwort zu Band I betont,
Winfried Thiel verpflichtet. Seine sprachlich begründete Analyse hat sich mir
in besonderer Weise als aufschlussreich erwiesen; darüber hinaus habe ich bei
etlichen Texten mein Verständnis mit ihm besprechen können.

Meine Hoffnung ist, die wesentlichen Argumente oder Hauptgründe –
auch als Exkurs zu Themen oder als Vorwort zu Textkomplexen – zusam-

mengefasst in allgemein nachvollziehbarer Form zu nennen und so wie mit den Zitaten dem Leser eine Stellungnahme zu ermöglichen.

Die unübersichtliche Fülle der Sekundärliteratur mit der Vielfalt der Ansätze oder Auffassungen kann in dieser Reihe nicht aufgezählt werden; eigens erwähnt seien (über die Verweise Band I, S. XI–XVIII hinaus):

M. Weippert, Historisches Textbuch zum Alten Testament, GAT 10, 2010 (zitiert: HTAT)

A. Lange, Handbuch der Textfunde vom Toten Meer I, 2009, bes. 297 ff.

H. Barstad/R.G. Kratz (Hg.), Prophecy in the Book of Jeemiah, BZAW 388, 2009

R. Liwak, Vierzig Jahre Forschung zum Jeremiabuch, in: ThR 76–77, 2011–2012.

Bonn, im März 2013   Werner H. Schmidt

Inhalt

Vorwort zu den Königssprüchen:
Unheilsansage für Zedekia und das Volk
Jer 21, 1–10

1 Das Wort, das an Jeremia erging von Jahwe, als der König Zedekia zu ihm Paschhur, den Sohn Malkijas, und Zephanja, den Sohn Maasejas, den Priester, sandte, um (ihm) auszurichten: 2 „Befrage doch unseretwegen Jahwe; denn Nebukadnezzar, der König von Babel, kämpft gegen uns! Vielleicht handelt Jahwe mit uns nach all seinen Wundertaten, so dass er von uns abzieht!"
3 Da sprach Jeremia zu ihnen: „So sollt ihr Zedekia sagen: 4 ‚So spricht Jahwe, der Gott Israels: Siehe, ich kehre die Kriegsgeräte um, die in eurer Hand sind, mit denen ihr mit dem König von Babel und den Chaldäern, die euch belagern, außerhalb der Mauern[1] kämpft, und ziehe sie ins Innere dieser Stadt. 5 Ich selbst werde gegen euch kämpfen mit ausgestreckter Hand und mit starkem Arm, mit Zorn, mit Grimm und mit großer Erregung. 6 Ich werde die Einwohner dieser Stadt, Mensch und Tier, schlagen; an großer Pest werden sie sterben. 7 Danach – Spruch Jahwes – werde ich Zedekia, den König von Juda und seine Diener und das Volk, und zwar die, die in der Stadt von der Pest, vom Schwert und vom Hunger übriggeblieben sind, in die Hand Nebukadnezzars, des Königs von Babel, geben, in die Hand ihrer Feinde und die Hand derer, die ihnen nach dem Leben trachten. Er wird sie mit der Schärfe des Schwertes schlagen, sie nicht verschonen, kein Mitleid haben, noch sich erbarmen.'"
8 Und zu diesem Volk sollst du sagen: „So spricht Jahwe: ‚Siehe, ich lege vor euch den Weg des Lebens und den Weg des Todes. 9 Wer in dieser Stadt bleibt, wird sterben durch das Schwert, den Hunger und die Pest. Wer aber hinausgeht zu den Chaldäern, die euch belagern, und überläuft[2], wird ‚leben' und sein Leben zur Beute haben. 10 Ich habe nämlich mein Angesicht gegen diese Stadt gerichtet zum Bösen und nicht zum Guten – Spruch Jahwes. In die Hand des Königs von Babel wird sie gegeben, und er wird sie mit Feuer verbrennen.

---

[1] Da die Belagerung die Stadt ohnehin außen umzingelt, ist „außerhalb der Mauern" zu „kämpfen" zu ziehen. Möglich wäre auch ein weiterer Bogen zu „ich wende / kehre um" mit der Überleitung zu „ich sammle / ziehe zur Mitte". Jedenfalls wird der Gegensatz „außerhalb – innerhalb" hervorgehoben; d.h.: aus der gegen die Bedränger gerichteten Bewegung wird eine gegen sich selbst. – Die LXX, die V 4 einen kürzeren Text bezeugt, hat das hebräische Satzgefüge eher gestrafft.
[2] Wörtlich „fallen" im Sinne von „übergehen zu"; vgl. 37, 13; 38, 19; „Überläufer": 39, 9; 52, 15; dazu HAL 670b. Jeremia selbst weist eine entsprechende Unterstellung (37, 13 f; vgl. 40, 4 ff) ab.

Die Einheit leitet die vorgegebene Sammlung der Königsworte ein, teilt mit dem – gegenüber den anschließend genannten Herrschern weiten – Vorgriff auf den letzten König Zedekia sogleich den Ausgang des Geschehens mit, nimmt so das bittere Ende des Königtums und der Stadt, die mitleidlose Behandlung (V 7) bzw. Zerstörung (V 10), vorweg. Beide Szenen (V 1–7. 8–10) vertreten miteinander, wenn auch in späterer Ausdrucksweise, Jeremias Sicht, künden nämlich eine gewisse Zukunft (38, 3) an und lassen zugleich (38, 17 f) einen Ausweg für die Lebensbewahrung offen. Dass Überläufer ihr Leben retten, erscheint wie eine in der Situation zugespitzte Folgerung aus Jeremias schon früherer Einsicht: Wer sich unterwirft, kann überleben[3], verschont werden. Zugleich entspricht die Existenz von Überläufern (38, 19; 39, 9; 52, 15) dem folgenden Geschichtsverlauf. Das Angebot bezieht sich hier allerdings kaum zufällig nicht auf den König (V 7), wohl aber das Volk bzw. Einzelpersonen im Volk. Verbirgt sich in dieser Unterscheidung schon die spätere schreckliche Erfahrung (39, 4 ff.9)?[4]

Die Auskunft (V 7) wird in der Entfaltung der Vision 24, 8–10 bekräftigt. Beide Texte – Kap. 21 mit den wiederkehrenden Redewendungen wohl von der (jerdtr.) Redaktion geformt, Kap. 24 von ihr ausgestaltet – umrahmen zwei vorgegebene Sammlungen zu den Königen und den Propheten (23, 9 ff). Der Ergänzung 24, 8 ff entsprechend findet sich die Form der Überschrift von 21, 1 erst in 25, 1 wieder.

Der Text bietet weitgehend Rede; die Handlung tritt zurück oder ist in das Wort hineingenommen. Zu der konkreteren Darstellung Kap. 37 bestehen parallele Erzählzüge: Befragung Jeremias durch eine ähnliche hohe Gesandtschaft des Königs[5] und entsprechende harte Antwort, eine Unheilsansage ohne Begründung. Vermutlich war Kap. 37 das Vorbild für Kap. 21. Die Szene wird hier verlegt a) vor die Stadt („außerhalb der Mauer" V 4 gegenüber 37, 4) und im Erzähl- oder Handlungs-Zusammenhang b) vermutlich auch zeitlich in ein früheres Stadium.[6] Wie dort die Auskunft durch ein über die Wirklichkeit hinausgehendes Bildwort (37, 10) gesteigert wird, so wird hier die Antwort verschärft durch die Ansage: Die eigenen, zur Rettung der Stadt gedachten Waffen richten sich gegen sie selbst.[7] Klingt in dieser individuellen Ausdrucksweise (V 4) oder auch in der scharfen Gegenüberstellung „bleiben – sterben" und „hinausgehen – leben" (V 9) mit der sachlichen

---

[3] Jer 27, 11; vgl. schon das Angebot, durch Flucht das Leben zu bewahren (4, 5 f; 6, 1). Jer 38, 17 wird außer 21, 9 auch 38, 2 aufgenommen. Vgl. zum Thema noch Ri 1, 24; 1 Sam 15, 6.

[4] Dem König wird nicht in direkter Anrede (wie 37, 17; 38, 17 f; vgl. von Hananja 28, 16) der Tod angesagt; vielmehr gehört er (21, 7) „nur" zu dem so bedrohten Kreis, was mit den Ereignissen übereinstimmt.

[5] Hier zwei Boten; zu Paschhur vgl. 38, 1; zu Zephanja vgl. Anm. 10 zu 37, 1 ff.

[6] Gegenüber der Unterbrechung der Belagerung 37, 5. 11; 34, 21.

[7] Vgl. einer gegen den anderen als Verhalten unter Feinden Ri 7, 22; 1 Sam 14, 20; Sach 14, 13; dazu H. Weippert, ZAW 82, 1970, 396–409. – Hier kehrt sich Hoffnung in Hoffnungslosigkeit. Vielleicht darf man in diesem Zusammenhang auch erinnern an die weit reichende Hoffnung auf Entwaffnung, die Beseitigung der Waffen: Ps 46, 10; Hos 1, 5. 7; 2, 20; Hag 2, 21 f; Mi 5, 9; „Nicht durch Heer oder Kraft" Sach 4, 6.

Übereinstimmung zu Jeremias Verkündigung auch ein überlieferter Wortlaut nach? In der hier breiter ausgeführten Ansage des Unheils gibt nur Gottes – mit drei Ausdrücken hervorgehobener – „Zorn" zu erkennen, dass es sich um ein Gericht, Strafe für Schuld, handelt. Die Argumente werden in den „reichlichen Anklagen in den folgenden Königssprüchen" nachgeholt.[8]

I. V 1–7 Gotteswort an Jeremia für den *König* durch dessen Gesandtschaft

V 1 Überschriftartig (wie 7, 1; 11, 1 u. a.) mit Anlass –
wohl mit Bogen (über 23, 9 ff hinweg) übergreifend bis 25, 1

V 2 Auftrag durch Boten, Gott zu „befragen"; vgl. 37, 3. 7; auch Jes 37, 2
Die Bitte verbunden mit Hoffnung
„Vielleicht" (vgl. 20, 10)
Erinnerung an Gottes Wundertaten
(vgl. Ex 3, 20; 10, 2; 2 Kön 18, 17 ff u. a.)

V 3–7 Antwort hoffnungslos: Gewissheit der Eroberung,

V 5 kehrt die geläufige, Gottes Macht bekundende Wendung
gegen das eigene Volk

V 6 vgl. 11, 22

V 7 vgl. 24, 8b; 39, 9; 52, 15
Folge König – seine Diener (Hofstaat) – Volk; vgl. 22, 2. 4; 37, 2;
auch 36, 31
Wie die Verfolgten bilden die Verfolger eine Dreiergruppe
Wie drei Plagen (ähnlich V 9)[9] Betonung der Mitleidlosigkeit
durch drei Verben; vgl. 13, 14

II. V 8–10 Gotteswort durch den Propheten an das *Volk*
Weg zum Leben oder Tod; vgl. Dtn 30, 15; 11, 26

V 9 Angebot, durch Überlaufen das Leben zu retten; vgl. 38, 2. 17
„Leben als Beute"; vgl. 38, 2; 39, 18 im Anschluss an 45, 5
Die Plagen treffen den, der in der Stadt bleibt

V 10a Gottes Absicht oder Wirken: „Ich"

V 10b Folge: „Er wird verbrennen"; vgl. 34, 2 u. a.

Auffällig ist, dass (wie 37, 3) auch ein Priester zur Gesandtschaft zählt; es ist nicht seine, sondern des Propheten Aufgabe, über die Zukunft Auskunft zu geben. Das „Befragen" Gottes durch den Propheten kann sich bei unheilvoller Antwort mit Fürbitte um Wende der Not verbinden. Ob Jeremia im Sinn der Darstellung dem Wunsch gefolgt ist oder nicht, bleibt unausgesprochen. Sachlich entspricht jedenfalls die Antwort, die Jeremia erteilt, der Intention des Verbots der Fürbitte, Gott bei seinem Gerichtshandeln nicht in die Arme zu fallen.[10] Die Gegenüberstellung von Gottes Absicht „zum Bösen und nicht zum Guten" ist (durch Am 9, 4) vorgeprägt und klingt wohl schon bei Jeremia selbst[11] an. Bei vogegebener Ausdrucksweise werden die Folgen der Be-

---

[8] W. Thiel I, 237.
[9] Zur Trias vgl. I, 39 Anm. 261.
[10] Jer 14, 11; 15, 1; dazu I, 265 ff; vgl. auch zu 37, 3. 7.
[11] In den Deuteworten der Vision 24, 5. 8 f (dort Anm. 5); vgl. zu 39, 16 (Anm. 6); 44, 27.

lagerung mit Schwert, Seuche und Hunger zwar formelhaft, aber wirklichkeitsnah beschrieben.

Mit seinem selbständigen Handeln gegenüber Juda unter Zedekia ist Nebukadnezzar (V 7) Strafwerkzeug. Das Geschehen wird durch den eigenen Gott herbeigeführt: „*Ich* gebe in die Hand / Gewalt des Königs von Babel."[12] Wie das die Rede prägende „Ich" (V 4–8. 10a) andeutet, ist der eigentliche Urheber des Unheils, der verborgen im Hintergrund das Geschehen lenkt, Gott selbst.

Wie im Besonderen, bei den Waffen, findet sich ein Umkehrprozess, die Ausrichtung gegen sich selbst, auch im Allgemeinen, und zwar in schroffer Form: Entgegen der Heilstradition, nach der Gott für Israel streitet (Ex 14, 14. 25; Jos 10, 14. 42), wird angedroht: Gott kämpft gegen die eigene Stadt. Selbst die geläufige, Gottes Macht bekundende Redeweise „mit starker Hand, ausgestrecktem Arm" wird „in kühner Umkehrung des Sinnes" gegen das eigene Volk gewendet.[13] Mit der Unausweichlichkeit des Geschehens kommt auch Gottes Entschiedenheit durch seine Teilnahme, seine zornige Erregung, zum Ausdruck.

---

[12] V 7; passivisch formuliert: V 10; vgl. 20, 4 f; 32, 3. 28; 34, 2; 38, 3; vom König: 37, 17; auch durch Assur: 2 Kön 19, 10; zur Einnahme von Land und Stadt noch 36, 29; 37, 8. 10; 38, 17 f u. a.); dazu u. Vorwort zu Kap. 37 ff Anm. 8.

[13] Im Anschluss an Dtn 5, 15 u. a.; hier durch Vertauschung der Attribute leicht verändert; auch Jer 32,(17. 21.)37; vgl. Dtn 29, 27; dazu W. Thiel I, 232; S. Kreuzer, ZAW 109, 1997, 376 f. Eine knappe Vorform der hier ausgestalteten Ankündigung gegen das eigene Volk findet sich bei Jesaja (5, 25; 9, 11. 16. 20).

Die Königssprüche
Jer 21, 11–22, 30

Bezieht Jeremia den Herrscher selbst noch nicht vom Anfang seiner Verkündigung an, erst im Laufe der Zeit in seine Kritik ein? Innerhalb von Kap. 2–6 mit Worten aus Jeremias Frühzeit erwähnen erst Nachträge[1] die Könige. Die Sammlung 21, 11–22, 30 bzw. 23, 8, in der sie eigens bedacht sind, wird mit der titelartigen Überschrift: „Über das judäische Königshaus"[2] eingeleitet, wie die folgende Sammlung 23, 9–40 ähnlich „Über die Propheten" (23, 9) überschrieben ist. Zwar werden im weiten Sinn ebenfalls leitende Kreise[3] bedacht, allerdings ohne Rückbezug auf diese erste Sammlung, und die Themenschwerpunkte sind erheblich anders. – Die Sprüche sind nach dem an König Zedekia / Zidkija ergehenden Wort 21, 1–7. 8–10 eingefügt, oder dieses ist eher umgekehrt der vorgegebenen älteren, aber erweiterten Sammlung vorgeordnet. Dabei folgen aufeinander:

21, 1–7. 8–10 Vorangestellte Einleitung mit Vorwegnahme des Ausgangs
              des Geschichtsverlaufs
Worte an das judäische Königshaus (V 11; 22, 6) bzw. das „Haus Davids" (21, 12) im allgemeinen:
21, 11–22, 9
gegen einzelne judäische Könige[4]:
22, 10–12 Joahas / Jehoachas / Schallum (im Jeremiabuch nur hier erwähnt)
22, 13–19 Jojakim mit Rückblick (V 15 f) auf den Vater Josia / Joschija
22, 20–30 Jojachin / Konja (vgl. 52, 31–34)
23, 1–4. 5 f.7 Abschließender, angesichts des Unheils hoffnungsvoller Anhang:
              Heilserwartungen
    V 1–4 Gegenüberstellung: Wehe über die Hirten,
           Verheißung für die Herde
           In doppelter Weise entfaltet:
    V 5 f Erwartung eines neuen Davidsprosses; aufgenommen 33, 15
    V 7 f Erwartung der Sammlung der Diaspora

---

[1] Jer 2, 26b; 4, 9; I, 7 Anm. 31 und 75 Anm. 54. Vgl. auch Jer 13, 13; 17, 25.

[2] Sie ist, wie entsprechende Formulierungen 23, 9 u. a. zeigen, der (jerdtr.) Redaktion vorgegeben. Das einleitende „Und" verbindet mit dem vorhergehenden, zum Thema gehörenden Abschnitt.

[3] Vgl. schon mit dem Schwerpunkt „Recht" die Zusammengehörigkeit Mi 3 (V 1. 9 ff) und die sog. Ämtergesetze Dtn 16, 18–18, 22.

[4] Vgl. I, 1 ff.

Innerhalb der Sammlung fehlen Worte zu Beginn der Reihe an oder über Josia / Joschija, am Ende zu Zedekia. Über beide Könige scheint es kein eigenes Wort von Jeremia zu geben. Hält er sich gegenüber Josia zunächst zögernd zurück? An Josia als Vorbild wird allerdings (22, 15 f; vgl. V 11) erinnert. In der Schlussphase vor der Katastrophe kommt es zu einer Unterredung Jeremias mit Zedekia (38, 14 ff; vgl. 37, 3 ff). Zudem deutet im Anschluss an die Königssprüche die – im Alter umstrittene – Verheißung eines künftigen Herrschers (23, 5 f) mit seinem Namen auf Zedekia hin.[5] So findet sich außer oder nach dem zeitlichen Aufbau der Sprüche auch eine sachliche Anordnung: Heilsweissagungen (23, 1 ff) bilden den Abschluss.

Eine grundsätzliche Kritik am Königtum als Institution – wie Hosea (8, 4) – übt Jeremia hier nicht. Immerhin lobt er einen einzigen König, wenn auch nur in der Vergangenheit. So liegt keine prinzipielle Ablehnung vor; allerdings äußert Jeremia erhebliche Vorbehalte: Der einzelne König steht eigentlich unter einer Bedingung: der Ausübung des Rechts. In der Zukunftserwartung tritt der König – insofern in Übereinstimmung mit Hosea (3, 4 u. a.) – nicht bestimmend hervor.[6]

Einzelworte mit personenbezogenen Angaben[7] gehen gewiss auf Jeremia selbst zurück. Ist auch ihre Verbindung älter? Reicht die Sammlung, schon weil sie kein Wort über Zedekia enthält, in ihrem Kern (Grundbestand) vor die Exilszeit, vielleicht bis zu Jeremia, zurück? Das thematisch zusammenfassend vorangestellte Motto (21, 11 f) stammt allerdings kaum von ihm.[8] Zudem bedürfen einzelne Worte, um verständlich zu sein, der Erklärung (wie 22, 10 kaum ohne V 11 f).[9]

Zumindest drei Stadien des Wachstums lassen sich erkennen:
I. Vorgegeben sind Einzelworte gegen Könige (wie 22, 10. 13–19. 24–30).
II. Die Sammlung mit Überschrift und Eröffnung durch das (metrisch gefasste) Motto mit der allgemeinen Forderung an das Königshaus und möglicherweise Ergänzungen[10]

---

[5] Auch in der jüngeren Ausgestaltung der Vision 24, 8 wird Zedekia hervorgehoben.

[6] Vgl. I,26 und zu Jer 23, 5 f.

[7] Wie 22, 13 ff.20 ff; beispielhaft: das Eselsbegräbnis oder das Ausbleiben von Nachkommen (22, 19. 30).

[8] Ein „literarisches Motto über dem Eingangsportal der nachfolgenden Sammlung" – so H.J. Hermisson, Die „Königsspruch"-Sammlung im Jeremiabuch: Studien zu Prophetie und Weisheit. FAT 23, 1998, 37–58, bes. 40. Vgl. auch C. Hardmeier (zu Jer 36 Anm. 18); F. Ahuis, „Worte Jeremias, des Sohnes Hilkias" (Jer 1, 1a) in Jeremia 21–23: S. Beyerle/A. Graupner u. a., Viele Wege zu dem Einen: BThSt 121, 2012, 133–169. Sind wohl die sog. Urrolle (innerhalb von Kap. 1–6; I,31 ff), nicht aber die anderen Sammlungen von Jeremia selbst zusammengestellt und komponiert?

[9] Der Integration des Wortes in die Sammlung dient auch 22, 18aα, ähnlich in 22, 24, mit der genaueren Bestimmung „Sohn des …, des Königs von Juda", die analog zu 22, 11 wohl später eingefügt ist. Ergab sich die Notwendigkeit der ausdrücklichen Identifizierung erst bei der Niederschrift?

[10] Nur die Frage sei gestellt: Wurde ein Wort wie 22, 6 f erst im vorliegenden Zusammenhang dem Thema „Königshaus" zugeordnet? 21, 13 f und 22, 20–23, durch „Wohnen / Thronen" verbunden, gehören wohl seit je zusammen.

III. Eine ziemlich umfangreiche (jerdtr) Redaktion:

Umrahmung der Sammlung: vorangestellt mit Zuspitzung auf Zedekia (21, 1–7) und Ausweitung auf das Volk (V 8–10) sowie – nach beiden Sammlungen – Ausgestaltung des Deuteworts der Vision (in 24, 6 f. 8 ff)

Ein in die Sammlung selbst eingeschobener Prosatext (22, 1–5), ebenfalls mit verallgemeinernder Tendenz,

weitere Zusätze, veranschaulichend (22, 8 f mit dem Vorwurf des „Bundesbruchs") oder erläuternd (V 11 f)

vor allem abschließend die Heilserwartungen (23, 1–8). Sie knüpfen an die vorhergehende Kritik an (etwa: „Recht und Gerechtigkeit" 22, 15; 23, 5). So empfiehlt es sich nicht, die Redaktion, die man weiter aufzugliedern sucht, nach Motiven aufzuteilen. Schon ihr einleitendes Motto (1, 10) umfasst Unheil und Heil. Eher verbirgt sich in dem redaktionellen Vorgang ein Prozess.

Bei fortlaufender Lektüre der vorliegenden Sammlung lassen sich auch Zusammenhänge erspüren: „Setzt die Forderung (21, 12), ‚den Bedrückten aus der Hand des Ausbeuters zu retten', voraus, daß es Ausbeutung gibt, so mahnt Jer 22, 3, Menschen mit gesellschaftlich niedrigem Status erst gar nicht in eine solche Situation zu bringen". Mit 22, 3 steht dem Folgenden zugleich die Forderung, „Recht und Gerechtigkeit zu üben" voran, wird an Josia (22, 15) „konkretisiert und zeichnet schließlich das Handeln des zukünftigen Davididen aus" (23, 5).[11] Im Buch klingt das Thema schon in einem weisheitlich gestimmten Wort als Gottes Wirken (9, 23), auch in der Aufforderung zum Lob (20, 13) an.

Überschrift und Motto
Jer 21, 11 f.

11 Und über[12] das Haus des Königs von Juda.
Hört das Wort Jahwes,   12 Haus Davids!
So spricht Jahwe: Richtet allmorgendlich recht,
rettet den Bedrückten aus der Gewalt des Bedrückers,
damit nicht mein Zorn wie Feuer ausbricht
und brennt und sich nicht löschen lässt –
– wegen der Bosheit eurer Taten.[13]

---

[11] C. Maier, Tora (I, XII) 240 bzw. 236.

[12] Oder: „Betreffend"; vgl. ähnliche Überschriften 21, 11; 46, 2; 48, 1; auch I, 34.

[13] Oder (Ktib) „ihrer Taten". Die in Gedankenstriche gesetzte abschließende Begründung (V 12bβ) fehlt in der LXX und bildet vielleicht, wie man oft annimmt, einen Zusatz nach 4, 4; dazu I, 123 Anm. 132. Allerdings findet sich dort auch der vorhergehende Folgesatz („damit nicht"). Gehören darum beide parallelen Aussagen nicht doch zu einer Redaktion? Die Textentstehung würde sich einfacher erklären. Die 2. Person („Frucht / Bosheit eurer Taten" auch 21, 14; 23, 2; 25, 5; 26, 3) knüpft an die Imperative an. Durch den Fortfall dieser Anklage wird die Forderung nochmals verallgemeinert. So hängt 21, 12bβ mit 21, 14a und 23, 2b zusammen. Kommt in

Ist nicht bemerkenswert, dass etwa Sicherung der Grenzen, nationale Unabhängigkeit oder auch Kriegsführung nicht als Anforderung an den König
erscheinen? Das nach dem Höraufruf einleitende Motto[14] der Sammlung hat
eine Doppelaufgabe: Im Anschluss an Jeremias Wort (22, 15 f) benennt es
a) den Maßstab, nach dem Recht ergehen soll. Grundlage und Grundforde-
rung Jahwes an das davidische Königshaus bildet gerechtes Gericht. Dabei ist
die Absicht des Rechts zunächst nicht strafende, sondern fürsorgliche Gerechtigkeit, die Hilfe für Bedrängte.[15] Den Leitgedanken (22, 3. 15) nimmt
selbst die Verheißung (23, 5 f) nochmals auf. Nach diesem Kriterium werden
b) die Könige zugleich selbst beurteilt.[16] Formal handelt es sich (V 12) um
eine Mahnung bzw. – schärfer – um ein Warnwort mit bedingter Unheilsdrohung. Bei Nicht-Erfüllung oder Ungehorsam, nämlich mangelnder Rechts-
pflege, steht das Gericht bevor. Darf man die Drohung ins Positive[17] kehren:
Gewährt Gott, falls der König dem Willen Gottes entsprechend für Recht
und Gerechtigkeit sorgt, Sicherheit und Schutz? Gewiss ist das Recht eine
bleibende, allezeit gültige Forderung. Die Warnung zielt auf ein „damit
nicht"; das Gericht erscheint noch als bedingt abwendbar, kann so im Rückblick die Schuld als Grund des Gerichts benennen, das Recht der Strafe aufweisen. Die abschließende Begründung „wegen der Bosheit eurer Taten"
stellt die anklagende Absicht heraus. Ja, deutet diese Schlussbemerkung nicht
an, dass sich die Drohung verwirklicht hat? Das Königshaus insgesamt wird
für die Katastrophe – durch Gottes Zorn, wie ein Feuer, das „niemand
löscht"[18] – verantwortlich gemacht, später (22, 2) auch das Volk. Dabei liegt
das Gericht in Gottes Hand.[19] Soll dies innerhalb der Sammlung nicht auch
das unmittelbar folgende Wort (V 13 f) bekräftigen?

> Die Stellung als Motto der Komposition sagt über die Herkunft von Jeremia noch
> wenig Sicheres aus, da sich nicht grundsätzlich ausschließen lässt, dass ein Jeremia-
> wort als Gesamtdeutung vorgeordnet ist. Der in der Anrede an das „Haus Davids"
> insgesamt genannte Maßstab ist, wie bereits angedeutet, durch die Tradition vorge-

---

allen diesen Äußerungen, die die Angeredeten bei ihrem Verhalten behaften, nicht eine redaktionelle Intention zu Wort?

[14] V 11 f; vgl. die ebenfalls als Leitgedanke vorangestellte Mahnung oder Warnung 13, 15 f vor
einer kleinen Sammlung. – Zu dem sog. Aufmerksamkeitsruf vgl. 2, 4; 28, 15 u. ö.(ThWAT II,
117 f).

[15] Gerechtigkeit „ist nicht eine iustitia distributiva, sondern eine iustitia adiutrix miseri" (H.
Wildberger, BK X/I, ²1980, 47 f). Vgl. Am 5, 7. 10 ff.24; Jes 1, 17. 21. 23. 26; 10, 2; 11, 3 ff; Ez 45, 9;
Ps 72; 45, 8; 82, 3 f; 101; Ex 22, 20 ff; Dtn 24, 17; auch mit weisheitlichem Hintergrund:
Spr 16, 8. 12; 20, 28; 21, 3; 29, 14; 31, 9; 1 Kön 3; dann Jes 56, 1 u. a.). Die Forderung an den König
ist altorientalisch; etwa Hammurabi bezeugt, tätig zu sein, „um der Waise und der Witwe zu ih-
rem Recht zu verhelfen" (Epilog des Codex; TUAT I/1, 76).

[16] Vgl. Mt 7, 2: „Mit dem Maßstab (Gericht), nach dem ihr richtet, werdet ihr gerichtet werden."

[17] Vgl. 7, 3–7 allerdings mit der sich anschließenden Anklage V 8 ff; auch 35, 15 u. a.

[18] Vgl. jeweils in nach ihrem Alter umstrittenen Texten Am 5, 6 (mit dem Vergleich „wie
Feuer"); Jes 1, 31; Jer 4, 4.

[19] Vgl. etwa 21, 13; 22, 24.

geben, im Einzelwort 22, 13–15 („Nicht-Recht", „Nicht-Gerechtigkeit" V 13 bzw. „Recht" V 15) verankert und wird hier zusammenfassend als Forderung wie – kritische – Einsicht vorangestellt.[20] In der zweiten Hälfte ähnelt 21, 12 der ebenfalls redaktionellen Aussage 4. 4 (vgl. 44, 22). Bilden die Form, die allgemeine Ausrichtung und auch die Voranstellung, wenn keinen Beweis, aber nicht einen Hinweis? So enthält V 11 eher eine jüngere Formulierung.

Wider die Stadt
Jer 21, 13 f.

13 Siehe, ich will an dich, die du über dem Tal thronst,
Fels (in) der Ebene – Spruch Jahwes,
die ihr sagt: „Wer kann auf uns herabfahren[21],
wer in unsere Wohnungen eindringen?"

14 – Ich suche euch nach der Frucht eurer Taten heim, Spruch Jahwes[22] –
Ich lege Feuer an euren Wald,
so dass es alle seine Umgebung frisst.

Der nicht namentlich genannte, als weibliche Person angeredete Ort, wohl die Stadt Jerusalem, fühlt sich nach eigenem Bekunden sicher. Sie erscheint nach der Selbst-Einschätzung der Einwohner, die in den beiden Fragen („Wer uns?") zu Wort kommen, unangreifbar. Verrät sich in dieser Selbst-Bewertung nicht mit einem Fehlurteil über ihre Lage zugleich eine innere Haltung, nämlich Überheblichkeit? – Die kleine Einheit mit Personenwechsel[23] gliedert sich etwa:

V 13a Sog. Herausforderungsformel (wie 23, 30; 50, 31 u. a.)
Zitat mit zwei Fragen, die zwar rhetorisch gemeint sind,
keineswegs aber eine selbstverständlich gültige Einsicht enthalten
V 14a Zusatz mit Anknüpfung an den Schluss von V 12 „ihre / eure Taten"
und in Entsprechung zu 23, 2; vgl. 50, 31; ähnlich 5, 9. 29; auch 17, 10
V 14b Gerichtsansage mit Gottes „Ich" (wie 22, 7 u. a.) in Entfaltung von V 13a
„Ich lege Feuer" (vgl. Am 1, 11; Jer 11, 16; 17, 27; 49, 27; 50, 32)

---

[20] Vgl. 22, 3; 23, 5; auch „bedrücken" (*'schq*) (21, 12; 22, 17; 6, 6).

[21] Vgl. HAL 653b. „Herab" setzt trotz der hervorgehobenen Lage einen höheren Ort voraus. Darf man – ähnlich einem Raubvogel – an einen militärischen Angriff von den nördlich oder östlich höher gelegenen Bergen auf den Zion denken?

[22] Die LXX, die in „Fels" eine Anspielung auf Tyrus am Meer (vgl. Ez 27, 3) erkennt, bezeugt nicht V 14a.

[23] „Mit der Herausforderungsformel ... eingeleitet, wird in der ersten Zeile ein weibliches ‚Du', offenbar eine Stadt, angeredet, in der zweiten Zeile die Rede einer Mehrheit zitiert; die Gerichtsankündigung in 14a ergeht in der Anrede in 2.P.Pl., während sie Entfaltung in 14b von einer 3.P.fem. handelt, offenbar also das am Anfang angeredete Femininum" (W. Thiel I, 238 Anm. 21). Vgl. etwa „Tochter Zion" 4, 31; 6, 2. 23.

Der vermutlich von der Redaktion stammende Einschub (V 14a) fügt für das Gericht (V 14b) eine zuvor nur indirekt, durch die erhabene Ortslage mit dem Zitat, gegebene Begründung explizit hinzu. Die Ergänzung stellt zugleich innerhalb der Sammlung einen Zusammenhang[24] her. Ohne diese Zwischenbemerkung wirkt das Wort in sich geschlossen: Das Ende kehrt zum Anfang zurück, und in der Mitte sprechen statt der Stadt ihre Bewohner.

Mit einem ähnlichen Bild „die auf dem Libanon Thronende" wird 22, 23 die Überheblichkeit ausgemalt; Erniedrigung der Hoheit ist schon zuvor, auch im Blick auf den König, in einem Jeremiawort Thema.[25] „Fels" kann auf ein Gottesprädikat anspielen.[26] Das Zitat verbindet mit „Fels" und „Tal", „wohnen / thronen" und „herabfahren" bereits Höhe und Tiefe. Was von der Gemeinschaft („uns") bestritten wird oder undenkbar erscheint, dass eine Macht von noch höherem Ort „herabstößt" und „eindringt", wird – angedrohte – Wirklichkeit. Wie sich die Wendung gegen die Adressatin (V 13a) vollzieht, wird V 14b mit dem – wiederkehrenden – Motiv „Feuer"[27] expliziert.

Die Völkersprüche nehmen das Wort formal wie thematisch ähnlich auf, ja könnten die Intention wiedergeben: „Siehe, ich will an Dich, Vermessenheit!"[28] Allerdings bezieht sich der dortige Spruch auf die Hauptstadt der Fremdmacht Babel; sie hat das hier für Jerusalem angesagte Schicksal ebenfalls zu tragen.

---

[24] Vermutlich handelt es sich (21,12b.14a; 23, 2) um zusammenhängende redaktionelle Aussagen; sie heben die Verantwortung für die eigenen Taten als Begründung des Gerichts hervor (vgl. o. Anm. 13).

[25] Jer 13, 18 f entsprechend 13, 9. 17; auch 13, 15 (dazu I,254 ff).; 22, 6 f. Kritik am Hochmut begegnet vielfältig in den Sprüchen I,212 Anm. 57. Dass Hohes erniedrigt wird, ist ein für Jesaja charakteristisches Thema (Jes 2, 12–17; 5, 14. 21 f; 10, 5 ff; 28, 1–4 auch 3, 16 f.24; 32, 9–14; 22, 15 ff u.a.). Vgl. auch Ps 18, 28; 75, 8; 147, 6; dazu 1 Sam 2, 7.

[26] „Jerusalem ist ja der heilige Fels; dort wohnt" der Fels Israels (P. Volz 220). Vgl. etwa Ps 18, 3. 32; Jes 8, 14.

[27] Vgl. 22, 7; auch 21, 10. 12; im Vorwort zu Kap.37 ff Anm. 8.

[28] Jer 50, 31 f; auch 48, 8; 51, 25.

König und Volk vor der Alternative
Jer 22, 1–5

1 So spricht Jahwe: Geh hinunter[29] zum Haus des Königs von Juda und rede dort dieses Wort 2 und sage: „Höre das Wort Jahwes, König von Juda, der du auf dem Thron Davids sitzt, du, deine Diener[30] und dein Volk[31], die durch diese Tore kommen! 3 So spricht Jahwe: Übt Recht und Gerechtigkeit und rettet den Beraubten aus der Hand des ‚Bedrückers‘; den Fremden, Waise und Witwe unterdrückt nicht, übt keine Gewalt aus und vergießt kein unschuldiges Blut an diesem Ort! 4 Wenn ihr nämlich dieses Wort wirklich ausführt, dann werden durch die Tore dieses Hauses Könige einziehen, die auf dem Thron Davids sitzen, mit Wagen und Pferden fahren – er, seine Diener und sein Volk. 5 Wenn ihr aber diese Worte nicht hört[32], so habe ich bei mir geschworen – Spruch Jahwes –, dass dieses Haus zur Trümmerstätte wird."

Die Anrede bleibt auffällig namenlos. Der Prosatext ist allgemein ausgerichtet, redet so jeden König auf dem Davidsthron, zumal die anschließend Genannten, an. Dabei wirkt der Text wie eine Weiterbildung oder Ausführung des einleitenden mottoähnlichen Spruchs 21, 11 f.[33] Das Stichwort „Haus" wird (22, 1. 4 f) im Sinn von Palast aufgenommen. Während 21, 8 ff das an den König gerichtete Wort auf das Volk ausweitet, ist es hier von vornherein einbezogen. Der Schwerpunkt bleibt (wie 21, 12 u. a.) rechtes Verhalten im sozialen Miteinander. Wie das Heil Könige auf dem Davidsthron, Beamte und Volk treffen würde (22, 4), so (V 5) die Schuldverfallenheit.

---

[29] Wörtlich: „Steige hinab" (ähnlich 3, 12; 13, 1; 17, 19). Es scheint der Weg vom Tempel zum Palast vor Augen zu stehen. Besteht über die Ankündigung der Zerstörung von Tempel und Palast hinaus auch räumlich eine Beziehung zur Tempelrede? Nach B. Duhm (172) scheint die (redaktionelle) Darstellung Jeremias „Aufenthalt am Tempel, wo er lehrt und predigt" anzunehmen. „Reden" ist allgemeiner gegenüber dem konkreten „Sagen".

[30] LXX liest „dein Haus", gleicht wohl an 21, 11 an.

[31] Die Anrede an den König geht weiter: „dein Volk" (V 4: „sein Volk"). Ist „der über die Dienerschaft hinausreichende, mit dem König verwandtschaftlich oder durch Klientelbildung verbundene Kreis von Personen, also die lokale Oberschicht, gemeint, die zum Palast Zutritt hat und für das Recht zuständig ist (C. Mayer 230)? Eher soll das Volk insgesamt (vgl. 7, 2; 17, 20. 25; 21, 8 ff; auch 11, 2 ff; 34, 10. 19 u. a.) verantwortlich gemacht werden. Vgl. auch von Ägypten 25, 19 und Babel 27, 12.

[32] Im Sinne von „beachtet". Die LXX bezeugt „tut", wohl in Angleichung an V 4. Wie V 2 scheint die LXX den Text zusammenzusehen, so einheitlicher zu gestalten.

[33] Von den „beiden Mahnreden an das Königshaus" 21, 11 f; 22, 1–5 wird 21, 11 f „die ältere sein" (B. Duhm 171). Dabei wird die „an die Könige gerichtete Forderung" (21, 11) „auch auf das Volk bezogen". „Die Interpretation des Gerichts … mußte auch die Schuldverfallenheit des Volkes berücksichtigen. Die Führenden sind in ihrer Verschuldung Repräsentanten der in der gesamten Geschichte Israels im ganzen Volk virulenten Sünde." So urteilt rückblickend die Redaktion (W. Thiel I, 239).

Innerhalb der (jerdtr.) Redaktion mit ihrer charakteristischen Sprache finden sich kaum zufällig engere Bezüge zwischen den *drei* Reden, welche die Zerstörung des Tempels (7, 9 ff), der „Paläste Jerusalems", der Wohnhäuser der Vornehmen in der Stadt (17, 19 ff, bes. V 27)[34], und hier (22, 5) des Königspalastes ansagen, so dass die drei Reden bei formalen Ähnlichkeiten eine zusammengehörige Intention haben. Betont die Redaktion bei dem Aufruf zum „Hören" vielfach das erste Gebot (wie 7, 9b; 11, 10), so besteht hier eine weitere Verbindung zur Tempelrede: Die dort allgemein ausgesprochene rechtlich-soziale Verpflichtung (7, 5 f) wird hier (22, 3) zum Hauptthema der Anklage, was sachlich dem vorgegebenen Jeremiawort (22, 13 ff) entspricht und durch es angeregt sein wird. Die Rede hat einen übersichtlichen Aufbau:

> Nach einleitender Botenformel Auftrag, zum genannten Ziel zu gehen und zu reden; vgl. etwa 17, 19
> Szene: Wie im Tor des Tempels (7, 2), durch die Tore der Stadt (17, 20 ff) so hier (V 2. 4) des Palastes
> V 2 Höraufruf 7, 2; 17, 20
> V 3 Botenformel vor Rede vgl. 7, 3; 21, 12
> Recht und Gerechtigkeit schaffen (wie 22, 15)
> Den Beraubten retten (wie 21, 12; vgl. 22, 17; 20, 13; dazu u. Anm. 46)
> In Recht und Gesellschaft Benachteiligte nicht bedrängen
> (vgl. 7, 6; Ex 22, 20 f; Dtn 24, 17; 27, 19; Ez 22, 7)
> „Gewalt!" kann nach dem Ruf in der Konfession 20, 8 Jeremia selbst treffen.
> Kein unschuldig Blut vergießen (vgl. 7, 6; Dtn 21, 8 f; 27, 25; dazu u. Anm. 45)
> V 4 f Alternative mit Verheißung und Drohung wie 17, 24 ff
> V 4 Bei Hören Bewahrung der Dynastie; vgl. allgemein „Könige" auf dem Thron mit Wagen 17, 25
> Eine ungenutzte, vertane Möglichkeit gegenüber 22, 30; 36, 30
> V 5 Bei Nicht-Hören Zerstörung des Palastes (das Land zur „Trümmerstätte" 7, 34; 25, 11)
> Mitteilung des Eintreffens 52, 13
> V 5(b) bildet mit dem Ziel zugleich die Überleitung zum nächsten Wort
> V 6 f, „Haus (des Königs von Juda)" (V 1. 5; vgl. 21, 11) bleibt ausdrücklich das Thema.

Das Königshaus – vom Gipfel zur Wüste
Jer 22, 6 f.8 f.

6 Denn so spricht Jahwe über das Haus des Königs von Juda:
Bist du mir Gilead (gleich),
(wie) der Gipfel des Libanon,

---

[34] Vgl. I,308 f mit Anm. 76 zu den engen Berührungen mit Jer 22, 1–5.

gewiss mache ich dich zur Wüste,
zu (einer der) Städten, die nicht mehr bewohnt sind.
7 Ich biete Verwüster gegen dich auf[35],
einen jeden und seine Geräte,
dass sie die Auslese deiner Zedern abschneiden
und ins Feuer werfen.
8 Viele Völker werden an dieser Stadt vorüberziehen und untereinander sagen: „Warum hat Jahwe solches dieser großen Stadt angetan?" 9 Und man
wird sagen: „Weil sie den Bund Jahwes, ihres Gottes, verließen, vor anderen
Göttern niederfielen und ihnen dienten."

Wiederum (wie 21, 13 f) findet sich eine namenlose Beschreibung. Die besondere Stellung, die dort durch die hohe Lage gegeben ist und das Zitat mit falscher Einschätzung der Situation zum Ausdruck bringt, wird hier von Gott
verliehen oder kommt der Stätte in Gottes Augen zu: Er achtet sie gleich
hohen Berglandschaften, Gilead und Libanon. Wie dort sind aber gegenübergestellt: Hochschätzung – Verstoßung.
    Zwar wird vielfach angenommen, dass V 6 f ursprünglich einer Stadt, Jeru-
salem, gelten; sie erscheint[36] aber als Adressat*in*. Trotz Vergleich mit „Städten"[37] und der jüngeren Erläuterung (V 8 f) ist der hoch gelegene Angeredete,
entsprechend der Einführung „Haus des Königs", wohl doch der Palast. Dazu
passt das erlesene Holz: das im Ostjordanland gelegene, waldreiche Gilead[38]
und der Libanon mit seinen berühmten Zedern[39]. Erniedrigung der Hoheit begegnet schon zuvor als Thema.[40]
    Liegt hier ein Jeremiawort vor, so gilt dies nicht für die V 8 f folgende Er-
läuterung. Die Begründung, die schon zuvor (21, 12bβ.14a) nachgetragen
wird, ist hier ausführlicher gestaltet. Über den Palast (V 6aα) hinaus beschreibt diese deutlich redaktionelle Bemerkung V 8 f die Folge, bekräftigt
oder veranschaulicht auf Grund der schweren Erfahrungen das eingetretene
Unheil – sogar im Mund Fremder. Die Ergänzung bezieht a) die Stadt ein,

---

[35] Schon der Aufruf „Heiligt gegen sie den Krieg!" (6, 4; dazu I,156 f) wendet sich gegen das
eigene Volk, hier als Gottes Handeln: „Ich heilige", d. h.: „weihe / wähle für die Aufgabe aus /
entbiete".
[36] Jer 21, 13 f; 22, 20 ff.
[37] Einen Vergleich mit wiederum zerstörten Städten enthält der persönliche Weheruf 20, 15.
[38] „Gehörte das Gebirgsland südlich und nördlich des Jabbok, das man ... ‚Gilead' benannte,
zu den am stärksten bewaldeten Gebieten des palästinischen Kulturlands, ... so konnte der Wald
von Gilead zum Beispiel für Wald schlechthin werden. Der Prophet, der die von zahlreichen
Holzsäulen getragenen Bauten des Königspalastes in Jerusalem mit einem Walde verglich, konnte
daher, wenn er die Zerstörung dieses Palastes unter dem Bilde einer Rodung und Vernichtung des
Waldes ankündigen wollte, als konkretes Beispiel neben dem berühmten Walde des Libanon auch
den von Gilead nennen." (M. Noth, AbLA I, 387 f)
[39] Etwa 2 Kön, 3; Ps 29, 3; 104, 16; Jes 37, 24. „Zedernhaus" sowohl vom Palast als auch vom
Tempel: 2 Sam 7, 2.7; auch 1 Kön 7, 2 f.7. 11; Jer 22, 14. Als Beispiel für Höhe, die gekappt wird:
Ez 17, 3; auch Jer 22, 20. 23. Vgl. noch K.-H. Bernhardt, Der alte Libanon (Leipzig 1976) 22 ff.
[40] Vgl. o. 21, 13 f mit Anm. 25; zur Zerstörung durch Feuer (wie 21, 14) o. Anm. 27.

und zwar meint „diese große Stadt" b) das zerstörte Jerusalem. Im prosaischen Stil von Frage und Antwort[41] wird c) die Begründung nachgetragen, hier nicht von Israel selbst, sondern d) von Völkern bzw. ihren Angehörigen, vorbeikommenden Besuchern. Die von ihnen gestellte Frage verweist bereits auf den das Geschehen eigentlich bewirkenden Gott und bezeugt mit der Antwort die Ausschließlichkeit dieses Glaubens. Das schon für Jeremia (2, 10 ff) wichtige Thema begegnet in der für die jerdtr Redaktion (wie 7, 9b) bezeichnenden Sprachgestalt: Das „Verlassen" bzw. „Brechen" des „Bundes" besteht hier wie 11, 10 in der Übertretung des ersten Gebots – als Anklage, Feststellung bereits geschehenen Abfalls. Das Stichwort „Bund" mit der Einsicht nimmt die Verheißung (31, 31-34) auf.

Klage über Joahas / Schallum
Jer 22, 10. 11-12

10 **Weint nicht um ‚den' Toten und klagt[42] nicht um ihn!**
Weint vielmehr um den, der fortgeht;
denn er wird nicht mehr zurückkehren
und sein Heimatland[43] nicht mehr sehen;
11 denn so spricht Jahwe über Schallum, den Sohn Josias, den König von Juda – König an seines Vaters Josia statt –, der von diesem Ort fortziehen musste[44]: Er wird nicht mehr dahin zurückkehren, 12 sondern an dem Ort, an den man ihn weggeführt hat, wird er sterben und dieses Land nicht mehr sehen.

Ohne unmittelbar erkennbaren Zusammenhang vollzieht sich der Übergang zu V 10, dem ersten Wort über einen einzelnen Herrscher. Eine Begründung, die hier fehlt, ist innerhalb der Sammlung vorweg durch das Motto 21, 12 angedeutet.[45] Die Unheilsansage in Form eines Aufrufs zur Klage (V 10) spricht von zwei nicht namentlich genannten Personen. Sie werden erst von dem re-

---

[41] Redaktionell geprägt: 5, 19; 9, 11-15; 16, 10-13; vgl. Dtn 29, 23 ff; 1 Kön 9, 8 f. W. Thiel (I, 240) vermutet eine in (dtr.) Kreisen der Exilszeit „geläufige katechetische Form der Gerichtsbegründung"; vgl. I,149 (mit Anm. 60) und 291.

[42] Vgl. 15, 5; 16, 5; HAL 640b „durch Kopfschütteln Teilnahme bekunden, Beileid bezeugen".

[43] Wörtlich: „das Land seiner Geburt"; vgl. 22, 26.

[44] Zum Verständnis ist das Hilfsverb „musste" ergänzt: Nach dreimonatiger Regierungszeit wird Joahas / Schallum vom Pharao gefangen genommen (2 Kön 23, 31-33).

[45] Falls V 10, wie öfter angenommen wird, über den allgemeiner (nämlich ohne Eigennamen) ausgerichteten Textbereich der Sammlung (21, 13-22, 9) hinweg ursprünglich unmittelbar 21, 12 folgte, war der Zusammenhang eng.

daktionellen Anhang bestimmt; die prosaische (jerdtr) Erweiterung (V 11 f) schließt sich im Wortlaut an V 10 an, um ihn zu erläutern.

Spielt die Erwähnung des Verstorbenen auf Josia (2 Kön 23, 29) an, so meint der Verbannte dessen Sohn Joahas / Schallum (2 Kön 23, 31–34). Nach ihnen, etwa ein Jahrzehnt später, haben nochmals zwei Könige, Jojakim und Jojachin, ein ähnliches Schicksal zu tragen: Tod des einen, bald darauf Verbannung des anderen.[46] So lässt sich der Text (V 10) – allerdings ohne die sich anschließende jüngere Erklärung (V 11 f) – in seiner offenen Formulierung auf unterschiedliche Herrscher beziehen. Man kann vermuten, dass „der Spruch ursprünglich gar kein Joahasspruch war, sondern gerade auf den Wechsel von Jojakim zu Jojachin und die rasche Wegführung des jungen Königs im Jahre 597 gemünzt war"[47]. Diese Gleichsetzung bleibt jedoch unsicher: Einerseits folgt ein hartes Urteil über Jojakim (V 18 f) wie über Jojachin (V 24 ff). Andererseits entspricht die vorliegende, durch die redaktionelle Bemerkung (V 11 f) bezeugte Identifizierung der zeitgeschichtlichen Abfolge der Könige und eröffnet sie. Außerdem scheint Ezechiel die Klage Jeremias über das Nacheinander der beiden Könige, denen eine Deportation ohne Wiederkehr (V 10. 26 f) angesagt wird, aufzunehmen und im Bild der Löwenmutter (Ez 19, 4. 9) auszugestalten: Ihre beide Jungen werden „gefangen" und fort-„gebracht" – „in das Land Ägypten" bzw. „zum König von Babel".[48]

Kritik an Jojakim
König Josia als Vorbild
Jer 22, 13–19

13 Wehe dem, der sein Haus mit Ungerechtigkeit baut,
    seine Obergemächer mit Unrecht,
    der seinen Nächsten umsonst arbeiten lässt[49]
    und ihm seinen Lohn nicht gibt,
14 der sagt: „Ich baue mir ein weiträumiges Haus
    und ausgedehnte Obergemächer",

---

[46] Vgl. 2 Kön 24, 6–8. 12–16; 2 Chr 36, 5. 9 f; auch Ez 17, 12 f. Das Motiv, die Heimat nicht mehr wiederzusehen, nimmt 42, 18 auf.

[47] H.J. Hermisson, Studien 46.

[48] Ezechiel (19, 1–9) ist durch Jeremia (22, 10. 28) „angeregt". „Was Jer 22 in getrennten Sprüchen über zwei Einzelkönige ausgesagt war, hat sich bei Ez zur zusammenfassenden Klage über das Geschick des Königshauses verdichtet." (W. Zimmerli, BK XXIII/1, 424) Die Darstellung mit der Initiative der Löwenmutter (19, 3. 5) bleibt „stimmiger" „wenn die Junglöwen mit Joahas und Jojachin identisch sind; denn Zedekia galt ja schon als König von Babels Gnaden"(K.-F. Pohlmann, ATD 22/1, 1996, 280 Anm. 435). vgl. bildhaft Ez 17, 5; dazu Jer 37, 1; 2 Kön 24, 17.

[49] Wörtlich: „durch / mit Hilfe seines Nächsten umsonst arbeitet".

ihm Fenster[50] ausbrechen (setzen) lässt,
es mit Zedernholz täfelt und rot bemalt!
15 Übst du so dein Königtum aus,
dass du in Zedernbauten wetteiferst (protzt)?
Dein Vater – hat er nicht auch gegessen und getrunken?
Er aber übte Recht und Gerechtigkeit.
Damals ging es ihm gut.[51]
16 Er führte die Rechtssache des Elenden und Armen. Damals war es gut.[52]
Heißt nicht das, mich (wahrhaft) zu erkennen? – ist der Spruch Jahwes.
17 Jedoch deine Augen und dein Herz
sind nur auf deinen Vorteil (unrechten Gewinn) aus,
darauf aus, das Blut des Unschuldigen zu vergießen,[53]
Bedrückung und Erpressung zu üben.[54]
18 Darum – so spricht Jahwe über Jojakim,
den Sohn Josias, den König von Juda:
Man wird ihm nicht die Totenklage halten:
„Ach, mein Bruder! Ach, Schwester!"[55]
Man wird ihm nicht die Totenklage halten:
„Ach, Herr! Ach, seine Majestät!"
19 Ein Eselsbegräbnis wird er bekommen,
wird fortgeschleift und hingeworfen
draußen vor den Toren Jerusalems.

Jojakim, in dessen viertem Regierungsjahr (nach 36, 1) die Niederschrift der Botschaft erfolgte, wird in dem Wehewort mit Schuldaufweis (V 13–17) und Gerichtsansage (V 18 f) angesprochen. Dem „Sohn Josias" (V 18) stellt Jeremia dessen Vater Josia als Vorbild gegenüber. Das Wort hat einen klaren – grob zweigeteilten, näher mehrgliedrigen – Aufbau:

I. V 13–17 Schuldaufweis, Scheltrede
     a) V 13 f Weheruf (in 3. Person) – über Jojakim
       Palastbau mit Unrecht, Arbeit ohne Entlohnung

---

[50] Ob es sich um ein Erscheinungsfenster (vgl. 2 Kön 9, 30. 32; BRL² 79 f) handelt, ist wegen des Plurals (eigentlich „meine Fenster") unsicher. Zum Zedernholz vgl. 1 Kön 6, 9; 7, 7; o. Anm. 39; zur Farbe (Mennige) Ez 23, 14.

[51] Wörtlich: „Damals (war es) für ihn gut." – Die LXX missversteht V 15, bezieht ihn auf Ahas.

[52] Der hebräische Text, allerdings ohne „für ihn", ist vermutlich eine Doppelschreibung des Schlussteils von V 15. Ist der Bezug auf Josia sinngemäß wiederum zu ergänzen? Eher liegt hier eine Verallgemeinerung, ein Urteil über die Situation überhaupt vor: „Damals (war es) gut."

[53] V 17b, der V 13 erläutert und verschärft, ist vielleicht Ergänzung, Übernahme des Urteils von 2 Kön 21, 16; 24, 4 (W. Thiel I, 241 f u. a.). Gegenüber den Belegen „unschuldiges Blut vergießen" (Jer 7, 6; 26, 15) spielt „Blut des Unschuldigen" vielleicht auf die 26, 20–23 geschilderte Tat an (C. Maier, Tora 235).

[54] Vgl. 21, 12 und als Beispiele: Mi 2, 2; Dtn 24, 14 f; auch 28, 29.

[55] Die enge Beziehung der Totenklage löst die LXX auf, passt durch „Wehe diesem Mann!" wohl an V 30 an.

b) V 15–17 Zwei (gleichsam rhetorische) Fragen in direkter Anrede (in
   2. Person)
   V 15b-16 Vergleich mit dem Vater Josia
   V 17 Beurteilung vom Vater her
   Rechtschaffenheit und (vergleichsweise)
   eher bescheiden-maßvolle Lebensweise
   Anklage Jojakims
   V 17b möglicherweise Zusatz
II. V 18–19 Gotteswort: Gerichtsansage, Urteil
   Nach Anrede (V 15. 17) Rückkehr zur 3.Person
   Keine würdige Totenklage

V 13–17 und 18 f waren – obwohl die Einführung (V 18aα), die den Betroffenen genauer benennt[56], wohl nachträglich ist – kaum einmal selbständige
Worte, gehören mit der Gegensatzbildung eher seit je zusammen. V 18 f blieben sonst ohne Begründung, ziehen im Gotteswort vielmehr die Folgerung
und entfalten das „Wehe" (V 13).
   Das einleitende „Wehe", das der Totenklage[57] entnommen ist, zeigt auf,
welche schweren Folgen das angeführte Verhalten hat. Die Charakteristik
(ein aktives Partizip) redet – wie zumeist – den Betroffenen nicht direkt an,
nennt ihn auch nicht mit Namen, bezeichnet ihn durch sein Handeln und behaftet ihn bei seinem unheilvollen Tun. So spiegelt sich in dem „Wehe" die
prophetische Überzeugung vom kommenden Unheil wider.
   Jojakim, von Pharao eingesetzt, hatte – nach Einschätzung der Besteue-
rung seiner Untertanen – Abgaben zu entrichten (2 Kön 23, 34 f). Darüber
hinaus benötigte er Mittel für die gewünschte Erweiterung und Verschöne-
rung des Königspalastes; verpflichtete er (V 13 f) darum seine Landsleute zu
Zwangs- oder Fronarbeit ohne Entlohnung?[58] Jeremia wendet sich gegen den
Palastbau Jojakims („sein Haus" V 13) mit neuem Stockwerk und seine
prachtvolle Ausstattung mit Fenstern, Zederntäfelung und Bemalung. Dabei
scheinen sich zwei Motive zu verbinden: die Wendung einerseits gegen un-
nötig-übertriebenen Luxus[59], andererseits vor allem die Errichtung des Baus
durch Unrecht. Indem die Landsleute als „Nächste" bezeichnet werden, wird
gegenüber der – eigentlich gegebenen – Verbundenheit das unrechtmäßige,
überhebliche Verhalten betont. Mit verschiedenen Nuancen findet sich das
Thema schon bei Jeremias prophetischen Vorgängern. Anklage wegen Un-

---

[56] V 18aα bildet innerhalb der Sammlung wohl eine erst von der Redaktion formulierte Ver-
klammerung; vgl. o.Anm. 9.
[57] V 18 (statt „Ach" möglich auch „Wehe!") deutet den ursprünglichen „Sitz im Leben" an; I,14
mit Anm. 85.
[58] „Es muß sich … um eine Art Zwangsarbeit handeln. Auch die Beanspruchung von Fronar-
beiten dürfte, wie die Durchführung von Baumaßnahmen, zu den selbstverständlichen Rechten
des Königs gehören. Was Jojakims Verhalten in den Augen Jeremias verwerflich macht, ist also die
Tatsache, daß der König dieses Recht zu einem unnützen, nämlich nur seinem Luxusbedürfnis
dienenden Zweck mißbraucht." (R. Kessler, Staat [I,XVI] 83)
[59] Nicht gegen den Bau als solchen; vgl. den Aufruf Jer 29, 5.

recht und Prachtbauten erhebt schon Amos.[60] Da sich in dem Vorhaben ein
Stück Prunksucht, ähnlich dem Hochmut, versteckt, steht Jesajas Botschaft
nahe.[61] Gewalt und Bedrückung werden auch sonst getadelt.[62]

Ein frühes Wort (5, 1) fordert dazu auf, in Jerusalem nach einem, der
„Recht übt" zu suchen. Gibt es den einen „Gerechten" nicht? Eine Person
heißt zwar nicht „gerecht", aber (V 15) „übte Recht und Gerechtigkeit":
Josia. Gewiss: Der König erhält ein Lob, jedoch nicht der angeredete, le-
bende, sondern der verstorbene.

Jeremia wirft Jojakim Bereicherung, Unterdrückung, Ausbeutung vor. Im
Vergleich mit der Prunksucht bleibt sein Vater Josia maßvoll-bescheiden, lässt
dabei Recht und Fürsorge walten.[63] Kommt in der Verknüpfung von recht-
lich-sozialer Verpflichtung und Wohlergehen („essen und trinken") nicht zugleich Weltoffenheit[64] zum Ausdruck? Das „gute" Leben, das eigene Wohlbe-
finden, ist hier allerdings kein Selbstzweck, nicht absolut genommen ein Ziel,
sondern mit „gerechtem" Handeln eng verbunden. Streng genommen, bezieht sich das doppelt ausgesprochene „gut", für den verstorbenen König
(V 15) wie allgemeiner (V 16) für die damalige Situation, auf das Rechtsver-
halten, auch gegenüber Benachteiligten oder Schutzlosen. In ihm kommt
Gotteserkenntnis zum Ausdruck. – Recht und Gerechtigkeit werden allerdings nicht, zumindest nicht ausdrücklich, als Gottes Tora „Weisung" verstanden. Auch die Sprüche wissen: „Durch Gerechtigkeit besteht der
Thron."[65] Wirkt zugleich ein weisheitlicher Hintergrund nach?

Der eigentlich beispielhaften Zuwendung zu den Armen, denen der Vater
zum Recht verhalf, steht der König gegenüber, der seine Macht nutzt. So
dient die ethische Forderung als Vorwurf. Statt einer Mahnung (wie im Motto
21, 12; 22, 3) liegt ein Schuldaufweis, statt eines Aufrufs zu neuem Tun und
Lassen eine Anklage vor, die den Hörer bei seiner Tat behaftet. Was vom König „erwartet" wird, seine Aufgabe wäre, fehlt; so wird festgestellt: Es gab
Recht, gibt es aber nicht mehr. Das im Rückblick ausgesprochene Lob am
Vorgänger wirkt als Tadel am Nachfolger. Insofern erinnert die Gegenüberstellung an den kritischen Geschichtsrückblick.[66]

---

[60] Am 3, 10. 15; 5, 11; 6, 8. 4; auch Jes 5, 8 f u. a.

[61] Jes 22, 15 ff u. a.; dazu o. Anm. 25. Das Motiv Hochmut klingt in den Königssprüchen mehrfach (etwa mit „Thronen" 21, 13: 22, 23) an.

[62] Vgl. etwa Zeph 1, 8 f; Mi 3, 10; Hab 2, 9. 12; auch 1 Sam 12, 3 f.

[63] Josia „lebte schlecht und recht, ohne viel Bedürfnisse für seine eigene Person", konnte so
„für die armen Leute sorgen" – eine Charakteristik (anders als 2 Kön 23, 25) „von aller Über-
schwänglichkeit frei"(B. Duhm 175). Der Vater war „bei aller Heiterkeit der Lebensführung ernst
in der Erfüllung der wahren Königspflicht" (W. Rudolph 140).

[64] Vgl. Jer 38, 20; Rut 3, 7. Der Begriff des „Guten" begegnet mehrfach in der Jeremia-Überlieferung (6, 16; 14, 11; 15, 11; 29, 32 u. a.; dazu I,25. und zu Jer 24, 5 Anm. 16). Vgl. Dtn 10, 13;
19, 13.

[65] Spr 16, 12; vgl. 20, 28; 25, 5; dazu o. Anm. 15.

[66] Vgl.I.14. 166. Vgl. mit dem Thema Recht auch Jes 1, 21–23.

Das Lob des Herrschers geschieht überhaupt, um das eigentlich Hilfreiche, Notwendige „vor Augen zu halten", um des Vergleichs oder der Kritik willen.

Und der Täter des Unrechts wird – wie schon mit dem „Wehe" – bei seiner Tat behaftet. Die Strafe (V 18 f) soll den prunksüchtigen, seine Landsleute ausbeutenden Herrscher treffen: Wer eine so prächtige Wohnung anstrebt, soll nicht einmal ein rechtes, angemessenes Begräbnis erhalten.[67] Diese Ankündigung eines unehrenhaften Todes wird, verbunden mit der Ansage der Kinderlosigkeit (22, 30), in 36, 30 aufgenommen; jedoch bleibt unsicher, wieweit sich das Wort erfüllt hat: „Jojakim entschlief zu seinen Vätern"[68], d. h. wohl: starb eines natürlichen Todes. Allerdings fehlt die Mitteilung des Begräbnisses.

Hört man aus der Zeichnung Josias „überall die Sympathie des Propheten heraus"[69], so fällt um so mehr auf: Josia wird nicht wegen der Reform[70] gelobt. Für sie findet Jeremia nirgends ein anerkennendes Wort; mögliche Verdienste um Kultreinheit und Kulteinheit bleiben – auch im Rückblick – ungenannt. Umgekehrt wird Jojakim nicht getadelt, weil er die Reform nicht mehr unterstützte.

Aufruf an Jerusalem zur Klage
Jer 22, 20–23

20 Steige auf den Libanon und schreie,
erhebe im (Bergland) Basan deine Stimme
und schreie vom Abarim(gebirge);
denn zerschmettert sind alle deine Liebhaber.
21 Habe ich dir zugesprochen in deiner Sorglosigkeit,
sagtest du: „Ich höre nicht."
Dies ist dein Weg von Jugend an,
dass du nicht auf meine Stimme gehört hast.
22 Alle deine Hirten wird der Wind weiden,
deine Freunde müssen fort in die Gefangenschaft.

---

[67] Die gebräuchliche Totenklage wird über ihn weder als Menschen (wie eine nahestehende Person „Bruder, Schwester") noch als Fürsten („Herr, Majestät") angestimmt (W. Rudolph 141). „Die Totenklage … wird für ihn nicht gehalten; man wirft ihn wie ein verendetes Tier auf den Schindanger vor der Stadt." (J. Schreiner 131)

[68] 2 Kön 24, 6 etwa im Vergleich mit Josia 2 Kön 23, 30.

[69] W. Rudolph 140.

[70] 2 Kön 22 f. Kommt – trotz gewisser Übereinstimmung mit dem Deuteronomium im Tadel an (fremd-)kultischen Elementen (Jer 2) – in Jeremias Schweigen nicht ein kritischer Vorbehalt zur Geltung? Vgl. I, 3 f.

Dann wirst du Schmach und Schande ernten
– wegen all deiner Bosheiten (Untaten).
23 Der du auf dem Libanon thronst, in Zedern nistest[71],
du stöhnst, wenn Schmerzen über dich kommen
wie (bei) einer Gebärenden.

Die Angeredete – wie schon 21, 13 f eine nicht namentlich genannte weibliche
Gestalt – ist entweder das Volk, zu dem V 20–22 in ihrer Allgemeinheit gut
passen, oder eher (wegen V 23a) die Stadt Jerusalem. Anlass der Klage sind
mit „fort in die Gefangenschaft" wohl die Ereignisse von 597 v. Chr., die auch
V 24 ff angedeutet und in 2 Kön 24, 10 ff geschildert werden.[72] Die Einführung wirkt wie eine Ausgestaltung der Aufforderung (7, 29; vgl. 3, 21): „Auf
den Höhen erhebe die Klage!". Sie soll aus verschiedenen Himmelsrichtun-
gen weit schallen; umliegende Gebirgslandschaften werden angeführt: „der
Libanon im N, das Gebirgsland Basan (mit dem schneebedeckten Hermon)
im NO und das Abarimgebirge im SO" mit dem Nebo.[73]

> V 20a Aufruf zur Klage mit Anlass (V 20bβ)[74]
> V 21 Begründung: Ablehnung des Zuredens (vgl. 6, 16 f; 13, 25)
> V 22 Entfaltung (von V 20bβ) in der Unheilsansage
> V 23 Abschließend zusammenfassender Gegensatz:
>   Hohe Selbst-Prädikation Jerusalems
>   und Folge des Gerichts: Kaum erträgliche Schmerzen

Die Einheit knüpft offenkundig an die frühere Verkündigung (zumal
Kap. 2–3, 5) an.

Mancherlei Ausdrücke oder Motive finden sich wieder, wie: „Jugend"[75],
„Weg", „(deine) Bosheit"[76], der Vorwurf in Gestalt eines mit einem „Nein!"
antwortenden oder sachlich einem „nicht" verbundenen Zitats[77], die Ablehnung eines Angebots (6, 16 f), das für Jeremia thematisch wichtige Stichwort
„zer-brechen / Bruch"[78], die Reaktion „Scham / Beschämt-Werden" (2, 36 f;

---

[71] Oder (entsprechend 21, 13) Partizip „Wohnende / Thronende"; vgl. Ges-K § 90n; H. Bauer/
P. Leander, Historische Grammatik, 1922. 1965, 612. 614.

[72] „Der Spruch ist chronologisch und sachlich zwischen den Sprüchen über Jojakim und Jojachin wohl am Platze, denn er nimmt mit höchster Wahrscheinlichkeit auf die Ereignisse von
597" Bezug, „scheint sie aber eher anzukündigen … als vorauszusetzen". Er passt „auch mit dem
Schicksal der ‚Hirten' unbedingt in den Zusammenhang der Königssprüche" (W. Thiel I, 242).

[73] W. Rudolph 141. Ähnlich berühmt wie die Zedern des Libanon (22, 7. 14 f; o. Anm. 39) sind
die Eichen des Basan / Baschan (Jes 2, 13 u. a.), grob östlich-südöstlich des Sees Gennesaret, ge-
schätzt wegen seiner Weiden und seines Viehs (Dtn 32, 14; Ez 39, 18; Jer 50, 19 u. a.), zumal
Ps 68, 16 Gebirge genannt. Das Abarimgebirge liegt östlich des Jordan und des Toten Meeres
(Num 27, 12; 33, 47 f; Dtn 32, 49). Vgl. noch das Bild Jer 18, 14.

[74] Vgl. I,14 Anm. 94; dazu Jer 36, 9.

[75] Jer 2, 2; vgl. 1, 7; „seit je" 2, 20. Ezechiel geht mit seinem Urteil über Jerusalem (16, 3) noch
weiter zurück.

[76] Jer 2, 23. 33. 36 bzw. 2, 19. 33; 3, 5.

[77] Jer 2, 20. 23. 25. 35.

[78] Jer 4, 6. 20; 6, 1. 14; 8, 11. 21 u. a.; vgl. I,127 Anm. 7 und u. zu 23, 9 Anm. 11.

6, 15) oder der Vergleich mit den Schmerzen der Gebärenden (4, 31; 6, 24 u. a.).

Die „Liebhaber" (auch 30, 14) erscheinen wie die „Freunde" im Plural (V 22; 2, 25; 3, 1; vgl. 4, 30). Durchweg beziehen sie sich auf Völker oder – nach prophetischem Urteil – fremdreligiöse Riten.[79] Ist hier wegen der Parallele zu „Hirten" ausnahmsweise an die – in die Irre leitende – herrschende Oberschicht gedacht, oder sind hier Nachbarvölker (wie 27, 3. 11) einbezogen? Der „Wind" ergreift sie bzw. ihr Wirken.[80]

Die Sorglosigkeit[81] verbindet sich (V 23a) mit Überheblichkeit.[82] Klingt sie zuvor (21, 13) in dem Prädikat „die über dem Tal Thronende" an, so hier mit: „auf dem Libanon thronend". Es mag ein vorgegebenes Motiv sein, das als „Metapher für angemaßte Größe"[83] jetzt Jerusalems überzogenes Selbstverständnis, wohl auch ein wenig ironisch, darstellen soll. Ähnlich 21, 13 f folgt dem Hochmut der tiefe Fall: mit Exilierung beschrieben, abschließend (V 23b) im Bild erfasst.

Über Konja / Jojachin
Jer 22, 24–30

24 So wahr ich lebe – Spruch Jahwes – selbst wenn Konja (Jojachin), der Sohn Jojakims, der König von Juda, ein Siegelring an meiner rechten Hand wäre, würde ich dich[84] von dort wegreißen.
25 Ich gebe dich in die Hand derer, die dir nach dem Leben trachten, in die Hand derer, vor denen dir graut, und (zwar) in die Hand Nebukadnezzars, des Königs von Babel und in die Hand der Chaldäer.
26 Ich schleudere dich und deine Mutter, die dich geboren hat, weg in ‚ein' anderes Land[85],

---

[79] In der Tradition Hoseas (3, 1; 4, 11 f.17 f) rituell-bildhaft als Abfall 2, 23 ff.33; 3, 1 f; vgl. 5, 7 f. Vgl. I, 88 f.144. 179 254. 256.

[80] „Die Führer des Volkes, die ihr Hirtenamt vernachlässigt haben, werden jetzt selbst ‚geweidet'", vom Gottessturm (18, 17; auch 4, 12), „der sie wegfegen wird ins Exil"(A. Weiser 193). Vgl. in der Auseinandersetzung mit Propheten einerseits 5, 13; andererseits 23, 19.

[81] Auch 48, 11; 49, 4. 31; Ez 16, 49.

[82] Vgl. o. Anm. 25.

[83] H.-J. Hermisson, Studien 44.

[84] In der Regel wird der Text korrigiert, die 2.Ps. („dich") als Anpassung an die – durch die sprachlichen Wendungen deutlich jüngere – Ergänzung V 25 erklärt. Möglicherweise ist aber die Einleitung von V 26 alt und der Schluss von V 24 leitet zu ihr über.

[85] „Anderes" fehlt in der LXX. Ist ursprünglich gemeint: auf den Boden (statt: in die Ferne) geworfen? Dagegen sprechen außer V 28 die Parallelen V 10 und Ez 19, 9.

in dem ihr nicht geboren wurdet, und dort werdet ihr sterben. 27 Aber in das Land, zu dem sie sich zurückzukehren sehnen, dorthin werden sie nicht zurückkehren.
28 Ist denn dieser Mann Konja (Jojachin) ein verachtetes, zu zerschlagendes Gefäß oder ein Gebilde, das nicht gefällt? Warum denn wurden sie, er und seine Nachkommen – bzw. ‚wurde er‘[86] – geschleudert und hingeworfen auf ein Land, das sie nicht kennen?
29 Land, Land, Land, höre Jahwes Wort!
30 So spricht Jahwe[87]: „Schreibt diesen Mann als kinderlos an, als einen Mann, der zeitlebens[88] kein Glück hat;
denn niemand von seinen Nachkommen wird das Glück haben[89], auf dem Thron Davids zu sitzen und nochmals über Juda zu herrschen.

Parallel zu V 10 findet sich, wiederum ohne Begründung[90], hier die Verbindung beider Motive: Deportation ohne Wiederkehr, jetzt aber bildkräftig ausgestaltet; zudem wird der König mit Namen genannt.[91] Der Grundbestand beider Abschnitte ist ähnlich aufgebaut: Auf ein Bildwort (V 24. 28) folgt jeweils die Auslegung oder Erläuterung des Bildes (V 26a.30a). Das erste Wort bedenkt die vorige Generation („Mutter"), das zweite die folgende („kinderlos"); beide sind durch das kraftvolle „Schleudern" verbunden. Hier wird wieder eins der nicht seltenen Paarworte[92] vorliegen. Dieser zu erschließende Kern ist nachträglich überarbeitet[93] und ergänzt.

    I. V 24–27
V 24 Gottes Eid: Verstoßung Jojachins im Bild des Siegelrings
V 25–27 Verwerfung Jojachins
V 25 (dtrjer) redaktionelle Ergänzung (vgl. 19, 7. 9; 20, 4; 21, 4. 7; auch 39, 17 u. a.)
V 26a Auflösung des Bildes und Erläuterung von V 24
    (mit dem Verb „schleudern" V 28)
    und Erwähnung der Mutter (wie 2 Kön 24, 12. 15)
    Zu Gottes „Ich" vgl. etwa 22, 7
    V 26b–27 redaktionelle Ergänzung (vgl. 22, 11 f; 42, 16; 44, 14)

---

[86] Über V 26 (König und Mutter) hinaus redet V 28 von Nachkommen. So enthält die hebräische Textgestalt zwischen V 28 und 30a einen Widerspruch. Ist er ursprünglich und von der LXX nachträglich getilgt? In ihr fehlt (V 28) „und sein Same / seine Nachkommenschaft". Eher bewahrt angesichts von V 30 („kinderlos") hier die LXX die ältere Lesart. Die Ergänzung V 28 berücksichtigt wohl die – später, vielleicht erst im Exil – geborenen Söhne und wird mit dem anscheinend ebenfalls eine Ergänzung bildenden V 30b zusammenhängen.

[87] Die Botenformel, die in der LXX fehlt, nachgetragen sein könnte, betont nach dem gewichtigen Höraufruf, dass es sich um ein Gotteswort handelt.

[88] Wörtlich: „in seinen Tagen", sein Leben lang. Statt „kein Glück" möglich auch: „keinen Erfolg".

[89] Oder: „wird es gelingen".

[90] Anders Ez 19, 6 f; 2 Kön 24, 9. Jojachin regierte allerdings (24, 8) nur drei Monate.

[91] Die Titulatur ist wohl nachträglich; vgl. o. Anm. 9.

[92] Vgl. o. Anm. 48. Dies gilt bereits für das Neben- und Miteinander von V 24 und 28.

[93] So kann der Relativsatz „das sie nicht kennen" Zusatz sein.

II. V 28–30
V 28 Dreigliedrige, klagende Frage
V 29 Eindringlicher Höraufruf an das Land
V 30a Erläuterung des Bildes von V 28 und Konkretion: Kein Nachkomme
    V 30b wohl Zusatz: Keine Herrscherfolge auf dem Thron Davids
    (17, 25; 22, 2. 4 u. a.) mehr

Das Siegel, das beglaubigt und zur Amtseinsetzung gehören[94] kann, ist hier
ein Würdetitel. Mit ihm wird in einem krassen Bild ein Gegensatz dargestellt:
von hoher zu niedriger Stellung, von der Nähe zur Ferne: von der Hand
weggerissen[95], weggeworfen. V 25 deutet von der geschichtlichen Wirklichkeit her das Bild als Unterstellung unter die fremde Großmacht.

V 28 gestaltet die Klage mit der für Jeremia[96] charakteristischen dreigliedrigen, mit „Warum" abschließenden Frage, ebenfalls in einem ähnlich harten
Bild von einem – wertlosen – Gefäß, das zerschlagen wird.

Der Aufruf zum Hören, zuvor (21, 11 f) an das Königshaus gerichtet, wird
V 29 a) auf das Land ausgeweitet und b) erklingt dreifach, wirkt so beschwö-
rend-eindringlich[97] oder drängend: „Höre endlich!" Hier findet die Vermutung einer *Verlesung* des Prophetentextes im *Gottesdienst*, zumal bei einer
(exilisch-nachexilischen) Klagefeier, wiederum Anhalt.[98] Dieser Aufruf findet
sich kaum zufällig vor der unmittelbar folgenden Aussage, die einen besonderen Klang hat, einen tiefen Einschnitt in Israels Geschichte oder auch der
Verheißung (2 Sam 7 u. a.) ansagt: das Ende der Herrschaft der Daviddynastie mit erheblichen Folgen für das angeredete Land.

V 30 fügt zur drohenden Exilierung die Kinderlosigkeit hinzu. Lässt der
Auftrag „Schreibt auf!" an eine Chronik der Könige (wie 2 Kön 24, 5), an
eine Liste oder Aufstellung (wie Neh 2) denken, oder ist er hier eher bildhaft
gemeint?

Die Ankündigung V 30 (wie schon V 26) steht der Hoffnung des Gegenspielers Hananja (28, 1–4) entgegen.

Beklagt V 30 das Ausbleiben von Nachkommen Jojachins oder das Ende
des Königtums?[99] Wahrscheinlich ist zwischen beiden Aussagen (a und b) zu
unterscheiden. V 30b nimmt mit dem Verb den Gedanken von V 30a auf, um
ihm mit dem Verweis auf den „Thron Davids" (17, 25 u. a.) einen anderen
Schwerpunkt zu geben.

---

[94] Vgl. mit verschiedenen Nuancen Gen 38, 18. 25; 41, 42; Est 3, 10; 8, 10; auch Hld 8, 6. Zur
Auszeichnung des verlorenen Sohnes (Luk 15, 22) gehört: „Gebt einen Ring an seine Hand!"

[95] Vgl. das Verb 6, 29; auch 10, 20.

[96] Jer 2, 14. 31; 8, 4 f.19. 22; 14, 19; auch 49, 1 u. a.)

[97] Vgl. Jer 7, 4; dazu I, 179 mit Anm. 32. Die Kennzeichnung „magisch" ist kaum angebracht,
wenn man „magisch" als selbst-wirksam versteht; vgl. I, 20 und 328.

[98] Vgl. I, 40 f.263 ff.294. W. Thiel (I, 245, bes. 290 ff) denkt an ein Element einer Predigt.

[99] Die Verheißung 23, 5 f, erst recht die Aufhebung dieser Gerichtsansage 33, (14-)17 stammen
kaum von Jeremia.

Während 2 Kön 24, 15 von der Deportation des Königs mit Mutter[100] und Frauen berichtet, Kinder nicht erwähnt, enthält die Chronik darüber hinaus die Angabe, Jojachin habe Söhne gehabt; sie ist im Exil durch babylonische Quellen bestätigt.[101]

Entgegen V 30a weiß V 28 in der vorliegenden Textform von „Samen / Nachkommen". Durch diese Angabe, die wohl auf einer Ergänzung beruht, kommt eine kaum eindeutig zu beantwortende Frage auf: Sind die Kinder schon vor der Katastrophe (V 28 fort„geworfen") oder erst im Exil (vgl. V 26; 2 Kön 24, 15) geboren? Im zweiten Fall ist der Widerspruch zu V 30a geringer; dies wird die ältere Überlieferung bilden.

Hat V 30b nicht nur unter der Voraussetzung der V 28 erwähnten „Söhne" Sinn? Sind beide Aussagen gemeinsam alt oder eher später ergänzt? Möglicherweise lässt sich die vorliegende Textgestalt so erklären: Auf Grund neu eingetretener Gegebenheiten wurde die Erwähnung der Söhne in V 28 hinzugefügt, und sie hatte wiederum, vielleicht gleichzeitig, den Zusatz V 30b zur Folge. Er lässt sich als Reaktion, als Einschränkung und Erläuterung von V 30a („kinderlos") verstehen: Söhne wohl, aber nicht mehr als Regenten. Insofern bleibt die Intention der – älteren – Ankündigung der Kinderlosigkeit, die bei dem Herrscher zugleich die Thronfolge im Blick haben wird, in geänderter Situation nach Eintritt der Gerichtsankündigung V 26 sinngemäß gewahrt. Außerdem fügt V 30b den Gedanken wieder in den weiteren Zusammenhang ein: a) durch das dem geschichtlichen Verlauf entsprechende, in der Einführung 21, 1–10 vorgezeichnete Ziel der Sammlung und b) über das Thema hinaus ausdrücklich durch das Stichwort „Thron Davids" (22, 2. 4; vgl. 23, 5). So sucht V 30b, der ursprünglichen Aussageabsicht sachlich nahe, gleichsam einen Ausgleich zwischen Ankündigung und Wirklichkeit:

Auch wenn der König nicht kinderlos ist, wird keiner seiner Nachkommen den Davidsthron einnehmen.

Die beiden (V 10 entsprechenden) Aspekte, Deportation ohne Wiederkehr, werden durch die Geschichte (vgl. 52, 33 f) bestätigt.

Wie Ezechiel[102] so scheint in nachexilischer Zeit auch Haggai (2, 23) das Jeremiawort zu kennen und aufzunehmen, allerdings durch Umdeutung auf eine andere Person, den Davididen Serubbabel[103], zugleich aufzuheben: „Mein Knecht, ich setze dich wie ein Siegel; denn ich habe dich erwählt." Wieweit gingen die Hoffnungen, die sich mit ihm verbanden, in Erfüllung?

---

[100] Dies entspricht Jer 22, 26. Die Königsmutter (vgl. 29, 2) hat eine einflussreiche Stellung inne.

[101] 1 Chr 3, 16 ff; vgl. T. Willi, BK XXIV/1, 2009, 114 ff; HTAT 425 ff.

[102] Vgl. o. Anm. 40.

[103] Enkel des deportierten Jojachin und aus dem Exil zurückgekehrter Beauftragter des Perserkönigs; vgl. 2 Kön 24, 8. 15; 1 Chr 3, 17–19; Hag 1, 1; Esr 2, 1 f.

Heilsworte zum Abschluss der Königssprüche
Jer 23, 1–4. 5 f. 7 f.
Alte und neue, schlechte und gute Hirten
Jer 23, 1–4

1 Wehe den Hirten, die die Schafe meiner Weide[1] zugrunde richten und zerstreuen – Spruch Jahwes. 2 Darum – spricht Jahwe, der Gott Israels, über die Hirten, die mein Volk weiden: Ihr habt meine Schafe zerstreut und versprengt und habt euch nicht um sie gekümmert. Jetzt ziehe ich euch zur Verantwortung[2] wegen eurer bösen Taten – Spruch Jahwes.
3 Ich selbst sammele den Rest meiner Schafe aus allen Ländern, in die ich sie versprengt[3] habe, und bringe sie zurück auf ihre Aue, und sie werden fruchtbar sein und sich mehren. 4 Ich setze Hirten über sie ein, die sie weiden; sie fürchten und ängstigen sich nicht mehr, und niemand wird vermisst[4] – Spruch Jahwes.

Der zusammengehörige Text 23, 1–8 mit seinen drei Abschnitten (V 1–4. 5 f. 7 f) beschließt die Sammlung der Königssprüche (21, 11 ff mit der Einführung 21, 1–10) und lässt so auf Anklagen und Drohworte (noch 23, 1 f) Heilsankündigungen folgen. Wie die Sammlung mit ihrem Rahmen insgesamt Unheils- und Heilsansagen verbindet, so gliedert sich auch der Abschnitt V 1–4 in sich:

I. V 1 f Unheilsansage
V 1 „Wehe" (wie 22, 13) über die Hirten (vgl. 10, 21; 22, 22)
als Anklage zur Begründung der folgenden Unheilsankündigung
V 2 „Darum" und Botenformel, zur Betonung der Verbindung erweitert um
„Gott Israels" (wie 11, 3; 21, 4)
entsprechend: „mein Volk"
In der Anrede erneuerte Anklage

---

[1] „Weide" (wie schon 10, 21) im Sinne von „Herde". Gegenüber „ihrer Weide" (LXX wie 10, 21) betont der hebräische Text von vornherein den Unterschied zwischen Hirten und Herde und die Zugehörigkeit der Herde zu Gott: „mein Volk" (V 2). So bereitet V 1 Gottes Ich-Rede (V 2–4) vor.

[2] „Sich (nicht) kümmern / sorgen um" und „heimsuchen / zur Rechenschaft ziehen" bilden im Hebräischen (mit dem Verb *pqd*, etwa: „aufmerksam nach jemandem schauen") ein Wortspiel.

[3] „Versprengt" (wie V 3) oder „vertrieben", „verstoßen"; von Gott: 8, 3; 24, 9; 27, 10. 15; 29, 14. 18; 32, 37 u. a. Ähnlich wird die „Zerstreuung" (23, 1 f) den Hirten zugeschrieben, dagegen Gott selbst 9, 15; 18, 17; außerdem (mit wiederum andrem Verb) 31, 10.

[4] Vgl. HAL 901; dazu 1 Sam 25, 7. 21. Möglich wäre auch: „sie werden nicht mehr heimgesucht".

Strafansage als Ankündigung einer unmittelbar bevorstehenden Tat Jahwes
ohne Ausmalung des Gerichts mit Aufnahme der Begründung „Bosheit eurer Taten"[5]
    II. V 3 f Heilsansage
V 3 Mit der knappen Erinnerung an das Gericht als Tat Gottes (wie etwa 29, 4)
    Ermöglichung neuen Lebens:
    Sammlung „aus allen Ländern" und Rückführung, Wachstum
    (vgl. 29, 14 „von allen Orten")
V 4 Gestaltung des neuen Lebens
    Einsetzung von (rechten, verlässlichen) Hirten. „Ich richte auf"
    (wie V 5; Ez 34, 23)
    Angstfreiheit
    Ergänzung oder Entfaltung:
V 5 f Sog. messianische Weissagung
V 7 Neues Bekenntnis

Der Text greift nur wenig über das Thema Königtum hinaus und schließt dabei an die Erwähnung der „Hirten" (22, 22) an, um zunächst die Anklage zu entfalten oder zu erweitern. Zumal am Anfang (V 1 f) nimmt er Jeremias Einsichten auf, zeigt insofern Gemeinsamkeiten; vor allem wird Heil erst nach dem Gericht angekündigt. Die Textgruppe stammt allerdings kaum von Jeremia selbst, gestaltet eher mit verschiedenen Akzenten seine Botschaft aus. Die beiden Hauptthemen von V 1–8, Heimkehr und Einsetzung eines Königs, gehören kaum zu Jeremias ursprünglicher Heilshoffnung, gehen vielmehr über die in unzweideutig von ihm stammenden Texten (29, 5–7; 32, 15) bezeugte Erwartung hinaus. Hier vollzieht sich eine Auslegung seiner Botschaft nach der Katastrophe durch die (jerdtr) Redaktion. Sie hat statt in einem einmaligen Vorgang vielleicht wieder schubweise gearbeitet; die zwei erläuternden Abschnitte mögen nacheinander hinzugekommen sein.[6]

Der aus der Jeremiatradition herausgewachsene Text V 1–4 bot seinerseits Anregungen, war mit der Betonung der Verantwortung der Hirten, dem „Wehe", Stichworten wie „zerstreuen" oder „aus allen Ländern sammeln" und so der Verbindung von Unheils- und Heilsansagen „unverkennbar Vorbild"[7] für die thematisch breiter ausgestaltete Darstellung Ez 34.[8]

Die Anklage ist als Weheruf (V 1) geformt. Das aus der Totenklage (22, 18) hervorgegangene „Wehe" hat selbst schon drohenden Klang; in ihm wird die Unheilsankündigung ein Stück weit vorweggenommen. Die Begründung

---

[5] Jer 21, 12; vgl. dort Anm. 13.
[6] Zu dem jüngeren Text Jer 3, 14–16 (I, 111 f) bestehen engere Beziehungen in wenigstens drei Motiven: a) der Heimkehr, allerdings (mit anderem Verb) zum Zion (vgl. 12, 15; 31, 6), b) den Hirten, c) der Zusage „fruchtbar sein und sich mehren" (grob gleichzeitig in der Priesterschrift Gen 1, 28; 9, 1 u. a.; auch Ez 36, 11). Ist Jer 3, 14 ff von hier beeinflusst, oder sind beide Texte auf eine – im weiten Sinn – gemeinsame, aber in sich gestaltete Redaktion zurückzuführen?
[7] W. Zimmerli, BK XIII/2, 1969, 835. Zu dem viel behandelten Motiv „Hirte" vgl. G. Wallis, ThWAT VII, 1993, 566–576 (Lit.); R. Hunziker-Rodenwald, Hirt und Herde: BWANT 155 (2001) 73 ff (verweist auf Bezüge zu 40, 11 f.15; 42, 10 f.).
[8] Vgl. auch Joh 10.

charakterisiert die Täter durch ihr – unrechtes – Handeln, um sie bei ihm zu behaften.[9] „Hirten" bilden über den König hinaus die politisch Führenden und die Beamten.[10] Hirten kommt die Aufsichts- und Schutzpflicht über die Herde zu; sie haben achtzugeben, dass sie zusammenbleibt, nehmen ihre Aufgabe aber nicht wahr – im Gegenteil! Es geschieht, was der Berufsstand verhindern müsste: Die Herde zerstreut sich, ja mehr: die Hirten führen – durch ihr Handeln – Zerstreuung und Untergang herbei.

So wird zwischen den leitenden Kreisen und dem Volk unterschieden. Auf sie konzentriert sich der Schuldaufweis; es gehört hier nicht (wie 22, 2. 9 u. a.) zu den Schuldigen, bildet vielmehr die Betroffenen. Durch die Verbundenheit der Herde mit Gott[11] ergibt sich ein innerer Zusammenhang von der Anklage über die Gerichts- bis zur Heilsansage: Diese Zugehörigkeit geht auch in der Zerstreuung nicht verloren und wird in der verheißenen Zukunft wieder augenscheinlich.

Zwar greift die Strafansage im Wortspiel auf die Anklage zurück; der Zusammenhang von Tat und Folge, Tun und Ergehen, Verhalten und Geschick vollzieht sich aber nicht von selbst, sondern „gebrochen" als Tat Jahwes. So ist der Übergang, ja die Umkehrung von Unheil zu Heil möglich.

Dabei schließen sich die Verantwortung der Hirten, mit ihr der Aufweis von Schuld, und Gottes Wirken nicht aus.[12] Menschliches Handeln, selbst ausdrücklich als schädlich herausgestelltes Handeln, kann als Tat – des verborgen wirkenden – Gottes[13] verstanden werden. Die Heilsansage (V 3) setzt die Gottesrede („Ich") fort: Er „zerstreut" (genauer: „hat zerstreut") und „sammelt"[14]. Das Bekenntnis zum zwiefältigen Handeln Gottes, das schon das Motto der Redaktion (1, 10) hervorhebt[15], hält in dem Zwiespalt der Erfahrungen oder der Gegensätzlichkeit schicksalhafter Widerfahrnisse die Identität Gottes fest: Der „Verursacher" des Unheils ist zugleich der Heilsbringer; Gottes „Ich" prägt beide Aussagen. Ähnlich wird als Prädikation Jahwes (31, 10) formuliert: „Der Israel zerstreut hat, sammelt es wieder."

Nach der von den Hirten herbeigeführten Vernichtung (V 1) lässt Gott (V 3) Leben erst wieder entstehen – mit Sammlung[16], Heimkehr, Anwachsen

---

[9] Vgl. I,14 mit Anm. 85 und zu 22, 13 mit Anm. 58.

[10] Schon Jer 2, 8; dazu I,75 A 54; auch die Aufzählung 2, 26b u. a.; I,91 mit Anm. 132–133. Vgl. noch 25, 34–36; 50, 6 ff.

[11] Vgl. o. Anm. 1. Mit der die Verbindung bekundenden Wendung „Schafe meiner Weide" kann das Gebet (Ps 74, 1; vgl. 79, 13; 95, 7) die erfahrene Ferne beklagen. Ps 100 ruft die „ganze Erde" zur allgemeinen Erkenntnis (V 3) auf: „Wir sind sein Volk und die Schafe seiner Weide!" Zum Motiv vgl. auch Jes 40, 11; Mi 2, 12; Sach 11, 4 ff u. a.

[12] Vgl. Anm. 3.

[13] Vgl. etwa 29, 1. 4; auch sonst, etwa Ex 5, 22.

[14] Vgl. 29, 14; 31, 8. 10; 31, 8. 10; 32, 37; Mi 2, 12.

[15] Die Einsicht in das zweigliedrige Handeln Gottes ist durch die prophetische Verkündigung vorgegeben (I,24 mit Anm. 168) und darüber hinaus vielfältig (1 Sam 2, 6; Ps 104, 29 f u.v. a.) bezeugt.

[16] Die Sammlung des „Rests … aus allen Ländern" nimmt wohl ein Wort aus den Erzählungen auf (vgl. zu 40, 11. 15; auch 41, 10. 16; 42, 2. 15; von der Redaktion schon 8, 3), greift mit dem wei-

des Volkes. Wie die Sammlung die Zerstreuung aufhebt, so die Mehrung den Untergang. So schafft Gott die Voraussetzungen für die Einsetzung: „Ich bestelle / lasse aufkommen"[17], hier – im Plural – „Hirten". Sie werden – wohl in Anknüpfung an das Wortspiel in 22,22 mit Umkehrung der Intention – ihrer Aufgabe gerecht. Dabei wird die Zukunftshoffnung auf Frieden ohne Furcht nur zurückhaltend angedeutet, nicht ausgemalt.

Die „Rückführung" gehört kaum zu Jeremias Hoffnung; das Thema findet sich erst in der redaktionell-ergänzenden Auslegung von Jeremias Worten.[18] Die Heimführung ist, ausdrücklich für die Tempelgeräte, in der Botschaft der Heilspropheten[19] verankert. Nach seinem Brief an die Exulanten trifft Jeremia der Vorwurf 29,28 „es dauert noch lange". Der Brief zeigt mit seinen Aufrufen zugleich, dass das Thema Mehrung (29,6) in Jeremias Botschaft verwurzelt ist; es wird hier in sprachlich erweiterter Form aufgenommen.

Die Einsetzung der Amtspersonen hat jeweils ein Ziel: Ist es V 4 eine zuverlässige Leitung, die ihre Aufgabe erfüllt, so laufen V 5 f zugespitzt auf eine Person zu, einen Herrscher, der das Recht verwirklicht. So wird die V 3 f ausgesprochene Hoffnung durch die Erwartung eines Königs V 5 f und eines neuen Bekenntnisses V 7 f entfaltet oder ergänzt.

Erwartung eines Davidsprosses.
Die sog. messianische Weissagung
Jer 23,5 f.

5 Siehe, Tage kommen, – Spruch Jahwes
da erwecke ich David einen gerechten (rechtmäßigen) Spross.
Er wird als König herrschen und weise handeln[20],
Recht und Gerechtigkeit üben im Lande.
6 In seinen Tagen wird Juda Hilfe erfahren
und Israel in Sicherheit wohnen.
Dies wird sein Name sein, mit dem man ihn nennt:
„Jahwe (ist) unsere Gerechtigkeit."

---

ten Raum aber über sie hinaus. Steht auch die Heilserwartung der Jesajatradition (6,13; vgl. 7,3) im Hintergrund und wird ausgestaltet?

[17] Wie Ez 34,23; ähnlich Dtn 18,15.18.

[18] Außer 23,3.7 f (= 16,15) in jüngeren Zusätzen: 24,6; 29,10.14; 30,3; 12,15. Vgl. 109, 135; I, 25; zur Sache auch I,291 f. Eine Heilserwartung für das Südreich spricht Jeremia eindeutig 32,15 aus.

[19] (In der Zeit nach 597 v. Chr. vor der Katastrophe:) Jer 28,3 f; vgl. 28,6; 27,16.22; dazu A. Graupner, ThWAT VII, 1151.

[20] Oder: Erfolg haben.

Die der Kritik an den Hirten folgende Zusage wandelt sich in eine poetisch-rhythmisch geprägte – traditionell formuliert – messianische Erwartung. Wie die Hirten (V 4) wird Gott den künftigen König „errichten / erwecken"[21]. Der erhoffte Spross ist über jene Gruppe hinaus ausgezeichnet, wie schon das dreimal begegnende Leitwort *zdk* „gerecht" oder „rechtmäßig" andeutet. Erscheint eine solche Weissagung nach der (22, 30 vorliegenden) Ankündigung, kein Nachkomme des (legitimen) Königs Jojachin werde mehr auf Davids Thron sitzen, nicht verwunderlich?[22] Zudem zielen Jeremias Heilsansagen (29, 5-7; 32, 15) nicht auf eine staatliche Größe. Allerdings richtet sich seine Kritik nicht auf die Institution selbst[23], sondern auf die einzelnen Könige. Er kann rückblickend sogar Josia als Vorbild herausstellen; ja, die Weissagung (23, 5b) schließt sich an jene Darstellung (22, 15: „Recht und Gerechtigkeit üben") an, um Charakteristika des künftigen Königs herauszustellen. Das Recht bleibt in den verschiedenen Zeiten und Aspekten grundlegend, erscheint als nötiges Fundament oder Grundstruktur der Herrschaft (21, 12; 22, 3), als Vorwurf (22, 13 ff) und als Erwartung (23, 5). Obwohl der König „Recht schafft" (auch „Erfolg hat"), ist der wahre Heilsbringer Gott selbst.[24] Nach der Einleitungsformel[25], die auf eine unbestimmte Zukunft verweist, wird (wie V 4) von Gott in 1. Person geredet: „Ich richte auf / erwecke" den „Spross". Erst dann wird das Objekt, der erwartete König, zum Subjekt.[26] Schon das Passiv (V 6a) verweist eher wieder auf Gott; er bringt die Hilfe und die Sicherheit[27], wie jedenfalls die Namengebung zeigt: „Jahwe ist unsere *Zdk* Gerechtigkeit / unser Heil".[28] Der Thronname spielt, zumal die Sammlung wohl die letzten Könige Judas (22, 10 ff), nicht aber Zidki-Ja / Zedekia,

---

[21] Vgl. 30, 9; thematisch ähnlich Jes 32, 1.

[22] Die Formulierung „David einen Spross errichten" spricht für Traditionsgebundenheit der Weissagung, Zugehörigkeit des Erwarteten zum davidischen Geschlecht; vgl. o. die Auslegung zu 23, 30-b. Es braucht „kein Widerspruch" vorzuliegen; „denn es gab noch andere Davididen", wie Ismael 41, 1 (W. Rudolph 145). Da der neue König einer Neben- oder Seitenlinie des Herrscherhauses entstammen kann, lässt sich für die Redaktion der Ausschluss eines Nachkommen des legitimen Königs Jojachin mit der Hoffnung auf „einen gerechten Spross" verbinden.

[23] Allgemeiner urteilt Hosea (8, 4; 3, 4).

[24] Jer 9, 23 bezeugt von Gott selbst, dass er „Treue, Recht und Gerechtigkeit auf Erden übt" (I, 212 f). „Gerechtigkeit und Recht sind die Stütze / Grundfeste seines Throns" (Ps 89, 15; 97, 2; vgl. 85, 11 ff).

[25] Vgl. 7, 32; 9, 24; 19, 6; 23, 5. 7 (= 16, 14); 30, 3; 31, 27. 21. 31 u. a.; I, 213 Anm. 689.

[26] Strukturell ähnlich Jes 11, 3bff; Mi 5, 3a.

[27] Der Gerechtigkeit im Innern entspricht die Ruhe nach außen; beides steht (auch zeitlich: „in seinen Tagen") im Einklang. Der Zukunftsherrscher führt – zumindest ausdrücklich – keinen Krieg. „Der Messias bringt diese Heilsgüter nicht, aber er repräsentiert sie nach außen und innen; deswegen trägt er den sinnbildlichen Namen." Die Hoffnung richtet sich „nicht auf militärische Macht und weltlichen Glanz." (P. Volz 233)

[28] *Zdk* „Ordnung, Heil" ist allgemeiner als *zdkh* „Gerechtigkeitstat" (vgl. HAL 942 f; ThWAT VI, 916).

nennt, auf den Eigennamen dieses Königs in Kritik und Überbietung[29] an. Hören die von den einschneidenden Ereignissen Betroffenen die Assoziation nicht noch über lange Zeit deutlich heraus? Der künftige „gerechte" Herrscher hat Eigenschaften oder Fähigkeiten, die dem regierenden fehlten. So enthält die Erwartung einerseits ein Gegenbild mit Anklang an Jeremias Verkündigung und steht andererseits bereits in einem Überlieferungszusammenhang, der das Prophetenbuch übergreift. Die im Jesajabuch bewahrte Hoffnung wird abgewandelt weitergetragen.[30] Zudem hat die Erwartung V 5 f eigene Nachwirkungen. Sie wird in 33, 14 ff aufgenommen und umgedeutet.[31] Außerdem wird das Bild vom „Spross", das durch das verheißene Reis aus der Wurzel[32] angeregt sein mag, zum festen Begriff bzw. Hoheitstitel im Sacharjabuch.[33]

Das Königtum erstreckt sich nur über das „Land" (V 5). Indem aber Ungestörtheit gewährleistet ist, wird ein feindliches Eindringen ausgeschlossen; so ist implizit eine Wirkung nach außen mitgedacht. Mit dem Wohlergehen ist auch eine Gemeinsamkeit oder die Verbindung von Nord- und Südreich, Juda und Israel, im Blick. Der Name „Jahwe *unsere* Gerechtigkeit" verrät, wem eigentlich *„unser* Heil" anvertraut ist; zugleich erkennt das Volk an, dass sich das Geschehen auf „uns" bezieht.

Zwar stammt die Weissagung kaum von Jeremia selbst, ist aber in seine Überlieferung eingereiht, denkt in Aufnahme seiner Königskritik seine Heilserwartung weiter.[34] In der im Kontext (22, 30) ausgesprochenen kritischen Distanz wird erwartet, dass Gott etwas anderes „errichtet", gleichsam einen neuen Anfang setzt; insofern fügen sich V 5 f zu den auf gleiche Weise eröffneten V 7 f.

Ist trotz der Kritik an einzelnen Königen nicht künftiges Heil für das Königtum (die Institution) denkbar? Theoretisch oder grundsätzlich ja, aller-

---

[29] Wieweit fehlt Zedekia, von Nebukadnezzar eingesetzt und umbenannt (2 Kön 24, 17), nicht die Rechtmäßigkeit (oder gar Rechtschaffenheit)? Es bestehen auch Bezüge zu der sich auf ein Herrscherhaus richtenden Verheißung (2 Sam 7, 9–12[.25]).

[30] An Jes 9, 5 erinnert der Thronname (Doppelname mit theophorem Element, „man nennt", redendes „Wir"), auch die Verwirklichung von „Recht und Gerechtigkeit" (9, 6; vgl. 11, 3 ff; dazu Ps 72 u. a.) oder Gottes Rettungstat (Jes 9, 2–4 u. a.).

[31] Dort ist mit „Juda und Jerusalem" eine kleinere (nachexilische) Gemeinde angesprochen (s. die Auslegung); offenkundig ist 23, 5 f älter. Auch 30, 9(f) wird 23, 5 f voraussetzen, gemeinsam mit 23, 1 ff eine Nachwirkung in Ez 34 (bes. V 23 f) haben. Vgl. noch Jer 51, 10.

[32] Die bildliche Ausgestaltung von Jes 11, 1 („Stumpf") scheint kritischer, radikaler zu sein (vgl. Mi 5, 1 nach 3, 12).

[33] Sach 3, 8; 6, 12. Bietet Jer 23, 5 f so das Zwischenglied zwischen dem Aufkommen des Bildes und seiner begrifflichen Fixierung? Vgl. noch Jes 53, 2.

[34] Da V 5 f a) sich sprachlich an V 4 anschließen, b) auf den in der Sammlung fehlenden Königsnamen Zedekia anspielen, liegt die Folgerung nahe: Sie sind in diesem Zusammenhang mit Zügen auch prophetischer Überlieferung gestaltet (H.J. Hermisson, Studien [o. zu 21, 11 ff Anm. 8] 44: „für die Sammlung verfaßt").

dings spielt es in den Texten, die mit hoher Wahrscheinlichkeit die Heilshoffnung Jeremias wiedergeben[35], keine Rolle.

Das neue Bekenntnis
Jer 23, 7 f. (= 16, 14 f.)

**7 Darum, siehe Tage kommen – Spruch Jahwes –, da wird man nicht mehr
sagen: „So wahr Jahwe lebt, der die Israeliten[36] aus dem Land Ägypten heraufgeführt hat!", 8 sondern: „So wahr Jahwe lebt, der heraufgeführt hat
und der gebracht hat die Nachkommen des Hauses Israel aus dem Land des
Nordens und aus allen Ländern, in die ich[37] sie verstoßen (zerstreut) habe,
und sie werden wohnen auf ihrem Boden."**

Das Prosa-Wort V 7 f schließt die Sammlung der Königssprüche (21, 11 ff) in
der erweiterten Form (mit dem Vorwort ab 21, 1) ab.[38] Dabei knüpfen V 7 f
eng an 23, 1–4. 5 f an. Eine inhaltliche Ähnlichkeit besteht zu V 3 im weiten
Horizont „aus allen Ländern", in der Erinnerung „ich habe zerstreut" sowie
der Ankündigung der Rückführung. Außerdem gleicht die Einleitungsformel
„siehe, Tage kommen"[39] V 5. Überhaupt ist der Anschluss durch „darum" an
V 5 f passender als bei der Parallele 16, 14 f; er ist hier als Folge möglich. So
hat 23, 7 f im Kontext von V 1–4. 5 f seinen ursprünglichen Ort.

Das Verspaar 23, 7 f ist noch 16, 14 f bezeugt, weithin im Wortlaut gleich, in Einzelheiten aber abweichend.[40] Insgesamt bietet 16, 14 f eher a) die jüngere, ausgeglichene

---

[35] Wie Jer 24, 5; 29, 5–7; 32, 15; dazu I, 27 ff.

[36] Die LXX (vgl. Anm. 38) bietet hier, nicht aber in der Parallele 16, 14, wie der hebräische Text
V 8: „Haus Israel". In V 8 fehlt in der LXX der erste, V 7 wiederaufnehmende Relativsatz „der
heraufgeführt hat"; er kann ohne Sinnverlust entfallen.

[37] Die 1.Ps. knüpft an V 3 an; vgl. u. Anm. 38.

[38] In der LXX, die wie der hebräische Text diesen Abschnitt schon 16, 13 f mit leichten Änderungen bezeugt, fehlt er hier; sie bezieht die folgenden Prophetensprüche ein und trägt ihn anschließend nach; vermutlich soll er auch nach den Drohworten 23, 39 f als ergänzende Korrektur
dienen.

[39] Vgl. o. Anm. 25.

[40] Abgesehen von Abweichungen, die keine inhaltliche Änderung mit sich bringen (wie V 7
„sie werden nicht mehr sagen" bzw. 16, 14: „es wird nicht mehr gesagt"), seien vier Unterschiede
(jeweils in V 15) erwähnt: a) „und der gebracht hat" fehlt dort; ohne Sinnverlust scheint 16, 15 zu
straffen. b) Die 1.Ps. „wohin ich sie verstoßen habe", die V 3 (vgl. 8, 3) aufnimmt, zeigt den Zusammenhang der Textgruppe V 1–8, während 16, 15 die im Schwur zu erwartende 3.Ps. bezeugt.
Diese ist eher eine geglättete, sich besser einfügende Formulierung. c) Statt der ungewöhnlichen
Wendung „Nachkommen des Hauses Israel" (V 8; Ez 44, 22) bezeugt 16, 15 „Söhne Israels" –
wohl in Anpassung an V 14. d) Der Schluss von 16, 15 geht in die 1.Ps. über: „Ich bringe sie zurück" (ähnlich 29, 14; 42, 12; vgl. 1 Kön 8, 37. 48) und fügt hinzu „(auf den Boden,) den ich ihren
Vätern gegeben habe" (ähnlich 7, 7; 24, 10; 25, 5).

Textform und findet sich b) an späterer Stelle. Das Verspaar mit seiner Hoffnung ist
zur Ergänzung des unheilvollen Charakters von Kap. 16 nicht als Gegensatz oder
Aufhebung, aber als Weiterführung, als heilvoller Ausblick nach dem kaum erträg-
lichen Gericht, insbesondere der Zerstreuung (16, 13), auch dorthin gesetzt. Der
harten Unheilsansage (Kap. 16), die später in schwerer Zeit von Erfahrungen der
Katastrophe her (V 4b) ausgestaltet wurde, ist ein das Gericht übersteigendes Element der Hoffnung auf die Heilswende hinzugefügt.[41]

Schon V 3 verbindet gegensätzliche Taten Gottes, Zerstreuen und Sammeln,
miteinander, V 5 erwartet von ihm die Einsetzung eines Königs. Hier wird
eine Tat, die Jahwe in besonderer Weise charakterisiert, für sein Verständnis
grundlegend ist, durch eine andere überboten: in tief gewandelter Situation
durch die Heimführung. Der feierliche Schwur erfolgt beim Namen Gottes,
auf den man sich vertrauensvoll beruft. V 7 blickt auf die heilvolle Geschichte
zurück, erinnert an die Befreiung aus Ägypten und mit „Heraufführen" an
die Landnahme in (dem höher gelegenen) Palästina.[42] Bei paralleler Gestaltung bilden V 7 f a) einen Gegensatz („nicht – sondern"), b) eine Steigerung:
der zweite Eid greift über die Befeiung aus einem Land weit hinaus:„aus allen
Ländern".[43] Schließlich stehen sich Vergangenheit und Zukunft gegenüber.
Da der Grundzug der Befreiung[44] erhalten bleibt, steht das neue Bekenntnis
nicht nur im Kontrast, sondern zugleich in Übereinstimmung mit dem alten.
Mit anderen Heilshoffnungen (wie 24, 7; 31, 31 ff) greift es über das gegenwärtig Erfahrbare hinaus.

---

[41] Vgl. I, 285 ff, bes. 291. Gehört wie der Aufruf 22, 29 auch das Bekenntnis (16, 14 f; 23, 7 f) in
einen liturgischen Zusammenhang (I, 40 f., 263 ff.)? Vgl. Jes 43, 17 f.

[42] So schon Jer 2, 6; auch Am 9, 7 u. a. Die Folge „heraufführen – bringen" mag durch 2, 6 f angeregt sein. Vgl. noch Jer 11, 7.

[43] Dabei knüpft die Verheißung zweifach an Jeremias Botschaft an: a) durch die Angabe „Land
des Nordens" an die Ankündigung des Feindes aus dem Norden (4, 5 f; 6, 1. 22 im Anschluss an
1, 14) der deportiert hat; b) mit der Zusage ruhigen „Wohnens" auf dem „Boden / Land" an die
durch das Deutewort der Symbolhandlung (27, 11) eröffnete Möglichkeit.

[44] Vgl. auch das zu sprechende Bekenntnis 31, 7; das erwartete Bekenntnis der Völker 16, 19;
dazu Jes 48, 20b.

Kleiner Exkurs:
Zur Auseinandersetzung „wahre"–„falsche" Prophetie
Jer 23 und 27 f.
mit einem Schwerpunkt auf Mi 3, 5–8

Prophetie ist keineswegs nur ein israelitisches Phänomen, wie das AT selbst mehrfach[1] berichtet. Muss sich Jeremia auch gegen *fremde* Propheten (27, 3. 9) wenden? Wie alt die ausgestaltete Erzählung von einer Auseinandersetzung innerhalb der *eigenen* Prophetie (1 Kön 22) sein mag, grob ein Jahrhundert vor Jeremia ist jedenfalls ein entsprechender Gegensatz bezeugt: Das Wort *Michas* (3, 5–8)[2] ist für das Verständnis von Jeremias Situation entscheidend, da es Eigenarten der Prophetie erkennen lässt.

1.) Schon im Michawort stehen zueinander im Verhältnis: die Einzelperson – die Propheten als Gruppe – das Volk. Einleitend erhebt Micha wegen der Auswirkung ihrer Botschaft den Vorwurf: „Sie verführen mein Volk"[3], der bei Jeremia (23, 13) nachklingt

2.) Die Propheten erhalten für den Lebensunterhalt Entlohnung[4]; nach der Anklage[5] machen sie ihre Botschaft von der Bezahlung abhängig.

3.) Zumal im Notfall werden sie „gesucht" oder befragt[6]; sie können Auskunft über künftiges Ergehen geben[7] und – eventuell – Fürbitte üben[8], so als Mittler zwischen Gott und Volk auftreten.

---

[1] Außer dem Streit Elias mit Propheten Baals (1 Kön 18, 19 ff; vgl. I, 75 f): 2 Kön 10, 19; auch Num 22, 5.

[2] Vgl. noch Jes 28, 7–13; auch 29, 10; 30, 10. Der Exkurs nimmt Gedanken auf aus: Ernten, was man sät. FS K. Koch, 1991, 162–170 = Zukunftsgewißheit und Gegenwartkritik: B Th St 51, ²2002, 111 ff. Vgl. o.S. XVII.

[3] Mi 3, 5; zum Ausdruck der Zugehörigkeit „mein Volk" vgl. 1, 9; 2, 8 f; 3, 3.

[4] Für den Lebensbedarf: 1 Sam 9, 6 ff; 1 Kön 14, 3. Nach – kritischen – Erzählungen gab es Vorbehalte und konnte man auf Freiheit bedacht sein; vgl. Num 22, 17 f; 24, 13; 2 Kön 5, 15 ff; 8, 8 u. a. Die sog. Schriftpropheten, schon Amos (7, 12. 14), wollen unabhängig sein; vgl. 1 Kor 9, 14 f.

[5] Mi 3, 5; vgl. „Gewinn", Vorteilnahme Jer 6, 13; auch Ez 13, 19.

[6] Vgl. zu 21, 1 ff (Anm. 10); 37,(3.)7 ff; auch 1 Kön 22, 8.

[7] Da sie in kritischen Äußerungen (wie 27, 9) mit Zeichendeutern zusammen genannt werden, bedienen sich die Propheten vielleicht auch der Mittel zur Erschließung der Zukunft, dazu der Träume (29, 8; 23, 25 ff).

[8] Auskunft und Fürbitte hängen zusammen; vgl. Jer 37, 3. 7; dazu I, 26. 263. 265 ff. Sind die Auskunft Suchenden – im Fall einer Besorgnis – nicht zugleich Bittsteller, erhoffen selbstverständlich, dass sich die Propheten für sie einsetzen?

4.) Die Propheten können Heil und Unheil ankünden, dieses sagen sie allerdings wohl nur Einzelpersonen (Mi 3, 5: „wer nicht gibt, ihm ...") oder Gruppen an, decken kaum wie Micha[9] die Schuld des Volksganzen auf. Auch wird die Heilszusage der Unheilsdrohung vorgeordnet.[10] Insofern setzen sie Schalom „Friede, Heil" des Volkes voraus – so der Glaubenstradition[11] entsprechend oder in Übereinstimmung mit der gängigen Religion. Von daher erscheint eine Unheilsansage über das Volk nicht möglich[12], während der Schriftprophet Unheil ankündigen kann, auch wo man (weiterhin) Heil erwartet.[13]

5.) Die Überlegenheit des Schriftpropheten zeigt sich in seinem Urteil über die Worte der anderen[14], mit einem doppelten Anspruch: er erkennt, wohin ihr Treiben führt, und kündigt ihnen das Ende des Offenbarungsempfangs an. Auf Grund seiner Vollmacht, „erfüllt von Recht, Kraft und Stärke"[15], kann Micha seinen Gegnern wegen ihres Fehlverhaltens im Gotteswort ansagen: Sie haben Visionen bzw. Offenbarungen empfangen – in Zukunft nicht mehr! Weil Gott schweigt, sich entzieht,[16] können sie nicht mehr als Mittler auftreten.

Weitgehend liegen nur Äußerungen *über* die Propheten vor. Eher eine Ausnahme bilden Hananjas Worte (28, 2-4. 11)[17], die beanspruchen, auf göttlichen Ursprung zurückzugehen. Die *Möglichkeit* scheint Jeremia (28, 6) nicht von vornherein[18] auszuschließen. Indem er jedoch den Wahrheitsgehalt der Worte leugnet, ist eine Steigerung gegenüber der Argumentation von

---

[9] Mi 3, 8 enthält eine Selbst-Aussage mit der Aufgabe des Propheten; zum Ich-Wort wie Mi 1, 8 vgl. I, 234. Dabei zielt die Beauftragung des Propheten nicht auf ein Mahnen oder einen Bußruf, sondern auf Aufdeckung der Schuld (3, 8; vgl. V 5a).

[10] „Die Heilsbotschaft wird (V 5) als der Normalfall hingestellt, die Unheilsbotschaft (sg.Subj.) als die Ausnahme. Die Gegner Michas gehen also ... ganz selbstverständlich vom Heil des Gottesvolkes aus." (J. Jeremias, ATD 24/3, 163 Anm. 147)

[11] Vgl. I, 146 Anm. 41.

[12] Vgl. Jer 6, 14 (= 8, 11); dazu I, 21 f.

[13] Ist zwischen Empfangen und – selbst geändertem – Mitteilen zu unterscheiden: Werden die Propheten „zur Verantwortung gezogen", weil sie an der Gestaltung des Wortes, das sie weitergeben, zu erheblichen „Anteil haben"? (BThSt 51, 117). Die Gottesworte finden „ihren Maßstab an den Interessen der Propheten" (J. Jeremias ATD 24/3, 162), so dass das „Eigeninteresse der Boten das Gotteswort nicht mehr erkennbar werden lässt" (163).

[14] Die Vision 1 Kön 22, 19 ff sucht die Entstehung ihrer Botschaft zu „erklären".

[15] „Jahwes Geist" ist in der Reihe Zusatz. Die Schriftpropheten berufen sich – vermutlich zur Abgrenzung von ekstatischen Erscheinungen (wie 1 Sam 10, 5 ff; 19, 19 ff) – durchweg nicht auf Geist (o.S. 146 f mit Anm. 45 zu 5, 13).

[16] Mi 3, 7; auch 3, 4; vgl. Hos 2, 5. 11. 13; 3, 4; 1 Sam 3, 1; 28, 6. 15; 2 Sam 22, 42. So liegt die Zukunft der Propheten in Gottes Wort und Wirken.

[17] Auch in Gottesworten der Psalmen (wie Ps 2, 7 f; 89, 3 f.20 ff; 110, 1. 4; 132, 11 f) oder in den Büchern von Nahum und Habakuk können sich Überlieferungen solcher Propheten erhalten haben. Sie waren vielleicht am Tempel angestellt (Jer 29, 26). Sollte man gegenüber einer eng-festlegenden Bezeichnung wie „Tempel-" oder „Kult-Prophet". nicht Vorsicht üben? Auch der Begriff „Schalom-" oder „Heilsprophet" wird dem Sachverhalt (o. 4.) nur insofern gerecht, als die Propheten mit der Tradition das Heil des Volksganzen voraussetzen.

[18] Vgl. zu 23, 28 ff.

Mi 3, 5–8 gegeben: Traut Micha – wenigstens implizit – den Propheten noch zu, dass sie Gottes Offenbarungen empfangen *haben*, um dies für die Zukunft zu bestreiten, so kann Jeremia (23, 16. 21 u. a.) urteilen: Sie haben überhaupt keine Worte mehr von Gott. Was Micha für die Zukunft voraussagt: Die Propheten erhalten keine Auskunft oder Antwort Gottes mehr, kann Jeremia in seiner Gegenwart als gegeben ansehen, insofern die Erfüllung der Zukunftsansage Mi 3, 6 f bekräftigen. – Auch im *Rückblick* nach der Katastrophe wird das Michawort abgewandelt, wie zur Anerkennung oder Bestätigung, aufgenommen.[19]

Von einem Propheten mit der Botschaft „Hüte dich!" ist auch in den Ostraka von Lachisch z. Z. der Eroberung Jerusalems die Rede.[20]

Die sog. Schriftpropheten können der Glaubenstradition mit mehr Freiheit gegenübertreten, wie es (23, 23) bildhaft in einer Frage zum Ausdruck kommt: „nicht auch ein Gott aus der Ferne?"[21] Angesichts nahender Katastrophe stellt nach der Erzählung (37, 19) Jeremia schon die Frage: „Wo sind nun eure Propheten?"

Selbst eine literarische Eigenart lässt sich in diesem Zusammenhang verständlich machen: Die drei – verschieden, als Ich- oder Er-Bericht gestalteten – Kap. 27–29, die auch das Echo auf Jeremias Verkündigung mit den Auswirkungen für ihn selbst beschreiben, müssen zeitweilig ein Sonderdasein geführt haben, wie gemeinsame stilistische Eigentümlichkeiten nahelegen.[22] Wegen ihrer engen Beziehung zur Jeremiatradition bildeten die drei Kapitel kaum eine von vornherein selbständige Schrift; eher wurden sie eine Zeitlang aus dem Zusammenhang ausgegliedert – mit einer noch erkennbaren *Absicht*: Auseinandersetzung mit anderen Propheten. Später wurde diese Schrift wieder in den Erzählzusammenhang eingestellt.[23]

In ihr klingt die Thematik mehrfach an: Jer 27 enthält über den Anlass hinaus eine allgemeine Polemik (V 9 f u. a.) gegen die Propheten. Deutlich zwischen Jeremias Brief und dessen jüngerer Auslegung ist 29, 8 f eingefügt. Das Thema Prophetenkritik scheint nach Jeremias Wirken in exilisch-nachexilischer Zeit aktuell relevant zu bleiben, wie die eingetragenen Warnungen

---

[19] Klgl 2, 14. Die sog. Heilspropheten erscheinen „in einer deutlichen Distanzierung als ‚deine Propheten' ... Als wahre prophetische Aufgabe wird das Aufdecken der Schuld des Volkes bezeichnet, so wie es der Prophet Micha von sich selbst gesagt hat (Mi 3, 8). Im Lichte dieses Wortes erscheint Micha geradezu als Gegenbild der falschen Heilspropheten." (H.J. Boecker, ZBK:AT 21, 1985, 51) Dienten hier (vgl. Jer 14, 10 ff) die – durch den Gang der Ereignisse als „falsch" erwiesenen – (Heils-)Propheten wegen ihrer irreführenden Botschaft dem Volk auch als Entschuldigung?

[20] TGl² 76; HTAT 422.

[21] Vgl. ausführlich zu Jer (27-)28.

[22] Sie sind verbunden durch: a) Kurzformen der Eigennamen Jeremia (27, 1; 28, 5 ff u. a.) und Zidkija (ohne Endsilbe *hu*), b) Nebukadnezzar (27, 6. 8 u. a.; nicht wie üblich: Nebukadrezzar). c) Sachlich bedeutsam ist die Häufung des Titels „Prophet" für Jeremia wie Hananja.

[23] Es liegt eine „Kampfschrift gegen falsche Propheten" vor, die „aus dem fertigen Jeremiabuch abgeschrieben" (W. Rudolph 173 mit Anm. 1), „aus dem dtr. Jeremiabuch ausgezogen und separat ... verwendet" (W. Thiel II, 5) wurde.

„Hört nicht!" zeigen:[24] So werden die Erweiterungen, die an die Überlieferung anknüpfen, aus späterer Situation verständlich.

Das AT kennzeichnet die Botschaft der Propheten zwar als „Lüge weissagen sie"[25], kennt aber keinen besonderen Begriff für „falscher Prophet". Mit der Bezeichnung „*Pseudoprophet*" für Hananja, die das Urteil „Lüge" in den Titel hineinnimmt, enthält die LXX gegenüber dem hebräischen einen deutlich jüngeren Text.[26] Ist die Unterscheidung oder Wertung für jedermann nicht auch erst im Rückblick, noch nicht in der Gegenwart, eindeutig? Stellt sich nach dem hebräischen Text die Wahrheit erst im Verlauf der Ereignisse oder im Gang der Erzählung heraus, so geht die LXX (hier) von einer Situation oder einem Standpunkt aus, in dem über die Wahrheit längst entschieden ist; die ursprünglich unübersichtliche Situation wird vom Ausgang her nachträglich interpretiert.

Nach der Verheißung (Joel 3, 1 f) erfasst durch Ausgießung des „Geistes" die prophetische Begabung mit Traum und Vision alle Glieder des Volkes ohne Unterschied von Geschlecht, Alter oder Stand, so dass es keiner Mittler mehr bedarf, alle – ähnlich wie nach Jer 31, 33 f – voneinander unabhängig und unmittelbar werden.

---

[24] Jer 27, 9 f.14 f.16 f; vgl. 29, 8 f.15 („in Babel").21; auch 14, 14 f. Die Ergänzungen zeigen zugleich, dass man die Polemik in der vorliegenden Form nicht ohne weiteres, uneingeschränkt aus Jeremias Situation verstehen kann.

[25] Die für die Jeremiatradition charakteristische Wendung „Lüge weissagen / prophezeien" ist verschieden gestaltet (5, 31; 14, 14; 23, 25 f; 27, 10. 14 ff; 29, 9. 21; auch „in meinem (Gottes) Namen" 14, 14; 23, 25; 29, 21; dazu H. Weippert, Prosareden 110 ff); vgl. 23, 14. „Lügenträume" (23, 32; vgl. 14, 14). Lüge ist auch 1 Kön 22, 19 ff mit Prophetie verbunden.

[26] Jer 28 = 35, 1. „In der LXX findet sich für die Propheten, die von den wahren Propheten unterschieden werden sollen, an einigen Stellen die Bezeichnung, eine Übersetzung, die offensichtlich eine Interpretation der hebräischen Vorlage darstellt." (E. Osswald. Falsche Prophetie im AT, 1962, 7). Vgl. noch den hebräischen mit dem griechischen Text Jer 6, 13; 26 (=33),7 f.11. 16; 27 (=34),9.

„Über die Propheten"
Streit um das rechte Wort.
Jer 23, 9–32

Wenn Propheten mit gegensätzlichen Aussagen auftreten, sich dabei auf „Gesichte" (V 16) oder Offenbarung mit dem Anspruch auf Wahrheit berufen, ja sich (wie Kap.27 f) unmittelbar gegenübertreten können, ist zur Orientierung das Problem kritischer Scheidung der Geister nicht zu umgehen. Die *Frage* nach der „Wahrheit" (vgl. V 28) stellt sich keineswegs erst aus der Rückschau. Nirgends finden sich so viele, zugleich so verschiedenartige Reflexionen über die Wahrheitsfindung wie in der Jeremiatradition, zumal in dieser Sammlung. Allerdings wird Außenstehenden die Argumentation eigentlich nur unter der Bedingung nachvollziehbar, dass der Sprecher in der Auseinandersetzung von seiner Grundvoraussetzung, seiner Wahrheitserkenntnis, her urteilt. Erlaubt der geschichtliche Verlauf nachher, als die „Wahrheit" vor Augen steht, nicht eindeutigere Stellungnahmen?[1] In ihrer Vielfalt erscheinen die Kriterien nicht wie aus dem Rückblick entworfen; sie werden eher als Ringen um Einsicht verständlich. Kurz, sie wirken nicht „objektiv" prüfend und „neutral" urteilend, bieten zumindest teilweise eher engagierte Äußerungen, bezeugen so eine sich ereignende, in der Situation strittige Wahrheit.

Die Sammlung stellt kaum eine von vornherein fortlaufend, in der vorliegenden Form geschlossen entworfene Einheit dar, ist eher, wie der Wechsel von Redeformen und Gedanken mit der Wiederaufnahme von Aussagen andeutet, – ähnlich den vorhergehenden Königssprüchen – aus teils selbständig lesbaren Einzelworten zusammengefügt und erweitert.[2] Mit der einleitenden Ich-Rede, die den „Standpunkt" des Sprechers anschaulich darstellt (V 9), über den weiteren Kreis der Betroffenen (V 11) bewegt sich die Sammlung auf das eigentliche, in der Überschrift genannte Thema zu. Auch wenn sich so ein innerer Zusammenhalt erst herausbildet, ergeben die Abschnitte doch

---

[1] Zum Kriterium der „Erfüllung", des Eintreffens der Zukunftsansage, vgl. zu 28, 8 f; ansatzweise 32, 6–8: auch I,38.

[2] Die Ergänzungen (V 17 f, in V 14. 22 und im abschließenden prosaischen Teil, vielleicht V 25–27, jedenfalls V 32) lassen sich nicht immer eindeutig von dem Grundbestand, einem älteren „authentischen" Kern, abheben. Diese Abgrenzung ist dann bedeutsam, wenn sich inhaltlich ein Unterschied zu Jeremias Verkündigung erkennen lässt. Hier ist der spezifisch jerdtr. Anteil geringer als (im Rahmen) bei den Königssprüchen (W. Thiel I,249 f). An sie ist diese Sammlung „angeschlossen, weil auch die Propheten zu den verantwortlichen geistigen Führern des Volkes gehören" (W. Rudolph 149 mit Zitat von F. Nötscher).Vgl. Mi 3 und die Verordnungen über Amtspersonen, unter ihnen König und Prophet, Dtn 16–18.

eine sich thematisch steigernde Folge. Ein Spruchpaar steht gegen Anfang
(V 10 ff) wie Schluss (V 30 f). Das Thema „Worte / Wort" schlägt einen Bogen, ja erscheint wie ein Leitmotiv und Rahmen: vom Eröffnungssatz (V 9)
über die Warnung (V 16 mit der Ablehnung V 17), den Hinweis auf einen
möglichen Ursprung des Wortes (V 22a; vgl. V 18) zur Entgegensetzung von
Traum und Wort mit bildhafter Ausgestaltung (V 28 f) und das Bild deuten-
der Wiederaufnahme der Kritik (V 30 f). Das „Wort", dessen Ergehen für Jeremias Botschaft konstitutiv[3] ist, wird hier eigens bedacht. Schwerpunkte der
Sammlung sind die Bestreitung des Anspruchs der Propheten und, mit ihr
zusammenhängend, die in den Disputationsworten auf allgemeine Zustimmung ausgerichteten Aussagen über Gott bzw. Gottes Wort.[4]

V 9 Ausgangspunkt für das kritische Urteil über die Propheten
        Ergriffenheit des „Ich": Wirkung der „Worte" Gottes auf Jeremia
I. V 10–12. 13–15 Hinführung zum Thema
Wortpaar: Jeweils Anklage mit Strafansage
Von „Prophet und Priester" (V 11) zu den „Propheten" (V 13 ff)
II. V 16–24 Bestreitung der Beauftragung der Propheten durch Gott
        und allgemeine Folgerung
        V 16 Aufruf mit Urteil: Ablehnung ihrer „Worte"
        V 17 Ergänzung: Erläuterung zu deren Botschaft
        V 18 Ergänzung: Weisheitlich-skeptische Frage
        V 19 f Ankündigung des zornvollen Gottessturms für die Propheten
        V 21 f Mangelnde Vollmacht. Ohne „Sendung"
und Teilnahme am himmlischen Rat
        V 22a Gottes Worte im himmlischen Rat
        Ergänzung V 22b (vgl. V 14aβ)
V 23 f Disputationsworte: Gottes Nähe und Ferne
III. V 25–32 Gegenüberstellung der Medien der Offenbarung: Wort gegen Traum
        V 25–27 Prosaische Begründung, Entfaltung (zumal von V 16)
        und Hinführung zu:
V 28 f Aufforderungen und bildhafte Disputationsworte.
        Besonderheit und Macht des Gotteswortes
Zur Erläuterung des Bildes V 29:
V 30 f Parallel gebaute Urteile
V 32 Ergänzung: Zusammenfassung
IV. V 33–40 Anhang

---

[3] So wird die Einführung der Amosvisionen „So ließ ... mich schauen" durch die feste Wendung „das Wort Jahwes erging an mich" ersetzt (1, 11. 13). Vgl. „Worte" (1, 9; 5, 14) bzw. „Wort"
(1, 12; 6, 10; auch 20, 8 f); als Eigenart des Propheten 18, 18; s. I, 26 ff. 60 Anm. 84. Weitere dazu
gehörige Stichworte sind etwa: „reden", „hören (lassen)", hier auch „Herz" – sowohl des Sprechers (V 9), der Propheten (V 17. 26) als auch Gottes (V 20).
[4] Wiederkehrende Elemente sind noch „laufen" (V 10b.21) oder „Mann" (V 9. 24; vgl. Anm. 17
zu V 10). Schlägt nicht auch Verb bzw. Vorstellung „füllen" einen Bogen vom „Land" (V 10) zum
All (V 24)?

Die Sammlung erinnert, zumal im einführenden Teil, an den Anfang der Jeremia-Überlieferung, die sog. Frühzeitverkündigung, sowie an die Konfessionen.

Wie die Berufungsgeschichte hebt V 9 den Widerfahrnis-Charakter, den passiv-rezep-
tiven Anteil, hervor, zusammen mit der Beauftragung zu „Worten" (1, 9) bzw. mit der
Reflexion über das „Wort"(1, 11 f). Dort begegnet auch die Wurzel „heilig" (1, 5; 2, 3).
Der Gegensatz zu „Priester und Prophet"[5] nimmt ein weit zurückreichendes Thema
auf. Der Name bzw. Titel der Gottheit „Baal" mit Bezug zur Prophetie kehrt wieder,
verbunden mit der Charakteristik „Lüge" und dem Vorwurf, das Land zu „verunreinigen".[6] Auch die Konfessionen stellen im Eröffnungssatz der Reihe (11, 18) wie im
Einzelfall (20, 7) Gottes Wirken und die persönliche Reaktion dar. Überhaupt zeichnen sie die Sachlage grob ähnlich: Die Einzelperson tritt einer Mehrzahl gegenüber
mit der Ansage eines Gerichts über eine Gruppe im Rahmen des Volksganzen.[7] Darüber hinaus finden sich weitere Verbindungslinien zur vorhergehenden Verkündigung.[8] Gleich das einleitende Wort nimmt die Form der Klage auf.[9]

9 Über[10] die Propheten.
**Gebrochen ist mein Herz in meinem Inneren,
es schlottern alle meine Glieder,
ich wurde wie ein Betrunkener
und wie jemand, den der Wein bezwungen hat,
durch Jahwe und seine heiligen Worte.**

Trotz der Überschrift steht am Anfang nicht ein Echo auf das Verhalten anderer Propheten. Die Klage spiegelt bildkräftig Jeremias besondere Erfahrung, seine Ergriffenheit durch die Wahrheit, die ihn erfasst hat und bis ins
Körperliche bewegt, wider. „(Zusammen-)Bruch", ein Stichwort in Jeremias
Verkündigung, wird schon zuvor auf ihn selbst übertragen.[11] Die Begründung V 9b gibt zugleich das Grundthema der Sammlung an. Das Widerfahrnis, die Begegnung mit dem „Heiligen", vollzieht sich nicht ohne die weiterzugebenden „Worte"[12], die Jeremia in Gegensatz zu den Propheten bringt

---

[5] Jer 2, 8; vgl. zu 5, 12 f.30 f; 6, 13 f; außerdem 4, 9 f; 14, 14. 18.

[6] Jer 3, 1 f; vgl. 2, 7; u. Anm. 26–30.

[7] Wird nicht auch hier das Gericht über „Frevler" (vgl. 12, 1) in einen größeren Horizont gestellt? Vgl. Zeitangaben wie 17, 18; 18, 23; auch I,324.

[8] So wird durch denselben Wortstamm der Zusammenhang „Böse / Unheil" mit der Anklage
„böse / Bosheit" und der Folge, des – als Tat Gottes herbeigeführten – „Unheils" beschrieben.
Vgl. „Auen der Steppe" 9, 9; Land: 4, 28; 12, 4; auch Berührungen mit Jer 5, 31; 9, 1; 13, 25 u.a.

[9] Vgl. schon 4, 19 ff; 8, 18 ff u.a. Solche formalen wie motivisch-inhaltlichen Zusammenhänge
legen die Annahme nahe, dass zumindest Einzelworte, gleichsam der Kern der Sammlung, auf
Jeremia zurückgehen. Entstand oder wuchs sie selbst in seiner näheren Umgebung? In der Auseinandersetzung nennt er sich nicht selbst „Prophet" (anders in der Darstellung in 3.Person wie
28, 5 u.a.; I,36. 330).

[10] Oder: „Betreffend"; vgl. o. zu 21, 11 (Anm. 12).

[11] Vgl. etwa 4, 6. 20; 6, 1. 14; 8, 11 mit 8, 21; 10, 19; I,201.

[12] Es ist weniger eine „berauschende Gotteserfahrung als vielmehr ein schonungsloses Kundtun des göttlichen Willens ... Der Inhalt dieser Offenbarung öffnet Jeremia schmerzhaft die

und ihn über deren Botschaft urteilen lassen. Die leidvolle Betroffenheit durch das Wort erinnert an die Konfessionen.[13] Beruht eine solche Aussage[14] noch auf ekstatischen Erlebnissen?[15] Die Ausdrücke erfassen Inneres wie Äußeres, weisen auf psychosomatische Erscheinungen hin. Vom Berauscht-Sein ist allerdings nur, jeweils durch „Wie" eingeführt, im Vergleich die Rede. So ist die Beschreibung eher bildhaft, um die Erregung oder Erschütterung, das Bewegt- oder Überwältigt-Sein zu umschreiben. Diese Ergriffenheit meint aber nicht Bewusstlosigkeit. Etwa in der Berufungsgeschichte oder in Visionen antwortet Jeremia klar verständlich. Zudem scheint er dieses „Ich"-Wort gestaltet, so sein Widerfahrnis selbst zum Ausdruck gebracht zu haben.

V 9 steht vorweg als ein Stück für sich; die Auseinandersetzung beginnt V 10.

10 Fürwahr[16], voll von Ehebrechern ist das Land;[17]
denn ,ihretwegen'[18] trauert das Land,
sind verdorrt die Auen der Trift.
Ihr Lauf ist Bosheit geworden
und ihre Stärke Unrecht.
11 Ja, sogar Prophet und Priester sind gottfern[19];
selbst in meinem Haus habe ich ihre Bosheit gefunden – Spruch Jahwes.
12 Darum wird ihr Weg ihnen wie schlüpfriger Grund.
In die Finsternis werden sie gestoßen[20]
und kommen in ihr zu Fall;
denn ich bringe über sie Unheil,

Augen." (I. Dubach, Trunkenheit im Alten Testament: BWANT 184, 2009, 101 im Anschluss an W. Rudolph 150) V 9b „streichen zu wollen, würde den Verzicht auf den eigentlichen Kern des Spruches bedeuten" (A. Weiser 201). Ein Verweis auf Gottes Wirken schließt etwa auch 4, 6 ab.

[13] Zumal 20, 8 f (mit gleichen Stichworten: „Wort", „Herz", „Gebeine"); sachlich ähnlich 15, 16 f; 17, 15.

[14] Vgl. 4, 19. 21; 20, 8 f.

[15] Angedeutet: Hab 3, 16; Jes 21, 3 f; Hi 4, 12 ff; Dan 8, 18; 10, 8; im Vorwurf Hos 9, 7. Vgl. I, 146 Anm. 45 zu 5, 12 f. Die Überlieferung kennt die Möglichkeit, „in einen anderen Menschen verwandelt" zu werden (1 Sam 10, 6; vgl. 10, 9 ff; 19, 24).

[16] Wie 2, 10 u. a. zur Beteuerung (vgl. Ges-K § 157b); möglich ist auch ein begründender Anschluss („denn") an V 9.

[17] V 10aα ist (a) ohne Parallelismus, fehlt (b) in der LXX, ähnelt (c) im Konsonantenbestand V 10aβ, so dass Dittographie vorliegen kann, ist darum möglicherweise jünger: In einer zweiten Phase wäre der Wortlaut in Anknüpfung an V 14 umgebildet, um das Wortpaar mit Verstärkung der Anklage thematisch einheitlich zu umrahmen. Oder hat die LXX V 10aα (s. folg. Anm.) wegen der Korrespondenz zu V 14 weggelassen?

[18] So LXX, Pesch.; M: „wegen des Fluchs". „Ihretwegen" (vgl. „diese" 5, 9. 29; 9, 8) bezieht sich auf V 10aα zurück. V 10b nimmt mit den Suffixen V 10a auf.

[19] Vgl. 3, 1 f(.9): „Land entweihen". Die dort beschriebene Situation wird hier nicht erwähnt. Insofern wird die „Bosheit" allgemein angedeutet; sie muss – aus Jeremias Sicht – Abwendung einschließen.

[20] Vgl. HAL 210. Das Passiv entspricht V 12b. Das Bild ähnelt 13, 16; zu „fallen" vgl. 6, 15; 8, 12; „Zu „heimsuchen" 5, 9. 29; bes. 6, 15; 8, 12; 10, 15; Dunkelheit vgl. 13, 16; Ps 35, 5 f; Hi 18, 18.

das Jahr ihrer Heimsuchung – Spruch Jahwes.
13 Bei den Propheten Samarias (schon) sah ich Anstößiges[21];
sie weissagten mit Baal
und verführten mein Volk Israel.
14 Aber bei den Propheten Jerusalems sah ich Abscheuliches:
Ehebruch und Wandel in Lüge;
sie stärkten die Hände der Bösewichter[22],
– so dass sie nicht umkehrten, ein jeder von seiner Bosheit[23] –.
Sie alle sind für mich wie Sodom
und ihre Bewohner wie Gomorra.
15 Darum spricht Jahwe Zebaot so über die Propheten:
Seht, ich gebe ihnen Wermut zu essen
und Giftwasser zu trinken;
denn von den Propheten Jerusalems
ist ausgegangen die Gottesferne ins ganze Land.

Das Urteil V 10a steht unmittelbar im Gegensatz zu V 9.[24] In dem Wortpaar[25] wechseln sich Anklage (V 10 f.13 f) und durch „darum" eingeführte Strafansage (V 12. 15) ab. Die Aufdeckung von Schuld begründet die Folge; sie ergibt sich im Tun-Ergehen-Zusammenhang aber nicht von allein, wird vielmehr eigens von Gott („Ich") herbeigeführt. Beide Worte sind in der vorliegenden Gestalt durch das Thema Ehebruch wie das Urteil „entweihen / gottfern sein" verbunden und greifen über den engeren Kreis, alle zusammenfassend, im Rahmen (V 10a.14b.15) hinaus; jeweils ist das ganze Land betroffen. Dabei setzen V 10–12 breiter ein. Wie die zweite Einheit als Steigerung gegenüber der ersten zu verstehen ist, so enthalten V 13 f nochmals in sich eine Steigerung. Ist das Bildwort V 15 nicht auch härter als die Strafansage V 12?

Das alle übergreifende Urteil „Ehebrecher" wird schon zuvor ausgesprochen[26]; innerhalb der Gesamtheit (V 10) trifft der Vorwurf hier einen Teil, erscheint als Merkmal der prophetischen Gegner (V 14). Auch die Verbindung der Motive (Thema Ehe, Urteil: „entweihen/gottfern sein" mit Folgen für die

---

[21] Ungehöriges, Unziemliches; vgl. J. Marböck, ThWAT VIII, 730.

[22] D.h.: ermutigten die Übeltäter; vgl. Ez 13, 22.

[23] Der in Gedankenstriche gesetzte Versteil 14aβ ist vermutlich Zusatz: a) Nur V 14aα läuft V 13 parallel; V 14aαβ schießt über. b) Für V 14aβ fehlt ein Parallelglied. c) Die Sprache erscheint der (jerdtr.) Redaktion zugehörig. d) V 14b wechselt den Adressaten von den Propheten zu allen bzw. „Bewohnern". „Alle" entfaltet – auf den einzelnen bezogen – „jedermann" (V 14aβ). Dabei sind V 13–14a die Anklage bzw. die Begründung für die Gerichtsansage V 15. e) Sachlich fragt sich: Würde gutes Verhalten der Propheten zur Umkehr der Hörer führen? Schon B. Duhm (184) findet hier eine „Glosse" mit „der späteren Auffassung" der Propheten. Vgl. u. zu V 22b.

[24] Zudem schließt V 10 mit dem Wortstamm *gbr* („Manneskraft / Stärke") an V 9 („Mann, jemand") an.

[25] Vgl 1, 11–14; 2, 10–13 u. a.; hier 23, 30 f.

[26] Vgl. 7, 9; 9, 1; auch Zeph 3, 4; Klgl 2, 14.

Natur) ist ähnlich sonst bezeugt.[27] Dabei meint „Ehebruch" kaum nur ethisches (29, 23), eher zugleich theologisches Fehl-Verhalten (Untreue gegenüber Jahwe), schillert gleichsam zwischen beiden Bedeutungen. Mit Lüge, Unwahrheit (V 14) gemeinsam weist die Anklage auf einen Zusammenhang von Religion und Leben[28]; wie der Übergang „Baal – Lüge" andeutet, sind, bildhaft gesprochen, beide Tafeln des Dekalogs verbunden. „Lüge" hat verschiedene Aspekte, die sich nicht auszuschließen brauchen: einem Fremdgott oder Jahwe in Gestalt eines Fremdgotts zuneigen und unwahrhaftig bzw. trügerisch sein. V 11b erinnert an die Tempelrede, der in ihr erhobene Vorwurf (7, 9) ist durch die Ortsangabe „in meinem Haus" eher zugespitzt.

Solche Vorhaltungen sind in der konkreten Auseinandersetzung als Argumente der Selbstverteidigung verständlich. Soll der Lebenswandel nicht dem Auftreten mit der Botschaft entsprechen? Wie es mit der Angemessenheit des Tadels bestellt sein mag – ob wirklich alle Heilspropheten ein anstößiges Leben führten? –, jedenfalls kann der Lebenswandel höchstens einen Ansatz für einen Verdacht auf Glaubwürdigkeit liefern, kein befriedigendes, überzeugendes Wahrheitskriterium sein.[29]

Der Rückblick auf das Nordreich V 13 (vgl. V 27) sieht – in der Nachfolge Hoseas – die Schuld in der Hinwendung zu *Baal*[30] in der Parallelität oder Nähe von Jahwe und Baal. Wieweit sprechen die Propheten unmittelbar im Namen Baals? Möglicherweise berufen sie sich auf Jahwe, der – nach kritischer Auffassung – aber in Gestalt Baals erscheint. Die Einschätzung „mein Volk verführen" wird wohl in Anknüpfung an Michas[31] Urteil getroffen. Die Situation wirkt im Süden weiter; „weissagen in / mit Baal" (V 13) und „Wandel in Lüge" (V 14) scheinen sich zu entsprechen.

Der schon zuvor bedachte Zusammenhang von Nord und Süd[32] erscheint hier als Gegenüberstellung zugunsten des Nordreichs, auf das (entsprechend V 27) zurückgeblickt wird. V 13 und V 14 stellen Nord- und Südreich in einem Schluss *a minore ad maius* gegenüber: Das angeredete Volk ist schlimmer.[33] Der Vergleich ist Anknüpfungspunkt oder Anregung für den – von der Redaktion im gleichen Sinn ausgestalteten – Prosatext 3, 6 ff.

---

[27] Jer 3, 1–4 (.9); vgl. 12, 4; 13, 27; 14, 1 ff; auch Hos 4, 3 u. a. Mit dem Urteil über das Volksganze steht das Thema im Überlieferungszusammenhang mit Hoseas Kritik (3, 1; 4, 2. 13 f; 5, 3 f u. a.).

[28] Zu dem 2, 23 ff; 3, 1 f gezeichneten kultischen Treiben vgl. I, 88 f. 144. 179.

[29] „Ethische Vorwürfe konnten allenfalls die Glaubwürdigkeit der Gegner in Zweifel ziehen, nicht aber zur prinzipiellen Bestreitung ihrer Vollmacht dienen." (J. Jeremias, EvTh 1971, 318)

[30] Der kritischen Beschreibung (2, 23) ist 2, 8 ein zusammenfassendes Urteil vorangestellt; vgl. I.10 (Anm. 49). 66 (Anm. 3). 75 f (mit Anm. 60). 89 (Anm. 125). 254. Ähnlich bietet 23, 13 (.27) eine Zusammenschau.

[31] Mi 3, 5, aufgenommen Ez 13, 10; von Orakelpraxis: Hos 4, 12.

[32] Vgl. I, 80 f. 151; auch 105.

[33] Die Ausdrücke „Anstößiges" und „Grässliches" bzw. „Schauderhaftes/Abscheuliches" (schon 5, 30 mit Prophetie verbunden; vgl. 13, 27; 18, 13) „markieren eine Steigerung", so dass die „Jerusalemer Propheten als noch verwerflicher erscheinen" (G. Wanke 211). Zum Schluss *a minore ad maius* vgl. beispielsweise Jon 4, 10 f.

Der – vielleicht im Anschluss an Jes 1, 10 getroffene, in Jer 20, 16 anklingende – bittere Vergleich mit Sodom und Gomorrha enthält Schuldaufweis und Gerichtsansage zugleich; so ergibt sich ein Übergang zu V 15.[34]

16 So spricht Jahwe Zebaot:
„Hört nicht auf die Worte der Propheten, die euch prophezeien![35]
Sie halten euch zum Narren.
Das Gesicht ihres (eigenen) Herzens verkünden sie,
nicht, was aus Jahwes Mund (kommt)."[36]
17 Die eindringlich sagen zu den ‚Verächtern des Wortes Jahwes'[37]:
„Heil wird euch widerfahren!",
und zu jedem, der im Starrsinn seines Herzens wandelt,
sagen sie: „Kein Unheil wird über euch kommen!"
18 Fürwahr, wer hat im Rat Jahwes gestanden,
dass er sein Wort wahrgenommen und gehört hätte?[38]
Wer hat ‚sein' Wort vernommen und gehört?
19 Siehe, der Sturmwind Jahwes, ein (heißer) Zorn, brach aus,
ein wirbelnder Sturm,
auf das Haupt der Gottlosen wirbelt er.
20 Nicht wendet sich Jahwes Zorn,
bis er durchgeführt und ausgerichtet hat die Gedanken seines Herzens.
Im Nachhinein[39] werdet ihr es voll verstehen.
21 Nicht gesandt habe ich die Propheten – sie aber laufen;
nicht habe ich zu ihnen geredet – sie aber prophezeien.
22 Wären sie in meinem Rat gestanden,
würden sie meine Worte meinem Volk verkünden
– um sie abzubringen von ihrem bösen Wandel
und von der Bosheit ihrer Taten –.[40]

---

[34] Vgl. I,199 Anm. 44 zu 8, 14 (übernommen 9, 14); auch ThWAT VIII, 531.

[35] Der in LXX fehlende Partizipial- bzw. Relativsatz ist vielleicht Zusatz. Die folgende Aussage „zum Narren halten/zu Nichtigem führen" nimmt das Ergebnis vorweg; eine ähnliche Wendung ist in 2, 5b Nachtrag.

[36] Der Übergang der Gottesrede in Rede von Gott in 3.Person findet sich auch 29, 5–7; Jes 40, 1 f u. a.

[37] So ist der hebräische Konsonantentext (mit LXX) wahrscheinlich zu lesen. Der masoretische Text bietet: „Die mich verachten: Jahwe hat gesagt." Damit nimmt er das Verb V 16b in krasser Gegenüberstellung auf: Was sie nach ihrem Herzen „reden", „reden" sie als Gottes Wort weiter. Die Verachtung gilt Jahwe selbst – wohl indem sie Eigenes als Empfangenes ausgeben. Diese Deutung ist eher eine Verschärfung, erinnert bei diesem Thema an die auffällige Punktation in 5, 13.

[38] Möchte man V 18 (nur) auf die Propheten beziehen, müsste man die Einschränkung (wer „unter ihnen") erst eintragen, wohl auch einen Teil ändern (V 18b „hören lässt") oder streichen.

[39] D. h. in der Folgezeit: „Danach". Zunächst liegt „das nicht-eschatologische Verständnis näher" (H. Seebass, ThWAT I,[224-]228; vgl. III, 572). Später lässt sich die Erwartung auf das „Ende der Tage" beziehen.

[40] Wie V 14aβ ist der in Gedankenstriche gesetzte Versteil 22bβ höchstwahrscheinlich ein Nachtrag, s. u.

Schon der einleitende Aufruf sucht einen Keil zwischen Volk und Propheten zu treiben.[41] Eine solche Mahnung, ihnen kein „Gehör", d. h. kein Vertrauen[42], zu schenken, lässt sich befolgen, wenn sie etwa mit der Aufforderung zur Fremdgötterverehrung (Dtn 13, 2 f) gegen die Ausschließlichkeit des Glaubens verstoßen, setzt sonst ein nicht allgemein zugängliches Wissen oder Unterscheidungsvermögen zwischen rechtem und unrechtem, situationsgemäßem und unangemessenem Prophetenwort voraus. Dem Volk kann ja auch der umgekehrte Vorwurf gemacht werden, auf Seher und Propheten nicht gehört zu haben.[43] Wieweit ist der Sachverhalt über den Propheten hinaus Außenstehenden in der Situation einsichtig?

V 16 nimmt sachlich, jetzt auf die Angeredeten bezogen, die Anklage von V 13 auf. Die Propheten „künden" wohl „Gesichte"[44], aber nicht von Gott, vielmehr ihres eigenen „Herzens", das nicht so wie Jeremias „Herz" (V 9) bewegt ist. Zwar treten Jeremias Gegner im Namen Jahwes auf (V 25), wie Hananja mit der Botenformel (28, 2. 11) auf Gott als Urheber verweist; sie beanspruchen, Gottes Wort weiterzugeben, obwohl ihnen – nach Jeremias Urteil – kein Gotteswort anvertraut ist (23, 21. 30 f). Der Inhalt ihrer Verkündigung ist selbst erdacht, ihre Wunschvorstellung.[45] Analog zu „nicht gesandt"(V 21) wird bestritten: „nicht aus Jahwes Mund". Ist Jeremia Gottes Wort in den „Mund" gelegt (1, 9; 5, 14), ja kann er als Jahwes „Mund"(15, 19) erscheinen, so ist ihm gegeben, was die anderen vermissen.

Dem vom Wort Betroffenen (V 9) treten (im Nachtrag V 17) die „Verächter" gegenüber. Das „Wort Jahwes", das die Angeredeten durch ihr Verhalten und Reden „missachten", ist kaum allgemein Gottes (in der Tora vorliegende) Willensbekundung, die als Maßstab dient, sondern – zumal im Rahmen dieser Sammlung – das von Jeremia weitergegebene Wort.[46] So vollzieht sich der Übergang von V 16 zum Zwischenstück V 17 leicht. Es enthält eine doppelte Bewertung: Das (bei Jeremia zu hörende) Gotteswort findet keine Anerkennung, und die „Gesichte" ihres Herzens geschehen aus „Hartherzigkeit"[47]. Mit dem Zitat wie mit der Bestreitung des Offenbarungs-Charakters

---

[41] Vgl. eine Mahnung zur Unterscheidung wie Hos 2, 4 oder „Höret!" Jes 1, 10 u. a. Die Anrede bleibt später aktuell, wie die eingefügten Warnungen (Jer 27, 9 f; 29, 8 f.15; vgl. Ez 13 u. a.) zeigen.

[42] Vgl. „auf Lüge vertrauen" (28, 15; 29, 31).

[43] Vgl. Am 7, 16; 2, 11 f; Jes 30, 10 f; Jer 6, 16 f (dazu I,166 f); in späterer Zeit: 7, 23 ff u. a.; I,38.

[44] „Gesicht" kann ein Kennzeichen der Prophetie sein (Ez 7, 26). Der Titel „Seher" – von demselben Wortstamm – entspricht alter, schon außerisraelitischer Tradition (2 Sam 24, 11; Am 7, 12). Eine andere Wurzel findet sich in Jer 1, 11 ff; 24, 1. Vgl. andeutende Darstellungen wie Num 23, 3 f; Hi 4, 12 ff.

[45] „Trug ihres Herzens" nach dem vielleicht jüngeren V 26; vgl. 14, 14 „Lügengesicht"; Ez 13, 3.

[46] Vgl. o.Anm. 43; schon Jes 5, 19. 24; auch Ez 12, 21 ff; Jes 53, 1.

[47] „Herzenshärtigkeit" begegnet nur in redaktionellen Passagen (7, 24; 11, 8; 18, 12; bes. Dtn 29, 18 u.a.); diese Charakteristik bezieht sich hier kaum auf das ganze Volk. Sonst schließt sich V 17 (abß) an 4, 10; 5, 12 an. Umfasst der Kreis derer, die „Jahwes Wort verachten", ihrem verstockten Herzen folgen, nicht mehr als die Heil zusagenden Propheten, die sie ansprechen? Der Kreis scheint offen zu sein. – Den Widerspruch zwischen eigenem Herzen und Gottes Willen sucht die Verheißung 31, 31 ff aufzuheben.

erinnert V 17 zumal an 5, 12 f und setzt wohl die Katastrophe voraus. Allerdings tritt hier, wo der Inhalt der Botschaft zur Sprache kommt, der Unterschied deutlich hervor – in der Zukunftsansage. Anstelle des drohenden Gerichts (V 20) prophezeien sie Schalom „Friede/Heil"[48]. Sachlich erscheint der Widerspruch unmittelbar (V 17 gegen V 12); der Ankündigung: „Ich bringe Unheil"[49] steht entgegen: „Unheil wird nicht kommen!"[50] Damit wird, abgesehen von der Bewertung, der Gegensatz wohl sachgemäß gezeichnet. So ist für die Hörer zwar nicht der Wahrheitsgehalt, jedoch die Eigenart der Botschaft des Schriftpropheten erkennbar, die mehr (von der Glaubenstradition) in Frage stellt.

Nach dem Aufruf „nicht zu hören" gilt V 18 dem „aufmerksam Zuhören", allerdings als Frage. Sie ist im Anschluss an die Parallele V 22 formuliert und stellt deren weisheitlich-skeptische Verallgemeinerung[51] dar – im Sinn von: Wer überhaupt kann in Gottes Rat stehen, sein „Wort" vernehmen? Hier ist es (gegenüber V 22a im Singular) wohl grundsätzlich gemeint. So zieht V 18 in Zweifel, wieweit, ja ob überhaupt der Mensch von Gottes Entscheidung wissen kann.

V 19 f begründen, warum man den Propheten „nicht zuhören" bzw. trauen (V 16) soll.

V 19 f, die von Gott in 3.Person sprechen und darum vielleicht einmal ein eigenständiges Wort bildeten, reflektieren kaum im Nachhinein den Untergang, sind, ob in diesem Zusammenhang ursprünglich oder nicht, jedenfalls in Jeremias Sinn. Sie weisen eine Parallele (30, 23 f) auf, sind hier (a) gegen die Propheten gerichtet, so auf die Gruppe bezogen, während sie dort „entschränkt", verallgemeinert sind. Dort erscheinen (b) V 19 f in fremdem Kontext, fügen sich hier in den Zusammenhang ein. V 19 ist zweifach durch den Gegensatz zum Vorhergehenden bestimmt: Sturm statt Friede und von Gott statt aus eigenem Herzen, nennt so ausdrücklich als Herkunft: Gott selbst. Zudem ist (c) 30, 23 f an ein Jeremiawort (4, 8) stärker angepasst. Eine solche wörtliche Übereinstimmung ist eher auffällig – warum sollte sie später getilgt sein? So bietet 23, 19 f eher das ältere Zeugnis.

Wohl in Jesajas Nachfolge sagen V 19 f Gottes „Zorn"[52] an – in Gestalt eines unaufhaltsamen, in Kürze losbrechenden, von Jahwe gesandten Sturms. Dieses Motiv braucht man inhaltlich nicht streng zu fassen; es ist *ein* Bild für das künftige Gericht. Mehr als ein halbes Jahrtausend später droht Johannes der Täufer seiner Generation den „kommenden Zorn" Gottes an (Luk 3, 7 ff).

---

[48] Vgl. 6, 13 f; auch 5, 12 f; als Einzelfall 28, 2 f. I, 21. 25 und o. Exkurs.
Dabei stehen sie in Übereinstimmung mit der Glaubens-Tradition (Ex 3 u.a.); vielleicht ist die Unverletzbarkeit des Zion im Blick; vgl. Mi 3, 11 f; Ps 46, 6; auch Jer 14, 9; I,146 f (mit Anm. 41). 164. 177.
[49] V 12b; vgl. (gegenüber 2, 7:) 4, 6; auch 5, 15; 11, 23 u.a.
[50] Vgl. im Rückblick 2, 3; bes. 5, 12 f; auch 4, 10; 14, 13; die Frage 37, 19.
[51] Vgl. Hos 14, 10; Hi 15, 8; I,11 f.40 und 208 Anm. 28 zu 9, 11; dazu o.Anm. 38.
[52] Im Rückblick Jes 9, 7 ff; im Ausblick 5, 25 ff; 10, 5; auch Hos 13, 11. Vgl. Jer (2, 35 im Zitat des Volkes) 4, 8; 6, 11; I,.11 (Anm. 57).161; auch das Bild 23, 29. Zum Gottessturm vgl. Jes 2, 12–17 u. a. Für „Zorn" finden sich im Hebräischen wechselnde Begriffe.

V 20 nimmt sachlich die Zusage der Ausführung 1, 11 f (jeweils 'sh „machen") auf, wirkt hier wie eine Bekräftigung; Gottes „Herz" ist anders, auf Verwirklichung, ausgerichtet. Einsicht gibt es aber erst in der folgenden Zeit: einem „Danach": „Sie werden erkennen, dass ein Prophet unter ihnen *war*."[53]

Die Überlegenheit oder Autorität des Schriftpropheten zeigt sich darin, dass er die Legitimation der anderen durchschaut, die Herkunft ihrer Botschaft zu erklären beansprucht.[54] V 21, der eine durch Gottes „Ich" geprägte Reihe eröffnet, entfaltet die knappe Angabe: „nicht aus meinem Mund" (V 16), begründet so nochmals, dass die Gegner, obwohl nicht beauftragt, auftreten und reden. Die „Sendung" ist ein Charakteristikum (1, 7; 26, 12).[55] Lautet der zu ihr gehörige Auftrag „Geh!" (1, 7 u. a.), so meint „Laufen", kaum ohne Ironie, eine Steigerung der Intensität.[56]

Wie den Widersachern entgegenkommend, nennt V 22 eine weitere Möglichkeit der Legitimation: Teilnahme am himmlischen Beraterkreis.[57] Waren sie statt persönlich-direkt von Gott entsandt zu sein, als Teil einer Gruppe beteiligt, haben mit-gehört?

Buße/Umkehr erscheint – wie in anderen Zusammenhängen (26, 3 u. a.), hier aber außerhalb der Prosastücke – als Absicht der Botschaft (V 22bβ): „um sie umkehren zu lassen / abzubringen von ihrem bösen Weg/Wandel und der Bosheit ihrer Taten". So ist V 22 für das Verständnis der (sog. Schrift-)Prophetie nicht ohne Bedeutung, der entscheidende Ausschnitt (bβ) stammt höchstwahrscheinlich jedoch nicht von Jeremia, sondern ist erst durch die (jerdtr) Redaktion[58] eingefügt. Die Propheten werden nachträglich so verstanden, dass sie ihre eigentliche Aufgabe nicht erfüllt haben, das Volk von der Bosheit abzubringen.

1.) Der Inhalt der Botschaft wird V 14aβ nicht direkt als Umkehrruf bestimmt; er erscheint nur als Folge. Was dort Tat des Einzelnen sein soll, bildet V 22b in geprägter Ausdrucksweise – gleichsam „aktiv" – das Ziel der „Predigt"[59].

2.) Die Entstehung der – verallgemeinernden, darum vermutlich jüngeren – Parallelaussage V.18 ist ohne V 22 kaum denkbar. Ist umgekehrt V 22a nicht durch V 18 geschützt? Im Vergleich mit V 18 schießt der Versteil V 22bβ über. V 22 ist

---

[53] Ez 2, 5; vgl. 12, 26 ff; o. Anm. 39.

[54] Darin liegt eine Steigerung gegenüber der Argumentation von Mi 3, 5–8 vor; s. o. den Exkurs.

[55] „Nicht gesandt" und „in Wahrheit gesandt" können gegenübertreten: Jer 23, 21. 32; 14, 14 f; 27, 15; 29, 9. 31; bes. 28, 15 bzw. 28, 9; 26, 15.

[56] „Laufen" (vgl. V 21; 8, 6) ist auch gegenüber dem üblichen „Weg / Wandel" (V 12) eine bildhafte Verschärfung (vgl. Gier 2, 24 gegenüber 2, 23).

[57] Die Vorstellung des himmlischen Hofstaats als Ratsversammlung (1 Kön 22, 19 ff; Jes 6; auch Ps 82, 1; 89, 6–8; Hi 1, 6 ff; 2, 1 ff; bes. 15, 8 u. a.) hat in der Jeremiatradition (sonst) kaum Bedeutung; vgl. 15, 19 („stehen vor"). Nach der Punktation 1, 9 „er ließ berühren" stand Jeremia in Gottes Rat (I, 51). Ist auch V 22a, der keinen Parallelismus aufweist und im Motiv dem Rückblick Am 3, 7 ähnelt, Zusatz? Die Vermutung lässt sich kaum ausreichend begründen, zumal V 18 wohl V 22a aufgreift.

[58] Im Anschluss an W. L. Holladay vgl. G. Münderlein (89 ff; auch zu V 14b); H.-J. Hermisson (Studien 66 f).

[59] Vgl. bes. 26, 2 f; auch 18, 11; 25, 5; 36, 3. 7 u. a.; dazu I, 37 ff; hier (*hi*): „umkehren lassen".

auch ohne ihn verständlich und nimmt eine Wendung aus V 16 („Worte hören / lassen)" auf.

    3.) Widerspricht die Umkehrforderung V 22bβ nicht im Grunde der (V 20) unabwendbar angesagten Zukunft?[60]

Die Vorstellung vom Hofstaat erscheint hier, kritisch gewendet, in einem (irrealen) Bedingungssatz: Wer nicht in Gottes Rat stand, kann nicht Gottes Wort – mit dem Entscheid über die Zukunft – hören. So enthält auch V 22 eine Voraussetzung für die (V 16. 26 gezogene) Konsequenz: Leugnung des göttlichen Ursprungs der Worte der Gegenspieler, die nur Regungen des eigenen Herzens vortragen. Für dieses Urteil bedarf es allerdings eines vertieften Gottesverständnisses:

23 Bin ich ein Gott aus der Nähe, Spruch Jahwes,
und nicht ein Gott aus der Ferne?[61]
24 Kann sich jemand in Schlupfwinkeln verbergen,
dass ich ihn nicht sähe? Spruch Jahwes.
Sind es nicht Himmel und Erde,
die ich fülle? Spruch Jahwes.

Mit den rhetorischen Fragen V 23 f verteidigt Jeremia seine Botschaft, sucht Zustimmung für seine Einsicht. Sie tragen (wie V 29) grundsätzlichen Charakter[62]; in den auf die Situation bezogenen Aussagen der Schriftpropheten kommen gelegentlich solche elementaren oder essentiellen Einsichten zum Ausdruck, die auch etwas von der Übereinstimmung ihrer Botschaft aufscheinen lassen. Wird, indem jeweils auf Gott als Autor verwiesen ist, die Einsicht nicht von Gedanken des „eigenen Herzens" abgegrenzt?

    Die erste Frage umfasst zwei Aspekte. V 24 legt V 23 in dem eher allgemeinen Sinn aus: „Jahwe ist kein Gott aus der Nähe, der nur sieht, was vor seinen Augen geschieht, sondern ein Gott aus der Ferne, von wo er alles überschauen kann und nichts seinen Blicken entgeht."[63] Zugleich ist Gottes Nähe Sinnbild des Heils, Gottes Ferne Anzeichen, ja Erfahrung des Gerichts, so

---

[60] Jeremia selbst denkt (nach Jes 9, 12 u. a.) höchst zurückhaltend über den Willen oder die Fähigkeit zur Umkehr des Volkes: 2, 22; 8, 4 ff; 13, 23 u. a.; I,18 f.38. Vgl. noch 38, 15; zur Deutung der Prophetie im Rückblick: Sach 1, 3 f; Klgl 2, 14; vom Einzelnen: Jes 55, 7 u. a.

[61] Die LXX lässt die Frageform weg: „Ein naher Gott bin ich …, und nicht ein Gott von ferne." Hier klingt das in „Ferne" liegende kritische Element nicht mehr nach; eben die Nähe ermöglicht den kritischen Überblick in der Folgerung V 24. Der hebräische Text hat „Anspruch auf Ursprünglichkeit" (W. Herrmann, Jeremia 23, 23 f als Zeugnis der Gotteserfahrung im babylonischen Zeitalter: BZ 27 (1983) 155–166, bes. 157) und wirkt mehrdeutiger, hintergründiger.

[62] Vgl. in Erzählungen Aussagen, die den Unterschied von Gott und Mensch aussprechen, wie 1 Sam 16, 7; 2 Kön 5, 7; Gen 50, 20 oder Hos 11, 9; Jes 31, 3 u. a. Gerade Disputationsworte (I,14 f) haben eine Tendenz zur Verallgemeinerung.

[63] W. Rudolph 153. Vgl. 7, 11; bes. 16,(16–)17; Spr 15, 3; Am 9, 2 f; Ps 14, 2; 33, 13 ff; 113, 6; 139, 7 ff u. a. Enthält „sich verstecken – gesehen werden" nicht zugleich ein anklagend-drohendes Bildelement?

dass der Klagende in der Not Gott bitten kann: „Sei nicht fern!"[64] Der Kontrast „nah – fern" entspricht etwa der Unterscheidung „offenbar – verborgen"; schon in seiner sprachlichen Folge geht er von Gottes Zuwendung aus. Bleibt Gott für die Propheten ein Gott der Nähe, für Jeremia erweist er sich zunächst als Gott der Ferne.[65] Erinnert die Unterscheidung nicht an die Gegenüberstellung „Heil – Unheil"?[66] Eine Frage enthält kaum eine Gerichtsansage, verteidigt wohl aber deren Möglichkeit. Versteht man V 23 statt als Gegenüberstellung („ … nicht vielmehr ein Gott der Ferne") im Sinne eines Sowohl-als-auch („denn nur … nicht auch ein Gott der Ferne"), so sucht sie Zustimmung zur Einsicht, dass Gott als Richter begegnen kann; die Aussage ähnelt der Frage 18, 6, die Gottes Freiheit, erst recht seine Unverfügbarkeit, betont.[67] Gehören (nach V 24) das Weltganze und die Einzigkeit Gottes[68] zueinander, so leitet diese Frage zugleich über; der alles wahrnehmende, überall gegenwärtige Gott hört auch die Propheten reden:

25 Ich habe gehört, was die Propheten, die in meinem Namen Lüge verkünden, zu sagen pflegen[69]: „Ich habe geträumt, ich habe geträumt."
26 Wie lange noch? Haben die Propheten (etwas) im Sinn, die Lüge prophezeien und den Trug ihres Herzens prophezeien, 27. trachten sie, durch ihre Träume, die sie einander erzählen, (bei) meinem Volk meinen Namen vergessen zu lassen, wie ihre Väter meinen Namen um Baals willen vergessen haben?
28 Der Prophet, der einen Traum hat, erzähle den Traum.
Wer aber mein Wort hat, der rede mein Wort – wahrheitsgetreu.
Was hat das Stroh mit dem Weizen gemeinsam? Spruch Jahwes.
29 Ist es nicht so: mein Wort wie Feuer – Spruch Jahwes –,
wie ein Hammer, der Felsen zerschmettert?
30 Darum, siehe, ich will an die Propheten – Spruch Jahwes –, die einer vom andern meine Worte stehlen. 31. Siehe, ich will an die Propheten – Spruch Jahwes –, die ihre Zunge gebrauchen, um zu sprechen: Spruch.[70]
32 Siehe, ich will an die, die Lügenträume prophezeien – Spruch Jahwes –

---

[64] Vgl. etwa Ps 22, 12. 20; 38, 22 mit Klgl 3, 57; Ps 119, 151; Jes 46, 12; 55, 6; Dtn 4, 7 u. a.; auch Jer 12, 2.

[65] „Die Gegner kennen Jahwe nur als den nahen, und das heißt stets hilfreich eingreifenden Gott, Jeremia kennt ihn auch, ja zuerst, als den fernen", nämlich „als den Richter, dem nichts verborgen bleibt und dem keiner entrinnen kann". (J. Jeremias, EvTh 1971, 320 f). – Knüpft die Heilserwartung aus der „Ferne" (30, 10) hier mit Umkehrung an?

[66] Vgl. 6, 14; dazu I,163 f; auch 146 zu 5, 12–14.

[67] Vgl. I,19 (mit Anm. 138). 70 f; zur ähnlichen Struktur im kritischen Geschichtsabriss 70 f. Zur Abwägung der Deutungsmöglichkeiten vgl. F. L. Hoßfeld/I. Meyer 79; W. Herrmann (o. Anm. 61).

[68] Eine V 24b ähnliche Aussage begegnet in Varianten mit wechselnden Nuancen: Jes 6, 3; Ps 24, 1; 33. 5; 50, 12; 72, 19; 89, 12; auch Num 14, 21; als Erwartung: Jes 40, 5 u. a.

[69] Perf. iterativ. zur Bezeichnung wiederholter Handlungen.

[70] Kann man das Wortspiel „Sprüche sprechen" (so ThWAT V, 120), das feinen Spott zu enthalten scheint, übersetzen „Sprüche klopfen"?

sie erzählen und mein Volk verführen mit ihren Lügen und ihrem Geflunker[71]. Ich habe sie nicht gesandt und ihnen nichts aufgetragen; sie nützen ihrem Volk überhaupt nichts – Spruch Jahwes.

V 25–27, in prosaischem Gewand[72], setzen nicht mit einem neuen Thema ein, sondern entfalten das Thema (zumal V 16. 21) in neuer Begrifflichkeit und führen auf den Kern V 28 f zu. Sie nehmen die Grundworte „Baal – Lüge" aus V 13 f in umgekehrter Folge und mit Tonverlagerung auf. Wahrheit ist ein Jeremia vertrautes Thema.[73] Die Unterscheidung: „Gesicht ihres Herzens" – „nicht aus Jahwes Mund" (V 16) wird auf die Gegenüberstellung der Offenbarungsweisen übertragen, „Mund" wird (dem Zusammenhang entsprechend) als Wort, „Gesicht" als Traum aufgenommen und damit zugleich gedeutet. Inhalt und Medium rücken oder gehören zusammen; so wird die Argumentation weitergeführt und zugespitzt. Die eigentliche Gestalt des Offenbarungsempfangs ist das Wort; das „Gesicht" der Propheten ist nur „Traum".[74] Galt er zuvor als möglicher Weg göttlicher Offenbarung[75], so wird hier die „Lüge" mit Berufung auf Gottes „Namen" als Träumen bestimmt oder auf Träume zurückgeführt. Die Kennzeichnung entstammt kaum nur einem Urteil von außen, hat eher Anhalt am Selbstverständnis der Propheten; hätten sie sich nicht auf „Träume" berufen oder die Wendung „Ich habe geträumt" selbst gebraucht, wäre die Argumentation, eine Anklage[76], von vornherein kaum überzeugend. Allerdings hat die Doppelung, die der Bekräftigung dient, wie schon der Tempelruf[77] doch wohl einen vorwurfsvollen Unterton, in dem (wie V 30 f) vielleicht Ironie mitklingt.

Baal bleibt in der Erinnerung, erscheint hier aber nur in der Beziehung oder Ausrichtung anderer, sei es des Nordreichs (V 13: Samaria), sei es der „Väter" (V 27). Die Vergangenheit dient als Vergleich: „Wie" die Vorfahren Jahwe zugunsten Baals verdrängten, so stellt sich ein Entweder – Oder in der Gegenwart auf andere Weise. Mit Baal wie „Lüge" wird Unwahrheit geäußert, so zugleich „Lüge" auf die Botschaft überhaupt bezogen. Auffälligerweise werden gegensätzlich wirkende Aspekte des Phänomens zugleich genannt: einerseits (V 25) „Lüge" in Jahwes „Namen", andererseits (V 27)

---

[71] Grundbedeutung: „frech, übermütig". Das „Auftreten und Reden der Propheten" wird „als anmaßend, trügerisch und verführerisch gebrandmarkt"(H. Irsigler, Zefanja. HThK.AT, 2002, 321 zu Zeph 3, 4).

[72] Sind sie – als Ausgestaltung von V 28a – später formuliert?

[73] Vgl. I,17.

[74] Auch gegenüber der Unterscheidung Num 12, 6. 8 wird die Abwertung des Traums hier verschärft. Zum Phänomen vgl. A. Zgoll, Traum und Welterleben im antiken Mesopotamien: AOAT 333 (2006).

[75] Gen 20, 3; 28, 12; 46, 2 u.a. Soll in diesen Darstellungen der Traum zugleich Gottes Transzendenz in seiner Zuwendung zum Menschen bezeugen? Vgl. die jüngere – eschatologische – Erwartung Joel 3, 1 f (bzw. 2, 28 f).

[76] Entsprechende Stichworte begegnen in – jüngeren – Warnungen 27, 9; 29, 8. Vgl. auch den Vorwurf Sach 10, 2.

[77] Vgl. I,179 Anm. 32 zu Jer 7, 4; auch 22, 29.

Jahwes „Namen vergessen lassen"[78]. Zudem wird – verschärft – den Propheten bewusste Absicht („sie denken/planen" V 27) unterstellt. Dabei werden
die Hinwendung zum Fremdgott und die Botschaft nach eigenem Wunsch
(„Herz") parallel gesehen oder gleichgeachtet. Entspricht der Unterschied im
Gottesbezug Jahwe-Baal dem Unterschied der Medien, äußert sich – für kritische Sicht – jeweils in ähnlichen Erscheinungen? Verstoßen die Propheten,
indem sie von den aus eigenem Herzen aufgestiegenen Gesichten behaupten,
Offenbarungen Jahwes zu sein, letztlich gegen die im Ersten Gebot zusam-
mengefasste Ausschließlichkeit?[79] Falsche Vorhersage der Zukunft gefährdet
den Glauben.

An die Aufforderungen V 28a[80] knüpft der Vergleich an: V 28b-29 bilden,
wieder (wie V 23 f) im Stil rhetorischer Frage[81], mit ihrer Zuspitzung wohl
den Kern der Kritik am Traum als Medium und – nach der Hinführung
V 25–27 – den poetisch-bildhaft gestalteten Höhepunkt.

Dabei schließt V 28 wie schon V 22 nicht von vornherein oder grundsätzlich aus, dass die Propheten des Wortes teilhaftig werden können, lässt vielmehr die *Möglichkeit* offen. Dies stimmt mit der Darstellung überein, nach
der Jeremia – mit Vorbehalt, als Mensch, nicht als Prophet in Gottesrede –
Hananjas Wort Raum lässt (28, 2. 6):„So sei es!" Auch die bildhafte Wendung
„sie stehlen sich *meine* Worte" (23, 30) ist, obwohl sie auf ein Verhalten der
Propheten untereinander anspielt, kaum nur in dem Sinne: sie „erzählen
einander ihre Träume" (V 27) zu verstehen, legt vielmehr die Annahme nahe,
dass sie nicht nur selbst Ersonnenes (V 26), sondern – gelegentlich, selten,
darum begehrt – ein „Wort" Gottes haben können. Nach den verschiedenen
Aussagen bestreitet Jeremia nicht überhaupt die Möglichkeit, wohl aber den
Wahrheitsgehalt ihrer in seiner Situation geäußerten Worte.

Wie sich gelegentlich schon bei Jesaja (31, 3) und unmittelbar zuvor
(V 23 f) die Botschaft in einer allgemeinen Erwägung, einer „Reflexion",
bündeln kann, so kommt es hier zu einer grundsätzlichen, gewichtigen Äußerung über das „Wort" Gottes. Ist der Vergleich mit dem Feuer (V 29) nicht
geradezu charakteristisch? Die selbst erfahrene Wirkmächtigkeit des Wortes
(5, 14; 20, 9) stellt Jeremia im aussagekräftigen Bildwort erneut als rhetorische Frage dar, die überzeugen möchte und Einstimmung sucht. Ähnlich
dem eigenen Widerfahrnis (15, 16; 20, 7 ff) wird die bezwingende Macht des
Wortes herausgestellt.[82] Das Harte, Feste dient als Vergleich.[83]

Mit der Aussage, in der das Wort Subjekt des Satzes ist, scheint die Sammlung auf dem Weg zu der das Thema weiterführenden Aussage des Exilspro-

---

[78] „Vergessen" schon 2, 32; vgl. 3, 21; 13, 25.

[79] Explizit erhebt eine jüngere Bemerkung den Vorwurf: „Abfall" (28, 16b; vgl. 29, 32).

[80] Sie sind wie V 21 in gebundener Prosa formuliert. Steht V 21 den Fragen V 23 f ähnlich voran
wie V 28a den Fragen V 28bf?

[81] Eine V 28b ähnliche Sprachform ist 2, 18 belegt.

[82] Zur Gegenüberstellung von Weizen und Spreu mit der Verbindung zu Feuer vgl. Lk 3, 17;
Mt 3, 12.

[83] „Sogar sehr Hartes kann gegen die Macht des Hammers nicht standhalten."(G. Fischer 703)

pheten zu sein: Wird zu Anfang des Jeremiabuches (1, 11 f) die Wirksamkeit des Wortes bekräftigt, so bezeugt der Eingang der Überlieferung von Deuterojesaja (Jes 40, 8)[84] entsprechend das „Zustande-Kommen":
   „Das Wort hat Bestand auf Dauer / bleibt in Ewigkeit."
So sind V 28 f einerseits in der Jeremiatradition verankert, und sie erscheint andererseits wie ein Vorläufer des Bekenntnisses zum „Wort" Gottes in Jes 40. Dabei stellt es wohl noch nicht eine substanz- bzw. personhaft gedachte Wesenheit oder Mittlergestalt dar. Die Art der Vermittlung ist ja mit im Blick; das Gotteswort meint zugleich die – in geschichtlicher Situation durch Menschen an Menschen ergehende und in der Auseinandersetzung stehende – prophetische Verkündigung.

Das Bild V 29 wird in den beiden mit „Darum" eingeführten Gerichtsansagen V 30 f entfaltet; sie ziehen die Folgerung. Wie das einleitende Paar (V 10 ff) sind die abschließenden Worte parallel gebaut.

Sie sind mit – kaum ohne Ironie formulierten – bildhaften Ausdrücken „stehlen"[85] und „Sprüche machen" individuell gestaltet. – V 32 nimmt vorhergehende Gedanken mit ihrem Wortlaut („mein Volk irreführen" aus V 13; „nicht gesandt"[86] V 21) in einer „Summierung der Anklage"[87] zusammenfassend auf und stellt wohl eine spätere Ergänzung dar.

---

[84] Jes 40, 6–8 wird gelegentlich redaktionskritisch ausgeschieden, ist in der Szenenfolge (zumal V 1.„euer / unser Gott"; V 5b *dbr* „reden" als Verb) aber fest verankert. Nach dem Trostwort für „mein Volk"(V 1) stellt gemäß üblicher Auffassung nur V 7b („fürwahr, Gras ist das Volk") eine nachträgliche Identifikation dar. Das Verb *qum* „zustande kommen / Bestand haben" findet sich entsprechend vom „Plan" (46, 10; vgl. auch *qum hi* „aufrichten" 44, 26). Irdische, d. h. hier die feindliche Bedrückermacht erscheint als ohnmächtig (vgl. Jes 40, 23 f; 51, 12 f u. a.). Allgemeingrundsätzliche Einsicht und die Ausrichtung auf die Situation sind etwa schon Jes 31, 3 verbunden. Vgl. zu weiteren Bezügen I,12 (Anm. 67).26 f. 51 (mit Anm. 37 f).60 (Anm. 84 f). Wie Jes 6 und Jer 1 steht Jes 40 – wohl zugleich begründend – am Anfang einer Sammlung bzw. des Buches. Ein Zusammenhang besteht auch zwischen Jer 29, 10 ff und Jes 55, 6. 8 f.

[85] Vgl. Hi 4, 12; dazu R.J. Zwi Werblowski, VT 6 (1956) 105 f; HAL 191 „sich (durch Diebstahl) aneignen".

[86] Verbunden mit „nicht befohlen" 14, 14; vgl. 7, 31; 19, 5 u. a.

[87] W. Thiel I, 252. – „nützen" schon 2, 8. 11; vgl. 12, 13; 16, 19; sachlich: 23, 16.

„Ausspruch" und „Last" Jahwes
Jer 23, 33–40

33 Und wenn dieses Volk – oder der Prophet oder Priester[1] –, dich fragt: ‚Was ist der Ausspruch Jahwes?' So sollst du zu ihnen sagen: ‚Ihr seid die Last'[2]. Und ich werde euch aufgeben[3] – Spruch Jahwes. 34 Sowohl der Prophet wie der Priester als auch das Volk, wer (immer) sagt: ‚Ausspruch Jahwes', diesen Mann und sein Haus werde ich heimsuchen. 35 So sollt ihr, einer zu seinem Nächsten und einer zu seinem Bruder, sagen: ‚Was hat Jahwe geantwortet und was hat Jahwe geredet?' 36 Aber des ‚Ausspruchs Jahwes' sollt ihr nicht mehr gedenken[4]; denn ‚der Ausspruch' ist für den Mann seines Wortes[5]. Ihr habt verdreht die Worte des lebendigen Gottes, Jahwe Zebaoths, unseres Gottes. 37 So sollst du zum Propheten sagen: ‚Was hat Jahwe dir geantwortet und was hat Jahwe geredet?' 38 Wenn ihr aber ‚Ausspruch Jahwes' sagt, (dann) darum, so spricht Jahwe: ‚Weil ihr dieses Wort sagt: ‚Ausspruch Jahwes', obwohl ich euch übermitteln[6] ließ: Ihr sollt nicht sagen: ‚Ausspruch (Last) Jahwes', 39 darum, siehe, ich ‚hebe' euch völlig auf[7] und ich gebe euch und die Stadt auf, die ich euch und euren Vätern gegeben habe, von meinem Angesicht. 40 Auch lege ich ewige Schmach auf euch und ewige Schande, die nicht vergessen wird.

Der – schwer verständliche – Abschnitt schließt an das zuvor (23, 9 ff) behandelte Thema mit seinen verschiedenen Aspekten an:

a) Gottes Wort, auch in Form der Frage: „Wer (überhaupt) hat sein Wort gehört?"(V 18; vgl. V 29)
b) mit der kritischen Unterscheidung von einem anderen Phänomen (dort dem Traum); die Ablehnung wird hier mit einem anderen Begriff weitergeführt.

---

[1] Die in Gedankenstriche gesetzte Angabe wird gerne als Zusatz aus V 34 betrachtet; vgl. aber schon 23, 11.
[2] So mit der LXX. Der hebräische Text liest mit anderer Wortabtrennung „Was ist die Last?" Derselbe Ausdruck ist hier, wie weithin üblich, mit „Ausspruch" bzw. „Last" übersetzt; vgl. unten Anm. 13.
[3] Vgl. 7, 29; dazu HAL 657; im Folgenden (V 39) „fortwerfen".
[4] Vgl. 3, 16 von der Lade; LXX: ihn nicht nennen / erwähnen.
[5] Möglich im Anschluss an V 35 auch: „für jedermann sein Wort".
[6] Wörtlich: zu euch sandte mit den Worten.
[7] Wortspiel zu „leihen"; vgl. 15, 10.

c) Hier ist „dieses Volk", wie es distanzierend[8] heißt, von vornherein mit dem Propheten und Priester[9] verbunden. Schon 23, 11 nennt beide Gruppen nebeneinander; sie scheinen auf Seiten des Volkes zu stehen.

d) Das göttliche Verbot, den Ausdruck „Ausspruch Jahwes" zu gebrauchen, erinnert an den Vorwurf: Gott hat „nicht gesandt / nicht geredet", aber sie „prophezeien" (V 21. 32).[10] Die Beschuldigung, „Lügen" (V 25 f; bes. V 32) zu reden, begegnet hier ähnlich: Gottes Worte sind „verdreht / verkehrt" (V 36).

e) Die Gerichtsansage: „Ich will an die Propheten" (V 31 f) findet sich in der Gestalt: „Ich gebe auf / werfe fort" (V 33. 39; vgl. 7, 29); Gott „sendet" (V 38; vgl. 16, 16) Ungemach. So schließt die Gottesrede an die unmittelbar vorausgehenden V 31 f an.

Über den vorausgehenden Abschnitt (23, 9 ff) hinaus ist die Darstellung verbunden mit Szenen, in denen Jeremia um Auskunft gebeten oder eine Bitte an ihn gerichtet wird. Jeremia wird „befragt" (V 33; vgl. 37, 17; 21, 2); auch der Priester kann sich an ihn wenden (21, 1; 37, 3). Jahwe „antwortet" (V 35; vgl. 42, 4; auch 33, 3); entscheidend ist sein „Reden".[11]

V 33 Frage des Volkes mit Antwort: Anklage und Gerichtsansage
     in Gottes „Ich"-Rede
V 34 In Weiterführung der Ich-Rede Entfaltung von V 33bβ Gerichtsansage
     als Warnung
V 35 Rede-Auftrag (vgl. 27, 4; 37, 7): Rechte Fragen untereinander
V 36 Mahnung und Anklage
V 37 In Aufnahme von V 35 rechte Fragen für den Propheten
V 38–40 Bedingte Gerichtsansage
V 38 f entfalten V 34
V 40 Dauernde Schmach[12]

Der einleitende V 33 wendet sich, obwohl er nicht ausdrücklich genannt wird, an Jeremia („dich") mit dem Auftrag „(so) antworte!"[13]. Die Aussage kann mit Anfrage und der zweigliedrigen Antwort selbständig sein. Zwar steht die Aussage von dem Inhalt wie der Ausdrucksweise („fortwerfen" 7, 29; vgl. 6, 30) her Jeremia nahe, weicht allerdings in dem entscheidenden, den Abschnitt prägenden Begriff (*massaʾ*) ab. Er ist in seiner Bedeutung schillernd und umstritten[14], begegnet für prophetische Äußerungen sonst nicht in der Jeremia-Überlieferung; hier dient er der Abgrenzung.

---

[8] Schon bei Jeremia (8, 5; vgl. 14, 11) und in jüngeren Texten. V 34 nimmt auf: „dieses Volk", „dieser Mensch".

[9] Wie 2, 26 (dazu I, 9 Anm. 133); 4, 9; 5, 31; 26, 7 f u. a.; auffällig unmittelbar vorher in 23, 11, da die Überschrift nur „Propheten" nennt.

[10] Sie geben „das Gesicht *ihres* Herzens" (V 16) wieder.

[11] Jer 1, 7; 23, 17. 21 u. a. Vgl. die Auseinandersetzung um das „Reden" 5, 12–14 (s. dort). So setzt der Abschnitt 23, 33 ff einen größeren (schriftlichen) Zusammenhang voraus.

[12] Zur Schmach vgl. 24, 9; 29, 18; auch „ewige Trümmer / Öde" (25, 9. 12; 49, 13; 51, 26. 62).

[13] Von der Antwort (mit der Bedeutung „Last") her wird die einleitende Frage auch spöttisch verstanden: Welche „Last", d. h. welche Gerichtsankündigung, will er uns wieder aufladen?

[14] Die beiden angenommenen Hauptbedeutungen eines Wortes oder zweier gleichlautender Wörter (Homonyme) sind „Wort / Ausspruch" (für prophetische Äußerungen 2 Kön 9, 25 f; Jes 13, 1; 15, 1; Sach 9, 1; 13, 1; Mal 1, 1 u. a.), „Last" (Jer 17, 21. 27 u. a.). Zumal zu „weg-/ fort-

Zwar bleibt die Frage nach dem Wort Gottes, wird aber, an diesen Begriff gebunden, abgelehnt: Statt nach dem „Ausspruch" gilt es, sich nach Gottes „Antwort" und „Rede" (V 35. 37) zu erkundigen. Bei Gebrauch des Ausdrucks trotz Verbot droht über die Heimsuchung[15] hinaus Verwerfung für Mensch und Stadt Jerusalem. Kann es sich bei dieser harten Strafe[16] nur um einen – dann oberflächlich wirkenden – Streit um den Ausdruck selbst handeln? Eher verbirgt sich in seiner Verwendung ein Anspruch, der bestritten wird: „Ausspruch Jahwes" (V 33 f. 36. 38) zu sein. Ihr „Ausspruch" ist nicht (mehr) Wort Gottes. Zum Phänomen des prophetischen Wortes gehört der Auftrag, und dieser wird bezweifelt. Im Rückblick (Klgl 2, 14) werden die (Heils-)Weissagungen der Propheten, die „Lug und Trug schauten", als „Aussprüche der Lüge" beurteilt.

Das Miteinander von Volk, Prophet und Priester (V 33 f) verengt sich oder spitzt sich bei den Adressaten (V 37) zu. Geht die polemische Auseinandersetzung mit der in ihrer Auswirkung zerstörerischen Heilsprophetie (V 9 ff) weiter, oder gewinnt sie vom Exil ab einen allgemeineren Charakter, so dass sich der Abschnitt überhaupt gegen neu auftretende Propheten wendet?[17] Sie können sich nicht mehr anmaßen, Gottes Wort zu haben. Die Botschaft der sog. Schriftpropheten soll nicht durch andere prophetische Ansprüche ergänzt oder gar ersetzt werden. So enthält der Abschnitt auch eine Anerkennung und Ehrung Jeremias.

---

werfen" (23, 29) passt gut „Last". Vgl. HAL 604; THAT II,116; ThWAT V,20–25; A. Meinhold, BK XIV/8, 13 f. Im letzten einschlägigen Beitrag plädiert I. Willi-Plein (Die unwiderstehliche Wahrheit. FS A. Meinhold, 2006, 431–438 für eine dritte Bedeutung, wie der Titel wiedergibt: „Wort, Last oder Auftrag?"

[15] Samt dem Haus / der Familie (V 34). Nach Am 7, 17 wird die Familie in das von Amos (7, 11) allgemeine angekündigte Unheil einbezogen. Ähnlich scheint es hier der Fall zu sein (V 39).

[16] Vgl. die bei Änderung der Schrift angedrohte Strafe ApkJoh 22, 13 f.

[17] Die „Ausspruch Jahwes" sagen (V 34. 38), sind „alle diejenigen, die von sich in Anspruch nehmen, Jahwes Wort anzukündigen". Der Schriftprophetie wurde „bereits hohe autoritative Geltung zugemessen" (G. Wanke 219). Das „Wort" scheint dem „Mann des Wortes" vorbehalten zu sein, am ehesten Jeremia selbst (ebenda). Vgl. auch die Abgrenzung von „den Propheten" Sach 13, 2–6.

Die Vision von den beiden Feigenkörben
Jer 24, 1–10

1 Es[1] ließ Jahwe mich sehen: Siehe, da ‚standen'[2] zwei Körbe mit Feigen vor dem Tempel Jahwes – nachdem Nebukadnezzar, der König von Babel, Jojachin[3], den Sohn Jojakims, den König von Juda, und die Beamten Judas mit den Handwerkern und den Metallarbeitern aus Jerusalem weggeführt und sie nach Babel gebracht hatte –. 2 Der eine Korb enthielt sehr gute Feigen, wie es die Frühfeigen sind, der andere Korb sehr schlechte, ungenießbar schlechte. 3 Da sprach Jahwe zu mir: „Was siehst du, Jeremia?" Ich sprach: „Feigen! Die guten Feigen sind sehr gut und die schlechten sehr schlecht, ungenießbar schlecht[4]." 4 Da erging das Wort Jahwes an mich: 5 So spricht Jahwe, der Gott Israels: Wie diese guten Feigen so schaue ich die Verbannten Judas, die ich von diesem Ort in das Land der Chaldäer weggeschickt habe, zum Guten an. 6 Ich richte mein Auge auf sie zum Guten und werde sie in dieses Land zurückbringen, sie aufbauen und nicht einreißen, einpflanzen und nicht ausreißen. 7 Und ich werde ihnen ein Herz geben, mich zu erkennen, dass ich Jahwe bin, und sie werden mein Volk sein, und ich werde ihr Gott sein; denn sie werden sich von ganzem Herzen zu mir bekehren. 8 Aber wie die schlechten Feigen, die wegen der Schlechtigkeit ungenießbar sind, denn so hat Jahwe gesprochen, so behandle ich Zedekia, den König von Juda, und seine Beamten und den Rest Jerusalems, (d.h.) die in diesem Land übrigbleiben und die im Land Ägypten wohnen. 9 Ich mache sie zum Entsetzen – zum Bösen – für alle Königreiche der Erde, zur Schmach und zum Spottwort, zu Hohn und zum Fluch an allen Orten, an die ich sie vertreibe. 10 Ich lasse gegen sie los das Schwert, den Hunger und die Pest, bis sie völlig vertilgt sind von dem Erdboden, den ich ihnen und ihren Vätern gegeben habe.

---

[1] Vielleicht ist ein einleitendes „So", wie es Am 7,1.4.7; 8,1 bezeugt ist, durch Haplographie (vgl. die beiden Schlussbuchstaben des vorhergehenden Verses Jer 23, 40) ausgefallen und zu ergänzen; auch gibt ein Teil der LXX-Handschrift ein „und" wieder. Oder braucht man keine so weitgehende Übereinstimmung mit Amos' Visionen zu vermuten?

[2] MT sagt „bestellt, bestimmt" o.ä., die (durch Umstellung der hebräischen Konsonanten erreichbare) Korrektur „stehend" oder „hingestellt" beruht auf LXX. Ist die Änderung im MT etwa eine dogmatische Korrektur? Sie könnte von der – ursprünglich kaum gegebenen – Voraussetzung ausgehen, daß die Feigen Opfergaben darstellen, und folgern: Schlechte Feigen können nicht (als Opfer) vor Jahwe „hingestellt" werden.

[3] Hier die Namensform: Jechonja; vgl. I,1.

[4] Wörtlich: „so dass sie wegen der Schlechtigkeit nicht gegessen werden können".

Mit ihrer Struktur erinnert die Vision an das der Verkündigung vorausgehende Visionspaar 1, 11 ff, greift in der Intention aber weiter aus, verbindet nämlich a) Unheil und Heil und geht b) mit der Unterscheidung von zwei Gruppen über zuvor ausgesprochene Einsichten hinaus. Jeremias Verkündigung wandte sich bereits an zwei Adressatenkreise, Nord- und Südreich; hier teilt sich der eine Strang nochmals auf, eröffnet damit für Juda und Jerusalem etwas Neues.

Auch diese Vision knüpft in Form und Ausdrucksweise – mit dem Eröffnungssatz, der Gott als Urheber der Schauung einführt, dem hinweisenden „Siehe", der Frage mit Anrede im Eigennamen und dem antwortenden „Ich sprach" – an Amos' Visionen (Am 7 f) an, bleibt mit den Abwandlungen, formalen wie inhaltlichen Besonderheiten, aber individuell.[5]

Trotz seiner Kürze ist der Text uneinheitlich, zumindest zweischichtig. Sogleich die Beschreibung des Visionsinhalts V 1a.2 wird durch die Zeitbestimmung V 1b zerrissen. Sie stellt einen Einschub dar, gibt aber – entsprechend 29, 2 mit der Zusammenfassung von 2 Kön 24, 12. 14–16 – sachlich richtig die Situation an.[6] Einerseits steht der Tempel (V 1a) noch, andererseits ist (V 8) vom „Rest Jerusalems" die Rede, und es gibt bereits „Verbannte" (V 5). Die Zeitangabe erinnert an die Lage nach der Deportation des Königs Jojachin samt der Oberschicht 597 v. Chr. – vor der Eroberung Jerusalems 587/6 v. Chr. und der Zerstörung des Tempels, wohl eher am Anfang dieser Zeit. Ähnlich sind sowohl in V 5–7 als auch in V 8 ff zwei Ebenen erkennbar. So nimmt V 6 („ich richte mein Auge … zum Guten") V 5 abgewandelt auf[7]; überhaupt führen V 6 f mit der Ankündigung der Heimkehr und der Verheißung eines neuen Herzens V 5 weiter. Zudem entsprechen sich Bild- und Sachhälfte nicht: Die Vision spricht von zwei Körben, die vorliegende Deutung nennt (V 8) aber drei Gruppen, unterscheidet bei den Exulanten – nachträglich – wiederum zwei Gruppen an zwei Orten. Offenbar hat der Text eine Nachgeschichte.[8]

---

[5] Vgl. I,10. 58 f. Wie Am 8, 1 f; Jer 1, 11 f handelt es sich um eine Wortspiel- oder Wortassonanzvision, hier verbunden mit Elementen einer Symbolvision. Ist auch das Bild der Herbstfrüchte durch Amos (8, 1 f; vgl. von der Ernte noch 7, 1 f) angeregt? Die Gegenüberstellung „zum Guten – zum Bösen/Schlechten" ist wohl Am 9, 4 (ebenfalls Gottesrede in 1.Person, Verb des Schauens) entnommen und ist – sachlich zur Hälfte – eine Umkehrung dieses Amoswortes. Die Gegenüberstellung wird von der Redaktion in umgedrehter Folge „zum Bösen und nicht zum Guten"(21, 10) aufgenommen (vgl. Anm. 7).

[6] Die Zeitangabe V 1b ist (a) an unpassender Stelle eingefügt, nimmt (b) ein Stück Deutung vorweg. (c) Nur 2 Kön 24, 16; Jer 24, 1b; 29, 2 kennen die Verbindung, wie oft übersetzt wird: „Schreiner und Schlosser". Solche qualifizierten Facharbeiter wurden mit in die Verbannung geführt.

[7] V 6 führt (weiterhin in Anlehnung an Am 9, 4) V 5 mit einem wechselnden Ausdruck für „ansehen" fort und erinnert zugleich an 29, 10 (ähnlich 21, 10; 44, 11).

[8] Außerdem gehört die Botenformel „so spricht Jahwe" ihrem Wesen nach kaum in eine als Geschehen von Gott her gestaltete, vom Propheten empfangene Vision (fehlt auch in 1, 11–14), vielmehr in das Stadium der Weitergabe. Nach dem Wortempfang V 4 bezeugen die Formeln V 5 und V 8 („denn so spricht Jahwe"), ohne dass sich ausdrücklich ein Verkündigungsauftrag findet, den

Die Redaktion hat einen Überlieferungskern ausgestaltet, und zwar (ähnlich bei Symbolhandlungen) vor allem im Anschluss an das Deutewort.[9] Der Text ist von den Verhältnissen in späterer, auch für Jeremias Schicksal bedeutsamen Situation her erweitert, nimmt so zugleich auf den Fortgang der Darstellung[10] einschließlich Jeremias eigener Verkündigung mit einer Unheilsdrohung Rücksicht. Bezeugt das Echo nicht, dass Jeremia als wahrer Prophet gilt, in dessen Zukunftsansagen die jüngeren Ereignisse – hier in seinem Sinn – einbezogen werden? So baut die (jerdtr) Redaktion Kap. 24 nach Unheil[11] wie Heil aus und gibt ihm wohl seine Stellung im Aufbau des Buches.[12] Der Grundbestand, der nicht durch jüngere (jerdtr.) Sprache geprägt[13] und in sich verständlich ist, besteht im wesentlichen aus drei Teilen:

Visionsbericht mit Einleitung im Ich-Stil V 1a und Beschreibung V 2
Es ließ Jahwe mich sehen: Siehe, da ‚standen‘ zwei Körbe mit Feigen vor dem Tempel Jahwes. Der eine Korb enthielt sehr gute Feigen, wie es die Frühfeigen sind, der andere Korb sehr schlechte, ungenießbar schlechte.
Frage Gottes und Antwort des Propheten V 3
Da sprach Jahwe zu mir: Was siehst du, Jeremia? Ich sprach: Feigen! Die guten Feigen sind sehr gut und die schlechten sehr schlecht, ungenießbar schlecht.
Deutung in zweiteiliger Gottesrede V 4. 5*.8 f* Da erging das Wort Jahwes an mich:[14]
5 Wie diese guten Feigen so schaue ich die Verbannten Judas[15] zum Guten[16] an.

Wechsel der Rede an die Öffentlichkeit. Dabei zeigt die Stellung inmitten des Jahwewortes V 8 klarer den Nachtragscharakter an. Die Redaktion hat die Botenformel wohl analog zu den Deuteworten in Symbolhandlungen (13, 9; 16, 3. 9; 19, 11; 32, 15; anders 13, 1 u. a.) eingefügt (dabei mit „Gott Israels" 24, 5 die Bindung an sein Volk betont; vgl. 7, 3. 21; 11, 3; 13, 12 u. ö.), um hervorzuheben: So wird das Empfangene in die Verkündigung integriert. Die beiden entscheidenden Worte dieser Vision sind weiterzugeben – so unmittelbar erst im Buch? Vorher zumindest mittelbar (s. zu Kap. 29).
[9] Vgl. Jer 1, 15. 16 ff bzw. 18, 7 ff; auch 13, 10a.11 f; 19, 11bff; 27, 13 ff u. a.
[10] Auch wenn möglicherweise bereits Judäer im Land des Nils lebten, setzt V 8bβ mit den Ägyptenflüchtlingen wahrscheinlich die Ereignisse des Umbruchs 587/6 v. Chr. voraus. Vgl. auch Drohworte in 42, 10 ff; 43, 10 ff; 46, 2 ff.
[11] Die Sammlung der Sprüche über das Königshaus (21, 11 ff) enthält kein Wort gegenüber Zedekia; darum hat die (jerdtr.) Redaktion die Gerichtsankündigung gegen ihn im Rahmen 21, 1–10 und hier 24, 8 ff (vgl. 23, 5 f) ausgebaut.
[12] Sachlich ist Kap. 24 mit Recht Kap. 29 vorgeordnet (vgl. dort Anm. 23). Jedenfalls lässt sich von der Anordnung her nicht auf „Unechtheit" schließen.
[13] Das „Heilswort über die Exilierten … beginnt mit einer recht allgemeinen Zusage … Der Wortlaut weist keines der typischen D-Elemente auf." (W. Thiel I, 255), wie auch V 1a.2–4 ohne redaktionelle Sprache „durchaus als vorgegebener Text in Betracht kommen" (258). Redaktionelle (jerdtr.) Ausdrucksweise findet sich gehäuft (erst) ab V 6.
[14] Die sog. Worteereignisformel mit 1.Ps. „zu mir" (24, 4) begegnet vielfach in älterem Überlieferungsgut; I,13.
[15] Die Ergänzung „die ich von diesem Ort ins Land der Chaldäer geschickt habe" ist sachlich richtig, aber erst aus jüngerer Situation nötig, wird nämlich durch den Zusatz in V 8 erfordert. Vgl. in ebenfalls jüngerem Kontext 29, 20.
[16] Die Wendung „zum Guten schauen" (V 5) „kommt im ganzen Jeremia-Buch nicht wieder vor" (S. Böhmer, Heimkehr 32). Allerdings spielt der Begriff des „Guten" bzw. das Stichwort

8 Aber wie die schlechten Feigen, ungenießbar schlechten, so behandle ich den Rest Jerusalems[17]
9 zum Bösen.[18]

Die Vergewisserungsfrage „Was siehst du?" möchte die Aussprache der Gegenstände mit dem entscheidenden Stichwort „gut" bzw. „schlecht" hervorrufen. Dadurch werden sie vom Sichtbaren ins Hörbare, vom Bild ins Wort überführt, um dann von der Deutung „zum Guten" (V 5) bzw. „zum Bösen" (V 8 f) aufgenommen zu werden. So läuft die Vision auf die Deutung zu; was der Prophet in Sprache fasst, bildet eine Brücke zwischen Visionsinhalt und Gotteswort. Darum gehört zum Grundbestand (in V 5. 8 f) die Gegenüberstellung „die Verbannten Judas" – „der Rest Jerusalems"[19]. Auf beide Gruppen richtet sich Gottes Aufmerksamkeit.

Ob die Feigenkörbe auch in Wirklichkeit dastehen und welchem Zweck (für Opfergaben, Waren eines Händlers o.a.) sie dort dienen, bleibt insofern eine zweitrangige Frage, als deren Beantwortung nicht über die Intention der Vision entscheidet. Weder die Körbe noch die Ortsangabe „vor dem Tempel" nimmt das Deutewort auf. Es ist wie in der ersten Vision „Ich wache" (1, 12; vgl. 13, 9; 19, 11 u.a.) als Zukunftsansage in Gottes Ich-Rede gestaltet. Auch ergeht die Deutung – sowohl der Heils- (V 5) als auch der Gerichtsansage (V 8) – wie bei der zweiten Vision (1, 13 f) oder bestimmten Symbolhandlungen (16, 5; 18, 6; 19, 11) unbegründet. Ein Vergleich „wie – so" begegnet auch dort[20]; der Grad der Verdorbenheit der Feigen erinnert an das Bild vom un-

---

„gut" eine nicht unerhebliche Rolle wie im Verbot der Fürbitte 14, 11, in der Konfession 15, 11; auch 5, 25; 6, 16; 22, 15 f; 29, 32 u.a.).

[17] Der Begriff „Rest Jerusalems", der im Gegensatz zu den „Verbannten Judas" steht, wird erweitert um „Zedekia, den König von Juda, seine Beamten" und – ähnlich zu V 5 (o. Anm. 15) – mit zwei gegenüber dem singularischen Beziehungswort „Rest" pluralisch gefassten Partizipialsätzen. Mit dem zweiten Zusatz „die sich im Land Ägypten niedergelassen haben" wahrt die Redaktion das Anliegen, Heil nur den nach Babylon Verschleppten zuzusprechen. Obwohl auch die nach Ägypten Geflohenen im Ausland leben, gehören sie – sachgemäß – nicht zu den von Jeremia (V 5) gemeinten Exilierten (vgl. Anm. 10). Die Ergänzung „die in diesem Land übriggeblieben sind" bezieht über die Stadt Jerusalem hinaus die „im Land" Verbliebenen ein. Meint der „Rest Jerusalems" die 597 v. Chr. nicht deportierte Bevölkerung, so ergab sich auf Grund der Ereignisse von 587 statt einer Zwei- vielmehr eine Dreiteilung, auf welche die Redaktion in den Näherbestimmungen Rücksicht nimmt (N. Kilpp, Niederreißen 21 ff). Ursprünglich scheint keine bestimmte Person genannt zu sein (wie etwa in 1, 13 f; 27, 11 f oder 29, 5–7; 32, 15 u.a.). Zu der so umschriebenen Oberschicht vgl. 21, 7; 44, 17. 21 u.a.; auch I,91 Anm. 133.

[18] Die beiden Wörter „Ich gebe" V 8 und „zum Bösen" V 9 sind je für sich an ihrem Ort schwer verständlich. Einerseits hat das Verb hier kaum einen eindeutigen Sinn, lässt sich zur Not als „Ich gebe preis" wiedergeben. Andererseits gehört die (a) schon durch die fehlende Konjunktion „und" auffällige, (b) in LXX fehlende Wendung „zum Bösen" (c) nicht zur sog. Katastrophenformel „zum Entsetzen für alle Königreiche …" (15, 4 u.a.; I,39). Beide Wörter ergänzen sich, zusammen genommen, bestens: „zum Bösen / Unheil behandeln". V 5 und 8 sind mit Vergleich und Gottesrede gleichgebaut, stellen (vgl. Anm. 5) gegenüber: „zum Guten – zum Bösen". Die nachträglichen Erweiterungen führten die Trennung (in V 8 f) herbei.

[19] Die Wendung „Rest Jerusalems" (V 8) „begegnet sonst nirgends" (K.F. Pohlmann, Studien 25 Anm. 38).

[20] Vgl. auch 18, 6.

heilbar zerbrochenen Krug. Es ergeht kein Aufruf zur Buße; jeweils ist Gottes Handeln, nicht menschliches Verhalten das Ziel. Wiederum wird nichts Näheres über das „Warum", „Wie", „Was" oder auch „Wann" von Unheil oder Heil ausgeführt. Diese Unbestimmtheit ist charakteristisch; die allgemeine Ansage der Zukunft bedarf der Entfaltung. Da die Vision dem Sicherheitsgefühl der Jerusalemer entgegentritt[21], wird ihre Entstehung aus der Situation nach Zerstörung der Stadt auch schwerer verständlich. Zugleich widerspricht Jer 24 der Hoffnungslosigkeit der Gola (der Exulanten); diese Heilszusage an die Exulanten ist neu.

Behält Jeremias Botschaft mit der Vision einen inneren Zusammenhang?

1.) Anders als redaktionelle Passagen stellt Jer 24 nicht vor eine Alternative, die Wahl zwischen Heil oder Unheil, sondern verteilt beides auf zwei Gruppen: Gott handelt an den einen zum Guten, an den anderen zum Unheilvollen. Der Einzelne kann nicht entscheiden, zu welcher Gruppe er gehören will, vermag sich nicht aus seinem Geschick hinwegzustehlen.

2.) Die Zweiteilung bedeutet keine Einschränkung der Einsicht, dass dem Volksganzen Unheil zustößt (1, 13 f); denn der eine Teil hat es (mit der Verbannung) schon erfahren, der andere wird es noch erfahren. Die in Jerusalem spielende Vision richtet sich in ihrem drohenden Teil an die in der Stadt Lebenden. Nur den bereits Leidenden wird Heil verheißen.

3.) Die von Jeremia sonst kräftig herausgestellte Schuld des Volkes wird nicht bestritten. Es ist höchst missverständlich oder unangemessen zu sagen: Die guten Feigen symbolisieren oder sind die Gola. Die Urteile „gut – schlecht" gelten nicht menschlichen Eigenschaften, sondern künftigem Geschick.[22] Gott hat Gutes bzw. Böses vor, und zwar in Kürze oder (zumindest für das Heil) schon in der Gegenwart.

4.) „Echt prophetisch" ist die Vision schließlich, da sowohl das Heilswort an die Exilierten wie die Unheilsansage über die Daheimgebliebenen im Widerspruch zum Selbstverständnis oder zu den Erwartungen der Betroffenen stehen. Nach Gottes Urteil wird es „mit den beiden Gruppen gerade umgekehrt" gehen[23], als sie meinen.

Demnach nimmt die Vision von der Botschaft nichts zurück, führt 1, 13 f weiter und scheint, konstitutiv für Jeremias Heilsansage an das Südreich, im Brief[24] ausgelegt zu werden.

---

[21] Die Situation spiegelt sich bei Ezechiel (11, 1–13 mit dem Zitat V 3) wider: Die in Jerusalem Verbliebenen fühlen sich überlegen, zumal nach der Verschonung 597 v. Chr. am besonderen Ort geborgen. Vgl. auch Ps 46; 48; Mi 3, 11 f; Jes 28, 18 f; I, 177 zu Jer 7.

[22] „Es heißt in V 5 nicht: so gut wie diese Feigen sind, so gut sind die Verbannten und umgekehrt, sondern: so gut diese Feigen sind, so gut behandle ich die Verbannten und umgekehrt. Der Kern des Vergleichs liegt nicht im Charakter, sondern im Geschick. Vor Jahwe ist ja auch niemand gut, und die neue Gemeinde bringt das Gute nicht aus sich hervor, sondern es wird ihr von Jahwe geschenkt." (P. Volz, 248 f)

[23] W. Rudolph 158. Die Verbannten lesen aus ihrem Schicksal heraus, von Jahwe „fern", verlassen zu sein (Ez 37, 11; Jes 40, 27; 49, 14). Vgl. zu Jer 29.

[24] Wie Jeremia das Grundmotiv „Unheil von Norden" aus der Vision 1, 13 f in der Verkündigung 4, 5 ff in breiterer Gestalt weitergibt, so wird die Zusage 24, 5 an die Adressaten im Brief 29, 5–7 entfaltet.

Der Text hat auch für das Verständnis der Redaktion Gewicht; sie gestaltet vor allem beide Deuteworte umfänglicher aus. Das „Wie" wird nach beiden „Richtungen" ausgeführt, inhaltlich „gefüllt", wie schon das Motto (1, 10) Unheil und Heil umfasst.[25] Dabei bleibt die Redaktion einerseits mit dem Versprechen der Rückführung bzw. Heimkehr (24, 6)[26] situationsbezogen, erhebt andererseits Jeremias Einsicht ins Allgemein-Grundsätzliche (Herz zur rechten Gotteserkenntnis V 7). So erinnert sie an die weisheitliche Schicht des Jeremiabuches[27] und weist zugleich auf die Verheißung vom neuen Bund (31, 33) voraus.

Auf das in der sog. *Bundesformel* „ich ihr Gott, sie mein Volk" ausgesprochene Verhältnis verweist die Redaktion schon in der Anklage (7, 23; 11, 4); es wird, da das Volk in seiner Haltung, im Ungehorsam, verharrt, auf neue Weise erhofft (24, 7; 30, 22; 31, 1. 33).[28] Gottes eigentliche Absicht, die Annahme Israels als Gottesvolk, bleibt bestehen. Darum formuliert die Bundesformel einerseits mit kritischem Blick auf Vergangenheit und Gegenwart das Ungenügen, andererseits in der heilvollen Erwartung bis zur Verheißung des neuen Bundes das bleibende Ziel. Im Einblick in menschliches Verhalten hängen beide Aspekte, vorwurfsvoller Rückblick und hoffnungsvoller Ausblick, zusammen: Die Gabe des verständnisvollen Herzens will eben das beklagte „Nicht-Hören" beheben. Zum Heil des ganzen Volkes wird hier eine tiefe Änderung der Beziehung zu Gott[29] erwartet, die in der Verheißung vom neuen Bund ausgeführt wird.

Die Beschreibung des Unheils V 9 greift aus V 8 „Ich gebe/mache" auf und formuliert damit zugleich ähnlich der Heilsgabe V 7. Die Katastrophe wird verschiedentlich in – auch bildhaft – krassen Ausdrücken geschildert.[30] Sie ereignet sich hier vor weltweitem Hintergrund („Königreichen der Erde") als Zerstreuung „an allen Orten"; über die Gola hinaus ist hier (wie 16, 15 u. a.) die Diaspora im Blick.

---

[25] Vgl. zum Zusammenhang von Anklage und Heilszusage in den redaktionellen Passagen I, 39 f; zu der beide Seiten verbindenden Verbreihe 1, 10; 18, 7 ff; 42, 10 u. a.

[26] Vgl. zu 23, 1 ff mit Anm. 18.

[27] Vgl. I, 11 f.40. Vgl. die Konstruktion mit doppeltem Objekt: „mich erkennen, dass ich ..."(9, 23; 24, 7). Zu der mit dem „Herzen" verbundenen Erwartung vgl. 31, 33; Ez 11, 19; 18, 31; 36, 26. Die Nähe zu oder der Einfluss von Ezechiel findet sich erst im deutlichen Nachtrag.

[28] Die erst in jüngeren Texten begegnende sog. Bundesformel kann Zusage (24, 7) und Forderung, Verpflichtung (7, 23), d. h. Gabe (Verheißung) und Aufgabe, aussprechen. Ähnlich wird das Verhältnis Vater – Sohn (2 Sam 7, 14) dargestellt. Zur Umkehr von ganzem Herzen 3, 10; I, 122 zu 4, 1. 4. Gottes Werk und menschliches Handeln können schon in Jeremias Worten (I, 23) zusammengehören; vgl. Phil 2, 12 f.

[29] Die Redaktion sieht „das künftige Volk Gottes durch göttliche Huld und Zuwendung aus dem Volk hervorgehen ..., das durch das Gericht gegangen ist"(J. Schreiner 145). Die sog Golaorientierte Redaktion ist von Jeremias Einsicht (24, 5 mit der Botschaft 29, 5–7) abhängig, gestaltet sie nur aus, ist auch nicht selbständig, eher nur ein Aspekt oder ein Thema der umfangreichen (jerdtr.) Redaktion.

[30] Vgl. 7, 32 ff; 9, 15(.20 f); 14, 12; 15, 2 f; 16, 16 f; 27, 8; auch 8, 15; 18, 20 u. a.; dazu I, 136 Anm. 70.

Grundsätzliche Rede und Becherhandlung
Jer 25, 1–14. 15–38

1 Das Wort, das ‚an' Jeremia über das ganze Volk Juda erging, im vierten Jahr Jojakims, des Sohnes Josias, des Königs von Juda; das ist das erste Jahr Nebukadnezzars, des Königs von Babel[1], 2 das der Prophet Jeremia zum ganzen Volk Juda und zu allen Bewohnern Jerusalems sprach:
3 Seit dem dreizehnten Jahr Josias, des Sohnes Amons, des Königs von Juda, bis auf diesen Tag – das sind dreiundzwanzig Jahre – ist das Wort Jahwes an mich ergangen, und ich habe unermüdlich zu euch gesprochen, ihr aber habt nicht gehört. 4 Und Jahwe[2] hat alle seine Knechte, die Propheten, unermüdlich zu euch gesandt, ihr aber habt nicht gehört und euer Ohr nicht geneigt, um zu hören 5 Folgendes: Kehrt doch um, ein jeder von seinem bösen Weg und von der Bosheit eurer Taten! So bleibt ihr in dem Land, das Jahwe euch und euren Vätern vorzeiten für immer gegeben hat. 6 Und geht nicht anderen Göttern nach, ihnen zu dienen und sie zu verehren, und reizt mich nicht mit dem Werk eurer Hände[3], dass ich euch nichts Unheilvolles antue! 7 Ihr aber habt nicht auf mich gehört – Spruch Jahwes –, um[4] mich durch das Werk eurer Hände zu reizen, euch zum Unheil.
8 Darum, so spricht Jahwe Zebaoth, weil ihr auf meine Worte nicht gehört habt, 9 siehe, so sende und hole ich alle Sippen des Nordens – Spruch Jahwes und zu Nebukadnezzar, dem König von Babel, meinem Knecht[5] –, und lasse sie über dieses Land kommen und über seine Bewohner und über alle diese Völker ringsum. Ich belege sie mit dem Bann und mache sie zum Entsetzen, zum (Anlass für) Gezisch[6] und zum Trümmerhaufen[7] für immer.

---

[1] Die Näherbestimmung (V 1b) mit der Nennung Nebukadnezzars, des Königs von Babel, fehlt in der LXX (ähnlich V 9. 11).

[2] Die LXX stellt wohl schon V 3 (das „Ich" kann sich auch auf Jeremia beziehen), jedenfalls V 4–7 als Gottesrede dar. Zwar bezieht sich die Unermüdlichkeitsformel (I,39 Anm. 259) sonst auf Gott. Verrät aber die Aussage, dass Gott nicht nur allgemein durch Propheten (V 4), sondern auch durch die Einzelperson „vom 13. Jahr Josias bis heute" unermüdlich redete, was eher „in den Mund Jeremias" passt (W. Thiel I, 264), nicht, dass der Text (wie im Hebräischen) auf eine Prophetenrede zurückgeht? Ältere Traditionen wissen von einer Zeit des Wartens (28, 11 f; 42, 7 u. a.; auch I,60).

[3] D. h. die Götter- oder Götzenbilder; vgl. 44, 8; Hos 14, 4 u. a.

[4] Der folgende Satzteil V 7b, der V 6b ähnelt, fehlt in der LXX.

[5] V 14 hat eine Umkehrung von V 11b im Blick. Schwer verständlich ist schon (nicht eigens übersetzt) „unter / bei ihnen". Der in Gedankenstriche gesetzte Satzteil („zu ...") ist wohl ein Zusatz; vgl. V 1; 27, 6.

[6] Die wiederkehrende Redewendung (auch V 18; 19, 8 [Anm. 5]; 29, 18; 51, 37) meint wohl ein pfeifendes Geräusch, das Vorbeigehende angesichts der „Verwüstung" (so lässt sich das vorhergehende Wort auch wiedergeben) von sich geben oder untereinander austauschen.

10 Und ich lasse bei ihnen verloren gehen Jubel- und Freudenlaut, die Stimme des Bräutigams und der Braut, das Geräusch der Handmühle und das Licht der Lampe[8]. 11 Und dieses ganze Land wird zur Trümmerstätte, zur Wüste, und diese Völker werden dem König von Babel dienen siebzig Jahre.

12 Wenn aber die siebzig Jahre erfüllt[9] sind, suche ich am König von Babel und an jenem Volk – Spruch Jahwes – ihre Schuld heim und am Land der Chaldäer und mache es zu Wüsteneien für immer. 13 So lasse ich über jenes Land alle meine Worte kommen[10], die ich über es geredet habe, (nämlich) alles, was in diesem Buch geschrieben ist, was Jeremia über alle Völker prophezeit hat.

14 Ja, auch sie werden vielen Völkern und mächtigen Königen dienen. So vergelte ich ihnen nach ihren Taten und nach dem Werk ihrer Hände.[11]

Kap. 25[12] besteht aus zwei Teilen (V 1 ff.15 ff), die in der griechischen Übersetzung nicht miteinander verbunden, sondern durch die Völkersprüche (Kap. 46 ff) getrennt sind. Teil I bietet – bei erster Hinsicht – eine von der (jerdtr) Redaktion komponierte Rede, die in ihrer Allgemeinheit (25, 4 ff) etwa an Kap. 11 oder mit der grundsätzlichen Anklage, mit allerlei Wendungen oder der Beschreibung der Gerichtssituation an Kap. 7 erinnert. Charakteristisch sind die Wiederholungen gewisser Grunderkenntnisse, wie des Vorwurfs des Ungehorsams (V 3 f.7 f), sei es in einer Rede gehäuft (7, 13. 23 f.25 f) oder verteilt (wie 11, 8; 36, 31); sie hämmern diese Einsichten ein, machen die Anklage des „Nicht-Hörens" un-überhörbar. Gewichtiges Thema (7, 6. 9 u. ö.) ist der Vorwurf der Übertretung des ersten Gebots. In diesen Zusammenhang gehört – sprachlich wie sachlich mit gleicher Intention – die hiesige Rede.

---

[7] LXX: „zur Schmach".

[8] Wie „die Lampe am Abend das letzte Zeichen ist, daß noch Leben im Hause ist, so verrät das Geräusch der Handmühle, daß das Leben wieder erwacht ist, da mit dem Mahlen der Tagesration der neue Tag beginnt" (W. Rudolph 160 f Anm. 2). Vgl. Jes 47, 2; Apk 18, 22; BRL[2] 231–233.

[9] Gemeint ist (analog zu V 13) kaum nur „vorbei", sondern entsprechend der Weissagung (29, 10) „voll".

[10] Analog zu V 9 hier in der Bedeutung: (die Ankündigungen) „erfüllen".

[11] In der LXX, in der sich die Völkersprüche an V 13 anschließen, fehlt V 14; vgl. 50, 29b.

[12] Vgl. K. Schmid, Buchgestalten 311 ff; M. Kessler, Jeremiah 25, 1–29, ZAW 109, 1997, 44–70; B. Huwyler, Jeremia und die Völker. Untersuchungen zu den Völkersprüchen in Jeremia 46–49, FAT 20, 1997, 332 ff; U. Sals, Die Biographie der „Hure Babylon", FAT 2. Reihe 6, 2004, 345 ff; S. Joo, Provocation and Punishment, BZAW 361, 2006, 187 ff.

V 1–13 In Anklage als Prophetenwort und Gerichtsansage als Gotteswort
gegliederte Rede (in Prosa)
V 1 Überschrift mit Zeitangabe; vgl. 36, 1; 45, 1; 46, 2
V 2 Einführung von Jeremias Rede
V 3–7 Anklage
V 3 Dauer von Jeremias Wirksamkeit; vgl. 1, 2; 36, 2
V 4 Wirksamkeit anderer Propheten, jeweils erfolglos; vgl. 7, 25 f; 29, 19 u. a.
V 5 Botschaft: Umkehrruf; vgl. 26, 3; 36, 3. 7 u. a.
Bei Befolgung Verbleiben im Land; vgl. 7, 7; 35, 15
V 6 Mahnung, das erste Gebot einzuhalten – mit Übergang zur Gottesrede;
vgl. 7, 6. 9 u. a.
V 7 Entfaltung oder Weiterführung von V 3b–4:
Feststellung des Ungehorsams, „Nicht-Hörens"
V 8–11 Nach Botenformel Unheilsansage gegen Juda in Gottes Ich-Rede
V 9 Zerstörung des Landes; vgl. 21, 5 u. a.
„Sippen von Norden" vgl. 1, 15 im Anschluss an Jeremias Einsicht (1, 14;
4, 5 ff)
V 10 Erscheinungen aus dem Alltagsleben, die aufhören
Beklagenswerter Zustand ohne Freude; vgl. 7, 34 im Anschluss an 16, 9
V 11 f Siebzig Jahre Untertänigkeit (vgl. 27, 7)
Das Gegenstück, die Heilsansage 29, 10, steht im Hintergrund von:
V 12–14 Unheilsansage gegen die Vollstreckerin des Gerichts: Babel
Wohl vorwegnehmende Zusammenfassung von Kap. 50 f.
V 12 Auch ihre „Schuld heimsuchen" (vgl. 36, 31; sachlich 50, 14. 17 f;
51, 6. 24 f)
V 13 In Gottes Ich-Rede zusammenfassende Bekräftigung:
Eintreffen der Worte im „Buch" (vgl. 30, 2; 36, 2; 51, 60)
V 14 Gerichtsansage; vgl. 50, 29; 51, 6. 55 u. a.

In der LXX fehlt V 14; auf V 13 folgen die Völkersprüche (25, 14–31, 44).
   An sie schließt sich (32, 1–24) die Becher-Erzählung (hier 25, 15 ff) an, z. T. mit
Wiederaufnahme von 25, 13 in 32, 1.
   Wie die Stellung der Völkersprüche an verschiedenen Orten mit zugleich anderer
Reihenfolge bezeugt, geht die Jeremia-Überlieferung, was sich schon zuvor ab-
zeichnet, ab hier unübersehbar zwei Wege.

   Gegenüber dem durch den Wechsel von Propheten- und Gottesrede auffälligen
hebräischen Text bietet die LXX eine knappere und einheitlichere Form, durchge-
hend eine an Jeremia ergehende Gottesrede.
   Aus dem formal stärker in sich geschlossenen griechischen Text lassen sich die
Gegebenheiten des hebräischen Textes nur mühsam erklären; es bedarf mehrerer
Annahmen: a) Die Einheit der Gottesrede wäre durch den Wechsel in Propheten-
und Gottesrede im Hebräischen aufgelöst. b) Der Name des babylonischen Königs
Nebukadnezzar (V 1. 9. 11 f), mit ihm sowohl der enge zeitgeschichtliche Bezug als
auch seine Bestimmung als Gottes „Knecht / Diener", wären nachgetragen. c) Wei-
tere Angaben, wie Name mit Titel „Prophet Jeremia" (V 2), wären hinzugefügt.
   Der Wechsel von Prophetenrede und Gotteswort wirkt formal, aber kaum sach-
lich schwierig, da es ja an den Propheten ergeht und von ihm der Allgemeinheit
(V 2) weiterzugeben ist. Zumal in einem so zusammenfassend-überblickhaften,
Wesentliches bündelnden Text ist die Komplexität eher vorgegeben; die stärkere

Strukturierung zu strengerer Form erfolgt in der Textgeschichte. Die Näherbestimmung (V 1b; ähnlich V 9. 11 f; vgl. V 26b) mit Nennung Nebukadnezzars ist kaum
nachträglich im MT zugesetzt. Eher hat sie die griechische Übersetzung weggelassen, so den Situationsbezug zurückgedrängt. Indem sie den Namen des Königs
nicht wiedergibt, Babel nicht erwähnt, den Text strafft und einheitlicher gestaltet,
verallgemeinert sie die Aussage. Zudem ist eine Übertragung des Volkes von Norden (V 9) auf ein anderes Fremdvolk[13] möglich. Äußern sich in der LXX nicht auch
Vorbehalte gegenüber der Bezeichnung Nebukadnezzars als Gottes „Knecht" (V 9),
der in Gottes Auftrag handelt?[14] So scheinen die Abweichungen zusammenzuhän-
gen.

Mit den Daten von V 1 und 3 (aufgenommen aus 1, 2; 36, 2) wird eine Wirk-
samkeit von „23 Jahren" umspannt – bis zum Auftreten Nebukadnezzars
(etwa der Zeitraum von 627–605 v. Chr.).[15]
  Bei dem Überblick über die Prophetie in Vergangenheit und Gegenwart
(V 4 f) bekommt Jeremia (V 3b) eine Sonderstellung, wird „allen" anderen
Propheten vorgeordnet, wohl als Verkörperung des wahren Propheten.
Selbst die Ablehnung wird für Jeremia gesondert mitgeteilt, damit betont.
Die Botschaft wird – gleichlautend, nachträglich – als Umkehr- oder Bußruf
zusammengefasst, der überhört wurde, vergeblich blieb.[16] So wird die Mahnung zum Schuldaufweis.
  Die sich hier äußernde Redaktion ist kein Einzelvorgang, sondern gehört
zu einem Prozess. In ihm ist diese Rede, die Grundgedanken verschiedener
Texte miteinander verbindet und so zusammenzufassen sucht, Bestandteil eines späteren Stadiums.
  Kap. 25 bezieht sich in beiden Abschnitten kaum nur auf die erste, sondern zugleich die zweite Hälfte des Buches; es gibt allerlei Verbindungen[17]
einschließlich zu den Völkerworten mit dem Spruch gegen Babel.[18] Nach
dem Drohwort über Juda mit den Nachbarvölkern V 8–11 nehmen V 12–14
die Unheilsansage an Babel vorweg. Ein ähnliches Nacheinander der Betroffenen beschreibt der zweite Abschnitt in der Handlung an dem eigenen Volk
V 18 und vielen bzw. „allen Völkern" (V 15 ff.19 ff) bis zu Babel (V 26). Beide
Abschnitte haben eine gemeinsame Überschrift und korrespondieren in der
Abfolge Juda – Völker – Babel, was der Abfolge im Großen entspricht: Ge-

---

[13] Wird so eher auf den in der LXX ersten Spruch über Elam (= Persien) verwiesen? Wegen der
„fehlenden Identifizierung des fremden Volkes" „ist der Text für sich offener, und ein glatter
Übergang zum Elamspruch möglich" (G. Fischer, Jer 25 und die Fremdvölkersprüche, Bib 72,
1991, 474–499, bes. 495).

[14] Sie fehlt auch an den beiden anderen Belegen (27, 6=34, 6; 43, 10=50, 10). In 27, 6=34, 6 wandelt die LXX die – vorgegebene – Bezeichnung ab: „um ihm zu dienen". Vgl. noch 29, 3 f.

[15] Vgl. 2 Kön 22, 1; 23, 31. 36; 24, 1. 6; I,2 ff.

[16] Vgl. im Rückblick 7, 25 f u. a.; Sach 1, 4 f; dazu I,38 f.

[17] Wie 36, 1 f mit der Datierung und der Einbeziehung der „Völker"(vgl. 27, 7; 28, 8); die Bezeichnung Nebukadnezzar als Gottes Knecht (o. Anm. 14). Vgl. noch 25, 11 f mit 29, 10; 25, 27 f
mit 49, 12 u. a. Steht Kap. 27 im Hintergrund von 25, 15 ff (s. u.)? Auch die (jerdtr) Redaktion mit
ihren Sprachelementen reicht ja über Kap. 25 hinaus.

[18] Vgl. V 12 mit 51, 26. 62; V 26 mit 51, 41; V 30 mit 48, 33 (u. Anm. 32) u. a.

richt (mit Anklage) über das eigene Volk Kap. 26–45 und über fremde Völker 46 ff mit Babel am Ende 50 f. Kann Kap. 25 deshalb überhaupt einen – im Werdegang des Buches vorläufigen – Abschluss gebildet haben?[19] Wegen der Querverbindungen einerseits, des ähnlichen Aufbaus andererseits setzt Kap. 25 wohl die Fortsetzung Kap 26 ff voraus. Zunächst folgt ein Hauptteil der Erzählungen in 3.Person, die selbst bereits eine Verknüpfung enthalten, nämlich durch den Er-Bericht 20, 1–6 vorbereitet sind.

Die sog. Urrolle endete wohl mit Kap. 6.[20] Die hier formulierende Redaktion hatte schon einen erheblich größeren Umfang der Überlieferung vor Augen, ja scheint mit dem „Buch" (V 13) über den ersten Teil hinaus das Ganze (bis Kap. 50 f) vorauszusetzen. Sie zieht für die Botschaft Jeremias sowie der anderen Propheten mit der Feststellung der Wirkungslosigkeit in der Mitte des Buches gleichsam eine Zwischenbilanz. Zugleich wird der Kreis der Adressaten zusammengefasst: Das ganze Volk (V 1) sowie alle Bewohner Jerusalems[21], die Gesamtbevölkerung von Stadt und Land, konnte die Botschaft hören.

Wie der Prophet (V 4. 15. 17; 1, 7; 26, 12) wird (V 9) das Feindvolk bzw. das Schwert (V 16) „gesendet". Der babylonische König Nebukadnezzar (V 1. 9. 11 f) steht als Gottes „Knecht" (V 9; 27, 6; 43, 10) – ihm selbst verborgen – in Gottes Dienst, verrichtet insofern ohne eigenes Wissen das Werk des Gottes Israels.[22] Er vollzieht eigentlich die Heimsuchung; die Bestrafung erfolgt durch andere.

70 Jahre (V 10 f) bedeuten, selbst wenn es eine Lebensspanne umfasst[23], da Erwachsene angeredet sind, dass „kaum einer der jetzt Lebenden die Möglichkeit hat, ihr Ende zu erleben"[24]. Auch drei Generationen (27, 7; vgl. 29, 6) werden genannt.

„Wie es zutage liegt" (V 18; vgl. V 3) deutet die Situation an: Auch wenn eine Handlung Jeremias beschrieben wird, stammt die Darstellung kaum mehr aus seiner Zeit, sondern aus dem Rückblick; die Katastrophe steht vor Augen. Wie viele der sieben Jahrzehnte, deren Anfang nicht näher angegeben ist, sind bereits vergangen? Naht das Ende Babels (V 12 ff.26)?

Das – letztlich – weltweite Unheil erscheint jedenfalls als Jahwes Wirken (wie im Motto der Redaktion 1, 10) oder als seine Ankündigung, die seine weitreichende Bedeutung bezeugt.

---

[19] „Diese Rede soll offenbar jene erste Sammlung der ‚Worte Jeremias' abschließen, um dann Cap. 26 ff als jene Zusätze erscheinen zu lassen, die in dem wiederhergestellten Buch hinzukamen" (B. Duhm 200; vgl. Jer 36, 32). Schon W. Rudolph (162) erwägt: Kap. 25 (V 1–14) steht „an einer Schnittstelle", „blickt gleichzeitig nach rückwärts und nach vorwärts".

[20] Vgl. I, 31 ff.

[21] Vgl. 17, 20 u. a.

[22] Vgl. 27, 6; 43, 10; Ez 26, 7; 29, 18 f; 30, 10.

[23] Ps 90, 10. H.W. Wolff (Anthropologie des Alten Testaments, 1973; hg. v.B. Janowski, 2010, 179) errechnete bei den Königen „ein Durchschnittsalter von knapp 44 Jahren".

[24] W. Rudolph 161. Vgl. zu 29, 10.

Jer 25, 15–38

15 Ja,[25] so hat Jahwe, der Gott Israels, zu mir[26] gesprochen: „Nimm diesen Becher mit Wein, voll Zorn[27], aus meiner Hand und gib ihn allen Völkern zu trinken, zu denen ich dich sende, 16 damit sie trinken und sich geräuschvoll erbrechen und sich wie verrückt benehmen vor dem Schwert, das ich zwischen sie sende." 17 Da nahm ich den Becher aus der Hand Jahwes und ließ alle Völker, zu denen Jahwe mich sandte, trinken:
18 Jerusalem und die Städte Judas – und ihre Könige, ihre Beamten, um sie zur Trümmerstätte, zur Wüste, (zum Anlass) zum Gezisch[28] und zum Fluch, wie es an diesem Tag (der Fall) ist, 19 den Pharao, den König von Ägypten, und seine Diener und seine Beamten und sein ganzes Volk 20 und das ganze (Völker-)Gemisch – und alle Könige des Landes Uz – und alle Könige des Landes der Philister, und Aschkalon und Gaza und Ekron und den Rest von Aschdod, 21 Edom und Moab und die Ammoniter, 22 und alle Könige von Tyrus und alle Könige von Sidon, und die Könige der Küste jenseits des Meers, 23 und Dedan und Tema und Bus und alle an der Schläfe Gestutzten[29], 24 und alle Könige Arabiens und alle Könige des Völkergemischs[30], die in der Wüste wohnen, 25 und alle Könige von Simri[31] und alle Könige von Elam und alle Könige Mediens 26 und alle Könige des Nordens, die nahen und die fernen, einer zum andern, und alle Königreiche der Erde, die auf dem Erdboden sind, und der König von Scheschach trinkt nach ihnen.
27 Du sollst zu ihnen sagen: „So spricht Jahwe Zebaoth, der Gott Israels: Trinkt und werdet berauscht, ‚übergebt' euch und fallt, so dass ihr nicht mehr aufsteht vor dem Schwert, das ich zwischen euch schicke!
28 Wenn sie sich aber weigern, den Becher aus deiner Hand zu nehmen und zu trinken, dann sprich zu ihnen:
So spricht Jahwe Zebaoth: Ihr werdet gewiss trinken!

---

[25] Meist „denn" übersetzt und dann für Zusatz gehalten, da sich ein begründender Zusammenhang mit V 1–11. 12–14 schwer erkennen lässt.

[26] Zwar fehlt diese Angabe in der LXX, der Ich-Bericht geht aber weiter.

[27] Ist in der syntaktisch schwierigen Konstruktion mit der Angabe „Zorn" das Bildhafte nicht zu früh aufgelöst? Sie wird bei der Ausführung V 17 nicht aufgenommen. Liegt eine Ergänzung vor? Vgl. „vom Zorn Jahwes erfüllt" 6, 11; das Motiv gegen Ende des Kap. 25 (V 37 f); auch das Bild vom Zornesbecher Jes 51, 17. 22. Ähnlich könnte V 16b „vor dem Schwert …" ein Zusatz aus V 27 sein. Vielleicht sind in dieser späten Fassung der Gerichtsbotschaft Bild und Auslegung doch von vornherein eng verbunden.

[28] Vgl. o. Anm. 5.

[29] Vgl. 9, 25 (I, 214 Anm. 71); 49, 32 (Anm. 5).

[30] Die im Hebräischen mit der vorigen Verbindung nahezu gleiche Wendung ist vielleicht Doppelschreibung.

[31] D. h. Babel; vgl. 51, 41 mit Anm. 39.

29 Denn, siehe, über die Stadt, über die mein Name ausgerufen ist, beginne ich, Unheil zu bringen – und ihr solltet gänzlich ungestraft bleiben? Nicht bleibt ihr ungestraft; denn ein Schwert rufe ich über alle Bewohner der Erde – Spruch Jahwe Zebaoths.
30 Und du, du wirst ihnen alle diese Worte prophezeien und zu ihnen sagen:
Jahwe brüllt aus der Höhe,
aus seiner heiligen Wohnung erhebt er seine Stimme,
brüllt er laut über seine Aue."
‚Hedad!'[32] hebt er an wie die Keltertreter über alle Bewohner der Erde.
31 Es kommt ein Getöse bis an das Ende der Erde;
denn einen Rechtsstreit führt Jahwe mit den Völkern.
Gericht hält er mit allem Fleisch.
Die Frevler – sie gibt er dem Schwert – Spruch Jahwes.
32 So spricht Jahwe Zebaoth:
Siehe, Unheil geht aus von Volk zu Volk.
Ein großer Sturm bricht los von den Rändern der Erde.
33 Da werden daliegen die Durchbohrten Jahwes an jenem Tag
von einem Ende der Erde zum andern Ende der Erde.
Sie werden nicht betrauert, nicht aufgehoben und begraben,
zu Dünger auf dem Erdboden werden sie.
34 Klagt, ihr Hirten, und schreit;
wälzt euch im Staub, ihr Herren der Herde!
Denn die Zeit ist gekommen, dass ihr geschlachtet werdet;
ich zerschmettere euch, dass ihr berstet wie ein Prunkgefäß.
35 Es gibt keine Flucht mehr für die Hirten,
kein Entrinnen für die Herren der Herde.
36 Horcht, wie die Hirten schreien
und die Herren der Herde wehklagen,
weil Jahwe ihre Weide verwüstet.
37 Die friedlichen Auen werden verwüstet – vor der Zornesglut Jahwes.
38 Verlassen hat er wie ein Löwe sein Dickicht,
ja, ihr Land wird zur Wüste (zum Entsetzen)
vor der Glut des gewalttätigen (Schwerts)[33]
und vor seiner Zornesglut.

Der zweite Abschnitt enthält eine Steigerung: nach der Rede eine bildhafte Handlung, von der eine weit größere Zahl betroffen ist, ja nach „allen Völkern ringsum" (V 9) unbegrenzt (wie V 13) „alle Völker" (V 15. 17; vgl. V 26).

---

[32] Ein Jubelruf bei der Ernte (vgl. Jes 16, 10; dazu Ri 9, 27); aber auch Kriegsruf (Jer 48, 33; 51, 14; dazu HAL 233a).
[33] Vgl. 46, 16; 50, 16.

Die als Selbstbericht gestaltete Erzählung[34] erinnert mit dem Auftrag „Nimm!"
und der Ausführung „Ich nahm"[35] an eine Symbol- oder Zeichenhandlung,
bleibt allerdings ohne ein Deutewort. Auch die für eine Vision charakteristische Einführung (wie 24, 1 oder 4, 23 ff; 46, 5) fehlt. Überhaupt ist das Geschehen schwer vorstellbar, zumal nicht von einer Person verwirklichbar; der
bildhaft-symbolische Charakter herrscht vor.

Die Becherhandlung 25, 15 ff scheint ohne eine unmittelbar auf Jeremia selbst
zurückgehende Tradition zu sein, allerdings nicht ohne bei ihm begegnende
Motive: Zum einen stellt Kap. 25 gegenüber Kap. 27 mit der Wendung an die
vom Joch betroffenen Völker eine Steigerung dar, überbietet die Aufzählung
27, 3 f mit einer weit umfangreicheren Liste oder umgreift gar (wie 27, 7) alle
Völker. So ist Kap. 25 wohl durch 27 angeregt. Dabei verschärft sich die
Härte des Gerichts: über die Unterwerfung unter die fremde Vorherrschaft
hinaus Verwüstung. Zum andern kennt Jeremia die Wendung vom „Ausgie-
ßen" von Gottes „Zorn" (6, 11; vgl. 10, 25); auch begegnet (8, 14; 23, 15; vgl.
9, 14) das Motiv „Giftwasser trinken / tränken". Schließlich findet sich das
Bild des Bechers in den Völkersprüchen.[36] Sind solche Elemente aus der
Überlieferung aufgenommen, miteinander verbunden und ausgestaltet – zu
dem bildhaften Vorgang vom Becher, den Jeremia weiterreicht?
    Da beide Abschnitte, die den Untergang beschwören, zusammengehören,
ist der zweite Abschnitt eher nachträglich in der LXX ans Ende der Völkersprüche verschoben.[37]

> V 15–17 Becherhandlung: Auftrag (V 15) mit Folge (V 16) und Ausführung (V 17),
> betont „aus Gottes Hand" (V 15. 17), „senden" (V 15–17 wie V 4 von den Prophe-
> ten) mit Empfängern (V 18–26)
> V 18 Juda / Jerusalem; vgl. eine ähnliche Weite mit dem Plural „Könige" 17, 19. 25
> Nicht mehr aufstehen können „vor dem Schwert" (V 16; vgl. V 27. 29)
> V 19–25 Aufzählung von Völkern

---

[34] H.A. Brongers, Der Zornesbecher: OTS 15, 1969, 177–192; W. McKane, Poison, Trial by
Ordeal and the Cup of Wrath: VT 30, 1980, 474–492; J. Gamberoni, ThWAT VIII, 1995, 507 ff,
bes. 529 f; B. Gosse, La terminologie de Jér 25, 15–18: BN 85, 1996, 11–13; B. Huwyler (s. o.)
350 ff; K.D. Schunck, Der Becher Jahwes: Verbindungslinien. FS W.H. Schmidt, 2000, 323–330
= Altes Testament und Heiliges Land. GSt II. BEATAJ 50, 2002, 39–45; G. Fuchs, Das Symbol
des Bechers in Ugarit und Israel: Verbindungslinien (s. o.) 65–84; Dies., Der Becher des Sonnengottes: BVB 4, 2003, bes. 94 ff; Th. Seidl, Der Becher in der Hand des Herrn: ATSAT 70, St. Ot-
tilien 2001; I. Dubach (s. zu Jer 23, 9 ff Anm. 12) 252 ff; H.-J. Hermisson, BK XI/3, 231 ff (zu
Jes 51, 17 ff).
[35] V 15 wie 36, 2; ein ähnlicher Auftrag 18, 2 u. a. Zu V 17 vgl. 36, 32 „Jeremia nahm".
[36] Jer 49, 12; 51, 7.(39. 57; dazu 48, 11 f); auch Jes 51, 17. 22 f; Ez 23, 31–34; bes. Hab 2, 15 f.
Ps 75, 9 gebraucht das Bild von dem Gerichtsbecher aus Gottes Hand, den die Frevler zu leeren
haben; vgl. Klgl 4, 21. Nach M. Dubach ([s. o.] S. 258) stellt „die Vorstellung von einem durch die
Gottheit im Gericht gereichten Becher ein atl. Proprium" dar.
[37] W. Rudolph (163) vermutet: Die sog. Becherperikope, die im vorliegenden Text „zu einer
Ankündigung des Weltgerichts ausgeweitet ist", hat LXX „hinter die einzelnen sich im geschichtlichen Raum bewegenden Völkerorakel" gesetzt.

V 23 vgl. 9, 25

V 26 „alle Könige des Nordens", ja „alle Königreiche der Erde" und – V 26b fehlt in LXX – Babel

V 27–29 Bekräftigung von V 15 (trotz der Ausführung V 17), wieder mit Angabe des Ziels: dem Schwert

Bei Weigerung kein Ausweichen möglich: ein Müssen; vgl. 49, 12

Gegen Ende häufen sich Erläuterungen mit Anklängen an andere oder Anknüpfung an vorige Texte:

V 30–33 Ohne das Motiv vom Becher: Künftiges, von Jahwe gesandtes Unheil (wie V 29) über „alle Bewohner der Erde"

Von der „Höhe" (vgl. 17, 12) und der „heiligen Wohnung" (vgl. 31, 23; Am 1, 2; „Auen" auch Jer 49, 20; 50, 45)

so von Jerusalem aus Gericht bis ans „Ende der Erde", aber an „Frevlern"

Zum Bild des Keltertretens Klgl 1, 15; Joel 4, 13; Jes 63; dazu Anm. 32

V 31. 33 vgl. 12, 12; 8, 2. 6; 16, 4

V 32. 34 vgl. 6, 22. 26; 10, 22 „Herren der Herde" (nicht Gottheiten) oder „Hirten", d. h. Könige, Anführer (vom eigenen Volk: 2, 8; 6, 3; 23, 1 ff u. a.)

V 35 Keine Zuflucht mehr; vgl. 46, 6; Am 2, 14 f; Hi 11, 20

V 38 vgl. 4, 7; „Glut des Zorns" 4, 8. 26

Wie sich schon die Rede im eigenen Volk ausdrücklich an alle (25, 1 f) richtet und nach der einleitenden Angabe (V 19) über die in Ägypten Betroffenen niemand vom Pharao bis zum Volk ausgenommen ist, soll die breit ausladende, umfangreiche Aufzählung der Völker sie insgesamt umfassen.[38]

1.) Vermutlich hat sie ein Wachstum erfahren; aus ihr sucht man – ohne die Erwähnung der „Könige" des Landes oder Volkes – einen älteren Bestand herauszuschälen, um einen Text zu gewinnen, der noch nicht das Weltganze, sondern nur bestimmte Völker betrifft. Vielleicht gibt es auch Ergänzungen (wie V 18. 26), welche die Korrespondenz beider Abschnitte betonen. Durch literarkritische Ausgrenzungen gelangt man allerdings kaum zu einem auf Jeremia zurückgehenden Text, sondern bleibt innerhalb der redaktionellen Schicht des Buches.

2.) Die Abfolge der Völkersprüche Kap. 46–51 stimmt grob mit 25, 19 ff überein. Von den Abweichungen seien nur wenige Einzelheiten hervorgehoben: Es werden (im Vergleich mit 49, 28 ff) hier andere arabische Stämme genannt, auch (gegenüber 47, 5. 7) Ekron. Damaskus fehlt. Zusätzlich werden (V 25) die Meder[39] erwähnt, was für eine jüngere Situation spricht.

3.) Vor allem führt die Reihe (V 26) auf Babel zu und setzt damit wohl das Babelwort am Ende der Völkersprüche voraus, das gewiss nicht von Jeremia stammt. Wird dieses jüngere Stadium der Überlieferung in 25, 19 ff ausgestaltet?

Empfiehlt es sich nicht, bei der Analyse zunächst von der Sammlung der Völkersprüche selbst, die anders als Kap. 25 keine jerdtr Redaktion aufweist und so selbständig war, auszugehen? Lässt sich ihre Entstehung ein Stück weit aus der Zeit verstehen? In der Sammlung entspricht die Vorordnung Ägyptens (mit der einleitenden Zeitangabe) einer früheren Situation als die Stellung Babels am Schluss; viel-

---

[38] Ist die Ausweitung auf „alle Völker" (V 15; vgl. V 29 ff „alle Erdbewohner") jünger, einem Überarbeitungsprozess zuzuschreiben? Sie findet sich auch 27, 7.

[39] Sie spielten beim Fall Babylons eine erhebliche Rolle; vgl. 51, 11. 28; Jes 13, 17; 21, 2.

leicht bildet das Babelwort, das den Vollstrecker des Gerichts in das Gericht einbezieht, trotz der Verbindungen zu vorhergehenden Worten wegen des anderen Charakters der Begründung auch einen Anhang.[40] Die Reihenfolge Jer 46 ff ist kaum durch spätere Anpassung an 25, 19 ff entstanden.

Eher empfiehlt sich die als Frage formulierte umgekehrte Folgerung: Hat 25, 19 ff die Anordnung der Völkersprüche aus der Sammlung (Kap. 46 ff) mit Ägypten zu Anfang und Babel am Schluss übernommen, (um Damaskus) gekürzt und zugleich (bes. um Medien) erweitert? Kommt darin eine spätere Situation zum Ausdruck? 4.) Die Zeitangabe „4. Jahr Jojakims" (25, 1; vgl. 36, 1; 45, 1), die in einem eindeutig redaktionellen (jerdtr) Rahmen steht, ist mit dem Auftreten der politisch entscheidenden Figur, Nebukadnezzar, verknüpft. Ist dieser Zusammenhang durch die Einleitung der Völkersprüche (46, 2)[41] angeregt? Da Kap. 25 von den Völkern redet, liegt die Anknüpfung an die Einführung der Völkersprüche nahe.

Nach Jerusalem trinken – gemäß der vorliegenden Textgestalt – alle Völker aus dem Zornesbecher, zuletzt (V 26) der König von Babel.

Es ist ein Wein, der nicht „das Herz erfreut" (Ps 104, 15), vielmehr „das Herz", d.h. den Verstand, „nimmt"[42], berauscht, den Trinker zum Sich-Übergeben, Taumeln und Fallen (25, 16. 27) bringt, ja ein Wein, der „Zorn" (V 15) verkörpert und Unheil bewirkt. Der einen neuen Abschnitt einleitende V 27, der V 15 nachdrücklich bestätigt[43], zielt (V 29) auf Jerusalem. Wie zuvor (V 8 ff.18) ist hier explizit zunächst das eigene Volk („ich fange an") betroffen, bevor das Gericht weltweit ausgreift: Die Adressaten „alle Bewohner des Landes" (1, 14 u.a.) werden verallgemeinert: „der Erde" (V 29 f; vgl. V 26. 30 ff).

Wie zuvor bleiben Jerusalem und die Völker verbunden, allerdings (V 28 f) mit Tonverlagerung: Wenn schon „die Stadt, über die mein Name ausgerufen ist"[44], d.h. Jerusalem, so müssen auch oder erst recht (vgl. 49, 12) diejenigen, die sich weigern, den Unheilsbecher trinken. Gelten Israel und die Völker sonst von dem gleichen Geschick getroffen, so deutet sich hier ein Unterschied an – entgegen Jeremias Auffassung, vermutlich in Zuspitzung volkstümlicher oder auch heilsprophetischer Ansicht.[45]

---

[40] Zudem ist die Reihenfolge der Völkersprüche in der LXX – mit der eigenen Einleitung (25, 14) – kaum alt. Vgl. insgesamt das Vorwort zu Kap. 46 ff.

[41] Jer 32, 1 nennt bei dem Synchronismus ein späteres Datum.

[42] Hos 4, 11; vgl. Gen 9, 21; Jes 19, 14; 28, 7 f; 29, 9; Nah 3, 11.

[43] Dabei ahmt V 27 mit der Einführung „Du sollst zu ihnen sagen" mit Botenformel sowie der Folge „fallen und nicht mehr aufstehen" 8, 4 nach.

[44] Die Näherbestimmung, die das Eigentum bekundet, findet sich entsprechend (7, 10 ff u.a.) vom Tempel, auch von Jeremia selbst (15, 16); dazu I,281 mit Anm. 130. Die Formulierung klingt wohl Dan 9, 18 f nach.

[45] „Wohl in An- und Ablehnung populärer Vergröberung des Erwählungsgedankens" (Am 3, 2; 6, 1 f; 9, 7) wird dies „begründet: Wenn sogar Jerusalem …, dann erst recht die Völker" (V 29; vgl. 49, 12) (ThWAT VIII, 529).

Gottes „Rechtsstreit" mit seinem Volk[46] wird verallgemeinert: „mit allem
Fleisch"; ähnlich die Charakteristik „Frevler"[47] ausgeweitet. Das Unheil ver-
breitet sich „von Volk zu Volk" (V 32). Die Szene der „Erschlagenen" nimmt
bittere Kriegserfahrungen[48] auf und erweitert sie. Die „Hirten" der Herde
sind selbst betroffen (V 34 ff); das Ende naht. Wie schon V 32 die Ankündigung eines Feindvolks (6, 22) aufnimmt und im Zusammenhang näher bestimmt, so greift der „Löwe" aus „seinem Dickicht" (V 38) das kräftige Bild
(4, 7) vom unbenannten Feindvolk[49] auf, bezieht es auf die Babylonier bzw.
Nebukadnezzar (V 1); mit seinem „Zorn" vertritt er „die Glut des Zornes
Jahwes"(V 37), des in allen Geschehnissen verborgenen Lenkers der Geschichte.

---

[46] Jer 2, 9; I, 67 (Anm. 6). 76 (Anm. 61).
[47] Im eigenen Volk: 5, 26; 12, 1; 23, 19.
[48] Jer 8, 2; 16, 4; I, 190. 289.
[49] In prophetisch-eindringlicher Sprache auch von Gott: Hos 5, 14.

Auswirkungen der Tempelrede
Jer 26

1 Zu Beginn der Königsherrschaft[1] Jojakims, des Sohnes Josias, des Königs von Juda, erging dieses Wort von Jahwe: 2 So spricht Jahwe: Tritt in den Vorhof des Hauses Jahwes und sprich zu allen Städten des Hauses Juda, die kommen, um im Haus Jahwes anzubeten, alle Worte, die ich dir aufgetragen habe, zu ihnen zu reden! Lass kein Wort weg! 3 Vielleicht hören sie und kehren um, ein jeder von seinem bösen Weg. Dann lasse ich mich des Unheils gereuen, das ich ihnen wegen der Bosheit ihrer Taten anzutun vorhabe. 4 Und sage zu ihnen: So spricht Jahwe: Wenn ihr nicht auf mich hört, indem ihr in meiner Weisung wandelt, die ich euch vorgelegt habe, 5 indem ihr (dabei) auf die Worte meiner Knechte, der Propheten, hört, die ich unermüdlich zu euch sende, ihr aber nicht hörtet. 6 Dann behandle ich dieses Haus wie Schilo, und diese Stadt mache ich zum Fluchwort für alle Völker der Erde.

7 Da hörten die Priester und die Propheten und das ganze Volk Jeremia diese Worte im Haus Jahwes reden. 8 Als Jeremia alles zu Ende geredet hatte, was Jahwe zum ganzen Volk zu reden geboten hatte, da ergriffen ihn die Priester und Propheten und das ganze Volk[2], indem sie sagten: „Du musst sterben! 9 Warum hast du im Namen Jahwes geweissagt: Wie Schilo wird dieses Haus werden, und diese Stadt wird zerstört, so dass niemand mehr in ihr wohnt?" Und alles Volk versammelte sich[3] um Jeremia im Haus Jahwes.

10 Als die Beamten Judas diese Worte hörten, gingen sie vom Haus des Königs zum Haus Jahwes hinauf und setzten sich am Eingang des neuen Jahwetores.[4] 11 Da sagten die Priester und Propheten zu den Beamten und zum ganzen Volk: „Des Todes schuldig ist dieser Mann; denn er hat gegen diese Stadt geweissagt, wie ihr mit eigenen Ohren gehört habt." 12 Darauf

---

[1] „Anfang der Regierung" meint „die Zwischenzeit zwischen dem Regierungsantritt des neuen Königs bis zum kommenden Neujahr, das die Krönungsfeier bringt ... Erst an dem auf den Tod des Königs folgenden Neujahr beginnt Jahr 1, die offizielle Regierungszeit, des Nachfolgers." (E. Kutsch, ZAW 71, 1959, 270–274, bes. 272 mit Anm. 17).

[2] Handelt es sich um einen Zusatz (B. Duhm/W. Rudolph u. a.)? Die eigentliche Anklage vertreten (V 11) nur Priester und Propheten; sie wenden sich *an* das Volk – wie auch (V 12) Jeremia. Es entscheidet dann (V 16) verständnisvoll mit. Anders ist die Haltung des Volkes V 8b (.24) – darum zu widersprüchlich? Oder darf man V 8 „und" deuten: „*mit* dem Volk" – (entsprechend V 7. 8a.11 f) als Zuhörer? In der Sache kommt dem Volk auch V 11 f.16 eine begleitende Rolle zu.

[3] Kaum: „rottete sich (gegen Jeremia) zusammen"; vgl. die Aufnahme von *qhl* V 17 (u. Anm. 35).

[4] Gemeint ist wohl „das neue Tor des Hauses Jahwes" (36, 10).

sprach Jeremia zu allen Beamten und zum ganzen Volk: „Jahwe hat mich gesandt, um gegen dieses Haus und diese Stadt alle Worte zu weissagen, die ihr gehört habt. 13 Nun aber bessert eure Wege und eure Taten und hört auf die Stimme Jahwes, eures Gottes, dass Jahwe sich des Unheils gereuen lasse, das er euch angedroht hat. 14 Ich aber, siehe, ich bin in eurer Hand. Verfahrt mit mir, wie es gut und recht ist in euren Augen! 15 Doch ihr müsst wissen, wenn ihr mich tötet, bringt ihr unschuldiges Blut über euch, diese Stadt und die Bewohner; denn in Wahrheit hat mich Jahwe zu euch gesandt, alle diese Worte vor euren Ohren zu reden." Da sagten die Beamten und das ganze Volk zu den Priestern und Propheten: „Diesem Mann ist nicht das Todesurteil (zu sprechen); denn im Namen Jahwes, unseres Gottes, hat er zu uns geredet."

17 Es erhoben sich Männer von den Ältesten des Landes und sprachen zu der ganzen Versammlung des Volkes: 18 „Micha von Moreschet hat in den Tagen Hiskias, des Königs von Juda, zum ganzen Volk Juda geweissagt und gesprochen: So spricht Jahwe Zebaoth:
,Zion wird zum Feld umgepflügt,
und Jerusalem wird zu Trümmerhaufen
und der Berg des Hauses (Gottes) zu Waldeshöhen.'
19 Haben ihn etwa Hiskia und das ganze Volk Juda zu Tode gebracht? Hat er nicht Jahwe gefürchtet und das Angesicht Jahwes besänftigt, dass sich Jahwe des Unheils gereuen ließ, das er über euch angekündigt hat? Wir aber sind dabei, ein so großes Unheil über unser Leben zu bringen."

20 Da war noch ein Mann, der im Namen Jahwes prophezeite, Urija, der Sohn Schemajas, aus Kirjat Jearim, und er prophezeite gegen diese Stadt und dieses Land ganz entsprechend den Worten Jeremias. 21 Als der König Jojakim und alle seine Heerführer und alle Beamten seine Worte hörten, suchte der König ihn zu töten. Als Urija (es) hörte, fürchtete er sich, floh und kam nach Ägypten. 22 Der König Jojakim sandte (Männer nach Ägypten[5]), Elnatan, den Sohn Achbors, und Männer mit ihm nach Ägypten. 23 Sie holten Urija aus Ägypten und brachten ihn zum König Jojakim, und er erschlug ihn mit dem Schwert und warf seine Leiche auf die Gräber der Kinder des Volkes.[6]

24 Doch die Hand Achikams, des Sohnes Schafans, war mit Jeremia, so dass man ihn nicht in die Hand des Volkes gab, ihn zu töten.

Für die Wahrheit, die Jeremia vertritt, hat er persönlich einzustehen. Schon der Einsatz der Er-Berichte (20, 1 ff) erzählt von Folgen, die Jeremia auf Grund seiner „Worte" zu tragen hat, seine Bestrafung durch einen Priester. – Hier wird die Tempelrede zwar verkürzt wiedergegeben, jedoch ist der Zusammenhang eindeutig: Auf den entsprechenden Auftrag „Tritt!" (7, 2) folgt die leicht unterschiedliche Ortsangabe: Vorhof (26, 2) bzw. Tor (7, 2) des

---

[5] Wohl Dittographie angesichts der folgenden Aussage.
[6] D. h. des schlichten Volkes, der Allgemeinheit; vgl. 2 Kön 23, 6; auch Ez 32, 20 ff.

Tempels[7] und vor allem der Kern der Botschaft, die Drohung gegen dieses
Heiligtum im Vergleich mit dem Ergehen des Heiligtums zu Schilo[8]. Dagegen
finden sich hier nicht der dreifache Tempelruf (7, 4) mit der Kritik am verfehl-
ten Vertrauen oder das Zitat aus der Dekalogtradition (7, 9), die dort zumal
im sozialen Bereich als Anklage dient. Tritt der begründende Schuldaufweis
im Verhalten gegenüber Jeremia nicht deutlich genug hervor? So zieht
Kap. 26 die Tempelrede einerseits zusammen, erweitert sie andererseits. Der
Ton verlagert sich (zumal in der Anklage V 11) auf die Drohung gegen die
Stadt.[9] Allerdings ist die Zerstörung des Tempels, ohne dass zugleich die
Stadt erfasst wird, kaum denkbar; darum wird, was ursprünglich impliziert
ist, eher explizit – sachlich in Übereinstimmung mit Jeremias Botschaft[10]. Die
schrecklichen Widerfahrnisse (587/6) verschonen weder Tempel noch Stadt.
    Grob folgen auf einen Redeteil (I.) zwei Handlungsszenen mit der Reak-
tion (II.-III.) und zwei ergänzende Nachrichten (IV.-V.). Wird schon der Er-
Bericht 20, 1 mit der Aussage über den Priester eröffnet: „Er hörte"[11], so werden hier beide Szenen eingeführt: „Sie hörten".

        Nach V 1 mit einleitender genauer Zeitangabe
    I. V 2-6. Rede Jeremias
        V 2a Redeauftrag mit Ortsangabe (Vorhof des Tempels)
        V 2b Halbe Kanonformel
        V 3 Möglichkeit zur Umkehr mit Abwendung des Unheils (vgl.
            V 13)
        V 4a Nach dem allgemeinen Redebefehl (V 2) Einführung des Inhalts
            mit Botenformel[12]
        V 4b-6 Inhalt der Tempelrede in redaktionellem Kontext

---

[7] Der Vorhof bildet wohl die überlieferungsgeschichtlich ältere Angabe, das Tor eher die jüngere (vgl. 17, 19 f; 22, 2. 4 u. a.). Jeweils sollen möglichst alle angeredet werden. – Im Anschluss an
die Auslegung zu Kap. 7 seien hier nur einige Hauptzüge der Erzählung hervorgehoben.
[8] Jer 26, 6a.9a; 7, 12. 14.
[9] Die sog. Baruch-Biographie (I, 35 f. 330 f) setzt bereits die Erfahrung des Exils voraus. Die
Kap. 26 beschriebenen Geschehnisse sind, auch wenn zum näheren Hergang Fragen bleiben,
kaum nachträglich erfunden (vgl. Anm. 42), wohl geschildert, nachdem Jeremias Ankündigung
durch den Gang der Ereignisse bestätigt ist. Die Darstellung verknüpft verschiedene (zumal
V 20-23, vielleicht V 24), zwar thematisch zusammengehörige, aber nur grob gleichzeitige Begebenheiten; darum sind Unebenheiten durch den Wechsel der Handlung vorgegeben. Bei der Erinnerung an den Analogiefall (V 17 ff) urteilt I. Willi-Plein (Palast, Gotteshaus oder Räuberhöhle:
Davidshaus und Prophetie: BThSt 127, 2012, 188): „Dass verschiedene Meinungen vorgetragen
werden, ist in einem Rechtsstreit normal und lässt nicht auf verschiedene Konzeptionen ... schließen."
[10] Vgl. bildhaft 4, 31; 6, 1 u. a. Das Motiv „ohne Bewohner" (V 9) findet sich schon früh in verschiedener Sprachgestalt mehrfach (2, 15 u. ö.; I, 135 Anm. 60).
[11] Vgl. auch 36, 11; 38, 1. 7; 40, 7. 11; 41, 11; dazu A. Graupner, Auftrag 59. Die zweite Szene
nimmt einleitend (V 10) „sie hörten" und „diese Worte" (aus V 7; vgl. Anm. 15) auf und führt die
V 8 f eröffnete Spannung fort. Beide Abschnitte V 7 ff. 10 ff werden außerdem durch Priester und
Propheten (Anm. 23) sowie „das ganze Volk" (V 8 f.11 f.16) zusammengehalten.
[12] Die Folge von Infinitiv abs. oder Imperativ und Verb in 2. Ps. Sg. (V 2a) findet sich häufiger,
wie 2, 2; 13, 1; 18, 2; 36, 2; I, 67 Anm. 7. Zu V 4a vgl. 8, 4a. Nach dem allgemein zusammenfassenden „Reden" wird durch „Sprechen / Sagen" der Wortlaut eingeführt (vgl. ThWAT II, 105 f).

V 4b Hören auf die Tora und V 5 die Prophetie;
  sog. Unermüdlichkeitsformel[13]
V 5bβ Feststellung des Ungehorsams
V 6 Unheilsansage über Tempel und Stadt
V 6a Grundbestand der Überlieferung (vgl. V 9a; 7, 12. 14)
  V 6b zusätzlich im Fluchwort (25, 18; 44, 8)
II. V 7–9. „Sie hörten"(V 7) – Priester, Propheten und Volk
  V 7. 8a Reaktion der Adressaten
    V 8b Gefangennahme durch Priester, Propheten (und Volk)
      und Androhung der Todesstrafe (in 2.Ps.)
    V 9a Beschuldigungsfrage (in 2.Ps., gleichsam vorgerichtlich,
      anders V 11)
Wegen (der Ankündigung der Zerstörung – ohne Bedingung (wie V 6a; 7, 12. 14)
V 9b Versammlung des Volkes (vgl. V 17)
III. V 10–16 „Sie hörten" (V 10) – Beamte. Verhandlung
  V 10 Zusammentreten des Gerichts
  V 11 Urteilsvorschlag (in 3.Ps. wie V 16), sachlich entsprechend V 8
    Forderung der Todesstrafe durch Priester und Propheten
    Begründende Anklage: Weissagung gegen die Stadt
  V 12–15 Verteidigung des Angeklagten
  V 12 Widerrede, Rechtfertigung mit Sendungsauftrag (vgl. V 15b)
    V 13 Appell – wie V 3 Ergänzung der (jerdtr) Redaktion
  V 14 Anerkennung des Forums
    Ausgeliefertsein seiner Person – allerdings geht es nicht um ihn selbst
    Mögliche Folgen eines Fehlurteils
  V 15b Erneute Rechtfertigung (nach V 12) mit Berufung auf Gott
  V 16 Schlussurteil mit Begründung: Nicht den Tod verdient.
    Insofern Freispruch
    Anerkennung von Jeremias Botschaft als Gotteswort
IV. 17–19. 1. Parallel- oder Präzedenzfall
  in der Vergangenheit – mit gutem Ausgang
  Plädoyer Ältester vor der Volksversammlung (vgl. V 9b)
  V 18 Nach Botenformel Michas Wort im Zitat und sein Schicksal
  V 19 Vergleich mit früherer Reaktion (Hiskijas) auf Prophetie
V. 20–23. 2. Parallelfall
in der Gegenwart – mit tödlichem Ausgang
  Der Prophet Urija mit einer Botschaft „entsprechend Jeremias Worten"
  und sein Schicksal: Vergebliche Flucht und Hinrichtung
V 24 Schlussnotiz: Jeremias Helfer Achikam
  Rettung vor der aufgebrachten Volksmenge

Die Situationsangabe (V 1 f) scheint Josias Reform vorauszusetzen.[14] Wie die
Tempelrede Kap. 7 verschiedene Themen übergreift, so fasst Kap. 26 auf an-

---

[13] Vgl. I.39 Anm. 259. Sie wird (rückblickend) vor allem an die sog. Schriftpropheten denken;
Priester und Propheten erscheinen in der hier beschriebenen Handlung ja als Gegner Jeremias.
[14] V 1 „setzt eine Tätigkeit Jeremias schon zur Zeit Joschijas voraus"; Hintergrund der Situation, dass „alle Städte Judas" zur Anbetung in den Tempel kommen (V 2), „ist wahrscheinlich die
deuteronomische Bestimmung über die großen Wallfahrtsfeste" (G. Wanke 238). Vgl. I,3 f.

dere Weise Jeremias Botschaft allgemein zusammen: Nach dem Auftrag V 2a
sollen „alle Städte" mit „allen Worten" angeredet werden. Die sich daran anschließende Darstellung[15] scheint sich einerseits auf die Berufungserzählung
rückzubeziehen, um die Ausführung des dort ergangenen Auftrags[16] zu bestätigen, andererseits auf den Auftrag (36, 2) vorauszuweisen, „alle Worte"
aufzuschreiben. Vor der Niederschrift hat Kap. 26 über die Situation hinaus
besondere Bedeutung als die die Gesamtheit („das ganze Volk" V 8. 12 u. a.)
betreffende, umfassende Darbietung „aller Worte" mit deren Zuspitzung in
der Kritik an Tempel und Stadt, und zwar angesichts drohender Todesstrafe.

Wie der Er-Bericht knüpft auch die spätere *Redaktion* einen Zusammenhang zwischen Kap. 26 und 36, indem sie in beide eine nahezu gleiche, für sie
entscheidende Aussage (26, 3; 36, 3) einfügt. Hier gehören 26, 3 und 13 mit
ihrer charakteristischen Ausdrucksweise (wie „Weg", „Taten", Gottes
„Reue") derselben redaktionellen Schicht an und lassen sich ausklammern;
wie schon V 4 an V 2 so kann sich V 14 bruchlos und sinnvoll an V 12 anschließen. Gegenüber der älteren Überlieferung (in V 1–2a.4a.6a) gestaltet
die (jerdtr) Redaktion die Rede an dem hervorgehobenen Ort mit ergänzen-
den, teils grundsätzlichen Äußerungen (V 2b.3. 4b.5. 6b.13) aus und verstärkt
so ihre Bedeutung.

Innerhalb des redaktionellen Anteils wird die sog. Kanonformel aus Rücksicht auf die Nachricht über die Hinzufügung von Worten 36, 32b nur zur
Hälfte zitiert: „nichts wegnehmen" (V 2b).[17] Im zu wünschenden kollektiven
Handeln („sie sollen hören, umkehren") bleibt Raum für Individuelles: Jeder
einzelne soll „seinen Weg/Wandel" ändern (V 3)[18]. Die Beurteilung gilt wieder zusammenfassend „ihren Taten".

Im vorliegenden Zusammenhang ist die Todesforderung Antwort auf den
Bußruf. Hätte Jeremia die Anklage (V 9. 11) durch Hinweis auf den Bußruf
(wenn er zum Grundbestand gehörte) nicht entschärfen können?

Neben der Tora (V 4; ist analog zu 7, 9 zumal an den Dekalog gedacht?)
oder als deren Entfaltung werden die Propheten (V 5) als Wort Gottes angeführt. Die Aufnahme erscheint von vornherein unsicher oder offen: Nur
„vielleicht" werden die Angesprochenen hören. Das Angebot der Umkehr
mit der Reue Gottes bleibt dann ohne das nötige Echo. So erscheint der Prophet „als Mahner zur Umkehr und zur Befolgung des Willens Jahwes in der
Tora"[19], wird aber (V 5b) nicht gehört.[20] Die Ablehnung des Angebots stellt –

---

[15] Nach „allen Worten"(V 2a; aufgenommen V 12) „diese Worte"(V 7. 10 wie 20, 1), „alle diese
Worte"(V 15), „befohlen/geboten"(V 2a.8).

[16] „Alles" zu „reden", was Gott „gebietet"(1, 7; I,7 f); vgl. zumal V 8: Jeremia hat „zu Ende geredet alles, was Jahwe geboten hat". So setzt trotz knapper Wiedergabe des Tempelworts die Erzählung eine längere Rede voraus.

[17] Vgl. I,36.

[18] „Umkehren ein jeder von seinem bösen Weg"(18, 11). Vgl. weitere Stichworte oder Wendungen in redaktionellen Aussagen wie 7, 3. 5; 36, 3. 7; auch den 18, 8 ausgesprochenen Grundsatz
u. a.; I,38 (zu V 3 Anm. 251).

[19] W. Thiel II,4.

in einer Situation, in der die Bewahrung der Stadt nicht mehr gegeben ist –
mit dem Ungehorsam die Schuld des Volkes am Verlauf der Ereignisse heraus.
So liegt in V 9 (.11) keine Verkürzung der Weissagung (ohne „Vielleicht" oder
eine Umkehrmöglichkeit) vor, vielmehr in V 3 f.13 eine Erweiterung; bei der
Wiedergabe der Botschaft wird die Bedingung nachträglich vorangestellt.

Wie schon in dem V 18 zitierten Micha-Wort[21] erging die Ankündigung der
Zerstörung des Tempels ursprünglich höchstwahrscheinlich unbedingt als
Ansage gewisser Zukunft (7, 12. 14; 26, 6a.9a).[22] Priester und Propheten[23], wie
mehrfach schon zuvor die eigentlichen Widersacher, stellen noch vor der
folgenden Verhandlung die einem Verhör ähnliche, beschuldigende Frage
(V 9a) „Warum?" Sie gesteht Jeremia zu, „im Namen Jahwes" zu reden,
nennt als eigentlichen Anstoß die Ansage der Zerstörung des Heiligtums und
der Stadt.

Die – königlichen, allgemein in der Verwaltung tätigen – „Beamten" scheinen in der Hauptstadt für das Amt von Richtern[24] zuständig zu sein, übernehmen die Aufgabe, „sitzend im Tor"[25] des Tempels. Der Vorgang trägt (ab
V 10) Züge eines Prozesses. Priester und Propheten treten vor dem Forum –
mit doppelter Tonverschiebung (gegenüber der Frage V 9) – als Ankläger auf,
nennen als Urheber der Botschaft nämlich nur Jeremia[26] und reden von ihm
in 3.Person; sie geben einleitend einen Urteilsvorschlag („diesem Mann das
Todesurteil")[27] mit der Anklage („er hat gegen diese Stadt prophezeit")[28] unter Angabe von Zeugen („wie ihr gehört habt").[29]

Jeremia beruft sich darauf, „gesandt", bekräftigend: „in Wahrheit gesandt"
zu sein[30], hält der Anklage seine Beauftragung entgegen (V 12).[31] Gleicht die

---

[20] „Nicht hören" wie 7, 13. 24. 26; 11, 8; 18, 12; 19, 15 u.a. Vgl. 2 Kön 17, 13 f; Sach 1, 4 f; I,38 mit
Anm. 251. 256; auch I,228 f.

[21] Mi 3, 12. Es handelt sich – ohne Ruf zur Umkehr – um eine Unheilsansage, die Jeremia aufnimmt; s. auch zur Ziontradition I,10 f.177 f.

[22] Wird so nicht auch die Reaktion V 8b verständlicher? Vgl. Mk 13, 2; I,180 Anm. 43. Auch
das späte Martyrium Jesajae (III,6) berichtet von Jesajas Wort gegen Jerusalem und die Städte
Judas; I,177 Anm. 18.

[23] V 7 f.10 f.16; vgl. schon Jes 28, 7; Jer 2, 8; 5, 30 f; 6, 13 u.a.; o. zu 23, 9 ff.

[24] Vgl. Jes 1, 21. 23. 26; 32, 1.

[25] Vgl. Am 5, 10. 12. 15; Rut 4 u.a. V 10 nennt nur die „die Beamten Judas"(vgl. V 2 „Städte Judas"; V 18 „Volk Judas"); anders 29, 2; 34, 19: „Judas und Jerusalems".

[26] Vgl. in der Anklage die Übertragung der Botenformel auf Amos (7, 11): „So spricht Amos."

[27] „Rechtsentscheid, der den Tod fordert"(HAL 615); vgl. Dtn 19, 6; 21, 22.

[28] Bezieht sich die Anklage auch auf Gotteslästerung (Ex 22, 27; Lev 24, 16; Dtn 21, 22 f;
1 Kön 21, 13; vgl. Mt 26, 61)?

[29] „Der Kläger gibt mit seinem Urteilsvorschlag seine Vorstellung von der Schwere der Tat dem
Gericht kund", bemüht sich für seine Anklage „Beweise oder Zeugen anzuführen" (H.J. Boecker,
Redeformen 72). „Die Verhandlung kann ergeben, dass der Vorschlag abzulehnen oder zu bestätigen ist." Die Abweisung bedeutet Freispruch und kann ebenfalls „mit einer Begründung verbunden" sein (ebd. 133). Zum Todesrecht vgl. auch. den 1 Kön 21, 10 ff beschriebenen Vorgang: Wieweit handelt es sich um ein ordentliches Gerichtsverfahren, wieweit wird nur die Form gewahrt?

[30] V 12. 15; vgl. 1, 7; I,45 mit Anm. 11.

[31] Vgl. einen ähnlichen Legitimationsversuch Am 7, 14 f.

Verteidigung insofern nicht der gestrafften Erzählung der Berufung? Er vertritt nicht seine eigene, sondern Gottes Sache. Auch gegenüber Anfeindungen hat er nur sein Wort mit dem Verweis auf sein Widerfahrnis. Abschließend (V 14 f) spricht Jeremia zu seiner Person, erkennt das Gericht an, liefert sich aus, „wie es euch gut und recht dünkt"[32], bittet nicht um Gnade, mahnt aber, kein unschuldiges Blut zu vergießen[33], behauptet so, wegen seines Auftrags ohne Schuld zu sein.

Wider Erwarten wird dem mit der Anklage (V 11) verbundenen Vorschlag unter Aufnahme von dessen Wortlaut (V 16) nicht zugestimmt: „diesem Mann nicht das Todesurteil". Wie jene Anklage enthält auch dieser Entscheid eine Begründung („denn"). Nennt die Anklage nur Jeremia, so wird – gleichsam zu seiner Entlastung – sein Anspruch anerkannt, nicht aus sich, sondern im Namen „unseres Gottes" zu reden[34]. Diese Bestätigung findet sich zwischen Texten (23, 9 ff; 27 f), die den Streit um Legitimität bezeugen.

Die folgende Szene gibt zusätzlich einen Grund an. Wie als Nachholung fügen V 17–19 ein Votum zuvor nicht genannter *Ältester*[35] an, das als Verteidigung oder Fürsprache wirkt.[36] Deren Auftritt ist nach dem abschließenden Urteil wohl als *vorzeitig* anzusehen: „Es waren nämlich Männer aufgetreten". Man entsinnt sich – zum Thema (V 6. 9. 11) – eines Präzedenzfalles in ferner Vergangenheit. Schon vor etwa einem Jahrhundert hatte der Prophet Micha, sich ebenfalls an die Gesamtheit („das ganze Volk Juda") wendend, dem Zion, Tempel und Stadt, den Untergang angedroht, ohne den Tod zu erleiden. In Übereinstimmung mit der (V 16) Jeremia zuteilgewordenen Anerkennung, nicht in eigenem Namen zu sprechen, wird Michas Wort (3, 12) durch die Botenformel als Jahwewort eingeleitet. Die Darstellung verrät Sachkenntnis; nach Amos' und Hoseas Kritik an den Nordreichheiligtümern handelt es sich bei Mi 3, 12, streng genommen, um das einzige überlieferte Vorbild[37] für Jeremias Kritik am Jerusalemer Tempel. So fügt sich die Szene treffend hier ein.

Dass ein Prophetenwort in einem anderen Prophetenbuch mit Angabe des „Autors" zitiert wird, ist eine Ausnahme, lässt etwas von der Bedeutung prophetischer Botschaft ahnen und gibt einen Hinweis auf ihre Überlieferungs-

---

[32] „Gut und recht in euren Augen" (V 14) erinnert an eine Beurteilung in völlig anderer Situation „recht in den Augen des Töpfers"(18, 4). Vgl. auch von Gott (27, 5) „gut in meinen Augen".

[33] Vgl. sachlich 7, 9. Wird hier ein Bogen zu V 20–23 geschlagen?

[34] V 16 in Weiterführung von V 11 mit Abwandlung von V 9. Vgl. Amos' Anrede (7, 12) als „Seher".

[35] Die Bezeichnung „die Ältesten des Landes" begegnet auch 1 Kön 20, 7 f; Spr 31, 23; vgl. „die Ältesten Israels" (1 Sam 8, 4 f; 2 Sam 5, 3) bzw. Judas (1 Sam 30, 6; 2 Sam 19, 12; 2 Kön 23, 1) u. a.

[36] Die Nachricht vom „Sich-Versammeln" (*qhl*) des Volkes (V 9b) „bereitet" die Szene vor der „Volksversammlung"(V 17) „vor" (G. Wanke 240). Die Ältesten wenden sich an das Volk, nicht die Beamten. Ist die Szene, auch wenn sie wie ein Anhang wirkt, darum für das Urteil nicht entscheidend?

[37] Vgl. zu Jesaja (bes. 32, 14) o. Anm. 22.

weise. Die Szene selbst mit der leichten Abweichung im Wortlaut[38] legt die Vermutung nahe: Neben schriftlicher Weitergabe, die für den Grundbestand der Michatradition gewiss schon vorlag, gab es (weiter auch) mündliche Überlieferung.[39] Nicht zufällig ist gerade ein so anstößiges, einschneidendes Wort in Erinnerung geblieben.

Von der „Wirkung", die Michas Wort nach V 19 ausgelöst hat, ist sonst nichts bekannt. Diese Reaktion ist – aus späterer Sicht – nur für die Vergangenheit berichtet.[40] Eine Folgerung für die Gegenwart (etwa mit einem Aufruf zur Buße) wird nicht gezogen – wohl mit Absicht. Zwar ist in der beschriebenen Situation die Zukunft noch offen; doch erscheint die Schlussformulierung im Wort der Ältesten V 19b doppeldeutig: „Großes Unheil", das „wir über uns bringen" bezieht sich zunächst auf das Unrecht, das Jeremia angetan würde, ist – zumindest im Rückblick – aber offen für das eigentliche Thema dieser Erzählung: die angesagte Zerstörung der Stadt. Deutet sich so Jeremias Zukunftsansage nicht hintergründig an?

Die zweite Szene V 20–23 zeigt den – gefahrvollen, ja tödlichen – Ernst der Situation Jeremias auf. V 20–23 tragen in einer Erzählung ohne eigenen Redegang einen weiteren gleichzeitigen Parallelfall vor, bei dem es über die Verfolgung hinaus zur Vollstreckung der Todesstrafe kam: Ein – sonst unbekannter – Prophet Urija[41] mit einer, wie ausdrücklich (V 20) hervorgehoben wird, „Jeremias Worten entsprechenden" Botschaft floh nach Ägypten, wurde ausgeliefert[42] und hingerichtet. So hat prophetische Verkündigung politische Konsequenzen[43], wie ja Jeremia selbst im weiteren Verlauf erfahren muss.

Beide Szenen sind mit dem Geschehen in Vergangenheit und Gegenwart, damals mit Verschonung, nun mit Hinrichtung der betroffenen Person, ab-

---

[38] Hier ist die Pluralform „Trümmerstätten" leicht anders, und es fehlt die einleitend-andeutende Begründung von Mi 3,12 „um euretwillen". Kann sie als Anrede an die damaligen Zeitgenossen in der Erinnerung entfallen?

[39] Vgl. I,9 Anm. 46 und S. 162 zu 6,13 f. Darüber hinaus vermutet H.W. Wolff, dass „Michas Worte zuerst im Kreise der ‚Ältesten des Landes' überliefert wurden" (Mit Micha reden, München 1978, 31; vgl. ders., BK XIV/4, 1982, 22.XVff).

[40] Die in Erinnerung gebliebene Zukunftsansage hat sich, wie der geschichtliche Verlauf zeigt, damals nicht erfüllt. „In der Retrospektive dieses [gegenüber Michas Wort] erheblich jüngeren Textes wird die Verzögerung um gut ein Jahrhundert auf die Einsicht und das Gebet der Generation Michas zurückgeführt." (J. Jeremias, ATD 24/3, 2007, 167) Von Gottes „Reue" über das Geschehen berichten bereits die beiden ersten Amosvisionen (7,3.5), die aber durch das zweite Paar überboten werden (I,60 f); vgl. 2 Sam 24,16.

[41] Sein Heimatort Kirjat Jearim liegt grob 15 km westlich von Jerusalem an der Grenze von Benjamin und Juda; vgl. HAL 1066; W. Dietrich, BK VIII/1, 265.

[42] „Der Name Uria, die Filiationsangabe, die Notiz über seine Herkunft ..., die Rede von den ‚Offizieren des Königs', die Figur des Elnatan, und die Einzelzüge über Urias Ende ‚können kaum erfunden sein'." Es ist „durchaus denkbar, dass der Flüchtling dem ägyptischen Vasall Jojakim von Ägypten ausgeliefert wurde oder Jojakim ihn von dorther ... holen ließ" (B.U. Schipper, Israel und Ägypten in der Königszeit: OBO 170, 1999, 280). Zu Elnatan vgl. 36,12.25; 2 Kön 22,12.

[43] Vgl. die politische Beurteilung der Botschaft des Amos (7,10): „er stiftet Aufruhr".

sichtlich so zusammengestellt.[44] Die Gleichheit der Botschaft, in der ersten
Szene durch das Zitat offenkundig, wird in der zweiten Szene mit allgemeinen Worten festgestellt. Die Nachricht über den gewaltsamen Tod jenes Propheten in zeitlicher Nähe steht – steigernd – am Schluss und stellt anschaulich die Gefahr dar, unter der Jeremia – doch wohl weiterhin – schwebt.
Droht bei gleicher Botschaft nicht gleiches Schicksal? Insofern fügt sich die
kurze Notiz V 24, auch wenn die Bedrohung vom Volk ausgeht, über Jeremias Beschützer[45] passend an. Jeremias Schutzbedürftigkeit setzt auch der
Rat 36, 19 voraus. Bedeutet „nicht des Todes schuldig" (V 16) zwar Bewahrung des Lebens; werden Jeremia wegen der Tempelrede aber Einschränkungen auferlegt? Wird ihm „Hausverbot" erteilt? Seine Auskunft „Ich darf das
Haus Jahwes nicht betreten"(36, 5) könnte die Folge der hier beschriebenen
Ereignisse wiedergeben.

---

[44] Die Einführung „Und auch / noch ein Mann"(V 20) scheint an die vorige Szene (V 18. 20 *hjh*
„war / trat auf") anzuknüpfen. Ebenso setzt „diese Stadt" (V 20) den Zusammenhang (zumal
V 11) voraus.
[45] Gehört Achikam, ein Sohn Schafans (I,3 Anm. 9), zu den „Ältesten" (N. Lohfink, ZAW 90,
1978, 338)? Ein Bruder wird 36, 12 zu den Beamten, ein anderer Ez 8, 11 zu den Ältesten gerech-
net.

Die strittige Symbolhandlung vom Joch
Jer 27–28

1 Zu Beginn der Königsherrschaft Jojakims, des Sohnes Josias, des Königs von Juda, erging von Jahwe dieses Wort an Jeremia[1]: 2 So spricht Jahwe zu mir: Mache dir Stricke und Jochhölzer und lege sie auf deinen Nacken 3 und sende sie[2] an den König von Edom, an den König von Moab, an den König der Ammoniter, an den König von Tyrus und an den König von Sidon durch Boten[3], die nach Jerusalem zu Zedekia, dem König von Juda, kommen, 4 und beauftrage sie, zu ihren Herren zu sagen: So spricht Jahwe Zebaoth, der Gott Israels:
So sollt ihr zu euren Herren sagen: 5 Ich habe die Erde gemacht, die Menschen und die Tiere, die auf der Erde[4] sind, mit meiner großen Kraft und mit meinem ausgestreckten Arm und gebe sie dem, der in meinen Augen recht ist.[5] 6 Nun, ich habe alle diese Länder in die Hand Nebukadnezzars, des Königs von Babel, meines Knechts[6], gegeben, auch die Tiere des Feldes habe ich ihm gegeben, ihm zu dienen. 7 Alle Völker werden ihm dienen, seinem Sohn und seinem Enkel, bis die Zeit auch seines Landes gekommen ist und viele Völker und große Könige ihn (es) dienstbar machen. 8 Aber das Volk und das Königreich, die ihm, Nebukadnezzar, dem König von Babel, nicht dienen und das seinen Nacken nicht unter das Joch des Königs von Babel beugt, dieses Volk werde ich heimsuchen mit dem Schwert, mit dem Hunger und mit der Pest – Spruch Jahwes – bis ich sie vollständig in seine Hand (gebe). 9 Ihr aber, hört nicht auf eure Propheten und eure Wahrsager und eure ‚Träumer‘ und eure Zeichendeuter und eure Zauberer,

---

[1] Die einleitende Zeitangabe V 1, die von Jeremia in 3.Ps. spricht und das Geschehen in den Anfang der Regierungszeit Jojakims datiert, fehlt in der LXX und ist fast wörtlich von 26, 1 übernommen, – sei es zur engen Verknüpfung mit der (teils vor ähnlichem Forum, wie Priester und Volk, stattfindenden) Gerichtshandlung Kap. 26 oder irrtümlich. Vgl. Anm. 9 und 22. Zu dem Text vgl. ausführlich Th. Seidl, Texte und Einheiten in Jer 27–29 (1977); ders., Formen und Formeln in Jer 27–29 (1978).

[2] „Sie", vielleicht Zusatz, bezieht sich der Sache nach auf die Botschaft, nicht die Symbole.

[3] LXX bezeugt „ihre Boten/Gesandten" – wohl eine Erläuterung, sachlich richtig.

[4] Wörtlich: „auf dem Angesicht, d. h. der Oberfläche, der Erde".

[5] Häufig wird der Text (sinngemäß) wiedergegeben: „Ich gebe sie, wie es in meinen Augen recht ist", d.h.: „wem ich will". Verlangt dieses Übersetzung im Hebräischen aber nicht ein „Wie" (18, 4)? Gilt Nebukadnezzar als „aufrecht / redlich" in Gottes Augen? (Anders vom „Tun" 1 Kön 15, 5; 2 Kön 18, 3; 22, 2 u.a.) Oder ist hier gemeint: „für Gottes Absicht recht", „für die von Gott bestimmte Aufgabe geeignet"? Im Kontext wird eher Gottes Freiheit (vgl. Jer 18, 6; 23, 23; Ex 33, 19 u. a.) bekundet.

[6] Korrigiert die LXX den Titel „mein Knecht" mit Absicht („um ihm zu dienen")? Vgl. zu 25, 9 (dort bei Anm. 13); 43, 10.

die zu euch sagen: „Ihr werdet dem König von Babel nicht dienen!";
10 denn sie prophezeien euch Lüge, um euch aus eurem Land wegzubringen, da ich euch vertreiben muss, so dass ihr umkommt.
11 Das Volk, das seinen Hals in das Joch des Königs von Babel steckt und ihm dient, werde ich auf seinem Heimatboden belassen, Spruch Jahwes – es wird ihn bebauen und auf ihm wohnen."
12 Und zu Zedekia, dem König von Juda redete ich entsprechend allen diesen Worten: „Steckt eure Hälse in das Joch des Königs von Babel, dient[7] ihm und seinem Volk, so werdet ihr leben! 13 Warum wollt ihr sterben, du und dein Volk, durch Schwert, durch Hunger und durch Pest, wie Jahwe dem Volk angedroht hat, das dem König von Babel nicht dient? 14 Hört nicht auf die Worte der Propheten, die euch sagen: Ihr werdet nicht dem König von Babel dienen; denn Lüge weissagen sie euch; 15 denn ich habe sie nicht gesandt – Spruch Jahwes. Sie weissagen in meinem Namen Lüge, damit ich euch verstoße und ihr umkommt, ihr und die Propheten, die euch weissagen."
16 Und zu den Priestern und zu diesem ganzen Volk redete ich so: „So spricht Jahwe: Hört nicht auf die Worte eurer Propheten, die euch weissagen: ‚Siehe, die Geräte des Hauses Jahwes werden nun bald aus Babel zurückgebracht'; denn Lüge weissagen sie euch. 17 Hört nicht auf sie; dient dem König von Babel und ihr werdet leben! Warum soll diese Stadt zur Trümmerstätte werden? 18 Wenn sie Propheten sind und wenn das Wort Jahwes bei ihnen ist, sollten sie (fürbittend) in Jahwe Zebaoth dringen, dass die Geräte, die im Haus Jahwes und im Haus des Königs von Juda und in Jerusalem noch übrig sind, nicht nach Babel kommen. 19 Denn so spricht Jahwe Zebaoth über die Säulen und das (eherne) Meer und über die (fahrbaren) Gestelle und über den Rest der Geräte, die in dieser Stadt übriggeblieben sind, 20 die Nebukadnezzar, der König von Babel, nicht mitgenommen hat, als er Jojachin[8], den Sohn Jojakims, den König von Juda, von Jerusalem nach Babel in die Verbannung geführt hat mit allen Vornehmen Judas und Jerusalems. 21 So spricht nämlich Jahwe Zebaoth, der Gott Israels, über die Geräte, die im Haus Jahwes und im Haus des Königs von Juda und Jerusalem übriggeblieben sind: 22 Nach Babel werden sie gebracht und dort werden sie bleiben bis zu dem Tag, an dem ich mich um sie kümmere – Spruch Jahwes –, sie heraufhole und sie an diesen Ort zurückbringe."

---

[7] Von hier an fehlt der Text in der LXX bis zu dem entsprechenden Verb „dienen" V 14. Handelt es sich um eine Auslassung durch Homoioteleuton, oder wird zugleich eine Doppelung zu V 6 ff.12 gemieden?

[8] Zur Namensform, auch 28, 4, vgl. I,1. Teile von V 20–22 fehlen in der LXX; sie scheint eher zu straffen.

28, 1 In jenem Jahr, zu Beginn der Königsherrschaft Zedekias, des Königs von Juda, im vierten Jahr, im fünften Monat[9], sprach Hananja, der Sohn des Assur, der Prophet aus Gibeon, im Haus Jahwes vor den Augen der Priester und des ganzen Volkes zu mir[10]: 2 „So spricht Jahwe Zebaot, der Gott Israels: Ich zerbreche das Joch des Königs von Babel. 3 Binnen zwei Jahren werde ich an diesen Ort alle Geräte des Hauses Jahwes zurückbringen, die[11] Nebukadnezzar, der König von Babel, von diesem Ort weggenommen und nach Babel gebracht hat 4 Auch Jojachin, den Sohn Jojakims, den König von Juda, und alle Verbannten Judas, die nach Babel gekommen sind, bringe ich an diesen Ort zurück – Spruch Jahwes –; denn ich zerbreche das Joch des Königs von Babel." 5 Da sprach der Prophet Jeremia zum Propheten Hananja in Gegenwart[12] der Priester und des ganzen Volkes, die im Haus Jahwes standen. 6 Da sprach Jeremia, der Prophet: 6 „Amen / Fürwahr, so möge Jahwe tun, deine Worte, die du geweissagt hast, in Erfüllung gehen lassen, um so die Geräte des Hauses Jahwes und alle Verbannten aus Babel an diesen Ort zurückzubringen! 7 Höre jedoch dieses Wort[13], das ich vor deinen Ohren und vor den Ohren des ganzen Volkes rede: 8 Die Propheten, die vor mir und vor dir seit alters auftraten, haben über viele Länder und große Königreiche geweissagt von Krieg[14], Unheil und Pest. 9 Der Prophet, der Heil weissagt, (für ihn gilt:) am Eintreffen des Wortes des Propheten wird der Prophet erkannt, den Jahwe in Wahrheit gesandt hat."

10 Da nahm der Prophet Hananja die Jochstange vom Hals des Propheten Jeremia und zerbrach sie.[15] 11 Und Hananja sprach in Gegenwart des ganzen Volkes: „So spricht Jahwe: Ebenso zerbreche ich das Joch Nebukadnezzars, des Königs von Babel, innerhalb von zwei Jahren vom Hals aller Völker." Und der Prophet Jeremia ging seines Wegs.

12 Da erging das Wort Jahwes an Jeremia, nachdem der Prophet Hananja die Jochstange vom Hals des Propheten Jeremia zerbrochen hatte: 13 „Geh und sprich zu Hananja: So spricht Jahwe: Hast du Jochhölzer zerbrochen,

---

[9] In der eigenen Überschrift 28, 1 wirkt die dreifache Zeitangabe überladen und miteinander unvereinbar. Nach dem Rückverweis „In jenem Jahr", der eine enge Verknüpfung mit Kap. 27 herstellt, widerspricht die Angabe „zu Beginn der Herrschaft Zedekias, des Königs von Juda" – d. h. nach Regierungsantritt vor der offiziellen Krönung (vgl. zu 26, 1) – der dritten Auskunft: „im vierten Jahr im fünften Monat". Sie verdient mit LXX den Vorrang, die ältere Überlieferung lautet wohl: „im vierten Jahr Zedekias, des Königs von Juda, im fünften Monat".

[10] „Zu mir" verbindet mit Kap. 27; sachlich ist hier die 3. Person angebracht.

[11] D. h. bei der ersten Deportation von 597 v. Chr. (2 Kön 24, 12 ff.) V 3b fehlt in der LXX, die auch im Folgenden einen kürzeren Text bietet.

[12] Wörtlich und wiederholt: „vor den Augen".

[13] Die LXX, die Hananja – auf Grund des Verlaufs der Geschehnisse und der Darstellung – als „falschen Propheten" bezeichnet (s. o. Exkurs vor 23, 9 ff), fügt V 7 (statt „dieses") „des Herrn" ein, charakterisiert so Jeremias Einwand als Gotteswort.

[14] Die beiden folgenden Angaben fehlen in der LXX.

[15] Am Ende von V 10 ist nach der Randnotiz die Hälfte des Jeremiabuches.

so schaffst du[16] an ihrer Stelle eiserne Joche. 14 Denn so spricht Jahwe Zebaoth, der Gott Israels: Ein eisernes Joch lege ich auf den Hals aller dieser Völker, damit sie Nebukadnezzar, dem König von Babel, dienen. Auch die Tiere des Feldes gebe ich ihm."[17] 15 Da sprach der Prophet Jeremia zum Propheten Hananja: „Höre doch, Hananja, Jahwe hat dich nicht gesandt. Du aber hast dieses Volk auf Lüge vertrauen lassen. 16 Darum, so spricht Jahwe: Siehe, ich schicke dich weg vom Erdboden; noch in diesem Jahr wirst du tot sein; denn[18] Abtrünnigkeit hast du gegen Jahwe gepredigt." 17 Der Prophet Hananja starb im selben Jahr im siebten Monat.

Im Erzählzusammenhang geht der Ich-Bericht mit dem an Jeremia ergangenen Auftrag (Kap. 27) in einen Er-Bericht mit Hananjas / Chananjas Widerspruch (Kap. 28) über.[19] Die miteinander verbundenen Darstellungen wurden über den Anlass hinaus später umfangreich ausgestaltet. Grob lassen sich vier Stufen des Wachstums von Jer 27 f unterscheiden:

1. Kap. 27 im Kern (in V 2–4. 11) als Ich-Bericht: Jeremias Symbolhandlung
2. Kap. 28 mit Er-Bericht als Ergänzung. Infragestellung und Bewahrheitung von Jeremias Botschaft
Beide Texte bilden im Grundbestand eine *drei*gliedrige Szenenfolge: Jeremias Aktion (27, 2 f.11) – Hananjas Gegenaktion (28, 10 f) – Jeremias Reaktion (28, 12–14). Hinzu tritt ein Wortwechsel zwischen zwei „Propheten".[20]
3. Beide Texte werden durch Erweiterungen (a–d in Kap. 27) thematisch enger miteinander verbunden. Über die Ausgestaltung (a, b) hinaus kommen zwei Redeteile an den König (c) und die Priester (d), jeweils mit dem Volk, hinzu. So wenden sich die mehrfachen Warnungen vor den Heil ankündenden Propheten (V 9 f.14. 16 f) an wechselnde Adressaten. Zusätzlich werden bei den Priestern (V 19 ff im Anschluss an 28, 2 ff) die Tempelgeräte bedacht.
4. Eine Zeitlang wurden Kap. 27–29, wie bestimmte Besonderheiten verraten, als selbständige Schrift gegen Propheten ausgegliedert.[21]
27,2–4 Auftrag zu einer Symbolhandlung – zweiteilig:
    V 2 Herstellung und Tragen des Jochs
    V 3 Sendung der Botschaft an die Könige der Nachbarstaaten
    V 4 Befehl (2.Ps.Sg.) zur Beauftragung der Boten (2.Ps.Pl.)
        mit Einführung der Botschaft
    V 5–8 (a) Durch den Schöpfer Vergabe der Herrschaft an den König von Babel

---

[16] V 13b bietet die LXX statt der 2. die 1.Person „ich schaffe"; damit wird jedoch die eigentliche Zukunftsansage V 14 vorweggenommen (W. Rudolph 180 u. a.).

[17] V 14b, vielleicht Zusatz nach 27, 6, fehlt in der LXX, oder streicht sie die Wiederholung?

[18] Die folgende, gegenüber V 15 zusätzliche Begründung V 16bβ, die in der LXX fehlt, entspricht 29, 32 und ist hier wie dort ein Nachtrag aus Dtn 13, 6. Sie deutet die (falsche) Zukunftsansage ohne Auftrag als „Abfall", Übertretung des ersten Gebots.

[19] Ähnlich schließt sich an den Ich-Bericht in Kap. 19 der Er-Bericht über Auswirkungen der Verkündigung (20, 1–6) an.

[20] Anders als in Kap. 27 – aber entsprechend dem Er-Bericht Kap. 20 (I, 330 mit S. 35 f) – wird Jeremia wie Hananja in Kap. 28 als „Prophet" bezeichnet, V 5 ähnlich wie Hananja V 1 eingeführt.

[21] Vgl. den Exkurs vor 23, 9 ff (bei Anm. 22–23).

V 9 f (b) Warnung vor den Propheten (2.Ps.Pl.) mit ihrer Bestreitung
  von Jeremias Botschaft (vgl. V 14 f.16 ff)
V 11 Inhalt der Botschaft, zugleich Deutewort der Symbolhandlung:
  Aufruf zur Unterwerfung unter Babel
V 12–15 (c) In Anrede an *König* Zedekia und *Volk* Wiederholung der Botschaft
V 14 f Wiederholung der Warnung vor den Propheten (vgl. V 9 f.16 f)
V 16–22 (d) In Anrede an *Priester* und *Volk* Zuspitzung der Botschaft
  auf eine spezifische Thematik
Das Geschick der Tempelgeräte
  V 16 f Nochmals Warnung vor den Propheten (vgl. V 9 f.14 f)
  mit der Botschaft dieser Gruppe im Vorgriff auf Hananjas Wort 28, 2–4
  V 18 Die Aufgabe des Propheten: Fürbitte
  V 19–22 Gotteswort über das Geschick der Tempelgeräte V 22bβ
  vgl. 28, 3bβ (Zusatz?)
28,1–4. 5–9 Auseinandersetzung zwischen Jeremia und Hananja
  V 2–4 Verkündigung Hananjas
  V 2 entsprechend dem Deutewort V 10 f: Rückführung der Geräte
    und Jojachins
  V 5–9 Entgegnung Jeremias
V 10–11 Hananjas Symbolhandlung (V 10) mit deren Deutung (V 11)
V 12–14 Antwort Jahwes: Erwiderung Jeremias. Bestätigung seiner Verkündigung
V 15–17: Zuspitzung und Ende
  V 15 Anklage und V 16 Gerichtsansage gegen Hananja
  V 17 Eintreffen der Ankündigung: Hananjas Tod

Die Geschehnisse gehören in die Zeit des Königs Zedekia/Zidkija[22], also zwischen der ersten und zweiten Belagerung Jerusalems (597 bzw. 587 v. Chr.). Jeremia gibt (wie 4, 5 f; 6, 1) konkrete Weisung mit seinem in der Situation eindeutigen Aufruf. Kap. 27 schildert wiederum[23] in einem Ich-Bericht eine Zeichenhandlung Jeremias; der Kern ist zweiteilig: Auftrag 27, 2–4 und Deutewort V 11. Über frühere Symbolhandlungen (wie 19, 10 f) hinaus finden sich hier drei Eigenarten:

a) Jeremias Botschaft bezieht Abgeordnete der Nachbarvölker (in Ost und West) ein.

b) Der Name Babel wird genannt.[24]

c) Die Über-Lebensmöglichkeit wird ausdrücklich angeboten.

Auf göttlichen Auftrag (V 2 f) trägt Jeremia öffentlich ein Joch – mit Stricken und Jochhölzern um den Hals, wie das Rind zum Pflügen oder Dreschen. Das Motiv begegnet als Bild (für die Abwendung) schon zuvor: „Längst schon hast du dein Joch zerbrochen"[25] und wird hier zeichenhaft

---

[22] „An Zedekia" 27, 3; vgl. V 12; nach 28, 1 genauer im vierten Jahr, d.h. 594 v. Chr.; vgl. Anm. 1 und 9. Die ältere Einführung zum Selbstbericht findet sich (analog zu 13, 1; 19, 1 LXX) V 2 mit der Botenformel „zu mir" und Auftrag (Fortsetzung in 2.Ps.).

[23] Vgl. Kap. 13; 16; (18;) 19; I, 20 f.

[24] Im Er-Bericht 20, 6a.

[25] Jer 2, 20 (dort für den Gottes„dienst", hier für den Dienst für eine fremde Großmacht); vgl. 5, 5; zur Sache: BRL² 255 f.

ausgestaltet. Die Szene erinnert an Jesajas Anrede an Gesandte (Jes 18; 20).
Den – möglicherweise wegen einer geplanten Koalition (W. Rudolph) – in Jerusalem verhandelnden Abgesandten der Nachbarvölker (Edom[26], Moab,
Ammon und Phönizier) wird veranschaulicht: Nur das Volk, das seinen Hals
unter das Joch des Königs von Babel beugt, bleibt in seiner Heimat. Damit
erteilt Jeremia nicht nur einen politischen Ratschlag, argumentiert nicht nur
gegen eine mögliche Koalition, sondern zumindest zugleich „religiös", sagt
Gottes Willen[27] an – mit einschneidenden politischen Folgen.

Die Botschaft spricht zunächst in 3. Ps. Sing. von den Adressaten (V 11a
nach V 3): jeweils der Herrscher bzw. das einzelne Volk vor der Ich-Rede
(V 11b), die auf den eigentlichen Urheber des Geschehens[28] weist. Sachlich
nimmt V 11 die Einsicht der Vision (1, 13 f) wie den Aufruf zu bestimmtem
Verhalten (4, 5 f; 6, 1 u. a.) zur Lebensrettung auf und führt zugleich die Konkretisierung weiter. Wird so die innere Übereinstimmung der Verkündigung
nicht deutlich? Die Ansage gewährt keine Alternative, um das Unheil abzu-
wehren, stellt nicht vor die freie Wahl zwischen Gericht und Heil. Die Ge-
richts-Zukunft ist entsprechend der Vision unbedingt (ohne „Wenn"): Das
Joch ist gewiss, dem König von Babel gehört die Oberherrschaft.[29] In diesem
Rahmen bleibt Spielraum für Entscheidung, ist das Ergehen beeinflussbar:
Wer sich in die von Gott beschlossene Zukunft fügt und sich entsprechend
verhält, vermag sein Leben zu bewahren.[30] Innerhalb der Gerichtsansage enthält das Deutewort eine Zusage; die Aufforderung zur Unterwerfung unter
die babylonische Großmacht ordnet gleichsam mögliches Heil in das kommende Unheil ein.[31]

Der Grundbestand von Kap. 27 wird von der Redaktion vierfach erweitert; dabei
zeigt sich einerseits die Anknüpfung an die ältere Jeremiatradition, andererseits die
Tonverschiebung:
    a) In der Anrede an die Botschafter wird das Bekenntnis zur Macht des *Schöpfers*

---

[26] Auch Edom gehört zu den Angesprochenen, verhielt sich bei der Katastrophe gegenüber
Juda aber feindlich (vgl. zu 49, 7 ff). Überhaupt hatte das Treffen keine erkennbaren Ergebnisse,
scheint folgenlos geblieben zu sein.

[27] „Jeremia soll das Geschehen weder bewirken noch begründen. Indem er das Joch trägt, weist
er darauf hin, daß nach Gottes Willen alle Völker das babylonische Joch tragen sollen." (G. Foh-
rer, Die symbolischen Handlungen 103)

[28] Vgl. 4, 5 f u. a.; I, 24.

[29] Vgl. I, 20 f; auch 167.

[30] Ähnlich stellt Jeremia bei Festhalten seiner Grundeinsicht (37, 8. 17; 38, 3) gegenüber König
Zedekia bei freiwilliger Unterwerfung Überleben in Aussicht (38, 17 f); das Angebot schlägt der
König, wie von Jeremia (38, 15) vorhergesagt, aus. Vgl. auch 21, 9. Führt Gedaljas Wort 40, 9 Jeremias Aufruf später abgewandelt weiter? Eine weitere Lebenszusage unter Bedingung: im Land
bleiben auch 42, 10 ff; zum Leben mit Ackerbau 29, 5 f; 32, 15; zum Leben bewahren noch 45, 5.

[31] Diesen weiten Horizont haben auch die Völkersprüche, die – teilweise – diese Symbolhandlung weiterzuführen scheinen. Umgekehrt stehen Kap. 50 f inhaltlich der Heilsprophetie nahe;
beide stützen ihre Jeremia entgegenstehende Sicht wohl vor allem auf die Ziontradition (Ps 46, 6):
„Gott ist in ihrer Mitte; sie wankt nicht." Die in der hier gegebenen Situation verfehlte Auffassung
der sog. Heilspropheten wurde Jahrzehnte später aktuell. Vgl. u. den Kleinen Exkurs als Vorwort
zu Kap. 46 ff und die Auslegung zu Kap. 50 f.

(V 5–10) eingebaut. Der Gott des kleinen Volkes Israel ist der Schöpfer (V 5) und hat den Weltherrscher Nebukadnezzar zu seinem „Knecht" (V 6) eingesetzt[32] – ein diesem selbst unbekanntes Verhältnis zu Jahwe. Der Spender des Lebens stellt das Über-Leben unter eine Bedingung, die Unterwerfung unter Babylon. Trifft man so, im geschichtlichen Verlauf verborgen, nicht auf Gottes Wirken?

Dient der Töpfer, der „macht", wie es „recht/gut ist in seinen Augen" (18, 4), als Bild für die Freiheit zur Gestaltung? Wer Erde, Mensch und Tier „machte", kann die Herrschaft[33] dem vergeben, „der in (seinen) Augen recht ist". Diese Einsicht wird hier weniger grundsätzlich (allgemeiner Ps 135, 6) ausgesprochen, ist vielmehr auf eine bestimmte – weltweite – Situation bezogen. V 7 f wandeln im Rückblick auf die babylonische Herrschaft V 11 ab: Sie besteht nur auf Zeit, ist auf drei Generationen[34] befristet: „bis kommt / eintrifft die Zeit auch seines Landes".[35] Die Angabe wirkt wie eine aus der Geschichte einsichtige, die Völker umspannende Regel – bezogen auf Gottes Welthandeln in seinem beauftragten „Knecht".

Die eindringlichen *Wiederholungen* (V 12 ff) sowohl der Warnung als auch der Botschaft haben eine Absicht: Sie erweitern über die V 3 Genannten hinaus *explizit* die Adressaten, die von dem einschneidenden Ereignis (V 11) selbstverständlich mitbetroffen, aber nicht eigens genannt sind.

b) Mit der *Warnung* vor den *Propheten* wird die Auseinandersetzung Jeremia-Hananja verallgemeinert (V 9 f), so König (V 12 f) bzw. Priesterschaft (V 16 f) und Volk eingeprägt. Enthält die Warnung indirekt im Rückblick nicht auch ein Stück Schuldaufweis: Auf die Propheten wurde fälschlich gehört? Dies deuten V 16 ff an.

c) Die Botschaft wird in inhaltlich enger Anlehnung an V 11 ausdrücklich auf den eigenen *König* und „sein Volk" bezogen (V 12 f). Im Auftrag V 2 f ist Zedekia nur indirekt, wenn auch selbstverständlich, einbezogen. Demgegenüber enthält V 12 ohne Gottes Ich eine Anrede (wie V 13 im Impt. Pl.) und verallgemeinert V 11: statt „(den Ackerboden) bearbeiten, wohnen" hier „leben".[36]

d) Die gegenüber *Priestern* und *Volk* ausgesprochene Ankündigung der Rückführung der Tempelgeräte (V 16. 19 ff) nimmt als Botschaft der Gruppe das Wort Hananjas 28, 2–4 vorweg. Außerdem wird in Kritik an der heilsprophetischen Botschaft mit Aufnahme der Aufzählung von 2 Kön 25, 13 die Deportation dieser Geräte angesagt.[37]

Neben der Zeit gibt 28, 1 Ort und beteiligte Personen an, Hananja mit Bezeichnung des „Berufs"[38]. Wohl als Reaktion auf Jeremias in Gottes Ichrede ergehende Ankündigung wendet sich der Prophet Hananja im Tempel in Gegenwart „der Priester und des ganzen Volkes" ebenfalls mit einem Gotteswort an Jeremia, tritt seiner Unheilsdrohung mit einer Heilsverheißung direkt entgegen.

---

[32] Vgl. zu 25, 9; auch 43, 10; später Kyros Jes 45, 1. Zum Thema Schöpfung vgl. I, 18 Anm. 128.

[33] Selbst über die Tiere des Feldes; vgl. 28, 14. Im Alten Orient kann der König als „Herr der Tiere" erscheinen (ThWAT VI, 932 mit Lit.). Vgl. auch Anm. 7.

[34] Vgl. von den Exilierten 29, 6; zu „siebzig" Jahren: 25, 10 f; von Babel 29, 10 u. a.

[35] Vgl. zur bestimmten „Zeit" auch 8, 7.

[36] Schließt sich die Wendung an Am 5, 4(.6. 14) an? Vgl. Jes 55, 3 u. a.

[37] Vgl. W. Thiel II, 8 f. Jer 27, 20 erwähnt wie 28, 3 den historischen Hintergrund. In 28, 14 erscheinen Teile aus 27, 6b und 8a wieder.

[38] „Prophet" gibt LXX mit „Pseudoprophet" wieder; vgl. o. den Exkurs vor 23, 9 ff.

Über den Kern V 10–14 mit Anknüpfung an 27, 11 hinaus gibt die Überlieferung auch V 15–17 eine einprägsame Begebenheit wieder; überzeugende Gründe, sie zu bezweifeln, bestehen nicht, zumal im Exil noch Zeitgenossen leben können. Die Reden allerdings sind in ihrem Wortlaut weniger fest verwurzelt.[39] Wenn die Szene nachträglich ohne historischen Hintergrund „erdichtet" sein sollte, dann ist sie jedoch gut, nämlich der Situation entsprechend und Jeremias Einsicht gemäß, beschrieben.

Hananjas Wort V 2–4. 11 ist einerseits wohl Aufnahme und Umkehrung von Jeremias Ankündigung (19, 11) „Ich zerbreche", andererseits Antwort auf Jeremias Symbolhandlung (27, 11), scheint sich unmittelbar auf ihn zu beziehen, um ihm zu widersprechen. Hananja kündet im Gotteswort den Fall Babyloniens innerhalb von zwei Jahren an mit der Rückkehr des Königs Jojachin, aller Deportierten und – über den Kern von Jer 27 hinaus – auch der Tempelgeräte.[40]

Hananjas Botschaft (V 2–4), in der das Ende zum Anfang bekräftigend zurückkehrt, sagt die Zukunft als Werk Gottes mit Gewissheit[41] an. Seine Zeitangabe fehlt – wie üblich – in Jeremias Wort. Sachlich vertritt Hananja das Gegenteil von Jeremia: Babels Oberherrschaft wird zerbrochen – insofern eins „der großen Reiche" (V 8); bei Jeremia ist das eigene Land eingeschlossen. Ihm erscheint eine baldige Wiederherstellung gewiss; das von Jeremia angesagte Gericht ist ihm unvorstellbar. In dieser Szene wird der zwischen den Propheten aufgebrochene Gegensatz in mündlicher Rede (vgl. 28, 13; 34, 2 u. a.: „Geh und sprich!") im persönlichen Gegenüber ausgetragen; beide berufen sich auf dieselbe Autorität. Ein Anspruch steht gegen den anderen. Beide „Propheten" treten bei inhaltlichem Gegensatz mit nach außen gleichen Formen, strukturell ähnlich, auf: Sie vollziehen (a) eine Zeichenhandlung, tragen (b) mit derselben Botenformel (28, 2. 11 wie V 13; 27, 2) in Ich-Rede Gottesworte vor und künden (c) Kommendes ohne Bedingung (unabhängig von menschlichem Verhalten: „Wenn") an, das Gott herbeiführt

---

[39] Gegenüber V 5–9, vielleicht auch V 2–4 bestehen gewisse literarische Bedenken. V 5 nimmt V 1 auf, und V 10 bietet keine unmittelbare Erwiderung auf V 5–9. Erinnert der Plural „Länder und Königreiche" an 1, 10 u. a. so die Dreiteilung des Gerichts „Schwert, Unheil, Pest" (V 8) an die Dreierreihe der Plagen „Krieg, Hunger, Pest" (vgl. 27, 13; 29, 17 f; I, 39 Anm. 261). Die Wendung „ein Wort aufrichten / wahrmachen" ist mehrfach redaktionell (wie 29, 10; 33, 14), aber nicht ausschließlich so belegt (Jes 44, 26; vgl. 40, 8) u. a. „Dieser Ort" begegnet auch Jer 16, 2 f.9. So ist die Ausdrucksweise redaktionellem (jerdtr) Sprachgebrauch nahe, „ohne mit ihm völlig identisch zu sein" (A. Graupner, Auftrag 66). Zudem fehlt die typische Thematik, die Bedingung („Wenn") oder die Mahnung. Auch der Er-Bericht gehört in den Rückblick aus der Exilszeit (I, 35 f.330 f.). Sind so die hier und da zu beobachtenden Berührungen denkbar?

[40] Mit den gleichen Worten wird Gottes Absicht ausgesagt, die Tempelgeräte (V 3), Jechonja und die Exulanten (V 4) nach Jerusalem „zurückzubringen". Sind die in LXX fehlenden Teile von V 3 f Einfügungen (B. Duhm 224 u. a.), oder streicht LXX sie eher mit Rücksicht auf 27, 16?

[41] „So gewiß das angekündigte Ereignis bei Jahwe schon beschlossen ist (V 2 pf. proph.), so gewiß wird es auch zu dem angegebenen Termin eintreten (V 4 impf.)." (G. Wanke, Baruchschrift 28)

„Ich werde …"[42] Jeweils sind theologische Grundannahmen und zeitge-
schichtlich-politische Stellungnahme verbunden. Das Gotteswort ist wesentlich Ansage der Zukunft; eben sie ist die dem Menschen am wenigsten
einsichtige, ihm weitgehend entzogene Zeit – darum strittig oder Gott vorbehalten.

Vom Ausgang des Geschehens wie der Erzählung her erscheint Hananja
eindeutig als „Prophet" ohne Auftrag, der nicht die der Situation angemessene Wahrheit vertritt. Im unmittelbaren Gegenüber beider fällt das Urteil
schwerer (Dtn 18, 21): „Wie sollen wir erkennen, welches Wort Jahwe nicht
geredet hat?" Was dem Propheten gewiss erscheint, ist es keineswegs, zumindest nicht in gleicher Weise, für andere. Bei der aktuell geforderten Entscheidung liegen keine geeigneten Kriterien zur Beurteilung „wahrer" bzw. „falscher" Propheten vor, so dass „keine noch so subtile Untersuchung … die
Exusia (Vollmacht) eines Prophetenwortes gegenüber einer Gegenaussage
deutlich machen" kann.[43] Im strengen Sinn fehlt ein „objektiver" Maßstab,
ein allgemein nachvollziehbares, überzeugendes Wahrheitskriterium; zu erkennen ist jedoch – auch für Außenstehende in der Situation – sachlich ein
tiefgreifender Unterschied. Es gibt Eigenarten, insofern Unterscheidungs-
merkmale der Verkündigung des sog. Schriftpropheten, der sich mit Anklage
und Zukunftsansage an das Volksganze richtet:

a) das höchst subjektive Kriterium, dass er mit seiner Person für seine Verkündigung eintreten und leiden muss.[44]

b) der Widerspruch gegen die Tradition und gegen die Auffassung der Zeitgenossen, den Zeitgeist. So ist Hananja von der Fortgeltung der Glaubenstradition über-
zeugt, während Jeremia sie mehr in Frage stellt. Damit hat er, wie die Zukunft zeigen wird, die weitere Einsicht und erweist sich als wirklichkeitsnah oder
situationsgerecht.

c) Die Einsicht des Schriftpropheten reicht tiefer: Heil lässt sich weder einfach –
als bestehend – voraussetzen und bewahren noch wiederherstellen[45], vielmehr erst
in oder nach dem Gericht neu empfangen und erfahren, vollzieht sich erst durch
Unheil hindurch.[46]

---

[42] Jer 27, 11; 28, 3. 11. 14; vgl. im Gesetz Dtn 18, 18 (gegenüber V 15); auch I,24.

[43] G.v. Rad, Die falschen Propheten: ZAW 51, 1933, 109–120, bes. 109. Für „die Augen- und
Ohrenzeugen der Szene" gab es „schlechterdings kein Mittel …, um zu entscheiden, welcher der
beiden Propheten der ‚wahre' sei" (W. Rudolph 180[1]).

[44] Schon Am 7, 10. 16; auch Hos 9, 7; Jer 11, 18 f.21; 12, 6; 18, 18 ff; 20, 1 f; 26, 24; 29, 24 ff;
36, 26; 37, 16. 21; 38, 6. 13. 28; vgl. von Baruch 45, 3.

[45] Vgl. Jer 6, 14. 27–30 u. a. „Täuscht / Betrügt euch nicht selbst!"(37, 9)

[46] M. Buber (Werke II, 1964, 946 f) sieht in Jeremias Gegenspieler Hananja nur einen „Papagei
Jesajas". Diese Auffassung übersieht allerdings die tiefe Jesaja (1, 21–26; vgl. 11, 1) und Jeremia
verbindende Gemeinsamkeit in der Einsicht: Heil erst in oder nach dem Gericht. Vgl. die Auslegung von Jer 24; 29; 32.

Jeremia gibt mehr an Tradition und Sicherheit auf, weiß mehr um Gottes Souveränität.[47] Hananja fühlt „sich als Mund des Gottes Jahwe, der sein auserwähltes Volk nicht im Stich läßt"[48]. In Übereinstimmung mit der Überlieferung handelt Hananja aus Überzeugung, „in gutem Glauben". So entspricht er zugleich den Wünschen des Volkes, während die Jeremia aufgetragene Botschaft den Hoffnungen des Volkes widerspricht, damit Sicherheit nimmt. Bei ihm treten zumindest andeutungsweise (V 6) der eigene Wunsch und der Auftrag auseinander; er weiß zwischen seinen Gedanken und dem an ihn ergehenden, von ihm weiterzugebenden Gotteswort zu unterscheiden.[49] Zugleich beharrt er bei seiner Botschaft und spitzt sie zu. Schließlich bleibt Hananjas Zukunftsansage – soweit erkennbar – ohne rechte Folge für das Verhalten der Hörer; sie brauchen nur zu warten. Nach Jeremia gilt es, sich unter das Joch zu fügen.

Jeremia stellt zunächst nicht seine Botschaft der Hananjas entgegen, stimmt (V 6) eher zögernd zu – mit doppelter Einschränkung: a) Aus sicher angesagter Zukunft wird Möglichkeit („Jahwe möge …"). Kann er die von Hananja im Gotteswort ausgesprochene Ankündigung als menschliche Hoffnung verstehen, sich ihr insofern mit seinem eigenen Wunsch anschließen? Tatsächlich enthält V 6 kein Gotteswort; Jeremia spricht von Gott in 3. Person, antwortet so auf einer anderen Ebene – nicht als Prophet, sondern als Mensch.[50] Dieser Unterschied deutet sich gelegentlich (wie 15, 10) an. b) Mit neuer Einführung (V 7 wie V 15) „Höre doch!" schränkt Jeremia seine Stellungnahme weiter ein, indem er (V 8 f) zwischen Heils- und Unheilspropheten unterscheidet: Diese bedürfen keiner Bestätigung; sie stehen „seit alters" in einer Traditionskette, die sie glaubwürdiger macht. Erzählt man sich – nach diesem Kriterium der Kontinuität – nicht einen Präzedenzfall, der ihm möglicherweise sogar das Leben rettete?[51] Dagegen sind die Heilspropheten erst durch das Eintreffen ihres Wortes als „wahrhaftig von Jahwe gesandt"[52] zu erkennen. So ist jene Möglichkeit (V 6) eher unwahrscheinlich.

---

[47] Jer 18, 6; 23, 23. Eine Einsicht wie 16, 5 oder 6, 30 ist für Hananja undenkbar. Vgl. I, 19. 21 f.164. 177. 290.

[48] W. Rudolph 179. „Die uralte Offenbarungswahrheit: ‚Ewig währt seine Treue', als unverlierbares und unablässig schöpferisches Gut des Gottesglaubens, fand in Chananja einen geistesmächtigen Vertreter." (G. Quell, Wahre und falsche Propheten, 1952, 57) Vgl. o. Anm. 31.

[49] Dies entspricht dem von ihm schon nach der Berufungserzählung erfahrenen, in den Konfessionen (wie 20, 7 f) klagend-anklagend ausgesprochenen Zwang.

[50] In Jeremia ist „dieselbe Liebe zu seinem geknechteten Volk, was möchte er lieber, als daß diese Heilsweissagung sich erfüllte. Aber so denkt er nur als Mensch, als Sohn seines Volkes" (W. Rudolph 179). Hält er sich aus Mitgefühl mit seinem Volk (8, 18 ff; I, 201) zurück? Seine Antwort greift „die wichtigsten Gedanken" Hananjas auf, soll aber „nur den persönlichen Wunsch Jeremias zum Ausdruck bringen" (G. Wanke 29). Vgl. die vorläufige Aussage Michas ben Jimla von Gott in 3. Person 1 Kön 22, 15.

[51] Jer 26, 18 mit Zitat von Mi 3, 12. Vgl. zu Jeremias geistiger Heimat I, 9 ff.

[52] Vgl. 26, (12.)15 gegenüber der Bestreitung; 28, 15; 23, 21; auch 14, 14; 23, 32.

Die Szene steht – zweifach – in Beziehung zu dem sich im Kontext der Ämtergesetze findenden Prophetengesetz Dtn 18, 9 ff.[53] Verlangt Jeremia in akuter Auseinandersetzung allein vom Heilspropheten, dass er sich durch das Eintreffen seines Wortes ausweise, so gilt dort (18, 21 f) die Regel der Erfüllung allgemein. Umstritten ist, wie sich das Abhängigkeitsverhältnis zwischen beiden Texten erklärt: Schränkt Jeremia das vom Gesetz auf alle bezogene Kriterium auf seine Gegner ein, oder weitet umgekehrt das deuteronomische Gesetz den Grundsatz nachträglich auf das Gesamtphänomen der Prophetie aus, um sie insgesamt überhaupt „erfassen" zu können?

In der konkreten Lage ist das Kriterium der Erfüllung wenig hilfreich, da es aus der Situation ausweicht und die Zukunft entscheiden lässt. Zumindest in allgemeiner Form wirkt es erst im Rückblick nach Erfüllung der Botschaft überzeugend, allerdings selbst dann nur eingeschränkt. Lässt sich von der späteren Wirklichkeit her eindeutig über die Wahrheit entscheiden?[54]

Indem Jeremia Unheils- und Heilsprophetie verschiedenen Kriterien unterwirft, weiß er sich mit Vorgängern verbunden – in einer Reihe mit Unheilskündern. Diese Gemeinschaft gilt ihm als ausreichendes Wahrheitskriterium. Hat es nicht Anhalt am Untergang des Nordreichs vor gut einem Jahrhundert?[55]

Wenn Jeremia die allgemeine, aus dem Prophetengesetz bekannte Regel auf seine Gegner einschränkt, setzt er sich in der – tatsächlich gegebenen oder auch nur im nachhinein vorgestellten – Situation zu leicht dem Einwand mit der Rückfrage aus: Wieso gilt die Bestimmung nicht für dich selbst? Dagegen widerspricht Jeremia sich oder seinem Anliegen nicht; der Grundsatz passt in die Situation. Nur der andere, der Heilsprophet, untersteht dem Kriterium; Jeremia ist sich seiner Botschaft gewiss. Der eigene Anspruch, vielmehr: das aufgetragene und weitergegebene Gotteswort, gilt selbstverständlich-ungefragt.[56] Die Wahrheit des anderen muss sich erst erweisen; die Zukunft wird zeigen, ob er recht hat.[57]

Sachlich ähnelt die Aussetzung der Wahrheitsfrage bis in die Zukunft einer Bestreitung der „Sendung" in der Gegenwart. Umgekehrt ist das Ansinnen, dass die Botschaft des Heilspropheten der Bestätigung durch das Eintreffen bedarf, zugleich ein Zeugnis der Sendungs- und Zukunftsgewissheit Jeremias.

Erlaubt der geschichtliche Verlauf, als die „Wahrheit" vor Augen steht, nicht eine eindeutige Stellungnahme? Allerdings weicht der Vorverweis auf die Erfüllung

[53] Die Zusammenhänge bestehen zu der zweiten jüngeren Hälfte des Prophetengesetzes Dtn 18, 16 f, bes. V 21 f. Vgl. I,12 Anm. 68; 48 Anm. 21. Das Deuteronomium und das Jeremiabuch haben sich gegenseitig beeinflusst: Hat die Darstellung vom Ergehen Jeremias die Ausgestaltung des Prophetengesetzes mitbestimmt, so hat das Deuteronomium auf die (jerdtr.) Redaktion des Jeremiabuches eingewirkt.

[54] Vgl. die Relativierung des Erfüllungskriteriums Dtn 13, 2–4. Die Botschaft des Exilspropheten Deuterojesaja (Jes 40 ff) wird weitergegeben, ohne dass sie sich in allen Aspekten verwirklicht hat.

[55] Nach der Darstellung erinnert Jeremia nicht einmal an den Geschichtsverlauf, der den Worten seiner Vorgänger im 8. Jahrhundert für das Nordreich Israel recht gab.

[56] Vgl. etwa Am 3, 8; Jer 15, 16 f; 20, 7. 9; 23, 29 u. a.

[57] Es ist mir weiterhin (vgl. ZAW 77, 1965, 188; Vielfalt und Einheit alttestamentlichen Glaubens I, 235 f mit Anm. 41) wahrscheinlicher, daß das Prophetengesetz Dtn 18, gleichsam im Anhang (V 16 ff), den Fall Jer 28 verallgemeinert. Auch nach J. Schreiner (Segen für die Völker, 1987, 76) dürfte „der konkrete Vorgang … früher sein als die spätere allgemeine Reflexion und Interpretation".

prophetischer Zukunftsansage[58] aus der Entscheidungssituation aus und ist höchstens in der Rückschau – eingeschränkt – brauchbar. Immerhin stellt sich (nach 37, 19) schon kurz vor der Katastrophe die Frage: „Wo sind denn deine Propheten?" Sie erinnert an die Auseinandersetzung, die Jeremia geführt hat, und gibt ihm Recht.

Zugespitzt formuliert: Jeremia lässt das Erfüllungskriterium nicht für sich gelten, wird ihm, wie der Fortlauf der Erzählung zeigt, aber gerecht.

Jeremias Weggang (V 11) erlaubt die Deutung seines Verhaltens aus Unsicherheit. Warum sollte man eine solche Zurückhaltung nachträglich einem Propheten, dessen Botschaft der geschichtliche Verlauf bestätigte, unterstellen?[59] Dem Widerspruch steht Jeremia eine Zeitlang zögernd-abwartend gegenüber – gar seiner Sache ungewiss?[60] War Jeremia noch kein Jahwewort, das in der Situation Unterschiede aufzeigt und eindeutig antwortet, gegenwärtig? Kann er aber ernsthaft meinen, Gott rede nun durch Hananja? Kaum. Eine Zeit des Wartens ist auch sonst bezeugt.[61]

Nach V 10 f stellt Hananja, ohne auf Jeremias Erwiderung näher einzugehen, zeichenhaft seinen Widerspruch öffentlich dar, indem er Jeremias hölzernes Joch „zerbricht". Seine Gegen-Handlung soll nach dem deutenden Wort, das jetzt ausdrücklich von „allen Völkern" spricht, Gottes Handeln ansagen: „Ebenso zerbreche ich …"

„Nach" diesem Geschehen (V 12) „ergeht / ereignet sich" das „Wort", das Jeremia eine Antwort ermöglicht[62], seine Verkündigung bestätigt und das Zögern beendet. Drängt sich darum nicht die Einsicht auf, dass Offenbarung und Zeit zusammengehören? Das Wort scheint nicht immer „vorhanden" zu sein; die Gewissheit kehrt jedoch zurück. – Der Auftrag („Gehe hin") zu einer weiteren Zeichenhandlung[63] gliedert sich in Schuldaufweis, Hananjas

---

[58] Vgl. ansatzweise Jer 32, 6–8; ausdrücklich 28, 8 f; Dtn 18, 20 ff; auch Num 23, 19; 1 Sam 9, 6; 1 Kön 22, 28 u. a. – „An ihren Früchten werdet ihr sie erkennen" (Mt 7, 16) ist ebenfalls ein Maßstab, der über die Situation der Entscheidung hinaus einen längeren Zeitraum benötigt.

[59] Er verlässt „den Schauplatz – … ein Beweis für die Wahrheit des hier Erzählten" (W. Rudolph 181).

[60] Hegt Jeremia, angefochten (vgl. 15, 18), Zweifel an der Verlässlichkeit des ihm aufgetragenen Worts? Nach G. Quell ([o. Anm. 48] 46) weiß Jeremia „in diesem Augenblick nicht …, ob er selbst wahrhaftiger Sprecher Gottes sei. Er versucht nicht, er wagt nicht, die ihm gewordene Offenbarung, um derentwillen er als lebendiges Zeichen hier vor aller Augen steht, als Gottes Wort zu vertreten."

[61] Vgl. 42, 7; auch 18, 2; I, 27. 60. 313. „Gibt es ein Wort von Jahwe?"(37, 17) Vgl. auch Num 22, 8. 19; Jes 8, 16 f.

[62] „So schildert der Autor der Fremdberichte ein Doppeltes: die Angewiesenheit des Propheten auf das Wort Gottes und die Erfüllung der Beistandszusage Jahwes"; vgl. Jer 1, 8; 15, 20 (A. Graupner, Auftrag 72).

[63] Das Wort vom wiederherzustellenden Joch ist symmetrisch aufgebaut: „Die chiastische Anordnung: Objekt-Verb, Verb-Objekt drückt das Gegenläufige von Absicht und Wirkung der Tat Chananjas aus." (F.L. Hossfeld/I. Meyer, Prophet 92) Durch den mehrfachen Rückbezug nimmt sich V 14 „wie eine einzige Reminiszenz an Kap. 27 aus" (Th. Seidl II, 214), im Grunde eine ausführliche Bestätigung von Jeremias Botschaft.

Verhalten und dessen Folgen[64], und Unheilsansage. Wie schon die Handlung so bezieht sich auch das deutende Wort (V 14) mit „alle diese Völker" sowie der Ansage der Deportation eindeutig auf Hananjas Auftritt zurück.

Jeremias erste Zeichenhandlung (27, 11) wird durch die zweite bekräftigt. Das eiserne Joch verbildlicht: Das Gericht bleibt „unzerbrechlich", unabänderlich, unabwendbar. Ist Hananjas Verhalten Anlass für eine härtere Bestrafung aller? Kaum. Es ist wohl überhaupt nicht eine Verschärfung gemeint, vielmehr eine Vergewisserung der Unausweichlichkeit des künftigen Gerichts, auf das es sich einzustellen gilt.[65]

Unvermittelt folgt (V 15) ein direktes Wort an Hananja. Es besteht aus Schuldaufweis „Du hast dem Volk falsches Vertrauen eingeflößt"[66] und in Übereinstimmung mit jenem Kriterium (V 8) Unheilsansage, allerdings für eine Einzelperson.[67] V 16 kündigt Jeremia mit einem Wortspiel „nicht gesandt" – „vom Erdboden wegsenden" Hananja den baldigen Tod als Jahwes Willen an. Nannte Jeremia zuvor (27, 2 f. 11; 28, 12–14) keinen Zeitpunkt, so schließt er sich jetzt Hananja an, der eine Befreiung „innerhalb von zwei Jahren" (V 3. 11) angekündigt hatte und verkürzt, ja (mehr als) halbiert diese Frist: „Noch in diesem Jahr." So äußert sich im Erzählschluss Jeremias Autorität darin, dass er nicht nur die Sendung seines Gegenspielers zu bestreiten, sondern auch dessen Zeitansage zu unterbieten vermag. Dabei fehlt jede Einschränkung oder ein weiteres Angebot, wie eine Aufforderung zur Einsicht oder zu anderem Verhalten. Wie Jeremias Weggang (V 11) wird knapp Hananjas Tod mitgeteilt: „im selben Jahr ..."[68]

Auffälligerweise verlangt das schon zuvor angeklungene Prophetengesetz, wiederum in seinem Nachtrag Dtn 18, 20, nicht – wie bei anderen Vergehen[69] – die Todesstrafe für den falschen Propheten, sondern kündet den Tod an: „Er wird sterben." Der Fall selbst mit der Art der Strafe ergibt sich doch wohl aus der hier erzählten Auseinandersetzung. So scheint das Gesetz (in seinem II. Teil V 16 ff) sich

---

[64] Die Bekräftigung erscheint hier durch Hananjas Tat veranlasst, aber durch Gott durchgeführt.

[65] Der „Passus V 13 f entspricht sachlich dem Abschnitt über die Wiederherstellung der Buchrolle in 36, 28. 32." (G. Wanke 32)

[66] Von ungerechtfertigtem Vertrauen sprechen Jeremiaworte wie 2, 37; 7, 4. Vgl. o. Anm. 18.

[67] Ähnlich spitzt sich die Begegnung zwischen Amos (7, 10 ff) und dem Priester in einem persönlichen Drohwort zu, das Amos' Botschaft bekräftigt. Vgl. als Zusatz auch Jer 36, 29 f.

[68] „Ich bekenne mich zum Glauben, daß nicht bloß der V 15–17 erzählte Vorfall historisch, sondern auch das Eintreffen von Jeremias Weissagung kein Zufall ist, daß Jer wirklich und wahrhaftig den Tod Hananjas vorhergesehen hat." So B. Duhm (227), der noch zwischen Vorwegnahme der Zukunft („ein wirklicher Seher") und der Begründung („Deutung des Geschehens") unterscheidet. Die „unheimliche Erfüllung der Voraussage" ist in einem Fremdbericht überliefert: „Die Echtheit einer Prophetie von ihrem Erfolg her zu erweisen, wie dies Baruch durch seinen Bericht ... offenbar mit angestrebt hat, ist nicht Aufgabe des in Vollmacht auftretenden Propheten selber, sondern das Anliegen seiner Schüler." (E. Jenni, Die politischen Voraussagen der Propheten, 1956, 61; vgl. W. Rudolph X.181)

[69] Gerade im Vergleich mit Dtn 13, 6 (vgl. 17, 6). Auch Ez 14, 9 (vgl. 13, 9) behält die Bestrafung des eigenmächtigen Propheten Gott vor. Vgl. o. Anm. 53.

Jeremias Beurteilung des Sachverhalts mit seiner – erfüllten – Strafansage zu eigen zu machen und mit der in diesem Rahmen nötigen Abwandlung zu verallgemeinern.

Ist mit dem Eintreffen der Unheilsansage die Erzählung einschließlich des genannten Kriteriums nicht in sich stimmig? Die Unheilsprophetie erweist sich in der Situation als wahr. Über den Anspruch Hananjas scheint mit Eintritt des Todes entschieden zu sein – allerdings nicht bloß als Faktum, sondern als angekündigtes Ereignis. Es bestätigt indirekt oder partikular Jeremias Botschaft. Mit Hananjas Geschick ist seine Zukunftsansage (V 2 f.11) fragwürdig geworden. In der dargestellten Situation steht die Bewahrheitung von Jeremias Ankündigung im Großen – gegenüber der Hauptstadt und dem eigenen Volk – noch aus.

Das Bild des Jochs kehrt, bereichert durch die Symbolhandlung, nochmals in der Heilszusage wieder, erhofft die Befreiung vom Dienst für eine fremde Macht (30, 8):
  „An jenen Tagen – spricht Jahwe Zebaot – da zerbreche ich das Joch,
  das deinen Nacken drückt und zerreiße deine Bande …“
    Überraschend handelt es sich um das Gegenteil von Jeremias Botschaft, „formal“ um dasselbe, was Hananja in Kap. 28 verkündet. Der Unterschied liegt in der geschichtlichen Situation und damit zugleich in der Sache: Nicht Vermeidung des Gerichts (so Hananja vor dem Fall Jerusalems), sondern nach ergangenem Gericht (vgl. 30, 3. 5–7) Hoffnung auf Aufhebung.

Der Brief an die Exulanten
Jer 29

1 Dies sind die Worte des Briefes, die der Prophet Jeremia von Jerusalem an den Rest der Ältesten der Exulanten, an die Priester, die Propheten und das ganze Volk sandte, das Nebukadnezzar von Jerusalem nach Babel weggeführt hatte – 2 nachdem der König Jojachin[1] und die Herrin[2] und die Hofbeamten, die Beamten Judas und Jerusalems mit den Handwerkern und den Metallarbeitern aus Jerusalem weggezogen waren – 3 durch Elasa, den Sohn Safans, und Gemarja, den Sohn Hilkias, die Zedekia, der König von Juda, zu Nebukadnezzar, dem König von Babel, nach Babel sandte:
4 So spricht Jahwe Zebaot, der Gott Israels, zur ganzen Gola[3],
die ich von Jerusalem nach Babel wegführte[4]:
5 „Baut Häuser und wohnt (in ihnen),
pflanzt Gärten und esst ihre Frucht!
6 Nehmt Frauen und zeugt Söhne und Töchter,
und nehmt für eure Söhne Frauen
und eure Töchter gebt Männern,
– dass sie Söhne und Töchter gebären[5] –,
ihr euch dort mehrt und nicht abnehmt!
7 Suchet das Wohl der Stadt[6],
   in die ich euch weggeführt habe!

---

[1] Hier in der Namensform: Jechonja; vgl. I,1.

[2] D.h. die Mutter des Königs; s. I,255 zu 13,18. Zu dem folgenden Titel vgl. zu 38,7 Anm. 17.

[3] D.h. zu allen Exulanten bzw. Verbannten.

[4] V 4bβ, der V 1bβ aufnimmt (dort Nebukadnezzar, hier Jahwe Subjekt) bestimmt in theologischer Entfaltung den „Hintergrund" des Geschehens: V 4b entspricht V 7, bietet deshalb, abgesehen von der Angabe des Adressaten, eine Doppelung. V 4b, wohl eine Ergänzung, ist mit der Deutung der Exilssituation als Tat Gottes (vgl. 12,14; bes. 24,5 u.a.) angesichts von V 7a eigentlich nicht nötig. Eine Streichung des Relativsatzes in V 7a wäre unbegründet; er ist als Näherbestimmung des Objektes „Stadt" (wie für den parallelen Satzaufbau) notwendig. Insofern ist es sachlich ohne Belang, ob V 4b nachgetragen ist oder nicht: Nach V 7 ist die Bestimmung im Sinn des Briefschreibers.

[5] Dieser – eingeschobene – Zwischensatz unterscheidet sich a) formal auffällig vom übrigen Brieftext, stört b) den Parallelismus der Imperative und fehlt c) in der LXX. Diese spätere Hinzufügung einer dritten Generation ist wohl durch die „70 Jahre" in der Erweiterung des Briefes V 10-13.14 (bzw. den geschichtlichen Verlauf) begründet; vgl. 27,7; auch 25,12.

[6] LXX: „des Landes". (Entsprechend wäre zu übersetzen: „in das ich … Betet für es …; denn sein Wohl …") Der MT scheint hier die ursprüngliche Version, die *lectio difficilior*, bewahrt zu haben, während die – sachlich erleichternde – LXX-Variante schon dadurch zweifelhaft wird, dass sie V 4 den konkreten Namen „Babel" nicht nennt. Auf ihn greift MT mit „Stadt" zurück. Die Auslassung des Namens wie die Angabe „Land" bedeuten eine Verallgemeinerung.

Betet für sie zu Jahwe,
denn ihr Wohl ist auch euer Wohl!"
8 Ja, so spricht Jahwe Zebaoth, der Gott Israels: „Lasst euch nicht täuschen
von euren Propheten[7], die unter euch sind, und euren Wahrsagern, und
hört nicht auf ‚ihre' Träume, die ‚sie träumen'[8]; 9 denn ‚Lüge' weissagen
sie euch in meinem Namen, doch habe ich sie nicht gesandt – Spruch Jahwes.
10 So spricht Jahwe: „Erst wenn sich siebzig Jahre für Babel erfüllt haben,
will ich mich eurer annehmen und mein Verheißungswort, euch an diesen
Ort zurückzubringen, an euch in Erfüllung gehen lassen.   11. Denn ich
weiß, welche Gedanken ich über euch hege – ist der Spruch Jahwes – Gedanken des Heils und nicht des Unheils, euch Zukunft und Hoffnung zu schenken.   12 Wenn ihr mich (dann) anruft – und zu mir betet, werde ich euch erhören.   13 Wenn ihr mich sucht, werdet ihr mich finden. Ja, wenn ihr von
ganzem Herzen nach mir fragt,   14 werde ich mich von euch finden lassen[9] –
Spruch Jahwes. Da werde ich euer Geschick[10] wenden, und ich werde euch
sammeln aus allen Völkern und von allen Orten, an die ich euch verstoßen
habe – Spruch Jahwes –, und ich werde euch zurückbringen an den Ort, aus
dem ich euch weggeführt habe."
15 Ja, ihr sagt „Jahwe hat uns Propheten in Babel auftreten lassen."[11]
16 Denn so spricht Jahwe zum König, der auf dem Thron Davids sitzt, und
zum ganzen Volk, das in dieser Stadt wohnt – euren Brüdern, die nicht mit
euch in die Verbannung ausgezogen sind –   17 so spricht Jahwe Zebaoth:
Siehe, ich schicke ihnen das Schwert, Hunger und Pest, und ich mache sie
wie die verdorbenen[12] Feigen, die wegen ihrer Schlechtigkeit ungenießbar
sind.   18 Und ich verfolge sie mit dem Schwert, dem Hunger und der Pest
und mache sie zum Schrecken für alle Königreiche der Erde, zum Fluch,
Entsetzen und Gepfeife[13] und zum Hohn bei allen Völkern, unter die ich sie
versprengt habe,   19 weil sie nicht auf meine Worte gehört haben – Spruch
Jahwes –, mit denen ich meine Knechte, die Propheten, zu ihnen gesandt,
unermüdlich gesandt habe; ihr aber hörtet nicht, Spruch Jahwes.   20 Ihr
aber, hört das Wort Jahwes, alle Verbannten, die ich von Jerusalem nach Babel gesandt habe:

---

[7] Oder: „Eure Propheten sollen euch nicht täuschen ..."
[8] MT: „eure Träume, die ihr euch träumen lasst"; Lesung im Anschluss an LXX; vgl. BHS (anders BHK); dazu 23,25; auch 27,9. Im Folgenden hat MT: „in (mit) Lüge"; vgl. 5,31; 20,6; anders etwa 23,26.
[9] LXX: „euch erscheinen"; vgl. Jes 40,5 u.a.
[10] Möglich auch: eure Gefangenschaft; vgl. zu 30,3.
[11] Oder: „Wenn ihr sagt ..." Der Vers, der mit V 8 f zusammen V 10–14 redaktionell umrahmt,
lässt sich vor V 8 f leichter verstehen; im vorliegenden Kontext begründen V 16 ff, warum den Propheten nicht zu „trauen" (vgl. 28,15; 29,31) ist. Zu „erstehen lassen" vgl. (nach 6,17) 23,4 f; auch
vom Wort 28,6; 29,10 u.a.
[12] Das Bild nimmt 24,2.8 auf; zum Wort und der Form vgl. Ges.-K. § 132e; HAL 1494b.
[13] Vgl. 18,16; dazu I,319; allgemein dort S. 190.329.

21 So spricht Jahwe Zebaoth, der Gott Israels, über Ahab, den Sohn Kolajas, und über Zidkija, den Sohn Maasejas, die euch in meinem Namen Lüge weissagten: Siehe, ich gebe sie in die Hand Nebukadnezzars, des Königs von Babel, und vor euren Augen wird er sie erschlagen. 22 Und sie werden als Fluchwort genommen bei allen Verbannten Judas, die in Babel sind: Jahwe behandle dich wie Zidkija und Ahab, die der König von Babel im Feuer geröstet hat, 25 weil sie eine Schandtat in Israel verübten, mit den Frauen ihrer Nächsten Ehebruch begingen und in meinem Namen ein Wort redeten – Lüge, das ich ihnen nicht aufgetragen habe – ich aber weiß es und bin Zeuge, Spruch Jahwes.

24 Zu Schemaja, dem Nehemaliter, sollst du sagen[14]: 25 „So spricht Jahwe Zebaoth, der Gott Israels: Weil du in deinem Namen einen Brief[15] gesandt hast an das ganze Volk, das in Jerusalem ist, und an den Priester Zephanja, den Sohn Maasejas und an alle Priester – folgendermaßen: 26 Jahwe hat dich anstelle des Priesters Jojada zum Priester bestellt, um Aufseher[16] im Haus Jahwes zu sein über jeden Verrückten[17] und als Prophet Auftretenden und damit du ihn in den Block[18] und das Halseisen legst. 27 Und nun, warum hast du Jeremia aus Anatot[19] nicht zurechtgewiesen, der bei euch als Prophet auftritt; 28 denn er hat zu uns nach Babel die Botschaft gesandt: Es dauert noch lange! Baut Häuser und wohnt darin, pflanzt Gärten und esst ihre Frucht!" 29 Da las der Priester Zephanja diesen Brief dem Propheten Jeremia vor. 30 Und es geschah das Wort Jahwes zu Jeremia: 31 „Sende an alle Verbannten die Botschaft: So spricht Jahwe zu Schemaja, dem Nehemaliter: Weil Schemaja euch geweissagt hat, ich ihn aber nicht gesandt habe, und er euch auf Lüge vertrauen ließ. 32 Darum, so spricht Jahwe: Siehe, ich will Schemaja, den Nehemaliter, und seine Nachkommen heimsuchen: Niemand (von ihnen) soll inmitten dieses Volkes wohnen und niemand wird das Gute sehen (das Glück erleben), das ich meinem Volk bereiten werde – Spruch Jahwes –; denn er hat Abtrünnigkeit gegen Jahwe gepredigt."

Der Brief ist charakteristisch für Jeremias Heilserwartung. Er schreibt ihn zwischen der Übergabe (597) und der Zerstörung Jerusalems (587/6 v. Chr.) an die Gruppe, die unter König Jojachin ins babylonische Exil geführt wurde. Die Situation gibt die – im Anschluss an 2 Kön 24, 14–16 eingeschobene, dem

---

[14] V 24 f beginnen sogleich mit dem (auch für Jeremia) Entscheidenden in Anrede an den unter den Exilierten lebenden Schemaja aus Nehelam. Es fehlt ein Bericht über die Absendung dieses Briefs; eine entsprechende von Kommentatoren gerne vorgenommene Korrektur des Textes stellt jedoch eine Erleichterung dar. In jedem Fall ist die Situation eindeutig.

[15] Oder: Briefe.

[16] Im Hebräischen Plural; vgl. HAL 904.

[17] Das hebräische Wort, im Deutschen „meschugge" nachklingend, meint „rasend, verzückt"; vgl. vom Propheten 2 Kön 9, 11; Hos 9, 7.

[18] Vgl. 20, 2; dazu I, 331 Anm. 9.

[19] Vgl. I, 8.

Zusatz zur Vision 24, 1b ähnliche – Zwischenbemerkung V 2 wieder. Bei diesen ersten Verbannten bleibt die Sehnsucht nach baldiger Heimkehr lebendig, zumal der Tempel, sichtbares Zeichen des Glaubens, noch steht. Wie kann Jeremia, der den Propheten vorhält: „Es ist kein Schalom / Heil!" (6, 14; 8, 11), selbst Schalom für möglich halten?

Zur älteren Überlieferungsstufe gehört nach Situationsangabe und Einführung der – weithin ähnlich abgegrenzte – ursprünglich knappe Brief (V 4a.5–7 ohne 6aβ), sodann der Bericht (V 24 ff) über die von ihm ausgelöste Reaktion, auch ein Vorgang in der „Leidensgeschichte" des Propheten.[20] Die Briefbotschaft ruft einen Gegenbrief (V 28) hervor, auf den Jeremia wiederum brieflich mit einem Drohwort (V 30–32) antwortet. Über den Anlass hinaus ist die Darstellung[21] erheblich erweitert. Die Auseinandersetzung mit den Propheten, die Kap. 27–29 verbindet, sowie die Beschreibung eines Einzelfalls (V 21–23) stören den Zusammenhang (bes. V 8 f, auch 15), gehören nicht zum frühen Überlieferungsbestand, sind aber kaum ohne aktuellen Bezug.[22]

V 1–3   Er-Bericht (wie V 24 ff)
         Situationsangabe V 1 (ursprünglich wohl ohne 1bβ) und Einführung V 3
         V 2 Schilderung (Zusatz; ähnlich 24, 1; 2 Kön 24, 14–16)
V 4   Briefkopf. Präskript (ursprünglich wohl ohne V 4b)
V 5–7   Eigentlicher Briefinhalt (ursprünglich wohl ohne V 6aβ)
V 10–13. 14 Ergänzung mit Entfaltung des Briefteils
V 8 f.15 Warnung vor „falscher" Prophetie (als Rahmung von V 10–14)
V 16–20 Gerichtsdrohung gegen König und Volk (Nachtrag aus 24, 8–10)
V 21–23 Beispiele für „falsche" Prophetie. Einzelfall
         Fluchwort gegen Ehebrecher Ahab und Zedekia
V 24–32 Er-Bericht mit einleitender Anrede. Die Reaktion.
         Wirkungsgeschichte des Briefes mit Zitat V 28
         Gegenbrief von Schemaja (V 29)
         Weiterer Brief Jeremias (V 30–32) mit einem Drohwort
         (zu V 31b.32b vgl.20, 6; 28, 15 f)

Offenkundig erkennt die *Redaktion* einen Zusammenhang zwischen Vision (Kap. 24) und Brief. Die hier fremd wirkende Gerichtsankündigung über die Zurückgebliebenen, König und Volk in Jerusalem (29, 16–19. 20), hat ihren rechten Ort in 24, 8–10 und wird von dort abgewandelt übernommen; mit der Gegenüberstellung von Gericht und Heil erhalten beide Kapitel eine ent-

---

[20] N. Kilpp, Niederreißen 44.

[21] Zumal die Häufung der Botenformel „so spricht Jahwe" (V 4. 8. 10. 16 f.21. 25. 31 f; ähnlich in Kap. 24) mit der Wendung „Spruch Jahwes" (V 9. 11. 14. 19. 23. 32) trotz durchlaufender Gottesrede sowie die Wiederkehr des Bindewortes „denn" oder bekräftigend „ja, fürwahr"(V 8–11. 15 f) deuten an, dass Kap. 29 literarisch uneinheitlich ist. Verbirgt sich in diesen Formeln die Weitergabe prophetischer Verkündigung – bei Verlesung des Buches? Auch gewisse Stichwörter, wie *pkd* („annehmen" V 10; „heimsuchen" V 32) oder „hören / erhören" (V 8. 12), sind gemeinsam.

[22] Vgl. o. Exkurs; auch Ez 13; u. Anm. 28.

sprechende Intention.[23] Jeweils ergehen Drohung und Verheißung der Heim-kehr.[24] Besteht diese Verbindung nicht schon im Kern, seit je? Der Brief lässt sich als Entfaltung der in der Vision empfangenen Zukunftseinsicht verstehen. Das von Gott vor „gesehene" „Gute" (24, 5) wird für die Betroffenen ausgelegt oder ausgestaltet.[25] Sie erfahren, was ihnen noch verborgen ist, aber ihre Situation erschließt.

Der Brief, als eigene Einheit erhalten, ist – ähnlich einem gewichtigen Teil mündlicher Verkündigung – als Wort Gottes stilisiert, bestimmt auf diese Weise die Angabe „Brief Jeremias" (V 1) näher. Die einleitende Botenformel (V 4) gibt Absender (Gott) und Adressaten[26]. an. Sie werden ausdrücklich daran erinnert, dass ihre durch Nebukadnezzar (V 1bβ) herbeigeführte Situation ihren Urheber eigentlich in Gott selbst hat (V 7; entsprechend V 4). Der Relativsatz verweist auf Gottes Wirken in der Geschichte.[27]

Der Inhalt besteht aus einer Kette von Aufforderungen, die – in knappen, allmählich breiter werdenden Formulierungen – paarweise einander zugeordnet sind, Tat und Folge, Aktion und Wirkung („Baut – wohnt, pflanzt – esst") verknüpfen und abschließend zu einem Höhepunkt mit Begründung führen. Handelt es sich nicht nur um Aufforderungen zum Allzu-Selbst-verständlichen, die Realitäten anzuerkennen, sich mit dem Unabänderlichen abzufinden und sich auf ein „normales", alltägliches Leben einzurichten? Eigenart und Bedeutung des Briefs seien in einigen Punkten umrissen:

1.) Der prophetische Aufruf setzt erfahrenes oder im Exil noch gegenwärtiges Unheil voraus, sagt *Schalom* (V 7b) nur nach oder noch in dem Gericht zu.

2.) Der Brief ist für die Hörer eine Zu-mutung. Die Ermunterung enthält einen bitteren Beigeschmack, wirkt enttäuschend; denn sie zerstört die Sehnsucht der Adressaten auf baldige Heimkehr. Der Widerspruch wirkt um so schärfer, als ihre

---

[23] Gemeinsam ist z.B. die – hier wiederholte – Trias „Schwert, Hunger und Pest" (24, 10; 29, 17 f; s. I,39 Anm. 261). V 16–20 fehlen in der LXX, die hier einen älteren Textbestand bezeugt und bewahrt, und bilden einen späteren Einschub: Wie in Kap. 24 wird das Gericht dem Heil gegenüber gestellt. Den „Gegensatz zwischen Gola und Jerusalem auch hier anzubringen" (W. Rudolph 186) lag für die Bearbeiter aus der Rückschau nahe. Die Unheilsansage für Jerusalem (24, 8 ff; 29, 16 ff) findet sich vielfach in Jeremias Botschaft – schon zuvor wie danach bis hin zu den Worten an den König Zedekia. Die Redaktion, in deren Darstellung sich hier (V 18) u. ö. die schrecklichen Erfahrungen bei und nach der Katastrophe widerspiegeln, stellt sich (hier) in Jeremias Zeit (I,226).

[24] Jer 24, 6; 29, 10. Sie ergänzt im Kontext zugleich Kap. 27 f. Vgl. noch o. Anm. 7.

[25] Zur Auslegung I,25 f. Der als Gotteswort ergehende Brief entspricht dem Gotteswort der Vision 24, 5. Möchte man das auch mit der Abfolge im Buch angedeutete Verhältnis von Vision und Brief probeweise umkehren, so wird – dies gilt unabhängig von der Frage nach der „Echtheit" – nicht mehr verständlich, dass Jeremia nochmals persönlich empfängt, was er bereits anderen mitgeteilt hat.

[26] V 1a nennt genauer „die Ältesten der Verbannung" als Vertreter der Exilierten. Vermutlich bilden im Exil „die Ältesten das führende Organ der wohl in Sippenorganisationen und mit begrenzter Selbstverwaltung lebenden Judäer."(J. Conrad, ThWAT II,647).

[27] Wie etwa der Prolog des Dekalogs, hier zum Gericht; vgl. schon Am 5, 27 u. a.; auch o. zu 24, 1–4.

Wünsche wohl durch das Auftreten von Propheten bekräftigt werden.[28] So tritt Jeremia nicht nur Hoffnungen, sondern faktisch auch prophetischer Botschaft entgegen. Gilt es nicht, die Gerichtssituation als von Gott stammendes Geschehen, so das Schicksal als Geschick, anzunehmen und zu gestalten?

3.) Beruht die alltägliche Planung auf einem – „natürlich" erwarteten – Sinnzusammenhang von Tun und Folge, so kann etwa Amos in der Unheilsankündigung das Gewohnte und selbstverständlich Geltende umkehren: „Häuser ... habt ihr gebaut, doch ihr werdet nicht darin wohnen."[29] Das Heilswort stellt den Zusammenhang, der Handeln „sinnvoll" erscheinen lässt und zu ihm ermutigt, wieder her. Arbeit und Ertrag stehen in angemessenem Verhältnis[30]; im „normalen", gewohnten Lebensablauf vollzieht sich – verborgen – ein Stück Heil oder Segen.

4.) Wahrscheinlich verbirgt sich in der Bitte: „Suchet den Schalom der Stadt!" zugleich ein kritisches Moment: Schalom ist nicht auf Jeru-schalem, gleichsam die Heimat von Schalom[31], beschränkt, kann sich vielmehr unter fremder Herrschaft und ohne Heiligtum ereignen.

5.) Das Heil vollzieht sich zunächst im irdischen Wohl, über Wohnen und Genießen hinaus in der Familiengründung. Die Mehrung ist Segen. Nimmt der Aufruf die Väterverheißung auf?[32]

6.) Konnte das Ausland als Jahwe fernes Land gelten, in dem man den Gott Israels nicht ohne weiteres anbeten konnte[33], so sieht Jeremia – mit der Unterscheidung zwischen der Gegenwart Gottes und der heiligen Stätte (in der Tempelrede Kap. 7; 26) – tiefer, fordert noch vor der Zerstörung auf, in der Ferne zu beten, und sagt so Gottes hörende Anwesenheit im Exil zu.

---

[28] Wie Hananja (28, 2–4; dazu 27, 16), vgl. die Adressaten V 1 und die eingefügte Warnung vor Prophetie V 8 f.15; o. Anm. 10 und 42). V 21 ff teilen wohl in alter Tradition das Schicksal zweier Propheten mit. „Hauptärgernis ... ist die Aufforderung, sich im Exil auf Dauer einzurichten ... Die Ansage eines lange dauernden Exils widersprach wohl den aufkeimenden Hoffnungen der Exilierten wie der im Lande Verbliebenen ... Genährt wurde solche Hoffnung durch Propheten." (F.L. Hossfeld/I. Meyer, Prophet 104 f.)

[29] Am 5, 11; vgl. Zeph 1, 13; Mi 6, 14 f; Jes 5, 9; Hag 2, 16 f; auch die sog. Vergeblichkeitsflüche Dtn 28, 38–41; dazu Lev 26, 16. 26; Hi 31, 8. 10 u.a.

[30] Wie wichtig die Nutznießung eigener Arbeit ist, führt das sog. Kriegsgesetz Dtn 20, 5 ff anschaulich vor Augen: Wer den Erfolg seiner „Mühen" noch nicht genießen konnte, ist vom Kriegsdienst befreit. Vgl. Jer 31, 5; Jes 62, 8 f; 65, 21 ff; Ez 28, 26 u.a.

[31] Vgl. Ps 122, 7 f; auch 85, 11; Jes 60, 17; Jer 33, 6; Hag 2, 9 u.a.; I, 25. 177 f.

[32] Schon nach älterer Tradition (Ex 1, 9), erst recht nach der – jüngeren – Priesterschrift (bes. Ex 1, 7 P; vgl. Dtn 8, 1 u.a.) – erfüllt sich die Segens- bzw. Mehrungsverheißung am Volk im Ausland, in Ägypten. Sollte Jeremia mit der Aufforderung „Mehrt euch!" den an die Erzväter ergangenen Segen den Exilierten neu zusprechen, so spaltet er gleichsam die Väterverheißungen auf: Die Mehrungszusage ist bereits Gegenwart; die Landverheißung (bzw. die Zusage der Rückführung) ergeht (noch) nicht. Auch dann ereignet sich das Heil anders als gewünscht.

[33] Diese ältere Auffassung (1 Sam 26, 19; 2 Kön 5, 17; vgl. Gen 4, 16; Am 7, 17 u.a.) wirkte wohl längere Zeit nach. Selbst die Exilierten konnten noch als „fern von Jahwe" gelten (Ez 11, 15; vgl. 4, 13; Ps 137, 4; auch Jes 40, 27). Allerdings finden sich auch andere Überlieferungen (so Moses Gebet in Ägypten: Ex 5, 22 f und seine Fürbitte für den Pharao: Ex 8, 4 ff.21. 24 ff; 9, 27 f; 10, 8 f.16 f; vgl. Gen 20, 7 u.a.). Vermutlich gab es im Exil Klagegottesdienste (1 Kön 8, 46 ff; I, 40. 26), die diese empfundene „Ferne" von Gott aussprechen konnten.

7.) Das Verbot der Fürbitte (14, 11; 15, 1), das einen Einwand gegen das ange-kündigte Gericht ausschließt, gilt, da es seine Absicht in der Situation der Angere-deten erreicht hat, nicht mehr. So kann Jeremia seinen mahnenden Zuspruch eben in der Fürbitte für die Bedrücker enden lassen.[34]

8.) Der Brief betritt den Raum, den die Symbolhandlung Jer 16 offen lässt, ja wirkt wie eine Umkehrung des Gotteswort (16, 5): „Ich habe meinen Schalom ent-zogen"; das „Heil" (29, 7) wird im Exil wieder gewährt.[35]

Schalom umfasst, das eigene Wohl übergreifend, das der fremden Stadt, ja erst mit deren Wohl auch das eigene. Es wird als Folge der Aufforderung, sich um deren Schalom zu bemühen, verheißen.[36]

Die Erwartung richtet sich nicht auf Wiedererrichtung einer politisch-natio-nalen Größe, nicht auf Staat, Königtum, Kult oder Tempel; es wird nicht zugesagt, dass das Verlorene rückgängig gemacht wird. In dieser Einsicht stimmt Jeremia, der sich in kritischen Aspekten vielfältig Hosea[37] anschließt, auch in der Ausgestaltung der Heilszukunft mit ihm überein, selbst wenn er über ihn hinausgeht. Im Genuss der Erträge eigener Arbeit, in der Familien-gründung, der Teilhabe am Wohl des fremden Landes sowie in der Gewiss-heit, dass Gott auch außerhalb der Heimat die Fürbitte hört oder erhört, reicht Heil in die Gerichtssituation hinein. So umfasst Schalom mit dem Äu-ßeren zugleich Inneres, nicht nur „Profanes", sondern auch „Geistig-geist-liches", „Immanentes" und „Transzendentes" – mit dem Frieden zugleich „Wohl" und „Heil".

Über die stärker gegenwartsbezogenen Aussagen hinaus spricht ein zwei-ter, weithin nicht für ursprünglich gehaltener Briefabschnitt (V 10–13. 14) die Heilszukunft unmittelbar aus. Ist der erste Briefteil durch Parallelität der Glieder ausgezeichnet und rhythmisch gefügt, so wirkt die Sprache hier pro-saischer, theologisch reflektierter, enthält jüngere (jerdtr.) Wendungen, greift das vorhergehende Briefstück mit seinen konkreten Weisungen auf, um sie zu entfalten und ins Grundsätzliche zu verallgemeinern.

So wird die Mahnung zur Fürbitte für das Wohl des feindlichen Landes (V 7) als Zusage der Gebetserhörung gedeutet (V 12). Statt vom fremden und so eigenen „Heil" ist von „Gedanken des Heils" zugunsten Israels die Rede. Überhaupt fasst V 11, das Ganze reflektierend, die Intention unter den allge-meinen Begriffen *Zukunft und Hoffnung* zusammen.

---

[34] Vgl. I,25 f.265 ff. H. Weippert (Fern von Jerusalem. Die Exilsethik von Jer 29, 5–7: F. Hahn/ F.-L. Hossfeld/H. Jorissen/A. Neuwirth [Hg.], Zion – Ort der Begegnung. FS L. Klein. BBB 90, Bodenheim 1993, 127–139, bes. 132) urteilt schärfer: „Indem der Brief Jeremias die Deportierten auffordert, das Wohl der Stadt zu erbitten – und für sie zu beten …, überträgt er ihnen das Für-bittamt, das sonst im Jeremiabuch vom Propheten wahrgenommen wird."

[35] Vgl. genauer, auch zum familiären Lebensumkreis mit Ausstrahlung auf die Allgemeinheit, I,291 f.

[36] „Umdenken heißt hier Grenzen überschreiten … Hier begegnet erstmals das Eintreten für den Feind in seiner ganzen Radikalität."(G. Wanke 262 f).

[37] „Ohne König …" (Hos 3, 4); vgl. I,10.

V 10–13 stellen – mit der Angabe der schwer genau bestimmbaren „siebzig Jahre"[38] – vermutlich eine frühe Ergänzungsschicht dar.[39] Wie das Gericht (V 4. 7) so wirkt das künftige Heil Gott selbst, und zwar – nach der angegebenen Zeit – mit Gewissheit (V 10 f). Es beruht kaum auf dem Verhalten der Betroffenen (V 12 f); dieses ist eher Konsequenz als Voraussetzung göttlicher Zuwendung. Die Angesprochenen schaffen, von dieser Zusage der Wende her betrachtet, das Heil nicht, gehen mit ihrem Handeln (V 5–7) aber einen Schritt in die verheißene Zukunft.

Jener enge – segensreiche – Zusammenhang von Tun und Folge erscheint in weiteren Bereichen: Entgegen der Gerichtsansage „Jahwe zu suchen, aber nicht zu finden"[40] wird dem Suchen ein Finden verheißen.[41] Gegenüber der Drohung, nach der auf ein Rufen die Antwort ausbleibt[42], wird die Erhörung zugesagt.[43] Diesen theologisch reflektierteren Briefteil scheint der letzte – ebenfalls redaktionelle – Abschnitt des Deuterojesajabuches (Jes 55, 6. 8 f) weiterzuführen. Er redet ähnlich grundsätzlich, variiert das Wortspiel „suchen – finden" und begründet den Zuspruch mit Gottes „Gedanken".[44] Die Gegenüberstellung „meine Gedanken sind nicht eure Gedanken" bezeugt, von Jer 29 her verstanden, mit Gottes Transzendenz zugleich seinen Heilswillen. Die Verheißung wird weitergetragen, bestimmt schon die Gegenwart: „Suchet Jahwe, da er sich finden lässt, ruft ihn an, da er nahe ist!" Schließlich wird die Zusage noch – bis zum Paradox – gesteigert (Jes 65, 1. 24): „Ich ließ mich finden von denen, die mich nicht suchten"; „bevor sie rufen, werde ich antworten."

In der vom Brief eröffneten Situation bilden Unheil und Heil kein Entweder – Oder, sondern liegen ineinander. Allerdings redet Jeremia – anders als die Propheten oder später die Redaktion – nicht von Heimkehr; schätzt er die Lage „realistisch" ein? Hier stellt sich eine hintergründige Frage, deren Antwort nicht zutage liegt: Spricht Jeremia in diesem Brief nur für die Gegenwart, oder schaut er über ein Bleiben im Land hinaus in die Zukunft?

---

[38] Vgl. o. Anm. 5. Liegt es im Rückblick nicht nahe, eine genauere Angabe zu treffen? So ist die runde Zahl eher noch im Exil aufgekommen (W. Thiel II,17). Die Zeitangabe (vgl. 25, 11 f) hat eine große Wirkungsgeschichte; vgl. Sach 1, 12; 7, 5; Dan 9, 2. 24.

[39] V 14 setzt mit der Verheißung von Sammlung und Rückführung der Zerstreuten (Diaspora) „aus allen Völkern" gewiss spätere, nachexilische Verhältnisse voraus. Da ein Großteil des Verses in der LXX fehlt, scheint V 14 (mit Ausnahme der beiden ersten Worte) am Schluss des Briefteils einen Nachtrag zu bilden.

[40] Hos 5, 6; vgl. 2, 9; auch 5, 15; 6, 3.

[41] Zu V 13 vgl. Dtn 4, 29; 1 Chr 28, 9 u. a. Auch die Völker werden „Jahwe suchen" (Sach 8, 22; Jes 11, 10).

[42] Vgl. außer 1 Sam 14, 37; 28, 6. 15 f; bes. Mi 3, 4. 6 f. „Ich schreie zu dir, doch du antwortest mir nicht."(Hi 30, 20; vgl.19, 7)

[43] Vgl. Jer 33, 3; Jes 55, 6; 58, 9; Ps 50, 15. Mit dieser Gewissheit kommt auch die Bitte (Ps 4, 2 u. a.) zum Ziel: „Wenn ich rufe, erhöre mich!"

[44] Verheißt Jer 29, 10 ein „Aufrichten des Wortes" (vgl. Jes 44, 26), so veranschaulicht Jes 55, 10 f die Zuverlässigkeit des Gotteswortes an der Wirkung des Regens, der die Erde befruchtet. Vgl. W.H. Schmidt (– J. Becker), Zukunft und Hoffnung: Bi Kon 1014, Stuttgart 1981, 22 ff.

a) Die (V 2 beschriebene) Situation macht eine Verheißung baldiger Heimkehr unmöglich; vor den Ereignissen 587/6 v. Chr. würde sie zugleich Rückkehr ins bevorstehende Gericht[45] bedeuten, von dem die Angeredeten dann noch einmal getroffen wären.

b) Der ursprüngliche Brieftext redet nur von zwei Generationen. Hat Jeremia, auch wenn er keine Frist mit Begrenzung des Exils angibt, dabei eine bestimmte Zeitdauer im Blick? Die Ergänzung (in V 6) versteht ihn wohl so, indem sie von drei Generationen spricht. Jedenfalls sehen die jetzt Lebenden, die Vertriebenen selbst, ihre Heimat nicht wieder.[46]

c) Spielt die Mahnung, „nicht weniger zu werden", nicht auf Zukunft an? Setzt die Befolgung der Aufrufe nicht überhaupt Vertrauen oder Zuversicht voraus?

d) Schon die erste – zeitgenössische – Reaktion versteht den Brief als Einschränkung von Erwartung, fügt hinzu (V 28): „Es dauert noch lange." Wieweit bedeutet diese Tonverlagerung sachlich eine Änderung?

e) Auf die Anzeige seines Briefs[47] reagiert Jeremia (V 30 ff) mit einer Unheilsansage. Dieser Brief ist kaum wie V 5–7 wortgetreu, nur indirekt (in 3.Ps.), so der Sache nach überliefert: Schemaja[48] und sein Geschlecht erhalten am künftigen Heil des Volkes keinen Anteil: Weder er noch ein Nachkomme wird – wie mit Aufnahme des Stichworts „Gutes" (24, 5; vgl. 22, 15) – nicht „das Gute sehen", d. h. das Glück erleben.[49] Schließlich bestätigt die – spätere – Symbolhandlung vom Ackerkauf[50], dass Jeremia über das Gericht im Exil hinausblicken kann.

---

[45] Insofern sind hier die aus 24, 8 ff entlehnten Drohworte gegen Jerusalem 29, 16–20 (o. Anm. 23) nicht ohne Bedeutung.

[46] Die Zukunftsansage erinnert an die Darstellung des Wüstenzuges in der etwas jüngeren Priesterschrift: Nach dem Kundschafterbericht Num 14, 26 ff darf die murrende, sich vor den Gefahren des Kulturlandes ängstigende Gemeinde fast insgesamt (mit zwei Ausnahmen) das verheißene Land nicht sehen, muss in der Wüste sterben. Erst die Kinder, also die zweite Generation, kommen in das Land. Finden sich hier – wie anderwärts in der Priesterschrift (I,53 Anm. 56) – gemeinsame Tendenzen?

[47] Vgl. zur Aufsicht des Priesters I,331, zu Zephanja Anm. 19 zu Jer 37, 3.

[48] Die vorliegende Darstellung versteht – durch redaktionelle Ergänzung (von V 31b.32b; vgl. 28, 15 f) wie schon den Priester (20, 6; I,332) – Schemaja als (falschen) Propheten (W. Thiel II, 12 f). Richtet sich sein Widerspruch nicht gegen eine Zukunftsansage (V 28)? Darin liegt die Übereinstimmung mit den (Heils-)Propheten.

[49] Der Briefempfänger, „der Jeremia maßregeln soll (V 27), verhält sich ... wohlwollend gegenüber Jeremia, ja er entlarvt seinerseits den Denunzianten, indem er dem Betroffenen diesen Brief vorliest (V 29). So wird aus der bestellten ‚Aufsicht' ... zur Maßregelung Jeremias (V 26) die persönliche Wahrnehmung der ‚Aufsicht' über den Denunzianten durch Jeremias Auftraggeber, nämlich durch Jahwe selbst (V 32)."(C. Hardmeier, Jer 29, 24–32 – „eine geradezu unüberbietbare Konfusion"?: Die Hebräische Bibel und ihre zweifache Nachgeschichte. FS R. Rendtorff, 1990, 301–317, bes. 309) Zu *pkd* (o. Anm. 21), hier mit dem Wortspiel „Aufsicht" wiedergegeben, vgl. I,239 Anm. 35; auch 253 Anm. 25.

[50] Ohne direkte Anrede (32, 15). Jeweils hat Jeremia einen schlichten Lebensvollzug im Blick. Die Gruppe wird auf das Handeln des Einzelnen oder der Familie angesprochen, damit zugleich in einen größeren Zusammenhang gestellt.

So ist die Gegenwart einerseits durch die Vergangenheit, das von Gott vollzogene Gericht, bestimmt, wird andererseits für eine neue, nicht ausgemalte, Zukunft offengehalten – nicht auch, um die Nachkommen der Verbannten für die Zukunft zu bewahren?

Das sog. Trostbüchlein für Ephraim Jer 30–31
Zweifache überschriftartige Einleitung
Jer 30, 1–3. 4
Zusammenfassende Bemerkungen zur Sammlung

1 Das Wort, das von Jahwe an Jeremia erging: 2 So spricht Jahwe, der Gott Israels: „Schreibe dir alle Worte, die ich zu dir geredet habe, in ein Buch; 3 denn, siehe Tage kommen – Spruch Jahwes –, da wende ich das Geschick[1] meines Volkes Israel und Juda, spricht Jahwe, und bringe sie in das Land zurück, das ich ihren Vätern gegeben habe, um es zu besitzen."
4 Dies sind die Worte, die Jahwe zu Israel und zu Juda geredet hat.

Die – nicht leicht durchschaubare – Sammlung der Heilsworte hat eine *zweifache* Einführung (V 1–3. 4). Sie gehört zu einem *doppelten Rahmen*: Ein *innerer* (30, 4 mit 31,[23-]26) ist umgeben von einem *äußeren* Rahmen (30, 1–3 mit 31, 27–30 und dem Wort vom neuen Bund V 31–34). Dieser erweist sich durch seinen Sprachgebrauch deutlich als redaktionelle (jerdtr) Bearbeitung[2]. Sie hat wohl eine Sammlung mit einem älteren Bestand (innerhalb von 30, 4–31, 26) vorgefunden; er bezieht sich nach der Überschrift bereits auf Nord- und Südreich.

Der Auftrag (V 2), alle Worte in ein Buch (nämlich die folgenden Kap. 30 f) zu schreiben, hat zweifach Anhalt an der Jeremia-Überlieferung: Zum einen schließt er an die gewichtige Aufforderung zur Niederschrift (36, 2) an; sie ist, obwohl zeitlich früher, innerhalb der Gesamtkomposition nachgestellt. Dort ist die Reaktion bei Verlesung (36, 16) Furcht, hier wird Heil verheißen, so im Sinne des Mottos (1, 10) die Unheilsbotschaft um Heilsworte ergänzt. Zum andern ergeht Jeremias Brief (29, 4 ff)[3], dessen Heilszusage dem „Trostbüchlein" unmittelbar vorhergeht, an die Allgemeinheit im Exil und erhält (V 26 ff) eine Reaktion. Darum ist diese Niederschrift kaum als Geheimschrift für den Propheten oder einen engen Zirkel als vielmehr für die Öffentlichkeit gedacht, „legt" die Zusage als gewiss „fest" und macht sie so später „nachprüfbar".

---

[1] Möglich auch: „die Gefangenschaft wenden" s. u.
[2] Etwa durch die einführende (jerdtr) abgewandelte Wortereignisformel; vgl. 7, 1; 11, 1; 18, 1; dazu I, 311 f. Zu dem zweifachen Rahmen vgl. S. Mowinckel, Komposition 46 f; W. Thiel II, 20 f.
[3] Vgl. 30, 2 *sfr* „Buch" mit 29, 1 *sfr* „Brief".

So lässt sich das für die Sammlung wichtige Phänomen auch sonst beobachten: Sie ist umgeben von Heilszusagen, die im Kern ein Deutewort (24, 5)
oder Jeremiaworte (29, 5–7; 32, 15) enthalten, die jeweils (24, 6 f; 29, 10 ff;
32, 16 ff) entfaltet, bereichert, erheblich ausgebaut sind. Die ausgestalteten
Heilsankündigungen stehen in einem größeren redaktionellen Zusammenhang, der sich auch in einer gemeinsamen Ausdrucksweise äußern kann.
30, 3 fasst deutend verschiedene Themen vorweg zusammen – in einer kaum
von Jeremia selbst stammenden Begrifflichkeit: „Das Geschick wenden" ist
eine in der Sammlung wie im Kontext mehrfach[4] wiederkehrende, charakteristische Wendung. Sie gibt eine Grundintention wieder, bündelt einzelne Erwartungen bzw. Geschehnisse – im Sinn einer „Wiederherstellung", umfasst
wohl die im Folgenden in verschiedenen Bildern dargestellte Erneuerung des
Volkes, zumindest als „Sein wie zuvor" (30, 20; vgl. 33, 11). Zu ihr gehören –
offenbar wichtig für die vorliegende Sammlung in ihrem Endzustand – die
Heimkehr aus der Gefangenschaft (29, 14; 30, 3)[5], die Wiederaufrichtung der
„Zelte Jakobs" (30, 18), des Landes mit seinen Städten (31, 23; 32, 44;
33, 7. 11) oder der davidischen Herrschaft (33, 26; vgl. 30, 9. 21). So scheint
die Ausdrucksweise durch ihre verschiedene Aspekte umgreifende Allgemeinheit die Zusammengehörigkeit der Erwartungen aufzuzeigen.[6] Dabei
wird die „Wende", die Wiederherstellung des Gottesvolkes, als Wirken Gottes verstanden. Erscheint nicht sogar „Umkehr"[7] als Gottes Handeln?
    Die Intention der Sammlung gibt auch die bekenntnisartige Aussage
(31, 10) wieder: „Der zerstreut hat, wird sammeln"; sie umfasst beide „Seiten" von Gottes Wirken und erkennt ebenfalls die Kehre bzw. Wende in
Gott – mit dem Heil am gewichtigen Schluss.[8]
    Die vorliegende Komposition Kap. 30 f vereint poetische und prosaische
Worte, enthält ältere wie jüngere Traditionen, ist – wie andere Sammlungen –
um Erläuterungen und Entfaltungen, vielleicht in mehreren Schichten, angereichert. Schon die Überschrift lässt zwei Stadien erkennen; ihnen geht zumindest ein Stadium voraus. Die Rückfrage nach der Entstehungsgeschichte
muss – gleichsam gegen die Leserichtung – die vorliegende Reihenfolge eher
umkehren; zunächst grob geurteilt, finden sich ältere Heilszusagen eher hin-
ten (31, 2 ff), jüngere – mit den dann aktuellen Fragen, Bedürfnissen und
Wünschen – stehen (30, 5 ff) voran. So scheint die Sammlung zumindest auch

---

[4] Jer 29, 14; 30, 3. 18; 31, 23; 32, 44; 33, 7. 11. 26 u. a.

[5] Etwa 29, 14; 30, 3 mit demselben Verb, das in anderer Form „zurückführen" (29, 10. 14; 30, 3)
meint; vgl. 30, 16 „in Gefangenschaft gehen". So kann der Ausdruck die Bedeutung „die Gefangenschaft wenden" haben (wie 29, 14; 30, 3; 48, 47; 49, 6. 39). Vgl. 33, 7; Klgl 2, 14.

[6] Vgl. HAL 1289 f; THAT II, 886 f; ThWAT VII, 958 ff. „Das Ende der Gefangenschaft, der
Verbannung, der Zerstörung des Landes, der Zionsstadt usw. können … als bestimmte Ausprä-
gungen eines in sich allgemeineren Begriffs ‚wiederherstellen' verstanden werden" (Th. Nau-
mann, Hoseas Erben: BWANT 131, 1991, 55 f, bes. 56). Vgl. auch Am 9,(11.)14 f u. a.

[7] Wie 30, 3. 18; 31, 23. Auffälligerweise kann „Umkehren" in dieser Wendung ein Objekt aufweisen (anders etwa 33, 7. 11 kausativ „umkehren lassen / zurückbringen").

[8] Solche bekenntnisartigen Sätze sind charakteristisch für das AT; vgl. 1 Sam 2, 6 u. a.

nach vorne gewachsen zu sein. Diese Ergänzungen nehmen Jeremias Heilshoffnung auf, zeigen ihre Gegenwartsbedeutung für spätere Zeit an und konkretisieren sie so. Dabei ist der Adressatenkreis der Sprüche nicht immer eindeutig abzugrenzen und zu bestimmen; hier hat die Auslegung abzuwägen.

Der alte „Kern" der Sammlung ist mit den Namen Rahel und Ephraim verbunden. Rahel „und ihre Söhne bzw. Kinder" (31, 15) sind ein Teil Israels und gehören in das Gebiet des *Nordreichs;* zudem wird eigens (Rahels Enkel) „Ephraim" (V 18. 20) genannt. Führt eine Wende in Gott zum Erbarmen, so gilt Gottes „ewige Liebe" (V 3) der „Jungfrau Israel", die Amos (5, 2) als „gefallen" beklagte. Beide Abschnitte (31, 2–5a.15–20), die zum Grundbestand zählen, entsprechen der Heilszusage, die sich bereits 3, 12 f mit der Einsicht, Gott ist „gnädig", an das Nordreich richtet. Wie dort schließt sich die Botschaft an Hosea an, auch mit der Anrede an eine weibliche Gestalt. Jeweils findet sich die für Jeremia charakteristische Stileigenart der Verbindung von Aktiv und Passiv mit demselben Verb zur Unterscheidung von Gottes Wirken und menschlichem Tun.[9] Zudem erscheint das Schuldbekenntnis (31, 19) wie eine Ausführung jenes Aufrufs 3, 13 „Nur erkenne deine Schuld!" So wird es (in 31, 15 ff) durch die Totenklage, das Schuldbekenntnis und den begründenden Hinweis auf die Wende in Gottes Innerem zugespitzt. Diese Kernworte sind aus sich verständlich, selbständig lesbar, können eine mündliche Vorgeschichte haben und gehen wohl auf Jeremia selbst zurück.[10] V 2 setzt bei der Frühzeit ein; die ausgesprochene Schuldeinsicht (V 18 f) führt auch über V 2–5a hinaus. Bilden beide Worte nicht ein Paar?

Demnach gibt der hintere Teil der Sammlung Anhalt für die – durch die (jüngere) Zusage „Ich will sie trösten" (31, 13) angeregte – traditionelle Namengebung: „Trostbüchlein für Ephraim".

„Jakob"[11] kann zwar das Nordreich meinen[12], verkörpert aber eher Israel insgesamt.[13] So wird hier vermutlich ein weiterer Kreis genannt: „seine Söhne" (30, 20) bilden wohl die zwölf Söhne, das Gesamtvolk. Zu ihm gehört der Süden zumindest mit.[14] Der Name „Jakob" begegnet schon im kritischen Wortspiel (9, 3), verbindet sich – ebenfalls in Hoseas Nachfolge, der Jakobs Verhalten als typisch darstellen kann – für Jeremia mit Betrug.[15] So

---

[9] Jer 31, 4. 18; vgl. zu 31, 4 (Anm. 11).

[10] Gehören sie noch der Zeit Josias an, in der ein Teil des Nordreichs in den Einflussbereich Judas fiel? Vgl. I,2. 23 f.80 f (mit Lit. S. 80 Anm. 77); dazu W. Rudolph 188 f.

[11] „Jakob" (30, 7. 18; auch 30, 10; 31, 7. 11; in den Völkersprüchen 46, 27 f) begegnet selbständig in 10, 16=51, 19; im verdoppelten Höraufruf „Haus Jakobs" 2, 4; parallel zu Juda: 5, 20 (dazu I,151 Anm. 68), auch in einem Einschub 10, 25.

[12] Wie Am 7, 2. 5; Jes 9, 7.

[13] Mit der Namengebung „Israel" Gen 32, 28 f (dazu 35, 10) und den Söhnen; vgl. Gen 29, 31 ff; 35, 16 ff.

[14] H.J. Zobel (Jakob: ThWAT III, 752–776, bes. 771) urteilt gar: Jakob „bei Jer (10, 25; 30, 7. 10; 31, 11; 46, 27. 28) meint das Volk Juda".

[15] Vgl. I,206 mit Anm. 17. Noch der Exilsprophet (Jes 43, 27) erinnert an die Sünde des Ahnherrn. Ist der Name Jakob in Heilsbedeutung den Zusagen Deuterojesajas entnommen? Bei ihm

wirkt die Heilsansage mit diesem Namen überraschend, wie ein Umschlag –
von Schuld bzw. Anklage zu Heil. Schärfer ausgedrückt, hat man beides zusammenzusehen: Im Ahnherrn „Jakob" zeigt sich trotz seiner Schuld – so
unverdient – die Verbundenheit Gottes mit dem Volk.[16]

Der schwierige Sachverhalt lässt sich wohl so erklären: Frühe Worte gelten
eindeutig dem Nordreich; an dieses richtet sich die ursprüngliche Intention.
Liegen sie nur als *Einzelworte* oder als Wortpaar – eventuell in mündlicher
Gestalt – vor? Sollten sie bereits einen zusammenhängenden Grundbestand
bilden, so wäre er allerdings ohne eigene, nämlich nur auf das Nordreich bezogene Überschrift erhalten. Möglicherweise wurden Worte an das Nordreich ein Stück weit selbständig überliefert. So könnte sich erklären, dass eine
Verheißung (3, 12 f) dort in den Zusammenhang eingeschoben[17] wurde.
Rückblickend betrachtet, wirkt jener Zuspruch wie ein Vorverweis; umgekehrt erscheinen 31, 2 f.15 ff, vielleicht ein Wortpaar, wie eine Ausführung. In
Kap. 3 ist die Heilserwartung ebenfalls durch die folgende Anreicherung auf
das Südreich bezogen.

Die *Sammlung* bezieht in der vorliegenden Fassung bereits das Südreich
ein, ergeht an die Gesamtheit.[18] Schon die ältere, vermutlich ursprüngliche
Überschrift (30. 4) schließt bereits Nord- und Südreich gemeinsam ein. Außerdem kann Jeremias Verkündigung Nord- und Südreich verbinden[19], und
Nordreich-Tradition kann auf das Südreich gedeutet werden.[20] Möglich ist
auch, Israel als künftiges Gesamtvolk zu verstehen.

Gerade die ähnlich aufgebauten Worte zu Anfang der Sammlung sind nicht
leicht zu beurteilen. Die Notschilderungen 30, 5–6. 12–14(.15) sind eng mit
der Jeremiatradition verbunden. Vermutlich liegen Jeremiaworte vor, die –
durch Umkehrung von Unheils- in Heilsansagen – nachträglich erweitert
wurden.[21] Dabei enthalten diese Worte eine Verschärfung, wie sie ähnlich
schon Kap. 8 f begegnet. Zudem bilden 30, 5 ff.12 ff, jeweils ein Grundbestand mit dem Umschwung zum Heil, zumindest in der vorliegenden Form
ein Wortpaar.

---

begegnet der Name durchweg im Parallelismus „Jakob / Israel" (40, 27 u. a.), so dass hier eine
Vorform vorliegen könnte.

[16] „Wie Jakob einerseits als negative Beispielfigur dem Volk vor Augen gehalten und in seinem
Versagen angesprochen werden kann, so ist doch andererseits der Erzvater, einstmals von Gott
erwählt und mit großen Segensverheißungen bedacht," Inbegriff des Gottesvolkes. In Jakob
„zeichnet sich die Erwählung Israels schon im voraus ab" (H.J. Zobel [s.o.] 273).

[17] Vgl. I,101(ff). Auch Worte wie 7, 21 scheinen sich selbständig erhalten zu haben.

[18] Vollzieht sich diese Erweiterung auf die Ganzheit bei der Niederschrift, etwa im Exil?

[19] Vgl. 5, 11. 15. 20; bes. 23, 13 f; auch 9, 3.

[20] Vgl. den Kleinen Exkurs I,80 f.

[21] Sollte die Redaktion V 5 f.12–14 (.15), die jeweils die Einheit einleiten, in enger Anlehnung an
Jeremias Verkündigung selbst gestaltet haben, halten sich *diese* Nachahmungen so dicht an Jeremia, seine Sprache und seinen Duktus, dass sie von seiner Verkündigung nicht mehr – eindeutig,
allgemein einsichtig – unterscheidbar sind.

Deutlich Ergänzungen sind einerseits Prosasätze[22], andererseits Worte[23], die in Form, Sprache und Intention der Heilsbotschaft des Exilspropheten Deuterojesaja nahe stehen.

So haben einige Worte engere Berührungen mit der älteren Schicht in Kap. 2–9, andere zu jüngeren Partien dort.[24] Hat die Sammlung – strecken-weise – ein vergleichbares Wachstum erlebt? Bei ihrer Bildung und Ausgestal-tung sind grob drei Tendenzen erkennbar:

a) Heilsansagen an das Nordreich werden auf Juda bzw. das Volk *insgesamt* ausgeweitet; es kann im Erzvater Jakob verkörpert erscheinen, dessen Name sich gegenüber der harten Kritik (9, 3) in einen Heilsnamen verwandelt. Diese Erweiterung des Adressatenkreises richtet sich insofern nicht gegen die Intention der alten Überlieferung, als sie bereits eine Heilszusage an den Sü-den in anderem Zusammenhang (24, 5; 29, 5–7; auch 32, 15) kennt.[25] Diese Weite kann sich in der Bundesformel (30, 22; 31, 1) aussprechen. Ähnlich er-geht die Zusage, zu dem der Brief an die Exulanten (29, 6) aufruft: „nicht we-niger zu werden", an alle (30, 19).

b) Setzt die Überlieferung (nach 2, 2 f ab 2, 5 ff) schon mit Umwandlung der Heilstradition in Anklage ein, so werden in Ergänzungen mehrfach Jere-mias Unheilsankündigungen in Heilszusagen – für die Gesamtheit – *umge-kehrt*.

c) Die Heilshoffnung wird thematisch entfaltet; die Zusagen sind *erweitert* mit Verheißungen, etwa auf Rückkehr[26] und Wiederherstellung im Land. – Die wiederkehrende Anrede an ein weibliches „Du"[27], die sich schon im Kern der Überlieferung mit der Wendung an das Nordreich[28] findet, wird in Ergän-zungen weitergeführt. Sie hat zwei mögliche Adressaten: das Volk oder die Stadt Jerusalem, auch beide zugleich. Einige Worte sind explizit auf den Zion[29] ausgerichtet; David wird eigens Thema (30, 8 f).

Innerhalb der allmählich gewachsenen Sammlung bietet sich die *Botenfor-mel* „So spricht Jahwe"[30] als Gliederung[31] an. Grenzt sie eine Art Strophe, vorsichtiger: einen größeren Abschnitt jeweils mit Unterabschnitten ab? Mehrfach wird der einführende Text im Laufe der Zeit anschließend entfaltet

---

[22] Wie 30, 8 f; 31, 23–25. 26. 35–37. 38–40.

[23] Wie 30, 10 f; 31, 7 ff. Der Exilsprophet kann, Trost zusprechend, die Angeredeten „Jakob" nennen, aber durchweg (wie 40, 27) im Parallelismus zu „Israel", gelegentlich auch allein – wie in „König Jakobs" (41, 21).

[24] Vgl. 5, 18; 10, 24 mit 30, 11.

[25] Vgl. I, 24 f. Kehrt etwa in 29, 5–7 nicht bereits Jeremia selbst Unheils- in Heilsansage?

[26] Vgl. unten zu 31, 16 f (mit S. 135).

[27] Jer 30, 12–17; 31, 4 f.21 f.

[28] Entsprechend 3, 12 f; aber auch 2, 19 ff.33. Die 2.Ps. fem. bildet kein eindeutiges Kriterium für eine Interpretationsschicht, eine jüngere Erweiterung.

[29] Jer 31, 6. 12; allerdings in V 17 wohl Zusatz.

[30] Jer 30, 5. 12. 18; 31, 2. 7. 15. 23.

[31] Die Auslegung kann sie weithin aufnehmen (30, 5–11. 12–17. 18–31, 1; 31, 2–14. 15–22). In 31, 7 eröffnet die Botenformel wohl eine jüngere Entfaltung von V 2–6.

oder erläutert[32]; von den Einleitungssätzen wirken die folgenden Absätze zumindest teilweise abhängig. Manchmal findet sich die Botenformel an auffälliger Stelle, so schon 30, 5 statt vor einer Gottesrede vor einem bitteren Zitat
oder 31, 15 vor der Klage statt erst vor der Antwort (V 16). Die Formel hat
zwar Anhalt an der Überlieferung[33], ist in der vorliegenden Anordnung aber
eher nachträglich ausgebaut, im Wachstumsprozeß hier und da hinzugekommen und scheint – zumindest gelegentlich – eine andere Aufgabe zu haben:
Deutet sich in der Abfolge ein Zusammenhang an? Bilden Kap. 30 f eine prophetische Liturgie?

Schreckenszeit und Errettung
Jer 30, 5–7. 8–9. 10–11

5 Ja, so spricht Jahwe:
„Angstgeschrei[1] haben wir gehört,
Schrecken und kein Heil."
6 Fragt doch und seht,
ob ein Mann gebären kann![2]
Warum sehe ich jeden Mann
mit seinen Händen auf den Hüften
wie eine Gebärende,
und haben sich alle Gesichter zur Blässe gewandelt?
7 Wehe[3], denn groß ist jener Tag – keiner ist ihm gleich!
Eine Zeit der Not nämlich ist es für Jakob.
Er aber wird aus ihr gerettet.

Eine lebhafte Schilderung mit krassen Bildern, Gegensätzen und tiefem Umbruch leitet die Sammlung ein:

V 5–7a Nach Botenformel
Beschreibung der Not – als Ausgang und dann Wendepunkt; vgl. 6, 24 ff

---

[32] Beispielsweise erscheinen in 30, 5–11 die V 8 f.10 f wie eine Auslegung von V 5 f.7. Analog ist
die Beziehung 30, 12–15 und V 16 f; auch in 31, 2 ff (o. Anm. 31).
[33] Vgl. etwa 30, 12.
[1] Wörtlich: „Laut des Erschreckens". Der Einsatz V 5 mit Botenformel „Horch / Stimme" und
folgender Klage entspricht 31, 15.
[2] Die LXX (37, 6) fügt, wohl auf Grund einer Doppellesung von V 6b, kaum verständlich
hinzu: „wegen der Furcht, in der sie Hüfte und Heil festhalten werden".
[3] „Wehe" wird (von W. Rudolph u. a.) mit geringer Änderung des Konsonantentextes zu V 6
gezogen: „sind (blass) geworden". Allerdings nimmt „Wehe" die Darstellung ausweploser Not
V 5 f auf, um sie auf „jenen Tag" zu beziehen und eine Wandlung anzusagen. Schon Am 5, 18 ist
„Wehe" mit dem „Tag Jahwes" verbunden.

V 5 Zitat: Äußerung der bedrängten (noch unbestimmten) „Wir"-Gruppe
     Klage über die in der Vergangenheit begonnene, noch andauernde Not
V 6a Aufforderung zur Selbst-Wahrnehmung und rhetorische Frage
V 6b Warum-Frage nach dem Grund
Die Darstellung des Schreckens (V 5 f) bezogen auf „jenen Tag":
V 7a Unvergleichlicher „Tag" der Drangsal und seine Bedeutung für *Jakob*
V 7b Knappe Heilszusage (in 3.Ps.): Rettung in der Bedrängnis
Zwei *Ergänzungen* zur Entfaltung der Heilserwartung:
V 8 f.Wechsel der Herrschaft
V 10 f Gotteswort: Heilsorakel (in 2. Ps.)
     Unterscheidung im Gericht an Bedrängern und Bedrängten

Angstvoller Schrecken wird – wie oft bei Jeremia bildkräftig – ausgemalt. Das
Wort (V 5 f) ist dreigliedrig; jeweils geht es um eigene Erfahrung: a) Das Zitat
bezieht sich auf eine „Wir"-Gruppe, die als Betroffene Jeremias Einsicht aufnimmt. Das Thema „Heil / Friede" bewegt die Überlieferung von Anfang an:
Das Unheil, das einst Verfolger traf (2, 3), kehrt sich gegen Israel; ausdrücklich kann Jeremia bestätigen: „kein Heil"[4]. In Verkennung der Situation künden Propheten an: „Es wird kein Unheil kommen!" (5, 12) oder sagen die
Rücknahme von geschehenem Unglück (28, 2–4) an. Hier (V 5) wird das Unheil, das die sog. Heilspropheten zu meiden hoffen oder bestreiten, vorausgesetzt; so liegt ein Echo auf Jeremias Botschaft vor.[5] Es scheint Reaktion
auf unmittelbar eintretendes oder eingetretenes Unheil zu sein. So nimmt
die Sammlung schon zu Beginn die grundlegende Einsicht auf: „kein Heil".
Die Audition („hören") wird mit visionären Elementen („sehen") ausgemalt.
b) Das Mahnwort mit Frage V 6a ruft – in einer für Jeremia charakteristischen
Redeform[6] – zur Selbst-Erfahrung auf; sie kann Jeremias Urteil stützen, das
ja der Situation entspricht. Hat die Frage einen ironischen Unterton? Sie erscheint abwegig, verweist absichtlich auf Unwirkliches, um durch die Paradoxie bildhaft-anstößig zu sein, so Aufmerksamkeit zu erregen. c) Schließlich folgt, durch „Warum" eingeleitet (V 6b), Jeremias eigene Erfahrung.[7] Die
Wahrnehmung, zu der er die Gruppe auffordert, bestätigt er selbst. Er bedient sich gerne, etwa „*wie* ein Betrunkener" (23, 9), anschaulicher Verglei-
che. „*Wie* eine Gebärende", sprichwörtlich für kaum erträgliche Schmerzen[8], knüpft an jene Paradoxie an und wird hier durch den inneren
Widerspruch ausgestaltet: Nicht-Gebärende führen sich auf wie Gebärende;

---

[4] Jer 6, 14 bzw. 8, 11; vgl. 16, 5; auch 14, 19; 38, 4 u.a.; zum Stichwort I,21 f.25; zum Zitat
I,89 f.336 f.
[5] Wie etwa 20, 10; vgl. I,336 mit Anm. 29.
[6] Vgl. etwa 2, 10; 5, 1; 18, 13; I,15 (Anm. 98).141. 319.
[7] Ähnlich schließt sich der Aufforderung „Seht!" das prophetische „Ich" 5, 1. 4 f zur Bestätigung an. Vgl. auch 46, 3 ff.
[8] Das Bild von Geburtswehen findet sich 6, 24; in wechselnder Sprachform 4, 31; 13, 21; 22, 23
u.a. (dazu I,138 mit Anm. 88). Stichworte finden sich auch 20, 15; vgl. noch die auffällig drasti-
sche Beschreibung männlichen Verhaltens 5, 7 f.

auffällig ist ihr *Verhalten*.[9] Zudem zeigen sich körperliche Folgen des Schreckens: Allgemein „verwandelt sich" jedes Gesicht, wird fahl.[10]

Das Wort knüpft an Aussagen in Kap. 6 an[11], verschärft aber, sodass über eine Nachahmung hinaus eine Eigenart erkennbar wird: „Kein Heil" ist keine Androhung mehr, sondern Feststellung eines Sachverhalts. Die Beschreibung „wie Gebärende" wird ausgestaltet, und die Reaktion zeigt sich über die „Hände" (6, 24) hinaus in den „Gesichtern". – Wegen der Nähe zu Worten aus Kap. 6 sind V 5 f in ihren Motiven eher im Südreich beheimatet, im vorliegenden Zusammenhang zugleich auf das Nordreich bezogen, das von den Auswirkungen des Geschehens mitbetroffen ist: Jakob (V 7) ist der Vater aller 12 Söhne bzw. Ahnherr.[12] Die Zusammenschau beider Reiche stimmt mit der älteren Überschrift (V 4) überein.

Die Notschilderungen V 5 f sowie V 12–14, die wohl von Jeremia[13] stammen, beschreiben eine fortgeschrittene Situation, ähnlich der in Kap. 8 f zugespitzten Verkündigung, in der sich Unheil abzeichnet. Es ist nicht nur Erwartung, auch nicht nur Erinnerung, dauert vielmehr in der Gegenwart noch an. In Thematik und Aufbau mit dem Umschwung ähneln sich die Einheiten V 5–6. 7 ff und V 12–15. 16 f; als parallel laufende Stränge erscheinen sie wie ein Wortpaar. In beiden Fällen sind umstrittene Heilsworte ergänzt. So gewinnen V 5 f eine andere Nuance; sie werden zur Voraussetzung oder Situationsbeschreibung für das Schlusswort mit dem Ziel: Jakob wird „Hilfe"[14] verheißen, nicht Bewahrung vor der Not, vielmehr Rettung in und aus der Not. Das Bekenntnis der Volksklage „Sein Helfer in der Zeit der Not" (14, 8) wird hier in eine Zusage verwandelt und entfaltet.[15] Wie bei der sog. messianischen Weissagung 23, 5 f ist in der passivischen Wendung „Juda wird geholfen" Gottes Wirken verborgen. Insofern ist sachlich Jeremias Verkündigung „Heil im Gericht" in Gottes freier Zuwendung (31, 3 f. 20 f) nicht fern.

Sowohl für die Zeitangabe „Tag"[16] wie für die Unvergleichlichkeitsaussage[17] gibt es Ansätze bei Jeremia, allerdings nicht für die Erwartung des „Tages Jah-

---

[9] Das Bildwort 31, 22b könnte im Gegensatz zu V 6 gebildet sein (jeweils auch *gbr* „Mann").

[10] Vgl. Joel 2, 6; Jes 13, 8.

[11] Auch 6, 24 (mit entsprechenden Formulierungen „wir hörten", „Hände" und dem Vergleich) steht in einem Zusammenhang mit anderen Worten, so dass auch Berührungen mit 30, 5 f bestehen: etwa mit 4, 31 durch „Stimme", „hören" und den ähnlichen Vergleich.

[12] Vgl. V 18; dazu o. zu Jer 30 f.

[13] Vgl. einleitend zu Kap 30 f.

[14] Vgl. den Hilferuf 2, 27; die Bitte 17, 14; außer 23, 6 auch 4, 14; 8, 20; 14, 8. Spricht die andere Struktur nicht eher für eine spätere Erläuterung von V 7?

[15] Die Möglichkeit der Rettung am Tag Jahwes bezeugen auch Obd 17; Joel 3, 5; Sach 14, 2. Nehmen sie die Jeremiatradition auf? Vgl. noch Jes 33, 2.
Auch in Vorstufen durch DtJes (54, 8; 42, 18; 43, 7)?

[16] Zumal in den Konfessionen 12, 3; 17, 16 f; 18, 17; auch 46, 10. 21; 47, 4; „Zeit" 15, 11; vgl. 18, 23.

[17] Vgl. 2, 10; 18, 13; dazu I, 78 Anm. 69. Vgl. auch 5, 9 u. a. Die Unvergleichbarkeit des „Tages": Joel 2, 2 f. Die Plagenerzählungen arbeiten in der Darstellung mehr und mehr die Unvergleichlichkeit des Geschehens heraus (Ex 9, 18. 24; 10, 6. 14; vgl. 11, 6). V 7 will „das vorher geschilderte Unheil zusammenfassend qualifizieren" (N. Kilpp, Niederreißen 110).

wes"[18], auf den mit „jener Tag" – zwar nicht explizit, aber dem Thema nach – hingewiesen wird und sich hier mit der Hoffnung auf Rettung verbindet. Ist er nicht nur in Not und Schrecken unvergleichbar (vgl. V 12 „unheilbar"), sondern auch durch diesen Umbruch? Wird die Bedrängnis noch erlebt, so steht die Rettung aus. Gegenwart und Not, Zukunft und Heil stehen sich gegenüber. Die Struktur erscheint analog (Jes 9, 1) der Zusage: „Das Volk, das im Finstern wandelt, sieht ein großes Licht."

V 5–7 führen wohl mit Absicht die Sammlung ein. Nach Kennzeichnung der harten Situation kündet V 7 die Wende an, deutet den Umschwung allerdings nur verhalten an. Im vorliegenden Aufbau am Anfang der Sammlung lassen sich V 5–7 als Zusammenfassung der Rettung aus der Not verstehen, die im Folgenden erläutert wird.[19]

Jer 30, 8 f.

8 Denn an jenem Tag wird es geschehen – Spruch Jahwe Zebaoths – zerbreche ich sein Joch von deinem Nacken und zerreiße deine Stricke, und Fremde sollen ihn nicht mehr dienstbar machen. 9 Dann werden sie dienen Jahwe, ihrem Gott, und David, ihrem König, den ich ihnen aufstehen lasse.

V 8 Bild und Sache: Bruch des Jochs und Ende des „Dienstes"
in der Fremdherrschaft
V 9 Stattdessen „Dienst" für Jahwe und David

Was bedeutet „Rettung" an dem unvergleichlichen „Tag" (V 7)? Die prosaische Ergänzung (V 8 f), die sich mit der Angabe „an jenem Tag"[20] anschließt, kündet erläuternd oder entfaltend den Wechsel der „Dienstbarkeit" an. Dabei enthält das Jahwewort in Gottes Ich-Rede eine doppelte, zweigliedrige Zusage:
a) Befreiung von dem Joch der Knechtschaft, der Abhängigkeit von fremder[21] politischer Macht. Hier ist der Zusammenhang mit dem prophetisch-symbolischen Jochtragen, das nach Gottes Willen die Unterwerfung unter Babel (27, 11) fordert, gegeben.[22] Nimmt Gott entsprechend der Anspielung

---

[18] Er ist zuerst Am 5, 18 ff bezeugt, mit der Umkehrung von Licht in Finsternis verbunden, dann Jes 2, 10 ff u. a. Der Tag ist „groß": Zeph 1, 14; Mal 3, 23. Klingt Jer 30 bei Joel (2, 2. 6. 11) nach?

[19] Die Heilsansage ist „so allgemein gehalten, daß sie von Haus aus auf weitere Entfaltung hin angelegt ist" (G. Wanke 271).

[20] Die Einführung „es wird geschehen an jenem Tage" ist eine nicht seltene redaktionelle Formel; vgl. nur 4, 9.

[21] „Fremde" meinen hier nicht (wie 2, 25; 3, 13) Götter bzw. Baale, sondern die feindliche, zerstörerische Großmacht (Jes 1, 7; Jer 51, 51 u. a.). Beide Aspekte können sich verbinden; vgl. 5, 19.

[22] Vgl. zu Kap. 27 f mit 30, 8 o. S. 94. Die Verbindung „an jenem Tag" und „sein Joch" findet sich auch Jes 10, 27 (im Anschluss an 9, 3), allerdings mit anderem Verb und ohne Gottes Ich-Rede. Sollte trotzdem die dort auf die Assyrer bezogene Aussage hier Einfluss genommen haben und im auffälligen Personenwechsel nachklingen? Vgl. zum Bild auch Gen 27, 40; Nah 1, 13; Ps 2, 3 u. a.

das Joch, das er auferlegte, „vom Hals" (wie 28, 11) weg? Allerdings ist die Ankündigung hier kaum zufällig allgemein, scheint so eine die einzelne Situation übersteigende Bedeutung zu haben. Ist nicht auch die Grunderfahrung des Wegs aus der Fron mit der Rettung am Meer (Ex 14 f) ein Akt der Befreiung? – Zugleich kann die Verheißung an zwei Bildworte der sog. Frühzeitverkündigung anknüpfen: Das „Zerbrechen" des „Jochs" einschließlich der „Stricke" begegnet als Auflehnung gegen Gott schon zuvor[23]; so bedeutet der Herrschaftswechsel auch hier eine Umkehrung. Außerdem kann der (2, 14) in der Frage „Ist denn Israel ein Sklave / Diener?" beschriebene Zustand im Blick sein, dessen Aufhebung erwartet wird.

b) Die eine Herrschaft wird beendet; errichtet wird eine Herrschaft anderer Art: statt für die „Fremden" Dienst für Jahwe, „ihren Gott". Die Ausrichtung ändert sich; dabei wird die Zugehörigkeit („ihr") betont. Die Verbindung „Jahwe, ihr Gott, und David, ihr König" begegnet entsprechend in jüngeren Erweiterungen.[24] Können die Hoffnung auf Gott und den künftigen König je selbständig erscheinen, so sind sie hier vereint wie eigentlich schon nach der – in der ursprünglichen Verbindung mit Jeremia unsicheren – sog. messianischen Weissagung (23, 5 f); David bleibt Objekt von Gottes Wirken: Er „lässt" den erwarteten König „erstehen".[25] So hängen beide Texte, wenn nicht redaktionell, durch eine entsprechende theologische Intention zusammen.

Handelt es sich um einen Traum von der Restauration der Davidmonarchie? Erwartet wird allerdings nicht ein Davidide, ein „Spross" bzw. Nachkomme Davids (wie 23, 5 f), sondern gleichsam David selbst – vorsichtiger: jemand wie er.[26] – Das Ende der Bedrückung mit dem Übergang in die Heilszeit gilt als Wirken Gottes; der „Dienst", die Verehrung Gottes äußert sich nach V 10 in Furchtlosigkeit.

Jer 30, 10 f.

10 Du aber, fürchte dich nicht, mein Knecht Jakob – Spruch Jahwes –
und erschrick nicht, Israel;
denn siehe, ich helfe dir aus der Ferne
und deiner Nachkommenschaft aus dem Land ihrer Gefangenschaft,

---

[23] Vgl. 2, 20; 5, 5; dazu I, 85.

[24] Die Botschaft des Nordreichpropheten Hosea (3, 5) wird um Erwartungen für das Südreich bzw. Jerusalem ergänzt; es handelt sich jeweils um ein – kaum in zwei Phasen entstandenes, sondern in beiden Teilen zusammengehöriges – Zeugnis judäischer Eschatologie. Ähnlich lautet die Hoffnung Ez 34, 23 f; auch 37, 24 f. Zumal der Einschub Hos 3, 5 und Jer 30, 8 f hängen zusammen: Wird dort ein „Suchen" angekündigt, so wirkt die Zukunftsansage hier wie eine Bestätigung oder Zusicherung. Innerhalb der Sammlung kommt der Aufruf zur Wallfahrt zum Zion zu „Jahwe, unserem Gott" (31, 6) nahe.

[25] In Ich-Rede wie 23, 5; Ez 34, 23; Dtn 18, (15.)18.

[26] Mit anderem Bild, dem Rückgriff auf den Vater Davids, findet sich diese Vorstellung Jes 11, 1; Mi 5, 1.

und Jakob wird wieder Ruhe haben
und sorglos sein, und niemand wird sein, der (ihn) aufschreckt;
11 denn ich bin mit dir – Spruch Jahwes –, um dich zu erretten.
Ich werde den Garaus machen allen Völkern,
unter die ich dich zerstreut habe,
aber dir werde ich nicht den Garaus machen;
ich werde dich nach Billigkeit[27] züchtigen,
doch gänzlich ungestraft lassen werde ich dich nicht.[28]

Mit der Einführung „Spruch Gottes" vor der (V 12) folgenden Botenformel
bilden V 10 f strukturell zwar eine eigene Einheit, stehen aber in einem erkennbaren Zusammenhang. Die knappe Verheißung der „Rettung" (V 7b)
wird durch den Zuspruch des „Retters / Helfers" (V 10) näher bestimmt und
erläutert.[29] Die Aufforderung, „nicht zu erschrecken" mit der Verheißung
„niemand schreckt (mehr) auf" tritt dem „Erschrecken" (V 5) in der eingangs
geschilderten angstvollen Notsituation entgegen. Zugleich schließt der Eh-
rentitel „Diener / Knecht" an das Stichwort „dienen" (V 9) an. Nach V 8 f, die
kaum später eingefügt wurden, legen V 10 f die Zusage V 7b aus: Rettung ja,
allerdings nicht ohne Strafe. Insofern blickt der Schluss auf die Notschilderung V 5 f zurück; der Gerichtstag mit Rettung (V 7) wird entfaltet als Rettung mit eingeschränktem Gericht. Darum gehören V 10 f, die weitgehend
wörtlich mit 46, 27 f übereinstimmen und in der LXX fehlen, sprachlich wie
inhaltlich eher in diesen Kontext.[30]

V 10 f Heilsorakel: Zuspruch im Gotteswort mit Anrede an das Volk
V 10 Anrede „und nun / du"
„Fürchte dich nicht!" mit Begründung („denn")
　　Heilsankündigung „Siehe ich …" Gottes Eingreifen
　　(mit Konkretisierung als Folge:)
　　Heimkehr aus der Gefangenschaft
Leben im eigenen Land in Ruhe und Sicherheit; vgl. Jes 41, 8–13

---

[27] Vgl. Johnson, ThWAT V,106.

[28] Mit dieser Wendung wird die Strafe für Schuld „nie inhaltlich beschrieben" (G. Warmuth,
ThWAT V,595). Vgl. Ex 34, 7 u. a.

[29] Vgl. als Gegensatz 7, 33; als Zusage ungestörten Friedens Lev 26, 6; Jes 2, 4; Mi 4, 4; Ez 34, 25
u. a. Auch der Name „Jakob" (vgl. einleitend zu Jer 30 f, S. 107 f) wird aufgenommen.

[30] In der LXX ist die Reihenfolge gegenüber dem hebräischen Text umgekehrt: Kap. 30 MT ist
in der LXX Kap. 37 erhalten; dagegen ist 46, 27 f MT in 26, 27 f LXX bezeugt. D. h., innerhalb
der LXX fehlt der zweite Beleg. „Dieser Tatbestand erklärt sich am einfachsten durch die Annahme, daß in der Septuaginta … die Doppelung durch Weglassen des aus ihrer Sicht zweiten
Exemplars vermieden" wurde (G. Wanke 273 Anm. 511). Darum lässt sich auch nicht ausreichend begründen, dass die LXX das ältere Vorkommen wiedergibt. 46, 27 f fügen sich thematisch weniger
in den Rahmen der Völkersprüche. Vor allem spricht „die enge Vernetzung" mit dem Kontext dafür, dass V 10 f zunächst hier ihren Ort haben, 46, 27 f diesen Text „aufgenommen" und dort den
„Zwecken entsprechend abgewandelt" hat (K. Schmid, Buchgestalten 165 Anm. 543). V 11 ist
dort ausführlicher; der Aufruf zur Furchtlosigkeit wird wiederholt. Außerdem findet sich in
31, 7–9 nochmals eine Deuterojesaja oder seinem Kreis nahestehende Form.

V 11 Weitere Begründung: Zusage des Mit-Seins „Ich werde dich bewahren"
       Gericht an Exilsvölkern: Vernichtung
       Gericht an Israel ermäßigt: Züchtigung. So mit Bewahrung verbunden.

Das Wort setzt „Gefangenschaft", d. h. Deportation, voraus: „Jakob" ist in
der Zerstreuung unter den Völkern[31], denen Gericht angesagt wird. In der
Verheißung ist wohl Juda / Jerusalem mit dem Norden zusammengeschlos-
sen. Aufbau und Ausdrucksweise stehen dem Exilspropheten Deuterojesaja,
für den die Form des priesterlichen Heilsorakels charakteristisch ist, nahe (in
der Anrede an das Volk: „Fürchte dich nicht!", „mein Knecht Jakob" parallel
zu „Israel"; „Retter / Helfer")[32]. Die Sprache ist aber (zumal V 11) mit der Jeremiatradition verwoben. So scheint die durch die Frage (23, 23) als strittig
bekundete Einsicht aufgegriffen zu werden: „nicht (auch) ein Gott aus der
Ferne?", um den Zuspruch des Retters eben „aus der Ferne"[33] zu bezeugen.
Zur Rettung und Heimkehr[34] gehört als Gabe Gottes auch die Ruhe[35]: ein
Zustand der Sicherheit im eigenen Land, um nicht mehr bedroht, sorglos-
ungestört zu leben.
       V 11 bedenkt eine Spannung der Überlieferung: Wie verhalten sich harte
Strafankündigungen für Schuld und Heilszusagen zueinander? Jeremia selbst
kündet Heil in oder nach dem Gericht an.[36] Hier wird auf andere Weise ein
Ausgleich gesucht: Gericht ja, aber eingeschränkt, nicht gänzliche Vernichtung. Innerhalb der Sammlung kann die Selbstaussage 31, 18 einen Anstoß zu
solchen Folgerungen geben: „Du hast mich gezüchtigt"[37] ist die Einsicht nach
erfahrenem Gericht, das von den Betroffenen als Strafe anerkannt wird; sie
sind nicht verschont, aber Überlebende oder deren Nachkommen. In der
vorliegenden Überlieferung, der Endgestalt des Jeremiabuchs, ist die Begrenzung des Gerichts jedoch ein wiederkehrendes Thema: V 11 stimmt mit der
Zusage 5, 18 überein und schließt sich zugleich an die Bitte „Züchtige nach
rechtem Maß / Billigkeit!" mit der Wendung gegen die Bedrücker (10, 24 f)
an; V 11 scheint zu bestätigen, was dort gewünscht wird.[38] Das Unheil ist für

---

[31] Vgl. Jer 9, 15; ähnlich 8, 3; 16, 15; auch Dtn 4, 27 u. a.

[32] Vgl. Jes 41, 10; 43, 3; 44, 1 f; 45, 4 u. a. vgl. I, 283 mit Anm. 138. Die Sprache ist hier 31, 7 ff
verwandt, aber nicht identisch; neben Gemeinsamkeiten finden sich Besonderheiten. Es gibt zugleich Berührungen mit 1, 8(.17); 15, 20.

[33] Vgl. die Erscheinung „aus der Ferne" 31, 3; auch 51, 50; als Gegensatz auf das Feindvolk bezogen: 4, 16; 5, 15 (I, 124 Anm. 137); außerdem bei dem Exilspropheten Jes 43, 6; 49, 12; auch
60, 4. 9.

[34] Vgl. u. zu 31, 16 f.

[35] Das Verb bezeichnet „den Zustand des inneren und äußeren Friedens ..., der *nach* dem Ende
von Kriegshandlungen eintritt" (E. Bons, ThWAT VIII, 450). Vgl. auch Sach 1, 11.

[36] Vgl. zusammenfassend I, 20 ff sowie die Auslegung zu Kap. 24 (V 5); 29 (V 5–7) oder 32
(V 15); auch zu 31, 2 ff. 15 ff.

[37] „Züchtigen" ist wohl von dort (31, 18) übernommen; vgl. auch 30, 14 (dort Anm. 16). Anders zum Thema äußert sich 44, 11; demgegenüber Jes 48, 9.

[38] Für die Verfolger vgl. schon 2, 3; insofern kehrt V 11 nochmals die Umkehrung von V 5 um.
Vgl. Jes 41, 11. – Nach dem Deutewort der Symbolhandlung 27, 11 sagt Jeremia allgemein dem
Volk, das sich Babylon unterwirft, Überleben zu.

die Verfolgten kein „Garaus"; in der Verneinung bzw. Bestreitung der Vernichtung, d. h. wohl zugleich durch Bewahrung in der (andauernden) Situation der Exilierten oder der Diaspora, versteckt sich Gottes Heilswillen. Die
mit 5, 18 gemeinsam als Absicht ausdrücklich getroffene Aussage bildet wohl
den Ausgang für die Auswirkungen im Jeremiabuch mit entsprechenden Änderungen oder Korrekturen in anderen Texten.[39] So enthält V 11 eine für die
Endgestalt des Buches nicht unbedeutende Aussage.

Heillosigkeit und Heil
Jer 30, 12–15. 16–17

12 Ja, so spricht Jahwe:
„Heillos ist dein Bruch,
unheilbar dein Schlag.
13 Es gibt nicht – jemanden, der deine Rechtssache führt[1] –
für das Geschwür eine Heilung,
eine heilende Wundschicht[2] gibt es für dich nicht.
14 Alle deine Liebhaber haben dich vergessen,
dich suchen sie nicht;
denn mit Feindesschlag habe ich dich geschlagen
als grausame Züchtigung
wegen der Größe deiner Schuld,
weil deine Sünden so zahlreich sind.
15[3] Was schreist du wegen deines Bruchs,
deines unheilvollen Schmerzes?
Wegen der Größe deiner Schuld,
weil deine Sünden so zahlreich sind,
habe ich dir dies angetan.
16 Darum[4] werden alle, die dich fressen, gefressen werden,

---

[39] Vgl. 4, 27; 5, 18; auch 5, 10; dazu I, 136. 149.

[1] Der in Gedankenstrichen gerahmte Satzteil ist Zusatz, der das V 12 f durchziehende Bild auf-
löst. Ist ein Fürsprecher gemeint, der aber (V 14 f) gegen sein Volk auftritt?

[2] Wörtlich: „Überzug", d. h. „die bei der Heilung einer Wunde sich bildende neue Fleisch-
schicht" (HAL 1628).

[3] V 15 fehlt in der LXX und überschneidet sich mit V 12, ist allerdings nur zum Teil Wiederholung. V 15a überträgt die feststellende Aussage von V 12 in den Klageschrei. V 15b nimmt
V 14bβ auf und verweist – gegenüber V 14a allgemeiner – in abschließender Ich-Rede Gottes auf
den Urheber des Geschehens. Vgl. die Frage 16, 10; zum Thema „Sünde, Schuld" etwa auch 2, 22;
5, 25.

[4] Sachlich angebracht wäre eher: „Aber". Schließt „darum", das „unverständlich" (W. Rudolph
192), erscheint, an den „Feind" (V 14) an, die Großmacht, die für ihre Taten verantwortlich ist
(vgl. Jes 10, 5–7 u. a.)?

und alle deine Bedränger, sie alle gehen in die Gefangenschaft,
und alle, die dich plündern, fallen der Plünderung anheim,
und alle, die dich berauben, gebe ich dem Raub preis.
17 Denn ich bringe dir Genesung,
und von deinen Schlägen heile ich dich – Spruch Jahwes.
Denn „Verstoßene" haben sie dich – das ist Zion – genannt,
um die sich niemand kümmert."

Mit Beschreibung der Not und Ankündigung des Heils ist der Text grob
zweiteilig:

> V 12-14. 15 Nach der Botenformel: Anklagende (Volks-)Klage an 2.Ps.Sg.f. gerichtet
> Schilderung heilloser Not als Auswirkung der Strafe für Schuld
>> V 15 als Bekräftigung
>> V 15a führt V 12 weiter: Der tiefe Schaden kommt im Schrei zum Ausdruck
>> V 15b nach Wiederholung von V 14b Gottes Ich-Rede
>> Ergänzung:
> V 16 f Heilsansage. Jahwes Antwort
>> Inhaltlich Widerspruch zu V 12 ff
> V 16 In Umkehrung des „Feindesschlags" (V 14) Bestrafung der Feinde
>> Aufhebung der Fremdherrschaft
> V 17 (entgegen V 12) Zusage der Heilung; vgl. 17, 14; 33, 6 (dazu I,202 zu 8, 22)
>> Jahwe als Arzt Gen 20, 17; Ex 15, 26; Dtn 32, 39; Hos 6, 1; Jes 19, 22; Ps 6, 3 u. a.
> Wiedereinsetzung der von den Liebhabern (V 14a) „verstoßenen" Frau
> Eher nachträglich als Zion identifiziert

Der vorhergehenden Einheit V 5 ff entsprechen V 12-15. 16 f in der Zweiteilung mit Beschreibung der Not- bzw. Gerichtssituation und dem Umschwung. Sie stellen kaum unmittelbar die Fortsetzung dar; eher bilden beide
Worte als parallel laufende Stränge ein Paar.[5] Die Situation ist gleich: dort
(V 5) „ohne Heil", hier (V 12) „unheilbar". Der Sachverhalt ist ähnlich: Wieder erinnert die Darstellung an die Verkündigung in zugespitzter Situation
(Kap.8 f; 10, 17-25). Die Notschilderung schließt so eng an die – auch hier
durch Hosea angeregte – Verkündigung Jeremias an, dass ein Wort von ihm
zugrunde liegen wird: „Das Gedicht V 12-15 ist ... der Art, dass man es ge-
trost dem Jeremia zuschreiben darf."[6]
V 12 und 15 sind durch zwei Kennzeichen („unheilbar", „Bruch") geprägt.
„Bruch / Zusammenbruch" ist ein wiederkehrendes, gewichtiges Stichwort[7]
Jeremias. Er kann sein Leiden, auch wenn es nicht durch eigenes Verhalten
(15, 10) veranlasst ist, in den Konfessionen ähnlich beschreiben: „Wunde
bösartig" (15, 18)[8] mit der Bitte um Heilung (17, 14). Zeichnet sich in solcher

---

[5] Ein ähnliches Phänomen begegnet 31, 15 ff (dort Anm. 10).
[6] B. Duhm 240; vgl. o. einleitend zu Jer 30 f (bei Anm. 21).
[7] Vgl. etwa 4, 6. 20; 6, 1. 14; 8, 11. 21; 10, 19 (I,163. 201); auch zu 23, 9 – hier im Sinne des Bildes: „Verletzung". Ähnlich V 15 reden vom „(Hilfe-)Schrei" wegen des Zusammenbruchs 48, 3. 5;
Jes 15, 5.
[8] Dort begegnen die Stichworte „unheilbar", „Schlag", „heilen".

„Gebrochenheit" (8,[18.]21) nicht wieder eine Gemeinsamkeit von Prophet und Volk[9] ab?

Das Wort richtet sich an eine Adressatin (2.Ps.Sg.f.), und zwar eine schwer kranke Frau. Der wohl einer jüngeren interpretierenden Phase zugehörige V 17[10] setzt sie mit dem „Zion" gleich oder spitzt so zu. Ist ursprünglich nicht eher das Volk, Juda mit Jerusalem, gemeint?[11] Schon Jesaja[12] verwendet das Bild der Krankheit für den Zustand des Volkes. Die Diagnose (V 12. 15) lautet: unheilbar.[13] Es gibt keine menschliche Hilfe für die Wunde, die von Jahwe geschlagen wurde – auf die Einsicht antwortet V 17.

Die Kennzeichnung „Liebhaber" im Plural (V 14) lehnt sich an die sog. Frühzeitverkündigung[14] an. Das Motiv erinnert an Hoseas Metapher „Frau der Hurerei"[15]; bei ihm begegnet auch das Thema „Heilen"[16], das V 12. 15 und – als Gegensatz – V 17 verbindet. Die Frage V 15, im gegebenen Zusammenhang eine Bekräftigung von V 14, deutet an, wie unberechtigt eigentlich die Klage des Volkes ist.

Die Darstellung (V 12–15) des sich abzeichnenden Gerichts und erlebter Not wird durch die Ergänzung der Heilsansage (V 16 f) zum Ausgangspunkt für den Umschwung. Das Heilswort ist eng auf die klagende Anklage (V 12 ff) bezogen, baut auf sie auf, um das Gegenteil zu versichern. Im Zusammenhang wirken V 16 f wie eine Entfaltung von (V 11): „Ich mache kein Ende".[17] Wie schon bei den „Liebhabern" ist hier eine Mehrzahl im Blick: „alle" Bedrückervölker.[18] Sie erfahren (V 16) das Schicksal, das sie für andere bestimmt haben; in dem Geschehen verbirgt sich Gottes „Ich". V 17 nimmt mit Umkehrung V 12 auf, bringt für den „unheilbaren" (V 12. 15) Bruch die noch mögliche Lösung – als Werk Gottes. Für die „Verstoßene", um die „sich niemand kümmert", sorgt Gott selbst; er hebt die im Namen ausgesprochene Verachtung auf.

---

[9] Vgl. I,201 f zu 8, 18 ff. Die Überlieferung wird bei dem Gottesknecht vertieft zum Leiden „für viele" (Jes 53).

[10] B. Duhm 241 u. a.; zur Identifikationsformel bzw. - glosse vgl. I,91 Anm. 132.

[11] Jer 31, 4 spricht von der „Jungfrau Israel". Für die hier Angeredete gilt strukturell ja auch der gleiche Ablauf wie 30, 5–7 in Aufnahme von Jer 6, 24 / 50, 43.

[12] Jes 1, 5 f. Dort findet sich auch „Geschlagen werden" (ähnlich 9, 12) und (V 4) der Vorwurf, Jahwe verlassen zu haben. Vgl. Jes 10, 18; 17, 11; Mi 1, 9.

[13] Vgl. 8, 22; 10, 19; ähnlich harte Charakteristika 13, 7; 19, 11 oder 24, 2 f.

[14] Vgl. 2,(19.)23 ff (37); 3, 1 f; 4, 30 u. a.; auch zu 22, 20 ff.

[15] Hos 1, 2; vgl. den „Geist der Hurerei" 4,(10 ff.)13; auch 2, 3 ff. Ausgeführt wird das Bild Jer 3; Ez 16; 23; vgl. I,88 ff.

[16] Hos 5, 13 f (auch „Geschwür"); 6, 1; 7, 1; 11, 3; 14, 5; Jer 8, 22; 17, 14; noch 3, 22; 33, 6. Das Stichwort „züchtigen"(V 14), das ebenfalls bei Hosea (7,[12.]15; 10, 10) eine Rolle spielt, ist vielleicht im Anschluss an Jer 31, 18 gewählt, begegnet schon 2, 19; aufgenommen 30, 11. Der Nachsatz Hos 5, 14 wird in Jer 5, 6 aufgenommen (dazu I,143) – mit einer (5, 6b) ähnlichen Aussage.

[17] Allerdings klingt hier die Einschränkung von V 11b nach.

[18] Das Motiv vom „Essen", das schon im einleitenden Rückblick (2, 3) begegnet: „Wer von ihm aß", findet sich ausgebaut 5, 17 (dazu I,148 f); auch schon Hos 5, 7; 13, 8.

Nur mit diesem Umschlag zum Heil V 17a wird der Abschnitt in das „Trostbüchlein" aufgenommen: Jahwe will trotz allem heilen. Im Hintergrund des Abschnitts stehen Motive Hoseas; in weit späterer Zeit helfen sie gegenüber anderen Adressaten, ihre gegenwärtige Lage zu verstehen. Gibt Hosea nicht auch die Anregung, anzukündigen, dass Jahwe aus freien Stücken (wie 14, 5) das Heil anbietet oder wirkt? Dabei wird gegenüber der vorangehenden Einheit (V 5 ff) einerseits stärker die Schuld der Betroffenen betont, andererseits deutlicher ausgesprochen: Wer geschlagen hat, hilft auch. Von dem Gott, der das Unheil herbeigeführt hat, kommt das Heil.

Umfassende Wiederherstellung in der Heilswende Jer 30, 18–21. 22–24; 31, 1

18 So spricht Jahwe:
„Siehe, ich wende das Geschick der Zelte Jakobs,
und seiner Wohnungen erbarme ich mich,
und die Stadt wird wiedererbaut auf ihrem Schutthügel,
und der Palast wird an seinem rechten Platz stehen.
19 Ausgehen soll von ihnen Dank
und (der) Schall von Lachenden;
ich will sie mehren, dass sie nicht weniger werden,
sie zu Ehren bringen, damit sie nicht gering werden.
20 Seine Söhne sollen sein wie zuvor;
seine Gemeinde soll vor mir Bestand haben,
und seine Bedrücker ziehe ich zur Verantwortung.
21 Sein Fürst wird aus ihm stammen,
sein Herrscher wird aus seiner Mitte hervorgehen.
Ich lasse ihn nahen, und er wird zu mir hintreten.
Wer sonst denn würde sein Leben dafür einsetzen[1],
um zu mir hinzutreten? – Spruch Jahwes.
22[2] Und ihr werdet mein Volk[3] sein,

---

[1] „Bürgschaft leisten", „sein Herz verpfänden = sein Leben wagen" (HAL 829 f) Hier „gehört die Pfandgabe zur bildhaften Sprache: ‚Wer hat sein Herz zum Pfand gegeben, um sich mir zu nähern?'" Man glaubt „von dem, der sich Gott nähert, ohne gerufen worden zu sein, dass er sein Leben riskiert"(E. Lipinski, ThWAT VI, 351). Vgl. Ex 19, 21; 33, 20; 34, 3 u. a. Der Herrscher scheint „sein Leben aufs Spiel zu setzen". Allerdings fehlt hier die stellvertretende Hingabe „für" andere, um die Aussage als Weg zu Jes 53 (vgl. Sach 12, 10) verstehen zu können.
[2] Wie LXX den Parallelismus V 19bβ weglässt, so fehlt V 22. Der „Grund" (A. Weiser 274 Anm. 1) ist vermutlich 31, 1: Konnte LXX die Bundesformel V 22 wegen der – individueller geprägten – Ankündigung 31, 1 auslassen?
[3] Wörtlich: „mir zum Volk – euch zum Gott".

und ich werde euer Gott sein."
23 Siehe, der Sturmwind Jahwes, (heißer) Zorn, brach aus,
ein wirbelnder[4] Sturm,
auf das Haupt der Gottlosen wirbelt er.
24 Nicht wendet sich die Glut von Jahwes Zorn,
bis er durchgeführt und ausgerichtet hat die Gedanken seines Herzens.
Im Nachhinein[5] werdet ihr es voll verstehen.
31, 1 „Zu jener Zeit – Spruch Jahwes – werde ich Gott sein
für alle Geschlechter Israels,
und sie werden mir zum Volk sein."

Der Text lebt von Gegensätzen oder Umkehrungen, wie Trümmer – Aufbau;
er verheißt eine Aufhebung der Folgen des Gerichts. Die Ausdrucksweise
„das Geschick wenden", in der sich die Erwartungen bündeln[6], ist – von der
jüngeren Überschrift (30, 3) an – gleichsam Hauptbegriff für die Erneuerung
des ehemaligen Zustandes (V 20): „Sein wie zuvor".[7] Anschließend wird die
„Wiederherstellung" an verschiedenen Themen[8] entfaltet.

V 18–21 Nach erfahrenem Gericht Wiederherstellung der Zelte „Jakobs"
und „der Stadt" auf Schutthügel
       Entfaltung (für Häuser, Städte – Menschen – Kult) in verschiedener, grob
       dreifacher Hinsicht:
       a) Wiederaufbau im Land (18b),
       b) Mehrung (19), und Wiedergewinn an Ansehen
          Folgen: (zuerst an Gott gerichteter) Dank, (auf Trauer) Lachen
          Klang der Freude
          Beständigkeit auf Dauer (20)
       c) Verheißung eines eigenen Herrschers, der sich Gott „nahen" darf (21)
          Bedrücker werden zur Rechenschaft gezogen
          Nach gewissem Abschluss Blick auf das Volksganze:
V 22   Sog. Bundesformel mit 31, 1 Rahmen für:
V 23 f Gericht an „Frevlern" – weithin in Übereinstimmung mit 23, 19
31, 1   Für Zukunft: Umgestaltete Bundesformel

Der durch die Botenformel abgegrenzte Abschnitt ist voller Anspielungen,
knüpft an, fasst zusammen und führt weiter. Einerseits schließt die Darstellung der Auswirkungen noch gegenwärtigen Gerichts (V 18) an zugespitzte
Äußerungen Jeremias an, um sie umzukehren.[9] Andererseits werden seine

---

[4] Das Verständnis des Verbs ist unsicher: „sich aufhalten" (HAL 176 f), vielleicht auch „fort-
reißen" (vgl. HAL 196) und wird meist nach der Parallele 23, 19 geändert; dazu u. Anm. 26.
[5] Vgl. zu 23, 20 Anm. 39. Wird hier wegen des Anschlusses „Zu jener Zeit" (31, 1; vgl. 30, 7 f)
mehr ein eschatologisch-endgültiger Aspekt: „Ende der Tage" betont?
[6] Vgl. o. einleitend zu Jer 30 f mit der Auslegung zu 30, 3.
[7] Vgl. die Entsprechung zur Vorzeit Jes 1, 26; auch Mi 5, 1 u. a.
[8] Wegen dieser Absicht bedarf es (V 18 f) nicht der Annahme von Zusätzen.
[9] „Mit dem Rückbezug" auf 9, 18; 10, 20 „soll die kommende Wiederherstellung als Ende und
Aufhebung des Gerichtshandelns Jahwes, wie es Jeremia verkündet hat, betont herausgestellt wer-

Heilserwartungen aufgenommen: „Erbarmen" (31, 20; vgl. V 9), „gebaut werden" sowie der Kreis der „Lachenden" (31, 4). Diese Hoffnung hebt die im eigenen Leben symbolisch vorweggenommene und allgemein angekündigte Situation (16, 9) auf. „Jakob", der wieder Zuwendung erfährt, zieht eine Verbindung zu 30, 7 und meint mit „seinen Söhnen" (V 20) wohl das Gesamtvolk.[10] Zugleich greift die Verheißung „nicht weniger zu werden" (V 19) auf Jeremias Brief (29, 6) zurück, wandelt ihn aber ab: dort ein Auftrag an die Exilierten, hier ausgeweitet als Verheißung für alle.[11] Demnach knüpft der Text nicht nur an vorausgehende Einheiten, sondern auch an Aussagen von Kap. 31 an.

Anschaulich wird (V 18) der Gegensatz ausgedrückt und aufgehoben: Die Stadt ist ein Tell, ein Schutthügel; das Zerstörte aber wird – über Jerusalem hinaus bis ins Land – wiederaufgebaut: Zelte[12] und Stadt[13], Wohnstatt und Palast. Das wohl auf Jeremia zurückgehende Grundmotiv „bauen und einreißen" (45, 4) wird umgekehrt „einreißen und aufbauen" und erweitert,[14] hier zur Darstellung ausgestaltet. Sie kündet (wie V 10) in Selbstaussage „Siehe, ich …" Gottes Werk an.

Anstelle von Klage (30, 5 f; 31, 15) erklingt (V 19) der „Dank" der von der „Wende" Betroffenen. Er erkennt an, was Gott gewirkt hat (entfaltet 33, 9); die Stimmung äußert sich (wie 31, 4) im freudigen Lachen. Dieser Antwort werden Verheißungen, zunächst der Zusage von Nachkommenschaft[15] und des Gewinns an Ansehen[16], hinzugefügt. Die Zeit des Titels „Verstoßene" (V 17) ist vorbei.

Wie schon der Palast ordnungsgemäß am „rechten Ort" errichtet werden soll, so ist das Heil verbunden mit Recht, Gerechtigkeit: „Bedrücker" werden zur Rechenschaft gezogen. War in heilvoller Vergangenheit nicht ein Schutz (2, 3) gegeben? „Die Befreiung von der Unterdrückung ist eine Tat Jahwes" – „vor der Erhebung des Herrschers".[17] Die Rettung vollzieht Gott selbst – gemäß der Tradition wie Zeugnissen der Psalmen[18] oder prophetischer

---

den" (G. Wanke 277). Zu dieser Wortsammlung vgl. I,34 Anm. 231. – Auch die Bundesformel ist durch das Verb „sein, werden" (V 20. 22; 31, 1) in den Zusammenhang eingebunden.

[10] Vgl. nochmals einleitend o. zu Jer 30 f.

[11] Durch die Katastrophe mit der Deportation hat die Bevölkerung („Jakob") stark abgenommen; vgl. vom Nordreich Rahels Klage 31, 15. Zumindest thematisch besteht auch eine Übereinstimmung mit der Verheißung an die Väter; vgl. zu 29, 6.

[12] Vgl. I,223 Anm. 61 und zu 31, 24 Anm. 2.

[13] Will der Text ein Gegenbeispiel zu Dtn 13, 17 (vgl. Jos 6, 26; 8, 28; 1 Kön 16, 34) bieten? Der Zusammenhang ist unsicher.

[14] Vgl. I,50. 55 f zum *Motto* der Redaktion 1, 10.

[15] Vgl. zu Themen wie Wiederaufbau, Mehrung auch Jes 44, 26; 49, 20; 54, 1 f; Ez 36, 37 f.

[16] „Ehre und Ansehen", d.h.: „nicht mehr der Verachtung durch andere preisgegeben" sein (G. Wanke 278).

[17] N. Kilpp (Niederreißen 131, auch zum Zusammenhang mit Mi 5).

[18] Vgl. Ex 15, 21 (dazu 14, 13 f.25 ff); Ps 46, 9 f; vgl. 20, 8; 118, 14 ff u.a. – Auch im weisheitlich-individuellen Bereich behält sich Gott die Herstellung des Tun-Ergehen-Zusammenhangs vor; Vergeltung ist seine Sache (Spr 20, 22; vgl. 24, 12; 1 Sam 24, 13; auch Röm 12, 19).

Hoffnung auf Beseitigung von Waffen bis zu den sog. messianischen Weissagungen.[19]

Die Ankündigung (V 21) eines „Herrschers", der „hervorgeht", scheint die Weissagung Mi 5, 1 aufzugreifen, mit der Sprache des Deuteronomiums[20] zu verbinden, knüpft insofern an königliche Tradition oder Erwartung an. Diese Gestalt ist aber kein „König"; der Titel wird (anders als V 9) hier wohl gemieden. Bedarf die „Gemeinde" keines Königs? Allerdings ist leichter zu erkennen, was die Gestalt nicht betreibt, nämlich sich politisch zu betätigen, als anzugeben, was sie tut. Wieweit ist sie überhaupt ein „Herrscher"? Sein Wirkbereich erscheint eher eingeschränkt oder gar gebrochen; er wird nicht unmittelbar von Gott eingesetzt, aber Gott „lässt ihn nahen"[21], gewährt ihm Zugang. Die Hoffnungen greifen hier auf einen anderen Überlieferungsumkreis zurück: Dieser Mittler hat in der „Gemeinde" (V 20) eher kultischpriesterliche Aufgaben. Er ähnelt eher dem „Haupt" (Hos 2, 2) oder – wenn auch mit anderem Titel – dem in Ezechiels Tradition bezeugten „Fürsten in ihrer Mitte"[22].

Für die Deutung der (V 9. 21) gezeichneten Gestalt bestehen zwei Möglichkeiten: Ist es eine Person, ein Träger eines Amts, das beide Aufgaben oder Handlungsbereiche in sich vereint?[23] Oder ist, schon wegen der verschiedenen Titel, an *zwei* Repräsentanten zu denken: eine mehr politische (V 9) und eine mehr kultisch-priesterliche (V 21)? Ist der Text auf dem Weg: Wird hier die Zweiheit angedacht, bei Sacharja[24] ausgeführt?

Nach dem „Herrscher" wird wieder die Zuwendung an das Volk bedacht. Wie vorweg die „Wiederherstellung" so hat gegen Ende die sog. Bundesformel zusammenfassenden Charakter, wirkt wie das Ziel; nach V 23 f wird die Zielangabe wiederholt. V 22–3, 1 sind zwar V 18 ff zugeordnet, bilden aber einen eigenen Unterabschnitt. Zu dem durch die „Wende" (V 18) herbeigeführten Heil gehört entscheidend Gottes Zusage an das Volk, festgehalten in der sog. Bundesformel, die sich wie ein Rahmen um V 23 f legt. Nach einzelnen Aspekten oder Bereichen (V 18–21) tritt V 22 ff wie grundsätzlich das Ganze, der Heilszustand des Volkes in den Blick – aber mit einer Einschränkung: Frevler werden ausgegrenzt.

Umstritten ist der Adressatenkreis: a) Sind die „Frevler" in Fortsetzung von V (11. 16.) 20 auf auswärtige „Bedrücker" zu beziehen?[25] Kann im Rah-

---

[19] Vgl. Hos 1, 5. 7; 2, 20 (bzw. 2, 18); Hg 2, 21 f; sowie Jes 9, 3 f; Jer 23, 5; Ez 34, 23 f; Sach 9, 10 (MT); auch 4, 6 u. a.

[20] „Aus seiner Mitte" (Dtn 17, 15; vgl. 18, 15. 18) betont: eine Person aus dem eigenen Volk.

[21] Vgl. Num 16, 5. 9 f; Ex 28, 1; auch 20, 21; 24, 2 u. a.

[22] Ez 12, 12; vgl. in der Heilserwartung 34, 24; 37, 25; 44, 3; 45 ff.

[23] Vgl. Ps 110, 4.

[24] Vgl. Sach 4, 1 ff; auch 3, 1 ff; 6, 9 ff.

[25] „Zieht" sie Gott nach V 20b „zur Rechenschaft", wären V 23 f, möchte man keine Doppelung annehmen, als Bekräftigung oder Ausführung zu verstehen. Der späte, wohl nachgetragene (W. Rudolph 167) Text 25, 31 f, der sich auf die Völker bezieht, nimmt neben anderen auch Stichworte aus 23, 19 f / 30, 23 f auf.

men der zweifachen Bundesformel aber ein Völkergericht gemeint sein? b) Im anderen Fall wirkt der Absatz V 22–3, 1 thematisch einheitlich. Wie die Konfessionen mit der gewonnenen „Erkenntnis" der Verfolgung (11, 18 f) einsetzen, so bezeugt die Auseinandersetzung mit den Propheten eine Gegnerschaft: V 23 f entsprechen 23, 19 f und sind wohl von daher übernommen.[26] Das dort auf die Propheten bezogene Wort erscheint hier in allgemeiner Bedeutung, betrifft aber weiterhin eine – nicht näher bestimmte – Gruppe im Volk. So nimmt das Wort den durch die Jeremiatradition vorgegebenen Gegensatz auf: Im „Volk finden sich Frevler."[27] Das Heil des Ganzen erscheint nur möglich bei ihrer Ausgrenzung, wie etwa die sog. messianische Weissagung Jes 11, 4 den einzelnen Frevler vom Heil ausschließt; lässt er sich nicht in die Freude und den Friedenszustand einstimmen? Die Sammlung selbst bietet – ebenfalls im Zusammenhang mit der Bundesformel – noch eine andere, tiefergehende Möglichkeit bzw. „Lösung" an: die Verwandlung aller bis ins Herz (31,31–34; auch 24, 7).

Nach den drohenden V 23 f erscheint 31, 1 wie eine Bestätigung von V 22, allerdings individueller gestaltet: a) „Zu jener Zeit" hebt mehr das Zukunftselement hervor. b) Die beiden Glieder der Bundesformel sind vertauscht; so wird Gottes Initiative betont. c) Die Anrede an das Volk („für euch") geht in die 3.Ps. von Israel wie feststellend über. Dabei ist es d) in „Geschlechter" gegliedert; die Zusage an „alle Sippen"[28] hält aber wiederum das Ganze fest.

Hat 31, 1 zugleich den Charakter der Überleitung – als thematische Überschrift? Allerdings setzt das Folgende (V 2), durch die Botenformel abgehoben, neu ein.

Aus „ewiger Liebe" Verheißung des Wieder„aufbaus" Freude, Tanz und Gaben der Natur Jer 31, 2–5. 6. 7–9. 10–14

2 So spricht Jahwe:
Gnade gefunden hat in der Wüste
das Volk der dem Schwert Entronnenen.

---

[26] V 23 f wandeln 23, 19 f leicht ab; s. o. S. 45. Ist der Einschub V 23 f durch vorhergehende Ausdrucksweise angeregt? Er schließt sich sprachlich an: „siehe" (wie V 18), „ausgehen" (wie V 19), „Herz" (wie V 21b). Allerdings handelt es sich kaum um thematisch tragende Worte.

[27] Jer 5, 26; vgl. 12, 1.

[28] Die Sippe ist „durch Verwandtschaftsstrukturen bestimmt", umfasst „mehr als nur die nähere oder weitere Familie des Mannes oder der Frau" (H.-J. Zobel, ThWAT V,87).

,Ich'[1] ging (gehe) aus, um ihm, Israel, Ruhe zu schaffen.
3 Von Ferne ist mir[2] Jahwe erschienen:
Ja, mit ewiger Liebe habe ich dich geliebt.
Darum habe ich dir (meine) Verbundenheit[3] lange bewahrt.
4 Wieder will ich dich bauen, damit du gebaut wirst, Jungfrau Israel.
Du wirst dich wieder mit deinen Tamburinen schmücken
und ausziehen im Reigentanz der Fröhlichen.
5 Du wirst wieder Weinberge pflanzen auf den Bergen Samarias.
– Pflanzer pflanzen (sie) und nehmen (sie) in Gebrauch. –[4]
6 Denn es gibt einen Tag, da rufen die Wächter auf dem Gebirge Ephraim:
„Auf, lasst uns hinaufgehen zum Zion, zu Jahwe, unserem Gott!"

Ein Grundbestand (zumindest V 2–4a, wohl mit V 4b–5a) wird später gedeutet und ausgestaltet: Der knappen Erläuterung V 5b folgen drei größere Ergänzungen V 6. 7–9. 10–14.

V 2 Botenformel. Rückblick in die heilvolle Anfänge (vgl. 2, 2. 6)
    mit Gegenwartsbezug („Entronnene") und Zukunftsankündigung:
V 3 Bekräftigung dauernder, „ewiger" Zuwendung
V 4a Zusage des Wieder„aufbaus" an die *Jungfrau Israel*
V 4b–5a Folge: Entfaltung des „Aufbaus": Freude an Tanz und Natur: Weinbau
    V 5b wohl Zusatz zur Vergewisserung gegen die Vergeblichkeit
    des Handelns (Dtn 28, 30): Genuss eigener Pflanzung
V 6 Nachträgliche Begründung: Wallfahrt zum Zion (vgl. 30, 17)

„Finden in der Wüste" nimmt wieder ein Motiv Hoseas[5] auf, das anschaulich Gottes Zuwendung und Fürsorge für das Nordreich beschreibt und weiterhin (V 3 ff) gilt. Bei der Gemeinsamkeit beider Propheten wird zugleich der Unterschied deutlich. Spricht Hosea mit „Trauben in der Wüste" von einem nicht „natürlich" zu erwartenden, überraschend kostbaren Fund, so dieses Wort in anderer Situation eher von einem kärglichen Rest.
In der Folge Wüste – Ruhe spiegelt sich vermutlich der Weg von der Führung in der Wüste, vergröbert oder verallgemeinert: von der Rettung aus Ägypten[6], zur Landnahme wider.[7] Allerdings verbinden sich die Anfänge mit

---

[1] Der Infinitiv lässt sich auch deuten: „Es ging aus." Spricht die folgende Verbform (HAL 1109) nicht eher dafür, dass nicht das Volk selbst der Handelnde ist?
[2] LXX: ihm. Das „Erscheinen", im Hebräischen wohl als Offenbarung an den Propheten (vgl. 24, 1) verstanden, wird in der LXX in Angleichung an V 2a und 3 f auf das Volk bezogen.
[3] Oder: Treue, Güte. Zum Verb vgl. HAL 610.
[4] Der erläuternde, bekräftigende Satz V 5b, „der von der Anrede zur Schilderung übergeht und sich nicht in das Metrum fügt" (A. Weiser 276 Anm. 6), scheint Dtn 28, 30 umzukehren und eine „Glosse" (W. Rudolph 194) zu sein, die das Sinnhafte, Erfolg-Versprechende der Tätigkeit bekräftigt.
[5] Hos 9, 10; vgl. 13, 5; auch die Führung in der Wüste Jer 2, 2. 6.
[6] Vgl. Jer 2, 6. Das Stichwort „Schwert", das an gegenwärtige Bedrängnis (20, 4; 44, 28 u. a.) denken lässt, begegnet auch Ex 5, 3. 21; 18, 4; dazu das Motiv „Ruhe" 33, 14; als Gegensatz Ps 95, 11 (zu diesem Thema noch Jer 6, 16). „Entronnene" sind dem Krieg entkommen; vgl.

der späteren Situation. Ist die Ausdrucksweise mit Absicht doppelsinnig? Wie (V 2a) in der Darstellung der Vergangenheit die Gegenwart durchscheint, so mag die schwierige Aussage (V 2b)[8] so gewählt sein, dass das Damals wiederum zukunftsoffen ist: Gottes Tat lässt sich auf Vergangenheit und Zukunft beziehen: Nach dem Bildwort soll der Rest überleben, hat Zuwendung, Begnadigung gefunden.

Die „Ferne" (V 3a) ist im Kontext kaum ohne Assoziationen: Die Frage 23, 23 weiß allgemein von Gottes „Ferne", d. h. Distanz oder gar Verborgenheit. Sie wird hier durch Gottes eigenes „Erscheinen" durchbrochen, das zugleich Nähe bekundet. Erschließt er sich von dort dem Propheten, der Gottes Liebe kundtut, oder erfolgt von dort die Annahme des Volkes?[9] Grundlegend ist, wenn man die Botschaft nicht als in sich widersprüchlich ansieht, wieder die Unterscheidung von Nord- und Südreich: Gegenüber dem angesagten Entzug von „Verbundenheit / Gnade"[10] für das Südreich, dem das Gericht noch droht, entfalten 31, 2 ff.17 ff die bereits 3, 12 f gegebene Zusage an das Nordreich. Wie mit dem Verständnis der Wüste als Ort und Zeit verheißenen Heils nimmt Jeremia mit dem Motiv Gottes „Liebe" Anregungen Hoseas[11] auf, entfaltet das Thema, spitzt jedenfalls die Ausdrucksweise zu Gottes „ewiger Liebe" zu, die „Verbundenheit / Treue" auf Dauer bewahrt. Während Israel nach Jer 2, 2 f in der Frühzeit die Hingabe erwidert, so dass sich eine wechselseitige Zuwendung vollzieht, ist hier ausschließlich von Gottes Wirken die Rede. V 3 lässt sich, zumal vorher an das „Schwert" erinnert wird, kaum anders verstehen als die Bewahrung von Gottes „ewiger Liebe" auch im Gericht.[12] Geht Jeremia mit seinen grundsätzlichen Einsichten nicht einen Weg auf den Exilspropheten Deuterojesaja, die in Jes 40–55 überlieferten Heilsansagen, zu?[13]

Aus der Grundentscheidung V 3 ergibt sich die Zukunftsansage V 4a. Erinnert auch die Wiederanrede als „Jungfrau Israel" (Am 5, 2; Jer 18, 13) an die Jugend oder Frühzeit? Die wortspielartige Verbindung (V 4a) von Aktiv und Passiv, Gottes Wirken und menschlichem Geschehen-Lassen oder auch Tun,

---

Jes 1, 9; Jer 42, 17; 44, 14. Die Erwartung für „Entronnene" auf dem Zion (Joel 3, 5) erscheint wie eine Weiterführung.

[7] Die Wüstenzeit ist hier „Urbild der Begegnung von Gott und Volk" (A. Weiser 275). V 2 bezieht sich „aller Wahrscheinlichkeit nach auf Gottes Begleitung und Führung bei diesem Zug zum Land"; zugleich bleibt „ein zukünftiges Verständnis offen" (G. Fischer 146). V 9 nimmt das Thema auf.

[8] Vgl. o. Anm. 1.

[9] Vgl. (außer Anm. 2) o. zu 23, 23; auch I,124 Anm. 137. – Jeremia erwartet „Heil" – zumindest auch – in der Ferne (vgl. I,291 f); sein Brief ruft in der Fremde zur Fürbitte auf, die Gott hört. Der jüngere Text 30, 10 weiß von Rettung von ferne, 31, 10 auch von Botschaft in der Ferne. Vgl. die Überbrückung von Höhe und Tiefe Ps 113, 6 f; Jes 66, 1 f u. a.

[10] Jer 16, 5 mit der Beendigung der Freude V 9.

[11] Vgl. einerseits Hos 2, 16 f bzw. 2, 14 f (auch 13, 5), andererseits 11, 1. 4 (auch 3, 1; 11, 8 f); dazu Dtn 4, 37; 7, 7. 13; 10, 13; zu Israels Liebe Jer 2, 1; dazu I,68. 70.

[12] Vgl. I,71 (Anm. 31).

[13] Vgl. I,12 Anm. 67; auch zu Jer 23, 28 f mit Jes 40, 8 (S. 51); hier bes. Jes 54, 7 f.

ist charakteristisch für Jeremia.[14] „Bauen"[15] ist hier eher metaphorisch gemeint. V 4a und 4b werden durch „wieder" zusammengehalten. Die Gottesrede V 4a führt das (weibliche) „Du" ein, das V 4b.5a prägt; sie beschreiben als Folge von Gottes Wirken das freudige oder mit dem Pflanzen zugleich ein auf Hoffnung ausgerichtetes Handeln der Betroffenen, in dem sich der „Aufbau", das erfahrene Heil zeigt. Der – fröhliche – Tanz[16] kann zum Gotteslob[17] gehören, dessen Ausdruck, Darstellung oder Gestaltung sein. Ähnlich spricht ein jüngerer Text (30, 19), der eine Weiterführung sein wird, von „Lachenden, Spielenden".

Schon im Bild von Gott als Pflanzer mit der „Verwandlung" des Gewächses, der Verkehrung des eigentlich Selbstverständlichen, kann Jeremia (2, 21) auf einen zu erwartenden Zusammenhang hinweisen. Handeln strebt ein Ergebnis an. Im Sinne von Jeremias Brief (29, 5: „pflanzt, esst") hebt V 5b, wenn auch eher nachträglich, die enge Verbindung von Pflanzen und Ernten hervor und bekräftigt so: Die Tätigkeit wird nicht vergeblich[18] sein; man wird die Früchte genießen können. Im Zusammenhang von Arbeit und Ertrag steckt Segen. Wie schon die Gerichtsankündigung[19] kann die Verheißung – bereits in Hoseas Botschaft (2, 17) – Natur in das Heil einbeziehen. Die dargestellten Folgen entsprechen grob Jeremias Erwartung (29, 5–7; 32, 15); wieder fehlen die Bereiche Politik, Staat oder Kult.

Die jüngere Ergänzung V 6 führt die auf das Nordreich bezogene Aussage (V 2–5) in der Erwartung weiter. An die Angeredeten, die in Samaria angesiedelt sind und dort die Früchte des Landes schmecken, ergeht von Wächtern ein Aufruf zur Wallfahrt[20], zum Pilgerweg nach Jerusalem. Hier wird nicht das gesamte Geschehen auf Jerusalem „konzentriert"; vielmehr sind Wohn- oder Lebensraum und Ort des Anbetens unterschieden. Sind dort in Lebensfreude Gottes Gaben zu genießen, ist er selbst am Zion zu verehren. So verbindet sich das Heil des Nordreichs – wie in anderen redaktionellen Ergänzungen[21] – mit dem Heil in Jerusalem. Der Übergang geschieht – insofern entsprechend der Nachricht von den Pilgern (41, 5) – durch Wallfahrt.[22] Im

---

[14] Vgl. 11, 18; 17, 14; 20, 7 u.a; zu solchen strukturell ähnlichen Formulierungen I, 23 f. 239. 335.

[15] Anders 29, 5. 28; vgl. die Verheißung des „Bauens" von Städten bzw. Jerusalem Jes 44, 26. 28.

[16] Vgl. etwa Ex 15, 20; (32, 5. 18); Ri 11, 34; 1 Sam 18, 6; 2 Sam 6, 5; (bei der Hochzeit) Hld 7, 1 u.a.; dazu H. Eising, ThWAT II, 799–802.

[17] Ps 149, 3; 150, 4; dazu Sach 14, 16.

[18] Eine Umkehrung von Unheilsdrohungen wie Am 5, 11; Zeph 1, 13 u.a. schon in 29, 5 (s. dort mit Anm. 29); auch o. Anm. 4. – Hat der Zusatz V 5b (mit V 4–5a) zugleich die Absicht, Amos 5 (V 2. 11. 16 f) zu widersprechen (G. Wanke 281)? Zu Amos vgl. I, 10.

[19] Vgl. 3, 2; dazu I, 103 (mit Anm. 15). 151 Anm. 70.

[20] Gemeinsame Aufforderung zur Wallfahrt: Ps 122, 1; 95, 1 f; Jes 2, 3; Mi 4, 2; Sach 8, 21; vgl. 1 Sam 11, 14; auch Jer 2, 31; 6, 16; 7, 2; I, 97. 177.

[21] Vgl. etwa Am 9 (V 11); Hos (1, 7;) 3, 5 u.a.; demgegenüber die Anklage Jer 23, 13 f; dazu I, 229 f zu Kap.11.

[22] Setzt V 6 nicht die Kultzentralisation (I, 3 f und zu Jer 7) voraus?

Folgenden nimmt V 12 den V 6 auf; beide Ergänzungen gehören zusammen, sind vielleicht gleichzeitig.

Erst vor V 15 markiert die Botenformel einen Neuansatz.

Jer 31, 7–9

7 Ja, so spricht Jahwe:
Jubelt Jakob mit Freude zu,
jauchzt über das Haupt der Völker![23]
Verkündet, preist und sagt:
„Hilf, Jahwe, deinem Volk[24],
dem Rest Israels!"
8 Siehe, ich bringe sie aus dem Land des Nordens
und sammele sie von den Enden der Erde,
unter ihnen Blinde und Lahme,
Schwangere und Gebärende, zusammen,
als große Gemeinde werden sie hierher zurückkehren.
9 Unter Weinen werden sie kommen,
und mit Erbarmen werde ich sie führen.
Ich werde sie an Wasserbäche leiten,
auf ebener Straße, auf der sie nicht straucheln;
denn ich bin Israel zum Vater geworden,
und Ephraim ist mein Erstgeborener.

Der Unterabschnitt V 7–9 greift die frohe Stimmung auf und bezieht (wie schon V 4) den Wieder„aufbau" auf Personen; Behinderte sind eingeschlossen.

V 7 Botenformel. Aufruf zur Freude und zur Verkündigung (ohne Adressaten) aber als Gebet mit Bitte – als stehe die Rettung noch bevor
V 8 f Heilsansage in Gottes Ich mit Folgen in 3. Ps. (zur Form vgl. 42, 11 f)
V 9b Begründung: Gottes Vaterschaft

Die – den hymnischen Psalmen entsprechende – Aufforderung zum Lobpreis ist nicht für Jeremia charakteristisch, zeigt (wie schon 30, 10 f) vielmehr Nähe zur Überlieferung vom Exilspropheten Deuterojesaja und ist hier Zusatz.

---

[23] „Haupt von Völkern" begegnet 2 Sam 22, 44 bzw. Ps 18, 44 als Königstitel.
[24] Die LXX (4Q 72) hat einen zweifach anderen Text: „Der Herr *hat sein* Volk gerettet." In Analogie zu oder in Anpassung an V 8 f.11 wird aus der Bitte eine Aussage, in der das Heil mit dem Geschehen in der Vergangenheit schon Gegenwart ist und weitergegeben werden kann. Dagegen entspricht die Bitte, die nicht zurückblickt, sondern Zukunft erhofft, weder der Form einer weiterzugebenden Botschaft (in 3. Person) noch der durch die Botenformel einleitenden Gottesrede. Insofern bietet das Hebräische die schwierigere Lesart, und der griechische Text stellt eher eine Erleichterung dar. Als spätere Abänderung ist der hebräische Text kaum erklärbar. Vgl. auch Jer 2, 27. Möglicherweise hilft die Botenformel nachträglich, den Text als prophetische Liturgie zu lesen (vgl. einleitend zu in Kap. 30 f). Hat dieses Verständnis zu der Änderung in der LXX geführt?

V 7. 10 f stehen mit dem Aufruf (Jes 48, 20 f) „Verkündet, lasst hören" bis an „die Enden der Erde" und dem Zuspruch „Erlöst hat Jahwe" im Zusammenhang.[25] Thematisch stehen V 7–9 dem in Jes 40, 3 f (wie 43, 19 f u. a.) angekündigten neuen Exodus nahe; dort eine Prachtstraße, hier soll der geebnete Weg vor dem Straucheln schützen. So erscheint das Motiv zwar weniger bildkräftig, aber wirklichkeitsnäher und zugleich fürsorglicher.

Auf die Bitte V 7 künden V 8 f Gottes Wirken an. Beide Aussagen, Wegführung aus Norden bzw. ein Weg „unter Weinen", erinnern an die Zeit des Gerichts, um ihr das weit ausgreifende, für die nahe Zukunft erwartete Heil gegenüberzustellen.[26] Zu denen, die von Gott in die Heimat zurückgeführt werden, gehören auch Behinderte, Blinde und Lahme.[27] Sie belasten einerseits durch ihre Beschwernis, etwa die eingeschränkte Bewegungsfähigkeit, nicht den Zug; andererseits verläuft die weite Reise für sie ohne Gefahr – wie auch für Schwangere, die lebenden Trägerinnen der Verheißung (30, 19), so hoffnungsvoller Zukunft. Wird damit zugleich die „Gemeinde"[28] als große Schar umfassend bestimmt?

Gottes fürsorgliche Sammlung und Leitung aus „Erbarmen" ist Erweis seiner Vaterschaft: zwar in Hoseas Tradition „Aus Ägypten rief ich meinen Sohn" (11, 1[–4]), aber im Anschluss an die Benennung Ephraims als „Sohn" (Jer 31, 20)[29]. Der Titel „Erstgeborener" steht wohl auch im Zusammenhang mit Israels Prädikat (Ex 4, 22). „Der Vorrang des Erstgeborenen, die Würde Israels" wird „weder eigens begründet noch von einer Bedingung, sei es Gesinnung oder Tat, abhängig gemacht".[30]

Jer 31, 10–14

10 Hört das Wort Jahwes, Völker,
und verkündet es auf den Inseln in der Ferne und sagt:
Der Israel zerstreut hat[31], wird es sammeln,
und er wird es hüten wie ein Hirte seine Herde.

---

[25] Das Abhängigkeitsverhältnis ist nicht so eindeutig: Jes 48, 20 f steht Jer 31, 7 „besonders nahe" und ist „möglicherweise davon beeinflußt" (H. J. Hermisson, BK XI/2, 261). Vgl. Jes 44, 23; 49, 13. „Unser Erlöser ist dein Name seit Alters" (Jes 63, 26). Die Redeform begegnet ähnlich zuvor bei Jeremia (s. Anm. 37).

[26] In der Darstellung verbirgt sich eine Umkehrung der 6, 21 f gezeichneten Gerichtssituation; vgl. als Gegensatz auch Hos 9, 1. 16; 14, 1.

[27] Vgl. einerseits als Grund für den Ausschluss vom Priesterdienst Lev 21, 18; andererseits als Geschick Ex 4, 11; die Aufrufe zur Fürsorge Lev 19, 14; Dtn 27, 18; Hiob 29, 15 und die Erwartung Jes 29, 18; 35, 5 f; Ps 146, 7 f; auch Tendenzen zur Erweiterung der Gemeinde wie Jes 56, 6 f u. a.

[28] V 8; vgl. 26, 17; 44, 15; auch Neh 8, 2; mit anderem Begriff Jer 30, 20.

[29] Jes 1, 2; Dtn 14, 1 u. a. sprechen im Plural von „Söhnen". Vgl. zu V 20.

[30] BK II/1, 214 zu Ex 4, 22.

[31] Das hebräische Partizip scheint in gleichsam grundsätzlicher Fassung – ähnlich wie 1 Sam 2, 6 – auf Gottes Wirken hinzuweisen. Die Formulierung kann über die Exulanten hinaus die Diaspora (wie 29, 14) einbeziehen.

11 Denn Jahwe hat Jakob erlöst[32]
und hat ihn befreit aus der Hand dessen, der stärker ist als er[33].
12 Sie werden kommen und jubeln auf der Höhe Zions,
und strahlen[34] über die Güte Jahwes,
über Korn, über Most und über Öl
und über Schafe und Rinder.
Sie selbst[35] werden sein wie ein bewässerter Garten,
und sie werden nicht mehr verschmachten.
13 Dann wird sich die Jungfrau am Reigentanz erfreuen,
auch Junge und Alte zusammen.
Ihre Trauer werde ich in Freude verwandeln
und werde sie trösten und sie erfreuen – weg von ihrem Kummer.
14 Ich werde die Seele der Priester mit Fett tränken,
mein Volk wird sich an meiner Güte[36] sättigen – Spruch Jahwes.

Ruft V 6 zur Wallfahrt zum *Zion* auf, so nehmen V 10 ff die Struktur auf, führen gleichsam an dieses Ziel.[37] Der Ort des Segens und der Gottesverehrung, die V 4 f.6 unterschieden werden, sind hier vereint. V 10 ff beziehen mit der Ausführung der Stichworte (von V 4–6) auf Jerusalem, was zuvor dem Nordreich gilt. Die ihm gewährten Naturgaben (V 5) werden auch dem Südreich (V 12b) zuteil. Die Grundstimmung der Freude (V 7. 13) mit dem Jubel (V 7. 12) bleibt. Der spannungsvolle Wechsel „Wegbringen – sammeln" (V 8) mit dem „Kommen" unter Gottes Leitung (V 9) wird aufgenommen. So werden V 7–9 in V 10 ff entfaltet.

> V 10–13a Wort des Propheten (von Gott in 3.Ps.)
> V 10 Aufruf, zu hören an die Völker
> > und selbst die zwei- bzw. dreigliedrige Botschaft mit Rück- und Ausblick
> > weiterzugeben
> V 11 Begründung: Zusage der Befreiung
> V 12–13a Folge: Gaben der Natur am Zion
> V 13b-14 Gottesrede (in 1.Ps.)
> V 13b allgemein
> V 14 Entfaltung

Gegenüber V 7 ergeht der Aufruf[38] hier, gesteigert oder erweitert, vor universalem Horizont: Völker werden gemahnt, wahrzunehmen und – welt-

---

[32] Es handelt sich kaum um einen Rückblick auf die Befreiung, eher um ein sog. prophetisches Perfekt, das die Zukunft als gewiss vorwegnimmt.
[33] Nämlich: als Jakob, das Volk. Jesaja (28, 2) konnte Assur den „Starken ... für den Herrn" nennen.
[34] Vgl. HAL 639a. Möglich auch: „strömen hin".
[35] Wörtlich: „Ihre Seele", d. h. Lebenskraft; V 14 nimmt das Wort „Seele" auf.
[36] D. h.: an meinen Wohltaten, guten Gaben.
[37] Zur Ausrichtung auf den Zion V 6. 12a vgl. noch den Zusatz in 30, 17.
[38] Zum sog. Aufmerksamkeitsruf „Hört das Wort Jahwes!" – 2, 4 (I, 68 Anm. 13); 7, 2 u.a.; dazu ThWAT II, 117 f.

weit – weiterzugeben: Die Welt bis in die äußerste Ferne soll von der Wende des Geschicks erfahren. Die Redeform begegnet ähnlich zuvor mit begründender Unheilsansage.[39] Hier mischen sich Heroldsruf und sog. „eschatologischer Hymnus", d.h. Aufruf zum Lob angesichts künftiger Gottestat. Jeweils wird eine nahe Zukunft angekündigt, dort Gericht, hier anbrechendes Heil. Die Unheilsansage bleibt bei der Umkehrung allerdings als Hintergrund erhalten: „Zerstreuen und sammeln" ist Gottes zwiefältiges Wirken. Es wird wie grundsätzlich, bekenntnisartig-knapp 1 Sam 2,6f u.a. ausgesprochen, umfasst beides, aber mit einer Ausrichtung, dem Schwerpunkt am Schluss. Das beidseitige Handeln ist wohl auf zwei Zeiten, Vergangenheit mit Gegenwart und erwartete baldige Zukunft, verteilt. Außerdem werden beide Akte des einen Gotteshandelns um ein drittes Element, die Aufgabe des Hirten, erweitert: das Bewahren oder Behüten.

In verschiedenen Motiven zeigt sich wieder eine Nähe zur Überlieferung des Exilspropheten[40]. Wie V 3–4a mit der Folge V 4bf so liegt hier das entscheidende Gewicht auf der Tat Gottes (V 10f) – mit ihrer Folge oder Wirkung. Wie dort erscheint sie in der Natur wie beim Menschen: V 13 nimmt mit der Bezeichnung „Jungfrau" den freudigen Reigentanz V 4 auf.

Das „Gute" (V 12a) entfaltet V 12b: Die Früchte des Landes, Getreide, Most und Öl, sowie das Vieh, Schafe und Rinder, gelten als Gottes Gaben, Auswirkung seines Segens.[41] Greift die Erwartung aber nicht über den Lebensunterhalt, das Lebensnotwendige, hinaus? Nicht nur Jerusalems Umland, die Bewohner selbst gleichen einem bewässerten Garten.[42]

Die Ich-Rede (V 13bf), mit der sich Gott selbst verbürgt, bestätigt und bekräftigt das vorhergehende Prophetenwort: Kummer wandelt sich in Freude, die alle erfasst: beide Geschlechter, jung und alt. Wird das Thema Wallfahrt (V 6) mit ihrem kultischen Ziel weitergeführt? Jedenfalls werden Priester ausdrücklich hervorgehoben: Ihnen soll es wie dem Volk ergehen; sie haben an dessen Wohl Anteil, werden bis in die „Seele", tief „erfrischt"[43]. Der Schluss kehrt zu einer Aussage über das Volk zurück: Es wird am „Guten"[44] genug haben; die nähere Bestimmung „Jahwes Güte" (V 12) wird als „meine Güte" aufgenommen.

---

[39] Bilden V 10f geradezu das „Gegenstück" (G. Wanke 285) zu 4, 5f oder zu der – jüngeren – Aufforderung mit weltweitem Horizont 6, 18f? Vgl. I,15 (Anm. 100). 127. 167. Vgl. noch 2, 10.

[40] Wie Hirte und Herde (Jes 40, 11), „erlösen" (43, 1 u.a.; vgl. Hos 13, 14); auch Jes 50, 2; 51, 11 u.a. Vgl. o. Anm. 25.

[41] Vgl. über Hos 2, 10. 24 hinaus bes. Dtn 7, 13; 12, 17; 14, 23; auch 2 Kön 18, 32; Joel 2, 24; Neh 5, 11 u.a. Die Gaben können entzogen werden (Hag 1, 11; 2, 17).

[42] Das Bild wird in Jes 58, 11 als nicht versiegender Quell erläutert.

[43] V 14 „satt tränken" (HAL 115) greift den gleichen Wortstamm „bewässert"(V 12) auf. Vgl. Anm. 35.

[44] Vgl. zu „Gutes / Güte" Jer 24, 5 u.a.; I,24f mit Anm. 172.

Hoffnung durch die Wende in Gott
Jer 31, 15–17. 18–20. 21 f.

15 So spricht Jahwe
Horch, in Rama hört man Klage, bitteres Weinen.
Rahel weint[1] um ihre Kinder,
weigert sich, sich trösten zu lassen
über ihre Kinder; denn sie[2] sind nicht mehr.
16 So spricht Jahwe:
Verwehre deiner Stimme das Weinen
und deinen Augen die Tränen;
denn es gibt einen Lohn für deine Mühe, Spruch Jahwes
    – sie werden zurückkehren aus Feindesland.
17 Und es gibt Hoffnung für deine Zukunft[3]
    – und Kinder werden zurückkehren in ihr Gebiet.
18 Deutlich habe ich Ephraim gehört, wie es klagt:
„Du hast mich gezüchtigt, und ich wurde gezüchtigt –
    wie ein ungezähmtes Kalb.
Lass mich umkehren, so dass ich umkehre[4];
denn du bist Jahwe, mein Gott.
19 Ja, nach meiner Abkehr reute es mich wieder,
und nachdem ich Kenntnis erlangt habe, schlug ich mir auf die Hüfte.[5]
Ich schämte mich und wurde auch zuschanden;
Denn ich trug die Schande meiner Jugend."
20 Ist (nicht) Ephraim mir ein geliebter Sohn,
(mein) Lieblingskind?
Sooft ich von ihm rede,
muss ich immerzu an ihn denken.
Darum bewegt sich mein Inneres ihm entgegen;
Ich muss mich seiner erbarmen – Spruch Jahwes.

---

[1] Die Verbform meint ein intensives Weinen; sie bezeichnet Ez 8, 14 einen Ritus. Vgl. Anm. 14.

[2] „Niemand (von ihnen) gibt es mehr." Von „der Totalität der Individuen" ist „jedes einzelne" betroffen (Ges-K § 145lm). Der Plural „Söhne" kann die Bedeutung „Kinder" haben (Gen 3, 16 u. a.; THAT I,319; ThWAT I,672).

[3] Die Bedeutung von „Ausgang", hier „Zukunft" übersetzt, schwebt „zwischen Rest und Nachkommenschaft"(H. Seebaß, ThWAT I, 226).

[4] Möglich auch: „damit ich umkehre / umkehren kann".

[5] Die Geste ist ein Ausdruck der Trauer; vgl. Ez 21, 17.

21 Stelle dir Wegweiser[6] auf,
setze dir Wegzeichen[7],
richte deinen Sinn auf die Straße,
den Weg, den du gegangen bist!
Kehre zurück, Jungfrau Israel,
kehre zurück zu diesen deinen Städten!
22 Wie lange willst du schwanken[8],
du widerspenstige[9] Tochter?
Fürwahr, Jahwe schafft Neues im Land.
Die Frau umgibt den Mann.

Drei Abschnitte, in denen jeweils ein anderer Name hervortritt, scheinen eine Folge zu bilden.

Die ersten beiden, die sich mit Klage und Heilszusage im Aufbau ähneln, bilden ein Wortpaar.[10] Der dritte Abschnitt ist anderer Art, eine spätere, konkrete Ausführung der Heilszuwendung. – Die voranstehende Botenformel, die der eigentlichen Gottesrede (V 16) vorausgeht und die von Jeremia wahrgenommene Klage (V 15) in das Gotteswort einbezieht, gilt vermutlich der gesamten Einheit. Stellt der Zusammenhang – mit Volksklage und heilvoller Antwort – eine „prophetische Liturgie" dar?[11] Sie wird die Ergänzung V 21 f einschließen und könnte auch schon vorhergehende Einheiten in Kap. 30 f umfassen.

V 15–17 V 15 Botenformel, das Folgende übergreifend. *Rahels* Klage
          Vgl. Gen 37, 35 Jakob untröstlich
          V 16 f Nach (wiederholter) Botenformel Hoffnungszusage
          V 16a Aufforderung und
          V 16bα17a Begründung in künftigem Heil
          V 16bβ.17b wohl konkretisierende Zusätze: Heimkehr der Deportierten
V 18–20 V 18 f *Ephraims* Klage im Wortlaut: Schuldbekenntnis mit Bitte um Umkehr
          Vertrauensbekundung
          V 20 Gotteswort mit Zusage der Wende
V 21 f   Aufruf an „*Jungfrau Israel*" zur Heimkehr der unwilligen Deportierten
          V 22b Begründung: Neuschöpfung

---

[6] Das hebräische Wort (HAL 958) spielt auf „Zion" an.

[7] Vgl. HAL 1619. Das Wort greift das im Hebräischen gleichlautende Wort „Bitternis" (V 15; vgl. 6, 26) in anderer Bedeutung auf, zeigt so zugleich den Zusammenhang mit dem Vorgegebenen.

[8] „Sich hin und her wenden" (HAL 316) ohne Ausrichtung, zum Ziel zu kommen.

[9] Das Wort „abtrünnig / widerspenstig", das den Stamm „umkehren" (vgl. V 18) aufgreift, wird mit Änderung auch übersetzt: „heimzuführende" (HAL 1331 f). Im Zusammenhang bezieht sich die „Ablehnung" ohnehin auf die Rückkehr bzw. Rückkehrwilligkeit. Das hebräische Verb „umgeben" (V 22b) könnte wegen des Anklangs an „abtrünnig, widerspenstig" gewählt sein.

[10] Vgl. 1, 11 f.13 f; 2, 10 f.12 f; 23, 10–12. 13–15; auch 23, 30 f; 30, 5 ff.12 ff u. a.

[11] Vgl. zum möglichen gottesdienstlichem Hintergrund I, 40 f.117. 262 f; auch das Vorwort zu Jer 30 f.

An die weinende Rahel, die als Stamm-Mutter Joseph und Benjamin[12] verkörpert, ergeht die Heilszusage. Nach älterer Tradition lag das Rahelgrab im
Norden bei Rama, an der Grenze von Benjamin und Ephraim.[13] So sind Bewohner des ehemaligen Nordreichs angesprochen. In ihrer tiefen Trauer über
den Tod der Kinder findet die Mutter nicht nur keinen Trost, sondern ver-
weigert ihn auch. Immer noch bleibt sie hart getroffen – wohl von Ereignissen, die mit der Zerstörung des Nordreichs und der Deportation 722 v. Chr.
(2 Kön 17) etwa ein Jahrhundert zurückliegen. Diese untröstliche Rahel ist
eine Metapher; insofern ist Zurückhaltung in der Ausmalung der Szene angebracht.[14]

Beide Einheiten haben einerseits Vorbilder bzw. Vorstufen bei Hosea;
durch dessen Botschaft Jeremias Verkündigung vielfältig Anregungen emp-
fing.[15] Von Hosea beeinflusst sind: vielleicht schon die Rede vom Verlust der
Kinder (Hos 9, 1 ff; vgl. 13, 13), zumal der Vergleich mit dem gelehrigen bzw.
unerziehbaren Rind (10, 11; 4, 16), auch die Schmach[16]. Die durch Gericht
herbeigeführte Buße erinnert an den liturgischen Ablauf Hos 6.[17] Hosea weiß
vom „Sohn", dem Gottes „Liebe" gilt (11, 1) wie vom „Züchtigen"[18]. Antwortet die Vertrauensbekundung: „Jahwe, mein Gott" (V 18) auf den Zuspruch „Jahwe, dein Gott"(Hos 12, 10; 13, 4)? Jedenfalls schließt sich, eben
im Bezug auf Ephraim, die Zusage der Wende in Gott selbst (V 20) an Hosea
(11, 8 f) an.[19] – In den beiden ersten Einheiten finden sich andererseits mancherlei Übereinstimmungen mit vertrauten Worten der Jeremia-Überlieferung[20]; sie weisen auf den Autor, der wie Ephraim (V 19) gemäß der Eröffnung der Konfessionen[21] selbst durch Jahwe „Kenntnis gewann".[22]

---

[12] Vgl. Gen 30, 22 ff; 35, 16 ff; 46, 19; auch Hos 12, 13; Rut 4, 11.

[13] Vgl. 1 Sam 10, 2. Der Ort Rama (übersetzt: „Höhe"), nahe Beth-El, grob 10 km nördlich
von Jerusalem, gehört zu Benjamin (Jos 18, 25; Neh 11, 33; vgl. 1Sam 1, 1); auch Jer 40, 1. Ein
Jer 31, 15 f entsprechendes Motiv bezeugt auch der Name des Kindes, den die sterbende Rahel
(Gen 35, 18) gab: „Sohn meiner Trauer / Totenklage" (HAL 22). Erst jüngere Tradition sucht das
Grab bei Bethlehem. In Gen 35, 19 (dazu 48, 7) ist die Identifikation „Das ist Bethlehem" späterer
Zusatz. Vgl. L. Ruppert, Genesis. 3. Teilband. FzB 106, 2005, 495. 497 f (Lit.). Die jüngere Lo-
kalisierung nimmt Mt 2, 17 f auf.

[14] Darf man „an konkrete Klagefeiern der Bewohner des ehemaligen Nordreichs denken"
(N. Kilpp, Niederreißen 147)?

[15] Zusammenfassend I,10.

[16] V 19b; vgl. Hos 4, 18; 10, 6; 12, 15.

[17] Vgl. I,266.

[18] V 18; schon 2, 19; Hos 7,(12.)15; 10, 10.

[19] Vgl. zum Wort „Erbarmen, Barmherzigkeit" Hos 1, 6 u. a.; auch Jer 16, 5.

[20] Etwa: „Klage" verbunden mit „Weinen" 9, 9; und „Tränen" 9, 17; 13, 17; 14, 17; „Bitternis"
6, 26; „sich weigern" 5, 3; 8, 5; „zurückhalten" 2, 25; 5, 25; „sich schämen" ähnlich 9, 18; 12, 13;
14, 4. Zum Thema Kinderlosigkeit vgl. Jer 16. In der Strukturverwandtschaft von 2, 25; 31, 16 sowie in der Stilform von V 18 (Anm. 35) u. a. zeigt sich der Individualstil (Idiolekt) eines Verfas-
sers, so dass 31, 15–20 „auf eine originale Dichtung Jeremias zurückgeht" (H.-J. Stipp, Die Ver-
fasserschaft der Trostschrift Jer 30–31: ZAW 123, 2011, 184–206, bes. 193 f).

[21] Jer 11, 18. Überhaupt spielt das Verb „erkennen" (V 19) eine nicht geringe Rolle; vgl. I,239
Anm. 36.

Mt 2, 17 f nimmt das Jeremiawort 31, 15 auf, um – im Vorblick über Jahrhunderte hinweg – einen anderen Verlust zu deuten. Der auf diese Weise im Alten wie im Neuen Testament bezeugte Text ist als „Vox in Rama" mehrfach musikalisch gestaltet worden, schon als Motette im 16. Jh.[23]

Die der Klage V 15 entgegengehaltene Aufforderung V 16a bedarf einer Begründung; so können V 16b.17 kaum insgesamt später hinzu gekommen sein, sind allerdings erweitert worden.

Ähnlich wie Kap. 3[24] „spielt" der vorliegende Text mit dem Wortstamm „umkehren" (schub) in verschiedenen Bedeutungen. Das Motiv tritt, ebenfalls von der Redaktion angereichert und abgewandelt, mehrfach auf; diese Vielfalt kommt jeweils erst in der Nachgeschichte zustande. Allerdings hat das Stichwort Anhalt an Jeremia. Zum Kern alter Tradition gehören wohl nur Abkehr (2, 19; 8, 5 u. a.) und – im Anschluss an Hosea (11, 7; 14, 5) – „Umkehr" (Jer 3, 12; 31, 18). Dabei enthält V 18 ein ähnliches Wortspiel wie 15, 19. Wie in 3, 12 f sind Umkehr und Schuldeinsicht angesichts der Heilszusage verbunden[25]; was dort Angebot ist, wird hier entfaltet oder auch weitergeführt: Das Schuldbekenntnis wird eigens ausgesprochen.

Die Ergänzungen nehmen die Wurzel auf; „Rückkehr" gehört wohl erst zur jüngeren Ausgestaltung des Themas.

Auch die in der Übersetzung in Gedankenstriche gesetzten V 16bβ.17b stellen vermutlich Nachträge dar.[26] Beide Halbsätze fallen durch den Personenwechsel auf und enthalten dasselbe Verb in der Bedeutung „zurückkehren". Gehört eine Zielangabe nicht eher nur nach V 17a? Beide Näherbestimmungen sind vermutlich gemeinsam mit dem Aufruf zur Rückkehr V 21 f hinzugefügt. Ähnlich wird Jeremias Heilszusage (29, 5–7) in 29, 10 um die Rückführung erweitert.[27]

Ohne diese – mit der Rückkehrverheißung konkretisierenden – Zielangaben bilden beide Aussagen „Es gibt …" (V 16bα.17a) einen strengen Parallelismus, nehmen das Thema von V 15 auf und entsprechen ihm. Zudem passen sie zur frühen Tradition: In dieser Gestalt stimmt die Heilszusage einerseits mit der Verheißung an das Nordreich (3, 12 f), andererseits mit dem Brief an die Exilierten überein.[28] Dabei bedürfen die Worte (in V 15–17a) keiner Erläuterung, sind vielmehr aus sich verständlich, können darum auch mündlich bestanden haben. Außerdem wird eine Nachgeschichte spürbar: Die spätere,

---

[22] Umgekehrt ist die jüngere prophetische Liturgie 3, 21 ff von hier durch 31, 18 ff beeinflusst Vgl. I, 117 f. So erinnert 3, 22 an 30, 18 bzw. 3, 25 an 30, 19.

[23] Jacob Clemens non Papa und Giaches de Wert, dann Heinrich Schütz, Mikolj Zielenski, noch in der Gegenwart: René Armbruster, Poul Ruders, Terrance Johns.

[24] Vgl. I, 101 f.105 f.

[25] Vgl. I, 109 f. Gegenüber 3, 12 jünger sind 3, 14. 22.

[26] Vgl. Ergänzungen mit demselben Verb, wenn auch in anderer Bedeutung, in 23, 14. 22; 24, 7.

[27] Vgl. 30, 3. 10; 31, 8; auch 12, 15; 33, 7; Klgl 2, 14; dazu N. Kilpp, Niederreißen 148 f; A. Graupner, ThWAT VII, 1151.

[28] Wie eine Umkehrung der Situation von 16, 3 f wirkt der Aufruf zur Elternschaft 29, 6.

von der Redaktion gestaltete Entfaltung von Jeremias Brief (29, 10 ff) wandelt
V 17 in allgemeinerer Form ab: „Zukunft und Hoffnung".[29]

Fügt sich die Rede vom „Lohn"[30] für eine „Mühe" in die tiefe Klage oder in
Jeremias Verkündigung?[31] Ein Rechtsanspruch ist in diesem Zusammenhang
schwerlich gemeint. Kann „Mühe" auch die zu tragende Last, eben der Mutter, sein? „Lohn" ist ja bildhaft, und „Lohn für deine Mühe" wird ausgelegt
als „Hoffnung für deine Zukunft / Nachkommenschaft".[32]

Die folgende Heilszusage V 20 ergeht ohne Bedingung, setzt – wie
30, 5–7. 12–17, zumal 31, 2–6 – für das Erbarmen nicht Ephraims Reue voraus.
Wie die gewünschte Umkehr (3, 12 f) nicht Bedingung, vielmehr Folge von
Gottes „Gnade" ist, bleibt seine Zuwendung ein freier Akt.

Die zweite Einheit (V 18–20) wirkt wie eine Steigerung: Auf jene wortlose
Klage der Mutter um ihre verlorenen Söhne mit der Heilszusage folgt hier
eine ausdrückliche, im Wortlaut bestimmte Klage Ephraims; sie ist in die
Gottesrede („Ich höre") hineingenommen. Das Zitat enthält ausdrücklich ein
Schuldbekenntnis. Die Heilszusage ist ungleich grundsätzlicher, ja unüber-
bietbar formuliert.

Im Klage- oder Bußlied Ephraims wird in oder nach dem Gericht erkannt
und anerkannt: Gott züchtigt mit einem Ziel (V 18). „Das Besondere dieser
Buße ist, daß sie als Frucht des göttlichen Gerichts erscheint, und das Volk
nun auch den tieferen Sinn des Gottesgerichts einsieht."[33] Der Betroffene
rechtfertigt nicht sich, sondern Gott: Das Schicksal bzw. Geschick bewirkt
Selbsterkenntnis, erscheint im Rückblick nicht (mehr) ungerecht. Israel glich
einem nicht leitbaren, unbelehrbaren Rind, das Züchtigung nötig oder verdient hat. Entsprechend wird „Schande meiner Jugend",[34] an die Zeit der Un-
einsichtigkeit erinnert.

Die – für Jeremia typische[35] – enge Verbindung von passiv-rezeptivem Geschehen-Lassen und aktivem Tun, Ergriffen-Werden und Ergreifen, begegnet
hier gleich zweimal. Vermag Israel umzukehren? Finden sich bei Jeremia
Aussagen, die eine Veränderung des Menschen oder eine Umkehr nicht möglich[36] erscheinen lassen, so wendet sich Ephraim an den, der züchtigt, und

---

[29] „Ausgang" (5, 31), hier „Zukunft", und „Lohn" (22, 13) begegnen bei Jeremia. Ist die Aussage 31, 16 f auf dem Weg zum Exilspropheten, bildet eine Vorform von Jes 40 mit der Einsicht
„Doppeltes getragen"(40, 2) und der Sprache „sein Lohn" bzw. „Werk" (40, 10)?

[30] Vgl. später 2 Chr 15, 7. Würde man im Jeremiabuch „Lohn"(vgl. 22, 15) nicht eher im unheilvollen Zusammenhang von Schuld und Strafe erwarten?

[31] Sachlich wäre die Heilsansage für Einzelpersonen vergleichbar; I,21.

[32] E.-J. Waschke (ThWAT VIII, 752) bezieht beide Aussagen eng aufeinander: „Die ‚Mühen'
stehen ... nicht für ein Tun Rahels, mit dem sie sich Israels Zukunft verdient hätte, sondern für
die Beschwernis ihrer Mutterschaft ..., die mit dieser Zusage nicht der Sinnlosigkeit verfällt."
„Mühe" erklärt sich „aus dem Bild der Mutter"(A. Weiser 280 Anm. 1).

[33] A. Weiser 280.

[34] Vgl. „Jugend" 2, 1.

[35] Vgl. 11, 18; 17, 14; 20, 7; 31, 4; auch 15, 19; dazu I,23 f.239. 305. 335.

[36] Jer 2, 22; 13, 23 bzw. 3, 1–5; vgl. 8, 4 ff; dazu I,17 f.257.

bittet um eine von Gott ermöglichte, veranlasste oder gewirkte Umkehr. Er möge sie schaffen oder die entsprechende Fähigkeit geben.

Verlauf und Intention des Textes fasst S. Böhmer (Heimkehr 51 f) ansprechend zusammen: Der Abschnitt ist von der Frage „bewegt: Kann Ephraim, obwohl es sich von seinem Gott abgewendet hat und daraufhin gezüchtigt worden ist, wieder mit Jahwe Gemeinschaft haben? Ephraim bittet inständig um die Erneuerung der Gemeinschaft, und Jahwe verspricht sein Erbarmen." Der Text berührt sich eng mit 3, 12 f: das gleiche „Bild der Umkehr bei Erkenntnis der eigenen Schuld"; was dort Angebot ist, wird hier im Bekenntnis der Schuld wirklich, „und Jahwe nimmt sein Volk aufs neue an".

Die einschneidenden Ereignisse von 722 v. Chr. mit Zerstörung und Deportation sind, „so Jeremia, auch ein Jahrhundert später nicht vergessen und verwunden." Sie „erscheinen nicht als ungerechtes Schicksal, sondern als eine harte Züchtigung, die Jahwe seinem Volk ‚wie einem ungelehrigen Rind' (31, 18) zugefügt hat. Ephraim sucht sich also nicht selbst zu rechtfertigen." „Ich trage die Schande meiner Jugend" bekennt das Volk, „dass es sich aus mangelnder Einsicht an Jahwe versündigt hat und dafür die Folgen zu Recht tragen muß. Das Gericht hat also zur Erkenntnis der Schuld und damit auch zu wahrer Selbsterkenntnis geführt (31, 19). Israel wendet sich mit seinem Schuldbekenntnis und mit seiner Bitte, umkehren zu dürfen, an Jahwe … Nachdem die Gemeinschaft mit Jahwe durch das Gericht zutiefst in Frage gestellt ist, kann er allein über die Zukunft entscheiden." Gottes Barmherzigkeit „ist größer als die Schuld Ephraims und reicht weiter als das Gericht", „deshalb ist ein Neubeginn für das Volk möglich."(S. 86)

Die „radikale" Heilszusage, die auf Schuldbekenntnis und Bitte dem „geliebten Sohn" antwortet (V 20), hält die Einsicht in die Schuldhaftigkeit fest und verlegt das Heil in Gott selbst. Nur er „kehrt" sich; die Wende vollzieht sich in Gott ohne weitere Vorbedingung oder Voraussetzung in menschlichem Verhalten. Die Aussage entfaltet den Zuspruch in Gottes Ich-Rede (3, 12), „nicht ewig zu zürnen", und lässt an das Bildwort (Ps 103, 13) denken: „Wie sich ein Vater über seine Kinder erbarmt."[37]

Ist mit der Umkehrmöglichkeit (V 18b) implizit zugleich eine Erneuerung erbeten, so wird jetzt ausdrücklich „Neues" erwartet bzw. verheißen. V 21 f entfalten die Heilswende, aktualisieren die Zusage und verbinden sie mit einer Mahnung, einem eindringlichen Aufruf an die Exulanten zurückzukehren. Gegen dieses Ansinnen richtet sich aber ihr „widerspenstiges" Verhalten; sie „schwanken". Erscheint ihnen die Situation – auch in der Heimat – zu wenig hoffnungsvoll? Zumindest sind sie nicht im gewünschten Maß heimkehrwillig, werden darum aufgerüttelt. Setzt die Bildrede im strengen Sinn voraus, dass die Angeredeten noch auf dem Weg ins Exil sind, so dass sie sich solche Zeichen erstellen, die Straße markieren könnten? Ob dies Ge-

---

[37] „Die Strophe ist außerordentlich schön und für Jer sehr charakteristisch", „das Vorspiel" zum Gleichnis vom verlorenen Sohn bzw. barmherzigen Vater (B. Duhm 250). Vgl. oben zu V 9; dazu Jes 63, 15 f; als Gegensatz Jer 2, 27; auch 3, 19; 31, 9. W. Rudolph (197) spricht von einer „Zukunftsschau".

fangenen aber überhaupt möglich wäre? So sind es eher anschaulich-bild-
hafte Erinnerungen an den „Weg, den du gegangen *bist*".

Auffälligerweise wird der Aufruf zur Heimkehr nicht mit einer Änderung
politischer Verhältnisse begründet. Der Text steht mit dem Thema Heimweg
(Jes 40, 3; 49, 11) wie der Ankündigung einer Neuschöpfung dem Exilspropheten (49, 13 „Neues machen"; vgl. 65, 17) und zugleich (mit den Ausdrücken „schaffen", „Frau") der grob gleichzeitigen Priesterschrift (Gen 1) nahe.

Das Verb „schaffen" (*br'*) ist Gott vorbehalten und enthebt so sein schöpferisches Wirken der Ähnlichkeit mit menschlicher Tätigkeit. So „wird diese
Art der Schöpfung jeder Analogie entzogen und damit jeder Vorstellbarkeit
enthoben; denn anschaulich kann göttliches Wirken ja nur sein, soweit es
menschlichem vergleichbar bleibt. Das Verbum sagt also nichts mehr über
das Wie der Entstehung."[38]

Die Anrede als „Jungfrau Israel", die sich bei dem Exilspropheten Deuterojesaja nicht findet, begegnet kritisch (18, 13; vgl. Am 5, 2) und schon in dieser Sammlung (Jer 31, 4); beide Aussagen hängen – mit weiteren Anspielungen – zusammen. Schwingt bei dem Titel „Jungfrau" die Jugend[39], die
Verheißung des „Neu"beginns mit? Das Volk erscheint nicht (mehr) als ab-
trünnige Ehefrau.[40]

Neuschöpfung lässt einen anderen Zustand, eine Aufhebung oder Umkehrung der Verhältnisse erwarten; dieser allgemeinen Intention entspricht die
folgende, vielleicht beispielhafte Erläuterung. Der mehrdeutige Satz hat recht
unterschiedliche Auslegungen[41] erfahren. Innerhalb der Sammlung wird zuvor (30, 6) der Mann mit einer – von Schmerzen getroffenen – Frau verglichen. Hier scheint das Wort für „Frau" das „Weibliche" zu betonen.[42] Darum
kann es kaum auf das Volk in seinem Verhältnis zu Gott bezogen sein. Am
ehesten sind zwei sich nicht ausschließende Aspekte oder Nuancen möglich:
Zum einen kann an die Schöpfungsgeschichte oder allgemeiner einen Schöp-
fungsvorgang gedacht sein.[43] Zum andern kann bei dem Wort für „Mann" die
„Stärke / Kraft" mitklingen. Dann liegt hier ein Gegensatz zum Üblichen,
zumal dem in einer Kriegssituation oder Notlage (wie 30, 5–7) Gewohnten
oder Selbstverständlichen, vor. Kehrt sich hier das Verhältnis um: Erhält die
Frau eine „um-sorgende", beschützende Aufgabe, die „Kraftvoll-Heldi-
sches" „umschließt", zudeckt, so zurückdrängt? Ist eher an einen Schöp-

---

[38] THAT I, 336–339, bes. 338; vgl. ThWAT I, 769 ff.
[39] Vgl. die Szene der tanzenden Jungfrauen V 4.
[40] Vgl. etwa Jer 3, 1; dazu I, 102 f.
[41] Vgl. Überblicke (mit Lit.) bei R. North, ThWAT II, 771 ff; N. Kilpp, Niederreißen 152 ff,
bes. Anm. 2; A. Meinhold, Zur weisheitlichen Sicht des Menschen: ABG 6 (2002) 46 f.
[42] Das mit einem Verb „durchbohren" zusammenhängende Wort für „Frau" sieht sie „als Ge-
schlechtswesen" (HAL 679; ThWAT V, 589 ff).
[43] Der Satz hat nach H. Kosmala (ThWAT I, 914) „natürlich einen bildlichen Sinn", bezieht
sich mit dem entsprechenden Wort für „Frau" aber auf die Schöpfungsgeschichte Gen 1, 27 f (ähnlich A. Weiser u. a.).

fungsakt oder an eine unkriegerisch-friedliche[44] Situation gedacht? Vielleicht mischen sich beide Momente.

Das Element des „Neuen" wird jedenfalls im Folgenden – über Exemplarisches hinaus – mit grundsätzlichen Erwägungen (V 31 ff) ausgebaut.

Verheißungen für Juda und für beide „Häuser"
Jer 31, 23–30

23 So spricht Jahwe Zebaoth, der Gott Israels: Wieder wird man dieses Wort sagen im Land Juda und in seinen Städten, wenn ich ihr Geschick wende: „Es segne dich Jahwe, Aue der Gerechtigkeit / des Heils[1], heiliger Berg!"
24 Wohnen werden darin Juda und alle seine Städte miteinander, Bauern und die mit der Herde aufbrechen[2]. 25 Denn ich habe die matte Seele getränkt und jede lechzende Seele gesättigt.
26 Darüber bin ich aufgewacht und schaute,
und mein Schlaf war mir angenehm.
27 Siehe, Tage kommen – Spruch Jahwes –, da säe ich das Haus Israel und das Haus Juda, Samen[3] von Menschen und Samen von Vieh. 28 Es wird geschehen, wie ich über ihnen gewacht habe, auszureißen und einzureißen, zu zerstören, zu vernichten und Böses zu tun, so werde ich über ihnen wachen, zu bauen und zu pflanzen – Spruch Jahwes.
29 In jenen Tagen wird man nicht mehr sagen:
„Die Väter haben saure Trauben gegessen,
den Söhnen aber sind die Zähne stumpf geworden."
30 Vielmehr wird ein jeder sterben auf Grund seiner Schuld.
Jeder Mensch, der unreife Trauben isst,
dessen Zähne werden stumpf.

Die Botenformel eröffnet einen Prosa-Abschnitt (schon 30, 8 f). Er nimmt mit gewichtigen Stichworten, wie „Wende des Geschicks"[4], „Erbarmen", „(auf)gebaut werden" (30, 18; 31, 4), „die Seele tränken / erfrischen" (31, 14),

---

[44] Vgl. im vorliegenden Kontext mit anderen Motiven V 5. 12.
[1] Beide Übersetzungen sind möglich; vgl. den Namen 23, 6 und bes. seine Übertragung auf Jerusalem 33, 16. Das folgende „Berg" kann auch „Gebirge" bedeuten.
[2] Wörtlich: „Zeltpflöcke herausreißen" (HAL 665). Neben Städtern und Bauern sind wohl Zeltbewohner vorausgesetzt; vgl. 4, 20; 10, 20 (I,223 Anm. 61); 30, 18; auch 35, 7. 10. Führten sie eine halbnomadische Lebensweise? Griechische Handschriften, die aramäische und lateinische Übersetzung geben wieder: „umherziehen".
[3] Die Mehrungsverheißung (vgl. 30, 19) im Bild des Säens meint sinngemäß: „Ich besäe … mit Samen …"
[4] Vgl. o. einleitend zu Jer 30, 1–3. 4 mit Anm. 4.

Anregungen aus vorhergehenden Verheißungen auf, um sie auszugestalten.
Dabei schließt er zwar an „Städte" „im Land" (V 21. 23) an, kann dabei aber,
was sich zuvor auf das Nordreich bezieht, auf Juda mit dem Zion übertragen,
so erweitern oder die Hoffnung, die bereits das Ganze, Israel und Juda (wie
30, 3), umfasst, für Juda (V 23–25) entfalten, um schließlich zur Orientierung
an Gesamtisrael, der Heilserwartung für beide „Häuser" (V 27), zurückzukehren. So wird mit mehreren Motiven eine tiefgreifende Wandlung des Süd-
reichs oder des Ganzen angekündigt.

> V 23–25 Nach der Botenformel Verheißungen an Juda, Land und Städte
> V 23 Im Gegensatz zur Einführung des Bekenntnisses 23, 7
>   wie des Sprichworts 31, 29 „nicht mehr sagen"
> wird man „wieder sagen"; vgl. das Zitat der Heimkehrer aus dem Exil Jes 49, 20
> Wort des Segens für den Zion mit Folge (V 24 für das Land; vgl. V 12)
> und Begründung in Gottes „Ich" (V 25; vgl. V 23 „ich wende")
> V 26 Aufwachen des „Ich" (des Verfassers) vom Schlaf
> V 27–30 Verheißungen für Nord- und Südreich
> V 27 f Gottes „Ich": Heilswirken in Mehrung und Wiederaufbau
> V 27 Gott „sät": Wachstum von Mensch und Vieh
> V 28 Gott „wacht" (im Gefolge der ersten Vision 1, 12 mit anderer Intention), um
>   „aufzubauen"
> V 29 f Entgegen dem umlaufenden (vgl. Ez 18, 2; Klgl 5, 7) Sprichwort:
> Jeder wird seine eigene Schuld tragen

Nach der von Gott herbeigeführten „Wende des Geschicks" soll das Wort,
das seinen Segen[5] erbittet, wieder erklingen. So wird das Ziel der Wallfahrer
(31, 6), die „Höhe Zion" (V 12), mit bildhaften Namen geschmückt und ge-
ehrt. In „Weide / Aue der Gerechtigkeit"[6] klingt die alte Verbindung mit
dem Wortstamm und Motiv (sdk) „gerecht"[7] nach. „Heilig", nämlich von
Gott geheiligt, ist schon der Prophet selbst (1, 5), auch das Volk in seiner
Frühzeit (2, 3). Hier (31, 23; vgl. V 40) steht das Prädikat aber in einem anderen Überlieferungszusammenhang[8]: „Berg der Heiligkeit" ist der Zion.
Entsprechend kann er in ebenfalls jüngeren Partien des Jeremiabuchs (3, 17;
17, 12) Gottes „Thron" genannt werden. Die Hochschätzung Jerusalems spiegelt sich (31, 38–40) noch in den erwarteten Ausmaßen wider. Allerdings
strahlen Segen und Gerechtigkeit (V 24) weiter aus, erfassen Juda und die
Städte; sie erhalten an Wohl und Heil Anteil. Zur „Wende" bzw. zum Segen

---

[5] „Jahwe segne dich!" Num 6, 24(–26); Rut 2, 4 u. a.

[6] Jer 50, 7 von Gott. Der thematisch vergleichbare Name „Jahwe unsere Gerechtigkeit"
wird 33, 16 auf den Zion übertragen. Vgl. die Umkehrung der Anklage Jes 1, 21 in Heil 1, 26; zu
Gerechtigkeit auch o. zu 21, 12; 22, 3.

[7] Vgl. nur den Namen „Melk/chi-Sedek", „König von (Jeru-)Salem" (Gen 14, 18; dazu Ps 76, 3;
110, 4); ausführlicher W. H. Schmidt, Alttestamentlicher Glaube, [11]2011, 308 ff.

[8] Vgl. Ps 48, 2 f; 15, 1; 87, 1; 99, 9; auch Ex 15, (13.)17; Sach 8, 3; Jes 27, 13 u. a.; dazu Sach 1, 16 f;
2, 16: „heiliges Land". Vgl. schon den Hinweis: Wo hat die Aussage: Jahwe „der Heilige" ihren
Ursprung?: ZAW 74, 1962, 62–66; Alttestamentlicher Glaube (o. Anm. 7) 219 ff. Vgl.
ThWAT VI, 1196.

(V 23) gehört (V 25) auch: die „Seele" laben, mit Kraft begaben oder „füllen", Erquickung und Stärkung der Müden und Matten.

Eine – umstrittene, verschieden gedeutete[9] – Aussage (V 26) bezieht sich mit dem „Ich" vermutlich auf den Verfasser oder Redaktor, der sich ähnlich einem Propheten äußert, und bildet eine Zwischenbemerkung.[10]

Nach der Heilszusage an Juda (V 23 f) bedenken V 27 f. 29 f wieder beide Reiche. An die ‚Ankündigung „Siehe, Tage kommen" (V 27)[11] schließt „In jenen Tagen" (V 29) an.

Das Leben wird, wie das Segenswort (V 23) ausspricht, als Gottes Gabe verstanden. Segen kann sich als Lebenskraft äußern, wird so auch (V 27) als Weitergabe des Lebens, als Mehrung[12], entfaltet.[13] Darum folgt im größeren Zusammenhang das Wort kaum zufällig der Aussage (V 22): „Das Weibliche umgibt den Mann". Äußeres und Inneres, Leibliches und Seelisches (vgl. V 25) bleiben dabei verbunden. Als Handlung seines „Erbarmens" in oder nach dem Gericht findet sich in der Heilserwartung Hos 2, 25 ein ähnliches Bild von Gottes „Säen".[14]

V 28 nimmt – im Verbund mit der ersten Vision („wachen" 1, 12) – das *Motto* der (jerdtr) Redaktion (1, 10)[15] auf, die mit der entsprechenden Wortfolge Gottes zweiseitiges Wirken umfassend darstellt. Hier wird die charakteristische Wortkette aufgebrochen, so das Geschehen aufgegliedert: Unheil wird in der Vergangenheit bis in die Gegenwart erfahren, Heil als noch ausstehend für die Zukunft erwartet. Schon ein Jeremiawort verheißt dem Nordreich: „Ich will dich wieder bauen."[16]

Wird zwischen den Motiven: „säen" (V 27) – „pflanzen" (V 28) und dem Bild vom „Trauben essen" (V 29 f) eine Verbindung empfunden? V 29 f zitieren ein kritisches Sprichwort, das den eine Generation übergreifenden Zusammenhang von Schuld und Ergehen beobachtet und beklagt. Das Wort erhebt Einspruch nicht nur gegen eine Lehre, sondern zugleich gegen die – zumal in Krisensituationen, wie im Krieg und dessen Folgen (spürbare) – Er-

---

[9] Vgl. K. Seybold, „ … mein Schlaf war mir süß gewesen". Jer 31, 26 und sein Kontext: Der Freund des Menschen. FS G.C. Macholz, 2003, 47–56.

[10] Ursprünglich beschließt V 26 vielleicht eine ältere „Grundsammlung des Trostbüchleins", fasst „das Ganze als Ergehen einer nächtlichen Offenbarung zusammen" (G. Wanke 290 im Anschluss an W. Thiel II, 20 f). Vgl. zu „Schlaf" mit nächtlichem „Schauen" Sach 1, 8; 4, 1. Jer 23, 25 ff grenzt Wort streng vom Traum ab. Möglicherweise wird jedoch das Nachtgesicht vom Traum unterschieden; vgl. Hi 4, 11 ff.

[11] Wie 23, 7; 30, 3; 31, 31 u.a.

[12] Vgl. Gen 1, 28; 1, 22 von Meerestieren; auch 9, 1; 12, 2 u.a. Zuvor setzt Jer 31, 24 (Anm. 2) Herden voraus; so fällt (V 27) der Übergang auf Mensch und Tier leicht. Vgl. Ez 36, 11.

[13] Im Jeremiabuch tritt die Verheißung zugleich der in Varianten begegnenden Gerichtsansage „ohne Mensch und Vieh" entgegen; vgl. 21, 6; 36, 29; auch 4, 25 (I, 135 Anm. 60); 7, 20 u.a.

[14] „Das durch Krieg und Deportation dezimierte Volk wird durch Jahwes Wirken eine neue Blüte erleben, ausgedrückt durch das Bild vom Besäen des Landes mit Menschen- und Tiersamen." (G. Wanke 291)

[15] Vgl. I, 39. 55 f.

[16] Vgl. 31, 4; „bauen" 29, 5; 45, 4; dazu 30, 18.

fahrung, dass die nächste Generation mitleidet, die Taten der Väter mitzutragen hat.[17] Die Gegenwart entspricht noch dieser Einsicht, erst für die Zukunft wird die andere Erfahrung, die Begrenzung der Schuld auf den Täter, erhofft: Jeder soll für seine eigene Schuld zur Verantwortung gezogen werden, seine Schuld auf sich nehmen und selbst die Folgen seiner Tat[18] zu tragen haben.[19] – Dem Zusammenhang vom Ertragen von Schuld widerspricht auf andere – grundsätzliche – Weise die unmittelbar folgende Verheißung.[20]

Der neue Bund
Jer 31, 31–34

31 Siehe, Tage kommen, – Spruch Jahwes –, da schließe ich mit dem Haus Israel und dem Haus Juda[1] einen neuen Bund,   32 nicht wie der Bund war, den ich mit ihren Vätern zu der Zeit schloss, als ich sie bei ihrer Hand nahm, um sie aus Ägypten herauszuführen, weil sie[2] meinen Bund brachen und ich mich an ihnen als Herr erweisen musste[3] – Spruch Jahwes –, 33 sondern dies soll der Bund sein, den ich nach jenen Tagen mit dem Haus Israel schließe – Spruch Jahwes –: Ich lege[4] meine Tora / Weisung in ihr Inneres und schreibe sie in ihr Herz, so[5] werde ich ihr Gott sein, und sie werden mein Volk sein.   34 Sie werden einander nicht mehr gegenseitig belehren, noch ein Bruder den anderen: Erkennet Jahwe! Vielmehr werden sie

---

[17] Gerade die in der Exilszeit Lebenden müssen diese Erfahrung machen; vgl. auch 2 Kön 23, 26. Vgl. N. Kilpp, Eine frühe Interpretation der Katastrophe von 587: ZAW 97, 1985, 210–220. Es handelt sich „um den Versuch der Exilsgeneration, eine Erklärung für ihre Not zu finden. Man verweist auf die Schuld der Väter" (K. Koenen, BZAW 229, 1994, 178). Vgl. G. Braulik, Studien zum Deuteronomium ...: SBAB 33, 2001, 177 ff.

[18] Anschaulich-nachvollziehbar wird der Zusammenhang in Kains Wort (Gen 4, 13); in ihm sind beide Übersetzungen möglich: „Zu groß ist meine Schuld / meine Strafe, als dass ich sie zu tragen vermöchte." Trotz seiner Tat erhält Kain aber ein Schutzzeichen, wird weiter von Gott angeredet, und im vorliegenden Kontext behält er die Gottebenbildlichkeit.

[19] Wieweit ist bei (nur) individueller Verantwortung – bei übergreifenden Ereignissen – noch der Lebenszusammenhang in der Gruppe oder dem Volk im Blick? Vgl. auch zu 32, 19.

[20] Jer 31, 31–34; vgl. schon 3, 12 f; auch 32, 18.

[1] „und dem Haus Juda" ist (trotz V 33) kaum Zusatz (vgl. 11, 10).

[2] Das betonte „sie" bezieht sich auf die Väter, schließt aber die Späteren ein; vgl. Jer 11; hier auch das entsprechende „sie" V 33b. Gemeint ist das Volk insgesamt.

[3] HAL 136b; Zürcher Bibel (2007). Jahwe erweist sich „denen, die seinen Bund gebrochen haben, als der strafende Herr" (THAT I,332), „in seinem Strafgericht"(J. Schreiner 188). Möglich auch: „obgleich ich Herr über sie war / bin". Vgl. auch Hebr 8, 9.

[4] Das Perfekt für künftige Handlungen, die „so gut wie vollzogen hingestellt" werden, „namentlich auch bei Zusicherungen von Seiten Gottes" (Ges-K § 106m.n). G. Fischer (145): „performatives Perfekt"; vgl. Jer 1, 5. 9. 18.

[5] Wörtlich: und.

alle mich erkennen, vom Kleinsten bis zum Größten – Spruch Jahwes –;
denn ich werde ihre Schuld vergeben und ihrer Sünde nicht mehr gedenken.

Im Zusammenhang des Trostbüchleins soll diese Heilsankündigung wohl
dessen Höhepunkt[6] bilden, ist aber ein klar abgegrenztes, übersichtlich auf-
gebautes, aus sich verständliches Einzelwort; es wird eröffnet (V 31) und abgeschlossen (V 34b) mit Gottes Zusage; die Einheit hat wesentlich fünf Sinn-
abschnitte:

1.) V 31 Überschriftartige Zusammenfassung, Thema- und Zielangabe
        mit der Ankündigung göttlichen Handelns
2.) V 32 Negative Entfaltung in zwei Teilen – mit geschichtlichem Rückblick:
        Gottes Fürsorge und menschlicher Ungehorsam
3.) V 33 Positive Entfaltung
4.) V 34a Auswirkung oder Folge der Tat Gottes
5.) V 34b Voraussetzung und Begründung bzw. bleibender Grund

Aus verschiedenen Gründen – zumal wegen der Fassung in (gehobener)
Prosa mit sprachlich jüngeren Wendungen einschließlich des Grundbegriffs
„Bund" – stammt die Verheißung (nach weithin übereinstimmender Auffassung) kaum von Jeremia selbst, gehört vielmehr der in sich vielgestaltigen Redaktion[7] an. Sie bezieht sich auf das Deuteronomium[8] mit der sich anschließenden Literatur, nimmt insbesondere Jer 11 mit seinem Rückblick bis zur
Herausführung und der Darstellung einer Geschichte des Ungehorsams bis
zur Feststellung des Bundes„bruchs" von beiden Häusern (11, 10)[9] auf, antwortet auf dieses harte Urteil und vollzieht die Umkehrung: Nord- und Südreich, das ganze Volk, werden in das künftige Heil einbezogen.

Nicht in ihrer Sprache, aber sachlich-motivisch lebt die Verheißung aus
prophetischem Geist, findet sich darum nicht zufällig im Wirkungszusam-
menhang von Jeremias Botschaft. Sie lässt mit ihren radikalen Einsichten Fragen aufkommen, auf die Jer 31, 31 ff antwortet.[10] – Wird eine Gerichtsansage
meist mit dem Schuldaufweis (zusammenfassend V 32) begründet, so lässt

---

[6] Sie lässt sich im vorliegenden Zusammenhang nach Rückkehr aus dem Exil (30,[1-]3) und
Mehrung des Volks (31, 27 ff) als dritten entscheidenden Schritt verstehen (K. Schmid, Buchgestalten 69 ff im Anschluss an N. Lohfink). In 32, 38 ff nimmt die Redaktion die Verheißung in der
Zusammenfassung der Heilserwartung auf.
[7] Die Ansage unbestimmter Zukunft „Siehe, Tage kommen" (nach 7, 32 vgl. 23, 5; 30, 3; 31, 27;
33, 14) ist auch in den (ebenfalls jüngeren) Heilserwartungen 16, 14 f =23, 7 f mit der Gegenüberstellung: „nicht mehr – sondern" verbunden. Eine Wendung (o.Anm. 3) scheint auf das Exil hinzuweisen.
[8] Vgl. „auf das Herz" Dtn 6, 6; 11, 18; auch 5, 3; 30, 6. 11 f.14 u.a.
[9] Vgl. die Auslegung zu Kap. 11; dazu I,225 ff (dort ebenfalls „am Tag des Auszugs" (11, 4. 7);
außerdem 22, 9; zum Bund mit den Vätern in Ägypten auch 34, 13 (Dtn 29, 24; 1Kön 8, 21). Die
Bitte an Gott „Brich nicht deinen Bund mit uns!"(14, 21) bildet ein Zwischenglied im Übergang zu
31, 31 ff.
[10] Vgl. Der „neue Bund" als Antwort auf Jeremias kritische Einsichten: Für immer verbündet.
FS.F. – L. Hossfeld. SBS 211, 2007, 187-193 (Lit.); auch FS Th. Willi (I, S. XII).

die Heilszusage nicht in gleicher Weise eine Motivation durch menschliches Verhalten zu. Von vornherein betont diese Verheißung Gottes Initiative in Ich-Rede. Aus der Zusage (V 31. 32a) folgt erst die menschliche Verpflichtung (V 32b). Selbst wenn „Bund" daraufhin ein zweiseitiges Verhältnis umfasst, erscheint es nicht als gegenseitige Verpflichtung, vielmehr als Gottes Gabe, bleibt in seinen Augen „mein Bund" (V 32; vgl. „meine Weisung" V 33).

1.) Die Gegenüberstellung von Gottes fürsorglicher Zuwendung und unerwartetem Ungehorsam des Volkes „ich – sie aber" entspricht dem oft in Bildrede gefassten prophetischen Geschichtsrückblick: „Ich pflanzte – wie hat sich verwandelt!"[11]

2.) Bereits Jeremia urteilt: „Schon eure Väter … entfernten sich von mir."[12] Gemeint ist ein über die Vergangenheit hinaus bedeutsames, sei es wiederholtes oder weiterwirkendes Geschehen. So wird die Geschichte insgesamt umgriffen, das Volk befindet sich – trotz Gottes Zusage – gleichsam in einem Raum von Schuld. Vermeidet der ungemein harte Vorwurf, den „Bund gebrochen" zu haben[13], aber nicht die Aussage, Gott selbst habe das Gemeinschaftsverhältnis beendet[14], den Bund gekündigt? So bleibt – zumindest – von Gott aus eine neue Setzung, ein Ja im Nein, möglich.

3.) Nach Jeremias Urteil (2, 8; 8, 8 u.a.) versagen die eigentlich zuständigen Mittlerpersonen. Entsprechend sucht und findet die Verheißung einen Weg zum Heil, der jene radikale Einsicht nicht einschränkt, sondern aushält und doch über sie hinausführt. In der von Gott gewährten Gemeinschaft bedarf es keiner Befragung der Priester, der „Hüter der Tora", nach dem Willen Gottes[15] keiner gegenseitigen Belehrung oder Mahnung, ja keiner Vermittlung durch Tradition mehr. Selbst die Eltern, die für die Weitergabe der Glaubensüberlieferung mitverantwortlich sind[16], brauchen diese Rolle nicht zu übernehmen.

4.) Seit der Berufungsgeschichte über den Aufruf „Erkenne / Erkennt!" bis zur klagenden Anklage spielt das Verb „(er)kennen" eine erhebliche Rolle.[17] Geringe und Große (5, 4 f), das Volk insgesamt „(er)kennen nicht".[18] In der Verheißung findet die klagende Anklage keinen Anlass mehr: Ein jeder, „vom Kleinsten bis zum Größten", wird Gott und seinen Willen erkennen.

---

[11] Jer 2, 21; vgl. I, 14. 70. 85.

[12] Jer 2, 5; vgl. 9, 3 f; dazu I, 17.

[13] Diese Anklage nimmt (jerdtr) 11, 10 auf. Die Wendung bedeutet „die einseitige Aufhebung" eines Verhältnisses (W. Thiel, VT 20, 1970, 215; dazu L. Ruppert, ThWAT VI, 777 ff). Vgl. Lev 26, 15; Dtn 31, 16. 20; sachlich auch 2 Kön 17, 15; Dtn 29, 24 u.a.

[14] Vgl. Gerichtsansagen wie Hos 1, 6. 9; Jer 6, 30; 7, 29; 16, 5 u.a. gegenüber der Bitte 14, 21 (o. Anm. 9); auch Lev 26, 44; Ri 2, 1.

[15] Jer 2, 8; vgl. 18, 18; Hos 4, 6; als Beispiel: Hag 2, 10 ff.

[16] Nach vielleicht jüngeren Zeugnissen wie Ex 12, 26 f; Dtn 6, 20 f; auch 31, 13; Spr 4, 3 f u.a. – „Mit der auf das Herz geschriebenen Tora wird … auch die Möglichkeit ihrer falschen oder einseitigen Auslegung … ausgeschlossen." „Religiöses Lehren und Lernen wird künftig … unnötig." (K. Finsterbusch, Weisung für Israel: FAT 44, 2005, 74 bzw. 76).

[17] Jer 1, 5 f; 2, 19. 23; 5, 1; 11, 8 f; 22, 15 f u.a.; dazu I, 11 f. 17 f und 239 Anm. 36.

[18] Vgl. Jer 4, 22; 8, 7; 9, 2. 5; auch 5, 21 u.a.

5.) Über das Bekenntnis, dass Gott „die Herzen prüft"[19], hinaus können Propheten ihrem Volk im Gotteswort etwa vorhalten (Jes 29, 13): „Ihr Herz ist fern von mir." Jeremia verschärft noch: Die Schuld ist „eingegraben auf die Tafel ihres Herzens", gleichsam eingraviert.[20]

Stand das Gesetz im alten Bund auf Tafeln oder in einem Buch[21], so wird es Gott nun in des Menschen „Inneres legen und auf ihr Herz schreiben". Dabei gilt das Herz zwar als Organ des Gefühls, mehr aber als Sitz des Vernehmens wie der Einsicht, auch des Willens, insofern als Beweggrund des Handelns, und des Gewissens. Als der persönliche, verborgene, dem anderen Menschen unzugängliche Bereich[22] ist es zugleich Ort der inneren Einstellung, Verfasstheit und Ausrichtung des Menschen. Wirkt die Verheißung eines Herzens, das Gott zu erkennen vermag, nicht wie ein Widerspruch gegen jene kritische Einsicht – als die von Gott gewirkte Aufhebung? Was im Deuteronomium „als Forderung genannt wird", die Tora ins Herz aufzunehmen, „steht hier als Gabe Jahwes in Aussicht"[23]. Da Gott selbst die Weisung einschreibt, ist – im gewandelten Herzen – Erkenntnis Gottes gewährt und gewiss.

6.) Gerade Jeremia kann die Unwilligkeit der Hörer betonen, das Urteil, dass „das Volk nicht umkehrte", in der Nachfolge Hoseas zur Feststellung der Unmöglichkeit der Umkehr zuspitzen[24], indem der Prophet das Nicht-Tun als ein Nicht-anders-Können deutet. „Lehren" oder „lernen" erfolgt verquer, der Intention des Glaubens entgegen: Ihr seid „gelehrt", d h. „gewöhnt, böse zu handeln"[25]. Das Böse erscheint wie „wurzelhaft", das man weder abstreifen kann noch will, die Schuld untilgbar (2, 22). So erwartet Jeremia einen Sinneswandel kaum oder nicht mehr. Ist diese Einsicht in den Mangel an Änderungsfähigkeit nicht auch hier vorausgesetzt und bildet einen oder den Anlass der von Gott erhofften Wandlung?

7.) Wie sich der Bundes„bruch" (V 32) vollzog, worin die „Schuld" (V 34) besteht, wird nicht näher erläutert; entscheidend ist in diesem Zusammenhang das „Dass", die allgemeine Feststellung. Ähnlich wird hier der Inhalt

---

[19] Spr 21, 2; 24, 12; Jer 11, 20; 17, 9; 20, 12; auch Ps 7, 10; 139, 23 f u. a.

[20] Jer 17, 1. Das „Herz" des Volkes ist „störrisch, widerspenstig" (5, 23); vgl. 22, 17; auch 4, 14; die (jerdtr) Wendung vom „Starrsinn des Herzens" (7, 24; 9, 13; 11, 8 u. a.), verallgemeinert ins Grundsätzliche 17, 9.

[21] Ex 24, 12; 31, 18; 34, 1. 4. 28 f; Dtn 4, 13; 5, 22; 10, 2. 4 bzw. Ex 24, 4. 7.

[22] Vgl. I, 123 zu Jer 4, 4. Die Tora bleibt „kollektive Verpflichtung", wird „aber individuell verinnerlicht" (W. Groß, Zukunft für Israel: SBS 176, 1998, 151). Das Liebesgebot (Lev 19, 17 f) schließt ein, „deinen Bruder nicht in deinem Herzen (d. h. insgeheim) zu hassen".

[23] W. Thiel II, 25. Die Verheißung (24, 5) wird (von der Redaktion) 24, 7 ausgestaltet zu der Erwartung: „Ich gebe ihnen ein Herz zu erkennen." Gott gibt ein verständnisvolles „neues Herz" (Ez 36, 26; vgl. 11, 19).

[24] Vgl. nach Jes 9, 12; Hos 5, 4 u. a. Jer 2, 22; 5, 4 ff. 21; 6, 10; 8, 4 ff; 13, 23 (I, 257); 17, 1; auch 3, 1–5; 38, 15 u. a.; I, 17 ff; von der Redaktion als Halsstarrigkeit herausgestellt (o. Anm. 20 und I, 38 f).

[25] Jer 13, 23; von „deinen Wegen", dem Verhalten, „gelehrt / gewöhnt" (2, 33); „ihre Zunge an das Lügen (gelehrt bzw.) gewöhnt" (9, 4). Vgl. 9, 13; 12, 16.

der Tora „Weisung" nicht näher angegeben. Allerdings wird der „Bruch" zuvor (11,10) eindeutig durch die im ersten Gebot ausgesprochene Ausschließlichkeit („anderen Göttern nachgehen") bestimmt[26], die auch das Handeln (11, 4) prägt. Da der Text (31, 32) von Gottes „Herr-Sein" spricht oder das Gericht als „Sich als Herr Erweisen" versteht, zudem in der Gotteserkenntnis (V 34) die Absicht der neuen Heilssetzung sieht, wird man insbesondere an die ausschließliche Hinwendung[27] zu denken haben. Darum bleibt die Tora / „Weisung" dieselbe, kann bei gleicher Intention auch identisch bleiben; die Art der Vermittlung ändert sich tiefgreifend. Ziel ist das rechte In-Beziehung-Setzen, das Verhältnis, wie es von der sog. Bundesformel umschrieben wird.

8.) Die abschließende Begründung des Heils, die Zusage der Vergebung der Schuld (V 34b), kann ein frühes, dem Nordreich geltendes Jeremiawort „denn gnädig bin ich"[28] thematisch weiterdenken und ausgestalten. Dieser Zusammenhang liegt bei Aufnahme des Wortlauts nahe. Die Vergebung[29] ist einerseits Vorbedingung für die Verheißung insgesamt, gewährt Befreiung von der Vergangenheit und eröffnet Zukunft. Andererseits macht dieser Schluss eine Wiederholung des Bundesbruchs unmöglich. Wegen des Einklangs von göttlichem und menschlichem Willen kann es eigentlich Ungehorsam nicht mehr geben, so dass es gnädiger Nachsicht auch nicht bedarf. Kann er überhaupt noch vorkommen? Als einmaliger Anfang bleibt die Zusage der Vergebung zugleich dauernd tragender Grund der neuen Gemeinschaft.

Wieder schließt Gott den Bund – mit demselben Volk; die Tora bleibt wie auch das Ziel, die Gotteserkenntnis. Sie erscheint in der angekündigten Zukunft als nachfolgende Erkenntnis, und zwar nicht nur als Möglichkeit, sondern als verheißene Gegebenheit, ohne Unterschied der Stände oder Generationen.[30] Da die Verheißung ein unmittelbares und nicht mehr aufhebbares Gottesverhältnis im Blick hat, ist die angekündigte, zeitlich nicht näher bestimmte Zukunft unüberholbar, eschatologisch-endgültig. „Sie werden sich

---

[26] Vgl. Dtn 31, 20. Die Verpflichtung „ist die im Dekalog mit seinem Schwerpunkt, dem ersten Gebot …, und seiner Auslegung im Dtn enthaltene Weisung" urteilt J. Schreiner (187). Vgl. Jer 7, 9; auch Dtn 4, 13; 31, 16 u. a. Jer 32, 39 nennt als Ziel, Gott „allezeit zu fürchten".

[27] Zudem ist innerhalb des Jeremiabuchs das Verb *b'l* „sich als Herr erweisen" kaum ohne den Gegensatz zu Baal (2, 8. 23; 7, 9 u. a.) bzw. Fremdgöttern zu verstehen. „Baal" ist eigentlich nicht der Name, sondern der Titel „Herr" (I,75. 89).

[28] Jer 3, 12 f; als Gegensatz 5, 1: „Wenn jemand da ist, der Recht übt …, dann will ich … vergeben"; auch 5, 7; 14, 10 u. a. Vgl. noch I,71 mit Anm. 31.

[29] „Von Jahwe geschenkt", ist Vergebung „die Voraussetzung für das Leben im neuen Bund" (J.J. Stamm, THAT II,157), „Basis des neuen Gottesverhältnisses" (J. Hausmann, ThWAT V, 863). Vgl. thematisch Jes 43, 25; 44, 22 f; 55, 7; auch Jer 33, 8 u. a.

[30] In diese Richtung geht die Erwartung von Joel 3, 1 f einen Schritt weiter oder expliziert zumindest stärker, indem sie die Ausgießung des Geistes über Söhne und Töchter, Alte und Junge, Knechte und Mägde verheißt und so für das Verhältnis zu Gott nicht nur den Unterschied des Alters, sondern auch des Geschlechts und der sozialen Stellung aufhebt: Ein jeder soll gleichsam „unmittelbar zu Gott" werden. Vgl. auch Mal 3, 24.

nicht mehr gegenseitig belehren"[31] setzt gegenüber der bestehenden eine tiefgreifend gewandelte Welt voraus.

Indem Gottes Wille ins menschliche Herz eingeschrieben ist, begegnet er nicht mehr als Forderung von außen, als fremder Wille, gegen den man sich sträuben kann, sondern als eigener Wille – und tut man nicht gern, was man selbst aus eigenem Antrieb will? Weil Gottes Wille dem Menschen innerlich so nahe ist, ja mit menschlicher Einsicht übereinstimmt, ist die Unterscheidung von Heteronomie und Autonomie nicht mehr durchführbar.

Insgesamt treffen Kontinuität und Diskontinuität zusammen. Angesichts der harten Einsicht in den „Bruch" wird die bleibende Absicht auf andere Weise in der Vermittlung erreicht; die Verheißung erwartet unter Wahrung derselben Intention eine grundlegende Wende. Die Gegenüberstellung „nicht – sondern" verbindet Entgegensetzung und Überbietung. Von dieser Struktur her ist es verständlich, dass der „Bund" nicht nur eine „Erneuerung"[32] meint, sondern eine neue Setzung.

Grob gleichzeitig stellt sich die Priesterschrift den Einsichten der Schriftpropheten wie den Erfahrungen des Exils mit der Deutung der Überlieferungen der Väterzeit: Die Zusage des „ewigen Bundes" an Abraham (Gen 17) ergeht vor Existenz des Volkes, so unabhängig von dessen Verhalten.[33]

Die christliche Gemeinde hat die Verheißung vom „neuen Bund" schon früh auf das neu erfahrene Heil bezogen; sie gewann entscheidende Bedeutung zumindest in zweierlei Hinsicht: In den Abendmahlsworten wird das Kelchwort nach einer Tradition mit Hilfe von Jer 31 gedeutet: „Dieser Becher ist der neue Bund in meinem Blute."[34] Die Ankündigung des neuen Bundes (griech.: *diatheke*, latein.: *testamentum*), gab – über 2 Kor 3 in nach-neutestamentlicher Zeit – den beiden „Testamenten" ihren Namen; so geht die Benennung der Unterscheidung auf eine Anregung des Alten Testament selbst zurück. Kann oder soll man – gesamtbiblisch – im Doppelgebot der Liebe (Dtn 6, 5; Lev 19, 16 u. a.) die Übereinstimmung von göttlichem und menschlichem Willen erkennen? Steht sie nicht zugleich noch aus und bleibt Hoffnung?

---

[31] Vgl. „das Kriegshandwerk nicht mehr lernen" (Jes 2, 4; Mi 4, 3).

[32] Vgl. vom Königtum 1 Sam 11, 14; auch Klgl 5, 21 u. a. Schon R. v. Ungern-Sternberg (Die Bezeichnungen „Neu" und „Erneuern" im Alten Testament: Redeweisen der Bibel. B St 54, 1968, 36–61, bes. 42) wies mit Recht darauf hin: Das AT spricht „nirgends von der ‚Erneuerung eines Bundes'".

[33] „Nicht-Hören" der Verheißung Ex 6, 9. 12; 16, 20; andeutungsweise von Abraham selbst: Gen 17, 17 (gegenüber der älteren Überlieferung 18, 11 f). Die zweiseitige sog. Bundesformel (Jer 31, 33) wird allein als Zuwendung Gottes (Gen 17, 7; Ex 6, 7) verstanden – mit der Forderung der Beschneidung als „Zeichen" zur Bewahrung des Bundes (Gen 17, 10 f).

[34] In einer Gestalt der Kelchworte 1 Kor 11, 25; vgl. Luk 22, 20. Die andere Fassung Mk 14, 24 „(mein) Blut des Bundes" schließt sich Ex 24, 8 an. Welche Fassung älter oder gar ursprünglich ist, ist strittig. – Vgl. auch das ausführliche Zitat Hebr 8, 8 ff.

Im Naturvergleich Zusage dauernden Bestands trotz Schuld
Jer 31, 35–37

35 So spricht Jahwe, der die Sonne setzte[1] zum Licht am Tage,
die Regeln[2] des Mondes und der Sterne zum Licht in der Nacht,
der das Meer erregte, dass seine Wellen brausen –
Jahwe Zebaoth ist sein Name.
36 Wenn diese Ordnungen vor[3] mir vergehen würden – Spruch Jahwes,
würden auch die Nachkommen Israels aufhören,
vor mir ein Volk zu sein allezeit.
37 So spricht Jahwe:
Wenn die Himmel oben zu ermessen wären
und sich die Grundfesten der Erde unten ergründen ließen,
würde auch ich alle Nachkommen Israels verwerfen,
auf Grund von allem, was sie getan haben – Spruch Jahwes.

An die Verheißung des neuen, auf Vergebung gegründeten Bundes schließt
sich ein Wort an, das mit zwei unbedingten Heilszusagen wie eine Entfaltung
und Vergewisserung wirkt – die Zusage nicht der Heimkehr, strenggenom-
men nicht einmal des Wachstums, der Mehrung des Volks, vielmehr des Be-
stands und der bleibenden Verbundenheit. Nach der Einführung wechseln
sich Bildrede (V 36a.37a) und „Sache" mit der Intention der Aussage ab:

V 35 Hymnisch erweiterte Botenformel (vgl. 33, 2)
V 36 Dauernde Zuverlässigkeit
    a) Bild: Kosmische Ordnungen b) Thema
    „Vor mir ein Volk" wird entfaltet:
V 37 nach Wiederholung der Botenformel (zur Bekräftigung)
    Dauernde Verbundenheit
    a) Bild: größte Weite oben – unten b) Thema

---

[1] Wörtlich „gab" wie V 35b „erregte" Partizip, das das wiederkehrende, dauernde Wirken Gottes aussagt.

[2] Gegenüber dem vorhergehenden Versteil ist die Angabe auffällig: „Gesetze / Ordnungen".
Sind außer den regelmäßigen Zeiten auch die „Zuordnungen", das Miteinander von Mond und
Sternen gemeint? V 36 nimmt das Wort auf, wenn auch mit anderer Pluralendung. Vgl. schon
5, 22.

[3] Die gegenüber V 36b erweiterte Präposition fügt wohl „eine Nuance der Trennung oder Entfernung hinzu" (ThWAT VII, 655; vgl. HAL 889). Können sich die Ordnungen ein Stück weit
von dem Schöpfer, seiner Absicht, weg bewegen?

Der Abschnitt greift das Thema Natur (5, 22[4]) oder aus der Nähe (31, 27) das Stichwort „Same"[5] auf, zeigt Gemeinsamkeiten mit Gen 1[6] sowie Deuterojesaja und nimmt auch Jeremias harte Wendung „verwerfen" mit Umkehrung der Intention[7] auf; nach der bitteren Erfahrung des Gerichts wird Verwerfung auf Dauer entschieden bestritten. Diese Verheißung wird durch Vergleich gestützt und bekräftigt: Die Zuverlässigkeit von Naturerscheinungen, die Raum und Zeit umgreifen, dabei menschlichem Zugriff nicht zugänglich sind, wird verglichen mit der Gewissheit von Gottes Zusagen.[8] Zunächst werden himmlische Phänomene genannt, zweigeteilt in Tag und Nacht. Ursprünglich oder eigentlich gelten die Gestirne als beherrschende, menschliches Schicksal bestimmende Größen[9]; hier gestalten oder gliedern sie die Zeit mit ihrem Rhythmus, sind selbst „gegeben / gesetzt", so bestimmt. Ähnlich (wie V 35) findet sich das Vertrauen bekundende Bekenntnis „der Himmel und Erde gemacht" (Ps 121, 1 f u. a.) auch dreigliedrig einschließlich des Meeres.[10]

Tritt die Natur als Garant auf? Sie ist allerdings kein eigenständiger – selbst wachsender – Bereich, vielmehr von vornherein Werk Gottes: Er „lässt regnen, aufsprießen"[11]. Entsprechend erscheinen die Gestirne nur als Objekt, selbst auf der Erde das unruhige Meer. Es handelt nicht aus eigener Kraft: „Die Fluten erhoben ihre Stimme" (Ps 93, 3 f); erst recht richtet sich der Aufruhr nicht gegen Gott. Er „beherrscht" nicht nur das tobende Meer (89, 10); vielmehr bewegt er es durch sein – über die Anfänge hinaus andauerndes – Wirken: „Der das Meer erregt, dass seine Wellen tosen"[12]. Klingt das „Aufwühlen / Aufrütteln" nicht auch gefährdend?[13] Der „Beweger", vielmehr der Schöpfer, steuert die Naturkräfte, gibt Regeln oder Ordnungen[14], aber nicht nur Gleichmäßigkeit, sondern bewirkt auch diese Unruhe. Fernes und Nahes, täglich Erfahrenes gehören zusammen. So sind zugleich Stabilität und

---

[4] Vgl. I, 153.

[5] Aus dem „Samen", den Nachkommen von Mensch und Vieh (31, 27), wird die Nachkommenschaft des Volkes besonders bedacht.

[6] Vgl. „geben / setzen" Gen 1, 17 f. Die Schöpfungsgeschichte (1, 14 ff) meidet die Bezeichnungen „Sonne, Mond" (anders Ps 136, 7–9; auch 148, 3), da sie göttliche Wesen bezeichnen können (Ez 8, 16; 2 Kön 23, 5. 11; Dtn 4, 19). Vgl. noch I, 182 zu 7, 22.

[7] Jer 6, 30; 7, 29 (I, 173); auch 6, 19; 8, 9. Eine entsprechende Absicht der Bestreitung findet sich 33, 26 und wirkt sich auch an anderen Stellen aus (I, 136 [Anm. 70]. 149). Das Verb, verbunden mit „Same", bezieht sich 2 Kön 17, 20 auf das Nordreich.

[8] Vgl. eine ähnliche Struktur 33, 20 f. 25 f oder die Analogie in Jes 54, 9 f.

[9] Vgl. Dtn 4, 19; Ez 8, 16.

[10] Ps 146, 6; Ex 20, 11. Im Neuen Testament nehmen Apg 4, 25; 14, 15 u. a. das Prädikat auf und enthalten so ein Bekenntnis zur Identität des Schöpfergottes, wie er im Alten Testament bezeugt ist.

[11] Gen 2, 5. 9. Nach Gen 1, 20. 24 erhalten Meer und Erde ihre eigene Aufgabe, allerdings auf Gottes Auftrag.

[12] Stimmt überein mit Jes 51, 15; vgl. Hi 26, 12.

[13] Gefahrvolles wie Jon 1, 4 u. a. Das Bekenntnis zum Schöpfer umgreift wechselnde Begebenheiten (1, 14–16; 2, 1. 11; 4, 6–8).

[14] Vgl. Jer 5, 22. 24; auch 27, 5.

Wechsel, Schöpfung und Erhaltung, kosmische Weite und Strukturen des Lebens einschließlich des möglicherweise Bedrohlichen verbunden.

Mit der Aussage „Jahwe Zebaoth / der Heerscharen ist sein Name"[15] wird der Schöpfer ausdrücklich identifiziert. Die Prädikation, vielleicht eine Nachwirkung aus dem Gottesdienst[16], ist zugleich Proklamation von Gottes Macht.

In der Schöpfung bleibt Unerforschliches. V 37 nennt höchst unwahrscheinliche, ja irreal erscheinende Bedingungen, greift weit aus, auch in die Unterwelt und stellt (nach V 36 „vor mir") ausdrücklich Gottes „Ich" und menschliches Handeln gegenüber. Die Aussage wirkt in der Struktur ähnlich übergreifend wie die Verheißung vom neuen Bund. Hatte das Volk „den Bund gebrochen" (11, 10; 31, 32), so wird er allein auf Gott gegründet.[17] Die Taten des Volkes werden nicht bestritten, so wird die Schuld nicht geleugnet (V 37b).[18] Die Zusage aber ist umfassender, verlässlich.

Die Heiligkeit der Stadt
Jer 31, 38–40

38 Siehe, Tage (kommen)[1] – Spruch Jahwes –, da wird die Stadt für Jahwe aufgebaut werden vom Turm Hananel[2] (bis zum) Ecktor.   39 Und die Mess-Schnur wird noch weiter reichen geradeaus über den Hügel Gareb und sich nach Goa[3] wenden.   40 Und das ganze Tal der Leichname[4] und der Asche[5] und das ganze ‚Gefilde'[6] bis zum Bach Kidron bis zur Ecke des

---

[15] Die Wendung begegnet gerne im hymnischen Kontext, wie Am 4, 13; 5, 27; schon Jer 10, 16; auch 32, 18; 48, 15; 50, 34; 51, 57; auch bei der Parallelaussage Jes 51, 15. Vgl. ThWAT VI, 888 ff; VIII, 131; H.J. Hermisson, BK XI/3, 277.

[16] Vgl. I, 40 f.266 f.

[17] Jer 31, 33; vgl. Ex 6, 9. 12 u. a.

[18] Vgl. etwa 5, 9 (I, 140 Anm. 9).

[1] Sinngemäß ist das Verb zu ergänzen; vgl. H. Bauer/P. Leander, Historische Grammatik der hebräischen Sprache (1922. 1965) 77m; dazu Jer 31, 27. 31.

[2] Der Turm im Norden Jerusalems wird auch Neh 3, 1; 12, 39; Sach 14, 10 genannt. Das Ecktor (2 Kön 14, 13; 2 Chr 26, 9 oder Jeschanator Neh 3, 6; 12, 39) lag im Nordwesten, wohl beim Abknicken der Stadtmauer vom Tempelbezirk nach Westen. Vgl. K.D. Schunck, BK XIII/2, 90. 115 f; auch o. zu Jer 39, 3 Anm. 15.

[3] Beide Ortslagen (HAL 167b.191b) sind kaum bestimmbar, vermutlich im Westen zu suchen.

[4] Das „Tal der Leichname ..." (vgl. 33, 5) meint wohl das „Mordtal" (7, 32; vgl. 19, 6) bzw. Hinnomtal; vgl. I, 187 ff (mit Anm. 77). 328.

[5] Es handelt sich „um die fette Asche, die bei der Verbrennung des Fettes der Opfer auf dem Altar entsteht" (ThWAT II, 333); vgl. Lev 4, 12 u. a.

[6] Kaum „Gefilde des Todes / des Todesgottes Mot"; vgl. 2 Kön 23, 4; dazu HAL 1321 f.1526.

Rosstores[7] im Osten sind heilig für Jahwe. Es wird nicht eingerissen und nicht mehr niedergerissen auf Dauer.

Die Verheißung für das Volk (V 36 f) wird um die Ankündigung heilvoller Zukunft für die Stadt ergänzt. Der Inhalt lässt sich mit drei Aspekten andeuten: Wiederaufbau, Umfang und das Charakteristikum, die Heiligkeit. Dabei wird die dem Nordreich (30, 18) gegebene Zusage „Die Stadt wird aufgebaut" auf Jerusalem übertragen oder ausgeweitet. So bietet der Text ein der im Jeremiabuch verstreuten Zeugnisse der Ziontheologie.[8] Zugleich kann V 38 Jeremias – ebenfalls dem Nordreich geltende – Bildrede vom „gebaut werden" (31, 4) aufnehmen; bei ihm findet sich ansatzweise (45, 4) auch die Verbindung mit „niederreißen". Sie wird im Unheil wie Heil umfassenden Motto (1, 10) der Redaktion mit ihren wiederkehrenden Aussagen ausgestaltet und ist hier nur auf die Heilsaussage bezogen. „Nicht ausreißen" (V 28 vom Volk) gilt in Zukunft auch von Jerusalem. Der Wiederaufbau Jerusalems „für Jahwe" (V 38) wird hier konkret ausgemalt, geographisch durch das „Messen"[9] ausgeführt oder bestätigt. Dabei umspannen die Angaben einen Bogen vom Norden über den Westen und tiefen Süden bis zum Osten und beziehen so einen zuvor ausgeschlossenen, als unrein[10] geltenden Bezirk (umgewandelt) ein. Die – nach älterem Verständnis gegebene – Begrenzung des Jahwe gewidmeten, „heiligen" Bereichs wird erheblich ausgedehnt.[11]

Jeremia, der erfährt, schon vor der Geburt „geheiligt"[12] zu sein, stand einer solchen Auffassung eher zurückhaltend oder kritisch gegenüber.[13]

Die sich am Ende des sog. Trostbüchleins Kap. 30–31 findenden Heilsaussagen für das Südreich werden fortgeführt, allerdings setzt Kap. 32 mit einer symbolischen Handlung und anderem Schwerpunkt neu ein.

---

[7] Das „Ross- oder Pferdetor" lag im Osten bei dem Palastbezirk. „Da die Mauerbauliste kein entsprechendes Tor" nennt, wurde (unter Leitung Nehemias) „bei der Erneuerung der Stadtmauer auf diesen Zugang vom Kidrontal zum Ofel" möglicherweise verzichtet (K.D. Schunck, BK XXIII/2, 115 zu Neh 3, 28). Vgl. 2 Chr 23, 15. Der von dort aus weiter nördlich gelegene Teil, im Osten des Tempelbezirks, bleibt hier anscheinend ausgeklammert.

[8] Jer 3, 17; 17, 12 f; auch 31, 6. 23; zum Thema vgl. I, 177 f (zu Jer 7).

[9] Vgl. Ez 40, 3; 47, 3; Sach 1, 16; 2, 5 f; demgegenüber nicht zu messen: Hos 2, 1; Jer 31, 37; 33, 22.

[10] Vgl. 19, 13; dazu o. Anm. 4.

[11] Zur Heiligkeit des Landes Ps 46, 5; Sach 2, 16; auch 14, 20 f; vgl. Hebr 11, 16 „Land der Verheißung"; dazu Jer 31, 23 (Anm. 8).

[12] Jer 1, 5. Ähnlich heißt das Volk zu Beginn 2, 3; dazu I, 48. 53 f. 72.

[13] Vgl. Jer 7 (dazu I, 177 f) und zu 29, 5–7; 32, 15; auch o. zu 31, 23.

Ackerkauf als Symbolhandlung
Jer 32

1 Das Wort, das von Jahwe an Jeremia erging im zehnten Jahr Zedekias, des Königs von Juda, das war das achtzehnte Jahr Nebukadnezzars. 2 Damals belagerte gerade das Heer des Königs von Babel Jerusalem, und Jeremia, der Prophet, wurde gefangen gehalten im Wachthof, der sich im Haus des Königs von Juda befand. 3 Dort hielt ihn Zedekia, der König von Juda, gefangen mit dem Vorwurf[1]: „Warum weissagst du: ‚So spricht Jahwe: Siehe, ich gebe diese Stadt in die Hand des Königs von Babel, dass er sie einnimmt. 4 Zedekia, der König von Juda, wird der Hand der Chaldäer nicht entrinnen; denn er wird in die Hand des Königs von Babel gegeben, von Mund zu Mund mit ihm reden und von Auge zu Auge ihn sehen.[2] 5 Er wird Zedekia nach Babel führen, und er wird dort bleiben, bis ich mich seiner annehme[3], spricht Jahwe. Wenn ihr gegen die Chaldäer kämpft, werdet ihr keinen Erfolg haben.‘"

6 Und Jeremia sprach[4]: Das Wort Jahwes geschah zu mir: 7 Siehe, Hanamel, der Sohn Schallums, deines Onkels, wird zu dir kommen, um zu sagen: Erwirb dir meinen Acker, der in Anatot liegt; denn du hast die Lösepflicht, (ihn) zu erwerben.[5] 8 Und Hanamel, der Sohn meines Onkels, kam zu mir gemäß dem Wort Jahwes in den Wachthof und sagte zu mir: Erwirb dir meinen Acker, der in Anatot im Land Benjamin liegt; denn du hast das Besitzrecht, und dir steht die Auslösung zu, erwirb ihn dir! Da erkannte ich, dass es das Wort Jahwes war. 9 Und ich erwarb von Hanamel, dem Sohn meines Onkels, das Feld, das in Anatot liegt, und wog ihm das Silber ab, siebzehn Schekel Silber.

---

[1] Wörtlich: indem er sagte.

[2] Wörtlich: „sein Mund wird zu seinem Mund reden, und seine Augen werden seine Augen sehen."

[3] Das Verb (*pkd*) ist mehrdeutig. V 3–5a entsprechen 34, 2 f; darum nimmt V 5aβ wohl die Ankündigung 34, 5 auf. Teile der LXX haben V 5aβ – analog zu 22, 12. 16 – wohl mit Recht so verstanden: in der Fremde (eines natürlichen Todes) sterben. Eine weitergehende Heilszusage, etwa eine Höherstellung (wie 52, 31 ff = 2 Kön 25, 27 ff) oder gar die Heimkehr, kann kaum gemeint sein. Vgl. J. Jeremias, ATD 24/2, 44 A 26 zu Am 3, 14

[4] V 6 überliefert LXX (39, 6) vermutlich die ältere, kürzere Fassung: „Und das Wort des Herrn geschah", allerdings „zu Jeremia" statt, wie als Einführung des folgenden Ich-Berichts zu erwarten: „zu mir". Die Erweiterung mit Ausgestaltung in 3.Person wurde durch die Vorordnung von V 1–5 notwendig.

[5] Oder: das Rückkaufs- bzw. Vorkaufsrecht.

10 Und ich schrieb einen (Kauf-)Brief, versiegelte (ihn), berief Zeugen und
wog das Silber auf der Waage. 11 Dann nahm ich den Kaufbrief, den versiegelten – die Festsetzung und die Bestimmungen[6] – und den offenen.
12 Und ich gab den Kaufbrief Baruch, dem Sohn Nerijas, des Sohnes Machsejas[7], vor den Augen Hanamels, (des Sohnes) meines Onkels[8], und vor den
Augen der Zeugen, die den Kaufbrief unterschrieben und vor den Augen aller Judäer, die sich im Wachthof aufhielten. 13 Und ich trug Baruch vor ihren Augen auf: 14 „So spricht Jahwe Zebaoth, der Gott Israels: ‚Nimm diese
Schriftstücke: diesen Kaufbrief, den versiegelten, und diesen offenen Brief,
und lege sie in ein Gefäß aus Ton, damit sie eine lange Zeit[9] erhalten bleiben!'
15 Denn so spricht Jahwe Zebaoth, der Gott Israels:
‚Man[10] wird noch (wieder) Häuser, Felder und Weinberge kaufen
in diesem Land.'"

Die einleitende Situationsangabe mit der Zusammenfassung von Jeremias
Botschaft, „nicht entrinnen" (V 3 f) zu können, stellt hier nur den Rahmen
für die besondere Handlung (V 6 ff) mit der Verheißung (V 15) dar. Diese
enthält mit dem Ausblick zugleich einen Widerspruch zur gegebenen Lage,
wohl auch zu den Wünschen der Zeitgenossen.
    Als Heilsankündigung ist Jer 32 den Kap. (27-)29; 30 f zugeordnet.[11] Sie
bilden in der Aussageabsicht einen inneren Zusammenhang, in dem Kap. 32
mit dem anhängenden Kap. 33 die Verheißungen abschließt und zugleich
bündelt. Zeitlich gehen die Kap. 37(f) dargestellten Ereignisse mit Jeremias
Gefangennahme voraus. Darum ist die nachträgliche Einleitung (32, 1-5; in
3.Person) nötig. Sie schildert, jeweils in knapper Fassung, die Umstände –
kurz vor der Katastrophe – sowie, dem sich anschließenden Selbstbericht
(V 8. 12) entsprechend, Jeremias Aufenthaltsort und gibt seine Botschaft wieder. Das umfangreiche Kapitel ist grob so gegliedert:

I. V 1-5 Er-Bericht: (Jüngere, knappe) Situationsbeschreibung
         (im Anschluss an Kap. 34; 37 f)
         Einleitungsformel mit zwei synchronen Jahresangaben (wie 25, 1)[12]
         V 2 (aufgenommen V 24. 28 f; vgl. 34, 1. 7; 37, 5. 11)

---

[6] Gemeint ist wohl: (die Urkunde) mit der Vereinbarung und den einzelnen Bestimmungen.
Die anschließend genannte offene Urkunde erlaubt die Einsicht, so in einem Zweifelsfall die Prü-
fung mit der versiegelten.
   [7] Der Name Machseja begegnet 32, 12; 51, 59; vgl. B. Becking, The Fall of Samariah, 1992, 87.
   [8] V 12 ist im Sinne von V 7 f und LXX „Sohn" zu ergänzen; Hanamel ist Vetter.
   [9] Wörtlich: viele Tage; vgl. 13, 6; 35, 19. Damit nimmt V 10 möglicherweise die Angabe über
die Dauer des Gerichts Hos 3, 4 auf. Vgl. auch Jer 13, 15; ähnlich 35, 19.
   [10] Zum Ausdruck des allgemeinen, unbestimmten Subjekts („man") durch das Passiv vgl.
Ges-K § α 144k; C. Brockelmann, Syntax § 35c.36a. Das Impf. bezeichnet die sich wiederholende
Handlung.
   [11] Schon B. Duhm 260; W. Thiel II, 29 f; zur Auslegung bes. N. Kilpp (Niederreißen 68 ff); zur
Einleitungsformel V 1 in 3.Ps. I, 311 f.
   [12] Vgl. Anm. 1 zu 46, 2.

V 3 f Zusammenfassung von Jeremias Botschaft (vgl. 34, 2 f; 38, 3)
V 4 Konkretisierende Entfaltung von V 3.
    Das Passiv nimmt Gottes „Ich" auf.
II. V 6(b)-15 Kern der Überlieferung: Ich-Bericht vom Ackerkauf
  mit Rahmung durch Gotteswort V 6bf.15
      1.) V 6b Ergehen des „Wortes Jahwes" mit V 7 Ankündigung eines
      Geschehens
      (und dessen Anlass)
      2.) V 8a Bericht über das Eintreffen des Geschehens –
      „gemäß dem Wort Jahwes"
      V 8b „Erkennen" des Angebots als Gottes Auftrag
      V 9 Ausführung der (Symbol-)Handlung: Kauf des Ackers
      V 10–14 Entfaltung von V 9
      Vertragsabschluss Ausfertigung der Kaufurkunde – vor Zeugen
      Auftrag an Baruch zur Aufbewahrung V 13 f
      3.) Deutung im Gotteswort V 15
      Nachträge:
III. V 16–25 Gebet (nach V 16 in 1.Ps. mit Du-Anrede)
    Mit zwei Antworten V 26–35. 36–44 und
    Kap. 33: Thematisch entsprechender Anhang
      mit Zusammenstellung der Heilserwartungen

Während der Belagerung (V 2. 24) ist Jeremia wegen seiner Unheilsansage über die Stadt[13] verhaftet, befindet sich „im Wachthof"[14]. Die Beschuldigungsfrage „Warum?" (V 3) erinnert an den Vorwurf nach der Ansage der Zerstörung von Tempel und Stadt[15]; jeweils raubt die Botschaft Sicherheit. Durch die Straffung der Schilderung des Geschehensverlaufs erscheint das – gegenüber Jeremia verständnis- oder gar achtungsvolle, ihn schonende – Verhalten des Königs härter.[16] Hat die verschärfte Kurzfassung nicht insofern ein gewisses Recht, als der König die Hauptverantwortung trägt? Er hat Jeremia die Freiheit nicht gewährt oder nicht gewähren, sich gegenüber den Beamten nicht durchsetzen können, ihm nur (37, 21) das Leben erleichtert. Trotz Belagerung konnte Jeremia als einzelner die Stadt verlassen oder betreten.[17]

---

[13] Entsprechend dem Deutewort der Vision 24, 8: Kap. 34 (V 2); 37 f. Sachlich trifft der Vorwurf nicht Jeremias Verkündigung (vgl. etwa 27, 11), ist insofern ungerecht; aus der Sicht dieser Gruppe der Verteidiger unterstützt er aber – durch die Folgen seiner Botschaft, die ihnen uneinsichtig und unannehmbar erscheint – die Gegenseite.

[14] V 2; 37, 21; vgl. Anm. 9 zu 37, 1 ff.

[15] 26, 9. Außer „Warum" findet sich jeweils „prophezeien ... folgendermaßen" bei vergleichbarem Inhalt.

[16] Gegenüber der Situation 37, 4 vgl. 37, 11 ff, bes. V 21.

[17] Vermutlich hängt die 37, 11 f (vgl. dort die Auslegung) erzählte Begebenheit, die in einer Zwischenzeit der Unterbrechung der Belagerung durch Abzug des Heeres spielt, mit dem hier berichteten Anlass zusammen. Kommt von demselben Vorgang vielleicht nur ein anderer Aspekt oder Teil zum Ausdruck? Wegen der Regelung einer Erbschaftsangelegenheit im Land Benjamin wollte Jeremia die Stadt verlassen, wurde am Stadttor aber – mit der Unterstellung, sich zu den Babyloniern begeben zu wollen (37, 13 f) – in Gewahrsam genommen. Es gab Überläufer; vgl. 38, (2.)19; 39, 9; auch 21, 9.

„Siehe, ich"[18] kündigt ein unmittelbar bevorstehendes Ereignis an; so wird vorweg die Gewissheit des Gerichts betont. Ein mögliches Gegenunternehmen der Belagerten, wie V 5 abschließend bekräftigt, bleibt erfolglos; einem Widerstand ist kein Gelingen beschieden.[19]

Der authentische Kern liegt – nach gängiger Auffassung – in V 6(b)-15 vor:

1.) Der Selbst- oder Ich-Bericht weist Parallelen in anderen Symbolhandlungen[20] auf.

2.) Die geschilderte Handlung fügt sich in die Umstände der besonderen Situation ein.

3.) Das Deutewort trägt nicht die typischen Züge der Exilszeit mit ihren Intentionen, enthält etwa keinen Bußruf. „Die reine, unbedingte Heilsankündigung" stimmt nicht „mit Wesen und Absicht" jüngerer (jerdtr) Bearbeitung überein.[21]

4.) Die Zusage des Heils erfolgt (vergleichbar 24, 5) in der durch die Belagerung sich aufdrängenden, ansatzweise schon erlebbaren Gerichtssituation (vgl. V 24). In der Gegenwart ist das Heil noch nicht wirklich, vielmehr – im Gegensatz zur Lage oder im Überschuss über sie hinaus – symbolisch anschaulich.

5.) In der Sache steht die Botschaft V 15 dem Brief an die Exilierten 29, 5-7 nahe, gilt hier jedoch Juda und meidet die Anrede „Ihr".

6.) Die Redaktion erfindet kaum derart eigenartige Texte, sondern pflegt sie auszugestalten, wie hier durch das Gebet (in seinem Wachstum) geschieht.

V 8 nimmt aus V 6b die Wendung „Wort Jahwes" auf. Anstelle der bei einer Symbolhandlung üblichen Aufforderung enthält das Gotteswort (V 7) eine zweiteilige Zukunftsankündigung: das „Kommen" des Vetters und dessen Absicht; diese enthält eben eine Aufforderung an Jeremia. Der Vetter erscheint, wie V 8a bestätigt, „gemäß dem Wort Jahwes" tatsächlich im Wachthof mit seinem Angebot. V 8b zieht gleichsam die Folgerung. Da sich die Ansage in ihren beiden Teilen, dem „Kommen" des Vetters sowie dessen Bitte um Übernahme des Grundstücks, erfüllt, „erkennt" Jeremia in ihr Gottes „Wort" bzw. Auftrag.

Bei dieser Darstellung mit dem Gang der Handlung klingt wie selbstverständlich mit: Nicht erst im Rückblick, sondern schon für Jeremia ist das Gotteswort – wesentlich – in die Zukunft vorgreifendes Wort.[22] Es kann sich durch Eintreffen bestätigen.

---

[18] V 3 wie 34, 2. Zu dem das Geschehen tragenden „Ich" Gottes vgl. I,24.

[19] Vgl. den Vorbehalt Spr 21, 31.

[20] Vgl. etwa die Wortereignisformel 16, 1; den Auftrag „Kaufe!" 13, 1 oder die Einleitung des Deuteworts mit „denn" und Botenformel (32, 15) wie 16, 3. 9; auch I,20 f. Gegenüber der üblichen Dreigliederung: Auftrag – Ausführung – Deutung ist das erste Element abgewandelt.

[21] W. Rudolph 189, vgl. XVI.

[22] Vgl. zu 1, 11 f.13 f und 28,(7 f.)15 ff; auch die Deuteworte der Zeichenhandlungen. Die Vorwegnahme eines Geschehens im Wort und dessen Erfüllung gilt dem Exilspropheten als Wahrheitsbeweis (Jes 41, 26; 44, 7 f u. a.).

Jeremia erkennt: Was der Vetter ihm aufträgt, entspricht Gottes Absicht, weil das Gotteswort zuvor angegeben hatte, was der Vetter sagen wird. Da das „Kommen" dem Gotteswort entspricht, gilt auch das vorhergesagte Wort als Gottes Wille. Demnach vermag es Jeremia, obwohl es nicht eigentlich so ausgewiesen war, als Gottes Wort einzusehen, weil es a) angekündigt war und b) zum angesagten „Kommen" als Anlass gehört.[23]

So liegt der Auftrag zur Symbolhandlung in diesem Fall im Wort des Vetters; es gewinnt oder übernimmt die sonst von Gott, hier auf diese indirekte Weise, erteilte Aufgabe. Die Anweisung: „Kaufe dir!" (V 7 f) führt Jeremia aus: „Ich kaufte" (V 9).

V 10–14 sind für den Gang der Handlung nicht unbedingt erforderlich, enthalten eher einen zusätzlichen, entfaltenden Aspekt, gestalten V 9 im einzelnen, konkreter aus.

So können Zweifel aufkommen: Sind V 10–14 mit der näheren Beschreibung des Kaufvorgangs und der Ausfertigung der Urkunde im – sonst knapperen – Selbstbericht nachträgliche Erweiterung?

1.) Das Deutewort V 15 greift nur das entscheidende Stich- oder Leitwort „kaufen" (V 9) auf.

2.) V 10 nimmt nach V 9 nochmals „abwiegen, zahlen" auf.

3.) V 14b wirkt wie ein eigenes Deutewort von V 10 ff.

V 14 enthält entgegen dem Botenspruch keine Jahwerede.

4.) Im Selbstbericht wird Baruch nur V 12 erwähnt, zudem mit auffällig ausführlicher Ahnenreihe.[24] Hier wird allerdings Baruch eingeführt – ist darum die Generationenfolge nicht angebracht?

Der Abschnitt verweist zugleich auf einen längeren Zeitablauf. Nach V 14 wird der Kaufvertrag in dem Tongefäß „für viele Tage", eine längere, nicht näher bestimmte und begrenzte Zeit[25], aufbewahrt. D.h., eine Dauer des Gerichts vor Eintreten des Heils. Wie lange die Gerichtssituation anhält, wann das angesagte Heil eintritt, bleibt ungesagt. Kann sich dahinter aber die Erfahrung der Verzögerung, des Aufschubs der Verheißung verbergen? Das Deutewort V 15 nennt ohnehin keine Frist.[26]

Außerdem wird eine wichtige Einzelheit, das Maß des Kaufpreises in Silber, nicht wiederholt. Der Absatz betont die Rechtmäßigkeit und Gültigkeit des schriftlich, öffentlich-ordnungsgemäß vollzogenen Vorgangs mit der Aufbewahrung der Urkunde. Ist dies Anliegen angesichts der Situation, der Gefangenschaft, nicht einsichtig? Auf Zeugen verweist auch eine andere Zeichenhandlung.[27]

Der Abschnitt V 10–14, der möglicherweise, aber keineswegs sicher einen Zusatz darstellt, lässt sich auch als Erläuterung oder Entfaltung des allgemei-

---

[23] Auch nach V 25 bildet nicht der gesamte Vorgang, sondern der Kaufauftrag das Gotteswort.

[24] Vgl. auch 35, 3 f; 37, 13; auch 1 Sam 1, 1; 9, 1.

[25] Die entsprechende Zeitangabe findet sich für Jeremias Haft in der Zisterne 27, 16.

[26] Sind V 10–14, ob ursprünglich oder nicht, für die Deutung (V 15) nicht sachlich weniger bedeutsam, kaum entscheidend?

[27] Jer 19, 1. 10; auch Jes 8, 2.

ner gehaltenen V 9 verstehen. Jeremia wickelt den Kauf ordnungsgemäß ab und übergibt den (geschlossenen Vertrag in einer Doppel-Urkunde) versiegelten (sowie den offenen, also jederzeit lesbaren Doppel-)Vertrag – der so einerseits jederzeit einsichtig, andererseits unversehrt und überprüfbar bleibt – Baruch; dieser soll ihn in ein Tongefäß legen, „damit er für viele Tage erhalten bleibe" (V 14; vgl. die Qumranrollen). So erhält der Vorgang einschließlich des mit ihm zeichenhaft bekundeten Heilsworts (V 15) größeres Gewicht.

Der üblicherweise mehr oder weniger alltägliche Grundstückskauf ist angesichts der bedrohlichen Situation, der Lage des Ackers im feindlich besetzten Land und vor dem zu befürchtenden Zusammenbruch eine auffällige, nicht mehr zu erwartende, wenn nicht paradoxe Handlung. Jeremia kommt als Verwandter zwar seiner Verpflichtung nach, kauft er aber nicht etwas von höchst unsicherem Wert? Wer weiß, wie die Zukunft aussieht, ob der Erwerb nach den Kriegswirren noch nützlich sein kann? In der Tat bringt der Kauf, wie der Gang der Dinge zeigt, keinen Vorteil für Jeremia, da er genötigt wird, mit nach Ägypten zu ziehen.[28] Das Geschehen gewinnt jedoch eine – als Gotteswort eingeleitete – über das einmalige Geschehen hinaus in die Zukunft weisende symbolische Deutung (V 15):

„Man wird noch (wieder) Häuser, Felder und Weinberge kaufen
in diesem Land."

Das Zeichen ist mehr als Unterpfand für Hoffnung und Ermutigung: Ansage gewisser Heilszukunft - ohne Begründung und ohne Bedingung.

Die Eigenart der Symbolhandlung sei in einigen Punkten hervorgehoben:

1.) Das neue Heil wird schon *vor* dem voll verwirklichten Unheil zugesprochen. Diese Begebenheit zeigt, allgemein geurteilt: Heilsworte der sog. Schriftpropheten ergehen nicht erst nach Eintritt des Gerichts, brauchen vielmehr nur das *angesagte* Gericht vorauszusetzen.

2.) Der Widerspruch prophetischer Botschaft, auch der Heilsverheißung, gegen die aktuelle Situation ist wieder[29] offenkundig. Das Wort ist in der Gegenwart nicht ohne weiteres einsichtig, steht normalem Empfinden eher entgegen. Die Belagerten halten nach dem Ende der Belagerung Ausschau, mögen teilweise noch die Hoffnung hegen, die Katastrophe könne abgewendet, die Stadt vor dem Untergang bewahrt werden. Jeremia sagt vom Abzug der Belagerer, von einer Befreiung Jerusalems nichts, nimmt seine Drohung nicht zurück.[30] Wie Jeremia (24, 5; 29, 5-7) den Exulanten, die das Gericht schon erfahren haben, Gutes ankündigt, so hier den Daheimgebliebenen - nur scheinbar entgegen dem Deutewort 24, 8, mit ihm sachlich insofern in Über-

---

[28] Zur anderen Situation in nachexilischer Zeit vgl. etwa Hag 1, 4. 6; 2, 19.

[29] Zur Heilsansage entgegen den Wünschen der Zeitgenossen vgl. die Anzeige 29, 27 f; auch 24, 5; auf andere Weise 31, 15 ff.

[30] Das Deutewort „meint gewiß nicht den Widerruf der Gerichtsankündigung; diese bleibt in Kraft ... Mitten im Unheilsgeschehen kündigt sich neues Heil an" (A.H.J. Gunneweg, Heil im Gericht: Sola Scriptura, 1983, 107–115, bes. 115).

einstimmung, als auch die Jerusalemer das Gericht noch trifft; zudem thematisch ähnlich. So widerspricht seine Heilszusage nicht der anfänglichen Vision 1, 13 f und seiner Unheilsansage, führt aber über sie hinaus. Auch von Jeremia selbst[31], dem doch Handelnden, sagt die Zukunftsansage nichts.

Man wird V 15 kaum nur tröstend verstehen dürfen: Das Leben „geht weiter", dauert an, sondern: *nach* dem Gericht, d. h. nach der Eroberung Jerusalems, soll es „noch einmal" (W. Rudolph 211) oder „wieder" normal verlaufen.

Allerdings gilt es, den Unterschied der Zeiten zu beachten: Das Heilswort bleibt – echt prophetisch – ohne präzise Zeitangabe, bezieht sich auf eine Zeit jenseits des Heute, die noch nicht, kaum schon „real" gegenwärtig ist. Der Acker ist höchstens ein Stück symbolischer Vorwegnahme. Die von Gott verheißene Zukunft wird in Jeremias Handlung, die nicht von sich aus schöpferische Kraft besitzt, vielmehr zeichenhaft-darstellend ankündigt, und ist nur in ihr schon präsent.[32] Was mag die Reaktion der Hörer gewesen sein?

3.) Wie mit der Unheilsbotschaft trifft Jeremia mit der Heilsansage nicht nur eine Schicht – das Deutewort ergeht generell („man"). Auch fehlt eine Angabe über die Adressaten oder die Empfänger des Heils sowie das Wann, die Zeit des Eintretens.[33]

Angeredet, betroffen sind wohl die – zufällig – Anwesenden: Jerusalemer und (vgl. V 12) Judäer, Stadt- und Landbevölkerung, die sich z. T. als Flüchtlinge in der eingeschlossenen Stadt aufhalten wird, möglicherweise auch Gefängnisinsassen. Allerdings meidet das Deutewort V 15 – anders als etwa der Brief (29, 5-7) – die unmittelbare Anrede „Ihr", bleibt vielmehr auffällig unbestimmt und lässt so offen, ob oder wieweit die Angesprochenen, einige der Anwesenden selbst oder gar erst ihre Nachkommen dieses Heil erfahren. Durch die Allgemeinheit der Formulierung wird niemandem persönlich[34] zugesagt, dass er das Gericht übersteht. Nicht die Dastehenden, sondern „man" wird wieder kaufen.[35]

4.) Gottes Heil bezieht sich nicht nur auf Seelisch-Innerliches, sondern – zugleich – auf irdisch Reales, ergeht im äußeren Wohl. Schon kurze Heilssprüche Elias oder Elisas künden den Unterhalt für das tägliche Leben, so das Ende der Not, an[36], näher liegt in doppelter Hinsicht Hoseas Verheißung, als Ansage von Heil nach dem Gericht sowie vom konkreten Inhalt, Weinber-

---

[31] Vgl. 15, 19 ff. Es heißt etwa nicht: Wie ich – so werdet ihr gerettet.
[32] Ist ähnlich in Abrahams Kauf der Höhle Machpela als Begräbnisstätte (Gen 23 P) der künftige Besitz des Landes – partiell, stellvertretend, symbolisch – vorangekündigt?
[33] Nur indirekt durch den Aufenthaltsort wird der Ort des Heils angedeutet; anders dagegen V 37 ff.
[34] Anders Einzelpersonen 39, 15-18; 45, 5 (I,21).
[35] So empfängt auch die Gruppe, der nach 24, 8 u. a. Unheil angesagt wird, so das *ganze* Volk beides, Unheil und Heil. Nachträglich kann diese Zusage – über die Stadt und das Umland hinaus – auch auf andere, die Gola nach ihrer Heimkehr oder das Nordreich bezogen worden sein.
[36] 1 Kön 17, 14; 2 Kön 4, 43.

gen, her.[37] Ähnlich zielt Jeremias Zusage in oder nach dem Gericht – wie schon im Brief an die Exulanten (29, 5-7) – auf einen Fortgang oder Neu- anfang des täglichen Lebens. Statt um „Bauen" (29, 5) geht es hier, der Zei- chenhandlung entsprechend, um „Kaufen" von Häusern, dazu von Grund- stücken, von Äckern und Weinbergen, die dauernden Lebensunterhalt gewähren.[38]

Auffälligerweise, allerdings in Übereinstimmung mit 29, 5 ff, wird nicht ausdrücklich ein neues Handeln Gottes (in der Ich-Rede, wie 24, 5; vgl. 3, 12) angesagt; aber das erwartete gleichsam „natürliche", geregelte, selbstver- ständliche Leben wird indirekt, wie die V 15 einleitende Botenformel zeigt, als Gabe Gottes hingenommen. – Jeremia kündigt Heil schlicht als Lebens- vollzug mit Nutznießung der Scholle im eher familiären Raum an, der aber zum Volk hin offen ist. Umschreibt V 15 darum mehr die Folgen im mensch- lichen Handeln? Im Erwerb von Häusern, Feldern, Weinbergen ist (analog zu 29, 5-7) der Genuss bzw. Erfolg eigener Tätigkeit mitgedacht – insofern liegt in diesen geregelten, friedlichen Lebensverhältnissen ein Stück Segen.[39]

5.) Schließlich spricht Jeremia (wie 29, 5-7) nicht von Heimkehr, erst recht nicht von Rückgabe des Verlorenen, Wiederherstellung früherer Verhält- nisse. Die Verheißung schweigt von den großen Ordnungen; Heil vollzieht sich nicht in Staat oder Königtum[40], Tempel oder Kult[41], geschieht eher in der kleineren Gruppe, Familie oder Sippe. So bleibt Jeremia in der Zukunftser- wartung äußerst zurückhaltend.

---

[37] Hos 2, 17 gegenüber 2, 7. 14; zum Zusammenhang mit Hosea s. I,10.
[38] Vgl. noch die bedingte Zusage 27, 11; auch 40, 9; anders bei den Rechabitern: 35, 7 ff.
[39] Vgl. zu 29, 5-7 o. S. 99 f; auch Mi 4, 4.
[40] Vgl. die Auslegung zu 23, 5 f.
[41] So bleibt auch in dieser Hinsicht die Unheilsbotschaft Jeremias (7; 26 u. a.) gewahrt.

Gebet Jer 32, 16–25
mit erster Antwort Jer 32, 26–44

16 Dann betete ich zu Jahwe, nachdem ich den Kaufbrief Baruch, dem Sohn Nerijas, übergeben hatte: 17 „Ach, Herr Jahwe, siehe, du hast den Himmel und die Erde durch deine große Kraft und deinen ausgestreckten Arm geschaffen. Nichts ist dir zu wunderbar, 18 der du an Tausenden Gnade übst und die Schuld der Väter in den Schoß ihrer Söhne nach ihnen vergiltst[1], großer und starker Gott, Jahwe Zebaoth ist sein Name, 19 groß an Rat und reich an Tat; deine Augen sind (achtsam) aufmerksam auf alle Wege der Menschen, um jedermann nach seinen Wegen und der Frucht seiner Handlungen zu geben. 20 Der du Zeichen und Wunder getan hast im Land Ägypten bis zum heutigen Tag an Israel und den Menschen und dir einen Namen gemacht hast, wie es zutage liegt. 21 Du hast dein Volk Israel aus dem Land Ägypten unter Zeichen und Wundern herausgeführt, mit starker Hand und ausgestrecktem Arm und mit großem Schrecken. 22 Du hast ihnen dieses Land gegeben, das du den Vätern zugeschworen hast, ihnen zu geben, ein Land, das von Milch und Honig fließt. 23 Als sie hineinkamen und es in Besitz nahmen, hörten sie aber nicht auf deine Stimme und wandelten nicht in deiner Weisung, um alles zu tun, was du ihnen zu tun geboten hast, und du ließest sie so treffen all dieses Unheil. 24 Siehe, Belagerungswälle reichen bis in die Stadt, um sie einzunehmen. Die Stadt ist durch das Schwert, den Hunger und die Pest in die Hand der Chaldäer gegeben, die gegen sie kämpfen. Was du geredet hast, ist geschehen, und du nimmst es wahr. 25 Du aber, Herr Jahwe, hast zu mir gesagt: Kaufe dir den Acker um Silbergeld und nimm Zeugen, während die Stadt in die Hände der Chaldäer gegeben ist."
26 Da erging das Wort Jahwes an Jeremia: 27 Siehe, ich bin Jahwe, der Gott alles Fleisches[2]. Ist mir denn irgendetwas zu wunderbar? 28 Darum, so spricht Jahwe: Siehe, ich gebe diese Stadt in die Hände der Chaldäer und in die Hand Nebukadnezzars, des Königs von Babylon, dass er sie einnehme. 29 Die Chaldäer, die gegen diese Stadt Krieg führen, werden kommen und diese Stadt in Brand stecken und sie verbrennen, und die Häuser, auf deren Dächern man dem Baal Rauchopfer und anderen Göttern Trankopfer darbrachte, um mich zu kränken. 30 Nämlich von Jugend an haben die Israeliten und die Judäer nur getan, was in meinen

---

[1] Wörtlich: „ganz / voll / vollständig machst"; vgl. (in jüngeren Texten) 16,18; 25,14; 51,24 u.a.

[2] D.h. allen Lebens; wohl im Sinne von: der Leben gibt und beachtet; vgl. Num 16,22.

Augen böse ist, ja, die Israeliten kränken mich mit dem Machwerk ihrer Hände[3] – Spruch Jahwes.   31 Ja, für meinen Zorn und meinen Grimm war mir diese Stadt (Anlass) von dem Tag an, da man sie erbaute bis zu diesem Tag, so dass ich sie von meinem Angesicht entfernen muss   32 wegen all der Bosheit der Israeliten und der Judäer, die sie verübt haben, um mich zu kränken, sie, ihre Könige, ihre Beamten, ihre Priester und ihre Propheten, die Männer Judas und die Einwohner Jerusalems.   33 Sie haben mir den Rücken zugewandt und nicht das Gesicht. Immer wieder[4] habe ich sie belehrt, sie aber hören nicht, Zurechtweisung anzunehmen.   34 In dem Haus, über dem mein Name ausgerufen ist, stellten sie ihre Scheusale auf, um es zu verunreinigen.   35 Im Tal Hinnom bauten sie die Kulthöhen des Baal, um ihre Söhne und ihre Töchter dem Molech darzubringen, was ich ihnen nicht geboten habe und was mir nie in den Sinn gekommen ist, dass sie diese Gräuel tun sollten, um Juda zur Sünde zu verleiten.

36 Darum, so spricht jetzt Jahwe, der Gott Israels, zu dieser Stadt, von der ihr sagt, sie sei durch Schwert, Hunger und Pest in die Hand des Königs von Babel ausgeliefert: 37 Siehe, ich sammle sie aus allen Ländern, in die ich sie in meinem Zorn und meinem Grimm und meinem großen Unmut verstoßen habe, und bringe sie zurück an diesen Ort und lasse sie in Sicherheit wohnen.   38 Sie werden mir zum Volk sein, und ich werde ihnen Gott sein.   39 Ich gebe ihnen *ein* Herz und *einen* Wandel, mich allezeit zu fürchten, ihnen und ihren Kindern nach ihnen zum Guten.[5]   40 Ich schließe mit ihnen einen ewigen Bund, dass ich mich nicht von ihnen abwende, ihnen (vielmehr) Gutes erweise[6]. Die Furcht vor mir lege ich in ihr Herz, damit sie nicht von mir weichen.   41 Dann habe ich meine Freude an ihnen, ihnen Gutes zu erweisen, und pflanze sie in dieses Land ein in Beständigkeit[7] aus meinem ganzen Herzen und meiner ganzen Seele.

42 Denn so spricht Jahwe: Wie ich über dieses Volk all dies große Unheil gebracht habe, so bringe ich über sie all das Gute, das ich ihnen zusage.   43 Und das Feld[8] wird gekauft werden in diesem Land, von dem ihr sagt: „Eine Öde ist es, ohne Mensch und Vieh; es ist in die Hand der Chaldäer gegeben."   44 Felder wird man um Geld kaufen, (Kauf-)Briefe schreiben und versiegeln und Zeugen berufen im Land Benjamin, in der Umgebung Jerusalems, in den Städten Judas, in den Städten des Gebirges, in den Städ-

---

[3] D. h.: ihren – selbst hergestellten – Götzen; vgl. (außer V 34) 25, 6 f; 44, 8. Die Bekräftigung V 30b fehlt in der LXX.

[4] Oder: unermüdlich; vgl. ähnlich I,39 zu Anm. 259.

[5] D. h. zum Wohl oder Heil; vgl. zum „Guten" schon 24, 5 u. a.; dazu I,24 f mit Anm. 172.

[6] Diese Erläuterung, die wie V 40–42 (und 33, 9) das „Gute" erläuternd aufnimmt, fehlt in der LXX.

[7] Oder: In Wahrheit, Treue, Zuverlässigkeit.

[8] Wie 24, 5; 29, 5 u. a. Die Verheißung schließt an V 7 ff (mit dem Sing. „das Feld kaufen" V 9) an, meint aber (mit V 15) verallgemeinernd „Felder" (V 44).

ten der Schefela⁹ und in den Städten des Negeb; denn ich werde ihr Geschick wenden – Spruch Jahwes.

Die Komposition der Heilsworte Kap. 29–32 beschließt die Redaktion mit einer dreigliedrigen Textfolge in Ausrichtung auf Gott: ein Gebet mit zwei
Antworten.[10] In Anknüpfung an die zuvor geschilderte Szene erinnert es
(V 16) an den göttlichen Auftrag zum Ackerkauf in der durch Einnahme bedrohten Stadt. Erscheint schon Jeremias Handlung abwegig, ja widersinnig,
so bringt das Gebet das Element des Widerspruchs mit der Ausmalung der
Belagerung (V 24 f) eher zugespitzt zum Ausdruck. Die erste Antwort
nimmt zunächst – zusammenfassend und bestätigend – Jeremias Gerichtsansage[11] auf. Das von Jeremia (V 15) zeichenhaft angedeutete Heil, das in der
bedrohlichen Lage paradox erscheint, wird für das ganze Land ausgesprochen (V 43 f), zudem entfaltet (V 37 ff). Gliedert sich die erste Antwort in die
mit der durch Schuld begründete Unheilsansage und die Heilsansage, so wird
in der zweiten Antwort nach kurzer Erinnerung an die Situation der Belagerung (32, 24; 33, 4 f) die Heilshoffnung (33, 6 ff) erläutert, weitergeführt oder
gar überboten.[12]
In dieser rückblickend festgehaltenen Situation vor der Katastrophe besteht das Heil nicht in der Rettung vor dem Gericht, vielmehr wird in oder
nach dem Gericht eine Wende erwartet, Umkehrung des – angekündigten
und dann eingetretenen – Unheils. Näher betrachtet, sind Gericht und Heil
doppelt aufeinander bezogen: Das Gericht setzt (den Vätern zugesagtes, erfahrenes) Heil voraus. So folgen aufeinander: Heil – Unheil – Heil. Das Gebet stellt das Bekenntnis zur Macht des Schöpfers mit seinen Heilsgaben
voran, um dann des Volkes Ungehorsam zu betonen, der das Gericht nach
sich zieht. Heil und Gericht sind Aspekte oder Momente des zwiefältigen
Wirkens Gottes. Das noch in der Situation des Gerichts zugesagte Heil wird
nicht durch menschliches Handeln begründet, sondern ist allein Tat Gottes;
auffallend häufig wird die Urheberschaft durch das göttliche „Ich“[13] hervorgehoben.
Jeremia hatte Fürbitte geübt, aber das Verbot[14] erfahren. Nimmt das Gebet,
das im strengen Sinn keine Fürbitte enthält, in seinem Wortlaut einerseits

---

⁹ Vgl. 17, 26; dazu I, 310 Anm. 91.
¹⁰ Den zwei Kapitel übergreifenden, umfangreichen Text sucht die knappe Auslegung einerseits
durch die Gliederung überschaubar zu machen, andererseits Einzelaussagen zu Themen zusammenzufassen.
¹¹ Jer 32, 28. 36; vgl. 37, 8; 38, 4 u. a.
¹² Wie die Volksklage Kap. 14 f zweigliedrig ist und eine Zuspitzung im zweiten Teil (15, 1) enthält, so steigert hier die zweite Antwort.
¹³ Es findet sich nicht nur in der Unheils-, sondern auch der Heilsansage schon bei Jeremia
selbst (wie 24, 5; 31, 3 f; dazu I, 24).
¹⁴ Vgl. einerseits 15, 11b; 18, 20, andererseits 14, 11; 15, 1; dazu den Exkurs I, 265 ff. Zum
Thema vgl. auch das Ersuchen um Fürbitte 37, 3; 42, 2. 4. 20 und Jeremias Aufruf im Brief 29, 7;
dazu die Bemerkungen.

Rücksicht auf das Verbot? Andererseits spiegelt die Beschreibung der Lage (V 24; 33, 4) wohl bereits Erfahrungen des harten, unheilvollen Schicksals wider.

Der Textkomplex (32, 16–33, 26) schließt sich an prophetisches Erbe an. Zugleich finden sich vielfach Grundgedanken und Ausdrucksweise der (jerdtr.) Redaktion. Auf die Selbstberichte folgt sonst kein Gebet mehr. Hat es die (jerdtr.) Redaktion nachträglich verfasst, in dem – durch die Symbolhandlung vorgegebenen – Ich-Stil frei gestaltet oder nur ausgestaltet, erheblich erweitert? Aus dem in sich mehrgliedrigen Gebet sucht man auf Grund gewisser Wiederholungen oder Unebenheiten gelegentlich einen auf den Ackerkauf (V 6–15) bezogenen Grundbestand[15] zu gewinnen, um ihn von einem jüngeren über diesen Anlass hinausgehenden Teil abzuheben.[16] Allerdings geht der als möglicherweise alt herausgeschälte Textbereich inhaltlich kaum über das hinaus, was V 6–15 berichten, entfaltet sie nur im Gebet. Insofern bleibt die Entscheidung in dieser Frage sachlich ohne größere Folgen für das Verständnis Jeremias.

Über den Ackerkauf hinaus schließt die umfangreiche Antwort an die Kap. 29–32 umgreifende Folge von Heilserwartungen an, indem sie etwa mit der Verheißung des „Bundes" an 31, 31 ff anknüpft. Die Heilsaussagen mit ihren verschiedenen Themen sind kaum in *einem* Stadium entstanden, eher nach und nach angewachsen und stehen in einem großen Zusammenhang. Die Anreicherung wird zumal bei 33, 14 ff deutlich. Hier bestätigt sich die Annahme, dass sich in der Redaktion ein sich eine Zeitlang hinstreckender Prozess verbirgt.

V 16–25 Jeremias Gebet in 1.Ps. mit Du-Anrede: „Ich betete" (vgl. Dtn 9, 20. 26)
V 16 mit Situationsangabe in Anknüpfung an V 12
V 17 Klagendes „Ach"; vgl. 1, 6; gegenüber Propheten 4, 10; 14, 13
    Anerkennung der Macht des Schöpfers (vgl. 27, 5; 2 Kön 19, 15),
    der auch in der Geschichte wirkt
    Die Wendung „mit großer Macht …" zunächst (wie V 21) für den Exodus,
    hier die Schöpfung
V 18 vgl. Ex 20, 5 f; 34, 7; Dtn 5, 9.
    „Großer, starker Gott" Dtn 10, 17; Neh 9, 32
    Gott sieht (7, 17 u. a.), beachtet alle Menschen wie den Einzelnen
V 20 f entfalten die Herausführung in Zeichen und Wundern. V 22 Landgabe
    Anklage im Geschichtsrückblick:
    Im den Vätern zugeschworenen Land ungehorsam; vgl. 2, 5 ff.21
V 23b–25 Notlage. V 24 f nehmen den Anlass auf; vgl. V 36
    Durch Hinweis auf die Belagerung der Stadt Hervorhebung des Kontrasts
    zur Symbolhandlung (V 43 f)

---

[15] Der rekonstruierte, für ursprünglich gehaltene Kern umfasst mit der Einleitung V 16 nach der knappen Klage V 17aα die Situationsbeschreibung V 24 f und die Antwort etwa in V 26–29a.42 f.44 (W. Rudolph u. a.).

[16] Wie Kap. 7 „eine Zusammenfassung der Verkündigung Jeremias in ihrem Verständnis" durch die Redaktion ist, so bietet sie hier mit Gerichtsbegründung und Heilserwartung „eine Summe ihrer Geschichtstheologie" (W. Thiel II, 29 ff, bes. 37).

V 26–44 Gottes (erste) Antwort (nach V 26 MT wie V 1 Jeremia in 3.Ps.; vgl. 33, 1)
  V 27 mit Aufnahme von V 17 als Frage: nicht skeptisch, eher zustimmend,
  bekräftigend.
        Ähnlich der zweiteiligen Grundform des Prophetenworts:
V 27–35 Begründung und Ansage des Gerichts
  Sog. Selbstvorstellung „Ich bin Jahwe" (vgl. 24, 7; 9, 23)
  Schöpfer (vgl. V 17). Macht auch im Unheil
  Begründung für die Situation in der belagerten Stadt; vgl. 19, 5
  Schuld von Nord- und Südreich (V 30; vgl. zu Kap. 11; auch 7, 30 u. a.)
  V 32 Ungehorsam und Unbelehrbarkeit des Volkes, der Könige
  und der Oberschicht
        „Räuchern" 19, 13; 44, 17 ff.
  Zu Baal (V 29. 35) vgl. 7, 9; 19, 5 (dazu I, 75. 89)
        Jahwe „mit dem Werk der Hände kränken" 25, 6 f; 44, 8; vgl. 1, 16;
        11, 17; 32, 32; 44, 3
        „Diese Stadt" vgl. Urteile wie Mi 3, 10; Ez 22, 2 f; 24, 7 f;
        auch Jer 19, 10 f
        Zu V 35 vgl. 7, 30 ff (dazu I, 188 f)
V 36–44 In Erinnerung an die Situation (wie V 24)
Zusage der Wende: Heilsverheißung
        Sammlung (23, 3. 7 f; 24, 6; 29, 14; 30, 3 u. a.) und Rückführung,
        sicheres Wohnen, Einigkeit
        V 38–41: Konzentration auf das Gottesverhältnis
        Stiftung eines „ewigen Bundes" (vgl. 24, 6 f; 31, 31–34)
        V 40 f Erläuterung des „Guten": Künftiger Ackerkauf
        V 42 Umkehr vom Gerichts- zum Heilshandeln ist jerdtr. Sprache
        Vgl. Jer 19, 15; 35, 17; Dtn 28, 63
        V 43 f Rückgriff auf den Anlass, die Symbolhandlung
        Aufnahme der Deutung (V 15 mit V 25): Statt Öde (vgl. 34, 22)
        Heil des Landes
        V 44 ähnlich 17, 26
33, 1–13. 14–25 Jahwes zweite (bis auf V 4 f) heilvolle Antwort

Dem Gebet, das grundsätzliche Aussagen voranstellt, sind verschiedene Motive vorgegeben. In der Berufungsgeschichte folgt auf die Mitteilung der Erwählung bei der „Bildung im Mutterleib" die knappe Klage „Ach, Herr Jahwe" (1, 6 u. a.). So sind ansatzweise beide Motive verbunden. Vor der preisenden Anerkennung des Schöpfers stimmt das Gebet einen Klageton an, der später in der Beschreibung der Situation (V 24 f) ausdrücklich wird. Angesichts des Widerspruchs von Heilsansage und gefahrvoller Lage spricht das Gebet Gott auf seine Schöpfer- und Wundermacht an.[17] Es bezeugt die Identität des Schöpfers mit dem Gott, der in der Geschichte wirkt.
  Die Einsicht (V 17), mit der Gott im Gebet angesprochen wird, nimmt die Antwort V 27 als Frage auf: „Sollte mir etwas unmöglich sein?" Ihm ist über menschliches Vermögen hinaus „nichts zu „wunderbar / unmöglich" (V 17. 27). Zeigt die Erinnerung an „Zeichen und Wunder" in Ägypten (Ex 7, 3

---

[17] Vgl. 27, 5; auch 32, 27 „Gott alles Fleisches"; dazu 33, 2 LXX.

u. a.) nicht beispielhaft, was Gott in der Geschichte bewirken kann?[18] „Was bei Menschen unmöglich ist, das ist bei Gott möglich."[19] Solche Aussagen sprechen zwar in eine bestimmte Situation, haben aber zugleich allgemein-grundsätzliche Bedeutung.

In der geschichtlichen Realität, kurz: im Leben, wirken tiefe Einschnitte über die unmittelbar Betroffenen hinaus. Diese Erfahrung steht im Hinter-grund von V 18, mit der ähnlich lautenden Version des Dekalogs gesprochen: „der heimsucht die Schuld der Väter an Nachkommen bis ins dritte und vierte Glied".[20] Allerdings: „Die vier Generationen umschreiben kaum die sich über Jahrzehnte hinaus erstreckende Folge, sondern die Großfamilie, die in einem Haus gleichzeitig zusammenlebt. Sie werden darum auch zugleich von einem geschichtlichen Ereignis getroffen." Über diesen Rahmen greift die Angabe „Tausende" weit hinaus[21]; sie vermeidet angesichts der harten Vorwürfe gegen das Volk (V 23) kaum ohne Absicht die im Dekalog beige-fügte Erläuterung „die mich lieben" und steht hier betont voran. Mit anderen Worten: Der Zorn ist kurz, die Gnade ewig.[22] Sie wird hier gerade denen zu-gesprochen, die „nicht hörten" (V 23). Zugleich spiegelt sich in dieser Grundaussage (V 18) der Aufbau der Komposition insgesamt wider: Die Heilszusagen übersteigen die Erfahrung des Gerichts bei weitem.

Noch vor dem Blick auf die Geschichte des eigenen Volkes, in die der Ein-zelne eingebunden ist, wendet sich das Gebet – dem Bekenntnis zum Schöp-fer entsprechend – weltweit der Situation der „Menschen" vor Gott zu (wie Ps 33, 14 ff u. a.) und hebt dabei allgemein die individuelle Verantwortung[23] mit der Vergeltung nach dem Wandel hervor.

Wie schon in der Einführung von Jeremias Verkündigung (2, 5 ff) sind die Heilsgabe des Landes und der Ungehorsam gegenübergestellt.[24] Unheil (27, 5 f) wie Heil wirkt der Schöpfer, der „Gott Israels" (33, 4). Das Geschick mit guten und bösen Erfahrungen steht in Gottes Hand; so ist die Einsicht in Gottes zwiefältiges Wirken in der Geschichte grundlegend.[25]

In der ersten Antwort[26], die zunächst die Gerichtsansage aufgreift, sind mit der Umkehr von Unheil in Heil, wie (V 37): „Ich sammele – ich habe zer-

---

[18] Schöpfung und geschichtlicher Rückblick sind ausführlicher verbunden im Gebet der Ge-meinde Neh 9, 6 ff; auch Ps 136 u. a.

[19] Lk 18, 27. Vgl. Jes 28, 29; kritisch: 29, 14. „Er tut, was ihm gefällt" (Ps 115, 3; vgl. 135, 6; Jon 1, 14).

[20] Ex 20, 5; Dtn 5, 9; vgl. Ex 34, 7; dazu (mit dem Zitat) W. H. Schmidt/H. Delkurt/A. Graup-ner, Die Zehn Gebote im Rahmen alttestamentlicher Ethik: EdF 281, 1993, 67 f.

[21] Ps 90, 4 spitzt das Verhältnis noch zu: 1000 Jahre zum vergangenen, kurz erscheinenden Tag.

[22] Vgl. Ps 30, 6; 103, 9; Jes 54, 7 f; 57, 16 u. a.; auch gegenüber dem Nordreich Jer 3, 12.

[23] Die Redaktion (25, 5; 26, 3; 36, 3. 7) betont, dass „ein jeder von seinem Weg" umkehren soll. Zum Thema vgl. auch I,167 Anm. 75 und zu 31, 29 f.

[24] Mit anderem Thema argumentiert die Redaktion ähnlich 7, 19. 22 ff.

[25] Vgl. etwa 1 Sam 2, 6 f (dazu Lk 1, 51 f) u. a., zumal für die Botschaft der Schriftpropheten, übereinstimmend mit der Redaktion (Jer 1, 10 u. a.).

[26] Sie nimmt „Einzelaspekte des Gebets bestätigend auf" und führt „auf eine Heilsankündigung hin, die das Gebetsanliegen beantwortet" (G. Wanke 307).

streut", wichtige Themen in Weiterführung zuvor ausgesprochener Heilserwartungen vereint. Das erhoffte Wunderbare, wie es bei dem Exodus (V 20 f)
geschah[27], soll sich in gesteigerter Weise vollziehen. Zunächst werden mit
Sammlung, Heimkehr und sicherem Wohnen die Voraussetzungen, dann das
Gottesverhältnis selbst „mir zum Volk, ihnen zum Gott" (V 38) bedacht. In
der Erwartung verändert sich die Vergeltung nach dem Wandel (V 19) tiefgreifend oder erübrigt sich. Das Ziel (V 39) ist die Einheit des Sinns und
Wegs, innerer Haltung und Verhalten: „ein Herz und ein Wandel, mich allezeit zu fürchten". In Aufnahme der Verheißung vom neuen Bund mit der
Übereinstimmung von Gottes und menschlichem Willen (31, 31–34) wird das
Ziel hier durch die „ins Herz gelegte" Gottesfurcht (V 40) erreicht. Ist sie das
Zentrum, der Kern oder die Absicht der „Tora / Weisung"[28]? Der Begriff
„neuer Bund" wird durch „ewiger Bund"[29] ersetzt; er betont statt des Umbruchs die Dauer, Beständigkeit oder Unvergänglichkeit. Sagt Gott zu, sich
nicht abzuwenden, vielmehr „Gutes zu tun"[30], so wird das Volk auf Grund
des gewandelten Herzens nicht mehr abweichen.

Während sich das angekündigte Gericht schon vollzieht (V 23b–25; vgl.
V 1 ff) oder bereits Erfahrung ist, steht das – zunächst zeichenhaft angesagte,
dann weiter ausgeführte – Heil noch aus. Wie zuvor das Gericht so ist für
Jeremia selbst das – V 15 zurückhaltend angesagte – Heil gewiss; er braucht
nicht im Gebet um die Gewissheit zu ringen. Begegnet die Heilsweissagung
im Exil Zweifeln? Für die Unheilsansage bestätigt „Was du geredet hast, hat
sich vollzogen" die Vision 1, 11 f.

Nach den tief greifenden Verheißungen geht der Schluss (V 42–44) nochmals auf den Anlass mit Jeremias konkreter Zusage V 15 ein, um sie auszu-
weiten. Das „Gute" (zuletzt V 40) wird in der Gestaltung der Lebensbedingungen landesweit entfaltet. „Das Geschick wenden" fasst allgemein die
Intention zusammen und erscheint wie ein Leitwort in der zweiten Antwort.[31] Sie führt nach kurzer Erinnerung an die bedrängende Situation (V 4 f)
die Heilsankündigung weiter, die so das Übergewicht erhält und als das –
eigentliche, letzte – Ziel erscheint.

---

[27] Vgl. die Entsprechung mit Überbietung Jes 43, 16 ff.

[28] Jer 31, 33 (dazu in der Auslegung Abs. 7); auch 32, 23. Vgl. Dtn 6, 13; 17, 18 f: eine Abschrift
der Tora / Weisung, um Gott zu „fürchten"; Jer 5, 22; auch 24, 7 „ein Herz, mich zu erkennen".

[29] Er hat erhebliche Bedeutung für die – ebenfalls ins Exil gehörige, so grob gleichzeitige –
Priesterschrift (Gen 9, 16; 17, 7. 19 u. a.; auch Jes 55, 3).

[30] Vgl. „Bund / Zusage des Heils / Friedens" Jes 54, 10; Ez 34, 25.

[31] Jer 33, 7. 11. 26. Vgl. zu 30, 1–3, 4 mit Anm. 4 und 6.

Gottes zweite Antwort auf das Gebet
Jer 33
In der skizzierten Unheilssituation
Zusammenfassung der Heilserwartungen

1 Da erging das Wort Jahwes an Jeremia zum zweiten Mal[1], während er noch im Wachhof eingeschlossen war: 2 So spricht Jahwe, der (es) ausführt, Jahwe, der es bildet, um es zu verwirklichen[2], Jahwe ist sein Name. 3 Rufe mich an, so werde ich dich erhören, dir Großes und Unbegreifliches[3] kundtun, das du nicht kennst. 4 Denn so spricht Jahwe, der Gott Israels, über die Häuser dieser Stadt und über die Häuser der Könige von Juda, die eingerissen wurden für die Belagerungswälle und für das Schwert. 5 Sie kommen[4], um mit den Chaldäern zu kämpfen, um sie zu füllen von Leichnamen der Menschen, die ich in meinem Zorn und meinem Grimm erschlagen ließ[5], weil ich mein Angesicht verborgen habe vor dieser Stadt[6] wegen all ihrer Bosheit. 6 Siehe, ich bringe ihr Genesung und Heilung und werde sie heilen und ihnen enthüllen einen Reichtum[7] an Heil und Treue.[8] 7 Ich werde das Geschick Judas und das Geschick Israels[9] wenden und baue sie auf wie zuvor. 8 Dann werde ich sie reinigen von all ihrer Schuld, mit der sie sich an mir versündigt haben, und alle ihre Sünden vergeben, mit denen sie sich versündigt und gegen mich aufgelehnt haben. 9 Es wird mir zum Namen der Freude, zum Preis und zum Schmuck vor allen Völkern der Erde werden, die all das Gute vernehmen, das ich ihnen antue, und sie werden beben und zittern wegen all des Guten und wegen

---

[1] Wie bei den Visionen (1, 11. 13) wird (nach 32, 26) erst die zweite Antwort ausdrücklich gezählt.

[2] Möglich auch: bestimmen, bereitstellen, festsetzen, errichten. Die LXX bezeugt ein Bekenntnis zum Schöpfer „der die Erde machte und sie formte, um sie aufzurichten", möglicherweise eine Anpassung an den Einsatz des Gebets 32, 17; vgl. 10, 12. 16; 31, 35; 51, 15; Jes 42, 5; 44, 24; bes. 45, 18.

[3] Unzugängliches, „unfassbare Dinge" (HAL 141).

[4] Die Darstellung der Kriegsszene, die wohl 32, 29 aufgreift, ist in Einzelzügen schwer verständlich.

[5] Wörtlich: „erschlug"; vgl. 30, 14 „mit Feindesschlag habe ich dich geschlagen"; 18, 21 „gab preis".

[6] Die LXX bietet: „vor ihnen", was dem folgenden Plural „ihre Bosheit" entspricht.

[7] Vgl. HAL 857; ThWAT VI, 472.

[8] Oder: Wahrheit, Beständigkeit; vgl. zu 32, 41.

[9] LXX: Jerusalems. Wird so die durch das Trostbüchlein (30, 3) vorgegebene, beide Völker umfassende Ausdehnung des Heils – auf Grund der Beschreibung V 4 f – eingeschränkt?

allen Heils, das ich ‚ihnen' antue. 10 So spricht Jahwe: Wieder wird man
hören an diesem Ort, von dem ihr sagt: „Eine Trümmerstätte ist er, ohne
Mensch und Vieh", in den Städten Judas und in den Gassen Jerusalems,
die verödet sind ohne Mensch, ohne Bewohner und ohne Vieh, 11 Jubelruf und Freudenklang, die Stimme von Bräutigam und Braut, den Ruf
derer, die sagen: „Dankt Jahwe Zebaoth; denn Jahwe ist gütig, ja seine
Güte währt ewig!", wenn sie Dankopfer darbringen im Haus Jahwes; denn
ich wende das Geschick des Landes – wie zuvor, Spruch Jahwes. 12 So
spricht Jahwe Zebaoth: Wieder wird es an diesem Ort, der verwüstet, ohne
Mensch und Vieh, ist, und in allen seinen Städten eine Aue der Hirten geben, die eine Herde sich lagern lassen. 13 In den Städten des Gebirges, in
den Städten der Schefela und in den Städten des Negeb[10] und im Land Benjamin und in der Umgebung Jerusalems und in den Städten Judas wird
wieder die Herde durchziehen, an den Händen dessen, der (sie) zählt –
spricht Jahwe.

14 Siehe, Tage kommen – Spruch Jahwes – da richte ich auf das heilvolle
Wort[11], das ich über das Haus Israel und das Haus Juda redete. 15 In jenen
Tagen und zu jener Zeit lasse ich David einen Spross der Gerechtigkeit aufsprießen; er wird Recht und Gerechtigkeit im Land üben. 16 In jenen Tagen wird Juda Heil erfahren, und Jerusalem wird sicher wohnen. Und dies
(wird der Name sein), mit dem man es nennt: „Jahwe ist unsere Gerechtigkeit." 17 Denn so spricht Jahwe: Nie wird es David an jemandem fehlen[12],
der auf dem Thron des Hauses Israel sitzt. 18 Auch den levitischen Priestern wird es nie an jemandem vor mir[13] fehlen, der Brandopfer darbringt,
Speisopfer räuchert und Schlachtopfer zubereitet – alle Tage.

19 Und das Wort Jahwes erging an Jeremia: 20 So spricht Jahwe: Wenn
ihr meinen Bund mit dem Tag und meinen Bund mit der Nacht aufheben
könnt, so dass sich Tag und Nacht nicht mehr zu ihrer Zeit ereignen,
21 könnte auch mein Bund mit David, meinem Knecht, aufgehoben werden, so dass er keinen Sohn hätte, der auf seinem Thron König wäre, und
mit den levitischen Priestern, meinen Dienern. 22 Wie unzählbar das Heer
des Himmels und unmessbar der Sand des Meeres ist, so zahlreich mache
ich die Nachkommen Davids, meines Knechts, und der Leviten, die mir
dienen.

23 Und es erging das Wort Jahwes an Jeremia: 24 Hast du nicht wahrgenommen, wie dieses Volk redet: „Die beiden Geschlechter, die Jahwe erwählt hatte, hat er verworfen", und dass sie mein Volk schmähen, dass sie

---

[10] Vgl. zu 17, 26 I, 310 Anm. 91; auch 32, 44.

[11] Wörtlich „das gute Wort" mit Aufnahme von 29, 10. So wird ein Bogen um die vier
(Heils-)Kapitel geschlagen. Zugleich kehrt die Wendung „Böses / Unheilvolles reden" (11, 17;
16, 10; 35, 17) um.

[12] Vgl. zu 35, 19 mit Anm. 7.

[13] D.h. in meinem Dienst; vgl. zu 35, 19 mit Anm. 18.

für sie kein Volk mehr[14] seien? 25 So spricht Jahwe: Wenn mein Bund mit Tag und Nacht nicht mehr bestünde, ich die Ordnungen von Himmel und Erde nicht mehr festgesetzt hätte, 26 würde ich auch die Nachkommen Jakobs und Davids, meines Knechts, verwerfen, dass ich nicht aus seinen Nachkommen Herrscher nähme über die Nachkommen Abrahams, Isaaks und Jakobs; denn ich werde ihr Geschick wenden und mich ihrer erbarmen.

Aufforderung und Zusage „Rufe mich an, so erhöre ich dich!" (V 3)[15] geben die Kap. 32–33 übergreifende Struktur mit Gebet und Antwort wieder. Diese zweite Antwort bekräftigt (V 6): „Ich bringe Heilung" wie „Heil" und gestaltet die Erwartung aus.

Mit dem vorhergehenden Text steht Kap. 33 in engem Zusammenhang:
I. 32, 16–25 Gebet
II. 32, 26–44 Jahwes erste – Gericht und Heil verbindende – Antwort
III. 33, 1–13 Jahwes zweite – nach kurzer Erinnerung (V 4 f) heilvolle – Antwort
V 1–3 Einführung
    V 1 Wortereignisformel mit Angabe der Situation im Wachthof
        Rückbezug auf 32, 3. 26; vgl. 36, 5; 39, 15
        Nach erweiterter Botenformel Anrede an Jeremia
    V 2 Die Macht Gottes auszuführen
        LXX: des Schöpfers – wie in Aufnahme des Gebets 32, 17; vgl. 27, 5
    V 3 im Gegensatz wie Umkehrung von 7, 13:
        Gottes Ruf ohne Antwort des Volkes
        „Großes und Wunderbares". Nach dem Land (32, 42–44)
V 4–9 (Nach erweiterter Botenformel) Heil der *Stadt*
    V 4 Situation der Zerstörung; vgl. 32, 24. 42–44 Trümmerstätte vgl. V 10. 12
    V 5 Voller Leichname 19, 7. Vgl. Dtn 31, 17 f
    V 6 Gottes Wirken: Genesung, Heilung, Friede; vgl. 30, 17
        Wende des Geschicks V 7. 11. 26 (s. Anm. 18)
    V 7 Wiederaufbau. Beide Völker: Juda und Israel
    V 8 Reinigung von Schuld, Vergebung; vgl. 3, 12; 31, 34
        Befreiung von der Last der Vergangenheit
    V 9 Jerusalems Stellung zur Ehre Gottes vor den Völkern; vgl. 13, 11; Jes 52, 15
    V 9b Ehrfurcht vor Gottes Heilswirken
V 10 f. 12 f Jeweils nach Botenformel: Aus der verwüsteten Stätte
  ohne Mensch und Vieh (V 10. 12)[16]
Verheißung der Umkehrung:
    zum einen (mit Aufhebung von 16, 9): in Freude, Jubel; vgl. 7, 34; 25, 10.
    Dank(lied) an Jahwe
    zum andern in Auen, Weideplätze der Hirten
    Umfang des Landes (wie 32, 44)

---

[14] Oder: „vor / bei ihnen nicht mehr als Volk gelten".
[15] Vgl. Ps 4, 2; Jes 55, 6; Jer 29, 12; dazu dort Anm. 40–41. Die Anklage kann lauten, dass auf Gottes bzw. prophetisches „Rufen" keine Antwort erfolgte (7, 27; 35, 17). Vgl. o. zu 32, 16 ff.
[16] Vgl. 32, 43. Die Beschreibung begegnet in Varianten vgl. 4, 25 (I,135 Anm. 60); 9, 9; 50, 3 u. a.

V 14–26 Nachtrag im Anschluss an vorgegebene Verheißungen
V 14 Das Heilswort „aufrichten / erfüllen"; vgl. 29, 10; auch 28, 6; Jes 44, 26
V 15 f.17 (in Abwandlung von 23, 5 f): Neuer Spross für David; vgl. V 26.
    Aufgabe: das Recht
    Zusicherung von Zukunft – mit Umdeutung auf Jerusalem
V 18 Analog zu V 17: Levitische Priester; jeweils: „es wird nie an jemandem fehlen"
    (vgl. 1 Kön 2, 4)
V 19 wie V 23 Nach der sog. Wortereignisformel (vgl. 32, 26):
V 20–22 ähnlich 31, 35–37: Vergleich mit Ordnungen in der Schöpfung
    (weitergeführt V 25)
    Verheißung zahlloser Nachkommen wie an Abraham Gen 15, 5; 22, 17;
    Jakob 32, 13
    Nach jenen führenden Personen wieder allgemeiner das Volk
    V 24 Frage: Gegenüber dem im Zitat geäußerten Verwerfungsurteil
    V 25 f wie Ordnungen in der Schöpfung mit Gewissheit
    Bestätigung der Zusagen (vgl. V 17)

Die Situationsangabe knüpft nochmals an Jeremias Aufenthalt im Wachthof (32, 2) an und schildert als Folge der 32, 24 geschilderten Situation – mit dem Einriss von Häusern zur Befestigung und Verstärkung der Stadtmauer (V 4 f) – letzte, erfolglos bleibende Bemühungen vor Einnahme der Stadt.[17] Dagegen scheint das Gebet selbst schon die Stadt in Trümmern (V 10 ff) vorauszusetzen.

Während die LXX analog zu 32, 17 von der Macht des Schöpfers spricht, bezeugt der hebräische Text – im Anschluss an das Thema von 32, 24b[18], das auch 33, 14 anklingt – Gottes Wirken im geschichtlichen Raum. Die zugesagte Antwort (V 3) erschließt Unbekanntes, dem Propheten von sich aus nicht Einsichtiges, über das Begreifen hinaus: „Großes, Wunderbares". Es wird allgemein-zusammenfassend umschrieben mit dem Leitwort „das Geschick wenden"[19]. Es umfasst mit der Stadt Jerusalem (V 6) beide Völker[20], konzentriert die Hoffnung auf Gott („Ich") und wird mit verschiedenen Motiven entfaltet. Zu ihnen gehören Reinigung von Schuld, Vergebung, Anerkennung, Freude und auch – dem Geschehen entsprechend (V 11) – das Lob Gottes (wie Ps 118, 1; 136, 1 u. a.) mit dem Aufruf: „Danket Jahwe …; denn er ist freundlich, seine Gnade ewig" mit dem Dankopfer. Die Öde wird wieder bevölkert, verwandelt sich in eine Aue für Hirten und ihre Tiere in schwer überschaubarer Zahl. Ähnlich der ersten Antwort (32, 43 f) richtet sich die Hoffnung auf die Wiederbelebung des weiten Landes.

Die Zusammenstellung der Heilserwartungen Kap. 29–33 wird am Ende (33, 14 ff) ausgebaut. In diesem Anhang werden bereits vorliegende Heilsworte aufgenommen, auch abgeändert und gegen Zweifel (V 24) bekräftigt.

---

[17] Der aussichtslose „Kampf mit den Chaldäern ist in Wahrheit eine Auseinandersetzung mit Gott selbst"(G. Fischer II,226).

[18] Vgl. 1, 11 f; dazu I,59.

[19] Nach 29, 14; 30, 18; 32, 44 wiederkehrend in 33, 7. 11. 26. Vgl. zu 30, 1–4 mit Anm. 4 und 6.

[20] Jer 33, 7. 14. 26; vgl. 30, 3; 31, 27 u. a.

V 14–26 bilden den umfangreichsten Abschnitt, der in der griechischen Übersetzung fehlt. Wurde er, da er in erheblichem Maß Wiederholungen enthält, weggelassen? Eher bilden die abschließenden V 14–26 eine spätere Ergänzung, und dem in der LXX bewahrten Umfang kommt der Vorrang zu. Wie bei ähnlichen Fällen (etwa in 29, 14) gehört dieser Abschnitt nicht zu dem Textbereich, der für die Rückfrage nach Jeremias Verkündigung entscheidend ist[21], sondern eindeutig in die Nach- oder Wirkungsgeschichte von Jeremias Verkündigung, zur Wachstums- oder Redaktionsgeschichte des Jeremiabuches. So ist hier die Intention der (nicht einförmigen) Redaktion vertreten, welche die von Jeremia erhaltene Überlieferung mit den Fragen der tief veränderten Situation und anderen Schwerpunkten ausgestaltet.

Der Nachtrag knüpft an vorhergehende, auch in jüngerer Überlieferungsform erhaltene Texte an, um ihnen in abgewandelter Gestalt oder in anderer Interpretation Nachdruck zu verleihen. So wird mit dem „guten", heilvollen „Wort" die verallgemeinernde Ausdeutung des Briefs an die Exulanten[22] aufgenommen, wie mit der Zeitansage „Siehe Tage kommen" und der Anrede an beide Häuser die Eröffnung des sog. Trostbüchleins (30, 3 u. a.). Mit diesem übergreifenden Zusammenhang[23] wird ein Bogen geschlagen über die Heil ankündigenden Kap. 29–33 und noch über sie zurück:

Die sog. messianische Weissagung 23, 5 f wird aufgeteilt (a-b) und abgewandelt (c-e):

a) Die Zusage „Ich richte auf" ist hier vorweg (mit gleicher Einführung 33, 14) allgemein auf das „gute", heilvolle „Wort" bezogen. Hat die Situation Zweifel (vgl. V 21) an der Verheißung geweckt? Sie harrt noch der Erfüllung. Das „Zukunft und Hoffnung"[24] gebende Wort wird bekräftigt.

b) Der Ehrenname „Jahwe unsere Gerechtigkeit", der auf den letzten König Zedekia anspielt[25], wird auf die Stadt Jerusalem übertragen und damit ausgeweitet. So wird deren Bedeutung[26] unterstrichen.

c) Die Aufgabe, „als König zu herrschen" (23, 5), fehlt hier. Wird eine individuelle Aussage gemieden? Oder besteht ein Vorbehalt gegenüber dem Titel „König", so dass der Erwartete weniger bestimmt[27] ist? – „Spross" (23, 5), klingt im Verb „aufsprießen lassen" nach. „Recht und Gerechtigkeit" bleiben das Ziel.[28]

d) Die Hoffnung auf den einen Zukunftskönig, die Einsetzung einer Einzelperson, wird auf das davidische Geschlecht umgedeutet und verallgemeinert. Im Ge-

---

[21] Vgl. I,41. 175 ff. Anders etwa Jer 19, 1; dazu I,326 Anm. 1. Zur Abhebung der redaktionellen Bearbeitung vgl. I,37 ff; zu Jeremias Botschaft I,16 ff.

[22] Jer 29, 10. 14. Jes 52, 7 kündet den Boten an, der „Frieden / Heil hören lässt, gute Botschaft verkündet". „Gut / Gutes" spielt schon in Jeremias Verkündigung eine Rolle (vgl. I,25), erst recht in der redaktionellen Ausgestaltung (zuletzt 32, 40 f; 33, 9).

[23] Der Abschnitt ist „auf die ihm vorliegende Gesamtheit der Heilsankündigungen der Kap. 29–33 bezogen" (G. Wanke 315).

[24] Jer 29, 11; vgl. zu 31, 17 „Hoffnung für deine Zukunft".

[25] Zur Auslegung s. zu 23, 5 f.

[26] Vgl. 3, 17; zur Verbindung von Stadt und Recht, Kritik und Hoffnung Jes 1, 21. 26(f). Gegenüber Jeremias Zusage von Schalom in der Fremde (29, 5-7) und von Heil oder Wohl im Land (32, 15) wird Jerusalem, „Thron Jahwes" (3, 17) in seiner Bedeutung stärker herausgestellt.

[27] Vgl. etwa „ein Haupt" Hos 2, 2 oder „Fürst" Ez 34, 24 f u. a.

[28] Schon für Jeremia (22, 15 f u. a.; dazu I,17), erst recht für die Redaktion (21, 12; 22, 3 u. a.).

gensatz zur Ankündigung des Bruchs 22,30 sagt 33,17 der Daviddynastie dauernden Bestand zu: stets jemand auf dem „Thron des Hauses Israel".[29] Die
Nachkommenverheißung der Erzväter-Überlieferung wird auf Davididen (und levitische Priester) übertragen.[30]
    e) Die Hilfe wird statt Juda und Israel (23,6) „Juda und Jerusalem" (33,16) zu-
teil. Trotz der Konzentration auf den Süden braucht das Nordreich nicht vergessen
zu sein, der Bezug auf beide Völker, Gesamtisrael, keineswegs aufgegeben zu sein,
da jetzt die eine – für beide Völker entscheidende – Stadt, wie der Aufruf 31,6 zum
Ausdruck bringt, im Mittelpunkt steht.

Analog zur Davidnachfolge V 17 wird V 18 die Verheißung auf das levitische
Priestertum erweitert. V 17 f laufen parallel, haben eine entsprechende Absicht und werden anschließend (V 19 ff) entfaltet und bekräftigt. Die Nachkommen Davids und die levitischen Priester (V 18.21 f) sind einander zugeordnet[31]. wie etwa die beiden Gesalbten (Sach 4,14; 6,12 f), wohl eine mehr
politisch, die andere eine mehr kultisch ausgerichtete Gestalt. Gemeinsam
stellen sie die Nähe Gottes dar oder bezeugen die Gemeinschaft mit Gott.
    V 20–22 führen die Parallelaussagen V 17 f im Vergleich mit der Unver-
gänglichkeit von Erscheinungen in der Natur[32] weiter. Wie fundamentale,
sich menschlicher Einflussnahme entziehende Ordnungen in der Schöpfung
unerschütterlich als Gottes Wirken („mein Bund" V 20) erscheinen, so wenig
wird Gottes Zusage für die Daviddynastie und die Leviten gebrochen.
    Wird die Natanverheißung (2 Sam 7) später als „Bund" (2 Sam 23,5;
Ps 89,4 ff u. a.) gedeutet, so scheint der Begriff hier auf die levitischen Priester bzw. (V 22) Levi[33] übertragen zu sein. Beide Zusagen sind parallel formuliert und haben eine entsprechende Intention: Bestand auf Dauer. Das Kultische, das in Jeremias Zukunftserwartung zurücktritt[34], hat in dieser Ausgestaltung seinen Raum – einschließlich der Darbringung von Opfern.[35]
    Diese Hoffnungen gelten kaum erst für eine Zeit, in der sich die zuvor aus-
gesprochenen Weissagungen von Kap. 29–32 „erfüllt" haben. Wieweit kann

---

[29] Die Ähnlichkeiten von Jes 9,5 f mit Jer 23,5 f (dort Anm. 30) sowie die Aufnahme von
Jer 23,5 f in 33,14 ff zeigen, dass die Weissagungen aufeinander Bezug nehmen, in einem Überlieferungszusammenhang stehen. Eine entsprechende Annahme liegt etwa auch Mi 5,2 (vgl.
Jes 7,14) nahe.
[30] Vgl. „Nachkommen sehen" Jes 53,10; auch die Übertragung der Natanweissagung auf das
Volk Jes 55,3.
[31] Wirkte die V 17 anklingende Heilsverheißung an die Rechabiter (35,18 f) nach, oder regte sie
gemeinsam mit 23,5 f gar zu der hier zweigliedrigen Erwartung an? Sie hat statt der besonderen
Gruppe einen im Kult tätigen Personenkreis im Blick; zu den „levitischen Priestern" (Dtn 18,1;
vgl. 17,9; 24,8 u. a.).
[32] Der Vergleich mit der Natur ist weisheitlich; vgl. 8,7 (dazu I,11. 193). Wie 8,7 über eine
„Ordnung" so denkt 5,22 über eine „Grenze" (I,153) in der Natur nach. Hier schließt sich der
Vergleich an 31,35–37 an. Zu Tag und Nacht vgl. Gen 1,3; 8,22; den Begriff Bund 9,8 ff; auch
Hi 38,33.
[33] Vgl. den „Bund mit Levi" Mal 2,4; auch JSir 45,15.24 f.
[34] Vgl. zu 29,5–7 und 32,15.
[35] Bei Jeremia finden sich ausgesprochen kritische Urteile über Opfer: 6,20; 7,21; 14,12; dazu
I,19. 184 f.

eine so tiefgreifende Erwartung wie 31, 31–34 unter geschichtlichen Bedingungen überhaupt „verwirklicht" werden, übersteigt sie nicht die Erfahrung?
Fügen sich die Heilserwartungen mit wechselnden Motiven überhaupt zu
einer Geschehensfolge zusammen? Bilden sie statt eines Nacheinanders in
einem Handlungsablauf nicht eher ein Miteinander? Jedenfalls wird die Hoffnung im Lauf der Zeit – trotz Erfahrung der Nichterfüllung –, wenn auch in
sich ändernder Gestalt, durchgehalten, im Wandel der Verhältnisse weitergetragen.

Die Hoffnungsinhalte, die zumindest ab V 14 in einem Zusammenhang
stehen, fließen zusammen in der – gegenüber jenen Einzelmomenten wieder
allgemeineren, sie umgreifenden – Ausrichtung auf die beiden „erwählten"
„Geschlechter", d. h. wohl die beiden „Häuser" oder Völker.[36] Die erwogene
Möglichkeit, „verworfen" zu sein, hat an Jeremias eigener kritischer Einsicht
Anhalt.[37] Sie wird hier entschieden bestritten, durch vertrauensvolle Hoffnung überboten. Auch „Jakob"[38] und „David" werden etwa Nord- und Südreich entsprechen. So steht am Schluss ein die Geschichte wie beide Reiche
umfassender Ausblick auf die ersehnte „Wende".

---

[36] Vgl. Anm. 19.
[37] Jer 6, 30; 7, 29; auch 16, 5; vorbereitet durch 2, 31; 4, 30 f; dazu I, 173. Der Einspruch findet
sich ähnlich wiederum im Zitat mit einer entsprechenden Antwort Jes 49, 14 f; vgl. auch das Zitat
Jes 40, 27 mit der Antwort 40, 28 ff oder Ez 37, 11 mit der Vision 37, 1 ff.
[38] D. h. Israel; vgl. die Namengebung Gen 32, 29; 35, 10; dazu Jer 9, 3 (I, 206 Anm. 17); 31, 33.

Botschaft an Zedekia
Jer 34, 1–7

1 Das Wort, das an Jeremia von Jahwe her erging, als Nebukadnezzar, der König von Babel, und sein ganzes Heer und alle Königreiche seines Herrschaftsbereichs[1] und alle Völker gegen Jerusalem und gegen alle seine Städte kämpften:
2 So spricht Jahwe, der Gott Israels: Geh und sprich zu Zedekia, dem König von Juda, und sage ihm: „So spricht Jahwe: Siehe, ich gebe diese Stadt in die Hand des Königs von Babel, und er wird sie[2] mit Feuer verbrennen. 3 Und du wirst seiner Hand nicht entrinnen, sondern du wirst gewiss ergriffen und in seine Hand gegeben werden. Deine Augen werden die Augen des Königs von Babel sehen, und sein Mund wird zu deinem Mund reden, und nach Babel wirst du kommen. 4 Doch höre das Wort Jahwes, Zedekia, König von Juda: So spricht Jahwe zu dir: Du wirst nicht durch das Schwert sterben. 5 In Frieden wirst du sterben, und wie deine Väter, die früheren Könige, die vor dir waren, Totenfeuer[3] (erhielten), so wird man dir ein Feuer anzünden und über dich klagen: ‚Ach, Herr!' Ja, ein Wort, das ich geredet habe" – Spruch Jahwes. 6 Und der Prophet Jeremia redete zu Zedekia, dem König von Juda, alle diese Worte in Jerusalem.
7 Und das Heer des Königs von Babel kämpfte gegen Jerusalem und gegen alle übrig gebliebenen Städte Judas, nämlich gegen Lachisch und Aseka; denn sie waren unter den Städten Judas als befestigte Städte übrig geblieben.

Nach den Heilszusagen (ab Kap. 29) wird dem König Zedekia (34, 4 f) und dann einer durch ihre Lebensweise auffallenden Gruppe (Kap. 35) nochmals Heil angekündigt – allerdings vor drohendem Hintergrund (34, 2 f), der in dem Zwischenstück (34, 8 ff) ausgemalt wird.[4]

Die von der Redaktion gestaltete Eröffnung in 3. Person hebt die Bedeutung des Wortes hervor.

---

[1] Wörtlich: „des Landes (bzw. der Erde) der Herrschaft seiner Hand / Macht", d.h. der Königreiche, die seiner Herrschaft unterworfen waren.

[2] Die LXX bezeugt zusätzlich allgemeiner: sie einnehmen.

[3] D.h.: „Verbrennen von Spezereien bei der Bestattung des Königs" (HAL 606). Vgl. 2 Chr 16, 14; 21, 19.

[4] Insofern enthalten diese noch Heil ankündigenden Worte in ihrem Kontext zugleich einen warnenden Charakter (W. Rudolph).

Die einführende Situationsangabe nimmt die konkretere, genauere Angabe V 7(a) in gröberer oder allgemeinerer Form, wenn auch mit Einfühlung in die Situation, vorweg; V 1b nennt:
a) „*alle* Reiche", allerdings mit der Einschränkung: die seiner Macht unterstehen,
b) „*alle* Städte" (anders dann V 7),
c) Nebukadnezzar selbst, V 7 nur sein Heer.
Verständlich wird V 1, wenn er eine generelle Absicht in einer frühen Situation, demgegenüber V 7 einen späteren Zustand angibt, bei dem andere Städte schon erobert sind. Nebukadnezzar war als entscheidende Person anscheinend nur zu Beginn der Belagerung anwesend.[5]

Die in V 7 geschilderte verzweifelte Lage, nach der nur noch zwei befestigte Orte im Südwesten Jerusalems standhalten konnten, spiegelt sich in den Lachisch-Briefen[6] wider. Dass der Süden abgeschnitten war, belegt auch Jer 13, 19.

V 1   Einführung in jüngerer Form[7] mit Situationsangabe (vgl. V 7):
      Babylonische Großmacht mit unterworfenen Völkern gegen Jerusalem;
      vgl. 39, 1; 2 Kön 25, 1
V 2–5 Gotteswort
      2a Nach der Botenformel Auftrag (vgl. 2, 2; 13, 1; 19, 1; 35, 2. 13 u. a.)
      mit Angabe des Adressaten
      Nach Wiederholung der Botenformel Wortlaut der Botschaft
      V 2b–3 Unheilswort mit allgemeiner und besonderer Ansage:
      a) V 2bβ gegen die Stadt; vgl. 21, 4. 10; 37, 8; 38, 3. 18
      b) V 3 gegen Zedekia; vgl. 37, 17; 38, 17 f; auch 21, 7; 24, 8 f;
      aufgenommen 32, 4
      V 4–5 Fortsetzung der besonderen Ansage
      über das Verhältnis Zedekias und des König von Babel bis Zedekias Tod
      Nach Aufmerksamkeitsruf und Botenformel
      Heilswort und Bekräftigung als Gotteswort
V 6   Bestätigung der Weitergabe durch Jeremia
V 7   Genaue Situationsangabe (nach der allgemeinen V 1):
      Belagerung Jerusalems zu fortgeschrittenem Zeitpunkt
      im Zusammenhang für das zuvor wiedergegebene Wort,
      zugleich Hintergrund für das weitere Geschehen Kap. 37 ff[8]

Der Kern wird als Er- oder Fremdbericht zur sog. Baruch-Biographie[9] gehören. Entsprechend a) Jeremias visionärer allgemeiner Zukunftseinsicht (1, 13 f

---

[5] Vgl. 39, 1. 3; auch 52, 12 gegenüber 52, 4; außerdem zu 40, 1–6 und u. Anm. 4. „Heer des Königs von Babel" (34, 7. 21; 32, 2; 38, 3). Vgl. im Vorwort zu Jer 37–44 Anm. 7.
[6] Vgl. I, 6 Anm. 23; zuletzt HTAT 423.
[7] Die sog. Wortereignisformel (vgl. zu 34, 12; dazu I, 13) findet sich hier in abgewandelter Form; vgl. zu 7, 1; mit Situationsangabe vgl. 34, 8; 35, 1.
[8] Im Anschluss an C. Hardmeier ([s. Vorwort zu Kap 37 ff Anm. 4] 175 ff, bes. 177) wurde mehrfach vermutet, dass V 7 vor 37, 3 ff gehört. Wie erklärt sich aber die dann anzunehmende Verschiebung des Textes?
[9] Vgl. I, 35 f. 330. Möglicherweise verbirgt sich in V 6a mit der charakteristischen Bezeichnung „Jeremia der Prophet" (20, 2 u. a.) die ursprüngliche Einführung.

Unheil „von Norden" über alle) und b) deren Weitergabe in seiner Botschaft
(4, 5 f; 6, 1; 6, 22: Volk „von Norden") führt c) die Zeichenhandlung zu dem
Aufruf, Babylons Vorherrschaft anzuerkennen (27, 11), sich freiwillig zu unterwerfen. Hier wird d) Jeremias Einsicht mit der Ankündigung für Jerusalem
nochmals konkretisiert oder zugespitzt: Die Stadt wird „eingenommen".[10]

In welchem Verhältnis stehen die beiden Gottesworte, die Unheilsansage
(V 2b.3) und das Heilswort (V 4 f), die sich zu widersprechen scheinen, zueinander? Wie ist das Mit- oder genauer Nacheinander zu verstehen? Es handelt sich nicht um eine Alternative zwischen Einnahme der Stadt oder Nicht-
Einnahme. Das Heilswort (V 4 f) darf auch nicht isoliert, für sich genommen
werden. Im Rahmen des mit Gewissheit angekündigten Geschicks der Stadt
(V 2) erfolgt das Einzelgeschehen, die persönliche Begegnung (V 3)[11] mit dem
babylonischen König, der ihn ja eingesetzt (37, 1) hat. Die Nähe ist bedrohlich. In diesem Horizont steht, auch wenn explizit eine Einschränkung oder
Bedingung fehlt, das Heilsangebot; es ist entsprechend der Wahl- oder Ent-
scheidungsmöglichkeit 38, 17 f[12] zu verstehen. Innerhalb der Zukunftseinsicht, dass die Stadt erobert wird, wird die Alternative, ihre Zerstörung zu
vermeiden und das Leben zu bewahren, bekräftigt durch den Aufruf (38, 20):
„Höre doch!" Wie er betont hier die einleitende Aufforderung „Höre auf das
Wort Jahwes!", das Wort dessen, der die Geschichte verborgen leitet, ernst
zu nehmen und zu befolgen. „Wenn es Jahwes Wille ist, Stadt und König in
die Hand Nebukadnezzars zu geben, so beweist der König seinen Gehorsam
dadurch, daß er Jahwes Willen zu dem seinen macht und sich selbst und seine
Stadt von sich aus dem Feind übergibt."[13] Unter diesen Umständen gilt: Le-
benserhalt mit friedlichem Tod.[14] Trotz Eroberung der Stadt und allem grausamen Geschick treffen aus der Ansage – in ihrer vorliegenden Form ohne
Einschnitte in den Text – zwei Momente ein: nach Babel kommen, nicht
durch das Schwert sterben. Wieweit ist der Ungehorsam gegenüber dem
Gotteswort (vgl. 38, 15 „wenn ich dir rate, hörst du doch nicht") bereits im
Blick?

---

[10] Vgl. 38, 3; dazu im Vorwort zu Jer 37–44 Anm. 8.
[11] Vgl. V 21 f; zum Wortlaut 32, 4 (auch Ez 20, 35); nach Eroberung der Stadt: Jer 39, 5; 52, 9.
[12] Vgl. zu 38, 17 f und zu 38, 2; auch 21, 8 f.
[13] W. Rudolph 221.
[14] Zu den Trauerriten vgl. I, 210 f zu 9, 16 ff und zu dem Klageruf „Ach, Herr!" 22, 18.

Zwangsweise Rückführung
in Schuldknechtschaft und Strafansage
Jer 34, 8–22

8 Das Wort, das an Jeremia von Jahwe erging, nachdem der König Zedekia mit dem ganzen Volk, das in Jerusalem war, einen Bund geschlossen hatte, mit ihnen[1] eine Freilassung auszurufen, 9 dass jeder seinen Knecht und jeder seine Magd, Hebräer und Hebräerin, als Freie entlasse, so dass keiner sie – einen Judäer, seinen Bruder – zum Dienst verpflichte[2]. 10 Und als alle Beamten und das ganze Volk, die in den Bund eingetreten waren, hörten, dass jeder seinen Knecht und jeder seine Magd als Freie entlassen sollte, um sie nicht mehr zum Dienst zu verpflichten, da gehorchten sie und entließen (sie). 11 Danach wandten sie sich ab und holten die Knechte und die Mägde zurück, die sie als Freie entlassen hatten, und ‚zwangen sie', (wieder) Knechte und Mägde zu sein.
12 Da erging das Wort Jahwes an Jeremia von Jahwe: 13 „So spricht Jahwe, der Gott Israels: Ich selbst habe mit euren Vätern einen Bund geschlossen an dem Tag, als ich sie aus dem Land Ägypten, aus dem Sklavenhaus, herausgeführt habe, mit den Worten: 14 Am Ende von (jeweils) sieben Jahren sollt ihr, ein jeder seinen hebräischen Bruder, der sich dir verkauft hat, entlassen. Sechs Jahre lang soll er dir dienen, dann sollst du ihn als Freien von dir entlassen. Aber eure Väter hörten nicht auf mich und neigten (mir) nicht ihr Ohr. 15 Ihr aber seid heute umgekehrt und habt getan, was in meinen Augen recht ist, eine Freilassung auszurufen, ein jeder für seinen Nächsten, und habt vor mir einen Bund geschlossen in dem Haus, über dem mein Name ausgerufen ist. 16 Dann aber habt ihr euch (davon) abgewandt und meinen Namen entweiht und ihr habt ein jeder seinen Knecht und ein jeder seine Magd zurückgeholt, die ihr als Freie, für sich selbst[3], entlassen hattet, und habt sie gezwungen, euch (wieder) Knechte und Mägde zu sein. 17 Darum, so spricht Jahwe: Ihr habt nicht auf mich gehört, ein jeder seinem Bruder und ein jeder seinem Nächsten eine Freilassung auszurufen. Siehe, ich rufe euch – Spruch Jahwes – eine Freilassung aus für das Schwert, für die Pest und für den Hunger, und ich mache euch zum Entsetzen für alle Königreiche der Erde. 18 Und ich mache die Männer, die

---

[1] Wörtlich: „für sie" oder „ihnen" im Sinne von „mit ihrer Übereinstimmung", auch „Bund" mit dem Akzent „Übereinkunft / Vertrag".

[2] Oder: „für sich arbeiten lasse"; vgl. 22, 13.

[3] Im Sinne von: als eigene Person, selbständig.

meinen Bund übertraten, die die Worte meines Bundes nicht eingehalten
haben, den sie vor mir geschlossen hatten, wie[4] das Kalb, das sie in zwei
(Teile) zerschnitten haben und zwischen dessen Stücke sie hindurchgeschritten sind – 19 die Beamten Judas und die Beamten Jerusalems, die
Hofbeamten[5] und die Priester und das ganze Volk des Landes, die zwischen
den Stücken des Kalbs hindurchgeschritten sind. 20 Ich gebe sie in die
Hand ihrer Feinde und in die Hand derer, die ihnen nach dem Leben trachten, und ihre Leichname werden zum Fraß für die Vögel des Himmels und
die Tiere der Erde. 21 Und Zedekia, den König von Juda, und seine Beamten gebe ich in die Hand ihrer Feinde und in die Hand derer, die ihnen nach
dem Leben trachten, in die Hand des Heeres des Königs von Babel, das von
euch abgezogen ist. 22 Siehe, ich gebe Befehl – Spruch Jahwes – und lasse
sie zu dieser Stadt zurückkehren; sie werden gegen sie kämpfen und sie einnehmen und sie mit Feuer verbrennen. Und die Städte Judas mache ich zur
Wüste ohne Bewohner."

Kurz vor der Katastrophe berichtet die Überlieferung von einem überzeugenden Exempel für die Schuld der Oberschicht wie aller, stellt an einem Einzelfall die verwerfliche Einstellung und das Handeln der führenden Schichten
wie der Allgemeinheit, so der Gesamtheit, dar. Zudem hängt dieses Vergehen
mit der aktuellen bedrückenden Situation zusammen. In ihr übt man Solidarität, vergisst sie oder gibt sie auf, als sich die Lage zu ändern scheint.

V 8a Eröffnendes Wortgeschehen. Überschrift in jüngerer Gestalt
    (wie 34, 1; 35, 1; vgl. zu 7, 1). Ältere Form wie V 12
V 8b-9a Situationsangabe.
    Durch den König veranlasste Übereinkunft zur Freilassung Abhängiger
    V 9b vgl. Dtn 15, 12; Lev 25, 39
V 10 Übernahme der Verpflichtung durch Beamte und Volk
V 11 Gewaltsame Rückführung der Freigelassenen in Abhängigkeit
    und Dienstverpflichtung
V 12 Sog. Wortereignisformel (hier mit 3. Person,
    sonst „zu mir" wie 1, 4. 11. 13 u. a.)
V 13 f Nach Botenformel
Erinnerung an die Herausführung der „Väter"
    (wie 7, 22; 11, 4 mit dem Verb „gebieten")
    Verpflichtung der befreiten „Väter" durch das Gebot zur Freilassung
    hebräischer Brüder
    nach 7 Jahren (Dtn 15, 12; Lev 25; vgl. Ex 21, 2)
    Reaktion: Ungehorsam (wie 7, 24 u. a.)
V 15 f Zweimalige „Umkehr": a) zur Freilassung
    b) Sinneswandel (vgl. V 21b)

---

[4] Ähnlich (nach „geben / machen") statt mit Präposition „zu" oder „wie" nur mit Akkusativ:
„Holz" 5, 14b in der Bedeutung: „Ich gebe / mache euch zu Holz."
[5] Vgl. bei 38, 7 Anm. 17.

Tempel: „das Haus, über dem mein Name ausgerufen ist" wie 7, 10 u. a.
V 17 Begründetes Gerichtswort mit dem Wortspiel von „Freilassung"
V 18 Gerichtsansage in Gottes Ich-Wort
In Entsprechung zum Ritus: Übertragung auf die Handelnden selbst[6]
V 19 f entfalten mit Anknüpfung an V 18. Konkretisierung der bildhaften Aussage
V 19 Aufgliederung der Betroffenen mit Anspielung auf den Ritus
V 20 wie V 18 Gottes „Ich" mit „geben / machen"
Wie 7, 33; 16, 4; 19, 7 Beschreibung aus Erfahrung der Katastrophe[7]
V 21b Situationsangabe: (kurzzeitiger) Abzug der Babylonier (vgl. 37, 5 ff)
Anlass des Sinneswandels, Rücknahme der Freilassung

Ein älterer Kern, der sich in V 8b-11 sowie in Teilen von V 18 verbirgt, enthält einen Fremdbericht. Er ist in das von der Redaktion[8] gestaltete (mit V 8a eingeleitete, durch V 12 ff ausgeführte) Gotteswort hineingenommen. Diese jüngere Schicht ist zumindest stärker durch die rechtlichen Bestimmungen (von Dtn 15 und Lev 25) geprägt. Zugleich wird für das Geschehen eine Begründung, die in jenem kurzen Bericht unerwähnt bleibt, nachgetragen; die zuverlässig wirkende Situationsangabe (V 21 f) nennt die näheren Umstände: Der Abzug des babylonischen Belagerungsheeres[9] weckt Hoffnungen, stellt sich dann aber nur als vorübergehend heraus. In dieser Zwischenphase mit der Unterbrechung der Belagerung vollzog sich wohl auch Jeremias Ackerkauf als Symbolhandlung.

Zwar ist durch die gesetzliche Regelung die Möglichkeit oder Verpflichtung zur Freilassung vorgegeben, sie erfolgt hier ursprünglich aber kaum auf Grund des vorgesehenen Zeitraums nach Ablauf von 6 bzw. 7 Jahren. Der eigentliche Grund ist ein anderer: Die Freilassung wird wegen der politisch bedrängenden Lage ausgerufen.[10] Der König verpflichtet oder veranlasst die Jerusalemer – kaum ohne deren Zustimmung[11] – zu dem Abkommen. Es gilt wohl von vornherein als „vor mir" (V 18), vor Gott, geschlossene „Ver-

---

[6] Die Ankündigung V 18. 20 erinnert mit Gottes „Ich" und dem Verb „geben / machen" an die Zusage 1, 9 mit deren drohender Zuspitzung 5, 14 und ähnelt sachlich einem Deutewort (wie 13, 9; 19, 11 u. a.).

[7] Vgl. I, 190. 289. 329.

[8] In V 8a. 12 ff entsprechen Wendungen mit ihrer Intention den Aussagen der Redaktion in Jer 7; 11 u. a. Vgl. zur (jerdtr) Redaktion I, 37 ff. 175 ff.

[9] Zur Situation vgl. zu 37, 5 ff.

[10] „Die Aktion der Sklavenfreilassung, initiiert vom König, war eine außerordentliche, durch die Situation geforderte Maßnahme ... Die Absicht, ein Element der Unruhe in der belagerten Stadt zu beseitigen und die Sklaven in den Dienst der Verteidigung zu stellen, mag dabei eine Hauptrolle gespielt haben. Die Freilassung wurde, da privatrechtlicher Art, durch ein Abkommen zwischen König und Bürgerschaft beschlossen." (W. Thiel II, 40) Es handelt sich um einen „vor Jahwe als Zeugen abgeschlossenen und dadurch von ihm garantierten und geschützten Verpflichtungsakt" (41). Zu „Bund" als Vertrag vgl. auch 1 Kön 20, 34; Ez 17, 18 f.

[11] Am Ritus (V 18) beteiligen sich allgemein „die Männer" (aufgegliedert V 19; vgl. V 10) und sind so verantwortlich. Zum (ängstlichen) Verhalten des Königs gegenüber seinen Beamten vgl. zu Jer 37, 1–10 Anm. 9.

pflichtung" bzw. als „Bund".[12] Dabei enthält dieser Begriff verschiedene Nuancen.[13]

Die Wendung „einen Vertrag / Bund (*berit*) schneiden" im Sinne von „schließen" erklärt sich wohl von dem hier genannten Ritus her: Ein Tier wird in zwei Teile „geschnitten" (V 18); durch die Stücke schreiten die Betroffenen hindurch und nehmen so – im Fall des Vertragsbruchs – eine bedingte Selbst-Verfluchung auf sich.[14] Den Übertretern des Bundes wird in dieser bildhaften Rede eine der Zeremonie entsprechende Strafe angesagt: die Zerteilung.[15]

Die (jerdtr) Redaktion verschiebt den Ton: Die Veranlassung durch den König ist nur im einleitenden Bericht erwähnt; demgegenüber tritt Gottes Zuwendung mit der aus ihr erwachsenen Aufgabe hervor. Beide Hauptstichwörter, „Bund" (V 13) und „Freilassung" (V 17), sind auf Gott bezogen; er selbst schließt den „Bund". Das Thema mit dem Begriff „Bund" wird bis zu dem bei der Befreiung aus Ägypten ergangenen Gebot (vgl. 7, 22 ff) zurückgeführt. So wird die in der Situation der Belagerung naheliegende, ja vorteilhafte Freilassung ausdrücklich mit der Verordnung eines auf den Ablauf von 6 bzw. 7 Jahren festgelegten Vorgangs verbunden. Erst recht nimmt die Feststellung des Ungehorsams (7, 24. 26 ff; 11, 8 u. a.) bereits zuvor getroffene Aussagen auf; dabei ist von vornherein das ganze Volk einbezogen. Der Bruch des Abkommens gilt als „entweihen, entheiligen" des Gottesnamens.[16] Eigentlich erwächst aus der Erfahrung der Befreiung eine Aufgabe; Gottes Tat hätte Vorbild[17] sein können. Das entsprechende Verhalten erfährt (V 15) auch Gottes Zustimmung; durch den Sinneswandel mit der Umkehrung in ein unsoziales Verhalten wirkt die Begründung aber als Gegensatz.

Die Freigabe betrifft Angehörige des eigenen Volkes, Abhängige, die sich aus wirtschaftlichen Gründen in Schuldknechtschaft[18] begeben mussten; sie

---

[12] Spricht schon die ältere Überlieferung (V 18) auch von „meinem Bund"? Vgl. die strittige Aussage Hos 6, 7.

[13] Einen „Bund", d. h. „eine feierliche Zusage geben, ein Versprechen ablegen, eine Verpflichtung übernehmen". „Eine solche Verpflichtung übernahmen König und Volk". „Es ist Schuld, wenn … solch feierliches Versprechen vor Gott gebrochen wird." (A. Jepsen, Berith (1961): Der Herr ist Gott, 1978, 196–210, bes. 199)

[14] Vgl. in den altaramäischen Staatsverträgen von Sfire Stele 1 aus der Mitte des 8. Jh. (KAI 222; RTAT 276) und im Assyrischen (TUAT I, 155 f). Nach Gen 15 übernimmt Gott selbst zur symbolischen Bestätigung der eidlichen Zusage den Ritus, allerdings mit Änderungen: a) Nur verhüllt oder in Vertretung durch Lichtzeichen: „ein rauchender Ofen und eine Feuerfackel" (V 17; vgl. Ex 19, 18) geht Gott durch die Gasse. b) Um ein Zusehen oder gar eine Beteiligung des Menschen zu verhindern (vgl. Gen 2, 21 u. a.), fällt Abraham in einen „Tiefschlaf". Gott bindet sich so an sein Wort, dass er bildhaft eine bedingte Selbstverfluchung auf sich zu nehmen scheint, seine Verheißung auch einzuhalten.

[15] Die grausame Wirklichkeit schildern 39, 5 ff; 52, 9 ff.

[16] Vgl. die Erwartung (Jes 29, 23) „meinen Namen heiligen" und das Vaterunser (Lk 11, 2; Mt 6, 9).

[17] Der Exodus begründet Ex 23, 9 auch soziales Verhalten. Die Wendung „Sklavenhaus" (V 13) nimmt im Zusammenhang „zu Sklaven / Dienern machen" (V 11. 16) auf.

[18] Vgl. 2 Kön 4, 1; Neh 5, 2. Ein Bild der sozialen Verhältnisse in späterer Zeit zeichnet Neh 5.

bleiben „Brüder".[19] Wieweit oder in welchem Ausmaß gab es Sklaven aus anderen Ländern, zumal in dem weithin besetzten Land und der belagerten Hauptstadt?

Im Buchzusammenhang wiederholen sich Bundesschluss (31, 31 ff) und Bundesbruch (11, 10; 31, 32) jetzt konkret in der sozialen Wirklichkeit. Der Vertrag wird zu eigenem Vorteil abgeschlossen, jedoch abgebrochen, als sich die Situation zu ändern scheint: die Mitmenschen („Bruder" V 14) werden wieder genötigt, Untergegebene zu sein. Historisch vollzieht sich das Geschehen von Jer 34 früher, literarisch geht Jer 31, 31 ff voraus. Umgekehrt scheint mit dem Begriff „Bund" nochmals die Notwendigkeit aufgezeigt zu werden, dass er auf Grund der hier geschilderten Erfahrung nicht auf menschlichem Gehorsam beruhen kann (vgl. 31, 32), sondern die Übereinstimmung mit Gottes Willen erst erhofft wird.

---

[19] V 9 nennt wie Dtn 15, 12 (über Ex 21, 2 hinaus) „Hebräer" und „Hebräerin", (wie V 11) jeweils männliche und weibliche Schuldabhängige.

Vorbildliche Treue der Rechabiter
Jer 35

1 Das Wort, das an Jeremia von Jahwe erging in den Tagen Jojakims, des Sohnes Josias, des Königs von Juda: 2 „Geh zur Gemeinschaft[1] der Rechabiter und rede mit ihnen und bringe sie in das Haus Jahwes zu einer der Kammern und gib ihnen Wein zu trinken!" 3 Da nahm ich Jaasanja, den Sohn Jeremias[2], des Sohnes Habazzinjas, seine Brüder, alle seine Söhne und die ganze Gemeinschaft der Rechabiter 4 und brachte sie zum Haus Jahwes in die Kammer der Söhne Hanans, des Sohnes Jigdaljas, des Gottesmannes[3], neben der Kammer der Oberen, die oberhalb der Kammer Maasejas, des Sohnes Schallums, des Schwellenhüters liegt.[4] 5 Da setzte ich den Angehörigen der Gemeinschaft der Rechabiter mit Wein gefüllte Schalen und Becher[5] vor und sprach zu ihnen: „Trinkt Wein!" 6 Sie aber sprachen: „Wir trinken keinen Wein; denn Jonadab, der Sohn Rechabs, unser Ahnherr, hat uns befohlen: ‚Ihr sollt keinen Wein trinken, ihr und eure Söhne, für immer. 7 Auch sollt ihr kein Haus bauen, weder Samen aussäen noch einen Weinberg pflanzen oder in Besitz haben, sondern in Zelten sollt ihr wohnen euer ganzes Leben lang[6] – damit ihr viele Tage lebt auf dem Boden, auf dem ihr euch als Fremde aufhaltet.' 8 Wir haben Jonadab, dem Sohn Rechabs, unserem Ahnherrn, in allem gehorcht, in allem, was er uns befahl, so dass wir alle unsere Tage keinen Wein trinken, wir, unsere Frauen, unsere Söhne und unsere Töchter, 9 bauen keine Häuser, um in ihnen zu wohnen, auch Weinberg, Feld und Samen gehören uns nicht. 10 Wir wohnten in Zelten; wir gehorchten und handelten nach allem, was uns Jonadab, unser Ahnherr, befohlen hat. 11 Als aber Nebukadnezzar, der König von Babel,

---

[1] Wörtlich: „zum Haus". Angesichts des Verbots, ein Haus zu besitzen (V 7), hat „Haus" die Bedeutung einer – dem „Haus" im Sinne von Familie bzw. Sippe ähnlichen – „Gemeinschaft" (V 3. 5; vgl. HAL 120). Allerdings können die Rechabiter (oder dem Schriftbild näher: Rekabiter) wegen der politischen Ausnahmesituation (V 11) kaum ihrer Tradition entsprechend (in Zelten, V 7) leben; in der engen Stadt mag eine andere Lebensweise nötig sein: zwar kein „Haus bauen" (V 7), wohl aber in ihm unterkommen. Enthält darum V 2 eine Angabe über den Ort, an dem man sie trifft? Wohnen die Rechabiter in einem Haus wie etwa die „Söhne (Schüler, Jünger) der Propheten" (2 Kön 6, 1)?
[2] Die LXX liest diesen Eigennamen, wohl zur Abgrenzung, Jeremin.
[3] Hat er prophetische Aufgaben (G. Wanke 327)?
[4] Die (nach 52, 24; 2 Kön 25, 18) drei „Schwellenhüter" bekleiden ein höheres priesterliches Amt, nehmen Aufgaben von Tempelbeamten wahr (2 Kön 12, 10; 22, 4; 23, 4). Vgl. E. Otto, ThWAT VIII, 369. Der Name Maaseja begegnet mehrfach: Jer 21, 1; 29, 25; 37, 3.
[5] Zum Trinkbecher s. o. zu 25, 15; auch 16, 7; 51, 7.
[6] Wörtlich: während all eurer Tage. Zu V 7b vgl. Anm. 12.

heraufzog in das Land, sagten wir: Kommt, lasst uns nach Jerusalem ziehen vor dem Heer der Chaldäer und dem Heer der Aramäer! So blieben wir in Jerusalem."

12 Und das Wort Jahwes erging an Jeremia: 13 So spricht Jahwe Zebaoth, der Gott Israels: „Geh und sage zu den Männern Judas und den Bewohnern Jerusalems: Nehmt ihr keine Zucht an, um auf meine Worte zu hören? Spruch Jahwes. 14 Es wurden eingehalten die Worte Jonadabs, des Sohnes Rechabs, der seinen Söhnen geboten hat, keinen Wein zu trinken, und sie tranken keinen Wein bis auf diesen Tag; denn sie haben dem Gebot ihres Ahnherrn gehört. Ich aber habe immer wieder zu euch gesprochen, ihr aber hat nicht auf mich gehört. 15 Ich habe alle meine Knechte, die Propheten, immer wieder zu euch gesandt, um euch zu sagen: Kehrt doch um, ein jeder von seinem bösen Weg, und bessert eure Taten, lauft nicht anderen Göttern nach, um ihnen zu dienen! So bleibt ihr in dem Land wohnen, das ich euch und euren Vätern gegeben habe. Ihr aber habt mir eure Ohren nicht geneigt und nicht auf mich gehört. 16 Ja, die Söhne Jonadabs, des Sohnes Rechabs, haben das Gebot ihres Ahnherrn, das er ihnen gebot, gehalten; dieses Volk aber hat nicht auf mich gehört. 17 Darum, so spricht Jahwe, der Gott Zebaoths, der Gott Israels: Siehe, ich bringe über Juda und alle Bewohner Jerusalems all das Unheil, das ich ihnen angedroht habe; denn ich habe zu ihnen geredet, sie aber haben nicht gehört, ich habe zu ihnen gerufen, sie aber haben nicht geantwortet." 18 Und zur Gemeinschaft der Rechabiter sprach Jeremia: „So spricht Jahwe Zebaoth, der Gott Israels: Weil ihr auf das Gebot Jonadabs, eures Ahnherrn, gehört und seine Gebote gehalten und nach allem, was er gebot, gehandelt habt:

19 Darum, so spricht Jahwe Zebaoth, der Gott Israels:
‚Es soll Jonadab, Sohn Rechabs, nicht ein Mann fehlen[7],
der alle Tage (seines Lebens) vor mir[8] steht.'"

V 1 Einleitung in 3.Ps. mit Situationsangabe – redaktionell ausgestaltet
    (wie 34, 1. 8)[9]
V 2-11.(12) Selbst-Bericht mit Auftrag V 2 und Ausführung V 3-5
    V 6-11 Rede des Sprechers der Rechabiter mit den Anweisungen
    des Vorfahren
    und entsprechender Handlung
    Gegenüber dem Auftrag: „Ihr" (V 6 f) Bestätigung im einzelnen: „Wir" (V 8-10)
    V 7b Lebenszusage wohl Zusatz

---

[7] Wörtlich: „nicht ausgerottet / vertilgt werden", „verschwinden". Die Wendung begegnet speziell für die Daviddynastie (1 Kön 2, 4; 8, 25; 9, 5); auch Jer 33, 17 f u. a.; ThWAT IV, 363 f.

[8] D. h.: in meinem Dienst, vgl. Anm. 18.

[9] Die Redaktion hat drei Überlieferungen (34, 1 ff.8 ff; 35, 1 ff) aus sachlichen Gründen einander zugeordnet, mit der gleichen Wendung und einer jeweils folgenden Situationsangabe eingeführt (o. S. 175 zu 34, 1). Diese ist nötig, da jene beiden vorausgehenden Szenen später, zur Zeit Zedekias, spielen. Gegenüber der älteren Wortereignisformel, die das „Geschehen" hervorhebt, vielleicht auch hier ursprünglich stand (vgl. V 12; 13, 8; 16, 1; 18, 5 u. a.; u. Anm. 11), wird in der vorliegenden Einleitungsformel das „Wort" betont; dazu I, 37 (mit Anm. 245). 311 zu 18, 1.

V 10b im Anschluss an V 8 zusammenfassend „alles"
    Abschließend wiederholte Feststellung des Gehorsams in der Vergangenheit
V 11 Im Zitat: Tief veränderte Situation (vgl. 2 Kön 24, 1 f)
V 12 sog. Wortereignisformel (in 3.Ps.)
V 13-17. 18 Nach erneutem Auftrag zur Rede an Juda und Jerusalem (V 13)
    Redaktionelle (jerdtr) Erweiterung der die Gruppe betreffenden Szene
    auf das Volk:
    Predigtartig ausgestaltete Gegenüberstellung zum Verhalten der Rechabiter
    Anklage (mit Frage V 13): Ungehorsam des Volks als Begründung
    des Gerichts im Gotteswort
V 18 Mit eigener Einführung (in 3.Ps. wie V 12) Wort Jeremias (in Anrede)
    zur Begründung für:
V 19 Heilsansage für Rechabiter

Kap. 35 enthält im Kern einen Selbst-Bericht V 2-11, der sich – wie Kap. 36[10] –
durch genaue Personen- und Ortsangaben auszeichnet; sie sprechen eher für
Zuverlässigkeit der Überlieferung. Der rahmende Er- nimmt jenen Ich-Bericht in sich auf, fügt im großen die Überschrift (V 1) und eine breitere Rede
(V 13-18) hinzu, gestaltet entsprechend wohl V 12[11] um, ergänzt zudem
V 7b[12]. So wird eine ältere Überlieferung in Ich-Form – ähnlich Kap. 19 –
redaktionell erheblich erweitert.
    In der Regierungszeit Jojakims, zu deren Anfang die Tempelrede (26, 1),
dann die Niederschrift der Botschaft (36, 1) gehören, spielt diese Szene gegen
Ende, um die erste Belagerung Jerusalems 598/7 v. Chr.[13] Jeremia soll der Gemeinschaft Wein vorsetzen – kaum zur ernsthaften „Versuchung" oder Prü-

---

[10] Vgl. zu 36, 10 ff (dort Anm. 20); zur Generationenkette (V 3): 32, 12; auch 36, 11; 37, 13;
40, 9. 11; 41, 1 f. Der Auftrag ergeht wieder wie zuletzt 34, 2 mit Inf. und 2.Ps. des Verbs. Er wird
formal wie sachlich V 12 aufgenommen. „Reden" (*dbr pi*) fasst gegenüber dem (konkreten) „Sprechen / Sagen" (*'mr*) allgemein zusammen; s. ThWAT II, 105 ff.

[11] Die für die ältere Überlieferung wichtige Wortereignisformel (I, 13. 26) begegnet hier statt mit
1. („zu mir") mit 3.Person (ausführlicher im Folgenden 36, 1). Sie leitet, obwohl sie den Empfang
des Wortes beschreibt, unmittelbar die Weitergabe des Wortes ein. Bildete sie vor der Erweiterung
(V 13-18) ursprünglich unmittelbar die Einführung des Heilsworts V 19? Die (zusätzliche) Annahme, dass der Ich-Bericht schon vor den umfangreichen redaktionellen Erweiterungen in einen
Er-Bericht verwandelt wurde, ist kaum nötig. – Sollte es darüber hinaus Erweiterungen in V 2-11
geben, dann ändern sie nicht den Sinn, bekräftigen höchstens die Aussageabsicht.

[12] Die zweiteilige Wendung V 7b ist im Anschluss an Lebenszusagen im Dekalog und Dtn
(4, 40; 5, 16. 33; 22, 7) wohl Zusatz: Schon B. Duhm (286) „befremdet … die Übertragung der
deuteronomischen Formel" auf die Rechabiter, die kaum auf Land „erpicht waren und in der
Wüste ebenso leicht ihr eigentümliches Leben führen konnten". Durch die Ergänzung erhalten sie
einerseits trotz anderer Lebensweise an der Gabe des Landes, wie sie auch im Bekenntnis ausgesprochen wird, Anteil, verbunden mit der Zusage langer Lebensdauer. Erscheint ihre Zugehörigkeit zum Land aber nicht gebrochen? Sachgemäß werden sie andererseits als nicht fest ansässige
„Gäste" (*ger*) verstanden, gleichsam mit schutzbedürftigen Fremden (7, 6; 22, 3) verglichen; vgl.
Anm. 9 zu 42, 15.

[13] Vgl. I, 5; auch die Aufforderung zur Flucht in die Städte bzw. zum Zion 4, 5 f. Die Angabe
35, 11 stimmt mit V 1 überein, da die Beteiligung der Aramäer (V 11), wie W. Rudolph (225. 227)
betont, an der Belagerung von 597 (2 Kön 24, 2), nicht aber von 587/6 bezeugt ist. Die redaktionellen Ergänzungen gehören in die Epoche nach 587/6 v. Chr.

fung, eher zur zeichenhaften Darstellung ihrer Treue.[14] Setzt der Gang der Handlung darum nicht Zuschauer voraus? Jeremia hat Zugang zu einer der für Diensthabende bestimmten Kammern (an Nebenbauten) des Tempels (V 3 f); sie konnten zumindest teilweise der Öffentlichkeit zugänglich sein.[15] Die Lage des Raums ist genau angegeben. Unter der Gruppe tritt eine Person, Jaasanja, als Sprecher – auch als Anführer? – hervor. Wie selbstverständlich lehnen sie das Angebot ab, verweisen auf die Anordnungen ihres Ahnherrn, die „auf Dauer" (V 6) zielen. Die Anweisungen haben sie befolgt – umfassend: „lebenslang" (V 7 f) sowie die ganze Familie oder Gemeinschaft, Männer wie Frauen und Kinder. Zugleich führen sie (V 11) aber die unter den politischen Verhältnissen gegebene Ausnahmesituation an.

Der Aufenthalt der Gruppe in Jerusalem bietet überhaupt erst die Gelegenheit für das Geschehen und lässt den Verlauf der Erzählung verstehen: Jeremia erwähnt nur den Weingenuss. Die durch die Ablehnung des Weingenusses sich ergebende Rede nennt zwei weitere Kennzeichen der Gruppe. Diese beiden Merkmale stehen unter den gegenwärtigen besonderen Umständen nicht vor Augen, werden als wesentlich für das Selbstverständnis aber mitgeteilt. Erst diese Nachricht macht die ganze überlieferte Verpflichtung, mit ihr die eigenartige Lebensweise der Gruppe ausreichend erkennbar. So ist es angebracht, nochmals den Gehorsam zu betonen: Die Gruppe hat alle Anweisungen des Ahnherrn befolgt, obwohl dies in der gegenwärtigen Situation nicht allgemein ersichtlich ist: Im ungewohnten, erzwungenen städtischen Lebensraum (V 11) treten zwei Kennzeichen, das Wohnen in Zelten und die Unterlassung des Ackerbaus, notwendig zurück[16], während die Enthaltung von Wein bleibt, die ja den Anlass der Szene (noch bei der Aufnahme V 14) bildet.

Die Rechabiter grenzen sich von der üblichen Lebensweise ab, fallen so durch ihr Verhalten auf, halten an einem bestimmten Kultur-Stand auf Generationen fest – durch drei, vier Negationen oder Abgrenzungen:

1. Kein Hausbau
2. Keine Aussaat
3. Kein Weinanbau noch – genuss[17],
   kein Besitz an Weinbergen, Feldern oder Saatgut,
   verallgemeinert: kein Grundeigentum.

---

[14] „Der ganze Vorgang ist … nur als symbolische Handlung beabsichtigt; Jeremia handelt in vollem Ernst, aber das Verhalten der Rekabiter ist ihm von vornherein sicher." (P. Volz 326 f) „Ihre in ihrer Lebenshaltung sichtbar in Erscheinung tretende Treue" ermöglicht, sie „als Beispiel in aller Öffentlichkeit herauszustellen" (A. Weiser 318).

[15] Vgl. 36, 10. Die wohl zum Vorhof offene oder geöffnete Kammer lässt Zuschauer „Zeuge des Vorgangs" sein (W. Thiel II, 46). Auch der mit der Gruppe zurückgelegte Gang zum Tempel vollzieht sich ja öffentlich – insgesamt „eine jener ungewöhnlichen Taten, wie sie den Symbolhandlungen eignen" (ebd.).

[16] V 10 erzählt „Wir wohnten in Zelten".

[17] Vgl. ähnlich Am 2, 12; Num 6, 3; dazu Gen 19, 32 ff. Anders die Verheißung an die „Jungfrau Israel" 31, 4 f. Vgl. zu 23, 9 Anm. 12 (Lit.).

Auch wenn bei der Wiedergabe des Auftrags des Ahnherrn (V 6 f) eine bestimmte Absicht oder Ausrichtung nicht eigens genannt wird, sprechen verschiedene Beobachtungen dafür, dass die Angehörigen der Gruppe durch den drei- bzw. vierfachen Verzicht – mit der Kulturstufe zugleich – eine besondere Bezogenheit zu Jahwe zu bewahren suchen, ihm gegenüber diese Verpflichtung eingegangen sind:

a) Sie „stehen" nach der Heilsansage (V 19) im Dienst „vor mir" – wie etwa Elia (1 Kön 17, 1 u. a.) und Jeremia selbst (15, 19).[18]

b) 2 Kön 10 (V 15. 23) wird Jonadab, Sohn Rechabs, wohl Stammvater oder Gründer der nach seinem Vater benannten Gemeinschaft, erwähnt – in einer sich im Nordreich ereignenden Auseinandersetzung mit dem Baalkult. Die Ablehnung des Weingenusses passt zur Abgrenzung von Baal, einem Gott der Vegetation.[19] Außerdem fügt sich die damit gegebene Beziehung zum Nordreich zu Jeremias Botschaft.[20]

c) Die Rechabiter hängen nach jüngerem Zeugnis (1 Chr 2, 55) mit den Kinitern bzw. Kenitern zusammen; ihr Ahnherr, Kain, trägt (Gen 4, 15) ein Jahwezeichen.[21]

d) Die Analogie bzw. Folgerung vom Verhalten der Gruppe auf das Volk, nämlich der Ungehorsam gegenüber Jahwe (V 13 ff), wirkt hintergründiger, wenn die Überlieferung bereits einen Anhalt in der Bindung an Jahwe aufweist.[22]

Das abschließende Heilswort erinnert, obwohl es sich auf eine Gruppe bezieht, an das Deutewort einer Symbolhandlung, die Heilsansage nach dem zeichenhaften Ackerkauf (32, 15); mit ihm ist es auch durch die Stichworte „Haus – Weinberg" mit Feld bzw. Saat (32, 7. 9) verbunden. Wie dort ergeht die Verheißung auf dem Hintergrund allgemeiner Unheilsansage.

Die Begründung ist durch den zuvor erzählten Vorgang gegeben. Das Wort selbst greift in die Zukunft, ohne sie (sowenig wie 32, 15) unter eine Bedingung zu stellen. Vielmehr enthält V 19 eine doppelte Zusage: a) Nicht Ausrottung, d. h. Erhaltung der Gruppe, b) bleibenden Bezug zu Jahwe. Die Heilszusage „verheißt den Fortbestand der Sippe als solcher und das Weiterbestehen ihrer Jahweverbundenheit"[23].

Erscheint eine solche Heilsansage, zudem an eine so eigenartige Gruppe, im Rahmen von Jeremias Unheil kündender Botschaft nicht auffällig? Diesen Horizont oder Kontrast-Hintergrund gestaltet die (jerdtr) Redaktion

---

[18] Vgl. I, 283 mit Anm. 140; außerdem von der – hier prophetischen – Fürbitte 15, 1; auch 7, 10; priesterlich Sach 3, 1 u. a.; THAT II, 31; ThWAT VI, 198 f.

[19] Vgl. I, 75 f. 92; auch den Vorwurf, (aus Trauben gefertigten) „Rosinen-Kuchen zu lieben" (Hos 3, 1; dazu Hld 2, 5; 2 Sam 6, 19); im weiteren Sinn noch Jer 7, 18 (I, 181 f).

[20] Vgl. I, 8. 10. 23 f. 109.

[21] Zum überlieferungs- und religionsgeschichtlichen Zusammenhang, der sog. Keniterhypothese, vgl. W. H. Schmidt, Exodus, Sinai und Mose: EdF 191, ³1995, 110 ff, bes. 113 ff.

[22] Die V 3 erwähnten Namen des Sprechers wie seiner beiden Vorfahren enthalten „das theophore Element – und bezeugen somit die in dieser Großfamilie bestehende Verehrung JHWHs" (G. Fischer 268).

[23] N. Kilpp, Niederreißen 96. „Der Verzicht auf Seßhaftigkeit, Ackerbau und bestimmte Kulturgüter ist Entscheidung für Jahwe." (ebd.).

(V 13 ff) in ihrer Sprache mit vertrauten Wendungen[24] aus. Dabei gelten V 2–11 als Voraussetzung für die von der umfangreichen Ergänzung (V 13 ff) gezogenen Folgerungen für die Allgemeinheit. Gegenüber der Szene um 598/7 v. Chr. setzen diese redaktionellen Erweiterungen die Katastrophe 587/6 v. Chr. voraus; von ihr ist das Gesamtvolk weit stärker betroffen. So wird dessen Schuld als Begründung des ergangenen Gerichts bedacht. Die Anklage enthält eine Intensivierung und Steigerung: Gebot der Ahnherr der Rechabiter in der Vergangenheit einmal, redete Gott immer wieder, und zwar durch die Propheten.[25] Entscheidend bleibt[26] das Hauptgebot: die Ausschließlichkeit. Gleich zweimal wird der Ungehorsam „dieses Volkes", wie es distanzierend heißt[27], festgestellt: „nicht zu hören" (V 14 f) und (V 17) zusammenfassend bekräftigt. Während die Rechabiter die Überlieferung bewahren, sich treu an die Anordnungen ihres Ahnherrn halten, gehorcht das Volk nicht. Gottes „Ruf" und die fehlende „Antwort" werden direkt gegenübergestellt.[28] Innerhalb der Redaktion wirkt das „Erfüllt-Werden" des Wortes wie ein Echo auf ein theologisches Thema.[29] Der Mangel an Bereitschaft zu lernen, „Züchtigung nicht anzunehmen"[30], entspricht Jeremias schon frühen eigenen Erfahrungen und Einsichten vom Handeln des Volkes.[31] So ist die Feststellung des Ungehorsams in seinem Sinn; in diesem Urteil stimmt die Redaktion mit Jeremia überein. Auf die allgemeine und umfassende Unheilsansage (V 17) leitet V 18 – nach einer neuen Einführung – mit einer Begründung zu jener vorgegebenen Heilszusage über.

---

[24] Vgl. 7, 13. 23 ff.27 f; 11, 10 f; 18, 11; 19, 15; bes. 25, 4–7 u. a. Zu V 15 vgl. auch 26, 5. 13; I,37 ff zu 36, 3. 7. Die Wendung (V 13) an „die Männer Judas und die Einwohner Jerusalems" begegnet 4, 4; 11, 2. 9; 18, 11 u. a. Die Redaktion fasste das durch Jeremias „Handlung in Kontrastwirkung Ausgedrückte nun in Worte ...", und zwar als Konfrontation der Treue der Rekabiter und der Untreue des Volkes" (W. Thiel II, 47).

[25] Zum unermüdlichen Wirken Gottes I,39 mit Anm. 259; zum Nicht-Hören etwa I,186. 226. 229.

[26] V 15; vgl. 11, 10; 16, 11; 25, 6 u. a.

[27] Schon bei Jeremia selbst 5, 14; 8, 5; bereits bei Jesaja 6, 9 f; 8, 12 u. a.

[28] V 16; ähnlich 7, 13; vgl. die Verheißung 29, 12.

[29] Noch 35, 14. 16; vgl. zu 28, 8 f.

[30] Im Anschluss an Jeremia (2, 30; 5, 3; I,96) von der Redaktion aufgenommen (7, 28; 17, 23; 32, 33; 35, 13).

[31] Jer 6, 16 f.26 f; 8, 4 ff u. a.

Entstehung und Geschick der Urrolle
Jer 36

1 Und es geschah im vierten Jahr Jojakims, des Sohnes Josias, des Königs von Juda, da erging dieses Wort von Jahwe an Jeremia: 2 „Nimm dir eine Buchrolle und schreibe auf sie alle Worte, die ich zu dir geredet habe über Israel und über Juda und über alle Völker[1] seit dem Tag, an dem ich zu dir redete, von den Tagen Josias bis zu diesem Tag! 3 Vielleicht hören sie (vom) Haus Juda all das Unheil, das ich vorhabe, ihnen anzutun, damit sie umkehren, ein jeder von seinem bösen Weg, und ich ihnen ihre Sünde und ihre Schuld vergebe."

4 Da rief Jeremia Baruch, den Sohn Nerijas, und Baruch schrieb nach dem Mund[2] Jeremias alle Worte Jahwes, die er zu ihm geredet hatte, auf eine Buchrolle. 5 Dann gebot Jeremia Baruch: „Ich bin gehindert, kann nicht in das Haus Jahwes gehen. 6 So gehe du und lies aus der Rolle, die du nach meinem Mund geschrieben hast, die Worte Jahwes[3] vor den Ohren des Volkes im Haus Jahwes am Fastentag; auch vor den Ohren aller Judäer, die aus ihren Städten kommen, sollst du sie lesen. 7 Vielleicht fällt ihr Flehen vor Jahwe nieder, so dass sie umkehren, ein jeder von seinem bösen Weg; denn groß ist der Zorn und der Grimm, die Jahwe diesem Volk angesagt hat."

8 Und Baruch, der Sohn Nerijas, tat nach allem, was ihm Jeremia, der Prophet, geboten hatte, und verlas aus der Schrift die Worte Jahwes.

9 Und es geschah im fünften[4] Jahr Jojakims, des Sohnes Josias, des Königs von Juda im neunten Monat, da rief man ein Fasten aus vor Jahwe für das ganze Volk in Jerusalem und alles Volk, das aus den Städten Judas nach Jerusalem kam. 10 Da las Baruch aus der Schrift die Worte Jeremias im Haus Jahwes in der Halle Gemarjas, des Sohnes Schafans des Schreibers, im oberen Vorhof, am Eingang zum neuen Tor des Hauses Jahwes vor den Ohren des ganzen Volkes. 11 Als Micha, der Sohn Gemarjas, des Sohnes Schafans, alle Worte Jahwes aus der Schrift hörte, 12 ging er hinab zum Haus des Kö-

---

[1] Die – dreigliedrige – Angabe ist vermutlich auf Grund zunehmender Ergänzung der schriftlichen Überlieferung bis zum vorliegenden Buch erweitert; vgl. I,29 Anm. 195. Jer 36,1 f nimmt wohl 2,1 f auf (I,33 Anm. 227).

[2] D. h.: dem Diktat; aufgenommen in der Einführung des Heilsworts an Baruch 45,1.

[3] In dem kürzeren Text der LXX (Kap. 43) fehlt diese Angabe – wohl auf Grund der Wiederholung. Wird so noch mehr Jeremias Verantwortung hervorgehoben? V 5 nimmt V 2 auf; darum kann sachlich kein Unterschied bestehen.

[4] LXX bietet: „im achten". Statt nach einigen Monaten fände die öffentliche Verlesung erst einige Jahre nach der Niederschrift statt.

nigs zur Halle des Schreibers, und siehe, dort saßen alle Oberen, Elischama, der Schreiber, und Delaja, der Sohn Schemajas, und Elnatan, der Sohn Achbors, und Gemarja, der Sohn Schafans, und Zidkija, der Sohn Chananjas, und alle (anderen) Oberen. 13 Und Micha teilte ihnen mit alle Worte, die er gehört hatte, als Baruch aus der Schrift vor den Ohren des Volkes vorlas. 14 Da sandten alle Oberen Jehudi, den Sohn Netanjas, des Sohnes Schelamjas, des Sohnes Kuschis, Baruch zu sagen: „Die Rolle, aus der du vor den Ohren des Volkes gelesen hast, – nimm sie in deine Hand und geh (mit)!" Und Baruch, der Sohn Nerijas, nahm die Rolle in seine Hand und kam zu ihnen. 15 Da sagten sie zu ihm: „Setze dich doch und lies sie vor unseren Ohren vor!" Und Baruch las vor ihren Ohren vor. 16 Als sie alle Worte gehört hatten, erschraken sie miteinander[5] und sagten zu Baruch: „Wir müssen dem König alle diese Worte mitteilen." 17 Und Baruch fragten sie: „Teile uns doch mit, wie du alle diese Worte aus seinem Mund geschrieben hast!" 18 Da sagte Baruch zu ihnen: „Aus seinem Mund trug er mir alle diese Worte vor, während ich sie mit Tinte in die Schrift schrieb." 19 Da sagten die Oberen zu Baruch: „Geh, versteck dich, du und Jeremia, so dass niemand weiß, wo ihr seid!" 20 Dann kamen sie zum König in den Hof, die Rolle aber hatten sie in der Kammer Elischamas, des Schreibers, verwahrt, und sie brachten alle Worte vor den Ohren des Königs vor. 21 Da sandte der König Jehudi, um die Rolle zu holen, und er holte sie aus der Kammer Elischamas, des Schreibers, und Jehudi las sie vor den Ohren des Königs und vor den Ohren aller Beamten, die um den König standen[6], vor. 22 Der König saß dabei im Winterpalast, im neunten Monat[7], und das Kohlenbecken brannte vor ihm. 23 So oft Jehudi drei oder vier Spalten[8] vorgelesen hatte, schnitt er[9] sie mit dem Schreibermesser ab und warf sie in das Feuer, das sich im Kohlenbecken befand, bis die ganze Rolle durch das Feuer auf dem Kohlenbecken verzehrt war. 24 Sie aber erschraken nicht und zerrissen nicht ihre Kleider, der König und alle seine Diener, die alle diese Worte hörten. 25 Zudem waren Elnatan, Delaja und Gemarja in den König gedrungen, die Rolle nicht zu verbrennen, er hatte aber nicht auf sie gehört. 26 Da befahl der König Jerachmeel, dem Prinzen, und Seraja, dem

---

[5] Oder: „sie wandten sich erschrocken einander zu"; ähnlich Gen 42,28; dazu Ges-K § 119gg; H.J. Stipp, Parteienstreit 74 ff.

[6] Der König (V 22) „sitzt" bzw. „thront", seine Umgebung „steht"; „stehen *vor*" heißt auch „im Dienst stehen" (15,19; I,283 Anm. 140).

[7] Die Szene spielt im Winter, im neunten Monat, d.h. bei Frühjahrsbeginn des Jahres im Dezember.

[8] Wörtlich: „Tür(flügel)", hier: „Spalten" der Rolle (HAL 215), „Kolumnen einer Schreibtafel"(ThWAT II, 245).

[9] „Er" bezieht sich auf den König (s. V 25. 27 f).

Sohn Asriels, Schelemja, dem Sohn Abdiels, Baruch, den Schreiber, und Jeremia, den Propheten, zu ergreifen; aber Jahwe hatte sie verborgen.[10]
27 Da erging das Wort Jahwes an Jeremia, nachdem der König die Rolle und
die Worte, die Baruch nach dem Mund Jeremias geschrieben hatte, verbrannt hatte: 28 Nimm dir noch mal eine andere Rolle und schreibe auf sie
alle früheren Worte, die auf der ersten Rolle standen, die Jojakim, der König
von Juda, verbrannt hat.
29 Und über Jojakim, den König von Juda, sollst du sagen: „So spricht
Jahwe: Du hast diese Rolle verbrannt und gesagt: Warum hast du auf sie geschrieben, der König von Babel werde gewiss kommen, dieses Land verheeren und aus ihm Menschen sowie Vieh vertilgen? 30 Darum, so spricht
Jahwe über Jojakim, den König von Juda: Niemand wird ihm bleiben, der
auf dem Thron Davids sitzt, und sein Leichnam wird ausgesetzt sein der
Hitze des Tages und der Kälte der Nacht. 31 Und ich suche heim an ihm
und seinen Nachkommen und seinen Dienern ihre Schuld und bringe über
sie und die Bewohner Jerusalems und die Männer aus Juda all das Unheil,
das ich ihnen ankündigte; sie haben aber nicht gehört.
32 Jeremia nahm eine andere Rolle und gab sie Baruch[11], dem Sohn Nerijas,
dem Schreiber, und er schrieb auf ihr nach dem Mund Jeremias alle Worte
des Buches, die Jojakim, der König von Juda, mit Feuer verbrannt hatte,
und noch wurden ihnen viele entsprechende Worte hinzugefügt.

Dem Er-Bericht[12] zufolge wird Jeremia im 4. Jahr Jojakims – d.h. nach
mehr als zwei Jahrzehnten seines Wirkens und nach dem Tod Königs Josias,
im Jahre 605/4 v. Chr.[13] – beauftragt, seine gesamte bisherige Verkündigung
aufzuschreiben. Der Anlass wird V 5 angedeutet: Jeremia ist „gehindert",
wie erläutert wird: „Ich kann bzw. darf den Tempel nicht betreten." Der
Grund ist nur zu vermuten: wegen der Tempelrede[14] oder seiner Bot-

---

[10] Die LXX formuliert – wohl zur Übereinstimmung mit V 19 – nur „menschlich": „sie waren
versteckt".

[11] Die LXX (36=43, 32) bezieht die Handlung allein auf den „Schreiber": „Und Baruch nahm
eine andere Rolle", verkürzt vermutlich: Die Wiederholung des Auftrags kann entfallen, nach V 4
weiß Baruch, was zu tun ist.

[12] Zur Auslegung von Kap. 36 vgl. I,28ff.35ff. Die redaktionellen Einschübe V 3.7 sind auf
V 31b bezogen (I,37f). Gegenüber der Verbindung von Umkehr und Vergebung (V 3) steigert V 7
zu Umkehr und Zorn. – Nach 32, 10 schreibt Jeremia eine Kaufurkunde, in besonderer Situation
einen Brief (29, 5-7).

[13] In dieser Zeit vollzog sich die politisch tief einschneidende Wende zur babylonischen Vorherrschaft (I,5). Dasselbe Datum ist für das Heilswort an Baruch (45, 1; vgl. 46, 2) überliefert.

[14] Das Wort „zurückgehalten, gehindert" bedeutet 33, 1; 39, 15 „eingeschlossen / verhaftet";
vgl. 32, 2; bildhaft 20, 9. Es wird inhaltlich verschieden gedeutet (ThWAT VI,335f). Kap. 26 und
36 stellen die jeweils geschilderten Ereignisse mit gewissen Gemeinsamkeiten dar, wie dem öffentlichen Schauplatz des Tempels, dem Hörerkreis der Beamten (26, 10-12. 16; 36, 12ff) und dem
Volk. Ist das Wohlwollen von Volk und Beamten Jer (26 und) 36 nur persönlich oder auch sachlich
begründet? Können die Beamten dort Jeremia noch schützen, so muss er sich hier verstecken. Die
(jerdtr.) Redaktion hat wohl den Zusammenhang beider Kapitel empfunden und durch ähnliche
Einfügungen (26, 3; 36, 3. 7) ausgestaltet.

schaft[15] überhaupt. Die ablehnende Haltung der Zeitgenossen ist wohl eine Voraussetzung für die Niederschrift. Sie erfolgt noch vor Eintreffen des angekündigten Unheils. Ist sie so nicht in ihrem Inhalt wie Gehalt überprüfbar? Zudem ermöglicht sie unabhängig von der Person des Propheten die Weitergabe seiner Botschaft. Der Auftrag wird von ihm in Freiheit, auf eine von ihm selbst gewählte Weise[16], durchgeführt: Baruch, „der Schreiber" (V 32)[17], schreibt nach wörtlichem Diktat, also nach Jeremias mündlicher Verkündigung (V 4. 32), der „aus seinem Mund ruft" bzw. „vorträgt, verkündet" (V 18). Durch die Niederschrift werden die Worte nicht nur auf Zukunft (vgl. Jes 30, 8) bewahrt, sondern zugleich vom Autor unabhängig, können durch einen anderen vorgetragen werden. Zum Vorlesen gedacht, soll die Rolle, auch durch Baruch (V 6. 8. 15; anders 21), wieder Stimme, mündliches Wort werden.[18] Der Auftrag zur Wiederherstellung der Rolle ergeht ebenfalls nur an Jeremia; mit ihr endet der Bericht (V 32). Sie vertritt den Propheten; so steht weniger seine Person als die Rolle, d.h. seine Verkündigung mit dem Gotteswort, „im Mittelpunkt" (G. v. Rad). „Rolle", „Schrift" bzw. „Buch" und „schreiben" sind auch die Hauptstichworte. Jeremia befindet sich in Gefahr; die Verfolgung trifft ihn und Baruch, die Vernichtung die Rolle. Die Erzählung gliedert sich in mehrere, sich im Geschehen zuspitzende Szenen[19]:

I. V 1–7	Herstellung und Bestimmung der (Schrift-/Buch-)Rolle	
	V 1	Zeitangabe mit Einführung
	V 2. 4	Auftrag an Jeremia zur Niederschrift und Ausführung durch Baruch
	V 3	Redaktioneller Einschub (wie V 7) zur Absicht der Niederschrift
	V 5 f.8	Auftrag Jeremias an Baruch zur Verlesung der Rolle und Ausführung mit zusammenfassender Vorwegnahme des folgenden Geschehens
V 7		Redaktioneller Einschub (wie V 3) zur Absicht der Verlesung (vgl. V 31b)
II. V 9–26	Dreifache (a-c) Verlesung der Rolle	
a) V 9–13	am Fasttag in einer Tempelhalle vor dem Volk	
	V 9 f	Zeitangabe und Ausführung
	V 11–13	Reaktion Michas: Meldung an die Beamten
	V 14	Überleitung: Reaktion auf den Bericht

---

[15] Durch die nachträgliche Vor-Datierung der Symbolhandlung mit dem Joch in 27, 1 wird auch sie innerhalb des Kontexts zum Anstoß und zur Begründung für die „Verhinderung".

[16] Ähnlich V 28 gegenüber V 32 u. a.; I,29 Anm. 196.

[17] „Schreiber" bezeichnet ein hohes Amt, modern gesprochen, wohl eine Art (Staats-)Sekretär; vgl. I,9.

[18] Vgl. I. Willi-Plein, Spuren der Unterscheidung von mündlichem und schriftlichem Wort im Alten Testament, in: Dies., Sprache als Schlüssel, 2002, 116–129; auch C. Hardmeier, Zur schriftgestützten Expertentätigkeit Jeremias ..., in: Die Textualisierung der Religion. FAT 62, 2009, 105–149; J. Taschner, Ev Th 69, 2009, 366–381; u. Anm. 31.

[19] Eine dreigliedrige Szene stellt auch Jer 16 dar.

b) V 14–19 vor hohen Beamten

    V 14 f   Zweite Verlesung und V 16–19. 20 deren Reaktion

        (a) Erschrecken (V 16a)

        (b) Rückfrage: Nachforschung über die Herkunft der Rolle (V 17 f)

        (c) Rat an Baruch und Jeremia, sich zu verbergen (V 19; vgl. V 26b)

        (d) Meldung an den König (V 16b.20)

        V 20:Abschluss der vorigen Szene und Überleitung

c) V 21–26 vor dem König und seinem Hofstaat. Zerstörung der Rolle

    V 21 f   Dritte Verlesung und V 23–26a Reaktion des Königs:

        Abschnittweise Verbrennung der Rolle

        Befehl, Jeremia und Baruch zu verhaften

    V 24 f   Reaktion des Hofstaates; vergeblicher Einwand von drei Beamten

    V 26b   Vorläufiger Abschluss (vgl. V 19): „aber Jahwe hatte sie verborgen"

III. V 27–32 Wiederherstellung der Rolle und deren Ergänzung

    V 29–31 Redaktioneller Einschub: Gerichtswort gegen den König

    V 29 Anklage in 2.Ps., V 30 Gerichtsansage in 3.Ps. im Anschluss an 22, 18 f.30

    mit Einbezug des Volkes V 31 „Nicht hören" (wie 18, 12; 35, 17 u. a.)

    V 27 f.32a Auftrag (mit Rückbezug auf V 2) und Ausführung

    V 32b Erweiterung der Rolle: „noch viele Worte hinzugefügt"

Die kunstvoll aufgebaute, sich im Handlungsverlauf zuspitzende Darstellung wirkt – mit dem Weg des Schriftstücks über die Verlesung bis zum König und dessen Reaktion – wie ein Gegenbild zum Verhalten von König Josia bei Auffindung der Tora (2 Kön 22, 8–11). Ernsthafte, auf allgemein überzeugenden Gründen beruhende Zweifel gegenüber dem Vorgang lassen sich aber nicht nennen; die genauen Angaben zu Zeiten, Orten und Personen[20], selbst zum Schreibmaterial[21], geben eher das Geschehen wieder. – Wie sich für die Niederschrift des Prophetenwortes eine Vorgeschichte[22] abzeichnet, so deutet sich eine Nachgeschichte an; dreifach sind Nachwirkungen von Jer 36 erkennbar:

Ezechiels komplexe Berufungsgeschichte (Ez 1–3) scheint mehrere jeremianische Traditionselemente aufzunehmen: die zeichenhafte Übergabe des Gotteswortes in den Mund des Propheten (Jer 1, 9), über die unmittelbare Anrede hinaus vergegenständlicht in Gestalt einer Buchrolle (Jer 36), die er in der Schau zu verzehren hat. Damit wird zugleich ein Bildwort aus Jeremias Konfessionen (15, 16) „Fanden sich Worte von dir, so aß ich sie" in ein visionäres Widerfahrnis (Ez 3, 1 ff) überführt. Sachlich Jeremias Botschaft entsprechend ist die Rolle mit „Klagen und Seufzern und ‚Wehe' beschrieben" (Ez 2, 10).[23] Mit solchen Rückbezügen setzt die Darstellung Elemente zumal aus Jeremias Ich-Berichten, wohl Berufungserzählung und

---

[20] Vgl. nähere Angaben in 35, 3 f; 37, 13; 38, 11. 14; 40, 9. 11; 41, 1 f.17 f.

[21] „Mit Tinte" (V 18); vgl. Ez 2, 9 f; anders etwa Jer 17, 1.

[22] Vgl. Jes 8, 1; 30, 15; I, 28.

[23] Wie Jeremia steht Ezechiel in einer Geschichte der Schriftprophetie (I,12 Anm. 66): „Zu dem Ez Vorgegebenen gehört ohne Zweifel schon die Kenntnis buchgewordenen Prophetenwortes." (W. Zimmerli, Ezechiel: BK XIII/1, 79). Gemeinsam ist auch die Aufforderung zur Furchtlosigkeit vor den Hörern, dem eigenen Volk (Jer 1, 8; Ez 3, 9). Eine Weiterwirkung findet sich Sach 5: H. Delkurt, FS A. Meinhold. ABG 21 (2006).

Konfessionen, voraus – sowie die Existenz der Rolle mit klagend-anklagendem Inhalt.[24]

In unmittelbar nachexilischer Zeit nimmt auch Sacharja in einer seiner nächtlichen Visionen (5, 1 ff) das Motiv der – mit Anklagen gefüllten – prophetischen
Buchrolle auf.

Wie sich das Jonabuch den Grundsatz Jer 18, 7 f zueigen macht, so scheint es (zu
36, 24 ff) ein Gegenbild in der Jon 3, 5–9 geschilderten Reaktion des Königs zu
zeichnen: Der fremde König zerreißt seine Kleider, fastet.[25]

Für die Handlungsfolge sind drei Äußerungen Gottes in Wort und Tat grundlegend: Der Schreib-Auftrag wie die Wiederholung ergehen von Gott
(V 1. 26 f). Entsprechend dem guten Rat (V 19) „Geh, verbirg dich!", lautet
die Schlussnotiz (V 26) am Ende der drei Szenen, jetzt als Tat Gottes: „Jahwe
hatte sie verborgen." Die Niederschrift wird, ohne dass es zuvor im Auftrag
erwähnt ist, durch einen anderen vollzogen – gibt es auch bei dem Verstecken
einen Helfer? Hier wird (gegenüber 26, 24) wie in einer Konzentration der
Handlung nicht angegeben, durch wen, wie und wo sie geschehen sein mag.
„Niemand wisse wo" (V 19; vgl. 38, 24) klingt wie eine Vorandeutung. Sachlich erfüllt sich die an Jeremia bei der Berufung ergangene, bei den Konfessionen erneuerte Zusage (1, 8; 15, 20), Gott werde ihn nicht vor, aber in der
Gefahr bewahren.[26] Dass Jeremia bei der Verfolgung (V 26; vgl. 26, 20 ff) un-
auffindbar ist, bildet die Voraussetzung für die Erneuerung des Auftrags.

Es kommt zu einer dreifachen Verlesung; der Kreis der Hörer nimmt an
Bedeutung zu:

a) zunächst an einem Fasttag, d. h. an einem Buß- oder Volkstrauertag, der
ein Auftreten vor einer breiten Öffentlichkeit ermöglicht, im Tempel vor allem Volk[27]. Die Worte Jahwes (V 8. 11 u. a.) werden als „Worte Jeremias"
(V 10) verlesen; er trägt die Verantwortung.[28] Widerspricht Jeremia dabei der
eigentlichen Absicht des Fasttags[29], indem er – gesammelt, in schriftlicher,
gleichsam festgelegter Form – Anklagen und Unheilsansagen vortragen lässt?
Nur die Folge wird beschrieben: Der Sohn des „Besitzers" der Halle meldet
den Beamten den Vorfall. Hier finden sich Namen von Nachkommen der aus

---

[24] Wurde von dem in Jer 36 berichteten Vorfall auch im Volk (vgl. 36, 6. 9 f mit 26, 17) erzählt?

[25] Vgl. auch Jer 26, (12.) 15 mit Jon 1, 14.

[26] Auch dieser Erzählung geht es „um den Zusammenhang zwischen Auftrag und Geschick des
Boten: Der Prophet gerät mit seinem Stellvertreter Baruch durch den Verkündigungsauftrag und
seine Ausführung (V 1–22) in Gefahr (V 26a); beide werden aber in ihr bewahrt (V 26b), so daß
Jeremia die Rolle auf Gottes Geheiß und mit Baruchs Hilfe wiederherstellen kann (V 27–32)."
Demnach „entspricht das Geschehen der an den Propheten ergangenen Beistandszusage (15, 20 f;
vgl. 1, 8)." (A. Graupner, Auftrag 100).

[27] V 6. 8–10. Im ursprünglichen Bericht fehlt eine Reaktion des Volks; sie mag im Geschehensverlauf zum dargestellten Zeitpunkt auch noch offen sein; anders und eindeutig stellt sich die Situation aus der Sicht der (jerdtr) Redaktion (V 31) dar.

[28] Vgl. Jer 26, 11 gegenüber 26, 9; auch Am 7, 11 „So spricht Amos" u. a.

[29] Vgl. 1 Kön 21, 9. 12; Jon 3, 5 u. a. Vermutlich trat am Fasttag ein prophetischer Sprecher – als
Fürbitter des Volkes bei Gott wie als Bote Gottes zum Volk – auf; dazu I, 40 f.263; auch 9. 266 f.

der Darstellung von Josias Reform (2 Kön 22, 3 ff) bekannten Beamten; sie stehen zu Jeremia.[30]

b) dann auf Grund des Berichts dieses Vorfalls – nochmals durch Baruch – vor den Oberen, d. h. den königlichen Beamten, im Palast, nämlich im Zimmer des Staatsschreibers, der Kanzlei.

Einerseits wissen sie sich – auf Grund ihres Amtes – verpflichtet, dem König den außergewöhnlichen Vorfall mitzuteilen und die Rolle mit ihrem gewichtigen, (nach V 16) erschreckenden Inhalt sicherzustellen, andererseits raten sie Jeremia und Baruch, sich zu verbergen. Zeigen die Beamten nicht ein ähnlich gespaltenes Verhalten wie der Priester am „Reichsheiligtum" Bet-El (Am 7, 10 ff), der einerseits von der Botschaft des Amos, die einer „Verschwörung" gleichkommt, Meldung bei Hof erstattet, andererseits dem „Seher" rät, das Land zu verlassen? In Jeremias Fall kann der wohlmeinende Rat durch den Hinderungsgrund (V 4) mitveranlasst sein. Einerseits die Gebundenheit an das Amt, andererseits die Sympathie mit dem Propheten (einschließlich einer Anerkennung seines Charismas?) stehen gegeneinander. Die Schwierigkeit liegt nicht in der Person, sondern der Sache oder der Situation mit ihrer Aufgabe; sie suchen Jeremia und Baruch vor den Folgen ihres eigenen Handelns zu schützen, zumindest deren Leben zu retten, und geben Bescheid, dass sie den Hof über die Angelegenheit informieren. So hat das „Verwahren" der Rolle (V 20) noch einen anderen, hilfreichen Aspekt: Durch die Sicherstellung ist sie zugleich von Baruch getrennt; statt seiner übernimmt in der letzten Szene ein anderer die Verlesung.[31]

c) Den Höhepunkt des Handlungsablaufs bildet die dritte Verlesung vor dem König und seinen Oberen bzw. Beamten (V 21) und „seinen Dienern", seinem Hof (V 24), diesmal durch einen Beamten, der dem König die Rolle zu Ohren bringt. Bei dieser letzten Szene „geht der Erzähler nun ganz bis ins einzelne: der König im Winterpalast, am Kohlenbecken sitzend, um ihn seine Minister –, aber letztlich ist es doch nicht der König, sondern die Rolle, die im Mittelpunkt des Interesses steht, wie sie vom König zerschnitten und Stück um Stück ins Feuer geworfen wird"[32]. Er mit seinem Hofstaat zeigt (V 24) nicht die zu erwartende, nötige Reaktion – oder wird die Bestürzung (V 16) gar vor dem König verborgen? Er überhört zudem die Warnung dreier

---

[30] Aus der Familie Schafans: Gemarja, Sohn Schafans (36, 10 ff.25), hier: „Schreiber/Sekretär", Micha, Sohn Gemarjas und Enkel Schafans (36, 11), Achikam, Sohn Schafans (26, 24; vgl. 2 Kön 22, 12. 14) und Vater Gedaljas (Jer 39, 14; 40, 5 ff; 41, 2. 6; 2 Kön 25, 22 ff); Elasa (Jer 29, 3); außerdem Elnatan, Sohn Achbors (26, 12; 36, 12. 25). Vgl. I,3 Anm. 9.

[31] Für die von ihm angenommene, fragmentarisch erhaltene Grundschicht stellt H.J. Stipp (Parteienstreit, 112) heraus, dass sie „aus kurzer Rückschau einen tatsächlichen Vorgang wiedergibt. Der Autor entstammt dem Anhängerkreis Jeremias und mußte nähere Einblicke in die Aktivitäten des Propheten als auch in die Vorgänge bei Hof besitzen." Vgl. H.M. Wahl, ZAW 110, 1998, 365–389; G. Hentschel (I,S. XIII]).

[32] G. v. Rad, TheolAT II, 53; vgl. o.Anm. 7. „Von all der Mühe des Schreibens, von der dafür verwendeten Zeit, vom kostbaren Schreibmaterial und – am meisten – von allen Worten Gottes und des Propheten bleibt vorläufig nur ein wenig Asche." (G. Fischer II,299).

Beamter, die sich für den Erhalt der Buchrolle einsetzen (V 25), und befiehlt, Jeremia und Baruch festzunehmen.

Kann der König das Wort auslöschen, seine Wirksamkeit verhindern? Wer erweist sich zukunftsträchtig, bestimmt das Geschehen mehr, der Befehlshaber oder das machtlos erscheinende Wort, das beansprucht, mit der Anklage zugleich auf Kommendes zu verweisen? Nur die Überlieferungsweise, die Niederschrift, nicht das Wort selbst (vgl. 1, 11 f) ist betroffen. Im Handlungsverlauf ist das Zwischenergebnis geteilt oder gar zwiespältig: Die Rolle ist zwar verbrannt, Jeremia und Baruch sind aber noch frei – für weiteres mögliches Handeln.

War Jeremia zuvor „gehindert" (V 5) und muss sich jetzt verbergen (V 19. 26), so kann er später, zumindest unter dem folgenden Herrscher Zedekia, der – anders als seine Beamten – Jeremia eher wohlwollend gegenübersteht, wieder „ungehindert" (37, 4), eine Zeitlang frei öffentlich auftreten; bis er eingekerkert wird und – vor dem bitteren Ende – diesem König „heimlich" (37, 17; vgl. 38, 16) begegnet.

Wie jene Begegnung mit Amos auf ein persönliches Drohwort (7, 16 f) gegen den Priester, der dem prophetischen Gotteswort keinen Freiraum lässt, zuläuft, so ergeht in einem literarischen Nachtrag über den König, der gegen das Jeremia- bzw. Gotteswort einschreitet, eine Unheilsansage: Er soll – entgegen der Natanweissagung (2 Sam 7; 23, 5; Ps 89 u. a.) – keinen Nachkommen auf dem Davidsthron haben und unbestattet-ehrlos bleiben. Diese (zweite) Zukunftsankündigung nimmt frei das Jer 22, 18 f (.30) im Rahmen der Königssprüche erhaltene Wort gegen Jojakim auf.

Auf göttlichen Auftrag (V 27 f) diktiert Jeremia die Rolle aufs neue, lässt also den Inhalt nochmals aufschreiben (V 32a). Viele ähnliche Worte werden hinzugefügt (V 32b).

Die auffällige, unpersönlich-passivisch formulierte Bemerkung V 32b, die öfter für einen jüngeren Zusatz gehalten wird, ist auch in der LXX bezeugt und scheint innerhalb des Jeremiabuchs eine eigene Wirkungsgeschichte zu haben: Die zweiteilige sog. Kanonformel (Dtn 13, 1; 4, 2) wird vermutlich aus Rücksicht auf Jer 36, 32b nur zur Hälfte (26, 2) zitiert, damit 36, 32 vorausgesetzt. So wird ein Widerspruch innerhalb des Buches vermieden. Zudem entspricht die Angabe V 32b dem Wachstum der Überlieferung[33].

Wie der Er-Bericht von Jeremia erzählt, so lässt die Bemerkung 36. 32b Ergänzungen durch Dritte zu; sie brauchen nicht von ihm selbst zu stammen. So hat, wenn man verallgemeinern darf, die schriftliche Überlieferung zunächst keine endgültig festgelegte Abgrenzung, kann vielmehr (noch) fortgesetzt bzw. fortgeschrieben werden.

---

[33] Vgl. I,36 und zu 26, 2.

Vorwort: Die Erzählungen Jer 37–44

Zwei Kapitel (36; 45), in denen Baruch[1] eine gewichtige Rolle spielt, umrahmen einen Erzählkomplex: Kap. 37–44 bilden durch den Handlungsverlauf, kurz vor und nach der Katastrophe, einen gewissen Zusammenhang. Dabei schildern Kap. 42–44 den letzten Zeit- und Lebensabschnitt: die – wiederum gegen Jeremias Rat erfolgte – fluchtartige Wendung nach Ägypten, bei der Jeremia und Baruch zur Auswanderung gezwungen werden (43, 4–6).

In Übereinstimmung mit seiner Grundeinsicht (1, 13 f) hält Jeremia bis zum nahenden Untergang an seiner Botschaft, die er zuvor auch mit Begründungen weitergab, fest.[2] Mehrfach steht er den Befürwortern des Widerstands gegen Babylon gegenüber. Allerdings stellt er sich nicht schlicht auf eine Seite, schließt sich nicht einer politischen Partei, etwa einer pro-babylonischen und anti-ägyptischen, an. Eher ergibt sich aus seiner immer wieder (27, 11 u. a.) vertretenen Grundeinsicht als Folgerung, dass er einer Gruppe näher steht. Wird er nicht als eigene – insofern doch wohl auch selbständige – Stimme anerkannt und um Orientierung befragt? In der Nachricht (38, 6): „er sank in den Schlamm" wird seine lebensbedrohliche Situation (37, 20; 38, 4. 10) anschaulich.

Jeremias Worte und als deren Folge sein Ergehen sind mit den tief einschneidenden Zeitgeschehnissen eng verbunden, bedürfen darum – in höherem Maß als zuvor – der erzählenden Weitergabe des historischen Rahmens. Die auf das Ende zulaufenden Ereignisse sowie Jeremias leidvolles Schicksal während der fast zweijährigen Belagerung[3] mit der Einnahme Jerusalems und den Auswirkungen sind das Thema von Kap. 37–41, gezeichnet in Szenen. Die Darstellung des „Wie" mit Einzelheiten der historischen Vorgänge bildet, obwohl Jeremia selbst in ihr (39, 4–10; 40, 13 ff; 41, 1 ff) zurücktreten kann, den Hintergrund für das Verständnis seiner Botschaft. Zu einem erheblichen Teil ist der Bericht zugleich Zeugnis oder Bestätigung der Erfüllung von Jeremias Ankündigung. Insofern hat der Erzählkomplex etwas Hintergründiges, enthält auf die Situation bezogene, informative Nachricht und zugleich Deutung, bekundet eben so die Wahrheit von Jeremias Anspruch, aber auch – abschließend – den bleibenden Widerspruch der Zeitgenossen zu seiner Botschaft.

---

[1] Er wird auch innerhalb der Erzählfolge erwähnt: 43, 3. 6.

[2] Zur Verkündigung vgl. die Einführung zu Jeremias letzten Worten vor der Katastrophe Kap. 38.

[3] Vgl. einerseits 2 Kön 25, 1; Ez 24, 1 f; Jer 39, 1; andererseits 2 Kön 25, 3 f; Jer 38, 28; 39, 2; 52, 4–7; auch 1, 6 f. Nach Jer 37, 5 ff.11 (vgl. Ez 29, 1) begann Jeremias Gefangenschaft in der kurzen Zwischenzeit des Herannahens des ägyptischen Heeres.

a) Die Berichte mit mancherlei Einzelheiten, detaillierten und vertrauens-
würdigen Nachrichten (wie 37, 21 oder 38, 11 f gegenüber V 6), genauen Angaben von Orten (etwa 38, 7. 14) und Eigennamen (37, 13; 38, 1; 39, 3) stehen
den Ereignissen nahe; sie sind aus dem Rückblick dargestellt, aber wohl aus
geringem Zeitabstand.

b) Manche Szenen sind oder wirken doppelt; es bestehen Ähnlichkeiten
im Geschehnisverlauf und dessen Folgen für Jeremia (Gespräch – Haft an
vergleichbarem Ort): Zweimal wird Jeremia (37, 11 ff; 38, 1 ff) ins Gefängnis
geworfen; zweimal wird ihm aus dieser Lage geholfen (37, 17 ff; 38, 7 ff).
Zweimal findet eine Unterredung mit dem König statt. Auf die offene, mittelbare (37, 3 ff) folgen eine erste (V 17 ff), dann eine weitere unmittelbare,
heimliche Befragung durch den König (38, 14 ff); beide haben allerdings verschiedene Nuancen. Die Unterschiede sind zu groß, als dass sich eine Überlieferung aus der anderen „entwickelt" haben kann und sich so erklären ließe.
Außerdem enthält die letzte Szene eine Steigerung oder Zuspitzung.

> Wesentliche Erzähl- und Handlungszüge sind verschieden, wie nur beispielhaft
> skizziert sei: Jeremia wird gefangen genommen, einmal mit einer Unterstellung
> (37, 13), dann wegen der Wirkung seiner Botschaft (38, [2-]3 f). Reagiert der König
> bei der ersten Begegnung (37, 17 f) nicht ausdrücklich auf Jeremias Zukunftsansage,
> so bei der zweiten mit einem eigenen Wort (38, 19), das sein Verhalten verständlich
> zu machen sucht. In beiden Fällen setzt sich der König für Jeremia ein, mildert
> (37, 21) sein Leiden. In der zweiten Szene spricht der König gleich zweimal seinen
> Willen aus, Jeremias Leben zu bewahren: mit eidlicher Zusicherung (38, 16) und
> dem Rat, wie er sich gegenüber den Oberen verhalten soll (V 24 ff). Die Erleichte-
> rung vollzieht sich verschieden, einmal unmittelbar auf Anordnung des Königs
> (37, 21), das andere Mal erst durch den Einsatz des Äthiopiers, der zum Befehl des
> Königs hinführt (38, 7 ff).

Scheint, was besonders auffällig ist, Jeremia nicht zweimal (38, 28–39, 14;
40, 1 ff) von den Babyloniern befreit zu werden? Bei stark abweichender
Darstellung in Einzelheiten ist gemeinsam: Anders als Beamte des eigenen
Staates treten die Oberen der Besatzungsmacht ihm gegenüber wohlwollend
auf, behandeln ihn entgegenkommend.

c) Am Schluss mehrerer Erzählungen kehrt eine feste – fast formelhaft wirkende – Wendung wieder: „Und Jeremia blieb"[4] – verbunden zunächst mit
der Ortsangabe: im Gefängnis. Später lautet die Fortsetzung: „mitten im
Volk". Sie scheint den Anfang (37, 4) der Darstellung gegen Ende wiederauf-

---

[4] Jer 37, 16; im „Wachthof": 37, 21; 38, 13. 28a; dann „mitten im Volk" 39, 14; 40, 6. In Thema
oder Aufgabe ähnliche – die Ereignisberichte abschließende – Notizen finden sich (ebenfalls mit
Ortsangabe) 38, 6; 41, 9. 15; 43, 7. „Gefangen im Wachthof" auch 32, 2; vgl. 33, 1. Der „Erzähler
hält uns über den Aufenthaltsort Jeremias immer genau und mit der gleichen Formel auf dem Lau-
fenden" (P. Volz 351). Vgl. H. Kremers, Leidensgemeinschaft mit Gott im Alten Testament: Ev
Th 13, 1953, 120–140, bes. 131; G. Wanke, Untersuchungen zur sogenannten Baruchschrift:
BZAW 122, 1971, 92 f; C. Hardmeier, Prophetie im Streit vor dem Untergang Judas: BZAW 187,
1990, 181 ff; W.L. Holladay II, 282; A. Graupner, Auftrag 112; H.J. Stipp, Parteienstreit 130 ff.

zunehmen, so einen Bogen zu schlagen. Wird mit dieser Formulierung nicht auch Jeremias Solidarität mit dem „Volk"[5] angedeutet?

Die wechselnden Aufenthaltsorte Jeremias während der Haft[6] geben eine Geschehensfolge an. Die Absicht, ihn zu töten, sei es sterben zu lassen oder hinzurichten (37, 20 f; 38, 4. 15 f), so das wiederkehrende Thema Tod (38, 10. 24 ff u. a.) bzw. Jeremias Lebensbewahrung (durch den Äthiopier 38, 7 ff; die Zusage des Königs 38, 16 oder auch die Babylonier 39, 14; 40, 1 ff) ziehen sich durch den Handlungsverlauf.

Für die Situationsschilderung sind weitere Stichworte bedeutsam wie „Heer"[7] oder in der Ankündigung wie als Vollzug: „einnehmen", „mit Feuer".[8] Eine Querverbindung durch ein wiederkehrendes Motiv bilden auch die Überläufer[9] oder das „Brot"[10] als grundlegendes, in höchster Not zu Ende gehendes Nahrungsmittel. Auch sonst bestehen Gemeinsamkeiten.[11]

Die Anklage „nicht zu suchen" (38, 4) nimmt wohl das Jeremia vorgetragene Anliegen zu „suchen / befragen" (37, 7) auf, reagiert so auf seine ablehnende Auskunft. Schließlich verbindet der Rat des Königs (38, 26) beide Szenen; er dient keineswegs nur der literarischen Verknüpfung, sondern hat auch einen sachlichen Grund: Im Haus Jonatans ist Jeremia – anders als im Wachthof – der Gewalt oder Willkür der Oberen ausgeliefert.

Wird die Gewissheit drohender Zukunft 37, 11 in einem mögliche Wirklichkeit übersteigenden Bildwort anschaulich, so in 38, 22 in einem Klagelied der Haremsfrauen.

d) Die Spannungen und Unebenheiten sind nicht so gravierend und darum nicht so eindeutig, dass sie angesichts der Unterschiede in der Darstellung einerseits und der die Szenen übergreifenden Querbezüge andererseits eine einsichtige, allgemein überzeugende Literarkritik erlauben oder gar erzwingen. Fehlen – im Vergleich mit der Abhebung der sprachlich ausweisbaren (jerdtr.) Redaktion – trotz gewisser, eher feiner Unterschiede in der Ausdrucksweise nicht oft ausreichende Gründe für eindeutige Entscheidungen,

---

[5] Vgl. I, 201 zu Jer 8, 18 ff; auch Anm. 1 zu 37, 11.

[6] a) Im „Haus des Staatsschreibers", und zwar im „Zisternenraum" (37, 15 f), b) im Wachthof (37, 21), c) dort in der Zisterne (38, 6), d) nicht mehr in der Zisterne, aber weiter im Wachthof (38, 13). a) und b) sind in 37, 20 f verbunden.

[7] Vgl. „Heer des Königs von Babel" (32, 2; 34, 7. 21; 38, 3); auch Nebukadnezzar und sein Heer (34, 1; 39, 1; 52, 4); Heer der Chaldäer (35, 11; 37, 11; 39, 5; 52, 8. 14; 2 Kön 25, 5. 10); ebenfalls „Heer des Pharaos" (Jer 37, 5. 7. 11; 46, 2). Nebukadnezzar war selbst wohl nur zu Beginn der langen Belagerung anwesend; vgl. zu Anm. 4 bei 39, 1.

[8] Unbedingt, aber allgemein „in die Hand des Königs von Babel geben" von König bzw. Stadt: 37, 17; 38, 3; 32, 3 (s. Anm. 12 zu 21, 1–10). „Einnehmen und mit Feuer verbrennen" 37, 8. 10; 38, 17 f; vgl. 34, 2. Die Verwirklichung der Ansage berichten 39, 8; 52, 13.

[9] Vgl. 38, (2.)19; 39, 9; 52, 15; auch 21, 9; als Vorwurf 37, 13. In ihnen sind auch „Gegner der herrschenden Kriegspolitik zu sehen" (W. Rudolph 237).

[10] Jer 37, 21; 38, 9 (52, 6); auch 42, 14.

[11] Die Bitte „Lass mein Flehen vor dich gelangen" o. ä. (37, 20; 38, 26; 42, 2. 9; vgl. 36, 7), „dir / euch gut gehen" o. ä. (38, 20; 40, 9, 42, 6), „niemand darf erfahren" (38, 24; 40, 15; vgl. 36, 19; „insgeheim": 37, 17; 38, 16; 40, 15).

die Aufteilung auf literarische Schichten, deren Zuordnung und die Verhält-
nisbestimmung der abgegrenzten Abschnitte untereinander?[12] Trotz struktu-
reller Gemeinsamkeiten lässt sich eine Darstellung – bei zurückhaltendem
Urteil – nicht ohne erheblichen Verlust in die andere überführen, so doppelt
berichtete, ähnliche Szenen auf ein Geschehen oder eine Überlieferung zurückführen.

Hier liegen nicht in gleicher Weise Einzelberichte vor, wie zuvor etwa in
den Symbolhandlungen; es gibt einen Erzählfluss. Erzählungen gehen von
einer in die andere über oder beziehen sich stärker aufeinander. Diese Verbindungen sind kaum erst literarisch nachträglich hergestellt und eingefügt.

Ist in den Turbulenzen der letzten Zeit vor der Katastrophe die Überlieferungsweise anders? Vermutlich lag die Darstellung der Endphase nicht in genau abgegrenzten, fest formulierten, je selbständigen Einzel-Erzählungen
vor und kann, durch die nahe aufeinander folgenden Geschehnisse bedingt,
auch leichter eine Verbindung bilden. Wieweit handelt es sich eher um einen
Erzähl-Zusammenhang in einzelnen Szenen – mit einer Überlieferung, sei sie
schriftlich oder auch noch mündlich weitergegeben, so dass Spielraum für die
Gestaltung bestand und sich so die Querverbindungen erklären?

Es liegt nahe, Kap. 37 ff – im Wesentlichen, in ihrem „Kern“ – als Fortsetzung des sog. Baruchberichts[13] zu verstehen. (a) Die Handlungsfolge führt
(sei es 37, 3 oder 37, 11) Jeremia nicht neu ein, setzt darum einen Erzähl-Zusammenhang voraus. Ein schon bekanntes Kennzeichen findet sich (b) wieder: Jeremia führt weiter den Titel „Prophet“ (37, 2 f. 6. 13 u. a.). Die genaue,
detaillierte Darstellung der Vorgänge, die mit Einzelmomenten oder Erzählzügen dem Gang der Dinge nahe ist, enthält (c) gleichsam „persönliche“
Kenntnisse des Geschehens. Dabei steht der Verfasser auf Jeremias Seite. So
bleibt (d) die Erklärung nicht segmentär, nimmt nicht immer wieder kleine
Einzelabschnitte oder Fragmente ohne Anschluss und Fortsetzung an, sondern erkennt auch Verbindungen oder Bögen; dadurch wird zugleich das
Wachstum des Buches einsichtiger. Die Erzähltexte führen auf einen Schluss
zu, in dem sich mit Wechsel der Situation auch Kontinuität in dem Verhalten
der Zeitgenossen, dem Widerspruch zu Jeremias Botschaft, zeigt: gegen seine
Auskunft und seinen Rat Auswanderung nach Ägypten. Nicht zufällig findet
sich (e) wie eine Unterschrift (Kap. 45) die Zusage der Bewahrung in der Katastrophe an Baruch.

---

[12] Literarische Scheidungen erscheinen nur teilweise angebracht und überzeugend, etwa bei
Erläuterungen des historischen Verlaufs oder sprachlich erkennbaren (jerdtr) Ergänzungen 37, 1 f;
39, 1 f. 4–10 und 15 ff; 43, 8–44, 30.
[13] Vgl. I, 35 f. 330.

Erste Gesandtschaft an Jeremia mit Ersuchen um Fürbitte und Auskunft
Jer 37, 1–10

1 Und Zedekia, der Sohn Josias, wurde König anstelle Konjas[1], des Sohnes Jojakims; ihn hatte Nebukadnezzar, der König von Babel, im Land Juda als König eingesetzt. 2 Aber er, seine Diener und das Volk des Landes hörten nicht auf die Worte Jahwes, die er durch den Propheten Jeremia redete.

3 Und der König Zedekia sandte Juchal, den Sohn Schelemjas, und Zephanja, den Sohn Maasejas, den Priester, zu dem Propheten Jeremia, um zu äußern: „Bete doch für uns zu Jahwe, unserem Gott!" 4 Und Jeremia ging inmitten des Volks[2] (noch) ein und aus; sie hatten ihn (noch) nicht ins Gefängnis gesetzt. 5. Es war aber das Heer des Pharao aus Ägypten ausgezogen. Als die Chaldäer[3], die Jerusalem umlagerten[4], die Kunde von ihnen hörten, zogen sie von Jerusalem ab.

6 Und das Wort Jahwes erging an den Propheten Jeremia: 7 „So spricht Jahwe, der Gott Israels: So sollt ihr[5] zum König von Juda sprechen, der euch zu mir sendet, um mich zu befragen: ‚Siehe, das Heer des Pharao, das euch zur Hilfe auszieht, wird in sein Land nach Ägypten zurückkehren. 8 Und die Chaldäer werden zurückkehren, gegen diese Stadt kämpfen, sie einnehmen und mit Feuer verbrennen.' 9 So spricht Jahwe: Betrügt euch nicht selbst, indem ihr sagt: ‚Sicher werden die Chaldäer von uns abziehen!' Sie werden nämlich nicht abziehen! 10 Selbst wenn ihr das ganze Heer der

---

[1] D. h. Jojachin (o.S. 1); vgl. 22, 24. 28. Die LXX bezeugt nur „anstelle Jojakims", bietet damit aber kaum die ältere Lesart. Der Name des nur drei Monate regierenden, dann verbannten Königs ist hier eher nicht nachträglich eingefügt, sondern der historischen Folge entsprechend ursprünglich. Die LXX konnte ihn übergehen, da er in diesem Zusammenhang keine Rolle spielt; die Erzählungen handeln nur von Jojakim und Zedekia. Vgl. zu 37, 11 ff Anm. 4.

[2] LXX: in der Stadt, wohl unter Einfluss von V 12a. Die LXX bietet auch hier kaum die ältere Lesart, betont eher den Zusammenhang der Erzählungen bzw. der Ereignisse. Vgl. das Vorwort zu Kap. 37 ff (Anm. 5).

[3] Der (schon 21, 4. 9; 32, 4 f u. a., zumal im Folgenden genannte) Name – im Hebräischen *kasdim* „Kaschdäer" – meint das „seit 626/5 Babylon beherrschende Volk" (HAL 477 f); vgl. D.O. Edzard, RLA V, 201–297; W. Groß, NBL I, 362 f.

[4] V 5a-a „umzingelten Jerusalem" fehlt in LXX. Hat sie den Satzteil auf Grund der doppelten Ortsangabe (V 5bβ „von Jerusalem") weggelassen? Ob die Bemerkung ursprünglich oder zugesetzt ist, bleibt für die Kennzeichnung der Situation sachlich unerheblich. Vgl. 52, 4.

[5] Die LXX bietet in V 7 einen Auftrag statt an die (nach V 3 „gesandten") Boten an Jeremia, folgt damit (angleichend) dem Wortlaut von V 6. Der hebräische Text fügt sich enger in die Situation; auch die V 7 einleitende Botenformel legt eher eine Weitergabe an Dritte nahe.

Chaldäer, die gegen euch kämpfen, schlüget und von ihnen nur verletzte[6] Männer übrig blieben – sie würden sich erheben, ein jeder in seinem Zelt, und diese Stadt mit Feuer verbrennen."

Da Kap. 36 in früherer Situation unter König Jojakim spielt, bedarf die Darstellung einer neuen Einleitung, die zugleich (V 2) einen urteilenden Blick vorauswirft. Die erste Szene wirkt wie Exposition oder Vor-Spiel des folgenden Handlungszusammenhangs.

> Beide Szenen V 3 ff.11 ff sind außer durch die ähnliche Situation mit dem „Heer des Pharaos" (V 5. 11) auch, zumindest in der vorliegenden Textgestalt, durch das Gegenüber zweier Auffassungen über die erwartete Zukunft (V 9. 19) bestimmt.
>
> V 1 f Einführung des Königs Zedekia; vgl. 52, 1; 2 Kön 24, 17;
>> auch Jer 21, 1; 24, 8
>>> Redaktionelle (jerdtr.) Überleitung von Kap. 36 (zur Zeit Jojakims)
>>> zu 37 ff
>
> V 2 Beurteilung: Ungehorsam; vgl. 36, 31; 52, 2; auch 7, 13. 23 ff u. a.
>> Nach der groben Angabe V 1(f) nähere Beschreibung:
> V 3 Gesandtschaft des Königs mit Ersuchen um Fürbitte (vgl. V 7)
> V 4 Situation Jeremias, die gut zu V 5 passt, mit versteckter Zeitangabe bzw.
>> Vorverweis auf bald eintretende Änderung V 15 f.18 ff
> V 5 Allgemeine Situation: Kurze Zwischenzeit
> Unterbrechung der Belagerung bei Herannahen des ägyptischen Ersatzheeres
>> (vgl. 44, 30)
> V 6 Wortereignisformel
> V 7 f Auftrag an die Boten (in der V 5 skizzierten Situation):
>> Ansage gewisser Zukunft
> V 9 Aufforderung. Warnung vor Selbst-Täuschung (vgl. 7, 4. 8)
> V 10 Steigerung ins Irreale

Zwar bleibt die Einführung allgemein[7], stellt aber von vornherein den König von Juda und den König von Babylon gegenüber[8] und deutet dabei an, was Zedekia / Zidkija auf Grund der Thronerhebung dem fremden Herrscher Nebukadnezzar verdankt oder schuldet, sich trotzdem dann gegen ihn „auflehnt" (52, 3). Wird so hintergründig nicht eine Spannung aufgebaut: Wie verhält sich Zedekia zu dem, der ihm mit der Amtseinsetzung vertraute? Erst die Erzählung (V 5. 7. 11) führt in die konkrete Situation, die letzte Regierungszeit des Königs Zedekia, bereits zur Belagerung Jerusalems. Eine knappe Charakteristik seiner Person lautet: „Nie stand er wie Jojakim feindlich gegen Jeremia", ja „suchte göttliche Auskunft", war „aber nicht stark genug", zumal in der Durchsetzungskraft gegenüber den Beamten, vor denen

---

[6] Möglich auch: „getötete"; wörtlich: „durchbohrte"; vgl. 51, 4; u. Anm. 19.

[7] Haben V 1 f (vgl. W. Thiel II, 52 f), die wahrscheinlich jünger als V 3 ff sind, eine andere Einführung verdrängt, oder genügt der Rückblick auf die Lage V 5? Mehrfach ist (im Anschluss an C. Hardmeier) erwogen worden, ob nicht 34, 7 die angemessene, ältere Einführung ist.

[8] Vgl. 38, 17; 39, 5 ff.

er offenbar Scheu oder Angst hatte.[9] Grob geurteilt, kehrt sich das Verhältnis
um: In Jojakims Regierungszeit können Beamte (wie 26, 24; 36, 19. 25) im
Gegensatz zum König, der Jeremia verfolgt (36, 26; vgl. 26, 20 ff), ihn unterstützen, während der König Zedekia anders als seine Beamten (37, 11 ff;
38, 4 ff) schon mit seinen Anfragen Jeremia ein Stück weit anerkennend oder
mit seinen Anordnungen wohlwollend (37, 20 f; 38, 10. 16) gegenübertritt.

V 2 stellt überschriftartig ein zusammenfassendes Gesamt-Urteil voran,
das über den Herrscher hinaus Beamten und Volk einschließt. Eben diesen
Kreis umgreift ein Ichwort Jeremias (37, 18) an den König „Was habe ich an
dir, deinen Dienern und diesem Volk gesündigt?" Zugleich wird – mit der
Feststellung des Ungehorsams gegenüber dem in Jeremias Botschaft ergehenden Gotteswort – ein Werturteil über die folgenden Entscheidungen, Handlungen und dann Begebenheiten gefällt. Sachlich entspricht es Jeremias[10] vielfach erhobenen Anklagen über das Volk.

In der eröffnenden Szene (V 3–10), mit ihr im folgenden Erzählzusammenhang, steht gleich zu Beginn Jeremia selbst im Mittelpunkt. Die erlesene Gesandtschaft aus bedeutenden Amtsträgern bekundet ihm hohe Achtung; dabei lassen sich mit der Verteilung der „Aufgaben" wieder Aspekte oder
Charakteristika der (Schrift-)Prophetie erkennen: a) Auch der – angesehene –
Priester[11] ersucht den Propheten um Fürbitte; sie ist bei ihm gut aufgehoben,
erscheint in besonderer Weise als sein Aufgabenbereich.[12] b) V 7 nimmt offenkundig V 3 auf oder deutet dessen Absicht, erläutert das Begehren oder
stellt die Fürbitte in den Rahmen des Gott-„Suchens"; die Antwort V 7 ist
auch Reaktion auf V 3. So gehören die erbetene Fürbitte (vgl. 42, 2 f) und die
Befragung Gottes durch den Propheten (V 7. 17) zusammen. Heißt Gott „suchen" bzw. „befragen" hier, sich an den Propheten[13] mit der Bitte um Auskunft über die Zukunft[14] zu wenden, so kann sich bei gegenwärtiger oder er-
warteter, nahe bevorstehender Not die Fürbitte auf Abwendung drohenden
Unheils richten, um die vom Propheten erkundete oder von ihm angesagte
Zukunft im Sinn des Bittstellers zu verändern. c) Jeremia beharrt allerdings
bei seiner Einsicht, die ihm grundsätzlich schon in der Vision (1, 13 f) zuteil
wurde. Er wird, genau genommen, um Fürbitte *ersucht*; dass er sie *geübt* hat,

---

[9] P. Volz 335; auch I, 6 mit Anm. 24. Vgl. Jer 37, 17 („heimlich"); 38, 5. 24 f; auch gegenüber
den Überläufern 38, 19.

[10] Vgl. I, 17 ff. Die Erfahrung, zumal mit dem König, spricht Jeremia 38, 15b aus.

[11] Vgl. schon 21, 1 (auch Jes 37, 2). Zephanja ist nach 29, 25–29 Jeremia gewogen, wird bei der
Eroberung der Stadt gefangengenommen und hingerichtet (52, 24. 26 f; 2 Kön 25, 18. 20 f). – Als
einer der höheren Beamten tritt – vermutlich ist es dieselbe Person – Juchal später (38, 1. 4) Jeremia kritisch gegenüber.

[12] Vgl. von Abraham als „Propheten" Gen 20, 7; bei Amos 7, 2. 5; ausführlicher zum Folgenden: I, 26. 263 ff, bes. S. 265 ff.

[13] „Mich" meint hier Gott durch den Propheten „befragen" (V 7); vgl. 1 Kön 14, 5; 22, 5 ff u. a.
Die jüngere Darstellung Jer 21, 1 f verbindet bei der Aufnahme von Kap. 37 „befragen" V 7 unmittelbar mit V 3.

[14] Aus dem erwarteten oder angesagten Ausgang der Zukunft kann sich als Folge eine Auskunft
über menschliches Handeln ergeben; ein Beispiel: 38, 17 f; auch 42, 2 f; dazu o. Anm. 12.

dem Wunsch nachkommt, wird nicht berichtet.[15] Insofern entspricht die
Darstellung dem Verbot der Fürbitte (14, 11; 15, 1) und stimmt auch sachlich
mit ihm überein. Statt der Ausführung der Fürbitte ergeht die Antwort
(V 6 ff). Demnach bleibt das Begehren erfolglos.

Mit ihren Angaben lassen V 4 f entscheidende Themen[16] anklingen und er-
zeugen so auf doppelte Weise Spannung: Ist nicht bald eine andere Lage für
Jeremia zu erwarten? So setzen V 4 f einen Erzählzusammenhang voraus,
sind auf Zukunft angelegt, bereiten verhalten, zunächst negativ (Jeremia ist
„noch frei"), den folgenden Handlungsgang vor.[17] Ist die Nachricht V 5 ein
gutes Vorzeichen, oder gilt sie nur für eine Zwischenzeit in weiterhin be-
drohlicher Situation? In solcher Lage bleibt doch selbstverständlich die bange
Frage bedrängend: Ist die Stadt nun befreit, oder ist der Abzug nur zeitweilig, eine vorübergehende Episode, kehren die Belagerer zurück?[18] Zudem impliziert die eindeutig ausgesprochene Heilserwartung (V 9) doch wohl eine
nicht auf kurze Frist begrenzte, zeitlich eingeschränkte Hoffnung, richtet
sich vielmehr auf einen endgültigen Abzug, eine dauernde Befreiung aus. Allerdings war die Unterbrechung der Umzingelung der Stadt nicht durch die
eigene Absicht der Babylonier, die Änderung ihrer politischen Pläne hervor-
gerufen, sondern durch den Aufbruch der Ägypter veranlasst. So ist jedenfalls weitere Sorge angebracht und das Ersuchen um Fürbitte wohlverständlich.

V 9 entspricht den Wünschen der Betroffenen und, wie – rückblickend –
V 19 zeigt, der Botschaft der Propheten. V 9 wirkt, zumal wenn man V 19
einbezieht, wie der Widerspruch, dem Jeremia zuvor ähnlich begegnete. Hier
tritt ihm eine entsprechende Grundhaltung entgegen.[19] Wie zumal in Kap. 27 f
stoßen zu einem weiter fortgeschrittenen Zeitpunkt nochmals verschiedene
Grundeinsichten aufeinander. Zeichnet sich die „Wahrheit" von Jeremias Anspruch nicht schon ab? Jene sich als unwirklich erweisende Hoffnung erscheint V 9 als Selbsttäuschung, dann (V 19) als Täuschung durch andere.
Der Aufruf richtet sich in der Tempelrede (7, 4. 8) gegen falsches Vertrauen,
hier gegen eine vermeintliche Zukunftssicherheit; beides hängt aber, wie gerade die Tempelkritik zeigt, zusammen.

Jener Auffassung tritt Jeremia mit seiner Einsicht entgegen, bestätigt seine
auf die Situation bezogene Zukunftsansage (V 7 f.9b; vgl. 17): Die Babylonier

---

[15] Einen anderen Eindruck erweckt das – von der Redaktion gestaltete – Gebet 32, 16 ff.

[16] Betont von C. Hardmeier (s. Vorw. zu Kap. 37 ff Anm. 4): V 4 nennt „nicht nur das Basis-
thema, sondern in V 5 zugleich den zeitgeschichtlichen Rahmen … als Hintergrundinformation"
(197 mit Anm. 70).

[17] Vgl. zuvor schon 20, 2; 26, 8; 36, 26; auch – zeitlich vorgreifend – 32, 2.

[18] Vgl. 34, 21 f; 38, 17 ff; auch Ez 17; 29. Möchte der Pharao Apries / Hophra (44, 30) dem belagerten Jerusalem helfen, oder erhebt er Anspruch auf Phönizien (vgl. B.U. Schipper, Israel und
Ägypten in der Königszeit: OBO 170, 1999, 244 ff; HTAT 399)?

[19] Wie 5, 12 f; vgl. Anm. 10 zu 37, 19. Jeremias Gegner rechneten wohl damit, „dass Jerusalem als
der Ort der Gegenwart Jahwes letztlich vor der Vernichtung bewahrt werden würde" (G. Wanke
340). Vgl. auch 21, 2; I, 177 f.

kehren zur Belagerung zurück; demnach bildet das ägyptische Entsatzheer keine wirkliche Hilfe. Jerusalem fällt! Die Einnahme der Stadt ist unabwendbar. Jeder Widerstand erscheint aussichtslos. In bildhafter Steigerung übertreibend, zugleich in auffälliger Konsequenz bekräftigt V 10 Jeremias Gewissheit mit einer unwahrscheinlichen, wenn nicht unmöglichen Konstellation.[20]

---

[20] Nach dem irrealen Bedingungssatz könnte nicht einmal ein Sieg über die babylonische Streitmacht „etwas ausrichten; selbst wenige schwerstens oder gar tödlich Verwundete (‚durchbohren' wie für Sauls Todeswunsch in 1 Sam 31, 4) würden ausreichen für Jerusalems Zerstörung" (G. Fischer 316). Vgl. Am 5, 3. 19; auch die Umkehrung des Bildes Jer 4, 30 f; 6, 2 f; 15, 2 u. a. Zur Rückkehr der Babylonier vgl. auch 34, 22.

Zwei Szenen Jer 37, 11–21

Jeremias Gefangennahme
Jer 37, 11–16

11 Als sich das Heer der Chaldäer vor dem Heer des Pharaos aus Jerusalem zurückgezogen hatte, 12 da wollte Jeremia Jerusalem verlassen, um ins Land Benjamin zu gehen, um dort im Kreis der Verwandtschaft[1] ein Erbe zu teilen. 13 Als er aber am Benjamintor war, war dort ein Wachhabender mit Namen Jirija, der Sohn Schelemjas, des Sohnes Hananjas; er hielt den Propheten Jeremia fest mit der Behauptung[2]: „Zu den Chaldäern willst du überlaufen." 14 Jeremia aber sagte: „Lüge! Ich will nicht zu den Chaldäern überlaufen." Ohne auf ihn zu hören, nahm Jerija den Propheten Jeremia fest und brachte ihn zu den Oberen. 15 Die Oberen aber erzürnten sich über Jeremia, schlugen ihn und warfen ihn in den Kerker, ins Haus des Schreibers Jonatan; denn sie hatten es als Gefängnis eingerichtet. 16 So[3] kam Jeremia in den Zisternenraum und (zwar) mit den Gewölben. Dort blieb Jeremia viele Tage.

Die Szene, ohne eigene Einführung, setzt einen, doch wohl den vorliegenden Erzählzusammenhang voraus. Die Begebenheit spielt zudem in derselben Situation (V 5. 11) – einer kurzen Zwischenzeit mit Abzug des babylonischen Heeres. Sucht Jeremia sie für sein Anliegen zu nutzen?

V 11 Situationsangabe mit Anschluss an V 5(.7): Unterbrechung der Belagerung als Hintergrund für V 12–14

V 12 Jeremias Aufbruch zum Ort seiner Herkunft (vgl. 1, 1; 32, 6 ff).
  Scheitern seines Vorhabens:

V 13 f Beschuldigung und wirkungslose Bestreitung. Festnahme am Stadttor durch den wachhabenden Offizier

V 15 f Willkürliche Bestrafung und Einkerkerung (vgl. schon 20, 2; 26, 8)

---

[1] Die Wendung „mitten im Volk" findet sich im Kontext mehrfach (37, 4; 39, 14; 40, 5 f). Das zumeist (wie V 18) mit „Volk" wiederzugebende Wort hat hier eher die (ältere) Bedeutung „Verwandtschaft, Sippe"; vgl. HAL 792. Das folgende viel diskutierte Verb „teilen" meint etwa „an der Verteilung teilnehmen" (HAL 310; anders ThWAT II, 1017), so wohl bei der Erbschaft einen zugehörigen (vgl. 32, 8) Anteil zu erhalten.

[2] Wörtlich: „indem er sagte". Dem Vorwurf „überzulaufen" (wörtlich: „[ab]zufallen"; vgl. 38, 19; 39, 9) begegnet der Beschuldigte mit dem Einspruch (V 14). Das einleitende Wort mit der Grundbedeutung „Lüge", nämlich die Unwahrheit sagen (40, 16; 43, 2; vgl. 2 Kön 9, 12), meint hier eine Unterstellung.

[3] Das einleitende, sich schwer anschließende „Denn" wird auch bestätigend, vergewissernd gebraucht: „Ja, in der Tat".

Das Benjamin-Tor lag im Nordteil der Stadtmauer, in deren östlichem Abschnitt, und führte in die Richtung von Jeremias Heimat (1, 1).[4] Er will sich nach Benjamin begeben, wohl um an einer Erbschafts-Angelegenheit teilzunehmen. Vermutlich hängt sie mit der 32, 6 ff berichteten, Symbolbedeutung gewinnenden Handlung[5] zusammen, die ebenfalls während der Belagerung spielt und wohl einen späteren Aspekt oder Moment des Vorgangs erfasst. Hier wird Jeremia am Verlassen der Stadt gehindert und festgenommen; jenes Geschehen spielt, als Jeremia schon „im Wachthof" (32, 8 gegenüber 37, 4) ist.

Das Wachpersonal, zunächst sein Anführer Jerija, versteht Jeremias Anliegen nicht oder will es von seinem Standpunkt aus nicht verstehen. Als Begründung dient die Unterstellung, er wolle sich zu den Babyloniern begeben, um überzulaufen. Wie willkürlich und ungerecht der Vorwurf oder Vorwand auch ist, so steht im Hintergrund doch Jeremias Botschaft bzw. deren Ablehnung. Er fordert auf, sich den Babyloniern zu unterwerfen (27, 11 f), ja räumt in der Bedrängnis die Möglichkeit ein, bei Wechsel zu den Babyloniern das Leben zu retten.[6] Insofern haben die Gegner aus ihrer Sicht einen Anhaltspunkt oder Anlass für ihren Verdacht. Jeremias Absicht ist aber fälschlich gedeutet oder missverstanden, mit den Babyloniern gemeinsame Sache zu machen oder sein eigenes Leben zu retten; tatsächlich handelt er in Solidarität[7] mit seinem Volk. Jeremias aus religiöser Überzeugung, nämlich aus Glaubenseinsicht, erwachsene Botschaft kommt zur realistischen Einschätzung der politisch-militärischen Lage, erscheint – in ihrer Entfaltung wegen der Folgen – aber als pro-babylonisch missverständlich. Wie schon der Sprecher oder Anführer, der Jeremia in Gewahrsam nimmt, steht ihm die Gruppe zutiefst misstrauisch-ablehnend gegenüber. Der Zorn der Oberen[8] und die Misshandlung Jeremias bringen ihre Haltung zum Ausdruck. Sie handeln von sich aus, „ohne Rücksprache mit dem König"[9]. Trotzdem gehört der König

---

[4] Vgl. I, 331 Anm. 10. Jer 20, 2 nennt ein gleichnamiges Tor in der Tempelmauer, wahrscheinlich „das obere Tor" (2 Kön 15, 35 // 2 Chr 27, 3; auch Ez 9, 2). Die Stadtmauer mit dem hier (37, 13; 38, 7) erwähnten Tor liegt weiter außen; vgl. K. Galling, Die Halle des Schreibers: PJB 27, 1931, 51–57 mit graphischer Skizze S. 53. – Allgemein zu den Toren auch Lit. Anm. 5 zu 39, 3; zu Jeremias Heimat I, 8.

[5] Vgl. die Auslegung zu Kap. 32 mit Anm. 16. Da die Festnahme dort die räumliche Voraussetzung (32, 8) ist, kann man fragen, aber nicht begründet entscheiden: Verwirklicht Jeremia, was er hier anstrebt, mit der Kap. 32 beschriebenen Handlung auf andere Weise?

[6] Jer 38, 17 f; vgl. 21, 9; 38, 2. Zudem gab es Überläufer, die zu den Babyloniern „abgefallen" sind (38, 19; vgl. 39, 9; im Vorwort zu Kap. 37 ff Anm. 10). Später (39, 11 ff; 40, 1 ff) gewähren die Babylonier Jeremia Sonderbehandlung.

[7] Vgl. I, 201 und Anm. 11 zu 37, 1 ff.

[8] Anders als zur Zeit Jojakims (26, 16. 24; 36, 19; vgl. I, 3 Anm. 9) stehen die höheren Beamten in der Regierungszeit Zedekias – im Unterschied zum König selbst (Anm. 8–9 zu 37, 1 ff) – Jeremia argwöhnisch, verdächtigend und bedrohlich (37, 13. 15; 38, 4. 6. 25 ff) gegenüber.

[9] G. Wanke 346. Jeremia wird „nach vorausgegangener Mißhandlung ohne gerichtliches Verfahren eingeliefert". „In dem feuchten und dunklen Loch, das der gewölbte Zisternenraum darstellt", ist er zugleich, wie man aus V 21 schließen kann, ohne ausreichende Tagesration, „von Hunger gequält" (W. Rudolph 237).

später (V 18) zu den Verantwortlichen oder bleibt gar der letztlich Verantwortliche. In der unruhigen, bedrängten Situation dient das Haus des Staats-Schreibers, in dem Jeremia in der Gewalt der Oberen bleibt, als Gefängnis, genauer die Zisterne[10], ein feuchter, lebensbedrohlicher (V 20) Ort. Über die harte, ungerechte, ja unmenschliche Bestrafung hinaus hat die Jeremia auferlegte Abgeschiedenheit von der Öffentlichkeit wohl noch eine andere Absicht: Soll er dort zum Schweigen[11] gebracht werden? Hier muss er längere Zeit, „viele Tage"[12], verbringen. In dem Zeitraum, den die Angabe überbrückt, wird sich die Rückkehr der Belagerer vollzogen haben. Sie wird wohl schon in der Anfrage des Königs (V 17), eindeutig jedenfalls bei dem abschließenden Ausblick „in der Stadt kein Brot mehr" (V 21; vgl. 38, 9; 52, 6) vorausgesetzt.

Erste heimliche Befragung Jeremias durch den König mit Erleichterung der Haftbedingungen Jer 37, 17–20. 21

17 Da sandte der König Zedekia hin, ihn zu holen. Und der König befragte ihn in seinem Haus insgeheim so: „Gibt es ein Wort von Jahwe?" Jeremia antwortete: „Es gibt" und sagte: „In die Hand des Königs von Babel wirst du gegeben." 18 Dann sagte Jeremia zum König Zedekia: „Was habe ich an dir, deinen Dienern und diesem Volk gesündigt, dass ihr[13] mich in das Gefängnis geworfen habt? 19 Wo sind denn eure Propheten, die euch geweissagt haben: ‚Der König von Babel wird nicht über euch und über dieses Land kommen'? 20 Nun höre doch, mein Herr und König, möge doch mein Flehen vor dich gelangen, und lass mich nicht zurückkehren in das Haus des Schreibers Jonatan, damit ich dort nicht sterbe!" 21 Da gab der König Zedekia Befehl, und man verwahrte Jeremia im Wachthof und gab ihm täglich ein Rundbrot aus der Bäckergasse, bis alles Brot aus der Stadt aufgezehrt war. Und Jeremia blieb im Wachthof.

---

[10] „Quellen und Brunnen lieferten das ‚lebendige Wasser' (Gen 26, 19; Sach 14, 8), während man in Zisternen … das Wasser der Winterregen speicherte, das mit der Zeit schal wurde" (BRL² 358); sie hatten oft eine birnenförmige Gestalt. Den Gebrauch als Gefängnis belegen auch Gen 40, 15; Ex 12, 29. Ähnlich Jer 38, 6.

[11] Vgl. die Reaktion 38, 6 auf den Vorwurf 38, 1. 4 (dort bei Anm. 6).

[12] V 16; vgl. die Zeitangabe von der Kaufurkunde 32, 14.

[13] Der Singular „Du" (LXX) betont auf die unmittelbar vorhergehende Frage des Königs dessen persönliche Verantwortung bei dem Vorgang. Der Plural entspricht dem berichteten Geschehen und bietet wahrscheinlich das ältere Zeugnis. Wie 37, 1 (dort Anm. 1; auch Anm. 2 und 4) hat der hebräische Text die Ereignisfolge vor Augen; die LXX passt an den Erzählzusammenhang an.

Auf die durch Boten mittelbare folgt die unmittelbare, aber – aus Vorsicht
oder angstvoller Rücksicht gegenüber den Beamten – heimliche Begegnung
von König und Prophet.

> V 17 Zedekias Frage und Jeremias zweigliedrige Antwort
> Nach dem „Ja": Zukunftsansage (vgl. 34, 2 f)
> V 18–21 Mit neuer Einführung Jeremias persönliche Bitte
> V 18 Jeremias Bezeugung der Unschuld gegenüber der Bestrafung
> in Form einer Frage
> V 19 (wohl Zusatz:) Kritischer Rückblick auf die gegenteilige Botschaft
> der Propheten (vgl. 23, 17)
> V 20 Bitte, nicht mehr in die unerträgliche Situation zurückkehren zu müssen
> V 21 Auf Zedekias Anordnung Erleichterung von Jeremias Haftbedingungen
> mit Grundversorgung, solange etwas vorhanden ist

In der Frage „Gibt es?" kommt andeutend nochmals ein Charakteristikum
zum Ausdruck: Das Wort Gottes ist nicht immer selbstverständlich gegeben
oder zugänglich, gleichsam nicht zuhanden oder vorrätig; es „ergeht".[14] Die
zweigliedrige Antwort bejaht zunächst „Es gibt". Die sich anschließende inhaltliche Auskunft bekräftigt die bisherige, (entsprechend 1, 13 f) mit Gewissheit vorgetragene Botschaft; Jeremia hat bei seiner Zukunftsansage zu
bleiben. Sie war im Erzählzusammenhang (V 7 f) auf die Stadt bezogen, wird
nun auf den Fragenden zugespitzt: Der König gerät in die Macht des fremden
Herrschers![15]

Das Gespräch gibt Jeremia Gelegenheit, sein persönliches Anliegen
(V 18. 20) vorzutragen; er redet gleichsam als Mensch, der die Folgen seines
öffentlichen Auftretens zu tragen hat. Mit einer vorwurfsvoll-klagenden
Frage (V 18; vgl. Gen 20, 9) weist Jeremia von sich, eine Schuld[16] begangen
zu haben, die seine Einkerkerung rechtfertigt. Schon die Konfession (15, 10)
bestreitet eine eigene Schuld, verweist vielmehr auf den an ihn ergangenen
Auftrag.[17]

Mit einer weiteren Frage, gleichsam zur Einsicht auf Grund eigener Erfahrung, erinnert V 19 an den Widerspruch der (sog. Heils-)Propheten, die distanzierend „eure Propheten" genannt werden. Zwischen der Klage V 18 und

---

[14] Zuletzt V 6; vgl. 1, 4. 9; 2, 1 u.a.; I, 27. 59. 313; zu einer Zeit des Wartens 18, 2; 28, (6.) 11 f;
32, 7. 8 ff; 37, 17; 42, 4. 7.

[15] Vgl. 32, 4; auch 21, 7; 34, 3; entsprechend von der Stadt Anm. 10 im Vorwort zu Kap. 37 ff.
Zum „Befragen" (V 17) vgl. auch o. zu 37, 3. 7. 9.

[16] Vgl. Schuldbekenntnisse oder deren Bestreitung wie 1 Sam 15, 24; 24, 12; 2 Sam 12, 13;
Ps 51, 6. Anders als bei der Leugnung der Schuld Jer 2, 35 geht es hier um öffentlich-rechtliche Be-
lange, ausdrücklich gegenüber König, Beamten und Volk. Vgl. die Vorwürfe 37, 13 f; 38, 4. Jeremia
„appelliert nicht an das Mitleid des Königs, sondern an seinen Sinn für Recht und Wahrheit, wenn
er sich mit der vorwurfsvollen Frage nach seiner Schuld beschwert über das Unrecht seiner Ver-
haftung". „Der gefangene und doch innerlich freie Prophet vor dem gebundenen Herrscher"
(A. Weiser 336), der, wie der Ausgang der Dinge zeigt, aus Rücksicht auf die Oberen (Anm. 8 zu
37, 1 ff) nicht zu der in der Situation angemessenen Entscheidung kommt.

[17] Sachlich ähnlich 26, 10–12.

der sich thematisch anschließenden Bitte V 20 ist V 19 vermutlich ein Zusatz.[18] Er gibt Jeremia in der Auseinandersetzung, die er seit langem führt, – angesichts der bedrängenden Situation, noch vor der Katastrophe – Recht. Sachlich entspricht V 19 der Botschaft jener Propheten. Sie lautet – mit dem in der strittigen Zukunftsansage wichtigen Stichwort „kommen" – zusammengefasst: „Kein Unheil wird über uns kommen."[19] Demgegenüber wirkt V 19 wie eine konkrete Folgerung: „Der König von Babel wird nicht kommen." Schon bei Jeremia selbst stoßen verschiedene Grund- oder Glaubens-Einsichten und mit ihnen Zukunftserwartungen aufeinander, dann auch im Rückblick bei redaktionellen Ergänzungen, nachdem der Geschichtsverlauf bereits über wirklichkeitsnah und – fern, wahr und unwahr entschieden hat. Die prophetischen Gegner bleiben mit ihrer Botschaft, in der sie (mit der Tradition) das Heil des Volkes voraussetzen, vordergründig, während sich Jeremias Verkündigung als situationsgerecht erweist. Dabei fügt sich V 19 insofern in den Zusammenhang ein, als sich das Unrecht der sog. Heilspropheten schon abzeichnet; zudem entspricht er der Warnung V 9.

Mit der ehrenvollen Anrede „Mein Herr und König"[20] äußert Jeremia die Bitte, nicht an den bedrohlichen Ort (V 15 f) zurückkehren zu müssen, aus der berechtigten Befürchtung, dort zu sterben. Ziel ist wieder[21] in der Bedrängnis die Erhaltung des Lebens.

Der König (V 21), der anscheinend jetzt erst die besonderen Umstände von Jeremias Aufenthalt erfährt[22], antwortet nicht unmittelbar auf die Zukunftsansage (V 17), obwohl doch die Frage nach einem Gotteswort den Anlass der Begegnung bildete. Vielmehr geht Zedekia nur auf den persönlichen Teil von Jeremias Antwort (V 20) ein, um (wie 38, 10 ff) sein Wohlwollen zu zeigen, allerdings eingeschränkt: Er gewährt keine Freiheit, mildert aber die Haftbedingungen – in doppelter Hinsicht, den räumlichen Verhältnissen wie dem Mangel an Nahrung. Zeigt er so – anders als seine Beamten – nicht zumindest Verständnis für die Lage oder gar Mitempfinden mit Jeremia?[23] Im Wachthof ist Jeremia persönlicher Willkür (V 15) entzogen.[24] Außerdem ist es ihm dort (32, 8. 10. 12) nicht verwehrt, Besucher zu empfangen. So konnte er

---

[18] V 19 gehört „mit Wahrscheinlichkeit" der (jerdtr) Redaktion an (vgl. 23, 16 f). „Er verweist auf die Warnungen vor den Heilspropheten zurück und zeigt, wie diese und damit die Unheilsbotschaft Jeremias sich im Widerschein der bevorstehenden Katastrophe als berechtigt erweisen." (W. Thiel II, 53 f)

[19] Jer 5, 12; 23, 17; vgl. sachlich 6, 14 f; 28, 2 f; auch die Erinnerung an die Heilszeit 2, 3; dazu I, 21 f. 146. 163 f und den Kleinen Exkurs vor Jer 23, 9 ff. Zu „kommen" vgl. etwa Jer 6, 3. 26; auch 36, 29.

[20] So David gegenüber Saul (1 Sam 24, 9), Nathan gegenüber David (1 Kön 1, 24) u. a.; auch Jer 38, 9.

[21] Auch in der Botschaft; vgl. zu Jer 38 Anm. 2; zu Jeremias Anliegen 38, 4. 15 f; dort Anm. 15.

[22] Eher im Hintergrund gilt der König als tragende Figur, erscheint aber als letztlich oder eigentlich verantwortlich, was die LXX verstärkt (o. Anm. 13).

[23] Vgl. Jer 38, 10. 16.

[24] Dort kann Jeremia die königliche „Leibwache vor weiteren Bedrohungen schützen" (W. Rudolph 333).

zwar nicht aus der Zisterne, wohl aber aus dem Wachthof auch seine Botschaft vor Anwesenden (vgl. 38, 1. 4) weitergeben. Ein Rundbrot oder Fladen
vom Bäcker[25] dient als tägliches – übliches, zugleich hauptsächliches – Nahrungsmittel. Dabei schlägt der Schlussvers wieder einen Bogen im Hand-
lungszusammenhang, sieht auf das Ende hin, indem er die große Not andeutet: bis „kein Brot mehr da war".[26]

---

[25] „Die Herstellung des Mehles und des Brotes gehört zur täglichen Arbeit der Hausfrau
(Spr 31, 15; Jer 7, 18). Freilich gibt es seit der Königszeit auch schon den Beruf des Bäckers
(Hos 7, 4; Jer 37, 21: Bäckergasse) ... Der Teig wird aus Mehl und Wasser zubereitet und mit etwas
Salz und Hefe (Sauerteig) vermengt; der aufgegangene Teig wird zu runden Fladen oder Brot-
scheiben" geformt (W. Dommershausen, ThWAT IV, 539).
[26] Zu 38, 9 vgl. 52, 6; auch die Hoffnung 42, 14.

Drei Szenen vor der Katastrophe
Jer 38, 1–6. 7–13. 14–28a

Im letzten Erzählverlauf vor dem bitteren Ende (V 28) kommt nochmals Entscheidendes von Jeremias Verkündigung (bes. V 3 f.15. 17 f) zur Sprache; dabei treten die theologischen Intentionen hervor. Die Stichworte „Heil – Unheil" tauchen wieder auf, und die Frage nach der Lebensrettung stellt sich wieder. Drei, vier Phänomene oder Aspekte bleiben verbunden:

a) Mit erstaunlicher Konsequenz hält Jeremia seine Grundeinsicht (1, 13 f; vgl. 24, 8) durch, beharrt bei der von ihm empfangenen und weiterzugebenden Gewissheit der Zukunft bis zum letzten Wort (38, 17 f) vor dem Zusammenbruch. *Innerhalb* der Ankündigung „Die Stadt wird eingenommen"[1] ist allerdings eine Alternative gegeben, eine Entscheidung möglich oder wird gar ein Handeln empfohlen. So bleibt die schon früh bezeugte Struktur erhalten: die Zukunftsansage mit Handlungsspielraum für die Lebensbewahrung.[2] Demnach behält Jeremia entgegen dem ihn treffenden Vorwurf (38, 4) das „Wohl" oder „Heil" seines Volkes im Blick.

b) Dabei sind die Bedingungen der Zeit, nämlich der politischen Situation, klar erfasst und als zunächst unabänderlich erkannt. Jeremia stärkt nicht die übliche Grundauffassung mit ihrer Orientierung, tritt vielmehr mit seiner Einsicht dem Selbstverständnis oder Selbstbewusstsein der die Entscheidung treffenden, herrschenden Zeitgenossen entgegen. In der Folge erweist er sich als wirklichkeitsnäher.

c) Zugleich spricht er auf Grund seiner Erfahrung, die er machen musste, den zu erwartenden Misserfolg seiner Verkündigung (38, 15) aus. So sieht er tiefer.

d) Für seine Botschaft tritt er zugleich mit persönlichem Zeugnis ein, trägt weiterhin die Verantwortung oder muss sie übernehmen – verbunden mit harten Folgen für ihn selbst.

---

[1] Wie 38, 3; vgl. 32, 3 f; 34, 2; 37, 8; im Vorwort zu Kap. 37 ff Anm. 10.
[2] Vgl. Jer 4, 5 f; 6, 1; bes. 27, 11(f) mit 38, 17. 20; für Einzelpersonen auch 39, 17 f; 45, 5; dazu I, 21. 127.

Neue, härtere Vorwürfe und erneute, verschärfte Einkerkerung
Jer 38, 1–6

1 Als Schefatja, der Sohn Mattans, und Gedalja, der Sohn Paschhurs, und Juchal, der Sohn Schelemjas, und Paschhur, der Sohn Malkijas, die Worte hörten, die Jeremia zum ganzen Volk redete:
2 „So spricht Jahwe: Wer in dieser Stadt bleibt, wird durch Schwert, Hunger und Pest sterben, wer aber zu den Chaldäern hinausgeht, wird leben, sein Leben als Beute erhalten und leben."
3 „So spricht Jahwe: Diese Stadt wird gewiss in die Hand des Heeres des Königs von Babel gegeben, und er wird sie einnehmen."
4 Da sprachen die Oberen zum König: „Dieser Mann müsste getötet werden, weil er die Hände der in dieser Stadt übrig gebliebenen Kriegsleute und die Hände des ganzen Volkes schlaff macht, indem er zu ihnen solche Worte redet.[3] Ja, dieser Mann sucht nicht das Heil für dieses Volk, sondern das Unheil." 5 Daraufhin sagte der König Zedekia: „Siehe, er ist in eurer Hand; denn der König vermag nichts gegen euch." 6 Da nahmen sie Jeremia und warfen ihn in die Zisterne des Prinzen Malkija[4], die sich im Wachthof befand, und sie ließen Jeremia an Stricken herab. In der Zisterne aber war kein Wasser, sondern nur Schlamm, und Jeremia sank in den Schlamm.

Die Handlung vollzieht sich während der Belagerung:

V 1 Vier Beamte vernehmen Jeremias Worte
V 2 Zusatz (vgl. 21, 9) im Sinn von 38, 17 f: Alternative
    im Rahmen gewisser Zukunft
V 3 Anklage. Nach Botenformel mit bleibender Gewissheit:
    Einnahme der Stadt steht bevor
V 4 Tötungsvorschlag. Verlangen der Hinrichtung Jeremias (vgl. 26, 11. 24)
    Vorwurf: Schwächung der Verteidigungsbereitschaft
V 5 Einwilligung des Königs: Jeremia in der Hand der Oberen
V 6 Jeremia in die Zisterne geworfen

Wie schon zuvor (37, 11 ff) wird Jeremia im Verlauf der Szene in Haft genommen; der Bericht mit anderen Angaben oder Einzelheiten setzt V 1 neu ein. Vier namentlich genannte Obere oder Beamte[5] nehmen Anstoß an Jeremias Worten, die sich an „das ganze Volk" wendeten, d. h. (gemäß V 4) die in der Stadt noch anwesende Bevölkerung.

Wie etwa der Priester Amos' Botschaft (7, 10) sowohl zusammenfasst als

---

[3] D. h. Soldaten und Volk entmutigt; s. u. zu Anm. 12.
[4] Die Konstruktion ist auffällig (Ges-K § 127 f).
[5] Die letzten beiden sind zuvor erwähnt: Juchal, der in der Gesandtschaft des Königs (37, 3) Jeremia nicht kritisch gegenüber stand, und Paschhur (21, 1).

auch anklagend beurteilt: „Er stiftet Aufruhr", so geben hier die Beamten
Jeremias Worte knapp zusammengedrängt (V 3) wieder und deuten sie in
einem Vorwurf (V 4).[6] Die Verkürzung formuliert zwar im Sinne der Gegner,
ohne die (V 17 u. a.) angebotene Lebensmöglichkeit, sonst aber sachgemäß;
Anstoß erregt die Ankündigung der Eroberung der Stadt.[7]

Schon zuvor spricht Jeremia seine lebensbedrohliche Lage (37, 20 „damit
ich nicht sterbe") aus; kommt dort indirekt die Absicht der Gegner zum Ausdruck, so hier direkt: „Dieser Mann sollte / müsste getötet werden." Bereits
als Folge seiner Tempelkritik geriet Jeremia in Todesgefahr[8]; hier ist die Situation verschärft.

Konnte Jeremia seine Zukunftseinsicht sogar in Gesprächen mit den Soldaten im Hof weitergeben? Dann vollzieht sich der Übergang von der Botschaft zum Vorwurf leicht. Mit V 1 legt V 4 nahe, dass Jeremia im Wachthof
Zuhörer[9] haben konnte, die gerade dort anwesenden Soldaten seine Worte
vernahmen. „Übriggeblieben" sind die – nach Eroberung des Landes, Ver-
lusten durch den Krieg oder durch Überläufer (V 19) – in der Stadt Verbliebenen.

V 2 ist mit der charakteristischen Trias[10], die den unvermeidbaren Untergang beschreibt, vermutlich ein redaktioneller (jerdtr.) Nachtrag. Er ergänzt (mit der Botenformel) V 3 und wirkt dabei wie eine nachträgliche Korrektur der Unterstellung
von V 4 durch Anschluss an die Alternative von V 17 ff: Bei Überlaufen winkt
Überleben, bei Verbleiben in der Stadt droht Tod (auch 21, 9). Dieses Entweder-
Oder sieht realistisch die Übermacht der Babylonier, erkennt so, was drohend be-
vorsteht, und fordert auf, sich auf die Lage einzustellen. Insofern ist die Ergänzung
sachlich in Jeremias Sinn.

Die zunächst (V 1) einzeln, dann (V 4) allgemein genannten Beamten erwähnen nicht Jeremias Namen, sprechen stattdessen geringschätzig von „diesem
Mann" – wie in der Anklage 26, 11[11], mit einem doppelten Vorwurf:

Zum einen werden die Soldaten und mit ihnen die Bevölkerung „entmutigt", d. h. die Verteidigungsbereitschaft wird geschwächt, Wille und Kraft
zum Widerstand werden gelähmt.

Eine in der Situation entsprechende, allerdings auf andere Personen gerichtete Befürchtung mit der gleichen Wendung „die Hände schlaff machen" begegnet in einem
Ostrakon von Lachis, im Brief eines Untergebenen[12].

---

[6] Vgl. die Zitate von Jeremias Botschaft 29, 27 f; auch 36, 29; ähnlich 26, 9 mit V 11.

[7] Vgl. 37, 8. 10. 17 u. a.; dazu im Vorwort zu Kap. 37 ff Anm. 2 und 9.

[8] Jer 26, 11. 15. 23 f.

[9] Auch mögliche Besucher; vgl. 32, 8 ff. Jeremia war „im Wachthof nicht von der Außenwelt abgeschlossen" (W. Rudolph 239). Mit den im Wachthof Anwesenden wird repräsentativ „das
Volksganze angeredet" (A. Graupner, Auftrag 114 Anm. 111).

[10] Vgl. zur jerdtr Redaktion I, 38 f mit Anm. 261.

[11] Jeweils in 3. Person. Den Singular „dieser Mann" scheint Ebed Melech in wiederum distan-
zierender Weise als Plural „diese Männer" aufzunehmen und auf die Gegner zu übertragen (38, 9;
vgl. V 16; ähnlich V 22) auf. Nur V 11 nennt „Männer" als Helfer.

[12] VI, 6; vgl. I, 6 Anm. 23; zuletzt HTAT 423 f; zur Sache auch Jer 6, 24.

So sind die gegensätzlichen Auffassungen bezeugt. In dem Ostrakon findet sich auch der – in der Bedrängnis für die Wünsche und Hoffnungen kennzeichnende – Begriff „Heil".

Zum andern wird – wie zuvor (37, 13) die Absicht, überlaufen zu wollen – Jeremia unterstellt: „Er sucht für dieses Volk nicht Schalom / Wohl / Heil" (38, 4), ist stattdessen „auf Unheil" aus. Hier liegt der Rückbezug nahe: Verbirgt sich in dem Vorwurf, nicht zu „suchen", die Aufgabe, Gott zu „suchen" (37, 7) mit der von Jeremia (37, 3) erwarteten Fürbitte?[13] Aus seiner Antwort (37, 7) scheint die Anklage hier unmittelbar die Konsequenz zu ziehen, so dass diese Szene auf der vorhergehenden aufbaut.

Die Beschuldigung enthält zutiefst ein Missverständnis von Jeremias Botschaft. In der Struktur wirkt der Vorwurf wie eine Aufnahme des Gegensatzes aus Jeremias eigenem Wort mit Beurteilung der Lage: „Sie rufen Heil – es ist kein Heil" (6, 14 f; 8, 11 f) und wie die Umkehrung von dessen Urteil. Hatte Jeremia nicht sogar das Verbot der Fürbitte „für dieses Volk zum Guten" (14, 11) erhalten? Dennoch steht die Anklage seiner Absicht entgegen, da er bei Gewissheit des Ausgangs der Dinge ja Leben bewahren will. Nach Jeremias Einsicht, die durch die Situation gestützt oder gar schon bestätigt wird, führt ihr Weg ins Unheil, während er im Rahmen des drohenden, mit der Belagerung schon angebrochenen Unheils Leben retten (V 17) will. So lautet für den Fall der Unterwerfung unter Babylon selbst ein Wort (34, 5) an den König: „In Schalom / Frieden wirst du sterben."[14]

Der König lässt sich von seiner Umgebung (V 5) bedrängen, stimmt der gewünschten Hinrichtung zwar nicht zu, gibt insofern aber ein Stück weit nach, als er trotz ihrer ausgesprochenen Tötungsabsicht[15] ihnen Jeremia überlässt, ihn ihnen ausliefert. Dabei urteilt der König über sich selbst, gibt die Eingrenzung seiner Befugnis, den Mangel an Durchsetzungsfähigkeit, sein Unvermögen gegenüber den hohen Beamten oder seine Machtlosigkeit zu. Trägt er damit nicht erhebliche Mitschuld, jedenfalls Verantwortung (V 15)?

Die Reaktion auf die Vorwürfe ist, Jeremia in der Tiefe (V 6) verschwinden oder umkommen zu lassen. Soll er mit dieser Strafe wiederum (wie 37, 16) nicht nur aus dem Blickfeld entfernt, sondern zugleich der Ebene gemeinsamen Handelns und Redens entnommen, zum Schweigen gebracht werden? Zwar wird das „Werfen" mit dem Herunterlassen an „Stricken" so durchgeführt, dass er nicht unmittelbar schwer verletzt oder zu Tode gebracht wird. Er „sank in den Schlamm" beschreibt aber seine lebensgefährliche Lage. Ist

---

[13] Vgl. z. St.

[14] Vgl. noch 27, 9; auch 28, 9; verallgemeinert Dtn 18, 21 f. Denen, die mit der Exilierung das Gericht erfahren haben oder noch erleben, schreibt Jeremia im Brief (29, 7): „Sucht das Heil!" für Babylon. Vgl. I, 25 f.

[15] Vgl. (zu V 4) den Tötungsvorschlag 26, 8. 11. 21; auch 11, 19. 21. Vom selbständigen üblen Handeln der Beamten berichtet schon 37, 14 ff. – Wie anders redet Ps 40, 3 von der Jer 38, 6 gezeichneten Situation! Was dort rückblickend als Gottes Rettung, „Herausholen aus der Grube", beschrieben wird, vollzieht sich hier indirekt, allerdings im Kontext der Zusage 1, 8.

sie für sein Leiden in der letzten Zeit vor dem Untergang nicht zugleich bildhaft?[16] „Viele Tage" (anders als zuvor 37, 16) blieb Jeremia nicht dort – dank dem Einsatz eines Ausländers.

Hilfe durch den Äthiopier
mit Linderung der Haftbedingungen durch den König
Jer 38, 7–13

7 Als der Äthiopier Ebed Melech, ein hoher Beamter[17], tätig im Palast des Königs, hörte, dass man Jeremia in die Zisterne geworfen hatte, – der König hielt sich gerade im Benjamintor auf – 8 da verließ Ebed Melech den Palast und redete den König an: 9 Mein Herr König, diese Männer[18] haben übel gehandelt in allem, was sie dem Propheten Jeremia angetan haben, den sie in die Zisterne geworfen haben, dass er dort unten sterben muss – vor Hunger, weil es in der Stadt kein Brot mehr gibt.[19] 10 Da gebot der König dem Äthiopier Ebed Melech: „Nimm unter deiner Leitung[20] ‚drei' Männer und hole Jeremia, den Propheten, aus der Zisterne herauf, bevor er stirbt!" 11 Da nahm Ebed Melech die Männer unter seine Leitung und ging in den Königspalast, in die ‚Kleiderkammer'[21] des Schatzhauses; von dort nahm er Lumpen von zerschlissenen Kleidern und Lumpen von zerrissenen Gewändern und ließ sie an Stricken zu Jeremia in die Zisterne hinab. 12 Und der Äthiopier Ebed Melech sprach zu Jeremia: „Lege doch die Lumpen von den zerschlissenen und zerrissenen Kleidern unter die Achseln deiner Arme um die Stricke!", und Jeremia tat so. 13 Dann zogen sie Jeremia an den Stricken hoch und holten ihn aus der Zisterne herauf. Jeremia aber blieb im Wachthof.

---

[16] Vgl. Ps 69, 3.

[17] „Hoher politischer oder militärischer Beamter" (HAL 727); vgl. L. Köhler, Der hebräische Mensch, 1953, 26 f; U. Rüterswörden, Die Beamten der israelitischen Königszeit: BWANT 117, 1985, 96 ff.

[18] „Diese Männer" wird aufgenommen V 16; ähnlich V 22; vgl. Anm. 11.

[19] Da „nicht der Hunger, sondern das Versinken im Schlamm" Jeremias „Leben bedrohte" (W. Rudolph 240), wird diese weitere Näherbestimmung gerne als Zusatz aus 37, 21 ausgeschieden. Sie nimmt den Endzustand (52, 6) vorweg. Zeichnet sich aber bereits ein Mangel an Brot ab? Lässt sich die Aussage so verstehen, dass es angesichts der verbliebenen geringen Vorräte nach Ansicht „dieser Männer" für Gefangene nicht mehr genug Brot gibt?

[20] Wörtlich: „in deine Hand", entsprechend V 11. Anschließend hat der hebräische Text „dreißig" (wohl durch Schreibversehen auf Grund der gleichlautenden Endung bei dem Wort „Männer").

[21] Vgl. 2 Kön 10, 22. Wörtlich: „unter das Schatzhaus".

Die zweite Szene knüpft schon stilistisch (die Einführung V 7 wie V 1 „er hörte"), erst recht sachlich mit Rückbezug an die erste an. Der Ausländer, ein Kuschit bzw. Äthiopier[22], Ebed Melech erkennt die für Jeremia bestehende Lebensgefahr, zeigt – anders als die eigenen (V 1. 4. 6) Beamten, Jeremias Landsleute – Unrechtsbewusstsein oder Mitleid. Die Anklage konzentriert sich hier auf „diese Männer"(V 9; vgl. 16): „Sie haben übel getan." Gegenüber der Mehrheit findet Jeremia (wie 26, 24) in einer Einzelperson einen Helfer. Mit der ehrenvollen Anrede „Mein Herr König"[23] kann er sich als höherer Beamter – dem entspricht auch sein Name „Knecht / Diener des Königs" – und darum als Vertrauensperson unmittelbar zum König begeben.

V 7 f Wendung an den König
V 9 f Gespräch: Bericht über Jeremias Lage und Auftrag des Königs
V 11 f Sorgsame Vorbereitung mit Hilfe der „Männer"
V 13 Rettungshandlung

Der König befindet sich an der gefährdeten Nordmauer.[24] Er zeigt, nachdem ihm Jeremias Lage beschrieben ist, zum zweiten Mal (nach 37, 21) für ihn Verständnis, gewährt ihm zwar nicht die Freiheit, erleichtert aber seine Notlage. Im Gespräch wie in der Handlung wird diese Szene so anders dargestellt, dass beide kaum auf dasselbe Geschehen zurückgehen, nur einen Ursprung haben können. Der König erteilt (nach 37, 16) wieder den Auftrag mit anderen Folgen: „in deine Hand" (V 10) gegenüber „in eurer Hand" (V 5)! Dabei treibt der König sogar zum Eingreifen an: „ehe er stirbt".

Die Rettungstat wird (über V 6 hinaus) bis in Einzelheiten anschaulich beschrieben: Ebed Melech besorgt sich aus einer Art Rumpelkammer Stoffreste als Polster zu Jeremias Schonung. In diesem fürsorglichen Vorgehen äußert sich Mitempfinden.[25] Wie oft kommt im Alten Testament im Handeln die Gesinnung oder Haltung zum Ausdruck. Dabei zeigt hier – wie etwa im Jonabüchlein die Seeleute (1, 5) aus anderen Nationen und Religionen oder Ninive (3, 5 ff), erst recht Hiob (1, 1) in ausführlicher Darstellung – der Ausländer vorbildhaftes Verhalten.

---

[22] Vgl. 13, 23; dazu I, 253 Anm. 28.
[23] Vgl. 37, 20; dort Anm. 20.
[24] Vgl. zum Benjamintor bei 37, 13 Anm. 5.
[25] Nach der später ausgestalteten Verheißung 39, 18 zeigt er damit „Vertrauen" auf Gott; vgl. dort Anm. 9.

Zweite und letzte heimliche Begegnung
mit dem König Jer 38, 14–28a

14 Der König Zedekia sandte hin und holte den Propheten Jeremia zu sich
an den dritten Eingang, der im Haus Jahwes war. Und der König sagte zu
Jeremia: „Ich möchte dich etwas fragen; verheimliche mir nichts!"[26] 15 Da
sagte Jeremia zu Zedekia: „Wenn ich dir Auskunft gebe, wirst du mich nicht
mit Sicherheit töten? Wenn ich dir aber rate, wirst du nicht auf mich hören." 16 Da schwor der König Zedekia Jeremia im Geheimen: „So wahr
Jahwe lebt, der uns dieses Leben gegeben hat[27], ich werde dich nicht töten
noch dich in die Hand dieser Männer geben, die dir nach dem Leben trachten!" 17 Darauf sagte Jeremia zu Zedekia: „So spricht Jahwe, der Gott
Zebaoth, der Gott Israels: Wenn du zu den Obersten des Königs von Babel
hinausgehst[28], wirst du[29] am Leben bleiben, und diese Stadt wird nicht mit
Feuer verbrannt werden, und du wirst leben mit deinem Haus.   18 Wenn
du aber nicht zu den Obersten des Königs von Babel hinausgehst, wird
diese Stadt in die Hand der Chaldäer gegeben, und sie werden sie mit Feuer
verbrennen, und du, du wirst ihrer Hand nicht entkommen."   19 Da sagte
der König Zedekia zu Jeremia: „Ich ängstige mich vor den Judäern, die zu
den Chaldäern übergelaufen sind, dass man mich ihnen ausliefert[30] und sie
mir übel mitspielen."   20 Darauf sagte Jeremia: „Man wird (dich) nicht
ausliefern. Höre doch auf die Stimme Jahwes in dem, was ich dir sage, damit
es dir gut geht und du am Leben bleibst!   21 Wenn du dich aber weigerst
hinauszugehen – dies ist das Wort, das mich Jahwe hat sehen lassen:
22 Siehe, alle Frauen, die übrig blieben im Haus des Königs von Juda, werden zu den Obersten des Königs von Babel herausgeführt und sagen:
‚Verführt und überwältigt haben dich die Männer deines Vertrauens[31],
deine Füße sind in den Schlamm eingesunken,
sie haben sich zurückgezogen.'
23 Alle deine Frauen und deine Söhne wird man zu den Babyloniern
herausführen, du wirst ihrer Hand nicht entkommen, sondern gefangen in
die Hand des Königs von Babel gegeben, und diese Stadt wird mit Feuer
verbrannt werden."

---

[26] Im Blick auf das folgende Gespräch lässt sich die Formulierung „Ich möchte dich ein Wort /
etwas fragen" auch hintergründig-andeutend im Sinne von „nach einem Wort fragen" verstehen,
entsprechend „Verheimliche mir nicht ein Wort / etwas!" Anschließend (V 17 ff) wird „Wort / etwas" als Wort Gottes näher bestimmt.

[27] Wörtlich: „der uns diese Seele / Lebenskraft gemacht hat".

[28] D. h.: „dich ergibst". Zu den hier genannten Obersten vgl. u. Anm. 46.

[29] Wörtlich (auch V 20b): „deine Seele / deine Person / deine Lebenskraft / dein Leben".

[30] Wörtlich, auch im Folgenden: „in ihre Hand (= Macht) gibt".

[31] Wörtlich: „deines Heils".

24 Darauf sagte Zedekia zu Jeremia: „Niemand darf von diesen Worten erfahren, damit du nicht stirbst! 25 Wenn aber die Oberen hören, dass ich
mit dir geredet habe, zu dir kommen und zu dir sagen: ‚Teile uns mit, was
du zum König geredet hast, verheimliche nichts vor uns, damit wir dich
nicht töten! Und was hat der König zu dir geredet?' 26 Dann sollst du zu
ihnen sagen: ‚Ich habe meine flehentliche Bitte vor den König gebracht[32],
mich nicht in das Haus Jonatans zurückzubringen, um dort zu sterben.'"
27 Da kamen alle Oberen zu Jeremia und befragten ihn, und er gab ihnen
Auskunft gemäß all jenen Worten, die der König geboten hatte, und sie ver-
stummten vor ihm; denn niemand hatte die Unterredung gehört.
28a Und Jeremia blieb im Wachthof bis zu dem Tag, an dem Jerusalem eingenommen wurde.

Wie die zweite an die erste, so knüpft diese dritte Szene – mit der Ortsangabe
und dem Thema – an die zweite an.

V 14 Zedekias Frage (vgl. 37, 17)
V 15 Jeremias zögernde Antwort in Anknüpfung an V 5, aber härter formuliert
      Erwartete Reaktion auf die Botschaft
V 16 Eidliche Lebenszusicherung des Königs
      Bekenntnis zum Schöpfer
V 17 f Jeremias Auskunft: Angesichts unvermeidbarer Zukunft,
der Einnahme der Stadt, Alternative
      V 17. 20 Bei Befolgen des Angebots, sich dem Belagerungsheer auszuliefern,
Rettung des Lebens und der Stadt
      V 18. 21 Bei Weigerung keine Rettung und Zerstörung der Stadt
V 19 Ablehnung des Angebots, begründet mit der Angst des Königs
      vor Überläufern (vgl. 37, 13 f; 39, 9)
V 20. 21–23 Bekräftigung der Alternative V 17 f
V 22 Poetische nachgeahmte Qina / Totenklage
in Vorwegnahme drohender Zukunft:
      Lied der aus der eroberten Stadt herausgeführten Frauen
V 23 Vielleicht Nachtrag. Prosaische Erläuterung von V 22
mit Auflösung des Bildes
      Erwähnung auch der Kinder, Beschreibung der Folgen,
      Zuspitzung auf die Situation; vgl. 22, 18; 34, 3
V 24–26 Gebot der Geheimhaltung
V 27 Prüfende Rückfrage der Oberen 28a Abschluss des Gefängnisberichts
mit Zeitangabe

Gegenüber dem vorausgehenden Zwiegespräch mit dem König enthält diese
heimliche Begegnung[33] in verschiedener Hinsicht eine Zuspitzung. Die er-

---

[32] Wörtlich: „mein Flehen … niedergelegt".
[33] „Im Verborgenen" (37, 17; 38, 16); entsprechend hebt der König (V 24; vgl. 36, 19; 40, 15)
hervor: „Niemand soll erfahren". Die zweite Szene der persönlichen Begegnung mit dem König
hat sich kaum aus der ersten „entwickelt" oder eine gemeinsame Überlieferung anders „entfaltet";
vgl. das Vorwort zu Kap. 37 ff.

neute Befragung spielt in einer – nach der Zwischenzeit der Unterbrechung der Belagerung (37, 5. 11; vgl. 34, 21 f) und der Rückkehr der Babylonier – weiter fortgeschrittenen, sich verschärfenden Lage. Kann sie auch die Überläufer[34] verständlich machen? Außerdem enthält die Unterredung[35] Elemente der Steigerung: Der König (V 15) möchte a) die Wahrheit über die Situation und die Zukunftsaussichten erfahren, drängt von vornherein: „Verheimliche nichts!"[36] Jeremia befürchtet in seiner Antwort b) Tötung, und zwar in der Anrede an den König als den Verursacher und direkt Verantwortlichen[37]. Gemäß seinen Erfahrungen c) ahnt Jeremia, kann die Wirkungslosigkeit seines Wortes vorwegnehmen: Der König hört doch nicht auf Rat. Der Gang der Dinge wird das prophetische Urteil bestätigen. Schließlich bietet d) auch die Reaktion des Königs eine Steigerung: Er bindet sich mit dem Schwur.

Aus doppeltem Grund antwortet Jeremia zurückhaltend: Zum einen hat er wegen seiner Botschaft um sein Leben zu fürchten. Trotz der von den Beamten ausgesprochenen Absicht, Jeremia hinrichten zu lassen, überließ ihn der König ihrer Willkür mit schlimmen Folgen (V 4–6). Gibt es darum nicht Anlass genug für Jeremias Bedenken (V 15)? Der König bestreitet allerdings entschieden die auch nicht behauptete, vielmehr nur als Frage umschriebene Absicht, Jeremia zu „töten" bzw. „sterben zu lassen" – wohl mit Recht; er erkennt ihn ja an, indem er sich bei ihm erkundigt[38], und sucht (37, 16; 38, 10) Jeremias Leiden zu lindern. Dabei nimmt der König aus dem Wort Ebed Melechs (V 9) die distanzierende Kennzeichnung „diese Männer" (V 16; vgl. V 22) auf und hegt ähnliche Bedenken. Zum andern entspricht Jeremias Äußerung der Erfahrung, die er längst machen musste[39]; sonst allgemeiner für das Volk formuliert, wird sie hier in persönlicher Anrede ausgesprochen: „Du hörst doch nicht." Mit dieser Voraussicht bekommt Jeremia – leider – recht.

Erst als der König Jeremia eidlich zusichert, ihn nicht auszuliefern[40], gibt Jeremia sein Zögern oder gar seine Ablehnung auf. Das (V 16) mit Anrufung

---

[34] V 19; vgl. 39, 9; o. Vorwort Anm. 9. Für sich selbst lehnt Jeremia diese Möglichkeit ab (gegenüber dem Vorwurf 37, 13 f).

[35] Sie findet an anderem Ort statt, nicht „in seinem Haus" (37, 17), sondern in einem Tempeleingang (38, 14). Die Lage des „dritten" Eingangs ist nicht bestimmbar. Darf man ihn zwischen Davidstadt und Tempelbezirk vermuten? Da das Tor eine „heimliche" (V 16) Unterredung ermöglicht, scheint es entweder nicht allgemein zugänglich gewesen zu sein oder einen eigenen Raum (vgl. 2 Sam 19, 1) besessen zu haben. Vgl. zu 37, 13 (Anm. 4) und zu 39, 3 (Anm. 15 mit Lit.).

[36] Diese Aufforderung findet sich ähnlich 1 Sam 3, 17 mit der Frage nach dem „Wort" Gottes (vgl. Jer 37, 17) und der bedrückenden Antwort (1 Sam 3, 11 ff). Sachlich vergleichbar ist die Frage des Königs 1 Kön 22, 16(ff) mit der prophetischen Auskunft über die drohende Zukunft. Vgl. noch 2 Sam 14, 18.

[37] Vgl. Jer 26, 21. 23 „er ließ töten".

[38] Dabei wird in beiden Szenen 37, 17 ff; 38, 14 ff Jeremia vom König nicht als „Prophet" o. ä. angesprochen.

[39] Mit dem Volk 6, 16 f; 2, 31 u. a.; auch mit dem König 37, 6 ff. 17.

[40] In den folgenden Kriegswirren verwirklicht sich in einem weiteren Sinn, als der König verspricht, dass Jeremias Leben bewahrt wird.

Gottes im Schwur[41] ausgesprochene Bekenntnis zum Schöpfer entdeckt selbst zwischen dem König, der doch Rechtsbefugnis hat, und dem Propheten eine tiefe Gemeinsamkeit: „der *uns* gemacht hat".[42] Ist es die Bedrängnis, die diese Einsicht nahe legt?

Auch bei dieser zweiten Unterredung mit dem König, demnach bis zuletzt, bleibt Jeremia bei seiner ihm in der Vision 1, 13 f zuteilgewordenen Zukunftsgewissheit, wenn er seine Grundeinsicht auch entfaltet, nämlich auf die Situation bezieht und persönlich zuspitzt. Wie schon die gegen Jeremia erhobene, auf die Stadt bezogene Ansage (V 3) bestätigt, wird seine Einsicht hier nochmals[43] dem König unmittelbar zugesprochen. Er wird in Bekräftigung der Ansage: „In die Hand des Königs von Babel wirst du gegeben" (37, 17) – selbst nicht entkommen können.[44] Nur in diesem Horizont, im Rahmen der eindeutig unabänderlich angekündigten Zukunft, stellt Jeremia den König vor eine Alternative (38, 17 f), bietet bei *Sich-Einstellen* auf diese Zukunft Rettung des Lebens[45] – über die Person hinaus: „du und dein Haus" – sowie Bewahrung der Stadt an. So ist die Gewissheit Voraussetzung für die Möglichkeit, die der König hat, falls er Jeremias „Rat" (V 15) folgt, d.h. auf das von ihm weitergegebene Gotteswort mit der in ihm angesagten Bedingung hört. Aus der Voraussage des ahnungsvoll vorweggenommenen Ausgangs des Geschehens ergibt sich die entsprechende Aufforderung zum Verhalten. Die Preisgabe der Stadt an die Babylonier ist unumgänglich, ihre Zerstörung durch Feuer vermeidbar.[46]

Anders als bei der früheren Begegnung (37, 17 ff) antwortet der König (38, 19), begründet sogar sein Zögern oder seine Ablehnung. Doch sucht Jeremia (V 20) dem König die – ja nicht unberechtigte – Furcht vor den Überläufern zu nehmen, lässt den Einwand nicht gelten. Dabei beansprucht Jeremia mit dem allgemeinen zugleich ein spezielles Zukunftswissen. Es stimmt mit der bedingten, im Fall freiwilliger Unterwerfung angekündigten Bewah-

---

[41] Zum Schwur beim Namen und „Leben" Gottes vgl. 4, 2; 5, 2 (I,122. 141); auch 1 Sam 14, 39; 19, 6; 28, 10 u. a.

[42] Das Bekenntnis zum Schöpfer (vgl. Jer 1, 5; auch 5, 22) kann Verantwortung vor Augen stellen und zu ethischen Folgerungen führen; vgl. Spr 14, 31; 17, 5; dann Gen 9, 6; auch Hi 31, 15 u. a.

[43] Wie 37, 17; vgl. 34, 3; auch 24, 8; 27, 12; 38, 2.

[44] 38, 18; aufgenommen V 23; vgl. 34, 3. Im Rückblick der folgenden schrecklichen Ereignisse (39, 4 ff) gewinnt die Ankündigung einen tiefen Sinn.

[45] Vgl. o. Anm. 2; als Beispiel für ein Verhalten der Babylonier auch 2 Kön 24, 12. 15; dann 25, 11; Jer 52, 15.

[46] „König und Stadt fallen unter allen Umständen in die Hand der Chaldäer, ergibt er sich aber rechtzeitig den Kommandeuren des Belagerungsheers (Nebukadnezar selbst war in Ribla 39, 5), so rettet er sich und seiner Familie das Leben und erspart der Stadt die Zerstörung." (W. Rudolph 241) Demnach entspricht die Angabe „die Obersten des Königs von Babel" (V 17) der Situation (vgl. noch zu Kap. 39 Anm. 11). Es geht hier nicht mehr (wie 37, 3 ff) um die Frage, „ob der Feind noch einmal kommen und die Stadt einnehmen wird, sondern nur noch darüber, wie eine Niederbrennung der Stadt verhindert und das nackte Leben der Belagerten gerettet werden kann" (C. Hardmeier, Prophetie [s. o. Vorwort zu Kap. 37 ff, Anm. 5] 179). Vgl. im Vorwort zu Kap. 37 ff Anm. 9.

rung überein oder lässt sich gar als Folgerung aus dieser Einsicht denken: Auch die eigenen Landsleute, die – auf Grund anderer Einschätzung der Lage, darum als Gegner des Hofs, geflüchtet sein mögen – stellen für den König keine Gefahr dar.

Jeremia stellt die Alternative eindringlich, auch mit dem Aufruf (V 20): „Höre doch!" vor Augen, äußert aber keine Vorwürfe. Zusätzlich kommt Jeremias Gewissheit in einem „Überschuss" über die Zukunftsansage, einem sie bekräftigenden Element, zum Ausdruck. Wie das krass übertreibende Bildwort (37,10) die Zukunft ausmalt, so kennzeichnet bei Weigerung[47], Zurückweisung des Angebots, hier ein Lied (V 22) drastisch die drohende Situation. Die Schauung meint kaum eine Vision im strengen Sinn (wie 24, 1 „sehen lassen"), sondern allgemeiner in einem Gotteswort einen Blick in die Zukunft. Sie spiegelt sich vorweg in dieser Szene mit einem Echo auf das Geschehen wider. Wie schon 9, 16 ff bringt eine Klage der Frauen, genauer eine Qina, d. h. eigentlich eine Totenklage[48], die verzweifelte Lage beispielhaft und anschaulich-verstärkt zum Ausdruck. Nachdem zuvor (V 17) „du und dein Haus" in das Lebensangebot einbezogen waren, werden hier die Folgen auf die Familie des Königs, den Harem[49], anschließend (V 23) auch für die Kinder, beschrieben. Zum drohenden Gericht (6, 12; 8, 10) kann gehören: Die Frauen „werden anderen übergeben". Wie die Form so scheint auch der Inhalt an Jeremias Botschaft und seine eigene Bedrängnis, zugleich an die Umgebung, die vorausgehende Gesprächssituation anzuknüpfen.[50]

Im kritischen Urteil über die Hofbeamten und Berater mit ihrer verhängnisvollen Fehl-Orientierung spricht die Klage die Abhängigkeit des Königs aus: er hat sich Falschen anvertraut.[51] In der Bezeichnung „Männer deines Heils (Vertrauens)" klingt nochmals das Thema und Stichwort „Heil" an: Vertritt Jeremia nicht gegenüber den Propheten: „kein Heil" (6, 14; auch 23, 17 u. a.), und trifft ihn nicht der Vorwurf: „er sucht nicht das Heil"?[52] – Hat man aus dem Lied einen demütigenden, ironisch-spöttischen Unterton herauszuhören? Allerdings sind die Frauen selbst kaum weniger hart betroffen!

---

[47] Für Jeremia ist „sich weigern" (V 21) ein wichtiges, wiederkehrendes Wort, das die – auch selbst erfahrene – Reaktion des Volkes wiedergeben kann (3, 3; 5, 3; 8, 5; 9, 5; auch 15, 18).

[48] Vgl. zu 9, 16 ff; dazu I,206 f.209 f; zur Trauer auch: I,171. 290.

[49] Weist (V 22) die Angabe „die übrig geblieben sind" (ein wiederkehrendes Stichwort wie zuvor 37, 10; 38, 4) auf Kriegsfolgen auch im Palastbereich hin? Nach anderem Verständnis blickt V 22 auf „jene Frauen, die von den früheren Königen noch im Haus des Königs verblieben sind", erst V 23 auf die eigenen Frauen Zedekias (G. Fischer II, 341)? Allerdings stimmen nur die V 22 Genannten das Lied an. V 23 ist eher eine prosaische Aufnahme und Entfaltung des Geschehens, die ausdrücklich auch die Kinder einbezieht.

[50] „Männer" schließt an „diese Männer" (V 9. 16) an. „Schlamm" wird aus der Wirklichkeit (38, 6) in das Bildwort übertragen. Zu „vermögen / obsiegen / überwältigen" 20, 7. 9; 38, 5 u. a.; zu „verführen" vgl. 43, 23.

[51] Vgl. zum Thema schon 2, 37.

[52] Vgl. o. zu 38, 4.

Zeigt sich der König gegenüber Jeremia jetzt (V 24 f) gewandelt, auch
wenn er, um Unannehmlichkeiten zu meiden, zugleich Rücksicht auf sich
selbst übt? Liefert er zuvor (38, 5) Jeremia den Oberen aus, so geht er nach
der Fürsprache des Äthiopiers (V 8 ff) mit seiner Fürsorge für Jeremia weit.
In der vorgestellten, dann eintretenden Situation nimmt der König (V 25) einerseits seinen eigenen Wunsch „Verheimliche nichts!" (V 14) als Wort der
Oberen auf, andererseits seine sich an die Befürchtung des Äthiopiers (V 9 f)
anschließende Wendung „bevor er stirbt", erkennt die Bedrohung und sucht
sie zu verhindern, Jeremia zu schützen (V 24): „damit du nicht stirbst" gegenüber der Absicht der Oberen (V 25) „dich zu töten".

   Nimmt Jeremia (V 27) umgekehrt nicht auch auf den König Rücksicht? Jedenfalls folgt Jeremia dem Wunsch des Königs – ist es eine Ausrede, eine
Notlüge oder eher nur die halbe Wahrheit? Zwar forderte der König unmittelbar zuvor (V 14) selbst die Wahrheit: „Verheimliche nichts!", ging es dort
aber letztlich um das Wort Gottes und den Ausgang der Dinge, so hier „nur"
um den Schutz der Person. Zudem spielt in Jeremias Anklagen der Mangel
von Wahrhaftigkeit oder Betrug eine Rolle.[53] Wie überhaupt die sog. II. Tafel
des Dekalogs trägt auch das neunte (bzw. achte) Gebot Schutz-Charakter,
fordert zunächst nicht, immer die Wahrheit zu sagen, sondern verbietet zum
Schutz des Nächsten falsche Aussagen, die ihm, zumal vor Gericht, schaden.
So gilt Wahrheit nicht als absolutes Prinzip, vielmehr ist die Situation mitzu-
bedenken.[54] Etwa die Hebammen (Ex 1, 15 ff) sprechen in der Bedrückung,
bei Gefährdung des Lebens, eine Notlüge oder Halbwahrheit aus.

   Wäre mit einer anderen Entscheidung des Königs nicht vielen Bewohnern
und der Stadt ein weniger schweres Schicksal zuteil geworden? Er wirkt hin-
und hergerissen, in seiner Haltung gespalten: einerseits Jeremia gewogen,
ihm Verständnis entgegenbringend. Jeremias Wahrheitsanspruch mit seiner
Zukunftseinsicht erscheint dem König zumindest unausgemacht-offen oder
möglich. Andererseits erscheint der König – angesichts seiner ängstlichen Befürchtungen (V 19) sowie gegenüber den Hofbeamten (V 24 f) – unfrei. Ihm
fehlt die Kraft zur hilfreichen, in der Situation nötigen Entscheidung; er vermag nicht, sich dem Rat entsprechend durchzusetzen. Wie von Jeremia
(V 15) geahnt oder vorhergesagt, wählt der König nicht den ihm angebotenen
Weg, schlägt die Lebensmöglichkeit aus. So irrt er in die Katastrophe, die
auch den Untergang des Staates bringt.[55]

   Der Rat des Königs (V 26) verbindet beide Szenen, erinnert an die Situation 37, 15 f, auf die er schon (38, 16) angespielt hat. Es handelt sich nicht nur

---

[53] Jer 5, 1; 9, 2 ff; dazu I,17.
   [54] Vgl. I,178; ausführlicher: W.H. Schmidt u. a., Die Zehn Gebote im Rahmen alttestamentlicher Ethik: EdF 281, 1993, 125 ff.
   [55] Zwischen Anerkennung Jeremias einerseits, Unentschiedenheit und Abhängigkeit andererseits ist Zedekia „eine eher tragische als böse Figur" (H.J. Stipp, Parteienstreit 213). Er bleibt „eine
tragische Gestalt, die aus Angst und Unfähigkeit die ihr Anvertrauten selber ins Verderben führt
(s. das letzte ‚du' in V 13) (G. Fischer II, 329). Vgl. zu 37, 1 ff Anm. 8.

um eine literarische Verknüpfung, sondern auch ein sachliches, inhaltliches Anliegen: Im Haus Jonatans ist Jeremia – anders als im Wachthof – der Willkür der Oberen ausgeliefert.

Die den Erzählverlauf abschließende Zeit- oder auch Zielangabe V 28a weist als Grenze von Jeremias erzwungenem Aufenthalt auf die Einnahme der Stadt hin. Die folgende Bemerkung (V 28b) teilt dieses Ereignis mit und leitet so die weiteren Geschehnisse bis zu Jeremias Befreiung (39, 14 bzw. 40, 1. 4 ff) ein, gehört darum zu Kap. 39.

Die Einnahme Jerusalems.
Das Schicksal der Bevölkerung und von Einzelpersonen: des Königs, Jeremias und des Äthiopiers

Jer 38, 28b; 39, 1–14. 15–18
Ereignisse bei Eroberung der Stadt
Jer 38, 28b; 39, 1–14

38,28b Es geschah, als Jerusalem eingenommen wurde,
39,1 im neunten Jahr Zedekias, des Königs von Juda, im zehnten Monat rückte Nebukadnezzar, der König von Babel, mit seinem ganzen Heer nach Jerusalem heran und belagerte es; 2 im elften Jahr Zedekias im vierten Monat am neunten Tag des Monats wurde die Stadt erstürmt[1],
3 da zogen alle Obersten des Königs von Babel ein und ließen sich im Mitteltor nieder: Nergal-Sarezer, Samgar-Nebu, Sar-Sechim, der Groß-Kämmerer[2], Nergal-Sarezer, der Groß-Mag und alle übrigen Obersten[3] des Königs von Babel.
4 Es geschah, als Zedekia, der König von Juda, und alle Kriegsleute es sahen, flohen sie und verließen nachts die Stadt auf dem Weg des Königsgartens durch das Tor zwischen den beiden Mauern. Er zog hinaus auf dem Weg zur Araba.[4] 5 Aber das Heer der Chaldäer verfolgte[5] sie und holte Zedekia in den Steppen von Jericho ein, ergriff ihn und brachte ihn zu Nebukadnezzar, dem König von Babel, in Ribla im Land Hamath hinauf, und er sprach ihm das Urteil. 6 In Ribla schlachtete der König von Babel die Söhne Zedekias vor dessen Augen; auch alle Vornehmen von Juda schlachtete der König von Babel. 7 Dann blendete er die Augen Zedekias und band ihn mit doppelten ehernen Fesseln[6], um ihn nach Babel zu bringen.

---

[1] Wörtlich: „gespalten / aufgeschlitzt"; vgl. HAL 143 f; auch Ez 33, 21.
[2] Titel eines hohen politischen oder militärischen Beamten, anschließend Groß-Mag Titel eines Offiziers (HAL 727. 1094). Zu den Namen und Titeln vgl. W. Rudolph 244 f; W.L. Holladay II, 291; HTAT 407 Anm. 23; B. Becking, BN 140, 2009, 35–46.
[3] Wörtlich „der ganze Rest der Obersten". Hier taucht der dann für die Umschreibung des eigenen Volkes wichtige Begriff „Rest" (V 9 u.a.; vgl. zu 40, 11. 15) auf.
[4] D.h. Niederung der Steppe bzw. Wüste zur Jordansenke.
[5] Im Hebräischen sind die Verben nach „Heer" wie V 9 nach „Volk" pluralisch konstruiert (*constructio ad sensum*), was sich im Deutschen so nicht wiedergeben lässt.
[6] Vgl. HAL 653; demgegenüber „Handfesseln" 40, 1. 4.

8 Und das Haus des Königs und die ‚Häuser' des Volkes[7] verbrannten die Chaldäer mit Feuer und die Mauern Jerusalems rissen sie nieder. 9 Den Rest des Volkes, das in der Stadt übrig geblieben war, und die Überläufer, die zu ihm übergelaufen waren – und den Rest des Volkes, das übrig geblieben war[8] – führte Nebusaradan, der Oberste der Leibwache[9], nach Babel.

10 Vom Volk, von den Armen, die nichts besaßen, ließ Nebusaradan, der Oberste der Leibwache, (einen Teil) im Land Juda übrig und gab ihnen an jenem Tag Weinberge und Äcker.

11 Und Nebukadnezzar, der König von Babel, befahl in Bezug auf Jeremia durch Nebusaradan, den Obersten der Leibwache: 12 Nimm ihn, richte deine Augen auf ihn und tu ihm nichts Böses an; vielmehr, wie er zu dir reden wird, so tue ihm! 13 Da sandten Nebusaradan, der Oberste der Leibwache, und Nebuschasban, der Groß-Kämmerer, Nergal-Sarezer, der Groß-Mag, und alle Obersten des Königs von Babel.[10]

14 Und sie ließen Jeremia aus dem Wachthof holen und (über)gaben ihn – Gedalja, dem Sohn Achikams, des Sohnes Schafans[11] – ihn ins Haus herausgehen zu lassen, und er blieb mitten im Volk.[12]

Über die zunächst knappe Information des Nötigen (38, 28b; 39, 3) mit Ausrichtung auf Jeremia (V 14) hinaus werden – in der Übersetzung eingerückte – nähere Angaben mit Einzelheiten der Eroberung nachgetragen. So ist bei den Berichten über die allgemeinen zeitgeschichtlichen Ereignisse (V 1 f. 4–10) der Anteil der Ergänzungen hoch. Hinzu kommen Bemerkungen (V 11–13), die sich wieder unmittelbar auf Jeremia beziehen:

---

[7] Gegenüber dem Singular, der kaum ein besonderes „Haus (für Versammlungen) des Volkes" meint, vgl. den Plural 52, 13; 2 Kön 25, 9.

[8] Wohl eine irrtümliche Doppelung; vgl. 52, 15.

[9] Vgl. (auch zu Nebukadnezzar) HAL 623 f; dazu 353a.1094b; HTAT (s. o.) 408 Anm. 25.

[10] Vgl. o. Anm. 2.

[11] Der nicht leicht verständliche V 14 steht im Zusammenhang mit den Angaben 40, 5 f; sie sind durch das einführende „Zurück-/ Umkehren" ebenfalls nicht problemfrei. Die erheblichen Schwierigkeiten sucht man auf verschiedene Weise zu beheben. Der V 14 in Gedankenstriche gesetzte Satzteil „Gedalja …" wird als Zusatz nach 40, 6 verstanden; dort fehlt aber die Angabe „des Sohnes Schafans", die der Genealogie 40, 5 entnommen sein kann (vgl. BHS). Allerdings ist diese Überlegung keineswegs zwingend, da unbekannt ist, wie früh Gedalja das Vertrauen der Babylonier genoss. Da man die Situation nicht genau zu durchschauen vermag, empfiehlt es sich nicht, den Text aus historischen Einwänden zu ändern. Weil auch das Verb „sie übergaben ihn" sekundär sein müsste, ist der Eingriff wenig wahrscheinlich. Vgl. zu Kap. 40.

[12] Die LXX (46, 14) bezeugt (ohne die Ortsangabe „ins Haus"): „führten ihn hinaus", wohl im Sinne von „ließen ihn frei". Von dieser generellen Aussage her wird die Entstehung des hebräischen Textes kaum mehr erklärbar: Warum sollte „Haus" nachträglich ergänzt sein? Die Textentwicklung ist umgekehrt leichter verständlich. Zudem bildet der hebräische Text die schwierigere Lesart (*lectio difficilior*); so ist eher von ihm auszugehen. Die LXX verallgemeinert; diese Tendenz lässt sich auch sonst beobachten (vgl. etwa zu Kap. 25). Diese Folgerung gilt unabhängig von der Frage nach der Bedeutung des hebräischen Textes. Denkt er mit der engeren Angabe „ins Haus" an ein Verlassen des Gefängnisses, noch nicht an eine endgültige Freilassung? Die LXX nimmt zugleich das Folgende (40, 1 ff) vorweg.

38, 28b Knappe Zeitangabe: Einnahme der Stadt
     39, 1–2: Ausführlichere Zeitangabe. Einschub nach 52, 4–7
     bzw. 2 Kön 25, 1–4
          Belagerung und Eroberung der Stadt
39, 3 mit Anschluss an 38, 28b und Fortsetzung in 39, 14
V 4–10. 11–13 Einschub (der in der LXX fehlt)
          Geschichtlicher Rückblick
          a) V 4–10 den *König* und die *Allgemeinheit* betreffend
          im Anschluss an 52, 7–11. 13–16; 2 Kön 25, 4–7. 9–11
V 4–7 Schicksal des Königs Zedekia
     V 4 Vergebliche Flucht
     V 5–7 Zedekia vor Nebukadnezzar in Ribla
          Gerichtsurteil, Hinrichtung der Söhne und „Vornehmen"
          Vgl. (im ebenfalls redaktionellen Text) 34, 19–22; Zeph 1, 8
V 8 Verbrennung des Palastes und der Häuser
     (nach 52, 13; 2 Kön 25, 9 auch des Tempels)
     entsprechend Jeremias Vorhersage (37, 8 u. a.)
V 9 Exilierung. Schicksal auch der Überläufer
     Nebusaradan, „der Oberste der Leibwache" 40, 1 (vgl. 52, 12 ff)
V 10 Arme bleiben, erhalten Landanteile (vgl. 2 Kön 25, 12)
          b) V 11–13 *Jeremia* betreffend
          Wohlwollen (gegenüber dem Verhalten zum König V 5)
          Fürsorge der Babylonier für Jeremia; ausführlicher 40, 1–6
     V 12 (ausnahmsweise:) Ein eigenes Wort Nebukadnezzars
     V 13 Wiederaufnahme[13] von V 3
     mit Hinzufügung des V 11 genannten Feldherrn
V 14 Jeremias Befreiung aus dem Wachthof „mitten im Volk". Vgl. 40, 1. 5 f

Mit der Zeitangabe markiert V 28b einen Sprung, ja einen tiefen Umbruch.

Das einschneidende Ereignis beschreiben V 1 f im Anschluss an 52, 4–7. Dabei wird im Geschehensverlauf ein Stück zurückgegriffen, die Zeit vom Beginn der Belagerung, bei der Nebukadnezzar selbst das Heer leitete (39, 1; 52, 4), bis zur Eroberung Jerusalems umspannt, bei der er sich in Ribla am Orontes aufhielt (52, 9; 2 Kön 25, [1.]6).[14]

Über V 1 f hinweg schließt V 3 an die Angabe von der Eroberung der Stadt 38, 28b an. Die babylonischen Truppenführer bzw. Obersten erscheinen und beherrschen von einem Ein- und Ausgang mit öffentlichem Platz, genauer dem „Mitteltor"[15], aus die Stadt. Ihr Auftreten löst die Flucht des Königs mit Gefolge aus, die aber misslingt.

---

[13] Nach einem Einschub kann die ihm vorangehende Aussage zur Klarstellung des Bezugs wiederholt werden; vgl. etwa Gen 2, 9. 15 um die kleine Geographie Gen 2, 10–14. Vgl. Anm. 11.

[14] Dazu fügt sich, dass Jer 38, 17 bei der Belagerung (nur) von „den Obersten des Königs von Babel" spricht (vgl. dort Anm. 46).

[15] Das „Mitteltor" ist im Nordwesten, in der Stadtmauer etwa westlich des Tempels zu suchen, d. h. an einer nicht durch Täler geschützten, vielmehr durch das Gelände strategisch gefährdeten Stelle. Es heißt sonst vermutlich „Fisch-Tor", bei dem der Fischmarkt stattfand. „Sollte sich der Name dieses Tores … aus einer Lage etwa in der Mitte des am Westrand des Tempelbezirks gele-

V 4–13 mit der näheren Situationsbeschreibung, die zunächst (V 4–8) vom harten Schicksal des Königs Zedekia, dann (V 9 f) des Volkes berichtet, bevor wieder Jeremia (V 11–13) in den Blick tritt, stellen einen Nachtrag dar: a) Sie fehlen in der LXX. b) Die rahmenden V 3 und 14 ergeben einen Zusammenhang. c) V 13 greift als „Klammervers"[16] am Ende des Einschubs V 3 wieder auf, um mit den handelnden Personen, zusätzlich dem Feldherrn selbst, zu V 14 überzuleiten. d) V 4–10 haben eine Parallele in 52, 7–11. 13–16 (bzw. mit leichten Abweichungen 2 Kön 25, 4–7. 9–11), die zumeist als Vorbild gilt.

Nach der wohl gängigen Auffassung bilden V 1 f. 4–10. 11–13 „eine den ursprünglichen Zusammenhang zerreißende Auffüllung". „Der vorgegebene, durch die Interpolation auseinandergesprengte Text bestand aus den Versen 38, 28b; 39, 3. 14." Diese knappe auf Jeremia (V 14) zielende „Grundschicht" wurde später erheblich ausgeweitet.[17]

Bei weitreichender Übereinstimmung mit Kap. 52 gibt es allerdings nicht unerhebliche Unterschiede; zwei, eine Auslassung sowie eine Sondernachricht, sind als auffällig eigens zu nennen:

(a) Die Zerstörung des Tempels wird in 52, 13 (2 Kön 25, 9) an erster Stelle genannt, so hervorgehoben, gilt zudem ausdrücklich durch den Feldherrn Nebusaradan veranlasst. Warum die Nachricht hier (39, 8) weggelassen ist, obwohl Jeremia den Untergang des Tempels (7, 14; 26, 6) angesagt hat, bleibt offen. Bestätigt die Angabe „mit Feuer" (V 8) nicht seine Ankündigung?[18]

(b) Die Armen, „Geringen im Land" (52, 16; 2 Kön 25, 12), werden bei der Exilierung der Bevölkerung zurückgelassen, können im Land bleiben und erhalten – was nur hier (39, 10) bezeugt ist – als „Besitzlose" vom babylonischen Befehlshaber Weinberge und Äcker zugeteilt.

Die einleitende Erinnerung an die Amtseinsetzung Zedekias durch Nebukadnezzar (37, 1; 2 Kön 24, 17) darf man zum Verständnis des Folgenden kaum entbehren. Lehnte sich nicht derjenige, dem Nebukadnezzar vertraut hatte, gegen ihn auf (24, 20; Jer 52, 3)? Zugleich erfüllt sich die Ankündigung, Zedekia werde dem König von Babel „Auge in Auge" (32, 4) gegenübertreten, auf schreckliche Weise. Die Bestrafung fällt unmenschlich-hart aus: Tötung der

---

genen Mauerabschnitts erklären", könnte er „mit dem Fischtor identisch sein" (K.D. Schunck, BK XXIII/2, 2009, 92; auch 364) zu Neh 3, 3 bzw. 12, 39. Zum „Fisch-Tor" vgl. E. Otto, ThWAT VIII (1995) 386 f; H. Irsigler (o. Anm. 71 zu Jer 23, 9 ff) 149 ff zu Zeph 1, 10 (Lit.).

[16] „Der Wortlaut von V 13 ist ganz unselbständig. Namen und Titel stammen aus (den Versen) 3 bzw. 11, das Verb ist aus 14 entlehnt"(W. Thiel II,55 Anm. 14). Gegenüber V 3 wird entsprechend V 11 der Feldherr an die erste Stelle gesetzt. Demnach hatte V 13 „den ganzen Zusammenhang 3–12 zu berücksichtigen", so dass sich die gegenwärtige Gestalt von V 1–14 wohl „einer Hand" verdankt (55).

[17] W. Thiel II, 54 f. Dies ist (zumal wegen der Aufnahme und Abwandlung von V 3 in V 13) die näher liegende Lösung. Ihr gegenüber sind allerdings die oben zu nennenden entgegenstehenden Gründe oder Besonderheiten (1–2) abzuwägen: sie nimmt die umgekehrte Erklärung, für die der hiesige Text die ältere Fassung darstellt, ernst (im Anschluss an M. Noth: C. Hardmeier [s. Vorwort Anm. 4] 185 ff). Lässt sich (mit W. Rudolph) der Ausfall eines so umfangreichen Stücks V 4–13 durch Homoioteleuton (V 3. 13 enden jeweils: „König von Babel") erklären? Auch wenn die LXX hier die ältere Textform belegt, muss es sich nicht um eine sehr späte Ergänzung erst nach der LXX handeln; verschiedene Textgestalten können sich länger erhalten haben.

[18] Vgl. o. Vorwort zu Kap. 37 ff Anm. 8.

Söhne, also der möglichen Thronfolger, eigene Blendung, Gefangenschaft in
Babylon bis zum Tod.[19] Außer Angehörigen der Dynastie trifft es auch diejenigen („alle Vornehmen" V6), die am Entscheidungsprozess oder an der Herrschaft teilhaben. Bei aller Grausamkeit und Zerstörung finden sich bei der Be-
satzermacht – aus welchen Gründen auch immer, zumindest teilweise
doppeldeutig – zugleich menschliche oder gar einfühlsam-fürsorgliche Züge:
    Wird (a) die Landverteilung (V 10) schlicht als Folge der Deportation der
Oberschicht nötig, oder geschieht sie zugleich mit der Absicht, Sozialver-
hältnisse zu verbessern – zugunsten derer, die für das wirklichkeitsferne
politische Handeln nicht verantwortlich sind? Beide Aspekte schließen sich
nicht aus. Im folgenden Zusammenhang (40, 6) wird „das Volk, das im Land
übrig blieb" erwähnt.
    Die Babylonier setzen b) einen Vertreter des eigenen Volkes als Verwalter
(40, 5) ein. Er übt sein Amt weder im zerstörten Jerusalem noch an dem Ort
aus, an dem die babylonische Vormacht sichtbar wird: in Rama, sondern im
nicht weit entfernt gelegenen Mizpa. Entsprechen beide Handlungen, die
Einsetzung eines Einheimischen und sein Amtssitz an einem eigenen Ort,
nicht zugleich kluger politischer Einsicht?
    Schließlich (c) verhalten sich die fremden Herrscher Jeremia gegenüber
freundlich-entgegenkommend, holen ihn nicht nur aus dem Gewahrsam, gewähren ihm (nach 40, 4) die Freiheit zur Entscheidung. Jeremias Botschaft, ein
von Gott gesandtes Geschick, ein das eigene Volk treffendes politisches Geschehen als Wirken dieses Gottes anzusagen (etwa 27, 11 f), erschien wegen der
Folgen missverständlich, konnte von den Babyloniern gar in ihrem Sinne, als
pro-babylonische Parteinahme, verstanden werden. Entsprechend wurde Jeremia (39, 11 ff; 40, 1 ff) behandelt; wird er damit nicht indirekt anerkannt?

„Überzulaufen" wurde Jeremia (37, 13 f) als Beweggrund unterstellt. Die Überläufer, vor denen sich der König (38, 19) fürchtet, konnten zwar ihr Leben retten, die
Deportation aber blieb ihnen (39, 9) nicht erspart.
    39, 11–13 und 40, 1–6 führen auf verschiedene Weise die „Kern"nachricht oder
die ältere Überlieferung 39, 14 – auch im Gespräch ausgestaltend – weiter. Der redaktionelle Einschub 39, 9. 13 wie die Darstellung 40, 1 ff machen den Feldherrn
selbst verantwortlich; der Oberste der Leibwache bestimmt. Über ihn greifen V 11 f
in der Rangordnung noch höher hinaus: Sie verlagern die Initiative auf die höchste
Ebene, führen den fürsorglichen Umgang mit Jeremia unmittelbar auf Nebukadnezzar zurück, der (nach 40, 5) auch Gedalja eingesetzt hat. Bildhaft gesprochen: Jeremia liegt dem, der in jener Situation die Weltgeschichte bestimmt, am Herzen.
Durch die Voranstellung von V 11 f wird das Folgegeschehen vorbereitet: Der Feldherr Nebusaradan (V 11. 13; 40, 1 ff) handelt auf höchste Anordnung.
    Der für den Vorgang wichtige (ältere) V 14 weist gegenüber dem Einschub
39,(11 f.)13 und der Darstellung 40, 1–6 zwei erhebliche, für den Handlungsverlauf
bedeutsame Unterschiede auf:

---

[19] Zedekia muss „für immer mit den letzten Seh-Eindrücken vom Tod seiner Kinder und vertrauten Vornehmen leben" (G. Fischer II, 355).

a) Die Handlung wird nicht im Singular (der Feldherr „sandte" V 13; vgl. 40, 1. 4), sondern von einer Mehrzahl „sie sandten" ausgeführt – im ursprünglichen Zusammenhang von den V 3 genannten Beamten mit

    b) der Absicht aus dem (wohl offenen) Wachthof „ihn hinauszuführen ins (ge-schützte) Haus". Jeremia erlebt Entgegenkommen, erfährt eine andere Behandlung mit besseren Lebensbedingungen. Erhält er damit aber endgültig völlige Freiheit, sich zu begeben, wohin er will (so 40, 4)? Kaum. Ein 37, 4 ähnlicher Zustand scheint noch nicht wiederhergestellt zu sein.

    Die Angabe (V 14) schließt sich 38, 28a mit dem dort zuletzt genannten Auf-enthaltsort, dem Wachthof, sowie mit der zeitlichen Nachricht (bis zur Einnahme der Stadt) an. Außerdem kann man weniger bei dem Wachthof als bei der Unter-kunft im Haus urteilen: „mitten unter dem Volk".[20]

Welches „Haus" (V 14) gemeint ist, bleibt unbestimmt. Im Wesentlichen be-stehen zwei Möglichkeiten, es zu beziehen auf a) ein Haus bei Gedalja in Mizpa[21] oder b) ein dem Wachthof nahegelegenes Haus in Jerusalem.

    Eine eindeutige Entscheidung ist kaum möglich, die Abwägung spricht eher für Jerusalem. Den Vorgang mag man sich so vorstellen: Jeremia darf sich in ein den Hof umgebendes oder nahe liegendes Haus begeben. Falls er noch nicht die völlige Bewegungsfreiheit hatte, konnte er leichter in den Kreis derer geraten, die für die Deportation zusammengestellt wurden. Nach anderer Nachricht (52, 25) wurden Personen aus Stadt und Land „herausgeholt".

Die Nachricht 39, 14 lässt alle übrigen Maßnahmen der Babylonier uner-wähnt, führt in einer Konzentration der Handlung und einer Kontraktion der Zeit das Geschehen auf Jeremia zu. So bleibt es schwer, begründet zu ent-scheiden, ob die Angabe Jeremia wurde „Gedalja übergeben", noch nicht möglich (und darum hier zugesetzt) ist.[22]

    Mit dem im hebräischen Text bezeugten Vorgang braucht das Schicksal Jeremias noch nicht endgültig entschieden zu sein; zumindest im Rückblick erweist sich 39, 14 erst als ein Schritt[23] auf dem Weg, als ein Zwischenaufent-halt. Es bleibt Raum für das weitere Geschehen; die Folgehandlung (40, 1 ff) wirkt wie eine Steigerung.

---

[20] Vielleicht macht die Angabe „mitten im Volk" auch leichter verständlich, „wie Jeremia unter die zur Deportation bestimmten Judäer geraten konnte" (A. Graupner, Auftrag 118).

[21] Diesen Vorschlag kann man mit der 40, 5 einleitenden Redeweise „zurück- / umkehren" be-gründen. Allerdings heißt es hier (39, 14) *nicht „sein* (d. h. Gedaljas) Haus"; auch wird Mizpa nicht erwähnt.

[22] Vgl. o. Anm. 11. Wir erfahren nicht, wie Jeremia (40, 1) „in den Gefangenenzug nach Rama kommt" (W. Rudolph 247). Wie ein Weg aus Jerusalem nach Mizpa hier nicht ausdrücklich er-wähnt ist, so auch nicht ein Verlassen Mizpas, wenn Jeremia dorthin „zurückkehren" oder (von Rama) „umkehren" (40, 5) muss. Vgl. noch zu Kap. 40.

[23] Von 40, 1 her geurteilt, erscheint (C. Hardmeier 195) die „Aktion der babylonischen Beam-ten" wie „eine erste Direktmaßnahme", zumal wenn sich V 14 ursprünglich an V 3 anschließt. Überließen die Obersten die Entscheidung über Jeremias endgültige Ergehen dem erst später (52, 12) auftretenden Feldherrn selbst?

Lebenszusage an den Äthiopier Ebed Melech
Jer 39, 15–18

15 An Jeremia war aber das Wort Jahwes ergangen, als er im Wachthof eingeschlossen[24] war: 16 „Geh hin und sage zu Ebed Melech, dem Äthiopier:
So spricht Jahwe Zebaoth, der Gott Israels: Siehe, ich lasse meine Worte
über diese Stadt in Erfüllung gehen, zum Bösen und nicht zum Guten, und
sie werden sich an jenem Tag vor dir ereignen.   17 Ich aber werde dich an jenem Tag herausreißen – Spruch Jahwes –, und du wirst nicht in die Gewalt
der Männer gegeben, vor denen du dich fürchtest[25].   18 Ja, ich werde dich
gewiss retten, und du wirst nicht durch das Schwert fallen; du wirst dein Leben als Beute haben, weil du auf mich vertraut hast."

Der erzählende Rahmen unterbricht den Handlungsverlauf und führt (vor
V 14) zurück in die Zeit vor Einnahme der Stadt während Jeremias Zwangs-
aufenthalt im Wachthof. Den Hintergrund bildet der Bericht vom einfühl-
sam-umsichtigen Verhalten des Äthiopiers Ebed Melech (38, 7–13). Statt unmittelbar nach jenem Vorgang findet sich das Wort hier an auffälliger Stelle,
gleichsam als Nachtrag; zudem ist strittig, ob es überhaupt einen historischen Kern hat.
     Die Überlieferung lässt zwar offen, wie es dem Äthiopier im allgemeinen
Zusammenbruch persönlich ergeht, wird aber eigentlich nur verständlich,
wenn a) sein Überleben in der Katastrophe bekannt war, zumal b) das
schreckliche Schicksal der Königssöhne auch den hohen Beamten aus der
Umgebung des Königs (52, 10; 39, 6) zuteil wurde. Stellt darum das Ergehen
des Äthiopiers, „Kämmerers am Königshof" (38, 7), der dem König nahe
stand, nicht eine Ausnahme dar? Insofern ist eine entsprechende Nachricht
angebracht oder nötig.[26] Sie wird hier in der Verheißung gegeben, deren Erfüllung als selbstverständlich gilt. c) Wie der mit Jeremia enger verbundene
Baruch (45, 4 f) soll der Äthiopier, der Jeremia aus tiefer Bedrängnis, dem
„Schlamm" (38, 6), half, Rettung in der Katastrophe erfahren. Beide Worte
haben die gleiche Intention, sind nicht (wie 32, 15) unpersönlich formuliert,
sondern sprechen in direkter Anrede jeweils dem Einzelnen zu, bei der allgemeinen Zerstörung dem Tod zu entkommen.[27] Die Parallelität ist im vor-

---

[24] Vgl. 20, 9 („verhalten"); 33, 1; zur Situation: 37, 21.

[25] Wie 22, 25: „angsterfüllt" (HAL 369a).

[26] Bliebe ohne irgendeine Mitteilung nicht eine Lücke? Setzt das Wort, wenn es später ausge-
staltet ist, nicht die Bewahrung Ebed Melechs im Zusammenbruch voraus? Da das Wort „seinen
Platz hinter dem Bericht über die Eroberung Jerusalems erhalten hat ..., weiß der Leser, Ebed-
Melech ist nicht während jener furchtbaren Tage umgekommen" (S. Böhmer, Heimkehr 119).

[27] Vgl. als Möglichkeit auch gegenüber dem König 38, 17; 34, 3 ff.

liegenden Text sogar durch denselben Wortlaut: „sein Leben zur Beute"[28] angedeutet. Zudem begegnet eine ähnliche Grundstruktur wie bei der Zusage an Jeremia selbst (1, 8; 15, 20 f u. a.): nicht Bewahrung vor, aber in der Not.

Das hier eingefügte Wort ist weitgehend in jüngerer Sprache[29] erhalten, von der Redaktion ergänzt oder mitgestaltet, kaum aber – auf Grund des faktischen Schicksals der Einzelperson – ohne Anhalt an der Überlieferung frei erfunden. Mit Wortereignisformel, Auftrag und Botenformel enthält die Einführung alte, auch sonst verbundene Elemente.[30] Der Kern der Zusage liegt wohl in der Ich-Rede (V 18a) vor: „Ich werde dich retten."[31]

Die (jerdtr.) Redaktion fügt die Zusage in den vorliegenden Zusammenhang ein, hebt – mit Rückverweis auf Jeremias Botschaft („meine Worte") und in Übereinstimmung mit ihr – eigens das die Allgemeinheit treffende Unheil hervor, um im Rahmen dieses Gesamtgeschehens die Bewahrung des einzelnen Lebens auszusprechen. Dabei deutet die Redaktion das Verhalten des Ausländers als Äußerung des Gottvertrauens[32] und stellt so gegenüber: „Der Kuschit handelte im Vertrauen auf Jahwe und wurde gerettet, König und Volk handelten nicht entsprechend und gingen zugrunde."[33]

So führt die Heilszusage zwar zeitlich in eine frühere Situation, fügt sich sachlich aber gut in den Zusammenhang zwischen 39, 14 und 40, 1 ff ein: Wie der Äthiopier erfährt Jeremia im allgemeinen Unheil die persönliche Bewahrung, wenn auch auf andere Weise: Wie Gott verheißt „Ich rette" (39, 18), so äußert der Feldherr (40, 5) ein Wort, das die Handlung einschließt: „Ich befreie / löse". Ist die dem Äthiopier gegebene Verheißung auch wegen der Entsprechung zu Jeremias Ergehen hierher gestellt?

---

[28] Die Wendung begegnet bei Jeremia selbst (45, 5), wird aber von redaktionellen Texten (21, 9; 38, 2) aufgenommen. Hier dient sie nach der Ich-Aussage als Bekräftigung.

[29] Eine (V 16 f.18b) entsprechende Ausdrucksweise begegnet etwa: „Worte in Erfüllung gehen lassen" (11, 8; 25, 13; vgl. „ich lasse kommen" 19, 15); „zum Bösen und nicht zum Guten" (21, 10; 44, 27) wohl im Anschluss an Am 9, 4 (vgl. Anm. 8 zu Jer 24); „durchs Schwert fallen" und „in die Hand / Gewalt geben" (20, 4 f; vgl. 21, 7). V 16 und 17 sind durch den Verweis auf das Gericht „an jenem Tag" verbunden. V 17 nimmt in leicht veränderter Sprache V 18a auf und vorweg, so dass sachlich eine Doppelung entsteht.

[30] Vgl. 2, 1 f; 1,67. Die wohl jüngere Ortsangabe wurde bei Einfügung des Einzelworts in den vorliegenden Zusammenhang nötig. Den Abschluss bildet „Spruch Jahwes".

[31] Mit W. Thiel II,56 f. Vgl. die Verheißung an Jeremia selbst 15, 21.

[32] Der Wortstamm „vertrauen" begegnet im Vorwurf schon bei Jeremia (wie 2, 37; 7, 8; 9, 3).

[33] W. Thiel II,57. Die Zusage „nicht in die Gewalt gegeben werden" ist wohl im Gegensatz zu der Ansage gegenüber dem König („in die Gewalt geben" 37, 17; vgl. 34, 3 „nicht gerettet werden") formuliert.

Jeremias Befreiung aus dem Zug der Deportierten
Jer 40, 1–6

40,1 Das Wort, das von Jahwe an Jeremia erging, nachdem ihn Nebusaradan, der Oberste der Leibwache, von Rama aus entlassen hatte, als er ihn holte – er war in Fesseln gebunden unter allen Weggeführten von Jerusalem und Juda, die nach Babel weggeführt werden sollten.
2 Und der Oberste der Leibwache holte Jeremia und sprach zu ihm: „Jahwe, dein Gott, hat dieses Unheil über diesen Ort angesagt, 3 und (es) kommen lassen und Jahwe hat getan, wie er angekündigt hat; denn ihr habt euch gegen Jahwe versündigt und nicht auf seine Stimme gehört, so dass euch dieses geschah. 4 Und nun siehe, ich befreie dich heute von den Fesseln[1], die an deinen Händen sind. Wenn es dir gut erscheint[2], mit mir nach Babel zu kommen, (so) komm, und ich richte meine Augen auf dich. Wenn es dir aber ungut erscheint, mit mir nach Babel zu kommen, lass (es). Schau, das ganze Land (liegt) vor dir. Wohin es dir zu gehen gut und recht erscheint, dorthin geh! 5 – Noch kehrt er nicht zurück.[3] – Kehre zurück zu Gedalja, dem Sohn Achikams, des Sohns Schafans, den der König von Babel eingesetzt hat über die Städte Judas, und bleibe bei ihm inmitten des Volkes oder, wohin es dir immer zu gehen recht erscheint, geh!" Dann gab ihm der Oberste der Leibwache Reisevorrat und ein Geschenk und entließ ihn.
6 Da kam Jeremia zu Gedalja, dem Sohn Achikams, nach Mizpa und blieb bei ihm inmitten des Volkes, das im Land übriggeblieben war.

Die Erzählung mit einem starken Redeanteil gliedert sich etwa:

V 1 Zusammenfassende Überschrift
   V 1aα Wort (geschehen) in (jerdtr) redaktioneller Formulierung
      (ähnlich 7,1 u. ö.)
   V 1aβb Zustand und Handlung mit Vorwegnahme des Ausgangs:
      Jeremias Freilassung durch den Oberbefehlshaber in Rama
V 2 f   V 2a Der Oberbefehlshaber holt Jeremia zu sich
      V 2b–5a Seine Rede
      V 2b–3 Erinnerung an die begründete Unheilsansage und deren Erfüllung,
        zugehörig zur (jerdtr) Redaktion; vgl. 16,10; 26,13.19; 44,23 u.a.

---

[1] Zu Gefangenen mit Handfesseln V 1.4 vgl. etwa die Darstellung bei O. Keel, Die Welt der altorientalischen Bildsymbolik und das AT, 1972 u.a., 278 ff.

[2] Wörtlich: „in deinen Augen gut", anschließend: „in deinen Augen schlecht".

[3] Der in Gedankenstrichen gesetzte Satzteil ist kaum verständlich. Meint er etwa: „Bisher konnte er nicht zurück- bzw. umkehren"? Die verschiedenen Konjekturvorschläge bleiben unsicher.

V 4 Freilassung Jeremias und Gewähr freier Entscheidung
V 5 Umkehr zu Gedalja. Erinnerung an seine Einsetzung als Aufseher;
vgl. 39, 14; 2 Kön 25, 22
    V 5b Ausrüstung mit Verpflegung und Geschenk
V 6 Jeremias „Bleiben" bei den im Land Belassenen „mitten im Volk"; vgl. 39, 14
In Mizpa; vgl. 40, 12; 42, 1 f

In der vorliegenden Form wirkt V 1 wie eine überschriftartige Zusammenfassung des anschließend Erzählten, besteht allerdings aus zwei unterschiedlichen Teilen.

Mit der tief veränderten Situation setzt bereits 38, 28b ein. In diesem Zusammenhang ist die Einleitung „Das Wort …"[4] eingefügt. Nach dem Zeitraum, den die Überschrift 1, 1–3 „bis zur Wegführung Jerusalems" umspannt, übergreift 40, 1 die erheblich knappere Folgezeit mit den Kap. 40–43, da Kap. 44 mit einer ähnlichen Wendung eingeführt wird.

V 1aβb schildert einen Zustand sowie dessen Aufhebung durch eine Handlung, enthält damit die wichtigen Elemente der Erzählung: Jeremia gefesselt im Deportationszug, Befreiung durch den Oberbefehlshaber mit Angabe des Ortes.

Wo ist die ältere Tradition zu suchen? Beginnt sie mit dem Erzähleinsatz V 2a, die nachträglich überschriftartig in V 1aβb gebündelt wird? Eher verlief der Werdegang des Textes oder der Überlieferung umgekehrt: Die in V 1aβb vorgegebene Verbindung von Zustand und Handlung wird im Folgenden ausgeführt. V 2a.4–5 enthalten weitere, auch vertiefende Erzählzüge: a) die lebendige Rede mit der Zusage des Wohlwollens sowie b) die Jeremia gewährte freie Wahl des Aufenthaltsortes; zusätzlich erhält Jeremia c) Proviant und ein Geschenk. Vermutlich verbirgt sich in V 1aβb die ältere Nachricht.

Welche Aussagen bilden mit Kap. 39 auf gleicher Ebene einen Erzähl-Zusammenhang? 40, 1aβb mit dem knappen Mitteilungs-Stil und zumal V 6 mit einem wiederkehrenden Motiv[5] entsprechen der älteren Überlieferung in Kap. 39 (V 3. 14). Demgegenüber bereiten 39, 11 f, die innerhalb von Kap. 39 eher einer jüngeren Schicht zugehören, 40, 2a.4 f vor und stellen gemeinsam eine ausgestaltete Erzählstufe dar. Sie wird wiederum durch die Überschrift V 1aα und die Begründung V 2b–3 (durch die jerdtr Redaktion) ergänzt. Dabei erfuhr die V 1aβb aufgenommene Überlieferung eine leichte Umgestaltung.[6]

---

[4] V 1aα in leicht variierender Fassung der jerdtr Redaktion; vgl. I,37 mit Anm. 245.
[5] Vgl. das Vorwort zu Kap. 37 ff bei Anm. 4. Die Rede (V 5 „Wohne / Bleibe!") nimmt eher die vorgegebene Erzählform „er wohnte / blieb" (schon 37, 16. 21 u. a.; bes.39, 14) auf. Wie die Handlung V 2a („er holte" im Anschluss an V 1aβb) die Rede einführt, so leitet die Überreichung der Gaben V 5b zur Erzählung zurück.
[6] V 1aβb blickt („nachdem …") auf die Freilassung zurück, müsste sich darum eigentlich nach V 5 finden. Darum kann man fragen: Bildete V 1aβb (ergänzt um den Namen Jeremia) bereits mit der Zeitangabe im älteren Erzählzusammenhang (nach 39, 14) unmittelbar die Einleitung von V 6? Oder wurde bei Voranstellung von V 1aα die Mitteilung V 1aβb stärker umgeformt? In beiden Fällen ist die Rede V 2–5 in die Abfolge V 1aβb – 6 eingeschoben.

40, 1 wird ein Gotteswort angekündigt, das – im strengen Sinne – nicht folgt.
Ist es ausgefallen? Wird rückblickend an 39, 15 oder im Vorblick an das weit
entfernte Wort 42, 7 ff gedacht? Eher ist der nahe Zusammenhang gemeint:
Wie nach Kap. 32 das Angebot des Vetters *indirekt* das Gotteswort erfüllt, so
könnte hier das mehrgliedrige Wort des Oberbefehlshabers indirekt das Gotteswort darstellen und so die Ansage verwirklichen: Es erinnert einerseits an
die prophetische Unheilsansage, bestätigt deren Erfüllung, begründet sie mit
einem kritischen Urteil, stellt so die Wahrheit von Jeremias Botschaft heraus;
andererseits enthält es eine Ankündigung für die unmittelbare Gegenwart,
eine Befreiungszusage für Jeremia einschließlich deren Ausführung – darüber
hinaus noch ein Angebot.

Gegenüber der knappen Nachricht 39, 14 wird die Darstellung 40, 1(–5) nicht
selten als Doppelung, nämlich als die spätere farbige („fiktive") Ausmalung von
Jeremias Lage und Freilassung, angesehen. Diese Auffassung setzt allerdings die
in 39, 14 verallgemeinernde griechische Fassung[7] voraus; zum hebräischen Text
ist eine Parallelität in weitaus geringerem Maß oder kaum gegeben.

    Die hiesige Szene führt über die vorige hinaus:

    1.) Während 39, 14 eine Mehrzahl – die (V 3 genannten) Offiziere – handelt, be-
stimmt hier ein Einzelner, der militärische Oberbefehlshaber, das Geschehen. Wie
bei ihm die Entscheidung über das Schicksal Jerusalems und der ärmeren Bevölkerung (52, 13–16; 39, 9 f) liegt, so trifft er auch im Fall Jeremias die endgültige Maßnahme.

    Das – sich schon in der älteren Überlieferung 39, 14 abzeichnende – freundliche
Verhalten der Fremdmacht zu Jeremia[8] wird ausgeführt:

    2.) In einem Nachtrag (39, 11 f.13), der Kap. 40 vorgeordnet wird und so das Fol-
gegeschehen in besonderem Licht erscheinen lässt, wird die Einführung des Feldherrn Nebusaradan (40, 1αβb) vorweggenommen und die Fürsorge bis in die
höchste Spitze, auf eine Anordnung Nebukadnezzars persönlich, zurückgeführt.
Der Feldherr handelt (auf dieser Erzählebene) im Namen des Königs. Mag diese
Rückführung bis zum Herrscher als ausgestaltender Erzählzug zweifelhaft oder
doch (wie bei Gedalja 40, 7) historisch möglich sein, jedenfalls tritt 40, 1 eben nur
der zuständige Feldherr auf.

    3.) Da er selbst erst einen Monat nach Eroberung der Stadt eintrifft (52, 12 ge-
genüber 52, 6), hat sich das 40, 1αβb geschilderte Ereignis später vollzogen.

    4.) Mit Handfesseln befindet sich Jeremia inmitten des Gefangenentransports
nach Babylon.

    5.) Die Handlung spielt an verschiedenen Orten: Die Situation ist nicht (mehr),
wie bei dem von den Truppenführern (39, 14) berichteten Geschehen, Jerusalem,
sondern Rama.[9] An diesem Sitz des babylonischen Oberbefehlshabers werden die
für die Deportation Bestimmten zusammengeführt, und hier vollzieht sich Jeremias
Freilassung.

    So sind gegenüber Jer 39, 14 in dieser Darstellung zu viele Elemente anders.

---

[7] „Sie ließen frei" (ohne die Angabe „ins Haus"); vgl. zu 39, 14.

[8] Im Erzählzusammenhang steht die wohlwollende Behandlung durch die babylonischen Offiziere im Gegensatz zum Verhalten der Landsleute.

[9] Vgl. Anm. 13 zu Jer 31, 15.

Demnach ist die Möglichkeit oder Wahrscheinlichkeit gegeben, dass 40, 1. 4 ein im Ablauf der Ereignisse späteres Geschehen berichtet. Es fügt sich zu der Nachricht 39, 14, die nach dem hebräischen Text eher günstigere Lebensbedingungen mit einem Schutz im Haus als völlige Freiheit meint. Unter diesen Umständen bedarf es zum Verständnis des Erzählverlaufs nicht der Annahme, Jeremia sei nach der Freilassung noch einmal gefangen gesetzt worden.

Ob sich Jeremia (nach 39, 14) in Jerusalem oder Mizpa aufhielt, ist für den Gang der Dinge insofern weniger erheblich, als von den Babyloniern höhergestellte Personen aus Jerusalem und der Umgebung, aus Stadt und Land „herausgeholt" (52, 24 f) werden konnten. Dieser Nachricht entspricht (40, 1) die Angabe von Weggeführten aus „Jerusalem und Juda".[10]

> So stellt diese Überlieferung mit ihren auch konkreten individuellen Angaben kaum eine Fiktion dar. Die Folge der Handlung von den Heerführern (39, 3. 14) zum Feldherrn selbst und der Zwangsweg (von Jerusalem) in den Transport der Deportierten[11] sind gut möglich. Es brauchen keine ernsten Bedenken zu bestehen, beide Abschnitte in ihrem Überlieferungskern als fortschreitendes Geschehen zu lesen.

Im Gefangenenzug wurde Jeremia zum Glück oder in einer Fügung des Geschicks erkannt und befreit; nochmals bestätigt sich die (1, 8; 15, 20 f gegebene) Zusage der Bewahrung in der Not.

Das zweifellos freundliche Verhalten der Fremdmacht zu Jeremia wird hier, zumal durch die Reden, erzählerisch näher ausgeführt. Jeremia wird – da die Anrede „Prophet" fehlt, allgemein gesprochen: – in seiner Besonderheit anerkannt, und ihm wird eine eigene Fürsorge zuteil.

Wie tiefgreifend hat sich die Lage (40, 2 f) gegenüber Jeremias Verkündigung geändert! Nach dem in Kap. 39 ausgestalteten Bericht, der faktisch die Erfüllung von Jeremias Ankündigung erzählt, stellen V 2b-3 aus der theologischen Sicht der (jerdtr) Redaktion[12] die Wahrheit von Jeremias Botschaft heraus – im Mund des fremden Oberbefehlshabers! Er stimmt sachlich mit

---

[10] Die Babylonier müssen – sei es zuvor schon durch Spione, Überläufer oder durch Gefangene aus dem Land bzw. der Stadt – recht genaue Kenntnisse, auch über Personen und deren Aufgaben, gehabt haben. Nach 52, 25 nahmen sie den „Schreiber" fest, der „die Landbevölkerung zum Kriegsdienst aufbot". Auch die doppelt erhaltene Liste von Heimkehrern aus dem Exil nennt Gruppen, die „nach Jerusalem und Juda zurückkehrten, ein jeder in seine Stadt" (Neh 7. 6; Esr 2, 1). Das innerhalb eines Teils der Liste Neh 7, 25 ff auffällige „Fehlen einer Nennung von Männern von Mizpa erklärt sich wohl daraus", dass Nebukadnezzar dem Sitz des von ihm als Verwalter eingesetzten Gedalja „nicht die für die Versorgung des Verwaltungssitzes erforderlichen Bewohner entziehen wollte und deshalb auf deren Deportation verzichtet hatte" (K.D. Schunck, BK XXIII/2, 2009, 212).

[11] Der Deportiertenzug ist – von Jerusalem (vgl. 39, 14) weg – schon in Rama (40, 1). Von dort geschieht das „Zurück- bzw. Umkehren" (V 5) zu Gedalja nach Mizpa. Setzt V 5 den vorliegenden Text von 39, 14 oder einen Aufenthalt in Mizpa voraus? Von einem Hin und Her (zunächst nach Mizpa, von dort weg und zurück) ist keine Rede.

[12] Mit ihren Wendungen; vgl. Jer 11, 8. 17; bes. 16, 10; 44, 23; sachlich auch 22, 8 f u. a.; dazu W. Thiel II, 58 ff.

Jeremias Intention überein, allerdings in einer auf Grund der offenkundigen Situation für Außenstehende einsichtigen Fassung. Dabei verbinden sich wenigstens zwei Aussage-Absichten. Der fremde Machthaber übernimmt die – gemäß der Grundform prophetischer Verkündigung mit Zukunftsansage und Anklage zweigliedrigen – Botschaft: a) die Zukunfts- bzw. Gerichtsansage, bestätigt so deren Erfüllung und gibt b) eine Begründung, die in der Schilderung von Kap. 39 fehlt. Richtet sich die Rede über den Adressaten hinaus so zugleich an das Volk, Selbsteinsicht zu gewinnen?

Unmittelbar zuvor (39, 18) äußert sich in Wort und Tat des Äthiopiers „Vertrauen" auf Gott, dagegen hier Ungehorsam, Schuld bei dem Volk (40, 3). Im Vergleich mit der Zusage an den Äthiopier treten Gemeinsamkeit und Unterschied hervor: Das dort in Gottes Ich-Rede noch angesagte Unheil (39, 16) hat sich erfüllt. Der Feldherr spricht über das angedrohte und eingetretene Unheil in 3.Person von Gott, und zwar nicht unbestimmt-allgemein, sondern mit dem Namen „Jahwe, dein Gott". Wie in Jeremias Botschaft ergeht im Rahmen allgemeinen Unheils das Heil an die Einzelperson: dort an den Äthiopier, hier an Jeremia. Der Feldherr kündet – in einer auch als Gottesrede (wie 1, 9; 45, 4) benutzten Form „Siehe, ich" – die Freilassung an, die er zugleich durchführt.

Sachlich ist die Rede insofern nicht ganz ohne Hintergrund, als Jeremias Botschaft in ihren Auswirkungen als pro-babylonisch verstanden werden konnte.[13] Sieht der Feldherr Jeremia keineswegs nur als Unterstützer pro-babylonischer Politik, sondern als „Vertreter" oder Beauftragten einer höheren Macht an, von der er – nicht ohne Ehrfurcht – spricht? In der Rede vollzieht sich eine Anerkennung der Botschaft Jeremias mit ihrer Wahrheit, höchstens *indirekt* auch des Gottes Israels; er bleibt „dein", Jeremias, Gott. Allerdings geht der geschichtliche Rückblick noch einen Schritt weiter: Die Zerstörung gilt nicht als Strafhandlung der eigenen (babylonischen) Großmacht, sondern als Werk des Gottes (V 3), der sie auch angekündigt hatte: Jahwe „hat herbeigeführt". So wird das durch die Babylonier vollzogene Geschehen letztlich als Gericht des Gottes Israels (an seinem Volk) angesehen. Handelt (nach 27, 5 ff) Nebukadnezzar nicht im Auftrag dieses – ihm selbst unbekannten – Gottes?

Jetzt erst ist Jeremia ausdrücklich (40, 4) volle Bewegungsfreiheit gegeben, ist der (37, 4 skizzierte) verlorene Zustand wieder erreicht oder übertroffen. Den Auftrag Nebukadnezzars, auf Jeremia „die Augen zu richten" (39, 12; 40, 4), nimmt Nebusaradan an, schränkt seine Zusage, auf ihn (wohlwollend oder auch ehrenvoll) zu achten, allerdings räumlich für den Fall ein, dass sich Jeremia mit nach Babel begibt. Auf Grund seiner Wahl wird Jeremia diese gegenwärtig erfahrene Achtung in Zukunft nicht mehr zuteil. Er entscheidet sich nach dem Kriterium, „mitten im Volk"[14] zu sein. Jedoch kommt Jeremias Wahl keine bleibende Bedeutung auf Dauer zu; entgegen seiner Absicht wird

---

[13] Vgl. 38, 4. 17 (s. dort).
[14] Jer 40, 5 f; dazu o. Anm. 5.

er später genötigt, nach Ägypten zu ziehen. Besteht so nicht wieder ein Spannungsmoment im Erzählverlauf? Anstelle der beiden ihm gewährten Möglichkeiten wird er zu einem anderen, dem letzten bekannten Lebensweg gezwungen.

Von den fremden Herrschern wird – wohl aus politischer Einsicht, für die Judäer erfreulicherweise – ein Landsmann mit der Verwaltung betraut: *Gedalja*[15]. Er stammt nicht mehr aus der Daviddynastie, die das Vertrauen der Babylonier (vgl. 37, 1) missbraucht hat, sondern aus einer angesehenen Familie.[16] Seine Amtseinsetzung wird erst im *Rückblick* erzählt. Er wird „über die Städte Judas" (40, 5; nicht über Jerusalem?) bzw. „über das Land gesetzt", ihm die dort verbliebene Bevölkerung „unterstellt" (V 7). Angesichts des weiter im Land residierenden babylonischen Oberbefehlshabers Nebusaradan in Rama (39, 9 f u. a.) bleibt das Amt Gedaljas schwer genau zu bestimmen. Dabei währt die militärische Vorherrschaft der Babylonier über längere Zeit, bleibt über mehrere Jahre erhalten (nach 52, 30 bis zur dritten Deportation 582 v. Chr., zumindest noch fünf Jahre). So erscheint er unterhalb der babylonischen Militärherrschaft als Beauftragter oder Bevollmächtigter.[17]

Da die Babylonier Amtspersonen in Jerusalem und Juda gut kennen[18], ist die Frage nicht abwegig: Ist Gedalja von vornherein, schon vor Eroberung der Stadt, ausersehen? Dann wäre die Mitteilung 39, 14 erst recht verständlich. Gegenüber dem zerstörten Jerusalem und vor allem gegenüber dem Sitz des babylonischen Feldherrn hat Gedalja – zumindest für das Volk – in seinem Amtssitz in Mizpa[19] eine gewisse Selbständigkeit, insofern auch eine Nähe zum Volk oder gar eine Verbundenheit mit ihm („mitten unter dem Volk"). Gedaljas Amtszeit dauerte, auch wenn sie sich nicht eindeutig abgrenzen lässt, kaum lange.[20]

---

[15] Er ist schon zuvor genannt (39, 14), zu unterscheiden von Gedalja, Sohn Paschhurs (38, 1–6).

[16] Nebukadnezzar gab der „Kolonie einheimische Verwaltung; er übertrug aber die Aufsicht nicht einem der königlichen Prinzen"; „die davidische Familie hatte das Vertrauen endgültig verscherzt. Gedalja dagegen stammt aus einer bewährten Familie", die mit Jeremia ähnlicher „Gesinnung war. Der Vater Gedaljas war Achikam, der Beschützer Jeremias (26, 24); der Großvater Schafan war der Staatssekretär Josias (2 Kön 22, 8)." (P. Volz 350) Die zumeist angenommene Identität des Vorfahren mit dem Kanzler Josias ist wahrscheinlich, aber nicht fraglos sicher. Vgl. HAL 1508; auch I, 3 Anm. 9; Lit.: XIII.

[17] K.D. Schunck (FS W. Thiel, AOAT 380, 2010, 359–364) nennt ihn einen „Sonderbeauftragten", A. Alt (KS II, 329 Anm. 2) einen „Kommissar". Vgl. J. Weinberg, ZAW 119, 2007, 356–368; HTAT 408. 498 Anm. 263.

[18] Vgl. o. Anm. 10.

[19] Vgl. Ri 20, 1. 3; 1 Sam 7, 5 ff; 10, 17; dazu R. Liwak, Mizpa: TRE 23, 1994, 121–124; S.L. Mc Kenzie, Mizpah of Benjamin ..., in: K.-D. Schunck/M. Augustin (Hg.), „Lasset uns Brücken bauen ...": BEAT 42 (1998) 149–155; W. Dietrich, BK VIII/1, 2011, 318.

[20] Der Text bringt die Ereignisse in weniger als einem Jahr (bei Jahresbeginn im März) unter: 4. Monat (39, 2; 52, 6); 5. Monat (52, 12); 7. Monat 41, 1 (passend zur Ernte 40, 10. 12).

Steht in der Einstellung zu Gedalja nicht die Gestaltung der Zukunft im Land auf dem Spiel (40, 15): „Sollte der Rest Judas zugrunde gehen?" In Mizpa spielt das folgende Geschehen.

Ereignisse nach dem Untergang Jerusalems bei den im Land Verbliebenen
Jer 40, 7–41, 18
Gedaljas kurze Amtszeit.
Zweifache Warnung vor einem Anschlagplan
Jer 40, 7–16

7 Als alle Obersten, die (noch) im Feld waren, sie und ihre Mannschaft[1], hörten, dass der König von Babel Gedalja, den Sohn Achikams, über das Land eingesetzt hatte und dass er ihm Männer, Frauen und Kinder, und (zwar) von den Armen im Land[2], die nicht nach Babel ins Exil geführt worden waren, übergeben hatte, 8 kamen sie zu Gedalja nach Mizpa, nämlich Jischmael, der Sohn Netanjas, und Johanan und Jonatan, die Söhne Kareachs, Seraja, der Sohn Tanchumets, und die Söhne Efais, des Netofatiten[3], und Jaasanja[4], der Sohn des Machatiten[5], sie und ihre Männer. 9 Da schwor Gedalja, der Sohn Achikams, des Sohnes Schafans, ihnen und ihren Männern: „Fürchtet euch nicht davor, den Chaldäern zu dienen! Bleibt im Land und dient dem König von Babel, damit es euch gut geht! 10 Ich aber, siehe, ich bleibe in Mizpa, um (dienstbar) vor den Chaldäern zu stehen[6], die zu uns kommen. Ihr aber, sammelt Wein, Obst[7] und Öl ein und gebt (sie) in eure Gefäße! Und bleibt in euren Städten, die ihr innehabt!"[8] 11 Auch alle Judäer, die in Moab, unter den Ammonitern und in Edom und die in allen

---

[1] Wörtlich: „ihre Männer".

[2] „Die Niedrigen / Armen im Land" sind Personen ohne Grundbesitz (vgl. 39, 10). Stellen sie nach den genannten Familienkreisen eine zusätzliche Gruppe dar, oder liegt eine erläuternde Näherbestimmung vor?

[3] Netofa liegt wenige Kilometer südlich Bethlehem, bereits nahe der Südgrenze Judas zu Edom (vgl. zu 41, 17).

[4] Von dem V 8 (hier: Jesanja) bzw. 2 Kön 25, 23 genannten Jaasanja ist vermutlich ein Krugstempel erhalten; vgl. HTAT 379 f. Vgl. noch 42, 1 (dort Anm. 1).

[5] Ob das in der Bezeichnung begegnende Maacha den weit ab, nord-östlich des Sees Genezareth gelegenen Ort (Jos 13, 11 ff; 2 Sam 10, 6 ff) meint, ist unsicher.

[6] „Stehen vor" meint „ehrerbietig vor" oder „im Dienst stehen"; vgl. 15, 19 (I, 283 Anm. 140); 35, 19; 52, 12. Die Chaldäer (vgl. Anm. 3 zu 37, 5) „kommen" (40, 9), ja sind schon im Wachpersonal (41, 3) anwesend.

[7] Genauer: das „Sommerobst", wie Feigen (HAL 1026 f).

[8] Wörtlich: „ergriffen habt" (vgl. gewaltsam: 26, 8; 34, 3; 37, 13 f). Vermutlich ist „an durch Krieg und Deportation ganz oder teilweise entvölkerte Ortschaften" gedacht (A. Graupner, Auftrag 129 Anm. 69).

Ländern[9] waren, hörten, dass der König von Babel einen Rest in Juda gelassen und dass er Gedalja, den Sohn Achikams, des Sohnes Schafans (als Verwalter) über sie gesetzt hatte. 12 Da kehrten alle Judäer aus allen Orten, zu denen sie versprengt worden waren, zurück[10] und kamen ins Land Juda zu Gedalja nach Mizpa. Und sie ernteten Wein und Obst in großer Menge.

13 Und Johanan, der Sohn Kareachs, und alle Heeresobersten, die noch im Feld (gewesen) waren, kamen zu Gedalja nach Mizpa. 14 Sie sagten zu ihm: „Weißt du auch, dass Baalis, der König der Ammoniter, Jischmael, den Sohn Netanjas, gesandt hat, dich[11] zu erschlagen?" Aber Gedalja, der Sohn Achikams, glaubte ihnen nicht.

15 Da sprach Johanan, der Sohn Kareachs, zu Gedalja insgeheim in Mizpa: „Ich will hingehen und Jischmael, den Sohn Netanjas, erschlagen, und niemand soll es erfahren. Warum soll er dich ums Leben bringen, so dass ganz Juda, das bei dir versammelt ist, zerstreut wird und der Rest Judas zugrunde geht?" 16 Aber Gedalja, der Sohn Achikams, sprach zu Johanan, dem Sohn Kareachs: „Tu dies[12] nicht; denn du redest Lüge über Jischmael!"

Der Abschnitt mit seinen Unterteilen schließt sich an V 6 an, setzt so den Zusammenhang voraus:

V 7–12 Hinwendung zu Gedalja (vgl. 40,5 f)
    V 7 f der Obersten mit ihren Mannschaften. Vgl. 2 Kön 25,(12.)23
    V 9 f Gedaljas Rede. Vgl. 2 Kön 25,24
  V 11–12a Rückkehr aus den Nachbarländern
  V 12b Gute Ernte in der Notlage
  V 13 f Benachrichtigung Gedaljas durch die Obersten unter Führung Johanans
    über den geplanten Anschlag
  V 15 f Johanans Geheimgespräch mit Gedalja

Das Verhältnis von Jer 40,5 ff zu dem weit knapperen Paralleltext 2 Kön 25,22–26 ist nicht leicht zu durchschauen, vielmehr komplex und strittig. Auf welcher Seite liegt die Abhängigkeit? Ist die Erzählung im Jeremiabuch in Anknüpfung an die Königsbücher erheblich erweitert? Eher haben sie umgekehrt die im Jeremiabuch bezeugte breitere Darstellung gestrafft.

In 40,7–41,18 wird der Hintergrund von Jeremias Wirken aufgezeigt, der zum Verständnis des Folgenden, seiner Befragung und dann der Nötigung zur Auswanderung, notwendig ist. Jeremia selbst wird nicht genannt – ist er

---

[9] Die LXX bezeugt den Singular „im ganzen Land". Nach den ostjordanischen Ländern ist eher gemeint: in allen übrigen benachbarten Ländern.

[10] Der erste Halbvers fehlt in der LXX. Vielleicht lässt sich ein Motiv erschließen: Die im Erzählzusammenhang auf die Nachbarländer bezogene Nachricht könnte die LXX – im Anschluss an redaktionelle Ausmalungen des Gerichts (wie 8,3; 24,9) und dessen erwartete Aufhebung (23,3.8; 29,14; 32,37) – als Vorwegnahme der Rückkehr aus dem Exil und der Diaspora missverstanden und hier getilgt haben (A. Graupner, Auftrag 131 Anm. 74).

[11] Wörtlich: „deine Seele" im Sinne von „deine Lebenskraft" oder „dein Leben".

[12] Wörtlich: „dieses Wort / diese Sache" im Sinne von „dieses Vorhaben".

nicht trotzdem „präsent"?[13] Gedalja vertritt eine Jeremias Einsichten (27, 11; 38, 17; 42, 9 ff u. a.) entsprechende Politik, ja sein Rat, den er für seine Person durch Schwur bekräftigt (40, 9 f), klingt wie eine politische Aufnahme von Jeremias Verkündigung: a) unter babylonischer Vorherrschaft zu bleiben, so das Leben zu bewahren und b) es im einfachen Vollzug zu führen, aber mit Hoffnung auf wirksames Handeln, wie ertragreiches Ernten.[14] So erscheint das Thema zunächst im Brief an die Exulanten (29, 5) mit dem Aufruf, „Häuser zu bauen", die Früchte der Gärten zu essen, dann in der Verheißung für Jerusalems nähere Umgebung (32, 15), „Häuser, Felder, Weinberge zu erwerben". Gedaljas Rat geht in zweierlei Hinsicht noch darüber hinaus: c) das Gesammelte in Gefäßen aufzubewahren, Vorräte anzulegen, so über die Gegenwart hinaus in die Zukunft zu schauen, Vorsorge zu treffen. d) Die Aufforderung „Wohnt!" (29, 5) erscheint in der für die Situation gemäßen Form „Wohnt in den Städten!", die – durch das Kriegsgeschehen geschädigt, kaum bevölkert – „ergriffen" werden. Dabei sucht Gedalja seinen Landsleuten die Furcht vor der babylonischen Vorherrschaft zu nehmen und gibt für sich selbst die feste Zusicherung, in Mizpa zu bleiben.

Der ermunternde Zuspruch zu der alltäglich oder schlicht wirkenden Lebensweise steht einerseits im Gegensatz zu Gerichtsankündigungen und zu dem kurz vorher[15] in der belagerten Stadt erfahrenen Nahrungsmangel. Andererseits verbirgt sich – darf man aus Nicht-Gesagtem schließen – in dem Aufruf wieder ein Hintergedanke: eine Zuversicht ohne (baldige) Erwartung eines größeren nationalen oder auch kultischen Ziels, ohne politische Selbständigkeit und Streben nach Wiedererrichtung des Staates oder auch des Tempels.

Das unter der Bedingung des Verlusts eigener Unabhängigkeit unter babylonischer Vorherrschaft versprochene normale „gute"[16] Leben wird tatsächlich durch reichen Ertrag (40, [10.] 12; vgl. 41, 8) Wirklichkeit. Ist die Ernte nicht ein Segen, nach und in allem Ungemach ein Zeichen des Neubeginns? Die Hoffnung mit Aufbruchstimmung währt allerdings nicht lange. Nach der Katastrophe ist die Situation keineswegs, wie es für den Aufbau erforderlich wäre, ruhig; vielmehr stehen sich gegensätzliche Interessen oder Absichten gegenüber. Der allmählich aufkommenden neuen Lebensmöglichkeit droht ein weiterer tiefer Umbruch – durch schreckliche Begebenheiten. Mit der guten Nachricht von V 12 endet zugleich die kurze glückliche Zwischenzeit.

„Die noch im Feld waren" (V 7) meint wohl die Truppenteile, die nicht an der Verteidigung Jerusalems beteiligt waren und sich nach der Katastrophe noch im Land verstreut (vgl. 52, 8) aufhielten; in dem Chaos handelten sie

---

[13] Er tritt nach 40, 6 erst wieder 42, 1 f auf. Nach 40, 5 f war Jeremia „mit" (übersetzt: „bei") Gedalja.

[14] Vgl. die Auslegung zu 29, 5; 32, 15; gegenüber Gerichtsankündigungen 3, 2 f; 5, 17; 6, 20 f; auch 6, 12.

[15] Vgl. (außer Anm. 13) 37, 21; auch 38, 9; 52, 6; dazu 42, 14.

[16] „Damit es dir / euch gut geht" wie 38, 20.

eine kurze Zeit selbständig, schlossen sich jetzt Gedalja an. Einleitend nennt V 8 die beiden Truppenführer, die das künftige Geschehen als Gegenspieler bestimmen: Jischmael (vorgestellt 41, 1) und Johanan. Hier treten beide noch gemeinsam auf. Macht dieses Miteinander nicht auch verständlich, dass der eine Offizier von Absichten des anderen erfahren hat?

Der Kreis derer, die sich zu Gedalja begeben, erweitert sich nach den Heeresabteilungen, die ihn anerkennen oder, wie der Gang der Dinge lehrt, sich ihm nur anzuvertrauen scheinen, nochmals (V 11): „und auch" Flüchtlinge aus den umliegenden, zumal östlich wohnenden Völkern[17].

Die Kennzeichnung „die noch im Feld waren" greift V 13 auf, allerdings mit zwei Änderungen: Jener Kreis der Obersten tritt a) ohne ihre Mannschaft („ihre Männer" V 7) und b) ohne Jischmael auf, der dort (V 8) zuerst genannt wird. Jetzt tritt Johanan (V 13) hervor, der dann (V 15) allein zum Sprecher wird. Teilen V 7 f allgemein die Hinwendung zu Gedalja mit, so zielt V 13 auf das Gespräch. Die Gruppe der Obersten wendet sich gleichsam persönlich an Gedalja. So zeichnet sich der Konflikt mit Jischmael ab; er wird zum Objekt der Rede, dabei der Mordabsicht beschuldigt.

Als Anstifter der Verschwörung gelten die *Ammoniter*[18], ja (V 14) der König Baalis[19] selbst. Jedenfalls gewähren sie, wie sie mit den anderen ostjordanischen Nachbarn (V 11) Flüchtlinge aufnehmen, den Tätern Schutz, sind Fluchtziel (41, 10. 15), unterstützen so die Bewegung gegen Gedalja. Zumindest müssen die Ammoniter in Absprache oder im Einklang mit diesen Aufständischen stehen, die mit dem von den Babyloniern eingesetzten Amtsträger auch babylonisches Wachpersonal (41, 3) erschlagen. Eine Begründung, etwa durch politische Motive, wird nicht angegeben, ist nur zu vermuten. Diese anti-babylonische Haltung entspricht der Tendenz, die vorher in der nach 27, 3 geplanten Koalition zum Ausdruck kommt. Gibt es wieder gemeinsame Interessen? Wenden sich die Ammoniter gegen jede Zusammenarbeit mit den Babyloniern? Oder ist ihnen ein unter babylonischer Herrschaft langsam wieder aufblühendes Nachbarland nicht recht, ziehen sie ein schwaches Juda vor? Jedenfalls scheint dieser Politik auf Dauer kein Erfolg beschieden zu sein.[20]

Nach der Ablehnung der Warnung vor dem geplanten Anschlag durch Gedalja bleiben die Offiziere nicht bei ihm. Haben die militärischen Gruppen (zumindest teilweise) den Rat (V 10) befolgt, sich in den verlassenen Ortschaften niederzulassen? Die Neuansiedlung oder Rückkehr mag die Aufteilung mit dem Wegzug von Mizpa erklären. Jedenfalls waren die Gruppen um

---

[17] „Zunächst ist es Jeremias Entscheidung … Dann folgen die militärischen Führer, die sich auf das Akzeptieren der babylonischen Herrschaft einlassen", zuletzt „die zu den Nachbarn versprengten Judäer" (G. Fischer II, 378).

[18] Vgl. 40, 14; 41, 10. 15; bes. zu 49, 1–6.

[19] Der Name Baalis (40, 14) ist vermutlich auf zwei Siegeln erhalten; vgl. HTAT 375.

[20] Vgl. zu 49, 1–6 (Lit.).

Johanan bei dem grausamen Geschehnissen nicht anwesend: „Sie hörten" erst von Gedaljas Ermordung, die ihnen noch unbekannt[21] ist.

Die folgende Szene bringt 40, 15 f eine Bekräftigung oder Steigerung. Die zweite Unterredung vollzieht sich unter vier Augen (wie zuvor Jeremias Gespräch mit dem König 37, 17; 38, 16) „insgeheim". Johanan, der fest mit der Mordabsicht rechnet, nimmt (V 14) den Plan zu „erschlagen" auf, um aus Sorge um die Zukunft des Volkes mit seinem Vorhaben größeres Ungemach zu verhindern. In seinem Wort (V 15) vereinigt sich das aufkommende, sich andeutende Heil „ganz Juda bei dir versammelt" und das drohende Unheil, dass „der Rest Judas zugrunde geht". Kehrt sich die Folge „Zerstreuen – Sammeln" (vgl. 31, 10) noch einmal um? Wie der König Zedekia nicht auf Jeremias Rat hört (vgl. 38, 15), so verkennt Gedalja Situation und Person, unterschätzt die Gefahr, schlägt zu vertrauensvoll, vielleicht auch aus Hoffnung auf Eintracht und Frieden in der sich abzeichnenden Wende, die Warnung in den Wind, ohne Vorsicht walten zu lassen.

Stillschweigend setzt die Darstellung voraus, dass diejenigen, die Gedalja zur Seite standen, wie Jochanan, den Ort verlassen, so nicht als Beschützer auftreten können, die im Folgenden kurz beschriebene Tat erst erfahren müssen. Nach Gedaljas Tod wird Jochanan zur entscheidend handelnden Person (41, 11 ff); auf Grund seiner Befürchtungen (42, 7 ff) bestimmt er allerdings später entgegen Jeremias Auskunft und Absicht dessen Lebensweg.

Im Erzählzusammenhang spielt der für das Selbstverständnis wichtige, hier aber kaum schon festgelegte Begriff „Rest" eine Rolle. „Das Volk, das im Land übriggeblieben war" (40, 6) bezeichnet den von der Verbannung verschonten, verbliebenen Teil der Bevölkerung.[22] Gedalja wird über diesen „Rest" eingesetzt (40, 11); er umfasst alle Judäer, die sich, auch aus Nachbarländern, bei ihm „gesammelt" haben (40, 15; vgl. 41, 3). „Der ganze ‚Rest des Volkes', der „in Mizpa übriggeblieben war", wird von Jischmael in Richtung Osten gefangen weggeführt (41, 10), wechselt in Gibeon zu Johanan über (41, 13 f), wird aber erneut von Johanan, jetzt nach Süden, weggeführt (41, 16). „Von vielen sind" offenkundig „nur wenige übrig geblieben" (42, 2). Im Erzählverlauf liegt – schon durch die mehrfache Näherbestimmung der Gruppe – die Vorstellung eines menschenleeren Landes (noch) nicht nahe; es ist kaum die gesamte Bevölkerung aus allen Dörfern und Städten im ganzen Land gemeint (vgl. Leute bei der Ernte 40, 12). Möglicherweise gibt es aber Erweiterungen mit einer entsprechenden Tendenz (wie 43, 5 f).

---

[21] Jer 41, 11; vgl. V 4: „Niemand wusste"; dazu 36, 19; 38, 24.

[22] Schon bei den babylonischen Heerführern ist vom „ganzen Rest der Obersten" (39, 3; vgl. dort Anm. 3) die Rede. In anderer Ausdrucksweise sind „die übrig Gebliebenen" (39, 9) die nach Eroberung der Stadt noch anwesende Bevölkerung, die das Schicksal der Deportation erfährt. Vgl. sachlich auch die Nachricht von im Land versprengten Truppenteilen (40, 7. 13; 52, 8); auch zu 42, 17. Einige der oben genannten Angaben fehlen in der LXX; sie hat wohl eine andere Situation vor Augen. Der Terminus „Rest" begegnet auch in (jerdtr) redaktionellen Texten (8, 3; 23, 3); vgl. noch Hag 1, 12. 14; 2, 2. Die Jeremia vorgegebene (Am 5, 19 u. a.; vgl. zu 42, 17 Anm. 25) Vorstellung, dass es keinen Rest geben wird, klingt auch bei ihm (Jer 6, 9. 30 u. a.) an. Die Chronik nimmt eher diese Überlieferung verschärft auf.

In sich entspannender Situation durch Grausamkeiten neue Unruhe. Gedaljas Ermordung mit den Folgen Jer 41, 1–3

1 Und es geschah im siebten Monat, da kam Jischmael, der Sohn Netanjas, des Sohnes Elischamas, aus königlicher Abstammung, und (zwar von) den Großen des Königs[23], und mit ihm zehn Männer zu Gedalja, dem Sohn Achikams, nach Mizpa. Als sie dort in Mizpa gemeinsam Brot aßen, 2 stand Jischmael, der Sohn Netanjas, auf sowie die zehn Männer, die mit ihm waren, und erschlugen Gedalja, den Sohn Achikams, des Sohnes Schafans, mit dem Schwert. So töteten sie[24] den, den der König von Babel (als Verwalter) im Land eingesetzt hatte. 3 Auch alle Judäer, die bei ihm, bei Gedalja, in Mizpa waren, und die Chaldäer, die Kriegsleute, die sich dort befanden, erschlug Jischmael.

Der knappe Bericht führt einerseits die Erzählung (von 40, 6. 7 f) mit der Ortsangabe weiter, knüpft andererseits an die letzten beiden Unterredungen (40, 13 f.15 f) an. Die in ihnen als Plan enthüllte schreckliche Möglichkeit verwirklicht sich tatsächlich: Aus diesen warnenden Gesprächen (40, 14 f) wird das die Tat kennzeichnende Verb „erschlagen" aufgenommen. An Gedaljas Einsetzung wird ausdrücklich erinnert (40, 7; 41, 2); unter seiner Amtsführung begann sich die Situation durch die Sammlung um ihn zu bessern. Noch der hinterlistige Aufruf (41, 6) nutzt diese Ausrichtung: „Kommt zu Gedalja!" Dieses langsam aufbrechende, durch reiche Ernte (40, 12) unterstützte neue Leben wird vom Heerführer Jischmael (nach 40, 8. 14 f bes. 41, 1) durch Gedaljas Ermordung jäh beendet.[25] Ein gemeinsames Mahl, das ein vertrauensvolles Miteinander voraussetzt und verwirklicht, wird hinterlistig ausgenutzt, die gewährte Gastfreundschaft schändlich missbraucht.[26]

Der Grund für das brutale, alle Hoffnung zerschlagende Vorgehen hat vielleicht mehrere Aspekte:

Die Zusammenarbeit mit den Babyloniern soll beendet werden: Ausdrücklich wird (41, 2) daran erinnert, dass Gedalja von ihnen als Amtsperson eingesetzt ist; außerdem werden deren Vertreter (wohl Wachsoldaten; V 3) getötet. Selbst das Leben in Mizpa wird zumindest erschwert, indem das

---

[23] Die letzte Angabe „und die Großen des Königs", die in der LXX fehlt, bezeichnet vielleicht keine zusätzliche Gruppe, sondern bestimmt die Herkunft näher. Eine weitere Verbindung zum königlichen Hof stellen im Folgenden (V 10) „die Töchter des Königs", die Prinzessinnen, dar.

[24] Der hebräische Text sieht die Verantwortung allein bei Jischmael: „und er tötete".

[25] Die Nachricht findet sich kürzer, eher zusammenfassend, auch 2 Kön 25, 25.

[26] Vgl. 2 Sam 13, 28 f.

Wasser der Zisterne[27] – zur Versorgung der Bevölkerung – ungenießbar (V 7) wird.

Nicht Gedalja, aber Jischmael / Ismael ist „königlicher Abstammung" (V 1), d. h. aus davidischem Geschlecht, wohl im weiteren Sinne (vgl. 39, 6), aus einer Seitenlinie. Fühlte er sich so irgendwie bevollmächtigt, für seine Tat gerechtfertigt? Will er sich etwa rächen für das, was der Königsfamilie angetan ist?

Erhob er in diesem dynastischen Zusammenhang selbst, aus eigenem Machtstreben, gar irgendeinen Herrschafts-Anspruch? Dafür kann auch sprechen, dass sich unter den Gefangenen Prinzessinnen[28] (V 10) befinden. War nach den Erfahrungen, die die Babylonier (vgl. 37, 1) machen mussten, aber nicht jede Hoffnung von vornherein eine Illusion?

Ermordung der Pilger durch Jischmael
Jer 41, 4–9

4 Am folgenden Tag[29] nach der Ermordung Gedaljas geschah es, und niemand wusste (schon davon): 5 da kamen Männer von Sichem, Schilo und Samaria, 80 Mann, die den Bart geschoren, die Kleider zerrissen und sich Schnittwunden beigebracht, Gabe und Weihrauch in ihren Händen hatten, um (sie) zum Haus Jahwes zu bringen. 6 Da ging Jischmael, der Sohn Netanjas, hinaus ihnen entgegen von Mizpa, beim Gehen immerzu weinend. Und es geschah, als er sie traf, sagte er zu ihnen: „Kommt zu Gedalja, dem Sohn Achikams!" 7 Als sie in die Mitte der Stadt kamen, schlachtete Jischmael, der Sohn Netanjas, sie (und warf sie[30]) in die Zisterne – er und die Männer, die bei ihm waren. 8 Aber zehn Männer, die sich unter ihnen befanden, sprachen zu Jischmael: „Töte uns nicht; denn wir haben verborgene Vorräte im Feld: Weizen, Gerste, Öl und Honig!" Da ließ er (von ihnen) ab und tötete sie nicht inmitten ihrer Brüder. 9 Die Zisterne, in die Jischmael alle Leichen der Männer, die er erschlagen hatte, geworfen hatte, war ‚eine große Zisterne'[31], die der König Asa wegen Baschas, des Königs

---

[27] Zur Zisterne vgl. bei Jer 37, 16 Anm. 10.

[28] V 10. Sie waren zuvor nicht genannt; V 16 spielt aber auf ihre Umgebung an.

[29] Wörtlich: „am zweiten Tag"; vgl. Ex 2, 13; dazu HAL 1482.

[30] Mit dem Rückbezug V 9 ist das Verb sinngemäß zu ergänzen. „In die Mitte (der Zisterne)" ist wohl irrtümliche Wiederholung der unmittelbar vorausgehenden Ortsangabe. Nachholend wird die Zisterne V 9 bestimmt, so zugleich von anderen unterschieden.

[31] Der hebräische Text „durch die Hand Gedaljas" ist wohl eine Verschreibung der graphisch ähnlichen, in der LXX bezeugten Lesart.

von Israel[32], gemacht hatte. Sie füllte Jischmael, der Sohn Netanjas, mit den Erschlagenen.

Die einleitende Bemerkung, nach der noch niemand etwas von Gedaljas Ermordung erfahren hatte, deutet trotz Zusammenhang beider Szenen an, dass die Pilger aus einem anderen Grund klagen. Sie kamen mit ihren Trauerriten[33] aus drei im Nordreich gelegenen Orten[34] in das zerstörte Heiligtum von Jerusalem. Die Auskunft „im siebten Monat"[35] kann auf das im Herbst stattfindende Laubhüttenfest (vgl. Lev 23, 34) hindeuten; später sind dann Fasten oder Klagefeiern[36] belegt.

Mindestens muss der Zion ein hohes Ansehen genießen, als besonderer Kultort oder gar mehr: als einzig gültiges Heiligtum anerkannt sein. Verbirgt sich in der Nachricht ein Hinweis auf die Reform – mit Ausdehnung in den Norden? Die Erzählung 41, 4 ff bietet einen frühen Beleg für die Praxis[37], während 31, 6 Ephraim zur Wallfahrt nach Jerusalem auffordert. Trotz Zerstörung, auch ohne unversehrtes Gebäude, bleibt der Zion eine heilige Stätte; anscheinend sind Opfer (auf dem Altar) weiterhin möglich. Eine Begründung für das Verbrechen ist schwer einsichtig. Warum werden friedliche Pilger „abgeschlachtet"? Mit dem Verb[38] enthält die Darstellung bereits ein wertendes Urteil; erscheint die Tat nicht unmenschlich? Sollte vielleicht der Weg, die Verbindung mit Jerusalem, auf radikale Weise – mit einer Mordtat – unterbunden werden? Wäre diese Absicht aber nicht gegenläufig zu Jischmaels davidischer Abstammung? Immerhin könnte die Beziehung zu dem von Babyloniern beherrschten Jerusalem verdächtig erscheinen. Oder handelte dieser Heerführer (vgl. 40, 7 f) in den durch die Katastrophe entstandenen Verhältnissen, die zur Verrohung beigetragen haben werden, aus Mordlust wie im Blutrausch? Geschieht die grausame Tat (angesichts der mitgeführten Gaben) aus Habgier? Sie wird ein, aber kaum das einzige Motiv sein. Immerhin kann ein Geständnis dem Töten wenigstens Einhalt geben: Hoffnung auf verborgene Lebensmittel-Vorräte.[39]

---

[32] Der historische Rückverweis V 9 reicht weit zurück. Zu den frühen Grenzstreitigkeiten zwischen Nord- und Südreich (grob um 900 v. Chr.) vgl. 1 Kön 15, 16 ff, bes. V 22.

[33] Vgl. 16, 6 f (dazu I, 289 f); auch zu 38, 22 f (mit Anm. 48). Zu solchen Trauerriten gehört traditionell (vgl. 1 Kön 18, 28; von Moab: Jer 48, 37) auch, „sich Schnittwunden beizubringen" (16, 6; 47, 5), was später dem Verbot unterlag (vgl. gemeinsam mit anderen Riten Dtn 14, 1; Lev 19, 27 f; 21, 5).

[34] Zu Schilo vgl. 7, 12. 14 (dazu I, 179 Anm. 34).

[35] V 1 bei Zählung im Frühjahrsbeginn mit der sich anschließenden Tagesangabe V 4.

[36] Sach 7, 3. 5; 8, 19; dazu I, 263.

[37] Setzt der Pilgerweg nicht eher die Kultzentralisation (vgl. I, 3 f) voraus? Der Wortlaut des Aufrufs 31, 6 ist vermutlich erst später formuliert. Die Praxis wird älter sein und kann durch die Reform verstärkt sein. Vgl. 3, 14 ff; auch zu 44, 15 ff.

[38] Vgl. 39, 6; durchweg von Tieren.

[39] Vgl. 40, (10.)12; zu den Erntegaben des Landes Dtn 8, 7 f; auch Ez 16, 13. 19.

Gefangennahme und Befreiung
Jer 41, 10. 11–15

10 Dann führte[40] Jischmael den ganzen Rest des Volkes, der (noch) in Mizpa war, gefangen fort, die Prinzessinnen und das ganze Volk, das in Mizpa übriggeblieben war[41], das Nebusaradan, der Oberste der Leibwache, Gedalja, dem Sohn Achikams, anvertraut hatte. Und Jischmael, der Sohn Netanjas, führte sie gefangen fort, und er brach auf, zu den Ammonitern hinüberzugehen.
11 Als Johanan, der Sohn Kareachs, und alle Heeresobersten, die mit ihm waren, all das Böse hörten, das Jischmael, der Sohn Netanjas, angerichtet hatte,   12 nahmen sie alle Männer, zogen aus, um mit Jischmael, dem Sohn Netanjas, zu kämpfen, und sie fanden ihn beim großen Wasser, das in Gibeon[42] ist.   13 Es geschah, als das ganze Volk, das bei Jischmael war, Johanan, den Sohn Kareachs, und alle Heeresobersten, die bei ihm waren, sahen, freute es sich.   14 Da wandte sich alles Volk, das Jischmael aus Mizpa gefangen weggeführt hatte, (von ihm) ab, kehrte um und ging zu Johanan, dem Sohn Kareachs, (über).   15 Jischmael, der Sohn Netanjas, rettete sich mit acht Mann vor Johanan und ging zu den Ammonitern.

Werden die beiden handelnden, für das Geschehen entscheidenden Personen mehrfach mit Angabe des Vaternamens angeführt, als müsse ihre Identität eindeutig bestimmt bleiben, so werden die „Heeresobersten"[43], die zuvor (40, 8) zumindest teilweise mit Namen erscheinen, hier nur allgemein genannt. „All das Böse" (41, 11), in dem beide grausamen Ereignisse zusammengefasst sind, wird ruchbar und treibt Johanan und seine Getreuen zur Verfolgung des Zuges an. Kam es überhaupt zu einem eigentlichen Kampf? Wieweit genügte der Anblick der zahlenmäßig überlegenen Gruppe („aller Männer" V 12) für den Seitenwechsel (wie V 10. 14 hervorheben:) der Gefangenen? Eher erkennen sie die Verhältnisse, wechseln bei Anblick der Übermacht insgesamt[44] das Lager. Allerdings gelingt dem Haupttäter, dem eigentlich Verantwortlichen, mit acht von seinen (in V 1 genannten) zehn Anhängern die Flucht zu den Ammonitern (vgl. 40, 14).

---

[40] Die von der LXX bezeugte Lesart entspricht dem hebräischen Konsonantentext, dies gilt auch für V 10b.
[41] Diese Wiederholung fehlt in der LXX.
[42] 2 Sam 2, 13 spricht von einem „Teich von Gibeon". Der Ort (vgl. Jos 9, 3 ff; 1 Kön 3, 4 f), die Heimat von Jeremias Gegenspieler Hananja (Jer 28, 1), liegt knapp 10 km nordwestlich von Jerusalem (vgl. TRE XIII, 256 f).
[43] Truppenführer und „Männer" 40, 7; vgl. 40, 13; 41, 11. 13.
[44] „Das ganze Volk" V 13 f; vgl. V 3 „alle Judäer".

Der Übergang der Gruppe nach Ägypten
Jer 41, 16–18

16 Da nahmen Johanan, der Sohn Kareachs, und alle Heeresobersten, die
bei ihm waren, den ganzen Rest des Volkes, den er von Jischmael, dem
Sohn Netanjas, aus Mizpa zurückgebracht hatte, – nachdem er Gedalja, den
Sohn Achikams, erschlagen hatte – die (starken) Männer, die Kriegsleute,
Frauen wie Kinder, und die Hofbeamten[45], die er aus Gibeon zurückgebracht
hatte. 17 Sie gingen hin und blieben in der Herberge des Kimham[46], die bei
Bethlehem liegt, um (weiter) zu gehen und nach Ägypten zu kommen –
18 vor den Chaldäern; denn sie fürchteten sich vor ihnen, da Jischmael, der
Sohn Netanjas, Gedalja, den Sohn Achikams, erschlagen hatte, den (doch)
der König von Babel über das Land eingesetzt hatte.

Auf dem Weg nach Ägypten wird für etliche Tage (42, 7) Halt bei einer Rei-
sestation gemacht, die um diese Zeit vermutlich schon die letzte im eigenen
Land bildete. Nach den tief einschneidenden politischen Ereignissen nach
600 v. Chr. scheint die südliche Landesgrenze[47] hier verlaufen zu sein, so dass
sich von dort der Übergang in edomitisch beherrschtes Gebiet und dann nach
Ägypten vollzog.

Im Rückblick erinnert V 18 nochmals ausdrücklich an Gedaljas durch die
babylonische Macht eingesetzte Stellung und damit seine Bedeutung. Eine
große Chance ist vertan; jetzt scheint Gefahr zu bestehen. Von daher versteht sich der Grund des Landeswechsels / Übergangs: die Furcht, die Babylonier möchten die Verbliebenen zur Verantwortung ziehen, Vergeltung üben
(V 18). Zu diesem „ganzen Rest des Volkes" (V 16) gehören auch Jeremia und
Baruch (42, 1 ff).

---

[45] Vgl. zu 38, 7 Anm. 17.

[46] Der Name der Karawanserei hängt vielleicht mit dem 2 Sam 19, 32 ff, bes. V 38 f.41 erzählten
Geschehen zur Zeit Davids zusammen: „ein Gastlehen aus dem Krongut für diesen Günstling des
Königs" (A. Alt, KS III,359; D. Kellermann, ThWAT I,985).

[47] A. Alt (KS II,249. 291 [Anm. 2]. 328; auch 280 f); übernommen von den Darstellungen der
„Geschichte Israels" von M. Noth (³1956, 256); H. Donner (Bd. 2, 407. 421); S. Herrmann (344);
K.D. Schunck, BK XXIII/2, 212 f zu Neh 7,25; auch H.P. Müller, TRE 3, 573; zurückhaltender
M. Weippert, TRE X, 295. Die Edomiter dehnten ihr Gebiet erheblich aus; vgl. zu 49, 7 ff; auch
13, 19.

Bitte um Fürbitte und Gottesbefragung
Entgegen Jeremias Bescheid Auswanderung
nach Ägypten
Jer 42–43, 7

42, 1 Da traten heran alle Heeresobersten und Johanan, der Sohn Kareachs, und Jesanja, der Sohn Hoschajas[1], und das ganze Volk von klein bis groß. 2 Sie sprachen zum Propheten Jeremia: „Möge doch unser Flehen vor dich gelangen[2], und bete für uns zu Jahwe, deinem Gott, für diesen ganzen Rest – denn nur wenige von uns sind übriggeblieben von vielen, wie du selbst uns vor Augen hast – 3 dass uns Jahwe, dein Gott, den Weg mitteile, den wir gehen, und was wir tun[3] sollen!" 4 Da sprach Jeremia, der Prophet, zu ihnen:

„(Ja,) Ich habe gehört; siehe, ich bete zu Jahwe, eurem Gott, gemäß euren Worten. Dann werde ich jedes Wort, das Jahwe euch[4] antwortet, euch mitteilen; ich werde euch kein Wort vorenthalten." 5 Da sagten sie zu Jeremia: „Jahwe sei ein wahrhaftiger und zuverlässiger Zeuge gegen uns, wenn wir nicht nach jedem Wort handeln, mit dem Jahwe, dein Gott, dich zu uns sendet. 6 Es sei Gutes oder Schlechtes – auf die Stimme Jahwe, unseres Gottes, zu dem wir dich senden, werden wir hören, damit es uns gut geht, wenn wir auf die Stimme Jahwes, unseres Gottes, hören.

7 Nach zehn Tagen geschah das Wort Jahwes an Jeremia. 8 Da rief er Johanan, den Sohn Kareachs, und alle Heeresobersten, die mit ihm waren, und das ganze Volk von klein bis groß 9 und sprach zu ihnen: „So spricht Jahwe, der Gott Israels, zu dem ihr mich gesandt habt, damit euer Flehen zu ihm gelange: 10 Wenn ihr wirklich in diesem Land bleibt, werde ich euch aufbauen und nicht zerstören, euch pflanzen und nicht ausreißen; denn ich bin das Unheil[5] leid, das ich euch angetan habe. 11 Fürchtet euch nicht vor dem König von Babel, vor dem ihr Furcht empfindet! Fürchtet euch nicht

---

[1] Vermutlich ist der 40, 8 mit leicht erweiterter Namensform erwähnte Jesanja gemeint. Stattdessen bezeugt die LXX (wie 43, 2): Asarja, der Sohn Hoschajas. Meist wird die Identität angenommen. Die LXX-Lesart lässt sich (G. Fischer 417 Anm. 1) auch „harmonisierend" erklären: So entsteht (42, 2; 43, 2) „eine Übereinstimmung zwischen Anfragendem und Ablehnendem".

[2] Die Wendung (wörtlich: „vor dir niederfallen") begegnet schon 37, 20 und weist auf einen Erzählzusammenhang hin.

[3] Wörtlich: „das Wort, das / die Sache, die wir tun sollen".

[4] Die LXX hat „euch" vermutlich weggelassen, da die Rede zunächst an Jeremia gerichtet ist, sich nur über ihn an die Angeredeten wendet.

[5] Oder: „das Böse". Die häufige Übersetzung „ich bereue" ist missverständlich; vgl. Anm. 36

vor ihm – Spruch Jahwes –; denn ich bin mit euch, euch zu helfen und euch aus seiner Hand zu retten! 12 Ich werde euch Erbarmen geben, so dass er sich eurer erbarmt und euch auf euren Boden zurückkehren[6] lässt.
13 Wenn ihr aber sprecht: „Wir wollen nicht in diesem Land bleiben‘, und damit nicht auf die Stimme Jahwes, eures Gottes, hört, 14 so sagt ihr: ‚Nein, sondern ins Land Ägypten wollen wir ziehen, in dem wir keinen Krieg sehen und den Klang des Horns nicht hören[7] und nicht nach Brot hungern, und dort wollen wir bleiben!‘ 15 Nun aber, darum hört das Wort Jahwes, ihr Rest Judas: So spricht Jahwe Zebaoth, der Gott Israels: Wenn ihr wirklich euren Sinn[8] richtet, nach Ägypten zu ziehen, und hingeht, um euch dort anzusiedeln[9], 16 dann wird das Schwert, vor dem ihr euch fürchtet, euch dort im Land Ägypten erreichen, und der Hunger, vor dem ihr euch ängstigt, wird dort in Ägypten euch einholen, und ihr werdet dort sterben.
17 Alle Männer, deren Sinn sich richtet, nach Ägypten zu ziehen, um sich dort anzusiedeln, werden sterben durch Schwert, Hunger und Pest. Niemand von ihnen wird dem Unheil entkommen und entrinnen, das ich über sie bringe. 18 Denn so spricht Jahwe Zebaoth, der Gott Israels: Wie sich mein Zorn und Grimm über die Bewohner Jerusalems ausgegossen hat, so wird mein Grimm sich über euch ergießen, wenn ihr nach Ägypten zieht. Ihr werdet zum Fluch, zum Entsetzen, zur Verwünschung und zur Schmähung werden und diese Stätte nicht mehr wiedersehen.
19 Geredet hat Jahwe über euch, Rest Judas: „Zieht nicht nach Ägypten! Ihr sollt sicher wissen, dass ich euch heute gewarnt[10] habe; denn um den Preis eures Lebens habt ihr euch getäuscht, indem ihr mich zu Jahwe, eurem Gott, gesandt habt: Bete für uns zu Jahwe, unserem Gott, und alles, was Jahwe, unser Gott, sagt, wollen wir tun! 21 Heute teilte ich (es) mit, ihr aber hörtet nicht auf die Stimme Jahwes, eures Gottes, gemäß allem, mit dem er mich zu euch gesandt hat. 22 Jetzt aber sollt ihr wissen, dass ihr durch Schwert, Hunger und Pest an dem Ort sterben werdet, zu dem ihr zu ziehen wünscht, euch dort anzusiedeln.

---

[6] Oft wird im Anschluss an V 10. 13 geändert in: „euch wohnen / bleiben lässt". Allerdings meint „zurückkehren lassen" nicht die Heimkehr aus Ägypten, die ja (V 17 ff) ausgeschlossen wird, sondern angesichts der Situation vor dem Grenzübertritt die Heimkehr in die Siedlungen, stimmt so sachlich mit dem „Bleiben im Land" überein. Allerdings lässt sich die Formulierung später in einem weiteren Sinn deuten; vgl. 40, 12 (mit Anm. 9). Übrigens findet sich in den kaum zu bezweifelnden Worten Jeremias die Rückkehrverheißung (noch) nicht, erst in jüngeren Schichten des Buches; vgl. die Überlegungen zu 31, 16 f; auch zu 29, 5–7. 14 u. a.

[7] Vgl. 4, 19. 21; 6, 17; dazu I,133.

[8] Wörtlich: „euer Gesicht".

[9] Oder: „sich als Fremder / Fremdling aufhalten". „Die Emigration nach Ägypten aus Angst vor Nebukadnezar wird durch das Verb *gur* (Jer 42, 15. 17. 22; 43, 2; 44, 8. 12. 14) näher bestimmt. Nach Jer 43, 5 siedeln sich die aus dem Ausland Zurückgekehrten im Land Juda als Schutzbürger an" (D. Kellermann, ThWAT I, 989). Vgl. auch 35, 7; anders „wohnen / bleiben" 24, 8; 42, 14; 44, 1. 15.

[10] Oder: „bezeugt"; vgl. I,159 Anm. 23 zu 6, 10.

43, 1 Und es geschah, als Jeremia zum ganzen Volk alle Worte Jahwes, ihres Gottes, mit denen Jahwe, ihr Gott, zu ihnen gesandt, zu Ende geredet hatte, 2 da sprachen Asarja[11], der Sohn Hoschajas, und Johanan, der Sohn Kareachs, und alle die übermütigen[12] Männer sagten zu Jeremia: „Lüge redest du. Jahwe, unser Gott, hat dich nicht gesandt zu sagen: ‚Zieht nicht nach Ägypten, um euch dort anzusiedeln!‘, 3 sondern Baruch, der Sohn Nerijas, hetzt dich gegen uns auf, um uns in die Hand der Chaldäer zu liefern, uns zu töten oder uns nach Babel wegführen. 4 So hörten Johanan, der Sohn Kareachs, und alle Heeresobersten und das ganze Volk nicht auf die Stimme Jahwes, im Land Juda zu bleiben. 5 Da nahmen Johanan, der Sohn Kareachs, und alle Heeresobersten den ganzen Rest Judas, der aus allen Völkern, unter die sie sich zerstreut hatten, zurückgekommen war, um sich im Land Juda anzusiedeln, 6 Männer, Frauen, Kinder, die Königstöchter[13], und jede Person, die Nebusaradan, der Oberste der Leibwache, Gedalja, dem Sohn Achikams, des Sohnes Schafans, belassen hatte, und den Propheten Jeremia und Baruch, den Sohn Nerijas, 7 und zogen in das Land Ägypten; denn sie hörten nicht auf die Stimme Jahwes und kamen nach Tachpan(ch)es.

Jeremia ist (wie zuletzt 40, 6) wieder in das Geschehen eingebunden, ja bildet die Hauptperson; später (43, 3) ist auch Baruch beteiligt; vom Ausgang der Szene (V 6 f) sind beide betroffen.

42, 1–6 Anfrage an Jeremia. Bitte um ein Gotteswort als Entscheidungshilfe
   in der Situation
      V 1 Einführung der Szene. Erzählerischer Rahmen wie V 7
   V 2 Ersuchen aller Obersten und des ganzen Volkes (vgl. V 8)
   um Fürbitte und Auskunft (vgl. 37, 3. 7) mit V 2b Begründung
      V 4 Jeremias Einverständnis mit der Zusicherung, kein Wort zurückzuhalten
   V 5 f Feierliche Selbstverpflichtung. Gott als Zeuge
      V 6 Bekräftigung von V 5
   V 7–18. 19–22 Antwort Jeremias nach einiger Zeit
   Verkündigung des Gotteswortes an Volk und Anführer
      V 7 f Erzählerischer Rahmen mit Anknüpfung an V 1
      Nach Botenformel V 9
      V 10–12 *Verheißungsvoller* Teil der Alternative
      V 10 Bedingung und Zusage mit Begründung in Gottes „Ich"
   V 11 f Entfaltung in Form des sog. Heilsorakels (mit Anklang an 15, 20):
   Aufruf zur Furchtlosigkeit mit Heilsansage in Gottes „Ich" und Folge
   in 3.Ps. (wie 31, 7 f; vgl. 46, 27 f=30, 10 f)

---

[11] Asarja, im hebräischen Text zuvor nicht erwähnt (vgl. Anm. 1), wird zuerst genannt, erscheint so vor Johanan als der führende Sprecher.
[12] HAL 253a „frech, vermessen"; vgl. Jes 13, 11. Die Kennzeichnung fehlt in der LXX.
[13] Die Prinzessinnen waren zuvor nicht genannt.

V 13–18 *Drohender* Teil der Alternative
V 13 f Bedingung. Verneinung (von V 10) im Zitat
    „Wir wollen nicht" vgl. 6, 16; 2, 31; auch 2, 20. 23
V 14 Begründung des Willens zur Auswanderung
V 15 f Gerichtswort: Bedingung und Folge
V 17 Ansage gewisser Zukunft
V 18 Entfaltung
    Unter der Bedingung des Zugs nach Ägypten
    Gottes Zorn (vgl. 7, 20) im Vergleich mit Jerusalem
        Vgl. 24, 8 f; 25, 11; 29, 18; 44, 12–14
        Gerichtsansage. Keine Rückkehr zur Heimat
V 19–22 Nach eigener Einführung (mit Gott in 3. Ps.)
    Bekräftigung in einer Ausweitung:
    Gottes Aufforderung (nach dem Selbst-Zitat V 14), Warnung und Anklage
V 20 entsprechend V 2 f. 5 f
    Ungehorsam gegenüber der Weisung (V 21 „heute") schon offenkundig
        Gegenüber dem „Hören" (V 6) „nicht hören" wie V 13; vgl. 7, 24. 28 u. a.
V 22 Gerichtsansage mit Aufnahme von V 17
43, 1 Überleitung von Jeremias Rede
V 2 Widerspruch (zu 42, 19) im Zitat. Ablehnung der erbetenen Auskunft.
        Bestreitung der Sendung
V 3 Verleumdung Baruchs
V 4–6 V 4 Ungehorsam mit
    V 5 f folgendem Entschluss
    V 5 vgl. 41, 16
V 7 Anführer mit dem „Rest Judas", auch Jeremia und Baruch Zug nach Ägypten;
    vgl. 2 Kön 25, 26

In diesem letzten größeren Erzählteil sind im älteren – dem sprachlich erkennbaren redaktionellen Anteil vorausliegenden – engeren Textbereich die Worte nicht in
poetisch strenger Form wie Kap. 2 ff überliefert. Schon die zusammengehörigen
Abschnitte 39, 11 f; 40, 4 f geben kaum im Wortlaut, wohl aber in ihrem (das Ereignis berichtenden) Kern das Geschehen wieder. Im Folgenden gilt dies ähnlich für
die Äußerungen Gedaljas wie Jeremias; auch wenn sie nicht wortwörtlich überliefert sind, entsprechen sie aber der Intention des Redenden, lassen ihre Absicht erkennen.

Von den 40, 8 erwähnten Offizieren sind (V 1) zwei genannt: Johanan tritt
(nach 40, 13. 15; 41, 11–16) wieder hervor. Jeremia mit dem Titel „Prophet"[14]
zeigt die Verbindung mit dem vorhergehenden Erzählstrang auf. An die
letzte vorausgehende Szene (41, 16–18) mit der Ortsangabe schließt die Schilderung an, sie spielt bei Bethlehem nahe der Grenze.[15]
    Die Anführer und das Volk ersuchen um zweierlei: Fürbitte und Auskunft.
„Wenige von vielen"[16], wie man wahrnehmen (V 2) kann, lässt an die von dem

---

[14] Vgl. 36, 8. 26; 37, 2 f. 6; 38, 9 f. 14; 42, 2. 4; 43, 6; ein Kennzeichen der sog. Baruch-Biographie
(I, 35 f. 330).
[15] Vgl. zu 41, 17
[16] Gegenüber der Zusage an die Exilierten 29, 6; vgl. 30, 19.

tiefen Einschnitt, dem Untergang Jerusalems, und dem Gemetzel Jischmaels Übriggebliebenen denken. Schon Amos (7,2.5) kann die Fürbitte begründen: Das Volk ist ja „nur klein". Die Zukunft möchte man erkunden, um sich orientieren zu können (V 3): „welchen Weg wir gehen". So hängt die Weisung für das Handeln mit dem Ausblick auf die Zukunft zusammen. Über die selbstverständliche Bereitschaft hinaus, den gewiesenen „Weg" auch einzuschlagen, gehen die Anwesenden (V 5) eine Selbstverpflichtung ein, in der sie sich eigens binden mit Gott selbst als Zeugen.[17] Sie versichern ihren Gehorsam: zu „hören" und zu „tun", und zwar im „guten" wie „schlechten" Fall, d.h., selbst wenn der Bescheid anders ausfällt als erhofft, den eigenen Erwartungen zuwiderläuft. Klingt es nicht wie ein Widerspruch, dass es „gut gehen" kann, auch wenn „Schlechtes" vor Augen stehen sollte? Allerdings ist das Künftige angekündigt und hat in Gott einen ansprechbaren ‚Urheber'. Ist die von Anführern und Volk abgegebene Versicherung ernst und ehrlich gemeint, die Entscheidung noch offen, oder rechnen sie bereits mit einer bestimmten Auskunft, die nur ihre Absicht bestätigt? Trotz dem feierlichen Versprechen bleibt jedenfalls der Gehorsam aus – nicht einmal um der erwarteten Folge des „Gut-Gehens" willen; so wird der „schlechte" Weg begangen.

Jeremia ist bereit (V 4), wunschgemäß zu handeln. Die Erfüllung des Ersuchens um Fürbitte widerspricht insofern nicht dem an ihn (14,11; 15,1 ergangenen) Verbot[18], als dessen Absicht, Gott nicht in den zum Gericht ausgestreckten Arm zu fallen, mit dem Eintreffen des angesagten Unheils erreicht ist. Die Zustimmung sichert darüber hinaus zu, alles mitzuteilen, ohne etwas vorzuenthalten.[19] Wie Gott nach des Volkes Wunsch wahrer, treuer Zeuge sein soll, so ist Jeremia aufrichtiger, wahrhaftiger Zeuge in seiner Mittlerschaft als Prophet: er wird nichts verschweigen. Ist damit nicht zugleich gegeben, dass seine persönliche Auffassung nicht wie ein Filter zwischen das empfangene und weiterzugebende Wort treten darf und tritt, so Jeremia es von eigenen Erwägungen zu unterscheiden vermag? Das Wort ist, wie mehrfach bezeugt[20] ist, Jeremia nicht ständig präsent, steht ihm nicht immer zur Verfügung, trifft vielmehr ereignishaft ein; es „ergeht" – in diesem Fall nach Ablauf von zehn Tagen. Die Darstellung setzt zudem voraus, dass die anwesende Gruppe so lange auf Jeremias Antwort wartet, die dann ihrem Vorhaben zuwiderläuft.

„Dein Gott" (V 2 f.5), an den sich der Prophet wenden soll, ist zugleich „euer / unser Gott" (V 4.6; dann V 20 f; 43,1 f).[21] Darf man aus der Wen-

[17] V 5 „ruft das Volk JHWH gegen sich selbst in einer Eides- und Selbstverfluchungsformel an, wenn es dem durch Jer übermittelten Gebot JHWHs nicht entspricht" (ThWAT V,1118). Vergleichbar ist die häufige Wendung „So wahr Jahwe lebt" (wie 5,2; 38,16). Jeweils wird von Gott nicht in der Anrede, sondern in 3.Person gesprochen.

[18] Vgl. den Exkurs I, 265 ff; zur Fürbitte auch die Erzählung: Jes 37,4 ff; 2 Kön 19,4 ff.

[19] Vgl. 38,14. Ähnliche Absicht hat die sog. Kanonformel; vgl. zu 26,2.

[20] „Fanden sich Worte …" (15,16) Vgl. I, 59 f und die Erwägungen zu 28,11 f; 37,17 (Anm. 14).

[21] „Wenn die Leute von ihrem Verhalten zu Jahwe reden, nennen sie ihn ‚unseren Gott'; wenn sie vom Propheten als Mittler sprechen, der fürbittend sich an Gott wendet oder von Gott Wei-

dung der Allgemeinheit allein an Jeremia schließen, dass seine Gegenspieler nach der Katastrophe zumindest in der Heimat in diesem Kreis keine Rolle (37, 19) spielen: „Wo sind denn deine Propheten?"[22]

In der Rede besteht der ältere Kern wohl in dem als Jahwewort (V 15a) formulierten, innerhalb von V 17[23] enthaltenen Ausspruch:

> „Alle Männer, die entschlossen sind, nach Ägypten zu ziehen, um dort als Fremde zu leben, werden sterben. Niemand von ihnen wird entkommen und entrinnen."

Er fällt in doppelter Weise auf: Die Umgebung ist als Anrede („Ihr"), diese Auskunft in 3.Person[24] gestaltet. Zudem ist der Satz von derselben Gewissheit getragen wie die vor der Katastrophe (etwa 37, 7 f; 38, 3) ergangenen Zukunftsansagen. So ist die Auskunft eindeutig und unbedingt: Wer nach Ägypten zieht, kommt um. Schon Amos kann den „Rest" in seine Botschaft einbeziehen, ähnlich Jesaja.[25] In einer frühen Vision erfährt Jeremia (1, 14), dass „alle Bewohner des Landes" betroffen sind und gibt diese Einsicht weiter.[26] Demnach schließt das letzte aus seinem Wirken im Land überlieferte Wort an seine Verkündigung an oder stimmt mit ihr überein.

> In anderer Situation äußerte Jesaja ähnlich Kritik an denen, die „nach Ägypten hinabziehen, ohne meinen Mund zu befragen" (30, 2; vgl. 31, 3 „Ägypten ist Mensch und nicht Gott"). Zeigt sich in dieser Einsicht nicht wieder eine Übereinstimmung in der Botschaft der sog. Schriftprophetie?
>
> Schon früh (2, 36 f) lässt Jeremia Ägypten nicht als Vertrauen verdienende Stütze in der Not gelten. Die Kritik an Ägypten kehrt wieder (37, 7), um hier (42 f wie Kap. 46, bes. V 25) eine Steigerung zu erfahren.[27]

Selbst wenn die Zukunftsansage V 17 nur die Intention sachgemäß wiedergeben sollte, beharrt Jeremia bei seiner Einsicht, hält auch nach der Katastrophe entschieden – insgesamt überraschend konsequent – an seiner früheren Botschaft (27, 11; 38, 17 u. a.) fest: Unter Anerkennung der Vorherrschaft Babels ist Leben möglich oder geboten. Die Rede bringt noch einmal nachdrücklich die Lebensweise zur Geltung, die Gedalja (40, 9 f) empfahl: das Bleiben im Land und stellt sie der anderen – zu vermeidenden, abgelehnten – Möglichkeit gegenüber: Übergang ins Ausland, Auswanderung nach Ägypten. Was zuvor Gedaljas Rat beinhaltete, der bereits in Übereinstimmung mit

---

sung bekommt, so heißt es ‚dein Gott'. Der Prophet steht in der Tat in einem besonderen Verhältnis zur Gottheit; Jeremia selbst freilich gebraucht diesen Unterschied nicht; er sagt nicht ‚mein Gott', sondern ‚euer Gott'." (P. Volz 359)

[22] Vgl. Klgl 2, 9. Allerdings scheint es in der Exilszeit noch sog. Heilspropheten zu geben; vgl. den Exkurs vor Jer 23, 9 ff.

[23] Vgl. W. Thiel II, 62 f; zustimmend J. Schreiner 225 f. Zur Trias vgl. zu 38, 2 (Anm. 10).

[24] Vgl. 27, 11; auch die eine Anrede vermeidende Form von 32, 15.

[25] Am 3, 12; 5, 19; vgl. 1, 8; 2, 13–16; 4, 2; 6, 10; 8, 10; 9, 1b-4; Jes 6, 11; 5, 9; bildlich 17, 6; 30, 17 u. a.; auch Hi 1, 13 ff.

[26] Jer 6, 11; vgl. 6, 29 f; 8, 10 ff; 16, 16 f u. a.; auch „ohne Menschen" 2, 15; 4, 7. 29b u. a.; außerdem u. Anm. 32. Vgl. noch 44, 14; Klgl 2, 22.

[27] Vgl. das Vorwort zu Kap. 46 ff und die Auslegung zu Kap.46.

Jeremias früherer Botschaft[28] stand, erscheint hier ähnlich als Jeremias Auskunft in Gottes Namen. Wie Gedalja sucht Jeremia (V 11; sachlich schon vor der Katastrophe 38, 17. 20) in der verschärften Situation den Zeitgenossen die Furcht vor den Babyloniern, jetzt vor möglicher Vergeltung, zu nehmen. Dabei steht seine Botschaft wie in der Zeit seines Wirkens vor dem Untergang Jerusalems der Absicht der Angeredeten entgegen.[29] So behält selbst Jeremias klagend-anklagende Einsicht über die Katastrophe hinaus ihr Recht: Dem erbetenen und beschworenen Gotteswort wird nicht gehorcht. Das Volk lehnt das prophetische Wort ab, bleibt uneinsichtig, widerspenstig.[30]

Nach den tief einschneidenden, schrecklichen Ereignissen und vor dem Grenzübergang, so angesichts eines gewichtigen Schrittes, der sich schwer rückgängig machen und in den Folgen nicht überblicken lässt, demnach vor einer unsicheren Zukunft erfolgt die Gottesbefragung. Sind die Anführer von vornherein entschlossen, nach Ägypten zu ziehen (vgl. 41, 17), oder haben sie (nach 42, 5 f) ihren Sinn geändert? In jedem Fall ist durch die in der besonderen Situation nötigen Entscheidung und die ihr entsprechende vorliegende Darstellung ein Entweder-Oder vorgegeben.

Es wird in der redaktionellen Erweiterung zur Alternative („Wenn – dann" V 10 bzw. 15 f.18) breit ausgestaltet. Dabei verschiebt die ausführliche Nachinterpretation aber das Gewicht. Sind in der älteren Überlieferung, bei Jeremia, die Zeitgenossen aufgerufen, sich in ihrem Verhalten auf die von Gott herbeigeführte, als gewiss erkannte und angekündigte Zukunft (27, 11; 38, 3. 17 u. a.) einzustellen, so reagiert nach der Deutung der Redaktion Gott auf menschliches Verhalten, erscheint von ihm darum in seinem Wirken abhängig.[31] Die gewisse, unbedingte Aussage, die einem bestimmten Handeln den Untergang androht, wird in eine bedingte Aussage vor dem Übergang in das fremde Land überführt: Gehorsam zeigt sich im Bleiben, Ungehorsam im Wegziehen. Formal sind beide Teile weitgehend parallel gestaltet; der drohende Abschnitt erhält aber mehr Gewicht, beharrt bei der Hauptaussage (V 18): Die nach Ägypten ziehen, werden die Heimat nicht wiedersehen.[32]

Außer den Anführern ist (V 1 wie 41, 10. 13 f) das ganze Volk, „klein bis groß"[33], beteiligt; so werden als Folge alle schuldig. In V 10, der zurückblickt: „Unheil, das ich gebracht *habe*"[34], werden nicht beide Möglichkeiten des Wirkens Gottes nebeneinander gestellt, vielmehr wird im Kontrast zu dem anderen Weg das „Gute", Verheißungsvolle hervorgehoben: „Bauen, nicht

---

[28] Vgl. zu 40, 9 f. Darf man sich im Erzählzusammenhang auch hier mit Gedaljas Worten an ein „gut" auskömmliches Leben (40, 10. 12) denken?

[29] „Wie die Menschen zuvor in der belagerten Hauptstadt, so sind hier auch die Überlebenden mit einem ihren Plänen zuwiderlaufenden Gotteswort konfrontiert." (G. Fischer II, 399)

[30] Vgl. 6, 16 f; 8, 4 ff; 13, 23 u. a.; dazu I,167.

[31] Vgl. ausführlicher 18, 7 ff, dazu I,315 f; auch 167.

[32] Vgl. innerhalb der Königssprüche ähnlich im Blick auf Babel 22, 11 f.26; allgemeiner 10, 18; 13, 19.

[33] Ähnlich schon in Jeremias Botschaft 6, 13; 8, 10.

[34] Schon 40, 3 in einer jüngeren Schicht.

zerstören …".[35] Eine neue weitere Strafe wird zurückgenommen oder ausgeschlossen.[36] Umso weniger begreiflich ist dann die Ablehnung des Angebots oder der Zusage.

Gott, der ja Nebukadnezzar die Weltherrschaft verliehen hat, so dass er zum Gerichtswerkzeug werden kann (27, 6–8) und das Herz des Königs zu bewegen vermag (Spr 21, 1), erwirkt nach dem Gericht (V 12) bei Nebukadnezzar Erbarmen. „Aus seiner Hand zu retten"[37] ist eigentlich nicht mehr nötig oder wird überboten durch die Umwandlung von Nebukadnezzars Herz zu mitfühlender Regung.

> Darf man V 10–12 aus dem Zusammenhang lösen und isoliert lesen: Gelten sie, für sich genommen, weiter – als Möglichkeit, mit prophetischer Weisung im Land zu leben? Dies entspricht der Situation der Redaktion, die mit dem Prophetenwort ihre Zeit deutet und es aus ihr interpretiert. Allerdings gibt der Text selbst keinen Hinweis, dass die Lebensmöglichkeit weiter besteht; in der Geschichte wie der Darstellung ist die Entscheidung gefallen. So lässt sich nur die Frage stellen.
>
> In Jeremias Auskunft einerseits und der Absicht der Anführer andererseits ist die Lebensrettung die gemeinsame Intention, die jedoch auf verschiedenem Wege verfolgt wird.

Was vermieden werden soll, welchen Unbilden[38] die Flüchtenden entkommen wollen, trifft bei dem anderen Weg ein. Das gewünschte Ziel-Land, in dem Frieden erhofft wird, wird Stätte des Krieges[39] (43, 8 ff). Während den Exilierten nach Babylon Heil (24, 5; 29, 5–7) zugesagt ist, wird denjenigen, die nach Ägypten ziehen, Unheil zuteil (vgl. 24, 8; 44, 16 ff): Obwohl sie das Gericht schon erfahren haben, *schlagen* sie das angesagte, sich allmählich abzeichnende *Heil* im Land *aus*. Mit der Ablehnung der Zusage vollzieht sich der Übergang nach Ägypten *freiwillig*, die Exilierung nach Babylon geschah unter Zwang. Entsprechend dem Untergang Jerusalems wird auch das furchtbare Schicksal der Flüchtlinge (V 18) sprichwörtlich.

V 19 ff nehmen die vorhergehende Rede auf und setzen dabei die Ablehnung voraus. Sie verdeutlichen den Widerspruch oder den Ungehorsam: Die Angeredeten handeln, was bei den vorhergehenden Bedingungssätzen (V 15 ff) in dieser direkten Form nicht ausgesagt war, ausdrücklich gegen Gottes Gebot (V 19; aufgenommen 43, 2). Dem Rest des Volkes droht das Geschick der zerstörten Stadt. Alle ziehen weg.

---

[35] Wie 1, 10; 18, 8 f u. a. mit Aufnahme des Worts an Baruch, das Heil im Unheil ansagt 45, 4; o. I, 50.

[36] „Jahwes Reue ist nicht so zu verstehen, als ob Jahwe das, was er getan hat, rückgängig machen möchte, wenn er könnte"; vielmehr handelt es sich um Mitleid und „Abneigung gegenüber ferneres Dareinschlagen" (B. Duhm 321). Nach der Katastrophe ist Jahwe „des Strafens … müde" (J. Jeremias, Die Reue Gottes, BThSt 31,²1997, 82).

[37] Auf dem Hintergrund der grausamen, Furcht einflößenden Straftaten 39, 6 ff (vgl. dort).

[38] Zum Thema Hunger vgl. zu 44, 17 f (Anm. 25).

[39] Die „Auswanderung nach Ägypten bringt sie keineswegs aus dem Bereich der Gefahr, sondern gerade die Nöte, denen sie entgehen wollen, werden sie dort treffen" (W. Rudolph 255 f).

Die Erzählung spielt mit dem für das Verständnis des Propheten und die Auseinandersetzung mit den sog. Schalom- oder Heilspropheten grundlegenden Stichwort „senden". Ist Jeremia „gesandt" (1,7; 26,12; 42,5.21; 43,1), so „sendet" ihn auffälligerweise das Volk „zu" Gott (42,6.9.20). Wie den Propheten (23,21.32; 28,15) wird Jeremia diese „Sendung" mit einer Unterstellung (43,2) bestritten. Ja, wie dem Gegenspieler (28,15; vgl. 23,25 f u. a.) begegnet Jeremia der Vorwurf der „Lüge" (43,2). So werden in der letzten Szene im eigenen Land Jeremias kritische Einsichten – ungerechtfertigt – auf ihn selbst übertragen.

Jeremia, zuvor in Mizpa (40,6), gehört (nach 43,1) der zu Johanan (41,14.16) übergegangenen Gruppe an. Die bleibende Furcht vor den Babyloniern führt zu dem gegenüber Gottes Gebot (42,19) direkt geäußerten Widerspruch. Zwar klagt man nicht Gott selbst an, wagt aber (ähnlich 37,13 f) gegenüber Jeremia den Vorwurf der „Lüge", schiebt die Verantwortung letztlich jedoch auf Baruch, der sich in schwieriger, nicht ungefährlicher Lage persönlich (36,4 ff) für Jeremias Verkündigung eingesetzt hatte. Ihm wird unterstellt, die ungelegene, den eigenen Absichten entgegenstehende Auskunft veranlasst, Jeremia verleitet, betrogen zu haben. So wird verständlich, dass der Prophet, dessen Zukunftsansagen durch die Katastrophe bestätigt, so bewahrheitet wurden, eine – nach Auffassung der Redner – unwahrhaftige, unwahre Weisung mit unheilvoller Zukunftsansage geben kann, um die Gruppe an die Babylonier auszuliefern; ihnen wird weiterhin die Absicht zugeschrieben, töten oder nach Babylon verbannen[40] zu wollen.

Auf diese Weise wird die Zusammenarbeit von Jeremia und Baruch nochmals deutlich. Die beiden gehören – über die Zwischenzeit hinweg – nicht nur bis zum Schluss zusammen, sondern erfahren (wie 36,26) auch dasselbe Schicksal. Der Verdächtigung Baruchs (V 3) tritt indirekt die den Erzählverlauf abschließende Zusage Kap.45 entgegen; sie begegnet dem Vorwurf mit der Verheißung der Bewahrung.

Selbst der durch den Geschichtsverlauf in seiner Botschaft als „wahr" erwiesene Prophet wird gegen seinen Willen verschleppt – in ein Land, das ihm nicht als Vertrauensmacht[41] erschien.

---

[40] Vgl. noch 52,30.
[41] Jer 2,36 f; 37,7; vgl. o. zu Anm. 27.

Unheilsansage über Ägypten
in einer Symbolhandlung
Jer 43, 8–13

8 Und das Wort Jahwes erging an Jeremia in Tachpan(ch)es. 9 „Nimm große Steine in deine Hand und verbirg sie vor den Augen judäischer Männer im Lehmboden[1] in der Ziegelterrasse, welche am Eingang des Hauses des Pharao[2] in Tachpanches ist! 10 Und sage zu ihnen: ‚So spricht Jahwe Zebaoth, der Gott Israels: Siehe, ich sende hin und hole[3] Nebukadnezzar, den König von Babel, meinen Knecht, und setze seinen Thron oben auf diese Steine, die ich verborgen habe. Dann wird er sein Prachtzelt[4] über sie ausbreiten. 11 Und er wird kommen und schlagen das Land Ägypten; wer zum Tod (bestimmt ist), zum Tod, und wer zur Gefangenschaft, zur Gefangenschaft, und wer zum Schwert, zum Schwert.

12 Und ich werde Feuer legen an die Häuser der Götter Ägyptens, und er wird sie (die Götterbilder) verbrennen oder gefangen wegführen. Und er wird das Land Ägypten entlausen[5], wie der Hirt sein Gewand entlaust, und er wird von dort ungestört[6] fortziehen. 13 Und er wird die Steinsäulen[7] von Bet Schemesch[8], das im Land Ägypten ist, zerbrechen und die Häuser der Götter Ägyptens wird er mit Feuer verbrennen.‘"

Die nach Ägypten Geflüchteten werden gegen ihre Erwartung (42, 14) in die Unheilsansage (42, 16 ff.22 wie 24, 8) einbezogen. Auch im fremden Land offenbart sich Gott, „fehlt das prophetische Wort nicht"[9]. Die vor der Auswanderung ausgesprochene, aber überhörte Warnung wird wiederholt. Sie wird dabei einerseits zeichenhaft bekräftigt, andererseits erweitert, wendet sich

---

[1] Vgl. HAL 558 und 555 f. Ist statt „im Lehmboden" eventuell (vgl. App.) die Lesung „heimlich" (HAL 501) vorzuziehen? Sie „ist abzulehnen, weil Jer vor der judäischen Öffentlichkeit Zeugnis ablegen will" (W. Rudolph 258). Allerdings bleibt der Vorgang vor den Ägyptern „geheim".

[2] In der Grenzstation (u. Anm. 11) ist kaum der Palast gemeint, sondern ein königliches Verwaltungsgebäude.

[3] Wörtlich: „nehmen"; vgl. 37, 17; 40, 2.

[4] Oder: Thron- bzw. Prachtteppich; vgl. HAL 1510. Anders LXX (50, 10): die bzw. seine „Waffen gegen sie erheben".

[5] Vgl. HAL 769, oft auch „sich einhüllen / bedecken mit" übersetzt.

[6] Wörtlich: in Frieden.

[7] Die Masseben meinen wohl die Obelisken.

[8] „Haus der Sonne / des Sonnengottes", d. h. On (Gen 41, 45. 50; 46, 20) bzw. Heliopolis. Vgl. LXX (50, 13): „die Säulen von Heliopolis, die in On sind".

[9] W. Rudolph 257.

nämlich über die Judäer hinaus gegen Ägypten (V 11a), zumal in einer Ergänzung (V 12 f).

Jeremias Symbolhandlungen[10] richten sich mit der Ankündigung von Unheil oder Heil (Jer 32) vor allem auf das eigene Volk. Die Zeichenhandlung
mit dem Joch redet aber auch, ja zunächst die in Jerusalem anwesenden Vertreter der Nachbarvölker (27, 3) an. Grob ist der Aufbau wie üblich:

V 8 Wortereignisformel
V 9 Auftrag zur Zeichenhandlung vor Augenzeugen
V 10–13 Deutewort als Gerichtsansage
    V 10–11a Gottes „Ich" (V 10a) mit Folge in 3.Ps.: „Er" (V 10b–11a)
    V 11b Erweiterung des Deuteworts; vgl. 15, 2; 46, 26
V 12 f (Ergänzende) Ausgestaltung des Deuteworts
    V 12 Gerichtsansage gegen Ägyptens Götter und Tempel
    V 13 insbesondere gegen den Sonnentempel in On / Heliopolis

Mit der Ortsangabe schließt sich V 8 an die unmittelbar vorhergehende
Nachricht V 7b an. Jeremia soll in der ägyptischen Grenzfestung Tachpanches[11] vor dem Tor des königlichen Verwaltungsgebäudes vor Zeugen[12], seinen Landsleuten, einige große Steine vergraben: Über ihnen wird Nebukadnezzar, der nach Ägypten eindringen wird, seinen Thron mit Baldachin als
Präsentation machtvoller Herrschaft aufstellen. Dabei handelt der babylonische König wieder im Auftrag Jahwes[13] als sein „Knecht".[14] Mit dem Titel
steht die Szene jüngerer Ausdrucksweise nahe.

Trotz üblicher Form hat diese Zeichenhandlung einen anderen Charakter.
Die Steinsetzung „soll nicht nur ein künftiges Geschehen symbolhaft vorab-
bilden, sondern ist selbst Teil dieses Geschehens"[15]. Die Steine werden in die
künftige Handlung eingefügt, sollen wohl als Fundament[16] des Thrones dienen, künden so, im Boden vergraben, die Macht des Fremdherrschers an.
Der Auftrag zu „verbergen" findet sich schon in der Symbolhandlung vom
Gürtel (13, 6 f). Der Vorgang gilt (V 10 „ich setze, verbarg") als Werk Gottes,
das (mit Wechsel in 3.Person) in das Handeln des Babylonierkönigs übergeht.
So kommt die Unterscheidung von Auftraggeber und Beauftragtem, dem
„Knecht", zum Ausdruck. Ein Ausführungsbericht kann – als selbstverständ-
lich[17] – entfallen; fehlt er hier aber zufällig? Wieweit ist das Geschehen vor

---

[10] Vgl. I, 20 f. Beide Zeichenhandlungen gegen Fremdvölker sind umstritten. Die Handlung gegen Babel (51, 59–64) weist in höherem Maße allerlei Eigenarten auf (s. dort).

[11] Vgl. 2, 16 (dazu I, 81 Anm. 85); 43, 7.

[12] Vgl. Jes 8, 2; Jer 19, 1.

[13] „Ich hole" (V 10). Die jüngere Erläuterung zur zweiten Vision (1, 15) kündigt auf Gottes Initiative („ich rufe") feindliche Throne „am Eingang der Tore Jerusalems" an.

[14] Vgl. zu 25, 9 (dort bei Anm. 13). Nach 27, 6 gibt Jahwe „alle diese Länder in die Hand meines
Knechtes Nebukadnezzar" – hier ist über die dort (27, 3) genannten Völker hinaus Ägypten einbezogen. Dieser Titel findet sich nicht in der älteren Erzählschicht, dem sog. Baruchbericht.

[15] G. Wanke 377.

[16] Vgl. vom Tempel 1 Kön 5, 31; 7, 10.

[17] Vgl. zu Jer 16; 19 (I, 288. 328).

einem königlichen Verwaltungsgebäude überhaupt möglich? Entsprechend dieser besonderen Lage sollen allerdings (nur) Judäer anwesend sein; sie sind Augenzeugen für die symbolische Darstellung der mit Ägypten auch ihnen drohenden Fremdherrschaft. Dabei setzt die Handlung, die nahe der Grenze spielt, kein tiefes Eindringen der Babylonier nach Ägypten voraus. Insofern reichen bleibende Zweifel kaum aus, den Vorgang überhaupt zu bestreiten. Jedenfalls entspricht die Intention Jeremias Botschaft[18]: In Ägypten werden die Flüchtenden Nebukadnezzar nicht entkommen.

Der Anhang erinnert – innerhalb der grob gleichzeitigen priesterschriftlichen Erzählung – an die Ankündigung, die Jahwes Macht im Ausland bekundet: „An allen Göttern Ägyptens werde ich Strafgerichte vollstrecken."[19] In der Kritik am Sonnenkult äußert sich, zugleich im Sinne des Bilderverbots, die strenge Unterscheidung zwischen Gott und dem kosmischen Phänomen, der Sonne.[20]

---

[18] Vgl. zu 42,17; das Vorwort zu Kap.46ff Abs. 5 und zu Kap. 46 (zur Geschichte dort bei Anm. 40–41).

[19] Ex 12, 12; vgl. 8, 14f; 9, 11.

[20] Vgl. Dtn 4, 19; Ps 104, 29f; Jes 40, 25f; Gen 1, 14–18; gegen Astralkult: Ez 8, 16; auch 2 Kön 23, 5. 11f.

Die letzte Rede – an Judäer in Ägypten
Anklage wegen Fremdgötterverehrung
Jer 44

1 Das Wort, das an Jeremia erging für alle Judäer, die im Land Ägypten wohnten, die in Migdol[1] und in Tachpan(ch)es[2] und in Noph[3] und im Land Patros[4] wohnten. 2 So spricht Jahwe Zebaoth, der Gott Israels: „Ihr habt all das Unheil wahrgenommen, das ich über Jerusalem und über alle Städte Judas gebracht habe. Siehe, sie sind heute eine Trümmerstätte; niemand wohnt in ihnen, 3 wegen ihrer Bosheit, die sie verübten, um mich zu kränken, indem sie hingingen, Rauchopfer darzubringen,[5] anderen Göttern zu dienen, die sie nicht kannten – sie, ihr und eure Väter[6]. 4 Ich habe aber euch unermüdlich alle meine Knechte, die Propheten, gesandt, um zu sagen: Verübt doch nicht diese Greueltat, die ich hasse! 5 Sie aber hörten nicht und neigten ihre Ohren nicht, um sich von ihrer Bosheit abzukehren und nicht mehr anderen Göttern Rauchopfer darzubringen. 6 Da ergoss sich mein Grimm, mein Zorn und entbrannte über die Städte Judas und die Straßen Jerusalems, so dass sie zur Trümmerstätte und zur Öde wurden, wie es zutage[7] liegt.

7 Nun aber, so spricht Jahwe, der Gott Zebaoth, der Gott Israels: Warum tut ihr euch selbst so großes Unrecht, bei euch auszurotten Mann und Frau, Kind und Säugling aus der Mitte Judas und euch keinen Rest übrig zu las-

---

[1] Im nordöstlichen Delta; vgl. 46,14; (vor dem Auszug:) Ex 14,2; Num 33,7; (als Nordgrenze:) Ez 29,10; 30,6.

[2] Vgl. 2,16 (dazu I,81 Anm. 85); 43,7.

[3] Noph meint Memphis, die Hauptstadt Unterägyptens. Diese Ortsangabe fehlt in der LXX; vgl. aber Jer 46,14.19; auch Jes 19,13; Ez 30,13.16.

[4] D.h. Oberägypten; vgl. 44,15; Jes 11,11; Ez 29,14; 30,14.

[5] Hier und deutlicher V 21 klingt an, dass gegenüber Rauchopfern überhaupt Vorbehalte bestehen. Sind sie als solche schuldhaft (vgl. schon Hos 2,15; 4,13; 11,2)? Die Aussage gilt, obwohl vorangestellt, hier allerdings kaum allgemein für Opfer (vgl. 7,22), sondern für die anderen Göttern (V 5.8) dargebrachten Rauchopfer.

[6] Hier „wird die bis in die Gegenwart reichende Geschichte der Schuldverfallenheit und die Solidarität der gegenwärtigen Generation mit den Vorfahren in der Sünde" (W. Thiel II,71) von der (jerdtr) Redaktion nachdrücklich herausgestellt. Der Übergang von der Anrede („ihr") zur 3.Person (V 5) wirkt stärker distanzierend. Schon Jeremia selbst kann (beispielhaft 9,3; I,206) den Zusammenhang der Generationen in der Schuld betonen und distanzierend von „diesem Volk" (8,5 u.a.) reden.

[7] Oder: Wie es „heute" (V 2.22; vgl. 11,5; 42,20f u.a.) der Fall ist.

sen,   8 indem ihr mich kränkt durch die Machwerke eurer Hände[8], indem
ihr anderen Göttern Rauchopfer darbringt im Land Ägypten, in das ihr gegangen seid, dort als Fremde zu wohnen[9], um (so) euch selbst auszurotten,
zum Fluch und zur Schmach zu werden unter allen Völkern der Erde?
9 Habt ihr die Bosheiten eurer Väter und die Bosheiten der Könige Judas
und die Bosheiten seiner Frauen[10], eure Bosheiten und die Bosheiten eurer
Frauen vergessen, die sie im Land Juda und in den Straßen Jerusalems verübt haben?   10 Bis auf den heutigen Tag waren sie nicht zerknirscht, fürchteten sich nicht, wandelten nicht nach meiner Weisung und nach meinen
Satzungen, die ich euch[11] und euren Vätern vorgelegt habe.   11 Darum, so
spricht Jahwe Zebaoth, der Gott Israels: „Siehe, ich richte mein Angesicht
gegen euch zum Unheil, um auszurotten ganz Juda.[12]   12 Ich werde wegnehmen den Rest Judas, die, die ihr Angesicht richten, ins Land Ägypten zu
kommen, dort als Fremde zu wohnen; sie werden alle umkommen, im
Land Ägypten werden sie fallen; durch das Schwert und durch den Hunger
werden sie umkommen, vom Kleinen bis zum Großen, durch das Schwert
und durch Hunger werden sie sterben, zum Fluch und zum Entsetzen, zur
Verwünschung und zur Schmach werden.   13 Ich suche heim, die im Land
Ägypten wohnen, wie ich Jerusalem heimgesucht habe mit dem Schwert,
mit dem Hunger und mit der Pest.   14 Es wird keinen Geretteten und keinen Entronnenen geben für den Rest Judas, (für die,) die gekommen sind,
dort als Fremde zu wohnen und in das Land Juda zurückzukehren, auch
wenn sie sich sehnen, dorthin zurückzukehren; denn sie werden nicht zurückkehren – außer (einigen) Geretteten."
15 Da antworteten Jeremia alle Männer, die wussten, dass ihre Frauen anderen Göttern Rauchopfer darbrachten, und alle Frauen, die dabeistanden,
eine große Versammlung, und alles Volk, das im Land Ägypten, in Patros,
wohnte: 16 „Das Wort, das du im Namen Jahwes zu uns geredet hast – wir
hören nicht auf dich!   17 Bestimmt tun wir alles, was aus unserem Mund
hervorgegangen ist: der Himmelskönigin Rauchopfer darzubringen und
ihr Trankopfer zu spenden, wie wir getan haben und unsere Väter, unsere
Könige und unsere Obersten in den Städten Judas und in den Straßen Jerusalems. Da aßen wir uns satt mit Brot; es ging uns gut, und wir sahen

---

[8] „Werk / Tun der Hände" meint hier weniger die Götterbilder selbst (1, 16; 25, 6 f) als, wie die
folgende Erläuterung andeutet, das für sie „ausgeübte kultische Handeln" (W. Thiel, Das Gottes-
bild als Machwerk, in: Berührungspunkte. FS R. Albertz. AOAT 350, 2008, 151–170, bes. 160).
Vgl. noch Jer 32, 30.

[9] Vgl. zu 42, 15 Anm. 9.

[10] Es liegt im Kontext nahe, „ihrer Frauen" zu lesen; vermutlich ist aber insbesondere an Salomo (1 Kön 11, 3 f.8) gedacht.

[11] In der LXX fehlt „euch". Die Erwähnung der Angeredeten ist wohl weggelassen, da sie zumindest den Vätern nachgeordnet sein müsste, ja nach ihnen, die Gegenwart einschließend, eigentlich unnötig ist.

[12] Die kürzere LXX-Fassung von V 11 f „erweckt den Eindruck, als würde der Text aus ägyp-
tischer Perspektive gelesen …, während die längere Fassung des hebräischen Textes aus palästin-
scher Sicht (V 12aα) formuliert ist" (G. Wanke 382). Vgl. „dort" (V 12. 14).

kein Unheil. 18 Seitdem wir aber aufhörten, der Himmelskönigin Rauchopfer darzubringen und ihr Trankopfer zu spenden, mangelte es uns an allem, und wir kamen durch Schwert und Hunger um. 19 Und wenn wir der
Himmelskönigin Rauchopfer darbrachten und ihr Trankopfer spendeten,
haben wir etwa ohne Wissen unserer Männer ihr Kuchen zubereitet, um sie
abzubilden[13] und ihr Trankopfer zu spenden?"
20 Da sagte Jeremia zum ganzen Volk, zu den Männern und zu den Frauen
und zu allen Leuten, die ihm geantwortet hatten: 21 „Das Rauchopfer, das
ihr in den Städten Judas und in den Straßen Jerusalems darbrachtet, ihr,
eure Väter, eure Könige und eure Obersten[14] und das Volk des Landes, hat
Jahwe nicht daran[15] gedacht und ist es nicht in sein Herz aufgestiegen?
22 So konnte es Jahwe nicht mehr länger ertragen – wegen der Bosheit eurer
Taten und der Greuel, die ihr verübt habt; und so wurde euer Land zur
Trümmerstätte, zum Entsetzen[16] und zum Fluch ohne Bewohner, wie es
zutage liegt.[17] 23 Weil ihr Rauchopfer dargebracht und gegen Jahwe gesündigt und nicht auf die Stimme Jahwes gehört habt und nicht nach seiner
Weisung, nach seinen Satzungen und seinen Mahnungen gewandelt seid,
darum hat euch dieses Unheil getroffen, wie es zutage liegt."
24 Da sagte Jeremia zum ganzen Volk und zu allen Frauen: „Hört das Wort
Jahwes, ganz Juda, die ihr im Land Ägypten seid! 25 So spricht Jahwe Zebaoth, der Gott Israels: Ihr und eure Frauen, was ihr mit eurem Mund geredet habt, füllt ihr mit euren Händen aus, indem ihr sagt: ‚Wir wollen genau ausführen unsere Gelübde, die wir gelobt haben, der Himmelskönigin
Rauchopfer darzubringen und ihr Trankopfer zu spenden.' Haltet nur eure
Gelübde und eure Gelübde führt genau aus! 26 Darum hört das Wort Jahwes, ganz Juda, die ihr im Land Ägypten seid! Siehe, ich schwöre bei meinem großen Namen, spricht Jahwe, dass mein Name nicht mehr genannt
wird im Mund eines jeden Judäers im ganzen Land Ägypten, indem er sagt:
‚So wahr Jahwe lebt!' 27 Siehe, ich wache über sie zum Bösen und nicht
zum Guten, dass alle Judäer, die im Land Ägypter wohnen, durch das
Schwert und den Hunger umkommen, bis es mit ihnen zu Ende ist.
28 Doch vor dem Schwert Gerettete, nur wenige, werden aus dem Land
Ägypten in das Land zurückkehren, damit der ganze Rest Judas, der in das

---

[13] Diese Bestimmung fehlt in der LXX. „Ohne Rücksicht auf Unterschiede in der Art der Herstellung dient" das zugehörige Substantiv „als zusammenfassende Bezeichnung für die Bilder
fremder Götter" (A. Graupner, ThWAT VI,302); vgl. Jer 50, 2; Jes 46, 1.
[14] Zu (sozialen) Unterscheidung der (gegliederten) Oberschicht vom „Volk des Landes"
vgl. 1, 18; 34, 19; 37, 2; auch I,7 Anm. 31; zu 21, 11 ff Anm. 1.
[15] Wörtlich „an sie (d.h. die Personen) gedacht", die Fortsetzung lässt aber einen Singular
(„es") erwarten. Entsprechend V 21b bezieht sich in V 22 Jahwes Reaktion mit innerer Anteilnahme („nicht mehr ertragen können") auf die Vergangenheit, reicht aber bis in die Gegenwart
(wörtlich: „kann"), wohl im Blick auf die abschließende Zeitangabe: „wie es zutage liegt / (bis)
heute der Fall ist".
[16] Oder: zur Wüste.
[17] Vgl. o. Anm. 7; entsprechend V 23.

Land Ägypten gegangen ist, um sich dort als Fremde aufzuhalten, erfährt[18], welches Wort sich bestätigt, meines oder ihres.

29 Und dies wird das Zeichen für euch sein – Spruch Jahwes –, dass ich euch heimsuche an diesem Ort, damit ihr erkennt, dass meine Worte über euch gewiss eintreffen zum Bösen: 30 So spricht Jahwe: Siehe, ich gebe den Pharao Hophra, den König von Ägypten, in die Hand seiner Feinde und in die Hand derer, die ihm nach dem Leben trachten, wie ich Zedekia, den König von Juda, in die Hand seines Feindes Nebukadnezzar gegeben habe, des Königs von Babel, der nach seinem Leben trachtete."

Die breite Rede[19] schließt mit der Ortsangabe (43, 7a) an die vorige Szene an, um das Thema in verschiedener Hinsicht mit größerem Umfang zu entfalten:

a) Der Kreis der Betroffenen wird erheblich ausgeweitet: Über die Gruppe der Flüchtenden (43, 7; vgl. 41, 14. 16) hinaus sind „alle Judäer in Ägypten" (44, 1) einbezogen; sie geben (V 15) in der Versammlung[20] ihre Zustimmung. Die Antwort (V 20) richtet sich wiederum an „das ganze Volk".

b) Über die Grenzstadt[21] hinaus werden weite Teile des Landes bis in den Süden erfasst.

c) Die Begründung ist umfassender. Dabei enthält Kap. 44 eine Steigerung: zuvor Ungehorsam gegenüber Gottes Wort mit der Warnung (43, 7a), hier Abfall zu Fremdgöttern.

d) Auch die Folge, die Ansage des Gerichts, kann, wenn auch (mit „Schwert" bzw. Krieg, Hunger) eher allgemein, zugespitzt (wie schon 42, 17 f. 22 u. a.; 44, 14. 27 f) ausgesprochen werden. Es bleibt aber Werk Gottes (44, 13. 29): Ich „suche heim". Er „wacht", wie es in Aufnahme der ersten Vision (1, 12; vgl. 31, 28) heißt, über die Verwirklichung – zum Unheil.

In der Rede finden sich Erzählelemente mit Gegenrede[22]. Die (V 2–14 erkennbare) Abfolge von Vergangenheit – Gegenwart – Zukunft[23] kehrt nach einer Zwischenbemerkung (V 15; vgl. V 1. 20) in einem ähnlichen Aufbau (V 16–28 mit Rückblick V 17b) wieder.

---

[18] Oder (wie V 29): „erkennt". Vermutlich ist auch das V 29 angekündigte Zeichen schon „erfahren" und eingetreten.

[19] Weitgehend gilt sie, schon wegen der Sprache mit typischen Wendungen, für eine Bildung der Redaktion („ein Erzeugnis der Ergänzer", B. Duhm 328); vgl. zumal W. Thiel II, 69 ff. Allerdings sucht man in V 15 ff. 24 ff nach Tradition.

[20] Vgl. 26, 17; 31, 8; auch 50, 9. Es handelt sich (nach ThWAT VI, 1210 f) um „eine zufällige Ansammlung von Leuten, die näherhin als Ansammlung von Männern und Frauen qualifiziert ist". Die Teilnahme der Frauen ist durch den Ritus (V 19) vorgegeben.

[21] Jer 43, 7 nennt nur Tachpan(ch)es. Die 44, 1 erwähnten Orte stimmen wiederum nicht ganz mit 2, 16 f überein (dort fehlt Migdol; anders 46, 14). Vermutlich kommt darin eine andere Situation zum Ausdruck, hier der Redaktion entsprechend eine spätere Zeit.

[22] Widerspruch der Hörer findet sich in kurzer Form öfter; vgl. 2, 20. 23. 31; 6, 16; ausführlicher 42, 13 ff u. a.

[23] Sie ist schon aus der die Verkündigung einleitenden Komposition bekannt; vgl. zu 2, 1–9.

V 1 Einführung mit Situationsangabe (ähnlich 7, 1; 25, 1 u. a.). Judäer in Ägypten
Durch Botenformel (V 2; auch V 7. 11) ausdrücklich als Gotteswort bestimmt:
V 2–14 Jeremias Rede
    V 2–6 Geschichtsrückblick – auf eigene Erfahrungen
    V 7–10 Nach Botenformel Jahwewort:
    Entsprechendes Verhalten der Angeredeten in der Gegenwart
    Klagend-anklagende Fragen; vgl. 2, 32 u. a.
    V 11–14 Gerichtsansage (vgl. 24, 8; 42, 15 ff)
    In der Fremde umkommen. V 14 Keine Rückkehr; vgl. V 27 f
V 15–19 Antwort des Volkes, der in Ägypten wohnenden Judäer (vgl. V 1),
    mit Einwand
V 15 Allgemeine Versammlung
V 16 Erklärung des Ungehorsams
    Unmittelbarer Widerspruch im Zitat (wie 43, 2 gegen Gott)
V 17–19 Einwand: Verehrung der Himmelskönigin; vgl. 7, 14–20
V 20–30 Rede Jeremias (parallel zu V 8 ff)
    Nach V 20 Einführung (mit Anschluss an V 15)
    V 21–23 Anklage mit Abweisung des Einwands; vgl. V 18
    Geschichtsrückblick mit Gottes Reaktion
    Ungehorsam; vgl. 43, 7
    V 24–28 Gerichtsansage
    V 24 f Ironische Bekräftigung; vgl. V 12 f
    V 26–28 Gottes Schwur – gegenüber dem Gelübde der Judäer(innen)
    V 29 f Zeichen: Das Schicksal des Pharaos Hophra
    im Vergleich mit König Zedekia

In der Rückschau gelten die Propheten (V 4) als Mahner, deren Warnung
überhört wurde.[24] Ist die Notlage, in welche die Judäer in Ägypten geraten
sind, nicht (V 7) selbst verschuldet, so dass sie sich das Leid selbst zugefügt
haben?
Die Erklärung des Ungehorsams wird begründet mit dem herrschenden
Mangel. Überhaupt erscheint die Bewältigung der Not als ein Hauptgrund
für die Ausübung fremder Riten, wie schon die kritische Bemerkung (2, 28)
äußert: Deine Götter „mögen aufstehen und dir helfen in der Zeit deiner
Not!" Sich an sie zu wenden, heißt, von ihnen Hilfe zu erwarten. So kehrt
zugleich das die letzten Erzähleinheiten seit der Belagerung Jerusalems
durchziehende Thema des Mangels an Nahrung – mit der Freiheit von Hunger in der kurzen Zwischenzeit (41, 10. 12) – wieder.[25]
Wie bei Eröffnung von Jeremias Botschaft die klagende Anklage der „Vertauschung" (2, 11) oder des „Nachlaufens" (2, 23. 25) in der Zuwendung zu
Holz und Stein (2, 27 f) beispielhaft wird, so wird hier der ausführliche Vorwurf des Abfalls konkretisiert, durch eine nähere Beschreibung in „Wir"-
Rede ergänzt. Dieser Abschnitt (mit dem Widerspruch V 16 und Einzelanga-
ben in V 17–19) zeigt gegenüber der Umgebung gewisse Besonderheiten. Die

---

[24] Vgl. I, 38.
[25] Vgl. zum Thema Hunger 37, 21; 38, 9. 28; 52, 6; auch 40, 10. 12; 42, 14. 16 f; 44, 12. 17 f.

mit V 1–14 verbundene rahmende Einführung (V 15) nimmt die stärker persönliche Auskunft (V 19) in verallgemeinernder, berichtender Form auf.

a) Die Opfer gelten nicht (V 19 wie V 17) der Himmelskönigin, sondern „anderen Göttern" (V 15; vgl. V 3. 5 u. a.).

b) Der Sprecherkreis ist anders. Statt der Frauen, die im „Wir" mit Zustimmung „unserer Männer" handeln (V 19), reden – zuerst genannt – „alle Männer" und „alle Frauen" (V 15). Bei dem Kult scheinen Frauen die Hauptrolle innezuhaben; sie stellen den charakteristischen Opferkuchen (7, 18; 44, 19) her. Die Männer legen Hand an (7, 18); jedenfalls vollzieht sich der Kult, wie eigens betont wird, im Einvernehmen mit ihnen – so dass sie nach der vorliegenden Darstellung mitschuldig sind.

Für diesen Familienkult[26], der aus dem Rückblick auf das Geschehen in „den Städten Judas und den Straßen Jerusalems"[27] gezeichnet wird, bedarf es nicht des Tempels; darum ist er auch in der Situation nach der Katastrophe möglich.

c) Die hiesige Darstellung geht über eine Wiederholung der vorhergehenden Beschreibung (7, 17 ff) hinaus, nennt neben Trankopfern und Kuchen noch Rauchopfer[28], redet zudem von Gelübden.[29] Dagegen sind die am Treiben beteiligten Kinder (7, 18 „sie sammeln Holz") hier nicht angeführt. Insbesondere ist hier ein Bild auf dem Gebäck erwähnt. Es stellt entweder eine nackte Göttin dar oder ein Symbol, wie einen Stern.[30]

d) Zur Kernnachricht über den Kult (V 19) gehört die zur Verteidigung vorgebrachte Begründung (V 17 f): Gab es eine Zeit des Wohlergehens bei Ausübung des Kults, so beginnt mit dessen Vernachlässigung oder Ende der Mangel. Die Verehrung der Himmelskönigin wird als die Not wendend, darum für notwendig erklärt. Durch diese Rechtfertigung des Kults ist eine Verschärfung gegeben.[31]

Verbirgt sich in dieser Darstellung eine Erinnerung oder Überlieferung[32], so ist der Vorwurf, Fremdgötter zu verehren, nicht willkürlich, sondern hat einen Anhalt an der Tradition[33], verallgemeinert sie nur. – Wie die Klage der Wallfahrer aus dem Norden (41, 4 ff) lässt sich die hiesige Szene auf dem Hintergrund von Josias Reform[34] mit der Kultzentralisation, verbunden mit dem Ausschließlichkeitsanspruch, verstehen. Wie in dem Vorwurf der Rückkehr

---

[26] Vgl. I,181 f; auch 218 f.

[27] Jer 7, 17; 44, 17. 21. Die Wendung gehört zur redaktionellen Gestaltung (7, 34; 11, 6).

[28] Das mehrfache Vorkommen von „räuchern" in diesem Kapitel (V 3. 5. 15. 21 u. a.) hat wohl in der vorgegebenen Überlieferung (V 17–19) ihren Ursprung. Zu Räucheropfern vgl. schon 1, 16; 11, 12 f; 19, 4; zu Aromata 6, 20. Ähnlich wird die Nennung des Trankopfers von der Überlieferung (7, 18; 44, 17–19) in die Darstellung gedrungen und auf „andere Götter" bezogen sein.

[29] V 17. 25; vgl. Spr 7, 14. Die Bestimmungen von Num 30, 7 ff gelten hier (noch) nicht. Die Männer schließen sich eher dem Kult an.

[30] Zum Backwerk vgl. I,182 Anm. 50. Formen unseres Advents- oder Weihnachtsgebäcks bewahren die Astralgestalt: Sterne, Mond u. a.; auch „Croissant" (die „zunehmende" Mondsichel).

[31] „Der offen verteidigte" Kult „bedeutet eine Steigerung gegenüber Jer 7" (G. Fischer II, 441).

[32] Ein (von redaktionellen Wendungen freier, rekonstruierbarer) fest abgrenzbarer Erzähltext liegt kaum vor; darum erscheint die Zugehörigkeit zum Baruchbericht hier fraglich.

[33] Immerhin bezeugen in Ägypten im 5. Jahrhundert die Elephantine-Papyri (A. Cowley, Aramaic Papyri of the Fifth Century, 1923) eine Verbindung von Jahwe mit dem Namen einer Gottheit, wie Anat-Jahu.

[34] Vgl. den Überblick I,3 f; auch zu Jer 31, 6 und 41, 4 ff.

nur zum Schein (3, 10) handelt es sich um eine kritische Reaktion, dort im Urteil, hier im Zitat der Hörer, die meinen, es ginge ihnen zuvor besser.

Vermutlich erschien den Verehrern, beides zu praktizieren, die Himmelskönigin und Jahwe anzubeten, nicht widerspruchsvoll, sondern miteinander vereinbar.[35] Demgegenüber beharrt die Darstellung – in Verfolgung gerade prophetischer Einsicht – auf der Ausschließlichkeit des Glaubens: Jener Kult oder das Miteinander ist eine Absage an Jahwe; er ist selbstverständlich für Heil und Unheil[36] allein zuständig. Wenn diejenigen, die der Himmelskönigin Gelübde leisten, zugleich Jahwe (im Schwur) anrufen, so wird die Art der Strafe gut erklärlich.[37] Im Eid ist Gottes Name verbunden mit dem „Leben": „So wahr Jahwe lebt"[38]. Die Gerichtsansage greift die Praxis auf, um zu unterscheiden und zu trennen. Im Gegensatz zu jenem Gelübde schwört Jahwe selbst, bei seinem eigenen Namen: Es wird keinen Eid mit dem Namen Jahwes mehr geben, so dass sein Name nicht mehr von einem Judäer in Ägypten erwähnt wird.[39] Wer das Neben- oder Miteinander der Kulte praktiziert, verliert die anrufbare Nähe Jahwes.

Was im strengen Sinn bei dem Thema Rückkehr (V 27 f im Anschluss an V 14; vgl. 42, 17) als innerer Widerspruch erscheint, wird vielleicht nicht so empfunden: Eine kleine Zahl kann einer großen Menge gegenübergestellt werden, so auch den Verlust des Ganzen versinnbildlichen.[40] Die wenigen sind Zeichen und Zeugen der Katastrophe.

Zur Bestätigung des Wortes werden (V 29 f) je ein Ereignis aus der fremden – jüngeren, eher zeitgenössischen – Geschichte und aus der eigenen, nicht lange zurückliegenden, einschneidenden und erschütternden Vergangenheit verglichen. Nebukadnezzar wird nur im zweiten Fall erwähnt, ist nicht derjenige, der den Pharao[41] verfolgt. Die ihm – erfolgreich – nach dem Leben trachten, treten zudem in Mehrzahl auf. Die Vermutung liegt nahe, dass der Text in nicht zu großer Entfernung von jenem Ereignis (570 v. Chr.) entstand. Warum sollte er spätere gravierende Einschnitte übergehen und un-

---

[35] Einen entsprechenden Eindruck erweckt Kap. 2, während Jeremia das Nebeneinander oder die Verbindung von Kulten kritisch bedenkt und ebenfalls (3, 3) den Mangel ankündigt.

[36] Vgl. schon 2 Kön 1. „Einen Helfer außer mir gibt es nicht." (Hos 13, 4; vgl. Jes 45, 21)

[37] Für die Bevölkerung scheint „die Verehrung der Himmelskönigin und die Berufung auf Jahwe im Eid problemlos nebeneinander zu stehen" (S. Kreuzer, Der lebendige Gott: BWANT 11, 1983, 111).

[38] Vgl. 5, 2; 38, 16; bes. 23, 7 f (= 16, 14 f) mit der Erwartung einer Sammlung aus den Völkern im Norden, die Kap. 44 mit den Drohungen gegen die Judäer im Süden, in Ägypten, entgegensteht.

[39] Vgl. zur Gerichtsansage über Judäer in Ägypten auch zu Kap. 42 f bei Anm. 39. An der Sammlung aus dem Norden (31, 8) oder aus allen Völkern (29, 14) haben sie nicht teil.

[40] Vgl. Jes 17, 6; 30, 17; auch zu Jer 42 f Anm. 25. Sprichwörtlich ist der „Tropfen am Eimer" (Jes 40, 15) als bildhafte Darstellung für „wie nichts"(40, 17). Vgl. auch die Hiobsbotschaft (1, 13 ff „ich bin allein übriggeblieben").

[41] Der Pharao Hophra / Apries hatte bei Jerusalems Belagerung ein Ersatzheer entsandt, das aber keine „Hilfe" bedeutete (37, 7; Lit. dort Anm. 18). Er selbst scheint bei einem Aufstand durch seinen Nachfolger Amasis umgekommen zu sein.

erwähnt lassen? Darum wird er, mit großen Teilen der Redaktion überhaupt, noch in die Exilszeit gehören.

Wie in Nebukadnezzar so wirkt Jahwe – verborgen – auch in der Geschichte Ägyptens, das sowenig wie Nebukadnezzar ihn verehrt.

So endet das Buch im Erzählteil mit dem Vorwurf (gegenüber dem eigenen Volk), wie es in Jeremias Verkündigung (2, 10–13) begonnen hat.[42] Die im Ersten Gebot zusammenfassend ausgesprochene Ausschließlichkeit des Glaubens bleibt – auch im Hintergrund – ein entscheidendes Thema, erst recht bei den Ausführungen der Redaktion (7, 9; 11, 10. 13 u. a.). Bis zuletzt kehrt die Erfahrung der *Ablehnung* prophetischer Botschaft, der Zurückweisung des Gotteswortes, wieder.[43] Trotz der Widerspenstigkeit der Zeitgenossen, insofern auch der Erfolglosigkeit, bezeugt die spätere Zeit die Wahrheit von Jeremias Einsichten (Esr 1, 1 u. a.), zumal durch die Weitergabe seiner Überlieferungen.

Auf den allgemein-grundsätzlichen Schluss des Erzählteils folgt noch als eine Art „Unterschrift" die an Baruch gerichtete Verheißung der Lebensbewahrung in der Katastrophe.

---

[42] Ähnlich wie in Kap. 2 kehrt in Kap. 44 (V 2 f. 9 u. a.) das Stichwort „Böses / Unheil" mit den Tat und Folge verbindenden Bedeutungen wieder; vgl. mit entsprechenden Wendungen „reizen / kränken" 11, 17; 32, 32 u. a.

[43] Allerdings hat die Reaktion der Hörer hier „keine Konsequenzen für das Geschick des Propheten", wie es die Fremdberichte zuvor erzählen (A. Graupner, Geschick 149).

Lebenszusage an Baruch
Jer 45

1 Das Wort, das Jeremia, der Prophet, redete zu Baruch, dem Sohn Nerijas, als er diese Worte nach dem Mund Jeremia in ein Buch schrieb[1] im vierten Jahr Jojakims, des Sohnes Josias, des Königs von Juda: 2 So spricht Jahwe, der Gott Israels, über dich, Baruch: 3 „Du hast gesagt[2]: ‚Wehe mir; denn Jahwe hat Kummer zu meinem Schmerz hinzugefügt! Müde geworden bin ich von meinem Seufzen, und Ruhe habe ich nicht gefunden.'
4 (So sollst du zu ihm sagen:[3]) So spricht Jahwe[4]: Siehe, was ich gebaut habe, werde ich zerstören, und was ich gepflanzt habe, werde ich ausreißen – und es betrifft das ganze Land.[5]
5 Und du trachtest nach Großem für dich? Trachte nicht danach; denn siehe, ich bringe Unheil über alles Fleisch![6] – Spruch Jahwes. Doch ich gebe dir dein Leben zur Beute an allen Orten, wohin immer du gehst.

Die Verheißung weist auf die Niederschrift der Worte Jeremias durch Baruch zurück; so ist das Heilswort am Ende des Erzählzusammenhangs vor den Völkersprüchen mit dem für die Entstehung des Buches wichtigen Kap. 36 verbunden.

---

[1] V 1b schließt sich an 36, 4(ff) an: Er „schrieb nach dem Mund (d.h. dem Diktat) Jeremias". Vgl. W. Thiel II, 83 ff; ausführlich A. Graupner, Auftrag 160 ff.

[2] Durch V 2 ist Baruchs Klage nicht nur Prophetenwort, sondern zuvor in Gottes Wahrnehmung hineingenommen. „‚Du hast gesagt' leitet das Zitat von Baruchs Klage ein und bezeugt so, daß Gott dessen Leiden gehört und aufgenommen hat" (G. Fischer II, 457). Vgl. Ex 3, 7.9; Ps 6, 9f u.a.

[3] Der in der LXX fehlende Redeauftrag in 2. Person V 4aα bildet als Aufforderung an Jeremia, die vor V 2 ihren Ort hätte, einen sich schwer in den Zusammenhang, das weitergegebene Wort, fügenden Zusatz. Ist er durch Doppelschreibung der Botenformel und deren Abwandlung entstanden? Er lässt sich verstehen: „Dem Ergänzer war … daran gelegen, die in der Überschrift vermißte Beauftragung des Propheten nachzutragen" (A. Graupner, Auftrag 161 Anm. 8).

[4] Die nach dem Zitat (V 3) wiederholte Botenformel grenzt das Folgende eindeutig von Baruchs Klage ab und bekräftigt (nach V 2), dass die Zukunftsansage vom Propheten in Gottes Auftrag ergeht.

[5] Möglich auch: die ganze Erde. V 4b, der in der LXX fehlt, ist wohl ein Zusatz. Er mag durch die umfassend gedeutete Wendung „alles Fleisch" (V 5) angeregt sein, kann einerseits auf die Schau 4, 23 ff zurückblicken, andererseits auf die folgenden Fremdvölkersprüche Kap. 46 ff überleiten. So kann Kap. 45 neben dem Rückblick (V 1b), weniger eindeutig, einen Vorverweis enthalten.

[6] D.h. nach prophetischem Verständnis (schon 1, 14 „alle Bewohner des Landes"): jedermann. Später ist die Wendung deutbar: „alles Leben" (Gen 6, 12 f.17).

V 1 Einleitung. Redaktionell ausgestaltete Überschrift
    Sprecher und Adressat mit Situationsangabe
V 2 Botenformel mit Adressat
V 3 Im Zitat: Baruchs Ich-Rede mit dreigliedriger Klage
    a) Weheruf „Wehe mir!"
    b) Begründung oder Ursache: Gottes Handeln
    c) Folge des Handelns Gottes
    Als Voraussetzung für:
V 4–5 Dreigliedrige Antwort Jahwes auf Baruchs Klage:
    Umgeben von Gottes „Ich" (V 4. 5b) Anrede an Baruch „Du" (V 5a)
    a) Allgemeine Unheilsansage
    b) Frage und Mahnwort mit Begründung
    Im Rahmen der wiederholten Ankündigung allgemeinen Unheils:
    c) Verheißung individueller Lebensbewahrung

Die Überschrift mit der charakteristischen Voranstellung „Das Wort, das …"
und anschließender Situationsangabe (V 1) erinnert einerseits an vorhergehende, von der Redaktion gestaltete Einleitungen.[7] Das besondere Thema
mit dem – von Jeremia weiterzugebenden – Wort von und an Baruch verlangt
jedoch eine vom Üblichen abweichende, eigene Einführung. Andererseits
versteckt sich im Eingang die Einleitung einer vorgegebenen Erzählung in
3. Person mit dem Titel „Jeremia der Prophet", des sog. Baruch-Berichts.[8]
Den Kern bildet a) ein Wort an Baruch, das enge Beziehungen zu Jeremias
Botschaft aufweist. Es ist b) in einem Fremdbericht[9] aufgenommen, den c)
die Redaktion überarbeitet, jedenfalls die Überschrift (V 1, zumal V 1b) mit-
gestaltet. Schließlich d) kommen wohl zwei kleinere Ergänzungen[10] hinzu.
Nach dem Erzählzusammenhang weist die Lebenszusage zugleich auf den
Schreiber; die Endstellung bestätigt: Das Wort hat sich bewahrheitet.[11]
Es ist, teils parallel gestaltet, metrisch gefügt, dabei grob zweiteilig: Klage
Baruchs, schon im Gotteswort als Zitat formuliert, und Gottes Antwort, die
in sich mehrgliedrig ist.
Wozu sollte Baruchs Überleben in der Katastrophe (587/6) nachträglicher
Rechtfertigung bedürfen? Liegt es im Rückblick nahe, Baruch für die Erfül-
lung seiner Aufgabe und sein vorbildhaftes Verhalten zu loben, so wird ihm

---

[7] Vgl. etwa, ebenfalls mit Rückgriff auf eine frühere Zeit, 35, 1; in wechselnder Form auch
25, 1; 46, 13 u. a. 51, 59 ahmt wohl nach.

[8] Vgl. I, 35 f. „Jeremia der Prophet" (I, 330 mit Anm. 4) zuletzt 42, 2. 4; 43, 6. Ähnlich bietet
der Er-Bericht Kap. 29 einen durch Parallelismen gestalteten Kern. Zu Baruch, der den Titel
„Schreiber" (36, 26. 32) führt, I, 9.

[9] Die Endstellung hat das Heilswort wohl schon im Er-Bericht (nach der Erzählung Kap. 43)
gehabt; sie wird von der Redaktion (nach der redaktionell gestalteten Rede Kap. 44) übernommen.

[10] Vgl. Anm. 3 und 5.

[11] „Schluß der Barucherzählung" und zugleich „ein Bekenntnis, dass es sich … erfüllt hat" (W.
Rudolph 264). Kap. 45 ist ein „persönliches Siegel", „gleichsam die eigenhändige Unterschrift"
Baruchs (A. Weiser 376). W. L. Holladay (II, 308) vergleicht die Stellung mit dem Kolophon einer
Handschrift; dazu Röm 16, 22.

hier gerade „kein Lob für seine Aufopferung und Treue zu teil"[12]. Zudem bestehen Gemeinsamkeiten mit Jeremias Verkündigung, auch aus früher Zeit.[13] Das Thema mit der Sprache ähnelt der Klage (8, 18)[14] oder den Konfessionen (15, 10. 18; 20, 18), die ebenfalls eine Antwort Gottes (15, 19 ff) erhalten. So wirkt die Klage im Kontext wie eine Einstimmung in Jeremias Geschick.

Die seit dem Motto (1, 10), mit dem die Redaktion die gesamte Verkündigung Jeremias von der Heils- zur Unheilsansage zu umfassen sucht[15], mehrfach wiederkehrende Ankündigung zweiseitigen Handelns Gottes beschreibt gleichsam den allgemeinen Rahmen oder Hintergrund des besonderen Geschehens. Die Wendung begegnet hier a) als Ich-Aussage, b) in Kurzform der Reihe und setzt c) in anderer Folge bei heilvollem Handeln Gottes ein und richtet sich auf Unheil aus.[16] Das Bild mit der Ich-Aussage „Ich pflanzte – aber" und der folgenden Umkehrung erinnert an 2, 21, um sich zugleich von dem Wort abzuheben: Das „Aber" bezieht sich hier nicht auf das Verhalten des Volkes, sondern das Unheilshandeln Gottes. So ist V 4b, doch wohl Ankündigung bald drohender Zukunft, wahrscheinlich der Ursprung[17] und die Anregung jener von der Redaktion gestalteten Reihe, die eine andere, ja gegensätzliche Intention hat:

(1) Durch das gleiche Verbpaar in Ich-Aussage wirken 24, 6; 42, 10 mit der doppelten Negation „nicht" wie ein Widerspruch zu 45, 4.[18]

(2) Sodann gestaltet die Redaktion – bei Verlassen von Gottes Ich-Rede – die knappe Folge als ausführlichere, mehrgliedrige, wiederkehrende Reihe aus. Demnach ist umgekehrt die Gerichtsansage 45, 4 nicht im Sinn der Redaktion.

Sie schließt sich noch einmal an Baruchs Wort an: Die Wendung „das Leben als Beute"[19], meint, in höchster Gefahr mit dem Leben davonkommen. Wörtlich heißt es hier: Gott „gibt zur Beute", gleichsam das Leben als Geschenk.

So ist die Verheißung kaum nachträglich gebildet, auch wenn sie erst nach Erzählung der Katastrophe (nach Kap. 43 f) ihre Stellung im Buch fand. Das Wort ist geprägt durch die Spannung von – angesagtem – Unheil und Heil. Nach der Klage hat Gott selbst zum Schmerz den „Kummer hinzugefügt"(V 3), so gemehrt. Wie Jeremia in seinen Konfessionen[20] kann Baruch[21] das Schwere als Gottes Wirken verstehen; darum erscheint das Schicksal

---

[12] Dies „spricht für die Echtheit dieses Stückes" – so B. Duhm (336).

[13] „Wehe mir!" (wie 4, 31; 15, 10), „hinzufügen zu" (7, 21), (auch Ruhe) „finden" (6, 16), „pflanzen" (2, 21), „bauen" (29, 5; 31, 4), „suchen / begehren" (2, 24. 33; 5, 1), „ich bringe Unheil" (4, 6; vgl. 5, 15; 23, 12), (wohin) „du gehst"(1, 7).

[14] Vgl. Klagepsalmen wie Ps 6, 7; 13, 3; 31, 11; Klgl 1, 12; 5, 5. 16; auch Jer 30, 15; 31, 13 u. a. Das Gottesknechtlied Jes 53, 3 f erscheint wie eine Weiterführung.

[15] Vgl. I, 55 f; auch S. 39; dazu 315 ff zu Jer 18, 7. 9.

[16] Vgl. sachlich I, 70 f mit Anm. 31 zu 2, 2 f.

[17] Jer 45, 4 ist „der vermutlich älteste Beleg" (S. Böhmer, Heimkehr 29), der „Prototyp" (A. Graupner, Auftrag 163).

[18] Vgl. sachlich ähnlich die Einfügung eines „nicht" I, 136 (Anm. 70) zu 4, 27; 5, 10. 18; auch S. 149.

[19] Hier findet sich die „Grundstelle"(W. Thiel II, 86); sie wird in 21, 9; 38, 2; 39, 18 „nachgeahmt"(B. Duhm 336).

[20] Vgl. 20, 7 f u. a.; I, 233. 334 f.

[21] Gott ist „für die Verschärfung" von Baruchs „Lage verantwortlich" (G. Fischer II, 458).

kaum erträglich. Hier ist die Nähe, ja die enge Verbundenheit mit Jeremia und seiner Botschaft offenkundig.

Der Text selbst verweist eigens zurück. Die Datierung ist grob wohl sachgemäß. Die – in der vorliegenden Form vermutlich ausgestaltete – Überschrift sieht Baruchs Klage wohl mit Recht im Zusammenhang mit der Niederschrift der Rolle. Überdauert hat allerdings nicht die zunächst „im 4. Jahr" erstellte Rolle, vielmehr nur deren Zweitschrift. In diese Gesamtsituation fügt sich das Wort gut vorstellbar ein; nach den festgehaltenen Klagen, Anklagen und Gerichtsansagen stellt sich die Frage nach dem eigenen Schicksal.[22] Eben etwa gleichzeitig, zur Zeit Jerobeams, ist die Mitbetroffenheit, das beide gemeinsam treffende Schicksal, eine Verfolgung, bezeugt (36, 26).[23]

Können sich Kummer und Schmerz Baruchs überhaupt nur auf persönlich bereits erfahrenes Leid, nicht auch auf die Botschaft beziehen, die Baruch niederzuschreiben hat? Jeremia hat den „Bruch" des Volkes, selbst „gebrochen"[24], mitzutragen, bekundet Mit-Leiden mit dem Volk. Ist Baruch – an der Seite Jeremias, durch die Verbundenheit mit ihm – nicht mitbetroffen, ja mitgetroffen? So äußert Baruch wohl auch Solidarität mit dem Volk wie mit Jeremia. Die Klage des Propheten klingt bei ihm (V 3) nach.[25]

Die Klage wird nicht schlechthin abgewiesen. Zwar schränkt das Wort seine Wünsche angesichts der Situation ein, lenkt im allgemeinen Los den Blick aber nicht von ihm selbst und seinem „Ich" weg. Das „Große", das nicht zu begehren ist, wird so wenig wie „Kummer" und „Schmerz" – der Psalmensprache entsprechend – näher umschrieben. Eine inhaltliche Bestimmung – Glück, Erfolg, gesellschaftliche Anerkennung[26] – fehlt. Hat er zu hohe Erwartungen? Jedenfalls setzt der Einwand eine Angabe voraus, warum es unangebracht oder unzeitgemäß ist, „Großes" zu wünschen. Eine solche Einschränkung stellt eben die vorhergehende und folgende umfassendere, allgemeine Unheilsankündigung dar.[27] Nicht statt Gericht Heil, vielmehr: In der Heillosigkeit, genauer in Gottes Unheilshandeln, ergeht Heil.

Mit dem Gotteswort, mit dem Jeremia Hoffnung auf Heil im Gericht weitergibt, mag man ihn einen „Seelsorger" nennen, der angesichts des Unheils

---

[22] Baruchs Klage ist im Zusammenhang mit der Niederschrift „wohlverständlich"; zwar ist „mein Schmerz" „unbestimmt", zeigt aber, dass es um „private Sorgen" geht. Ist es angesichts der Unheilsansagen „verwunderlich, wenn ihn die Sorge um sein eigenes Schicksal umtrieb" (W. Rudolph 264 f)?

[23] Vgl. von Jeremia selbst (nach 20, 2) 26, 24; 29, 24 ff u. a.

[24] Jer 8, 18–23; auch 23, 9; dazu I, 201. „Mit seinem ‚Schmerz' meint Baruch wohl dasselbe, was Jer(emia) meint, wenn er von seinen Schmerzen und Wunden spricht, den Schmerz um das Schicksal des Volkes", zugleich hat der Kummer „mit den persönlichen Leiden und Schmerzen" zu tun (B. Duhm 335).

[25] Sie entspricht inhaltlich – mit Gottes Unheilshandeln als Rahmen oder Hintergrund (39, 16 f) für die Verheißung der Bewahrung in der Katastrophe – der Zusage an den Äthiopier. Auch sie weist auf eine frühere Situation (39, 15) zurück. Vgl. auch an den König 34, 4.

[26] „Die Großen" sind 5, 5 die Vornehmen, in der Gesellschaft Angesehenen; vgl. 52, 13.

[27] Bei Ausgliederung des doppelten Hinweises auf bevorstehendes Unheil und Ansetzung des Wortes nach der Katastrophe verliert das Wort den Horizont, so auch seinen Charakter.

Trost spendet.[28] Demnach endet der Erzählzusammenhang inhaltlich kaum zufällig ähnlich, wie der Anfang einsetzt: Spricht die Berufungsgeschichte Jeremias mit Gottes Beistand Rettung in der Gefahr (1, 8. 17–19) zu, und zwar an wechselnden Orten: wohin „du gehst", so sagt dieser Schluss Bewahrung im Gericht zu.[29]

---

[28] „Der leiderfahrene Prophet wird zum Seelsorger."(A. Weiser 377) In „der Sorge um sein persönliches Schicksal" erhält Baruch „eine Antwort, die ihn in seinen Ansprüchen und Erwartungen zurechtweist und ihn zugleich nicht ohne Trost läßt" (S. Böhmer, Heimkehr 118 f). Entsprechend im Blick auf das Buch (W. Thiel II, 89): „Das letzte Wort der Redaktion in dem von ihr gestalteten Jeremiabuch ist trotz seiner Kargheit tröstlich."
[29] Vgl. den Hinweis auf Jer 45 in D. Bonhoeffers Brief vom 21. 7. 1944 (Widerstand und Ergebung, ³1985, 402).

Vorwort: Die Fremdvölkersprüche
Jer 46–49. 50 f.[1]

1. Völkersprüche finden sich schon bei dem ersten sog. Schriftpropheten Amos[2]; er kann (2, 1 f) bereits ein Verhalten tadeln, von dem Israel nicht betroffen ist. Lenkt Jahwe nicht auch den Weg ferner Völker (9, 7)? Jesaja bezieht über Syrien (7, 4 f) hinaus Ägypten[3] und vor allem Assur[4] ein. In solchen Zeugnissen spricht sich ein theologischer Grundgedanke aus: Der Gott Israels kann verborgen in den Verlauf der Geschichte eingreifen, die politischen Verhältnisse unter Völkern bestimmen, die ihn nicht verehren. – Zusammenstellungen von Völkerworten finden sich auch Jes 13–23 und Ez 25–32.

Tritt Jeremia wie Kult- oder Heilspropheten auf, die – zugunsten des eigenen Volkes (28, 2 f) – Völkersprüche geäußert haben mögen?[5] In höherem Maße als bei der Verkündigung in seinen Worten, Selbst- oder auch Er-Berichten bestehen bei den Völkersprüchen generell Unsicherheiten in der Zuschreibung zu Jeremia und der Datierung. Als Kriterien bleiben vor allem Ähnlichkeiten oder Gemeinsamkeiten und, soweit erkennbar, der Situation gemäße Angaben.

Die Wendung an die Völker ist zweifellos in Jeremias Botschaft selbst verankert; er blickt schon früh oder seit je über Israel hinaus, ruft zum Vergleich mit den Völkern auf.[6] Der angekündigte noch namenlose Feind heißt „Würger / Verwüster der Völker" (4, 7). Erst recht bezieht Jeremia durch das sym-

---

[1] Kap. 46 ff können im Rahmen dieser Kommentarreihe nicht ausführlich in allen Einzelheiten – wie Text- bzw. Literargeschichte oder Bestimmung der Ortslagen (mit einer Vielfalt von Namen, bes. 48, 1 ff.18 f.21 ff) u. a. – behandelt werden. Vgl. außer den Kommentaren: P. Höffken, Untersuchungen zu den Begründungselementen der Völkerorakel des Alten Testaments: Diss. theol. Bonn 1977; Ders., Zu den Heilszusätzen in der Völkerorakelsammlung des Jeremiabuches: VT 27, 1977, 398–412 = Ders., „Fürchte dich nicht, denn ich bin mit dir!" Ges Aufs (hg. v. A. Graupner/M. Oeming), BVB 14, 2005, 187–198; G. Fischer (s. zu Jer 25 Anm. 13); J. Kegler, Das Leid des Nachbarvolkes – Beobachtungen zu den Fremdvölkersprüchen Jeremias: „dass Gerechtigkeit und Friede sich küssen (Ps 85, 11)". BEAT 48, 2001, 56–71; bes. B. Huwyler, Völker (s. zu Jer 25 Anm. 12; dazu A. Graupner, OLZ 99, 2004, 219–224).

[2] Am 1, 3–2, 16; schon diese Reihe enthält Ergänzungen (wie 1, 9. 11 f; 2, 4 f).

[3] Jes 20; 30, 2 f; 31, 1. Auch Mose-Erzählungen (Ex 5 ff; vgl. Gen 12, 17) setzen Gottes Macht in Ägypten voraus.

[4] Vgl. I,124 f; bildhaft: Jes 7, 18 f; Jesajas Zeichenhandlung für Völker Jes 20; auch 8, 4 u. a.

[5] Von ihnen stammen vielleicht die Worte gegen Babylon; vgl. zu Jer 50 f. Deuten Anspielungen wie „Erzählen" der Werke Gottes (51, 10) oder das Lob des Schöpfers (51, 15 f) auf Verwendung im Gottesdienst (I,40 f)? Sollte Jeremia selbst im Kult aufgetreten sein, hat er dort seine Botschaft vorgetragen (I,265 ff).

[6] Jer 2, 10 f; I,52 f.77; dazu Jer 16, 16 f; 18, 13 f u. a.

bolische Jochtragen die Nachbarvölker (27, 3) mit der Aufforderung ein, sich
Babylon[7] zu unterwerfen. Sie werden von dem tief einschneidenden, gemeinsamen oder jedenfalls ähnlichen Geschick erfasst; auf dieselben großräumi-
gen Umwälzungen gilt es, sich einzustellen. So richtet sich Jeremia durch Boten mit seinem Wort an die Nachbarvölker, redet sie (nach 27, 11 in 3. Ps.)
indirekt an. Offenbar ergeht diese Botschaft über das eigene Volk hinaus für
die Betroffenen – auch ohne unmittelbaren Bezug zu Israel.[8] Es muss nicht
der heimliche, eigentliche Adressat sein, selbst wenn hier ungesagt oder offen
bleibt, wo das Wort vorgetragen ist oder wie die Nachbarvölker es erfahren.[9]
2. In der Grundstruktur zeigen sich Gemeinsamkeiten:
a) Wichtige Redeformen[10] der Völkersprüche entsprechen der Verkündigung, wie der bildreiche, lebhafte und wechselnde Stil, etwa Aufrufe zur
Klage (48, 20; 49, 3) oder zur Flucht und zum Kampf[11], der Heroldsruf
(48, 20; 49, 14) oder Fragen (wie 48, 14; 49, 2. 4) u. a. b) Grundlegende Elemente kehren wieder, so die Ankündigung jenes „Würgers / Verwüsters"[12]
oder thematische Stichworte wie „Bruch / Zusammenbruch"[13], ein öder Zustand „ohne Bewohner"[14]. Eine mehrfach anklingende Wendung verbindet
die Verkündigung der Frühzeit über die Konfessionen mit den Völkersprüchen:
„Schrecken / Grauen ringsum" (*magor missabib*).[15] Übereinstimmung besteht vor allem in der – die Vision (1, 13 f) weiterführenden – Ansage des
Feindes „(von) Norden", das in der Überlieferung oder im Buch wie ein
Thema wirkt. Dabei bleibt die fremde, weit überlegene Bedrängermacht, gegen die sich Widerstand als zwecklos erweist (etwa 48, 15 f; im Bild: 47, 2
u. a.), im Kern der Sprüche weithin ungenannt, wird aber, sei es in Anspielungen (wie 46, 10) oder durch Überschriften (wie 46, 2. 13) – analog zur Botschaft – dann als Babylon identifiziert.[16] c) Wie in der Verkündigung sonst
kann sich Jeremia an frühere (Schrift-)Propheten anschließen.[17]
Das künftige Schicksal erscheint (27, 11) zwar unausweichlich, durch Anerkennung der aufsteigenden Großmacht und ihrer Vorherrschaft kann man
es aber milder gestalten. Bei Einsicht in die Unentrinnbarkeit des Kommen-

---

[7] Der Name des Feindvolks wird erst hier (27, 11; vgl. im Er-Bericht 20, 6) ausdrücklich genannt; vgl. I, 20 f.

[8] Vgl. außer Am 2, 1 f schon Jes 20.

[9] An die eigenen Landsleute im Exil richtet Jeremia einen Brief (29, 5–7), in dem das Wohl des
Bedrückervolks im Blick ist.

[10] Vgl. den Überblick I, 12 ff.

[11] Vgl. inhaltlich ähnliche Wendungen wie 46, 3 f. 9; 49, 14 f. 28 f. 31–33; 50, 14 f. 29 f;
51, 11 f. 27–29 u. a. R. Bach, Aufforderungen ([I, 15 Anm. 101] 51 ff, bes. 74), erkennt darin „literarische Nachahmungen", ein Stilmittel aus dichterischem Gestaltungswillen.

[12] Jer außer 4, 7: 6, 26; 48, 8. 18. 32; 51, 48. 53 u. a.

[13] Vgl. etwa Jer 4, 6. 20; 6, 1; 8, 11. 21; I, 201 und zu 23, 9.

[14] Jer 48, 9; vgl. I, 135 Anm. 60; ein Motiv wie Wehen wie bei der Gebärenden. Vgl. 49, 22. 24.

[15] Wie Jer 6, 25; 20, 3. 10; 49, 29; dazu I, 171 Anm. 97; auch I, 332; bes. 337 (Anm. 30).

[16] Nach Jer 1, 14: 4, 6; 6, 1 u. a. (vgl. den Kleinen Exkurs I, 124 f); explizit Babylon 20, 6; 27, 11.

[17] Vgl. I, 9 ff.

den enthält die Botschaft ein Leben schützendes Element. Klingt in einem Aufruf, sich auf die drohende Zukunft einzustellen, nicht zugleich ein Stück Anteilnahme mit, darin nicht eine über Israel hinausgehende Menschlichkeit?[18] Die Worte können wie gegenüber dem eigenen Volk „Bringt euch in Sicherheit, flieht!"[19] auch gegenüber Nachbarvölkern auffordern, den Ort unabwendbaren Unheils zu verlassen, so *Lebensbewahrung* anbieten: „Flieht, rettet euer Leben!"[20]

Unglück für andere braucht im Umkehrschluss keineswegs wie selbstverständlich Israel zugute zu kommen: Das eigene und das andere – zumeist ringsum, näher oder ferner liegende – Land sind in ähnlicher oder gleicher Weise betroffen. Die Schuld muss nicht gegenüber Israel bestehen, und das Unheil bringt durchweg kein Heil für Israel.[21] Alte, auf Jeremia zurückzuführende Völkersprüche zeichnen sich „durch das Fehlen von Haß und Schadenfreude aus, aber auch dadurch, daß das Unheil nicht als Strafe für gegenüber Israel begangenes Unrecht beurteilt wird".[22]

> Gegenüber dem Aufruf zu der – in der Situation als unabänderlich-notwendig einzusehenden, insofern freiwilligen – Unterwerfung (27, 11) gehen die Völkerworte einen Schritt weiter zur Ansage nahe vorgedrungenen, unmittelbar bevorstehenden Unheils. Wieweit besteht überhaupt noch freie Entscheidungsmöglichkeit, oder ist die Zeit vorbei und vertan? Auch in dieser Hinsicht werden für die Völker ähnliche Folgerungen gezogen wie schließlich für Juda.

3. Die Völkersprüche sind keineswegs nur – in der Situation auf Grund der Machtverhältnisse entscheidende – politische Stellungnahmen; sie haben eine *theologische* Dimension. In ihnen kommt die erwähnte schon von Jesaja vertretene Grundeinsicht zum Ausdruck: Das Geschick auch der Völker bestimmt Jahwe.[23] Er ist (wie etwa 4, 6 oder 27, 11) Urheber des Geschehens; in den politischen Umbrüchen vollzieht sich sein Wille, verbirgt sich sein Wirken. Die agierende Großmacht, die für ihre Eigeninteressen und im Namen der eigenen Gottheit auftritt oder sich auf sie beruft, gilt im Widerspruch zu deren Selbstverständnis als Werkzeug Jahwes, auch wenn sie ihn nicht kennt. Wer den Propheten beauftragt hat, beauftragt auch die Großmacht, lenkt im

---

[18] Ethisches Verhalten oder ethische Grundsätze bezogen sich schon früh – vor allem in zwei Themenbereichen: Leben–Tod einerseits, Ehe andererseits – nicht nur auf die eigene Gruppe (Gen 12, 12 ff; 19; 20, 11; 3, 8 f; Ex 1, 17 ff; Am 2, 1 u.a.).

[19] Vgl. 4, 5 f; 6, 1; 38, 17 f u.a.

[20] Jer 48, 6; vgl. 48, 28; 49, 8; 49, 11 unterscheidet zwischen der männlichen und der nicht Krieg führenden, von ihm aber hart betroffenen Bevölkerung.

[21] Außer Kap. 50 f, die mit hoher Wahrscheinlichkeit nicht von Jeremia stammen (s.u.), erscheint vor allem 49, 1–6, bes. V 1 f, in der Intention problematisch: Israel ist unmittelbar betroffen; eine Wiederherstellung wird erwartet. Erscheint nach 49, 12 Israel im Vergleich weniger schuldig?

[22] Dies betont B. Huwyler (Völker 208 u.a.). Jahwe wird „als Verursacher des angekündigten oder bereits hereingebrochenen Geschicks herausgestellt ..., während ethische Verfehlungen oder feindliches Verhalten gegen Israel kaum eine Rolle spielen" (G. Wanke 389).

[23] Vgl. zusammenfassend I, 24.

Verborgenen die Geschichte. Insofern belegen die Völkersprüche nicht die Bedeutung des eigenen Volkes, deuten aber an, wieweit Jahwes Herrschaft reicht. Sie sind ein Zeugnis der Geschichtsmächtigkeit des einen Gottes. Möchte man es als Bekenntnis zu Gottes Allmacht verstehen, so ist es keine theoretisch-abstrakte, sondern eine ereignishafte, auf eine Situation oder ein Volk bezogene Aussage.

Die Gottheiten der Völker können ausdrücklich genannt werden, so Kamosch von Moab, wohl Milkom der Ammoniter[24] sowie von Babel Bel und Marduk.[25] Allerdings gelten sie als unterlegen. Der Ägyptenspruch (46, 25) erwähnt den Gott Amon, vermutlich in einem Zusatz „die Götter", und die LXX (46=26, 15) nennt noch den Stiergott Apis[26]. Grob gleichzeitig wagt – wie etwa 46, 25 – die Priesterschrift im Jahwewort (Ex 12, 12), „Strafgerichte an allen Göttern Ägyptens" anzusagen.

Eher zurückhaltend bleiben die Völkersprüche in *Begründungen*; die *Schuld* der Völker wird (in Kap. 46–49) weniger bedacht. Mehrfach werden *Hochmut* oder Selbstsicherheit, das Vertrauen auf eigene Stärke[27] genannt, gelegentlich Spott[28], Mangel an Wahrhaftigkeit[29] oder an sach- bzw. situationskundiger Weisheit (49, 7), der auch zur Vermessenheit führen kann. Den eigentlichen Anlass bildet wohl die – nach Jahwes Plan sich abzeichnende oder sich vollziehende – Weltlage. Die Vorherrschaft fällt nach Gottes Willen und Jeremias Einsicht der Macht Babylon zu.[30] So entspricht die *Intention* vielfach, allerdings nicht immer, Jeremias Verkündigung. Die Überschrift in der Form „Über ..." (46, 2a) findet sich schon in alten Sammlungen.[31]

Da sich im *Grundbestand* der Völkerworte eine der Botschaft an Juda entsprechende Struktur äußert, besteht, zurückhaltend geurteilt, nicht genügend Anlass, einen Kern der Völkersprüche Jeremia abzusprechen, auch den Grundstock für frühestens exilisch oder später zu halten. Vermutlich bildeten gewisse – sich auch thematisch nahestehende – Sprüche seit je einen Zusammenhang.[32] Ist er nicht durch die politische Gesamtlage gegeben? Die Völker stehen gemeinsam unter der Bedrohung, und Jeremia richtet sich in der Symbolhandlung (27, 3) gleichzeitig an mehrere Adressaten.

---

[24] Vgl. gemeinsam zu 48, 7 (mit 49, 1. 3). Die Gottheit (des weiteren ostjordanischen Volkes) der Edomiter Qaus wird im Alten Testament nur in Eigennamen (Bar-Qos Esr 2, 53; Neh 7, 55; vgl. HAL 155. 1018b) erwähnt.

[25] Jer 50, 2 (Anm. 3); vgl. 51, 17 f. 44. 47. 52; Jes 46, 1.

[26] Vgl. zu Kap. 46 Anm. 15–16 bzw. 11.

[27] Jer 46, 8; 48, 7. 14. 26. 29 f. 42; 49, 4. 16; vgl. Sorglosigkeit 49, 31. Das Vertrauen auf den Schutz, den befestigte Stätten in der gebirgigen Landschaft geben, bleibt vergeblich (48, 1. 7. 18. 41). Falsches Vertrauen tadelten schon 2, 37 u. a.

[28] Wie 48, 27.

[29] Jer 48, 30 wie 5, 1 f; dazu I, 17.

[30] Richtet sich das „Großtun" gegenüber Jahwe (48, 26. 42) gegen seine Absichten und Wirken, seine Geschichtslenkung?

[31] Zur Abwandlung der sog. Wortereignisformel (I, 13 Anm. 79) vgl. zu 14, 1; 46, 1.

[32] Die Wendung „auch du" (48, 7) oder „ringsum" (46, 5. 14; 48, 17. 39; 49, 5. 29) legt eine Verbindung zu anderen Völkersprüchen nahe.

Der (höchstwahrscheinlich) alte Grundbestand hat allerdings umfangreiche *Ergänzungen* erfahren, teils mit dem Wechsel zur Prosa. Mehrfach haben andere biblische Texte eingewirkt oder werden zitiert. Auch geben Doppelüberlieferungen die Frage auf, wo das Wort oder der Satzteil ursprünglich ist, wo Abhängigkeit besteht, wie der Weg der Textgeschichte verlief. Die Sammlung wurde später – allmählich – erheblich ausgeweitet.

Sind darüber hinaus ganze Sprüche von der Redaktion gestaltet und hinzugefügt? Kaum von Jeremia stammt vor allem die breite Wortzusammenstellung gegen Babel.[33] Das Treffen der in der älteren Liste 27, 3 angesprochenen Völker richtet sich ja gegen Babel. Allem Anschein nach ist das umfangreiche, zudem mit gewissen Besonderheiten ausgestattete Babelwort am Schluss hinzugefügt.

4. In den Völkersprüchen zeigt sich mehrfach eine Verschiebung des Gewichts, ja eine *Umkehrung* von Unheil zu *Heil*. Vier *Heilsworte*, die durchweg als Nachträge gelten, heben das Gericht nicht auf, gehen über es hinaus (jeweils ohne das verbindende einleitende „und" übersetzt):

46, 26 Ägypten
Danach aber wird es wieder bewohnt sein wie in den früheren Zeiten –
Spruch Jahwes
48, 47 Moab
Ich werde wenden das Geschick Moabs am Ende der Tage / in künftigen Tagen –
Spruch Jahwes
49, 6 Ammon
Danach werde ich das Geschick der Ammoniter wenden – Spruch Jahwes
49, 39 Elam
Und es wird sein am Ende der Tage / in künftigen Tagen da wende ich
das Geschick Elams – Spruch Jahwes.

Alle vier Texte bestimmen und vergewissern das Heil als eine von Gott herbeigeführte Wende durch die Formel „Spruch Jahwes". Bei leichten Abweichungen sehen drei Texte (48, 47; 49, 6. 39) ausdrücklich die Heilszukunft als Werk Gottes – in Gottesrede „Ich wende das Geschick". Das Thema wird im Ägyptenwort einerseits insofern aufgegriffen, als der Vergleich mit der (fernen) Vergangenheit erfolgt; andererseits verweist es wie das Ammonwort mit „Danach" auf die Zukunft. Die so teils lose, teils enger verbundenen Worte hängen (auch in der Entstehung) wohl zusammen.[34]

Das Heilswort ist in der LXX nur bei Elam (49, 39) bezeugt, nicht bei Ägypten und den beiden ostjordanischen Völkern. Wegen des sprachlichen wie inhaltlichen Zusammenhangs der Heilsansagen bietet die LXX kaum das älteste Stadium des Textes.

---

[33] Zu dem umstrittenen Wort gegen Elam vgl. u. die Auslegung (mit Anm. 8).
[34] So kann man von einer „zusammengehörigen Redaktionstätigkeit" (P. Höffken, GesAufs (o. Anm. 1) 188) sprechen.

Nur teilweise lässt sich ein zeitgenössischer Anlass, ein historischer Anknüpfungspunkt angeben, wie bei Elam das Aufkommen des persischen Großreichs.[35] Das Alte Testament äußert vielfach Hoffnung für die *Völker* mit Ausblick auf Heil.[36]

5. In der *Reihe* wird *Assur* nicht genannt – vermutlich spielt es für die Weltlage schon keine Rolle mehr; die Sprüche beginnen anscheinend nach dem Untergang dieser Großmacht (612/609 v. Chr.), insoweit eher in späterer Zeit von Jeremias Verkündigung.

Wurde auf Grund der aktuellen Situation Ägypten vorangestellt? Wie in der Frühzeit trat in der Spätzeit von Jeremias Verkündigung *Ägypten* auf den Plan. Die Vorordnung Ägyptens hat zugleich einen sachlichen Grund, macht von vornherein die Situation eindeutig. Zu Beginn (46, 2) wird auf das politisch tief einschneidende Ereignis 605 v. Chr. angespielt, das über die Überschrift hinaus auch im Gedicht selbst angedeutet ist.[37] Durch Ägyptens Niederlage mit Änderung der Machtverhältnisse ist der ganze syrisch-palästinische Raum einschließlich Israel betroffen, für babylonische Vorherrschaft offen. Wie schon Jesaja Ägypten als „Stütze" oder „Zuflucht" (30, 3 f) oder Hilfe (31, 1. 3)[38] ausschloss, so hebt Jeremia nach seinen frühen kritischen Vorbehalten (2, 16. 18. 36) in Worten kurz vor der Katastrophe (37, 7. 11 u. a.)[39] hervor: Ägypten scheidet – für Israel wie die Nachbarvölker – als Macht des Vertrauens, als Helfer oder als Gegenmacht gegen Babylon aus. So stimmt das erste Wort mit Einsichten in Jeremias Botschaft überein und ist zeitgeschichtlich aktuell.[40] Ist Ägypten nicht selbst (46, 13 ff) von der jetzt entscheidenden Großmacht bedroht?

Der (zweite) Spruch über die *Philister* im Westen schließt ausdrücklich (47, 1) an Ägypten an, wird, wenn auch weniger eindeutig, in diesen Zusammenhang gehören.[41] Die Reihe bleibt dann bei den unmittelbaren Nachbarn, wechselt aber nach Osten. Die den drei östlichen – auch 27, 3 genannten – Nachbarvölkern gewidmeten Sprüche gehören in ihrem Kern gewiss zum Grundstock der Sammlung.[42] Die ausladende Komposition über *Moab*

---

[35] Vgl. die Auslegung. Vielleicht auch in Moab (mit Philadelphia) sowie bei Ammon (49, 6). – Kaum zufällig fehlt unter den drei ostjordanischen Ländern ein Heilswort bei dem unbeliebten Edom.

[36] Vgl. Jes 2, 2–5; 45, 23 f; Ägypten „mein Volk" Jes 19, 25 u. a.

[37] Diese Datierung gilt für diese Worte zu Ägypten; ob oder wieweit sie andere einbezieht oder sich auf sie erweitern lässt, bleibt unsicher; der nächste Spruch (47, 1) deutet einen Zusammenhang an. Vgl. zu Kap.46 (Anm. 26 und 41); auch den zeitgeschichtlichen Abriss I, 4 ff.

[38] Vgl. zum Motiv Hilfe Jer 47, 4; auch Nah 3, 9; dazu Ps 27, 9 u. a.

[39] In 27, 3. 11 ist von Ägypten keine Rede, und in der Botschaft wird es nicht als Hilfe anerkannt. Der Erzählung Kap. 42 ff zufolge behält Jeremia seine Einsichten nach der Katastrophe bei. Vgl. Ez 30, 20 ff.

[40] Darum gehört das – höchstwahrscheinlich „echte" – Wort gegen Ägypten wohl zum Grundstock, und die Reihenfolge des hebräischen Textes innerhalb der Sammlung ist eher älter.

[41] Vgl. z. St. mit Anm. 8.

[42] Die (27, 3 genannten) Phönizierstädte Tyrus und Sidon werden in den Sprüchen nur nebenbei (47, 4) erwähnt (ausführlich Ez 26 ff; vgl. die Heilsweissagung Jes 23, 15–17), ausdrücklich aber

(Kap. 48) eröffnet die Worte über die ostjordanischen Länder bzw. Völker, geht von dort nach Norden zu *Ammon*, dann in den Süden zu *Edom*. Daran schließt sich das knappe Wort zu *Damaskus* im Norden an. Es folgen Worte zu Herrschaften im Osten und zu Elam.

Besteht Kap. 49 aus mehreren kleinen Einheiten, so finden sich an- und abschließend die Worte gegen *Babel* Kap. 50–51. Sie haben einen in verschiedener Hinsicht anderen Charakter: a) durch den weit größeren Umfang, b) in der ausführlichen, thematisch abweichenden *Begründung* mit c) dem hier ausgesprochenen Zusammenhang von Unheil für die Fremdmacht und Heil für Israel. So kommt der Unheilsansage über Babel, dem „Block" Kap. 50 f, eine gewisse Sonderstellung zu, nicht zufällig am Ende der Überlieferung. Sie sind kaum auf Grund der Situation beim Zusammenbruch der babylonischen Großmacht nachträglich geschaffen, machen wie ein Großteil der Völkersprüche einen lebhaften Eindruck, bewahren so noch etwas von Individualität oder gar Originalität. In ihrem Kern lassen sie sich als Worte der Gegner Jeremias – zur unzeitgemäßen Situation – verstehen, die weit später ein anderes Gewicht bekamen.

Die Völkersprüche enthalten mehrere *Datierungen*.[43] Auch wenn sich nicht alle (wie 47, 1) näher bestimmen lassen, stellt sich die Frage: Wollen die Daten (46, 2. 13; 49, 34; 51, 59), die sich mehrheitlich (aber nicht ausschließlich: 47, 1) mit Großmächten verbinden, eine geschichtliche Folge bilden?

6. In der *griechischen* Übersetzung (LXX) stehen die Völkersprüche nicht nur an einem anderen Ort[44], sondern haben innerhalb der Sammlung auch eine andere Reihenfolge.

Lässt sich ein Nachtrag am Schluss als Anhang (Kap. 46 ff) nicht leichter erklären? Nach vielfacher Annahme hatten die Völkersprüche ihre Stellung allerdings ursprünglich zwischen den beiden Hälften von Kap. 25.[45] Wechselte die Sammlung von einem Ort zum andern? Diese Annahme ist so kaum nötig. Die Völkerworte weisen nicht die – durch den charakteristischen Sprachstil mit seinen Wendungen abgrenzbare, die verschiedenen Bereiche der Jeremiaüberlieferung sonst durchziehende – typisch redaktionelle (jerdtr) Bearbeitung auf.[46] Dieser Sachverhalt fällt um so mehr auf, wenn man Kap. 25, das in der LXX die Völkersprüche umrahmt, vergleicht.[47] So führte die eigenständige Sammlung höchstwahrscheinlich eine Zeitlang ein

---

ohne Helfer. In den Völkersprüchen selbst kann die Umwelt (48, 17: „alle Nachbarn", ja mehr: „die kennen") einbezogen sein.

[43] Jer 46, 2. 13; 47, 1; 49, 28. 34; 51, 59.

[44] Die Sammlung wird in der LXX durch 25, 13 (bβ) eingeleitet (und folgt unmittelbar Kap. 26–31), durch die Becherhandlung 25, 15–38 (= 32) abgeschlossen.

[45] Vgl. zu Kap. 25; auch zur Anordnung der Völkersprüche im Vergleich mit 25, 19 ff.

[46] Zur jerdtr. Redaktion vgl. I, 37 ff. Gelegentlich (48, 13) findet sich ein inhaltlich ähnliches Anliegen, das deuteronomistischem Gedankengut bzw. späterer Ausgestaltung (wie Jer 10) nahe steht oder auf es anspielt.

[47] Sucht man nach älterer Tradition, geht man darum vorsichtiger nicht von einem Vergleich mit Kap. 25 (V 19 ff), sondern von der Analyse der Sammlung selbst aus.

Eigenleben[48], wuchs in diesem Sonderdasein durch Zusätze heran und wurde anschließend an verschiedenen Stellen (in Kap. 25 bzw. 46 ff) eingeordnet.[49]

Die Reihung in der LXX wirkt „systematischer": Den Anfang bilden die drei Großmächte, denen die Kleinstaaten folgen. Der erste Platz bezeugt wohl die Bedeutung dieser Großmacht in bestimmter Zeit: Ist mit „*Elam*", wie oft angenommen wird, das Perser-Reich gemeint, dann äußert sich in dieser Rangordnung eine spätere Situation mit den Persern[50] als beherrschender Macht, d. h. zugleich ein jüngeres, kaum das ursprüngliche Stadium der Sammlung.[51] In der LXX folgen die beiden anderen Großreiche Ägypten wie Babylon, die gegenüber Elam (Persien) wohl schon zurückgetreten sind.

Die Sammlung (einschließlich des Babelworts, d. h. bereits in gewachsener, jüngerer Gestalt) wird vermutlich in grober Anpassung an das ähnlich im Jesaja- und Ezechielbuch belegte sog. eschatologische Schema, die dreigliedrige Folge: Unheilsworte für das eigene Volk – für fremde Völker – Heilsworte, in den aufgeteilten Zusammenhang von Jer 25 (LXX) eingefügt. Kann man diese Vermutung ohne weiteres umkehren: Warum sollte eine Übereinstimmung, ein Aufriss mit der Entsprechung zu anderen Prophetenbüchern, falls diese in der LXX vorliegende Ordnung die ältere wäre, nachträglich aufgegeben worden sein? Auch von dieser Überlegung her empfiehlt sich die Annahme: Die hebräische und griechische Textüberlieferung haben den *vorgegebenen* Komplex verschieden eingefügt.

---

[48] Vgl. I,41.

[49] Wieweit bleibt es darum sinnvoll zu fragen: Wo sind die Völkersprüche zuerst eingeordnet, da sich beide Einfügungen unabhängig voneinander vollzogen haben können?

[50] Das abschließende Heilswort, das demjenigen bei den beiden ostjordanischen Ländern (48, 47a; 49, 6) ähnelt und mit ihnen zusammenhängt, ist in der LXX dort nicht erhalten, nur bei Elam (49, 39=25, 19) bewahrt und lässt sich auf die Großmacht Persien beziehen.

[51] Die der Sammlung vorangestellte Überschrift fehlt in ihrer allgemeinen Fassung (46, 1) in der LXX, könnte aber nachklingen. Die einleitende Wendung „Was Jeremia über die Völker Elams prophezeite" (LXX 25, 14) lässt sich als Verbindung der Überschriften „über die Völker" (46, 1) und „an Elam" (49, 34) erklären. Vgl. auch unten zu 49, 34 ff.

Ägypten
Jer 46

1 Was als Wort Jahwes an den Propheten Jeremia über die Völker erging.[1]
2 Über Ägypten.[2]
Gegen das Heer des Pharaos Necho, des Königs von Ägypten, das am
Euphratstrom bei Karkemisch stand, das Nebukadnezzar, der König von
Babel, schlug – im vierten Jahr Jojakims, des Sohnes Josias[3], des Königs von
Juda.
3 Bereitet Kleinschild und Langschild[4] und rückt aus zur Schlacht!
4 Schirrt die Pferde an und besteigt die Rosse[5]!
Tretet mit Helmen an, schärft die Lanzen, legt die Panzer an!
5 Warum sehe ich sie bestürzt, weichen zurück?
Ihre Helden sind zerschlagen, ergreifen die Flucht,
ohne sich umzuwenden – Grauen ringsum! Spruch Jahwes.
6 Nicht kann der Schnelle entfliehen und der Held nicht entrinnen,
nach Norden zu, am Ufer des Euphrat, straucheln sie und fallen.

7 Wer ist es, der wie der Nil aufsteigt, dessen Wasser wie Ströme wogen?
8 (Ägypten steigt herauf wie der Nil, und wie Ströme wogen seine Wasser.)[6]
Er sprach: „Ich will aufsteigen, die Erde bedecken,
die Städte zugrunde richten und ihre Bewohner."
9 Steigt auf, ihr Pferde, und rast, ihr Wagen! Ausziehen sollen die Helden,
Kusch und Put[7], die den Schild ergreifen,
und Ludier, die den Bogen zum Spannen ergreifen.

---

[1] Vgl. 14, 1 (dazu I, 258 Anm. 1). In der LXX ist das Wort gegen Elam vorgeordnet, gegen
Ägypten nachgestellt (s. überhaupt zur Auslegung das Vorwort zu Kap. 46 ff; auch u. zu 49, 34 ff).
Zur Geschichte vgl. zu 37, 7 Anm. 18.
[2] Ähnlich 48, 1; vgl. 49, 1 u. a.
[3] In der LXX (26, 2) fehlt die Angabe „des Sohnes Josias". Sie ist kaum im MT nachgetragen,
sondern in der LXX, weil in diesem Zusammenhang unwichtig, weggelassen. Allerdings sind
auch bei weiteren geringen Abweichungen in diesem Abschnitt „theologisch bedeutsame Tendenzen und Interessen ... nicht zu erkennen" (B. Huwyler, Völker 77).
[4] Der kleinere Schild soll Geschosse abwehren, der größere schützt den ganzen Körper. Vgl.
BRL² 279 f; O. Keel, Welt (s. zu 40, 1–6 Anm. 1) 201 ff.
[5] Die Übersetzung fügt sich gut in den Zusammenhang; möglich wäre auch (vgl. V 9): „Bäumt
euch auf, ihr Pferde!"
[6] V 8a nimmt wiederholend V 7 auf, beantwortet die vorhergehende Frage und erklärt die andeutende Bildsprache explizit als Ägypten, greift so V 11 vor.
[7] Entweder im Süden Ägyptens oder (trotz dem Nebeneinander in Nah 3, 9) im Westen,
Libyen, zu suchen (Gen 10, 6; Ez 27, 10; 38, 5 u. a.).

10 Jener Tag gehört dem Herrn Jahwe Zebaoth,
– ein Tag der Rache[8], sich an seinen Feinden zu rächen –.
Fressen wird das Schwert, sich sättigen und sich stillen an ihrem Blut;
denn ein Schlachten hält Jahwe Zebaoth im Land des Nordens
am Euphratstrom.
11 Steige hinauf nach Gilead und hole Balsam[9],
du jungfräuliche Tochter Ägypten!
Vergebens hast du Heilmittel gehäuft – Heilung[10] findest du nicht!
12 Es hörten die Völker deine Schande[11],
und dein Klagegeschrei füllte die Erde;
denn ein Held ist über den anderen gestrauchelt,
gemeinsam fielen sie beide.

13 Das Wort, das Jahwe zu dem Propheten Jeremia redete, als Nebukadnezzar, der König von Babel kam, um Ägypten zu schlagen.
14 Verkündet es – in Ägypten und lasst es hören[12] – in Migdol[13]
und lasst es hören in Noph und Tachpanches[14],
sagt: „Stell dich auf und rüste dich;
denn das Schwert hat schon gefressen alles rings um dich her."
15 Warum ist dein Starker niedergestreckt?[15]
Niemand hielt stand; denn Jahwe hat ihn niedergeworfen.
16 Er ließ viele straucheln[16], auch fiel einer über den anderen.
Und sie sagten: „Auf, lasst uns zurückkehren zu unserem Volk
und zu dem Land unserer Geburt vor dem würgenden[17] Schwert!"
17 ‚Nennt den Namen' des Pharaos[18], des Königs von Ägypten:

---

[8] Zu „Rache" vgl. I, 280 f. 323 ff.

[9] Vgl. Jer 8, 15. 22. Das ist ein geschätztes Heilmittel aus Gilead; vgl. Gen 37, 25; 43, 11 l;
Ez 27, 17.

[10] Wörtlich: „Überzug" über die Wunde (HAL 1628).

[11] Die Lesart der LXX „deine Stimme" ist eine Abschwächung.

[12] Der in Gedankenstriche gesetzte, in der LXX fehlende Versteil ist vermutlich ergänzt; er
nimmt das Verb von V 14b vorweg und nennt über die Orte hinaus (wie V 13) eigens das Land.

[13] D. i. der Grenzort; vgl. Ez 29, 10; 30, 5.

[14] Nof meint Memphis; Tachpanches wird in der LXX nicht genannt; vgl. 2, 16; 44, 1; dazu I, 81
Anm. 85.

[15] „Deine Starken" ist angesichts des Verbs im Singular wohl Hoheitsplural. Meint „dein Starker", der bereits zu Boden geworfen ist, den Pharao (vgl. V 17) oder die Gottheit? Der Singular
„Starker" kann „Stier" bedeuten (HAL 6a). Die LXX (26, 15) findet hier den ägyptische Stiergott:
„Warum floh der Apis?" und bezeugt zugleich Gottes Überlegenheit: „Der Herr hat ihn losge-
bunden." Vgl. HAL 325. 708.

[16] Der Text ist gestört und lässt sich nur mit Vorbehalt übersetzen. W. Rudolph korrigiert:
„Das mächtige (Ungeheuer) Rahab strauchelt" – mythisches Symbol für Ägypten (Jes 30, 7; 51, 9;
vgl. Ps 87, 4; 89, 11).

[17] Vgl. HAL 398a: „gewalttätig"; vgl. 50, 16. Die LXX (auch 50=27, 16) deutet das Schriftbild
zeitgenössisch: „griechisches Schwert".

[18] MT vokalisiert: „Sie riefen dort". Die LXX, die imperativisch übersetzt, fügt (vgl. V 2) den
Namen Necho hinzu.

„Getöse, das den rechten Zeitpunkt vorübergehen ließ".
18 So wahr ich lebe – Spruch des Königs, Jahwe Zebaoth ist sein Name –,
ja, wie der Tabor unter den Bergen und wie der Karmel am Meer
wird er kommen.
19 Mache dir das Gepäck für die Wegführung zurecht,
Bewohnerschaft Ägyptens[19];
denn Noph wird zur Wüste, verbrannt werden ohne Bewohner.
20 Eine prächtige[20] junge Kuh ist Ägypten.
Eine Bremse von Norden kommt über ,sie'.
21 Auch seine Söldner in seiner Mitte sind wie gemästete Kälber;
ja, auch sie wenden sich um, fliehen allesamt, halten nicht stand;
denn der Tag ihres Unheils kommt über sie, die Zeit ihrer Heimsuchung.
22 Sein Geräusch ergeht wie eine (wie das Geräusch einer) Schlange,
die flieht;
denn sie ziehen mit Heeresmacht einher,
kommen mit Äxten über es wie Holzfäller.
23 Seinen Wald fällen sie – Spruch Jahwes –,
obwohl er undurchdringlich ist;
denn zahlreicher als Heuschrecken[21] sind sie, ohne Zahl.
24 Zuschanden wird die Tochter Ägypten,
in die Hand des Nordvolks gegeben.

25 Gesagt hat es Jahwe Zebaoth, der Gott Israels: „Siehe, ich suche heim
Amon von No[22], den Pharao – Ägypten, seine Götter, seine Könige und den
Pharao[23] – und die auf ihn vertrauen." 26 Ich gebe sie in die Hand derer, die
ihnen nach dem Leben trachten, nämlich in die Hand Nebukadnezzars, des
Königs von Babel, und in die Hand seiner Knechte. Danach wird es (wie-
der) bewohnt sein wie in früheren Tagen – Spruch Jahwes.

27[24] Du aber, fürchte dich nicht, mein Knecht Jakob – Spruch Jahwes –
und erschrick nicht, Israel;
denn siehe, ich helfe dir aus der Ferne
und deiner Nachkommenschaft aus dem Land ihrer Gefangenschaft,
und Jakob wird wieder Ruhe haben
und sorglos sein, und niemand wird sein, der (ihn) aufschreckt;

---

[19] Wörtlich etwa: „Du Sitzende / Ansässige Tochter Ägypten". „Tochter" (auch V 11. 24) ist die
Personifikation (HAL 159a) des Landes (oder der Stadt) – wie „Tochter Zion" (vgl. 4, 11 u. a.).
[20] Vgl. HAL 405a; im folgenden Halbvers zu dem stechenden Tier: HAL 1071a. Vgl. Jes 7, 18.
[21] Sie erscheinen mehrfach als landesweite Plage, wie Ex 10 (dazu BK II/2, 431 f mit Lit.);
Nah 3, 15 f; Joel 1, 4; 2, 25 u. a.
[22] Amon, Gott von No „Stadt", d. h. Theben, dann Reichsgott; vgl. Nah 3, 8; auch
Ez 30, 14–16.
[23] Die in Gedankenstriche gesetzte Reihe, die in der LXX (26, 25) fehlt, stellt wohl eine nachträgliche Entfaltung (mit einer Wiederholung) dar. Auch V 26 ist in der LXX nicht bezeugt.
[24] V 27 f haben in 30, 10 f eine Parallele; zu V 28b vgl. dort zu 30, 11b.

28 denn ich bin mit dir – Spruch Jahwes –, um dich zu erretten.
Ich werde den Garaus machen allen Völkern,
unter die ich dich zerstreut habe,
aber dir werde ich nicht den Garaus machen;
ich werde dich nach Billigkeit züchtigen,
doch gänzlich ungestraft lassen werde ich dich nicht.

Das der Sammlung vorangestellte Ägyptenwort steht inhaltlich Jesaja nahe
und stimmt mit der zuvor in der Erzählung von Jeremia (37, 5 ff; auch
42, 13 ff) vertretenen Einsicht überein: Die Macht am Nil scheidet in der politischen Lage als Helfer aus! Ist das Wort nicht eben aus diesem gewichtigen
Grund den anderen Völkersprüchen vorgeordnet?
Auf die Einleitung der Sammlung (V 1) folgt eine vermutlich ältere Kurz-
Überschrift.[25] Sie übergreift wohl beide auch für sich lesbaren Abschnitte
oder Strophen (V 3–12 und, mit eigener Situationsangabe V 13 eingeführt, V
14–26); mit ihnen ist eine dritte andersartige Einheit (V 27 f) verbunden. Hat
das Wort, das ursprünglich mündlich ergangen sein mag, ohne diese Überschrift, die der Abgrenzung und Identifizierung dient, je schriftlich existiert?
Zumindest nicht in der entstehenden, dann wachsenden Sammlung.
Die sich (mit zwei Relativsätzen) anschließende Datierung gilt für den
Ägyptenspruch. Ist sie von der Redaktion auch für die folgenden Worte gedacht, die dann demselben (erst 49, 34 wechselnden) Zeitraum angehören?[26]
V 2 bestimmt genauer die V 6 (und 10) angedeutete Situation: „im Norden
am Ufer des Euphrat". Einen weiteren Hinweis gibt das hintergründige Bildwort vom Nil (V 7) mit dessen Auflösung (V 11). Die zuvor nur hier (und bei
Josephus) belegte Schlacht von Karkemisch wurde durch die Babylonische
Chronik bestätigt; V 2 bezeichnet allerdings irrtümlich Nebukadnezzar, der
als Kronprinz siegreich war, zu früh als König.[27] Das Ereignis verschob weit-
räumig die Machtverhältnisse entscheidend zugunsten der Babylonier. Von
dem politischen Umbruch war auch das eigene Volk tief betroffen, obwohl es
hier nicht erwähnt ist. Jedoch wirkt (V 10) der von ihm verehrte Gott verborgen in den Geschehnissen, hat dieser Großmacht die Vorherrschaft übertragen, wie etwa Jesaja (10, 5) Assur als Gottes Werkzeug oder der Exilsprophet
(Jes 44, 28 f u. a.) Kyros als von Jahwe Beauftragten verstehen kann.

---

[25] Wie 48, 1; ähnlich schon vor einer Sammlung 21, 11 (dort Anm. 1); 23, 9.
[26] So W. Rudolph 265 f.
[27] Die babylonische Chronik berichtet (vom Jahr 605/4): „Der König von Akkad [d.i. Nabo-
polassar] (blieb) in seinem Land. Nebukadnezar, sein ältester Sohn, der Kronprinz, bot die Truppen von Akkad auf und stellte sich an die Spitze." Die Truppen von Ägypten bei Karkemisch (einem ägyptischen Stützpunkt am Euphrat), „wandten sich zur Flucht". Anschließend eroberte
Nebukadnezzar das Land Hamath (am Orontes). Im selben Jahr starb sein Vater, und Nebukadnezzar „setzte sich … in Babylon auf den Königsthron". (HTAT 415; vgl. TGI² Nr. 44; TUAT I/1,
403). Da er Jer 46, 2 bereits vor der Schlacht als König gilt, setzt V 2 wie 25, 1; 32, 1 die Herrschaft
Nebukadnezzars ein Jahr zu früh an (anders 52, 28 f). Eine Übersicht über die Synchronismen
bietet E. Kutsch, Bibl 55, 1974, 544 f.

In demselben „vierten Jahr Jojakims" erhält Jeremia nach der Überlieferung (36, 1 f; vgl. 45, 1) den Auftrag zur Niederschrift seiner Verkündigung in
einer Rolle.

Bei der lebendig-bildhaften Darstellung handelt es sich kaum um Kom-
mentierung des Geschehens im Nachhinein, eine Rückschau auf bereits allgemein vor Augen liegende Tatbestände, sondern im prophetischem Vorblick
um eine Ankündigung[28] der Niederlage Ägyptens. Hat die Darstellung nicht
etwas „Offenes", noch Unbekanntes?

a) Die lebhafte Redeform – in kurzen Szenen mit einer Folge von Imperativen[29],
Rufen, Wechsel von Stimmen und Motiven, wie der Vergleich mit dem tosenden
Meer (6, 23) oder der Frage nach einem Heilmittel, das unwirksam bleibt
(8, 15. 22) – ist ähnlich aus Jeremias früher Verkündigung bekannt.

b) Aufgenommen wird vor allem mit dem bedeutungsträchtigen Stichwort „Norden" (V 6. 10) die Ansage einer namenlosen, weit ausgreifenden, unwiderstehlichen
(Feind-)Macht aus dem Norden.[30] Wie umfassend das Geschehen für die Betroffenen ist, spricht die mehrfach wiederkehrende Wendung „Grauen ringsum" (6, 25
u. a.) aus. Es bleibt kein Raum zum Entrinnen.

c) Wie zuvor knüpft die Darstellung an Einsichten, Motive, Stichworte älterer
Schriftpropheten[31], wie Amos (2, 14 f) oder Jesaja (8, 14 f), an.

d) Sachlich entspricht das Wort über Ägypten der – in Jeremias spätere Situation
gehörenden – Auskunft (37, 7) über das ägyptische Ersatzheer, es werde wieder abziehen, sei zu schwach, um den Babyloniern zu widerstehen.[32]

Ägypten wird durch die Überschrift in 3.Ps. eingeführt. Dagegen ergibt sich
im „Gedicht" selbst eine zunehmende Identifikation der Betroffenen: Die
Angeredeten (V 3 ff) werden zunächst nicht genannt, dann mit dem Bild vom
Nil und seinen Überschwemmungen (V 7 ohne V 8a) angedeutet, schließlich
gegen Ende der Strophe (V 11) angegeben.[33] Statt eiligem Aufbruch, zu dem
die Aufrufe mahnen, herrscht Mutlosigkeit; gerade der Schnelle ist betroffen.
Das siegreiche Volk deutet der in der Situation eindeutige Hinweis auf den
Euphrat (V 6) an, wie die Überschrift es identifiziert.

V 1 Überschrift über die Sammlung, ähnlich 47, 1; 49, 34[34]
V 2 (Ältere) Kurz-Überschrift. Situationsangabe und Datierung.
I. Strophe V 3–12
a) V 3–6

---

[28] Vgl. sachlich entsprechend I,256 Anm. 42 zu 13, 18 f. – Das Perfekt (wie V 6b.12) kann „zum
Ausdruck von zweifellos bevorstehenden, daher für das Bewusstsein des Redenden bereits vollzogenen Tatsachen" gebraucht werden. Der „Prophet versetzt sich so lebhaft in die Zukunft, daß
er das Zukünftige als ein bereits von ihm Geschautes oder Gehörtes beschreibt" (Ges-K § 106n).
Schon Jer 4, 7 u. a.

[29] Vgl. I,12 f; ähnlich etwa Jer 4, 5–8; 6, 1. 4–6; s. auch Vorwort Abs. 2.

[30] Vgl. Vorwort Anm. 16, zum Folgenden dort Anm. 15.

[31] Vgl. I,9 ff.

[32] Vgl. – nachträglich – auch 43, 8 ff.

[33] Ähnlich enthüllt etwa das Weinberggleichnis erst gegen Ende (Jes 5, 7) den Betroffenen als
Israel.

[34] Vgl. I,258 Anm. 1 zu Jer 14, 1.

V 3 f (Sechs) Aufforderungen zur Vorbereitung zum Kampf
V 5 Umbruch in der (erstaunten) Frage eines Beobachters in Ich-Rede: „Ich sehe"
Er nimmt ohne vorhergehende Schilderung des Kampfes dessen Ausgang wahr:
Niederlage und Flucht des Heeres
V 6 Der Held wie der Schnelle mutlos; vgl. Am 2, 14 f
    „straucheln / stürzen, fallen"; vgl. Jes 8, 15; 31, 3; Jer 6, 15; 8, 12; 46, 16 u. a.
V 6b Andeutende, nähere Bestimmung durch Ortsangabe „Norden", „Euphrat"
    in zwei Teilen aufgenommen am Schluss von V 10b („Norden, Euphrat")
    und V 12b („Held", „stürzen, fallen") –
    so ein übergreifender Zusammenhang bis V 12: Kein Entkommen
b) V 7–10 (mit Rückbezug auf a)
V 7–9 Wieder Vorbereitung auf den Kampf
V 7 Zunehmende Auflösung des namenlosen Vorgangs:
    Andeutung des Betroffenen durch Bildwort vom „Nil"
    Vgl. die Doxologie Am 8, 8; 9, 5
V 8 Äußerung von Machtstreben, Zerstörungsabsicht in Ich-Rede:
    „Ich will überfluten"
V 9 (wie V 3 f) Imperative V 9b Söldnertruppen
V 10 (in V 10b Aufnahme und Weiterführung von V 6) Ergebnis
    mit Deutung des Geschehens:
    „Theologischer" Hintergrund: Israels Gott als Urheber des Geschehens
c) V 11 f Abschließend (nochmals im Imperativ, allerdings Sing.) Anrede an – nun
    identifiziert: – Ägypten
    unter Voraussetzung der Niederlage V 5 f.10
Heilmittel (aus Gilead) zu suchen (vgl. 8, 22; auch Ez 30, 21) – wirkungslos
V 12 Folge der Niederlage Notschrei (V 12b; vgl. 6b)

II. Strophe V 13–24 (mit Rückbezug auf Strophe I)
V 13 Neue Überschrift – analog zu V 2 (vgl. 47, 1; 49, 28. 34)
    Feldzug Nebukadnezzars nach Ägypten
V 14–24 (in Anrede 2.Ps.)
V 14 f.18(b)-19
    Anweisung zur Heroldsbotschaft (ähnlich 4, 5; 5, 20) an Grenzort und Stadt
    (mit einer Schreckensnachricht):
    sich auf den Einfall vorzubereiten. Nachbarn bereits betroffen.
V 15 Warum-Frage (wiederum ohne Schilderung eines Kampfes)
    mit Ergebnis: Ägyptens Niederlage
    Bildhafte Beschreibung des Feindes mit
V 15bβ Begründung und Deutung des Geschehens: Jahwes Wirken
    (ähnlich 4, 6 u. a.)
    Er hat gegenüber dem „Starken" eigentlich die Macht
    Mit (nachträglicher, evtl. prosaischer?) Entfaltung V 16 f
V 16 „straucheln, fallen" s. o. zu V 6. 10
    Angesichts der Katastrophe: Selbstaufforderung von Ausländern
    (wohl Söldnern, V 9. 21)[35] zur Heimkehr

---

[35] B. Duhm (340) denkt an Händler.

Der König selbst hat den Zeitpunkt verpasst – Spottname (wie 20, 3;
vgl. 6, 30)[36]
V 18 sieht im Kontrast den „König" Jahwe als entscheidende Macht:
Jemand (das Feindvolk), mit Bergen vergleichbar, „kommt"
V 19 Aufforderung, sich mit ein paar Habseligkeiten für die Gefangenschaft
bereit zu machen
    (vgl. 10, 17; Ez 12, 3 ff)
    Begründung: Die künftige Zerstörung von Noph / Memphis
V 20–24 (in 3.Ps.)
V 20 Ägypten als Jungkuh, dem stechenden Insekt ausgeliefert –
Wandlung in Notsituation
    Dem Bild der Kuh entsprechend erscheinen die Söldner wie Kälber,
    die aber (wie V 16) fliehen
    Tag der Heimsuchung
V 22 Die feindliche Heeresmacht wie Holzfäller
V 24 Ergebnis (wie V 6. 10): Ägypten zuschanden, in der Hand des Feindvolks
V 25 f Prosa. Zum Vertrauen auf Ägypten vgl. 2, 36 f
V 26b Heilswende; vgl. im Vorwort Abs. 4.
V 27 f parallel zu 30, 10 f, eine Art Heilsorakel an Jakob-Israel

V 7 setzt neu ein, greift vor den Zusammenbruch V 5 zurück, schließt sich
(V 9) formal wie inhaltlich V 3 f an: Das aufsteigende, das Land überschwem-
mende Nilwasser ist Bild (V 8) für die im Zitat wiedergegebene Absicht, die
Erde zu bedecken und die Städte mit der Bevölkerung zu zerstören.[37]

Der zweite Unterabschnitt – mit ähnlicher Struktur und wiederkehrenden Stichworten wie „Euphrat" (V 6. 10) oder „aufsteigen" (V 4. 8 f.11) mit Umkehrung –
führt die Darstellung weiter oder verschärft sie, bietet so eine Steigerung:
    (a) Hier wird eine Begründung angedeutet: Das Zitat bringt die Absicht des Nils
bzw. Ägyptens im Bild des „Überflutens" als Machtstreben zum Ausdruck. Der
Wille, andere zu beherrschen, erinnert an das sonst gelegentlich genannte Motiv
Hochmut.
    (b) Fremde Länder werden durch ihre Söldner[38] einbezogen.
    (c) Gott wird als Urheber bekannt, der verborgen wirkt.

Gottes „Feind" ist Ägypten hier nicht als „Feind" Israels, sondern des – von
Jahwe eingesetzten – Volks aus dem Norden, den Babyloniern, von deren
Herrschaft Israel genauso betroffen ist. Nur der Weg zum Kampf, nicht der
Krieg selbst, mit dem Ergebnis wird geschildert. Die Niederlage wird letzt-
lich durch Jahwe herbeigeführt.

---

[36] Ob der Name, wie oft angenommen wird, eine Anspielung auf den übernächsten Nachfolger Nechos, den Pharao Hophra (44, 30; 589–570 v. Chr.), enthält, bleibt unsicher. Vgl. o.
Anm. 15 und 18.

[37] Schon Jesaja (8, 7 f) bedient sich eines entsprechenden Bildes für Assur. „Sowie der Nil an-
schwillt und das Land überflutet …, so ist Ägypten aufgebrochen, um Länder zu erobern" (B.
Huwyler, Völker 86). Bildlich auch Jer 6, 23; 47, 2; 50, 42 u. a.

[38] V 9 nennt Völker, aus denen das ägyptische Heer Söldner gewinnt; vgl. V 21; 25, 20; 50, 37;
Ez 30, 5.

Die II. Strophe (V 13 ff) enthält wiederum eine Steigerung, setzt die zuvor geschilderte Niederlage des ägyptischen Heeres im Norden voraus und spielt darum – wohl wiederum vorwegnehmend – in anderer Situation, die erst nach V 3 ff eintreten kann. Der Angriff reicht weiter: Das eigene Land gerät von den Grenzorten her in Bedrängnis; der Feind dringt ein. Seine Vormacht, Erhabenheit, Beständigkeit, Schwere veranschaulicht ein Vergleich mit hoch aufragenden Bergen.[39] Das Schwert, d. h. das Feindvolk, hat schon die Nachbarn erfasst. In dem Geschehen wirkt – im Hintergrund – wieder (V 15bβ.16 f) Jahwe.

Andeutend wird (V 18) auf jemanden verwiesen, der „kommt", dann bildhaft (V 20) in dem stechenden Tier, das „kommt" – auf jenen zuvor beschriebenen Feind aus dem Norden. Angesichts seiner Übermacht ergeht (V 19) bereits die Aufforderung, sich mit ein paar Sachen für die Verbannung bereitzumachen.

Die Überschrift V 13 weiß von einem Feldzug Nebukadnezzars nach (Unter-)Ägypten, der aber zeitlich nicht näher bestimmt ist. Falls Strophe I, wie anzunehmen ist, vor Ägyptens Niederlage bei Karkemisch (605 v. Chr.) gesprochen wurde, hat sich die Ankündigung erfüllt. Geht Strophe II in der Erwartung aber nicht zu weit? Zumindest wurde sie nicht sogleich Wirklichkeit. Der zunächst folgende Feldzug Nebukadnezzars gegen Ägypten ging unentschieden oder gar ungünstig aus.[40] Ist an ein späteres Ereignis gedacht?[41]

Vom Vorhergehenden tief unterschieden schließt sich in V 27 f eine Heilszusage an, die sich mit betontem „Du" an Jakob-Israel wendet; es gilt, sich mit Furchtlosigkeit auf die Heilszukunft einzustellen: Aus der „Ferne" sagt Gott Nähe und Beistand, Befreiung, Ruhe und Sorglosigkeit zu. Das Volk erfährt Strafe, aber kein „Ende".[42]

---

[39] Karmel (am Meer), Tabor (die Jesreelebene überragend) „Ob der Verf. sich den Babylonier auch körperlich als Riesen vorgestellt hat, etwa so, wie Kolossalstatuen ihn zeigten?" (B. Duhm 340)

[40] Die Babylonische Chronik meldet für das Jahr 601/600: „Eine große Niederlage brachten sie sich gegenseitig bei. Der König von Akkad und seine Truppen kehrten um", blieb im folgenden Jahr „in seinem Land" zur Reorganisation des Heeres (HTAT 416). Diese Zurückhaltung bestätigt den Misserfolg. Konnte Ägypten die Lage zur Eroberung Gazas nutzen (Jer 47, 1; vgl. dort Anm. 8)? Jedenfalls blieb das Pharaonenreich nicht stark genug.

[41] Vgl. Jer 43, 10 f; 44, 30. Die Nachrichten sind nicht eindeutig (B.U. Schipper, Ägypten 246).

[42] Vgl. ausführlicher die Auslegung von 30, 10 f, auch zu Auswirkungen auf die Textgeschichte mit Einschränkung der Gerichtsansage.

Die Philister an der „Meeresküste"
Jer 47

1 Was als Wort Jahwes an den Propheten Jeremia über die Philister erging –
ehe der Pharao Gaza schlug.
2 So spricht Jahwe: „Siehe, Wasser steigen auf von Norden
und werden zu einem flutenden Bach,
und sie werden das Land überfluten, und was darin ist,
die Stadt und ihre Bewohner.
Es werden schreien die Menschen und heulen alle Bewohner des Landes.
3 Wegen des lauten Stampfens der Hufe seiner Rosse[1],
wegen des Getöses seiner Wagen, des Lärmens seiner Räder.
Väter wenden sich nicht den Söhnen zu – aus Angst[2]
4 wegen des Tages, der da kommt, das ganze Philisterland[3] zu verheeren,
für (mit) Tyrus und Sidon jeden übriggebliebenen Helfer zu vernichten.[4]
Ja (Denn), Jahwe vernichtet die Philister, den Rest der Insel Kaphtor.
5 Kahlheit ist über Gaza gekommen,
zum Schweigen gebracht ist Aschkalon.
Du Rest aus ihrer Talebene[5],
bis wann willst du dir noch Schnittwunden beibringen?
6 Wehe! Schwert Jahwes, wie lange kommst du nicht zur Ruhe?

---

[1] Wörtlich: seiner Starken; vgl. 8, 16; 46, 15.

[2] Wörtlich: wegen der Schlaffheit der Hände; vgl. (ebenfalls im Zusammenhang mit dem Krieg) 6, 24; 50, 43. Die Kriegsszene wird ähnlich dargestellt: Jes 5, 28; Jer 8, 16; 46, 15; auch Nah 3, 2; Ez 26, 10 f.

[3] Wörtlich: alle Philister. Sie kommen – mit der Seevölkerbewegung aus dem Mittelmeerraum – nach V 4 aus Kaphtor (Am 9, 7; Ez 25, 16; vgl. Gen 10, 14; Dtn 2, 23), vermutlich Kreta. Von Auseinandersetzungen in vordavidischer Zeit berichten 1 Sam 4–7 u. a.; dazu V. Fritz, Philister und Israel, TRE 26, 1996, 518–523; H. Irsigler, Zefanja, HK, 2002, 222 ff; W. Dietrich, BK VIII/1, 2011, 221 ff. Zu den Philisterstädten gehören (V 5) Gaza, Aschkalon und (Am 1, 6–8; Zeph 2, 4; Jer 25, 20) Aschdod, Ekron. Die Angabe von fünf Städten (Jos 13, 3; vgl. 1 Sam 6, 17 u. a.) einschließlich Gat beschreibt vielleicht eine ältere politische Situation. Unter den von Jeremias Symbolhandlung (27, 3. 11) angesprochenen Nachbarvölkern werden sie nicht genannt; ein Grund ist unbekannt. Wollten sie sich an Aufstandsplänen nicht beteiligen?

[4] Die LXX (29, 4) bezeugt hier eine Unheilsansage: „Ich werde zerstören Tyrus und Sidon und den ganzen Rest ihrer Hilfstruppen; denn der Herr wird den Rest von den Inseln ausrotten ..." Sie unterbricht damit die – der Überschrift entsprechende – einheitliche Wendung gegen die Philister. Im letzten Versteil (V 4b), der den Anfang wiederaufnimmt, enthält die LXX nicht die Namen „Philister" und „Kaphtor".

[5] „Tiefebenen" (HAL 802a). Möglich, wenn auch fraglich: „Rest ihrer Kraft" (HAL 803a); vgl. 49, 4. Kaum wegen der nötigen Änderung des Konsonantentextes: „der Enakiter" (W. Rudolph u. a.).

Ziehe dich zurück in deine Scheide, verhalte dich ruhig und still!
7 Wie kannst du Ruhe geben, da Jahwe es beauftragt hat?
Nach Aschkalon und an die Küste des Meeres –
dorthin hat er es aufgeboten.

V 1 Überschrift, ähnlich 46, 1; 49, 34[6]
　　V 2–5 Gerichtsansage als Gotteswort
V 2 Bildhaft: Überschwemmung. Anschwellendes Wasser wie 46, 7 f vom Nil[7]
　　　mit Auswirkung auf die Menschen – Land und Volk
V 3 Sachlich: Lärm der Kriegsszene (Pferde-Wagen-Räder)
mit Auswirkung auf die Menschen
　　　Väter ohne Fürsorge für die Kinder
V 4 f Deutung des Kriegs als Tat Gottes (in 3.Ps.) am künftigen Tag
mit Angabe der Betroffenen:
Jahwe vernichtet die Philister
V 6 f Ausgestaltung der Gerichtsansage
V 6 f Anrede an das Schwert in Fragen und Aufruf
V 7 Einwand durch rhetorische Frage mit Übergang von der 2. zur 3.Ps. abgewiesen

Nach der in Kap. 46 geschilderten Niederlage Ägyptens erscheint ein Hinweis auf Ägypten V 1b angebracht – als Bezug auf eine geänderte Situation. Allerdings bleibt sie, ohne Angabe des Namens des Pharaos, so unbestimmt, dass das Geschehen kaum sicher näher festlegbar ist. Vielmehr bestehen mehrere Möglichkeiten. Wird etwa auf ein Ereignis vor dem Verlust der Vormachtstellung in Syrien-Palästina (605 v. Chr.) zurückgegriffen oder auf ein Geschehen nach dem für Babylon weniger glücklichen Feldzug (601/0) oder später[8]? Insofern ist ein frühes Datum möglich.

Der Bezug auf die Philister wird nach der Überschrift V 1 durch die Ausführungen (V 4 f.7) bestätigt. Statt einem Aufruf zur Flucht- und Lebensrettung (wie 48, 6; 49, 8) folgt eine anschaulich und (durch die V 3a geschilderten Geräusche) hörbar gestaltete Ansage des Kriegs; die Auswirkungen reichen (V 3b) bis in den engsten, persönlich-familiären Bereich.[9] Nach der Ankündigung der „Vernichtung" (V 4) greift die Beschreibung der Folgen (V 5) Trauerriten[10] auf. Der Verweis auf den „Rest"[11] ist wohl als Steigerung oder Verschärfung zu verstehen: selbst noch das Übriggebliebene. Auf Frage und Aufruf an Gottes Schwert, einem kurzen Einspruch gegen Gewalt für Frieden, folgt ein bitterer Einwand – gegen sich selbst, die hoffnungsvolle Aufforderung. Die Intention nimmt V 6 im Bild des Schwertes, dem sich kein

---

[6] Vgl. I,258 Anm. 1 zu Jer 14, 1.
[7] Schon Jes 8, 7 f.
[8] Vgl. B.U. Schipper (o. S. 79 Anm. 42 zu Jer 26) 240; B. Huwyler, Völker 143 ff. Verweist die Zeitangabe zugleich auf eine Teil-Erfüllung (Gaza)? Die Babylonische Chronik (HTAT 416) meldet für 604 v. Chr. die Eroberung (nur) Aschkalons durch Nebukadnezzar.
[9] Vgl. Jer 9, 3; 11, 18–21; 12, 6; auch Mi 7, 5 f; Hi 19, 13 ff; Ps 38, 12; 41, 10; 69, 9; die Erwartung Mal 3, 24.
[10] Wie Jer 16, 6 f; dazu I,289 f; auch Jer 6, 26; 41, 5.
[11] Ähnlich Am 1, 8; Ez 25, 16.

Einhalt gebieten lässt, auf, erinnert an das Bildwort: „Was dem Schwert gehört, zum Schwert!"[12] So ist der Spruch, der mit der Überflutung (V 2) einsetzt, in sich geschlossen: Flucht ist nicht möglich.

Für Jeremia sprechen etwa die Nähe zu Jesaja[13], die Ankündigung der nicht namentlich genannten Fremdmacht „von Norden"[14], die unentrinnbares Unheil bringt, die Wirksamkeit Jahwes in diesem Geschehen[15] oder auch der lebendig-bewegte Stil mit dem Element der Klage. In solchen Grundzügen besteht zugleich eine Ähnlichkeit mit dem vorhergehenden Wort gegen Ägypten (Kap. 46).

Das Wort über die Philister nennt (V 4) auch die Phönizierstädte Tyrus und Sidon. Ihre Erwähnung stört nicht das Gefälle des einheitlichen Spruchs; die Einsicht „kein Helfer"[16] gehört zur Beschreibung der ausweglosen Situation.

Lassen sich die Küstenbewohner (V 7) allgemeiner verstehen? Jedenfalls lag es nahe, die beiden Phönizierstädte (V 4) ausführlicher einzubeziehen, zumal in Jeremias Symbolhandlung (27, 3) Tyrus und Sidon zu den angesprochenen Nachbarvölkern gehören. Schließlich ist Tyrus bzw. den Phöniziern Jes 23; Ez 26 ff oder Am 1, 9 f ein eigenes Wort gewidmet. In jüngerer Zeit nennt Joel 4, 4 Phönizier- und Philisterstädte gemeinsam. Ließ die LXX nicht eher die in der Überschrift erwähnte konkrete, später nicht mehr relevante Situation weg und verallgemeinerte so? Das in der LXX bezeugte Drohwort „Ich werde zerstören Tyrus und Sidon ..."[17] nennt – über die Philister hinaus – weitere Betroffene; so wird die Gerichtsansage ergänzt und zweigeteilt. Die Ansage könnte sich auf Ereignisse in der zweiten Hälfte des 4. Jh. beziehen, die Zerstörung Sidons durch Artaxerxes III. Ochus um 343 v. Chr. und gut ein Jahrzehnt später die Eroberung von Tyrus durch Alexander.[18]

Das nicht, zumal nicht durch ein Verhalten gegenüber Israel begründete Unheil, das das eigene Volk ähnlich trifft, gilt jedenfalls als Wirken Jahwes, der – auch indirekt – in die Geschichte eingreift.

---

[12] Jer 15, 2; vgl. 12, 12; auch 50, 35 ff; Ez 21, 8–10. 16.

[13] Vgl. I, 10 f; hier o. Anm. 2 und 7.

[14] Vgl. Jer 1, 14; 4, 6; 6, 1. 22 u. a.; zuletzt 46, 24.

[15] Wie Jer 4, 6; 46, 15 u. a.

[16] Wie 37, 7; vgl. o. Vorwort zu Jer 46 ff (mit Anm. 27) und zu 46, 1 ff (Anm. 9).

[17] Vgl. o. Anm. 4. Lässt sich der in der LXX erhaltene Text nicht als Umwandlung des hebräischen Textes erklären?

[18] Vgl. Sach 9, 2 ff, bes. V 4. „Artaxerxes III. Ochus zerstörte" Sidon, die „geschwächte Stadt ergab sich 332 kampflos Alexander dem Großen" (H. Weippert, Sidon: BRL[2] 297).

Moab
Jer 48

1 Über Moab
So spricht Jahwe Zebaoth, der Gott Israels:
„Wehe über Nebo; denn es ist verwüstet;
zuschanden geworden[1], erobert ist Kirjataim.
Zuschanden geworden ist die Fluchtstätte und zerbrochen.
2 Moabs Ruhm ist nicht mehr.
In Heschbon hat man Unheil gegen es geplant:
„Auf, lasst es uns als Volk ausrotten!"
Auch du, Madmen[2] wirst untergehen,
ein Schwert verfolgt dich.[3]
3 Horch, Geschrei aus Horonaim:
„Zerstörung und großer Zusammenbruch!"
4 „Zerbrochen ist Moab"
Geschrei lassen hören seine Jüngsten.[4]
5 Ja, die Steige von Luchit,
mit Weinen steigt man hinauf.
Ja, beim Abstieg von Horonaim
hört man Geschrei über den Zusammenbruch.
6 Flieht, rettet euer Leben
und seid wie ein Wacholder[5] in der Wüste!

7 Ja, weil du auf deine Werke und deine Schätze vertrautest,
wirst auch du eingenommen werden,
und Kamosch wird in die Verbannung ziehen,
seine Priester zusammen mit seinen Beamten.
8 Es kommt (der) Verwüster in jede Stadt,
und keine Stadt wird gerettet.

---

[1] Das Verb ist vielleicht Doppelung (und Verstärkung) aus dem folgenden Versteil.

[2] Wie Heschbon / Cheschbon (Anm. 48) mit *chschb* „planen" so bilden Madmen mit *dmm* „umkommen, verwüstet werden" Wortspiele; ähnlich wie Am 5,5 oder die längere Ortsliste Mi 1,10 ff. Die Orte Nebo (V 1.22; Jes 15,2: Num 32,3.38), Kirjataim (V 23; Num 32,37; Ez 25,9), Horonaim (V 3. 5. 34), Dibon (V 18. 22; Jes 15,2) u.a. werden auch auf der Mescha-Stele (Anm. 38) genannt.

[3] Wörtlich: „läuft hinter dir her".

[4] Den Schluss korrigiert man, graphisch nahe, mit Jes 15,5 gerne in: „bis Zoar hin" (vgl. zu V 34). Der folgende V 5 entspricht weitgehend Jes 15,5.

[5] Vgl. Jer 17,6 (I,298 Anm. 20); HAL 835 f.

Das Tal geht zugrunde,
und die (Hoch-)Ebene wird vernichtet, wie Jahwe geredet hat.
9 Setzt Moab ein ‚Grabmal‘[6],
denn es wird ‚völlig verheert‘,
und seine Städte werden zur Einöde,
so dass niemand in ihnen wohnt.

10 Verflucht ist, wer das Werk Jahwes lässig betreibt,
verflucht[7] ist, wer sein Schwert vom Blut zurückhält!

11 Sorglos (Ungestört) war Moab von seiner Jugend an,
ruhig lag es auf seinen Hefen[8].
Nicht umgeschüttet wurde es von Gefäß zu Gefäß
- und musste (nie) in die Verbannung gehen[9] -.
Darum blieb ihm sein Wohlgeschmack erhalten,
sein Duft veränderte sich nicht.
12 Darum, siehe, Tage werden kommen - Spruch Jahwes,
da sende ich Kellermeister[10] zu ihm, sie werden es umgießen,
seine Gefäße entleeren und seine Krüge zerschlagen.
13 Moab wird an Kamosch zuschanden werden[11],
wie das Haus Israel an Bethel, seiner Zuversicht, zuschanden wurde.
14 Wie könnt ihr sagen: „Helden sind wir, tüchtig zum Krieg“?
15 Verwüstet ist Moab, (in) seine Städte ist man hinaufgestiegen.[12]
Die Auslese seiner jungen Männer ist zur Schlachtung herabgestiegen -
Spruch des Königs, Jahwe Zebaoth ist sein Name.
16 Nahe ist das Unglück Moabs gekommen,
und sein Unheil eilt rasch herbei.

---

[6] Statt „Salz“ ist die Konjektur „vorzuziehen“ (HAL 959. 958), das folgende Verb nach Jer 4, 7; vgl. 2, 15; 46, 19.

[7] In der LXX fehlt das zweite „verflucht“. Der hebräische Text bildet einen Parallelismus. Bei Weglassen des zweiten einleitenden Wortes bleibt der Sinn erhalten. Eher ist der griechische Text gekürzt, als dass der hebräische Text nachträglich ergänzt ist. In welchen Zusammenhang der Aufruf zum „Kampf als religiöse Pflicht“ (W. Schottroff, Fluchspruch [I,298 Anm. 21] 212 ff) gehört, lässt sich kaum genauer angeben. Vgl. das sog. Kriegsgesetz Dtn 20 mit seinen erheblichen Einschränkungen.

[8] Vgl. Ps 75, 9; auch Zeph 1, 12.

[9] Das Umgießen des Weins mit der Sonderung von der Hefe wird nach dem deutenden - in Gedankenstriche gesetzten - Zwischensatz zur Anspielung für die Exilierung. Er nimmt (noch vor dem Ziel V 12) durch die Auflösung des Bildes ein Stück Spannung weg. Ist er in das sonst geschlossene Bildwort in Anknüpfung an V 7 eingefügt - auf Grund der späteren geschichtlichen Ereignisse?

[10] Oder: Küfer. Die LXX (31, 12) „ich werde ihm Ausgießende schicken, und sie werden es ausschütten, und sie werden seine Gefäße zertrümmern und seine *Mischungen* zerschlagen“ ändert (wie schon V 11) das Bild ab, scheint die Intention zu verkennen.

[11] Möglich wäre auch: „sich wegen ... schämen / beschämt werden“.

[12] Der schwierige Text wird auch verstanden: „stieg(en) in Rauch auf“. W. Rudolph (276) u. a. korrigieren: „Der Verwüster Moabs zieht gegen es heran.“

17 Bekundet ihm Beileid, ihr alle seine Nachbarn,
und alle, die ihr seinen Namen kennt!
Sprecht: „Wie ist zerbrochen das Zepter der Macht, der Stab der Pracht!"
18 Steige herab von der Herrlichkeit und ‚setze dich' in die Dürre[13],
Bewohnerschaft der Tochter Dibon;
denn der Verwüster Moabs ist gegen dich heraufgestiegen,
hat deine Festungen zerstört.
19 An den Weg stelle dich und halte Ausschau, Bewohnerschaft von Aroer!
Frage den Flüchtling und die Entronnene, sprich: „Was ist geschehen?"
20 Zuschanden geworden ist Moab, ja ‚zerbrochen'.
Klagt und schreit! Meldet am Arnon, dass Moab zerstört ist!
21 Das Gericht ist gekommen über das Land der (Hoch-)Ebene, über Ho-
lon und über Jahza und über Mefaat, 22 und über Dibon und über Nebo
und über Bet-Diblatajim 23 und über Kirjatajim und über Bet-Gamul und
über Bet-Meon 24 und über Kerijot und über Bozra und über alle Städte
des Landes Moab, die fernen und die nahen.
25 Das Horn Moabs ist abgehauen und sein Arm zerbrochen – Spruch Jahwes.

26 Macht es betrunken; denn gegen Jahwe hat es grossgetan, damit Moab in
sein Gespei erbreche[14] und ebenfalls[15]zum Gespött werde! 27 Ist dir Israel
nicht zum Gespött geworden, oder hat man es unter Dieben ertappt, dass
du dich schüttelst, sooft du von ihm ‚redest'?
28 Verlasst die Städte und wohnt in den Felsen, Bewohner von Moab!
Seid wie die Taube, die nistet an den Rändern der gähnenden Schlucht![16]
29 Vom Stolz Moabs haben wir gehört, dem allzu stolzen,
von seinem Hochmut, seinem Stolz, seiner Hoffart
und von der Überheblichkeit seines Herzens.
30 Ich, ich kenne – Spruch Jahwes – seine Überheblichkeit,
und leer[17] ist sein Geschwätz und leer ihr Handeln.
31 Darum wehklage ich über Moab,
über Moab in seiner Gesamtheit schreie ich,
über die Männer von Kir Heres[18] seufzt man.
32 Mehr als ich um Jaser weine, weine ich um dich, Weinstock Sibma.
Deine Ranken wachsen hinüber bis ans Meer,
bis ans Meer, bis nach Jaser reichen sie.
Über dein Sommerobst[19] und über deine Weinernte fällt der Verwüster her.

---

[13] Oder mit Konjektur: „in den Schmutz" (HAL 931. 966 f).
[14] Vgl. HAL 722b. Möglich auch: „aufschlage".
[15] Wörtlich „auch es"; vgl. V 7 „auch du".
[16] Wörtlich: „an den Seiten des Mundes /der Mündung der Schlucht"; vgl. HAL 738a.
[17] Oder: „unrichtig, unaufrichtig". Wörtlich etwa: „es ist nicht so, und so haben sie nicht gehandelt".
[18] Kir-Heres (V 31. 36; Jes 16, 11) bzw. Kir Hares/schet (Jes 16, 7; 2 Kön 3, 25), hier parallel zu
Moab genannt, ist die „Stadt Moabs" (Jes 15, 1), die Hauptstadt, grob östlich des südlichen Teils
des Toten Meeres.
[19] D. h. insbesondere Feigen (HAL 1026 f).

33 Weggenommen werden Freude und Jubel aus dem Fruchtland[20]
und dem Land Moab,
und Wein aus den Keltern habe ich verschwinden lassen;
man tritt nicht mehr (die Kelter) mit Jubelruf, der Ruf ist kein Jubelruf.[21]
34 Vom Geschrei Heschbons an bis Elale, bis Jahaz erheben sie ihre Stimme,
von Zoar[22] bis Horonaim (und) Eglat-Schelischija;
denn selbst das Wasser von Nimrim wird zur Wüstenei.
35 Ich lasse von Moab – Spruch Jahwes – denjenigen verschwinden,
der Rauchopfer auf eine Kulthöhe trägt und seinem Gott darbringt.[23]
36 Darum klagt mein Herz über Moab wie eine Flöte,
ja mein Herz klagt über die Männer von Kir-Heres wie eine Flöte;
deshalb sind die Ersparnisse[24], die es gemacht hat, verloren.
37 Ja, jeder Kopf ist kahlgeschoren und jeder Bart gestutzt,
auf allen Händen sind Schnittwunden,
und um die Hüften ist der (Trauer-)Sack.
38 Auf allen Dächern Moabs und auf seinen Plätzen, überall ist Trauer;
denn ich habe Moab zerbrochen wie ein Gefäß,
an dem man keinen Gefallen (mehr) hat[25] – Spruch Jahwes.
39 Ach, wie ist es zerschlagen[26] – heult!
Wie hat Moab den Rücken (zur Flucht) gewandt, wurde beschämt!
So wird Moab zum Gelächter und zum Entsetzen für alle seine Nachbarn.

40 Denn so spricht Jahwe:
Siehe, wie ein Adler stößt er herab und breitet seine Flügel über Moab aus.
41 Eingenommen sind die Städte, und die Festungen erobert.
Das Herz[27] der Helden von Moab wird an jenem Tag sein
wie das Herz einer Frau in Kindesnöten.
42 Moab wird ausgetilgt, dass es kein Volk mehr ist;
denn gegen Jahwe hat es grossgetan.
43 Schrecken, Grube, Falle – über dich, Bewohner Moabs – Spruch Jahwes.
44 Wer vor dem Schrecken flieht, fällt in die Grube,
und wer aus der Grube steigt, wird in der Falle gefangen;
denn ich bringe über es, über Moab, das Jahr seiner Heimsuchung –
Spruch Jahwes.

---

[20] Oder: Baumgarten; vgl. 2, 7; 4, 26; Jes 10, 18; 16, 10.
[21] Vielmehr: ein Kriegsruf; vgl. 25, 30 mit Anm. 32.
[22] Grob südlich des Toten Meeres, nach Gen 13, 10; 19, 20 ff. 30 Zufluchtort Lots.
[23] Wörtlicher: „der (Opfer) auf eine Kulthöhe hinaufträgt und seinen Göttern / seinem Gott räuchert".
[24] Eigentlich: „das Übriggebliebene".
[25] Zum Bild vgl. 22, 28.
[26] Oder: schreckerfüllt (HAL 351).
[27] Der Halbvers 41b, der auf die Zukunft verweist und in der LXX fehlt, stammt wohl aus 49, 22.

45 Im Schatten von Heschbon blieben Flüchtlinge kraftlos stehen;
denn Feuer ging aus von Heschbon, eine Flamme mitten aus Sichon
und fraß die Schläfe Moabs und den Scheitel der Lärmenden.
46 Wehe dir Moab! Zugrunde gegangen ist das Volk des Kamosch;
denn deine Söhne wurden in Kriegsgefangenschaft genommen
und deine Töchter in Gefangenschaft.
47 Aber ich werde wenden das Geschick Moabs in künftigen Tagen[28] –
Spruch Jahwes.
Bis hierher das Gericht(swort) über Moab.

Die ostjordanischen Völker bezieht Jeremia bereits in seine Symbolhandlung mit dem Joch (27, 3. 11) ein. Moab[29] ist ein südlich von Ammon, östlich des Toten Meeres gelegenes Gebirgsland zwischen tief einschneidenden Tälern. Mit Ebene und Tal spielt der Text[30] auf die geographischen Gegebenheiten an, macht aber keine nähere Angabe zur historischen Situation.[31]

Moab und Ammon wurden als entfernt verwandt empfunden, dabei aber kritisch betrachtet. So bringt die Erzählung (Gen 19, 30 ff) beides zum Ausdruck: einerseits eine gewisse Nähe[32], andererseits durch die Ungehörigkeit und Anstößigkeit der Verbindung zugleich Abstand oder Ferne.[33] Schon in Amos' Völkersprüchen sind Ammon (1, 13–15) und Moab (2, 1–3) eng verbunden. Ein Miteinander, allerdings in dem beide treffenden Schicksal, wird hier ebenfalls angedeutet: „Auch du".[34] Mit diesem „Auch" bezieht sich der Spruch auf das Ammonwort zurück; es ging (wie bei Amos) wohl einmal voran, möglicherweise in der mündlichen Verkündigung.

Die Gemeinsamkeit reicht bis in die religiöse Struktur: *Kamosch*, (National- oder Haupt-)Gott der Moabiter[35], ist nicht nur Gott des Landes. Bei den ostjordanischen Völkern scheint es eine ähnliche – teils auch Israels Frühzeit vergleichbare – Struktur zu geben, die in den Großreichen Ägyptens oder

---

[28] Wörtlich: „am Ende / Danach der Tage", d. h. in der folgenden, künftigen Zeit (ThWAT I,227 f; III,572 f).

[29] Gegen Moab richten sich weitere Völkersprüche, ausführlich: Jes 15 f; auch 25, 10–12; Ez 25, 8–11; Zeph 2, 8 f. Vgl. St. Timm, Moab zwischen den Mächten: ÄAT 17, 1989; U. Worschech, Die Beziehungen Moabs zu Israel und Ägypten in der Eisenzeit: ÄAT 18, 1990; J. Hahn, Moab und Israel: TRE 23, 1994, 124–129; H. Irsigler, Zefanja, 2002, bes. 262 ff.

[30] V 8. 21; vgl. Aufstieg – Abstieg V 5.

[31] Vgl. Jer 48, 1 mit 46, 2. 13; 47, 1.

[32] Moab kann Schutz gewähren (1 Sam 22, 3 f). Rut ist Moabiterin (1, 1; 2, 1; 4, 13 ff; vgl. Mt 1, 5).

[33] Vgl. Num 22, 2 ff; Dtn 23, 4–7.

[34] Jer 48, 7 mit Ankündigung der Verbannung; vgl. 49, 3. So setzt 48, 7 einen – mündlichen oder schriftlichen – Zusammenhang voraus. Die Voranstellung im gegebenen literarischen Kontext „verdankt das Moaborakel seiner Länge" (W. Rudolph 277). – Nach 40, 10 f sind die Nachbarländer Fluchtgebiet; vgl. die Bemerkungen zu Ammon 49, 1–6.

[35] V 7. 13; vgl. V 35; 1 Kön 11, 7. Kamosch, Gott der Moabiter, und Milkom, Gott der Ammoniter, werden 11, 33 parallel genannt; vgl. auch 2 Kön 23, 13; unten zu Jer 49, 1. 3; zur Kultstätte Jes 16, 12.

Mesopotamiens so nicht belegt ist: jeweils die Bindung eines „*Volkes*" an einen Gott.[36] Die Moabiter gelten als „Volk des (Gottes) Kamosch".[37] Als Helfer im Krieg ist er auch auf der Stele Meschas von Moab[38] bezeugt; so beruft sich der König auf den Auftrag: Kamosch „sprach zu mir: ‚Auf, nimm Nebo von Israel weg!'"

Anders als die vorhergehenden Völkerworte (Jer 46f) begründet der Spruch – wie schon Amos (2,1 mit einem nicht Israel treffenden Vergehen) – das drohende Unheil. Zumal überhöhtes Selbstvertrauen, Sorglosigkeit oder Hochmut werden genannt, etwa angesichts der in der Gebirgslage befestigten Orte[39], die aber keine Sicherheit (mehr) gewähren.

Nach dem einführend vorweggenommenen Thema „Zerbrochen ist Moab", sein „Ruhm" dahin (V1–4), besteht das Wort aus mehreren Abschnitten oder Schichten; teils bildeten sie wohl einst selbständige, voneinander unabhängige Einzelstücke in wechselnden Redeformen. Mit allerlei Ergänzungen wuchs der Spruch an.[40] Ein innerer Aufbau ist kaum erkennbar. Allerdings klingt jene einleitende Zusammenfassung inhaltlich immer wieder an, und die Bekräftigung (V25) „Moabs Horn (Symbol der Macht) ist abgehauen" wirkt wie ein – in der gegebenen ausführlichen Textgestalt vorläufiger – Abschluss. Von da an ändert sich die Struktur durch Übernahme anderer biblischer, zumal prophetischer Texte, bekräftigt nochmals „verloren" (V46), bevor im „Gerichtswort" (V47) eine Wende allgemein angesagt wird.

V1 Überschrift ähnlich 46,2; 49,7.23.28; auch 21,11; 23,9 u.a.
V1–9 Moab als Femininum (anders V11ff)
V1–4.(5.)6 „Wehe" der Totenklage mit Klagen
    Nebo wie andere Orte schon zerstört. „Kein Volk mehr" (V2; vgl. V42.46)
    Ungenanntes Feindvolk dringt von Norden vor

---

[36] Vgl. W. v. Soden, Einführung in die Altorientalistik, 1985, 13; A. Lemaire, Déesses et dieux de Syrie-Palestine d'après les inscriptions (c. 1000–500 av.n.è.), in: W. Dietrich / M.A. Klopfenstein (Hg.), Ein Gott allein?, 1994, 127–158; O. Loretz, Des Gottes Einzigkeit, 1997, 89f (Lit.); W.H. Schmidt, „Volk Gottes": Ja und nein. FS W. Schrage, 1998, 211–222; Alttestamentlicher Glaube ([11]2011) 158. Vgl. u. zu Ammon 49,1.3; zu einem Gott des Volkes auch 2 Chr 25,15.

[37] Jer 48,46; Num 21,29; anschaulich in der Frage Ri 11,24; vgl. den Begriff „Volk" von Ammonitern Jer 49,1.

[38] HTAT 242ff; KAI Nr. 181; RTAT 253ff; TGI[2] 51ff. Vgl. 2 Kön 3,4f; um 840/830 v. Chr., also erheblich, mehr als ein Jahrhundert früher als der Kern von Jer 48. Nebo (am Westhang des weit vorragenden Berges gleichen Namens, grob östlich des Nordendes des Toten Meeres) ist der V1.22 genannte Ort (vgl. Anm. 2).

[39] Jer 48,7.29f.42 wegen der nur scheinbar Schutz gebenden Orte V1.7.18.41; dazu Jes 16,6; 25,11f; Zeph 2,10. Das Motiv Hochmut, das in Jesajas Verkündigung (2,6ff; gegenüber dem Nordreich: 9,8; 28,1.3 u.a.) wiederkehrt, findet sich schon in der kleinen Sammlung Jer 13,15ff (I,254) oder in den Königssprüchen 22,13f (vgl. das Vorwort zu Anm. 27). 48,26.42 spricht gar vom „Großtun gegenüber Jahwe". Die Begründung V13.35 greift ein kultisch-religiöses Thema auf. Nach Jerusalems Katastrophe berichtet Ez 25,3.6 von Schadenfreude. Vgl. die Bemerkungen zu Edom 49,7ff.

[40] „Nach Inhalt, Stil und Selbständigkeit der Gedanken sehr ungleichwertig" (W. Rudolph 277). Formeln „wie Jahwe sagte" (V8) oder „Spruch Jahwes" (V12.15.25.30.35.38.43f) gliedern das Ganze. Auch Prosa-Zusätze (V26f.35; vgl. V13) fallen auf.

V 5 wie V 29 ff wohl Zusatz nach Jes 15, 5
V 6 Aufruf zur Flucht und Lebensrettung-
   Wieweit ist bei dem bedrohlichen Ziel, in der Wüste, Überleben möglich?
V 7-9. V 7 Überhöhtes Selbstvertrauen[41]
V 7 (und V 13) Gott Kamosch in die Verbannung
V 8 „Verwüster" (4, 7; 6, 26 u. a.)[42]
V 9 Kritische Weiterführung von V 6
V 10 Zusatz: Fluch
V 11-25 Zusammenstellung knapperer Einzelworte
V 11 f Küferwort mit – nachträglicher – Ausgestaltung V 13
   V 11 vgl. Zeph 1, 12; Ps 75, 9; auch das Becherlied Jer 51, 7-10
V 13 Zusatz; vgl. das religionskritische Motiv V 35
V 14-17. V 14 (rhetorische) Frage mit Zitat (wie 2, 23; 8, 8 u. a.): eigene Stärke.
Antwort:
V 15 f Unheilsansage. Überlegenheit des Feindvolkes
Vom Krieg betroffen die Blüte der Jugend (vgl. 6, 11; 50, 27)
   V 15b ähnlich V 8b.12 betont: Prophetisches Wort, nicht in eigenem Namen
   V 16 Moabs Verderben nahe
V 17 Aufruf an die Nachbarvölker zur Anteilnahme; vgl. V 36 f; zum Ritus 16, 5
V 18 f.20 Aufruf (auch V 28) herabzusteigen. Gegensatz Herrlichkeit – Niedrigkeit[43]
   Der „Verwüster" (s. zu V 8) zerstört die Festungen
V 21-24 Zusatz: Geographische „Liste" vom Gericht betroffener Orte
V 25 Ergebnis mit Wiederaufnahme von V 2. 4. 15. 20
Der zweite Teil des Spruchs über Moab (ab V 26, bes. V 29 ff) nimmt weitgehend
Worte aus anderen Prophetenbüchern (zumal Jes 15, 4 ff; 16, 6 ff; auch 24, 17 f) um-
gestaltet und ergänzt auf.
V 26 f Zusatz in Prosa. Trunkenheit mit Folgen;
im Zusammenhang mit 25, 15 ff.27 ff; 50, 29
   V 27 Moabs Spott – Umkehrung (V 39): zum Gespött werden
   „Großtun" gegenüber Jahwe (V 26. 42) bzw. seiner Lenkung der Geschichte
   (vgl. 50, 29) mit Folgen für Israel[44]
   Wie ein ertappter Dieb 2, 26
V 28 Aufforderung zum Rückzug in eine kaum bewohnbare Felsgegend (vgl. 49, 16)
V 29 f In der Wahrnehmung einer „Wir"-Gruppe Anklage
   (in Weiterführung von V 14): Stolz, Vermessenheit
   und (vgl. V 11; dazu Anm. 39), Sorglosigkeit. Im Anschluss an Jes 16, 6
V 30 Das „Ich" Jahwes (vgl. V 33. 38b) und
V 31 f (oder – 35) das klagende „Ich" des Propheten
   (vgl. Mi 1, 8; Jes 22, 4; Jer 8, 23; 9, 9; 13, 17; 14, 17)
   wechseln ab. Zur Ernte vgl. 8, 20; 40, 10. 12. Im Anschluss an Jes 16, 7-9
V 33 Weit reichende Klage (von Nord nach Süd). Im Anschluss an Jes 16, 10.
   Ohne Freude; vgl. Jer 16, 9
V 34-38 Teilweise Prosa. Im Anschluss an Jes 15, 4-6. 2 f; 16, 11
   V 35 vgl. das religionskritische Motiv V 13

---

[41] Vgl. o. Anm. 39.
[42] Vgl. das Vorwort zu Anm. 12.
[43] Vgl. 13, 18; o. Anm. 39.
[44] Vgl. das Vorwort zu Anm. 30.

V 36–38 Anteilnahme an Moabs Trauer
V 37 Trauerritus[45]. V 38b Gottes „Ich"
V 39 mit Ausruf und Aussage: Flucht der Soldaten (vgl. V 14)
V 40 f entsprechend dem Edomwort 49, 22 (V 40b.41b fehlen in der LXX)
V 42 vgl. zu V 27
V 43 f mit wortspielartig-bildhafter, konzentrierter Zusammenfassung;
    inhaltlich ähnlich Jes 24, 17 f
        Dem Gericht unentrinnbar wie Am 5, 19; 9, 2 ff; ähnlich Jer 15, 2[46]
V 45 f (nicht in LXX). Ähnlich Num 24, 17; 21, 28 f
V 47a Wende des Geschicks – zum Heil
V 47b Rahmender Schluss der umfangreichen Komposition
    ähnlich einer Unterschrift:
„Bis hierher …" wie 51, 64

Der Text ist reich an Namen von Orten[47], die durch Unheil bedroht oder schon von ihm erfasst sind. Es ist in Heschbon im Norden[48] geplant und hat das – in Moab ebenfalls nördlich gelegene – Nebo[49] bereits getroffen, rückt so (grob) von Nord nach Süd[50] vor.

Wesentliche aus der Verkündigung an Juda / Jerusalem bekannte Redeformen oder Momente finden sich wieder, etwa (a) das „Wehe"[51], das für Jeremia wichtige Stichwort „Zusammenbruch"[52], der Aufruf zur Flucht, überhaupt der lebhafte Stil mit Aufrufen, Fragen oder Zitaten, (b) die Ansage eines zunächst unbestimmten Feindvolkes mit der Gewissheit kommenden Unheils, das wenig Freiraum für eine Wahl zwischen Bewahrung und Zerstörung lässt.[53] In allem (c) spricht sich das Bekenntnis zu Jahwe als verborgenem Lenker des Geschehens aus.

Ein Kern[54], dessen Abgrenzung im Einzelnen schwierig bleibt, ist mit Jeremias Überlieferung eng verbunden und wird auf ihn zurückgehen. Allerdings hat der Grundbestand erhebliche Erweiterungen erfahren.

---

[45] Vgl. 16, 6 f; dazu I,290 (mit Anm. 30).

[46] Vgl. I,274 Anm. 92.

[47] Wie schon knapp 46, 14; 47, 4 ff; hier V 1–5. 18 f.31 f dazu in einer Liste V 21–24. Vgl. Anm. 2. 18. 22. 48.

[48] Jes 15, 4; Jer 48, 2. 34; vielleicht noch zu Ammon gehörig (49, 3; vgl. Ri 11, 26; auch Num 21, 25 ff). Der Ort, im Ammonwort (49, 3) wohl noch vor der angesagten Zerstörung angeredet, erscheint als Ausgang der Planung hier schon erobert, aber nicht verwüstet. Die Stadt, wasser- und weidenreich (Hld 7, 5; vgl. Num 32, 1 ff; Jes 16, 8 f), liegt erheblich (gut 30 km) weiter östlich des Nordendes des Toten Meeres an einer Nord-Süd-Verbindung; heute Hisban.

[49] Vgl. o. Anm. 2. 18.

[50] Vgl. Anm. 3. Die „Königsstraße" (Num 20, 17; 21, 22) bildet die wichtige Verbindung. (vgl. Jer 48, 19).

[51] Vgl. I,14; unmittelbar zuvor Jer 47, 6.

[52] Vgl. im Vorwort Abs. 2.

[53] Vgl. von Jerusalem etwa 38, 3 u. a. mit 48, 7; bis zu unbewohnbarem Zustand (V 9; vgl. im Vorwort Anm. 15).

[54] Etwa in V 1–20. 25. 28 ohne V [5.] 10. 13. Die Bestimmung alter Überlieferung ist im folgenden Drittel fraglicher.

Das hinzugefügte Fluchwort V 10[55] nimmt Jeremias Einsicht in das sich durch ein fremdes Volk (im Dienst Jahwes) vollziehende Gericht auf, geht mit dem Aufruf, sich Gottes Walten nicht zu widersetzen, vielmehr zu unterstützen, über – die in der älteren Überlieferung bewahrte – Verkündigung Jeremias hinaus; eine solche Aufforderung findet sich bei ihm nicht. An der Aufgabe, die sonst das Fremdvolk vollzieht, sollen sich die Aufgerufenen beteiligen; allerdings werden sie in der allgemein bleibenden Redeweise nicht benannt.

Moab war als Weinland (V 32 f; Jes 16, 7b-10) bekannt; an dieses Kennzeichen schließt die bildhafte Aussage V 11 f an. Gottes Wirken wird nicht selbst, sondern indirekt dargestellt – durch Küfer. Der Vergleich erinnert an das Bild vom Jäger, Fischer (16, 16-18) oder Winzer (6, 9 ff; Weinkrug 13, 12 ff). Das Bild von dem „auf seinen Hefen" lagernden Wein (V 11) lässt sich auf die zum Gären erforderliche Ruhezeit ungestörter Entwicklung beziehen; dann ähnelt das Wort einem kritischen Geschichtsrückblick, der von einem heilvollen Zustand ausgeht, bevor der Umbruch eintritt.[56] Oder hat das Bild von vornherein eine überlange Lagerzeit im Blick? Jedenfalls geht es über den üblichen Vorgang, Umfüllen und Entleeren, hinaus in eine Drohung[57] über: Der Wein wird ausgeschüttet, und die Krüge werden zerschlagen.[58]
Die Prozession in die Verbannung (V 7) führt Kamosch (wohl im Bild) an, gefolgt von der Oberschicht, Priestern und Beamten.

Der Prosasatz V 13, ein (wie V 10) interpretierender Zusatz, nimmt den Gottesnamen auf und vergleicht: Kamosch und Bethel. „Bethel"[59] kann hier eine Gottheit meinen, eher jedoch den bekannten Kultort, ein Reichsheiligtum (Am 7, 13). Die von ihm in den Königsbüchern erhaltene Überlieferung ist in der Nachfolge Hoseas[60], jedenfalls in Übereinstimmung mit ihm, kritisch.[61] Wie Bethel nicht vor dem Untergang bewahren konnte, so kann Kamosch – seinem Volk – keine Sicherheit gewähren, nicht helfen. Das „Vertrauen" auf diesen Retter ist vertan.[62]
V 35 nimmt das Thema mit anderer Ausrichtung auf: Anstelle des Nebeneinanders der Religionen (wie etwa Mi 4, 5) wird hier das Ende der Opfer für die Götter

---

[55] Vgl. Anm. 7.
[56] Vgl. Jer 2, 21; I, 14. 86.
[57] Darin entspricht das Bild zugleich dem verwandten Text Zeph 1, 12.
[58] „Weil dieser Wein nie gefiltert und von der Hefe getrennt wurde", ist er „nicht mehr zu gebrauchen. Zum *Um*gießen ist es zu spät: Jetzt können ihn die Küfer nur noch *aus*gießen ... Allerdings beschränken diese sich nicht darauf, den Wein auf den Boden zu leeren, sondern sie zerschlagen auch gleich die Gefäße." (B. Huwyler, Völker 166)
[59] O. Eißfeldt, Der Gott Bethel (1930): KS I, 1962, 206–233; K. Koenen, Bethel: OBO 192, 2003, bes. 82 f.177 f; L. Ruppert, fzb 106, 2005, 300 f; M. Köhlmoos, Bet-El – Erinnerungen an eine Stadt: FAT 49, 2006, bes. 248 f.
[60] Hos 10, 5 f; vgl. 8, 4 f; 13, 2; Am 4, 4; 5, 5; auch 3, 14.
[61] Die Überlieferung von den sog. goldenen Kälbern, eigentlich Jungstieren, zeigt mit der doppeldeutigen Proklamationsformel: „Siehe, das ist dein Gott" bzw. „sind deine Götter" (1 Kön 12, 28), erst recht stärker identifizierend: „Dies sind deine Götter" bzw. „ist dein Gott" (Ex 32, 4) die Übertretung des zweiten und ersten Gebots zugleich auf. Vgl. noch die Nachricht von der Zerstörung 2 Kön 23, 4. 15.
[62] Vgl. V 7; 2, 37; auch 2, 27 f.

oder (eher) den Gott der Moabiter erwartet.[63] Werden hier Folgen der Reform
(I,3 f) für fremde Kulte bedacht?

Nach dem „Ergebnis" (V 25) beginnt in der knappen zweiten Hälfte mit dem
Prosazusatz V 26 f oder V 29 eine Reihe von *Ergänzungen* aus anderen Zusammenhängen, mit den abgewandelten Zitaten auch Erweiterungen. Die
Nachträge führen die Schuld aus und malen klagend die Notsituation aus.
Einen lebhaften Charakter gewinnt die Darstellung nochmals in V 43 f, bevor sie nach der zusammenfassenden Grundaussage einen Umschwung[64] ankündigt.

---

[63] Auffälligerweise erhält wieder (wie 44, 3 ff) das Räucheropfer besondere Bedeutung.
[64] Zu dieser Heilswende vgl. das Vorwort Abs. 4.

Ammon
Jer 49, 1–6

1 Über die Ammoniter
So spricht Jahwe:
Hat Israel denn keine Söhne,
oder hat es keinen Erben?
Warum hat Milkom[1] Gad beerbt
und wohnt sein Volk in dessen Städten?
2 Darum, siehe, Tage kommen – Spruch Jahwes –,
da lasse ich Rabba (die Stadt) der Ammoniter[2] Kriegslärm hören.
Es soll werden zu einem Schutthügel,
und seine Töchter(städte) werden im Feuer verbrennen.
Aber Israel wird beerben, die es beerbt haben – spricht Jahwe.
3 Heule, Heschbon, denn verheert ist Ai[3],
schreit, Töchter(städte) Rabbas!
Gürtet euch mit (Trauer-)Säcken, trauert,
streift umher an den Viehhürden[4];
denn Milkom[5] wird in die Verbannung gehen,
seine Priester und Beamten zumal.
4 Was rühmst du dich der Täler, deines überfließenden Tals?[6]
Du abwendige[7] Tochter,
die auf ihre Schätze vertraut:
‚Wer will zu mir herankommen?‘
5 Siehe, ich lasse kommen / bringe Schrecken über dich –
Spruch des Herrn, Jahwe Zebaoths –
von überall rings um dich her,

---

[1] „Ihr König" (auch Am 1, 15) ist eine – vermutlich absichtliche – Vermeidung des Namens der Gottheit; vgl. deutlicher als Königsgott Zeph 1, 5 und die Gottesnamen 2 Kön 17, 31 f.

[2] Oder: Rabbat Ammon, „Hauptstadt der Ammoniter, am Oberlauf des Jabbok im Bereich der jordanischen Hauptstadt *Amman* gelegen" (HAL 1099). Vgl. U. Hübner, Die Ammoniter, ADPV 16, 1992.

[3] Ein Ort Ai („Trümmerstätte") ist in der dortigen Gegend nicht bekannt; so ändert man (nach 48, 18) gerne in „(Der) Verwüster zieht herauf."

[4] Gerne im Anschluss an 48, 37 korrigiert in „(lauft) mit Schnittwunden!" (HAL 170a.174a).

[5] „Ihr König"; vgl. Anm. 1.

[6] Möglich auch: „Was rühmst du dich deiner Stärke? Deine Stärke ist verströmt" (HAL 803a. 255); vgl. noch zu 47, 5.

[7] Da sich die Bedeutung schwer in den Zusammenhang einfügt, wird konjiziert: „sorglose (Tochter)" (HAL 1331 f); ähnlich Jer 31, 22 (dort Anm. 9).

und ihr sollt vertrieben werden – ein jeder für sich,
und niemand wird den Flüchtenden sammeln.
6 Danach werde ich das Geschick der Ammoniter wenden – Spruch Jahwes.

I. V 1 f Nach Botenformel zweiteiliges Prophetenwort
V 1 Klagende Anklage (Schuldaufweis) als dreigliedrige Frage[8]
V 2 Gerichtsansage an Hauptstadt und Töchterstädte, entfaltet V 3
      Wie Schutthügel; vgl. 26, 18
V 2b Heilsansage für Israel. Aufhebung des beklagten Zustands:
      Wiederinbesitznahme des Landes
II. V 3 Aufruf (an die schon V 2b genannten Töchterstädte) zur Klage;
      vgl. 4, 8; 48, 20. 39
      Vorwegnahme der Gerichtsansage
      Wiederholung der zweigliedrigen Form:
      V 4 Anklage in Frageform: Hochmut
      V 5 Unheilsansage 5a Gottes Ich-Rede, 5b Folge
III. V 6 Vermutlich Zusatz: Heilsansage für Ammon (wie 46, 26b; 48, 47)

Wie die Moabiter galten auch die Ammoniter als entfernte, aber unrechtmäßige Verwandte (Gen 19, 30 ff). Wie Kamosch der Haupt- oder Volksgott
der Moabiter ist[9], so Milkom der Ammoniter.
Schon Amos (1, 13 f) wirft den Ammonitern grausames Handeln zur Ge-
bietserweiterung vor und kündigt der Hauptstadt Rabba (etwa: „Die Große /
Mächtige") Kriegsgeschrei und verheerendes Feuer an. In diesem Überlieferungszusammenhang steht Jer 49, 1 f; entscheidende Elemente der Anklage
wie der Unheilsansage sind vorgegeben.[10] Eine ähnlicher Vorwurf an Ammon, ihr „Höhnen", mit Gerichtsansage findet sich Zeph 2, 8 f; Ez 21, 33.
Das Wort spiegelt kriegerische Auseinandersetzungen[11] wider. Die Ammoniter konnten ihr Gebiet weit in den ostjordanischen Besitz Israels ausdeh-
nen.[12] Allerdings beteiligten sie sich nach Jer 27, 3[13] an Plänen zur Abschütte-
lung des babylonischen Jochs; auch gewährten sie den Mördern Gedaljas
(40, [11.]14; 41, 2. 15) Unterstützung, Schutz und Zuflucht.
Der lebhafte Stil erinnert an Jeremias Darstellungen. Die Einheit setzt wie
der Edom-Spruch (49, 7) mit einer Frage ein. Sie ist mehrgliedrig und findet

---

[8] Vgl. zu 22, 28 Anm. 78.
[9] Vgl. 1 Kön 11, 5.(7.)33; 2 Kön 23, 13; dazu Vorwort Abs. 3 und zu Jer 48, 7.
[10] Noch in der Textgeschichte klingt durch die Lesart „ihr König" ein Zusammenhang nach (o.
Anm. 1).
[11] In wechselnden Zeiten: Ri 10, 9. 17 f; 11 f; 1 Sam 11; 2 Sam 10–12; Am 1, 13 f; 2 Kön 14, 25. 28;
nach 2 Kön 24, 2 im Auftrag der Babylonier; auch Zeph 2, 8; Ez 21, 23 ff; 25, 1–7; später
Neh 2, 10. 19; 4, 1 ff.
[12] Hängt diese Erweiterung mit den Ereignissen um 600 zusammen (M. Noth, Ab LA I, 350
Anm. 8)? Zuvor bezeugt Am 1, 13 den feindlichen Übergriff in Gilead; vgl. 1 Sam 11, 1. Von Be-
drängnissen Gads durch das Nachbarvolk der Moabiter berichtet die Mescha-Stele (s. zu Jer 48
Anm. 24).
[13] Vgl. auch Ez 21, 23 ff.

sich ähnlich in anderen Jeremiaworten[14], auch das Stichwort „Kriegsge-schrei"[15] begegnet zuvor. Im Gegenüber zu V 1 nimmt V 2b das Wort „erben" auf.[16] Nach dem Aufruf V 3 enthalten V 4 f mit Aufnahme der Struktur eine Begründung: Hochmut, falsche Selbsteinschätzung. Mag die Frage „Wer kann (überhaupt bis) zu mir kommen?" (V 4) gegenüber den umliegenden Kleinstaaten berechtigt sein, verkennt sie jedoch die Lage vor der drohenden Großmacht, die, wie die Antwort (V 5) lautet, Jahwe „kommen lässt".[17] So ist er letztlich der Verursacher, und der Name des Feindvolkes wird (wie 4, 5 ff u.a.) wieder nicht angegeben. Die Verbindung zu Amos[18] ist auch sonst be-legt. Der zuvor genannte (Haupt- oder Volks-)Gott Milkom wird nun selbst erfasst, erfährt Gericht, geht (V 3) in Pilgerfahrt bzw. Gefangenschaft.

Tritt Jeremia hier wie ein Heilsprophet auf?

Beobachtungen von verschiedenem Gewicht lassen Zweifel aufkommen, ob das Wort von Jeremia stammt.

(1) Die V 2 einleitende Zeitangabe „Siehe, Tage kommen" begegnet öfter in Zusät-zen[19], stimmt bedenklich, spricht eher für einen Nachtrag als ein Jeremiawort.

(2) Der Ausdruck „Schutthügel" begegnet sonst nicht bei Jeremia.[20] Auch Gad wird sonst nicht genannt. Eine bestimmte Situation ist nicht erkennbar.

Kann das Wort trotz der angedeuteten Ähnlichkeiten wegen der Besonderheiten nicht von Jeremia stammen? Handelt es sich um eine Nachahmung?

Vor allem fügt sich das Wort kaum zu der sonst von Jeremia bekannten Ver-kündigung, etwa seiner Einsicht in die tiefe Schuld des eigenen Volkes. The-matisch bzw. theologisch ist der Spruch in *doppelter* Weise auffällig: a) Hier ist Israel explizit betroffen, der Aufweis einer an Israel / Juda begangenen Schuld ist ungewöhnlich: „Unter den Kerntexten der Völkersprüche" ist es „der einzige Spruch ..., der das Unheil eines fremden Volkes mit seinem Ver-halten gegenüber Israel"[21] begründet. b) Auch die Heilsansage mit Umkeh-rung der Verhältnisse und Wiederherstellung der Besitzverhältnisse V 2b

---

[14] Jer 2, 14. 31; 8, 4 f.19. 22; 14, 19; 22, 28. Die Form hebt den Kontrast hervor: „Obwohl Israel Söhne und Erben hat (rhetorische Doppelfrage), hat Ammon das Stammesgebiet von Gad in Be-sitz genommen und bewohnt seine Städte (Warumfrage). Die Nennung der ammonitischen Staatsgottheit Milkom soll wohl hervorheben, daß ein von Jahwe den Israeliten zugewiesenes Land einem anderen Gott unterstellt wurde" (G. Wanke 417). Vgl. Num 32; Jos 13, 24–28.

[15] V 2; 4, 19; vgl. 20, 16.

[16] Die im Vergleich mit den anderen Belegen ungewöhnliche Zweiteilung auch der Warum-Frage (nach Erben und Bewohnern) „erweist die Fragereihe auf das Folgende hin angelegt, das ebenfalls zweifaches, nämlich die Zerstörung der bestehenden Verhältnisse (V 2a) und die Einset-zung des rechtmäßigen Erben durch JHWH verspricht" (J. Pschibille [I, XIII] 114 Anm. 17). So lässt sich V 2 oder nur V 2b nicht als (prosaische) Hinzufügung verstehen.

[17] Vgl. 4, 6; 5, 15; 6, 19; 45, 5 u.a.

[18] Vgl. I, 10 f.

[19] Jer 7, 32; 9, 24; 16, 14; 19, 6; 23, 5. 7; 30, 3; 31, 27. 31. 38; 33, 14; auch in den Völkersprüchen: 48, 12; (49, 4;) 51, 47. 52; vgl. I, 213 Anm. 68.

[20] Vgl. sachlich 9, 10; 10, 22 u.a.; auch die Ankündigungen gegenüber der Hauptstadt: Samaria Mi 1, 6; Jerusalem Mi 3, 12 (= Jer 26, 18); dazu Jes 32, 14.

[21] G. Wanke 417. Vgl. noch zu Kap. 50 f.

lässt sich schwer mit der sonst erkennbaren Botschaft Jeremias[22] vereinbaren und bedeutet insofern einen Anstoß.

Wird Gad (V 1) „beerbt", so ersteht (V 6) Ammon wieder auf.[23] Diese Heilsansage mit Wiederherstellung wird gerne in Beziehung gebracht mit einer neuen Blütezeit der Stadt in hellenistischer, genauer ptolemäischer Zeit unter dem Namen „Philadelphia"[24].

---

[22] Weder an das Nord- noch das Südreich; vgl. zusammenfassend I,16 ff; zum Namen Israel auch I,80 f.

[23] Zu den eingefügten Heilsworten vgl. das Vorwort Abs. 4.

[24] Der Name ist gegeben nach Ptolemäus II. Philadelphos (285–246 v. Chr.). In römischer Zeit gehörte die Stadt zur Dekapolis.

Edom
Jer 49, 7–22

7 Über Edom
So spricht Jahwe Zebaoth: Ist denn keine Weisheit mehr in Teman,
ist den Verständigen der Rat abhanden gekommen,
ist ihre Weisheit verdorben[1]?
8 Flieht, wendet euch, verkriecht euch tief, Bewohner Dedans[2];
denn Esaus Unheil bringe ich über ihn,
die Zeit, da ich ihn heimsuche.
9 Wenn Winzer[3] über dich kommen, werden sie keine Nachlese übriglassen,
wenn Diebe in der Nacht, fügen sie Schaden zu, bis sie genug haben;[4]
10 denn ich entblöße Esau, decke seine Schlupfwinkel auf,
dass er sich nicht verbergen kann.
Vernichtet sind seine Nachkommen, seine Brüder und seine Nachbarn –
er ist nicht mehr.
11 Verlass deine Waisen! Ich selbst halte sie am Leben.
Deine Witwen ,können sich‘ auf mich verlassen.
12 Denn so spricht Jahwe: Siehe, selbst die nicht verurteilt sind, den Becher
zu trinken, müssen ihn trinken. Du aber willst straflos bleiben. Du wirst
nicht straflos bleiben, sondern musst ihn trinken.   13 Ja, bei mir habe ich
geschworen – Spruch Jahwes: Zum Entsetzen, zur Schmach, zur Wüste und
zum Fluch wird Bosra werden, und alle seine Städten werden für immer zu
Trümmerstätten werden.
14 Kunde habe ich von Jahwe vernommen,
und ein Bote ist unter die Völker gesandt:
„Sammelt euch und rückt gegen es heran, macht euch auf zum Kampf!"

---

[1] Wörtlich: „stinkend geworden" (HAL 726b).

[2] Dedan (südlich von Edom an der sog. Weihrauchstraße; vgl. Jer 6, 20) Ez 25, 13; Gen 10, 7;
25, 3 (mit arabischen Stämmen), bedeutsam für den Karawanenhandel (Jes 21, 13; Ez 27, 20); auch
Jer 25, 23. – Ähnlich setzt der Moabspruch 48, 2 (dort Anm. 30) bei einem Ort außerhalb des Landes ein.

[3] Das Wort (bzr) spielt auf Bosra (vgl. Gen 36, 33; Am 1, 12) an, die Hauptstadt Edoms. Sie
wird hier erst in Nachträgen (V 13. 22) erwähnt. V 9 unterbricht außerdem Gottes Ich-Rede
(V 8. 10 mit Esau in 3.Person) und redet Edom an („über dich"). Ist V 9, wie öfter vermutet wird,
wegen angenommener Abhängigkeit von Obd 5 oder im Zusammenhang mit dem prosaischen
Nachtrag V 13 Zusatz? Eher greift a) Obd 5 Jer 49, 9 auf (s. Anm. 15). V 9 beschreibt b) die Folge
oder stellt die erläuternde Konkretion von V 8b dar und zeichnet sich c) durch seine poetische
Bildhaftigkeit aus. Gab V 9 nicht umgekehrt einen Anstoß, Bosra eigens zu nennen?

[4] Vgl. HAL 210. LXX liest: „legen sie Hand an". Allerdings zeigen LXX und MT keine „theologisch relevanten Differenzen" (B. Huwyler, Völker 209).

15 Denn, siehe, klein mache ich dich unter den Völkern,
verachtet unter den Menschen.
16 Die Furcht vor dir hat dich verführt, der Übermut deines Herzens,
der du in den Felsklüften wohnst und Bergeshöhen besetzt hältst.
Wenn du dein Nest hoch baust wie ein Adler (Geier),
ich hole dich von dort herab – Spruch Jahwes.
17 Edom soll zur Wüste werden. Jeder, der an ihm vorübergeht, entsetzt
sich, pfeift wegen all seiner (empfangenen) Schläge. 18 Wie bei der Umkehrung von Sodom und Gomorrha und seiner Nachbarorte – spricht Jahwe –
wird niemand dort wohnen bleiben und kein Mensch sich darin aufhalten.
19 Siehe, wie ein Löwe aufsteigt aus dem Dickicht des Jordan
zum Weideplatz mit immerfließendem Wasser,
‚so‘ vertreibe ich ihn plötzlich und bestelle den Erwählten über ihn (Edom).
Denn wer ist mir gleich, und wer will mich vorladen?
Und wer ist der Hirte, der vor mir bestehen könnte?
20 Darum hört den Beschluss Jahwes, den er über Edom beschlossen hat,
und seine Pläne, die er über die Bewohner von Teman gedacht hat:
Wahrlich, man wird sie fortschleppen, die Kleinsten der Herde,
ihretwegen wird man die Weide verwüsten.
21 Vom Geräusch ihres Falls wird die Erde erschüttert,
ein Geschrei, dessen Laut (noch) am Schilfmeer vernommen wird.
22 Siehe, wie ein Adler (bzw. Geier) steigt er auf und schwebt,
breitet seine Flügel über Bosra aus,
und es wird das Herz der Helden von Edom an jenem Tag sein
wie das Herz einer Frau in Kindesnöten.

Im Süden der zuvor genannten ostjordanischen Länder liegt Edom.[5] Esau
wird als Stammvater angesehen oder mit ihm identifiziert. Wie die Geschichte von der Geburt der Zwillinge erzählt, Esau als „Bruder"[6] gilt, steht
er in der empfundenen Verwandtschaft Israel erheblich näher als Ammon
und Moab.[7] Nach Edoms zeitweiliger Abhängigkeit und wieder gewonnener
Selbständigkeit[8] erhält es später Überlegenheit. Seit etwa 600 v. Chr. ändert
sich das Verhältnis tiefgreifend. Die Edomiter – entgegen der Erwartung zu-

---

[5] Vgl. H. Wildberger, BK X/3, 1982, 1335 ff; M. Weippert, Edom und Israel: TRE IX, 1982,
291–299; R. Bartlett, Edom and the Edomites: JSOT.S 77, 1989; M. Lindner/J. Zangenberg, „Die
ihr Nest zwischen den Sternen bauen …:" J.A. Loader, H.V. Kieweler (Hg.), Vielseitigkeit des
Alten Testaments. FS G. Sauer, 1999, 281–316; L. Ruppert, FzB 106, 2005, 70 ff; A. Meinhold,
BK XIV/8, 2006, 19 f.44 f (Lit.).

[6] Gen 25, 21 ff bzw. Dtn 23, 8; Mal 1, 2; auch Num 20, 14. Die sich in verschiedenen Zeugnissen
spiegelnde Tradition scheint in frühe Zeit zurückzugehen; vgl. auch den Gebirgs- oder Landes-
namen Seir (Gen 33, 14 ff; Ri 5, 4 u. a.), dann Wohnort der Edomiter (Gen 32, 4).

[7] Vgl. oben zu Kap. 48. Anders als die Götter Ammons und Moabs wird die Gottheit der Edomiter Qaus im Alten Testament nur in Eigennamen erwähnt; vgl. das Vorwort Abs. 2 mit
Anm. 24.

[8] 1 Kön 11, 14 ff.25; 2 Kön 8, 22; 16, 6.

nächst selbst nicht betroffen – nutzten wohl schon die schwere Beeinträchtigung 598/7 zur Ausdehnung des Gebiets, erst recht Judas Katastrophe 587/6 v. Chr. aus. Beteiligten sie sich bereits an der Belagerung Jerusalems? Auch Flüchtlinge behandelten sie unangemessen.[9] Um diese Zeit oder bald darauf drang Edom in den Süden Judas ein, nahm große Teile in Besitz.[10] Wegen solcher Erfahrungen waren bei zuvor empfundener Nähe die Verbitterung und Ablehnung um so schärfer.[11]

V 7–11 Kern und Ausgangspunkt
    Nach Überschrift und Botenformel Gottesrede in 1.Ps. (ohne V 9)
    V 7 (Rhetorische) Frage, erstaunt
    V 8 Aufforderung zur Flucht
        Begründung durch Gottes (Unheils-)Wirken (vgl. 4, 5 f; 6, 1; I, 15 Anm. 101)
            zum „Tag der Heimsuchung" 6, 15; 8, 12; bes. 46, 21
        Anrede wie V 9. 11 f. 15 f
    V 9 f Entfaltung von Gottes Ich-Rede (V 8b): V 9 bildhaft. V 10 sachlich
        V 9 vgl. zum Winzer 6, 9; Dieb 2, 26
        V 10 Zum Aufspüren aus Schlupfwinkeln, Versteck V 16; 48, 1. 7
        wie zuvor gegenüber Israel 16, 16 f
        V 9. 10a vgl. Obd 5–6
    V 11 Aufforderung. Besondere Rücksicht auf Waisen und Witwen
V 12 f Prosa-Erweiterung im Anschluss an 25, 15 ff, bes. V 18 ff. 28 f; vgl. 51, 7
    V 13 vgl. V 17
V 14–16 vgl. (einschließlich V 7aα) Obd 1–4
    V 14 Ich-Rede des Propheten. Offenbarungs- bzw. Botschaftsempfang.
        Gott in 3.Ps.
        Aufruf zum Kampf
    V 15 f Ich-Rede Gottes
        Verachtet unter Menschen; vgl. Ps 22, 7; Jes 53, 2
    V 16 vgl. Am 9, 2; Ps 139, 8; o. zu V 10
Wie V 12 f sind V 17 ff wohl redaktionelle Ergänzungen:
V 17 f Prosa aus anderem Zusammenhang 50, 13; vgl. 19, 8
    V 18: Wie Gott Sodom und Gomorrha „umgekehrt" hat 50, 40; Am 4, 11;
    Jes 13, 19 u. a.[12]
    Unbewohnbar; vgl. 49, 33
V 19–21 poetisch wie die Parallele 50, 44–46; vgl. 2, 15; 4, 7; auch 25, 38
    V 19 Bild vom Löwen

---

[9] Obd 11. 13 f; Ps 137, 7; Ez 25, 12; 35, 15; Joel 4, 19. Zwar bezieht Jeremia Edom in die Zukunftsansage (27, 3. 11) ein; jedoch scheint die vermutlich geplante Koalition – zumindest für Edom – zunächst keine wesentlichen Folgen zu haben.

[10] Vielleicht zogen die Edomiter schon aus der 598 v. Chr. entstandenen Schwäche Vorteile; vgl. 2 Kön 24, 2. Bietet Jer 13, 19 ein Zeugnis? Judas Grenze verlief (seit 598 oder 587/6 v. Chr.) südlich Bethlehem, bezog schon Hebron nicht mehr ein (A. Alt; vgl. zu 41, 17 Anm. 47).

[11] Ez 25, 12 ff; 35, 5 f. 10 ff; Jes 34; Am 1, 11 f; Joel 4, 19; Obd 10–16; Mal 1, 2–5; Ps 137, 7 ff; Klgl 4, 21 f.

[12] Eine (zum Vergleich) in Varianten mehrfach wiederkehrende Wendung; vgl. THAT I, 161; ThWAT II, 458.

V 20 Auflösung des Bildes: Jahwes Entschluss
V 21 Die Kunde von Edoms Fall reicht weltweit und bis zum Schilfmeer[13]
V 22 Vgl. 48, 40 f. Wechsel zum Bild vom Adler bzw. Geier
          Hos 8, 1; Jer 4, 13; Ez 17, 3. 7 u. a.

Ein Kern, der allerdings schwer eindeutig (V 7–11. 14–16) abgrenzbar bleibt,
ist wohl alt und wird auf Jeremia zurückgehen. „Haß und Schadenfreude"
fehlen, und das Unheil wird „nicht als Strafe für gegenüber Israel begangenes
Unrecht beurteilt"[14]. Die Worte ab V 9 gestaltet Obadja später aus.[15]
    Die Frage äußert Zweifel, ob die berühmte *Weisheit* Edoms[16] bzw. Temans[17]
noch gegeben ist. Eine Zustimmung zu der Kritik wird erwartet: Weisheit,
die in der politischen Situation Entscheidungen lenkt, wird bestritten. Die
Aufforderung mit Begründung V 8, die in der Struktur der an Israel (4, 5 f;
6, 1) ergehenden Botschaft ähnelt, bringt zum Ausdruck, was in der Bedrängnis angebracht ist oder lebensrettend wäre.[18]
    Früher war für Edom bei Einsicht eine freiwillige Unterwerfung (27, 3. 11)
möglich, jetzt ist es zu spät; die Situation ist weiter fortgeschritten, so verschärft. Nur Flucht (wie 4, 5 f u. a.) kann helfen. Die – hintergründige –
Begründung besteht aber nicht nur in der Erkenntnis der Situation, sondern wie schon gegenüber Juda und Nachbarvölkern bei jener Symbolhandlung (27, 11) in Jahwes Vorhaben. Beides, realistische Sicht der Lage und Gottes Absicht, bilden für den Propheten keine Gegensätze, liegen vielmehr
ineinander, sind zugleich gegeben: Gottes Wille führt in diese Situation, gibt
auch Anweisung, in ihr zu überleben.
    Ist V 11 als spöttisch-ironische Verschärfung der Unheilsansage zu deuten,
so dass die Gesamtbevölkerung vom Untergang erfasst wird? Eher wird zwischen der männlichen und der nicht Krieg führenden, von ihm aber hart betroffenen, leidenden Bevölkerung unterschieden.[19] Witwen und Waisen, die
des männlichen Schutzes beraubt sind, wird fürsorgliche Annahme[20] zuteil.
Ist hier nicht nach der Aufforderung zur Lebensrettung (V 8) und *nach* dem

---

[13] Der im Parallelismus zu „Erde" auffällige Name enthält wohl eine Anspielung auf den Ort
der Errettung (Ex 15, 4. 22, Neh 9, 9 ff; Ps 136, 13 ff u. a.).
    [14] Vgl. das Vorwort Anm. 22.
    [15] Zumal die Ergänzungen legen nahe, dass der bei Obadja erhaltene Text die jüngere Fassung
bildet. Ändert sie eine schriftliche Vorlage ab (A. Meinhold, in: VWG Th 10, 1996, 70–86; J. Jeremias, ATD 24/3, 2007, 63 f)? Neben ihr ist allerdings auch (vgl. Jer 26, 17 f; I, 29. 162 ff) mündliche Überlieferung möglich (H.W. Wolff, BK XIV/3, ²1991, 20 f; B. Huwyler, Völker 208 ff).
    [16] Bekannt für Weisheit sind die „Söhne des Ostens" (1 Kön 5, 10; vgl. Spr 30, 1; 31, 1; Hi 2, 11;
15,[1.]18; Obd 7 f), zu denen im weiteren Sinn auch Hiob (1, 1) gehört. Vgl. auch I,14 ff.
    [17] V 7. 20; als Enkel Esaus, ein Ort oder eine Gegend in Edom (Gen 36, 11. 15. 42; Obd 9;
Am 1, 12; auch Hab 3, 3).
    [18] Vgl. das Vorwort zu Anm. 19–20.
    [19] Vgl. 18, 21. Nach 49, 26 (vgl. 50, 30) fallen nur die jungen Männer, die Kriegsleute. Umge-
kehrt ergeht die Klage durch die Frauen 38, 22 ff; auch 9, 16 ff mit V 20. Vgl. noch das Vorwort
Anm. 18.
    [20] Vgl. 7, 6; 22, 3; Ex 22, 21; Dtn 24, 17 ff; 27, 19; Spr 15, 25; 23, 10 f u. a. „Ein Vater der Waisen
und ein Anwalt der Witwen ist Gott" (Ps 68, 6; vgl. 146, 9 u. a.).

erfahrenen Gericht, dem man trotz Angebot nicht entkommt[21], ein Ende des Krieges im Blick, so eine Bewahrung derer, die eben nicht aktiv, sondern nur passiv beteiligt waren, denkbar?

Anschließend (V 14–16) werden die Völker zum Kampf aufgerufen. Edoms Hochmut ist „Grund für die Bestrafung; es wird klein, weil es sich selbst als groß und mächtig hingestellt hat". So werden die Verhältnisse umgekehrt.[22] Die Prosa-Zusätze (V 12 f.17 f) bekräftigen die Aussage und malen den Untergang aus.

Erinnern V 19. 22 mit ihrer bildhaften Sprache nicht an Jeremia? Allerdings passt die (V 21 beschriebene) hier auffällige Folge des Untergangs „die Erde erschüttert" weit besser zu dem gegen die Weltmacht Babel (50, 46) gerichteten Parallelwort. Sollte die Darstellung dort älter sein, kann sie nicht von Jeremia stammen. – Später wurde, wie V 13. 17. 22 nahelegen, Edom mit der Hauptstadt Bosra – vielleicht noch durch die Babylonier – selbst vom Kriegsgeschehen erfasst und wohl zerstört.[23]

---

[21] V 10b. Der Prosazusatz V 12 f und der poetische Teil V 14 ff setzen neu ein.

[22] J. Schreiner 252. Aus den Hochmütigen werden „Geringe und Verachtete" (B. Huwyler, Völker 217). Vgl. Jer 13, 15 ff, bes. V 18; auch das Vorwort zu Anm. 27.

[23] Vgl. Mal 1, 3 f; Joel 4, 19; Jes 63, 5; dazu A. Meinhold, BK XIV/8, 47. Nach Jer 49, 10 sind auch Nachbarn (vgl. V 8; 25, 23 f) betroffen.

Damaskus
Jer 49, 23–27

23 Über Damaskus. Zuschanden geworden ist Hamat und Arpad,
da sie eine böse Nachricht gehört haben, sind sie verzagt.
Besorgnis (herrscht wie) im Meer – es kann nicht ruhen.
24 Ermattet ist Damaskus, hat sich umgewandt, um zu fliehen,
Schrecken hat es gepackt.
– Not mit Wehen hat es ergriffen wie eine Gebärende –.[1]
25 Wie ist nicht[2] verlassen die Stadt des Ruhms, die Stätte meiner Freude!
26 Darum[3] fallen auf ihren Plätzen ihre jungen Männer,
und alle Kriegsleute kommen um an jenem Tag – Spruch Jahwe Zebaoths.
27 Ich lege Feuer an die Mauern von Damaskus,
und es verzehrt die Paläste Ben-Hadads.

Das (neben 49, 1-6) knappste Wort der Völkersprüche enthält wegen der Textparallelen kaum Spezifisch-Individuelles und bleibt auch in der Interpretation schwierig.

V 23 Nach Überschrift
V 23b Bildhafter Vergleich wie Jes 57, 20
V 24 Flucht aus Schrecken
V 24b vielleicht zugesetzter bildhafter Vergleich wie 6, 24 u. a.
    „Kunde vernommen", „Hände schlaff", „Not wie Gebärende" wie 6, 23 f
V 25 Qina. Totenklage[4]
V 26 Gerichtsansage mit Kriegsszene wie 50, 30; auch 9, 20
V 27 In Ich-Rede Gottes wohl Aufnahme von Am 1, 4. 14;
    vgl. Jer 17, 27; 21, 14; 50, 32

Die aramäischen Stadtstaaten waren vor Israel von den Machtausweitungen mesopotamischer Großreiche betroffen. Hamat[5] und Arpad, in Nordsyrien

---

[1] Der in Gedankenstriche gesetzte, in der LXX fehlende Satzteil trägt vielleicht ein mehrfach wiederkehrendes, geläufiges Motiv nach; vgl. Jes 13, 8; Jer 6, 24; 13, 21; 22, 23; 50, 43; auch 48, 41; 49, 22.

[2] Die stark umstrittene, vielfach geänderte Negation müsste hier sinngemäß eine Verstärkung bedeuten. Zu dem durch den Namen der Stadt ausgedrückten Gegensatz vgl. etwa Jes 1, 21; auch Jer 48, 2 „Moabs Ruhm".

[3] Nach V 25 eher: „Fürwahr"; vgl. 5, 2; HAL 504a.

[4] Vgl. I, 210; auch 14. 288 f.

[5] Im Land Hamat sprach Nebukadnezzar das Urteil über Zedekia (52, 9; 2 Kön 25, 6; auch 23, 33), gemeinsam mit Arpad auch Jes 10, 9 u. a. genannt.

gelegen, wurden noch vor Damaskus[6] erfasst, so dass sich die Kunde von dort ausbreitet. Der wiederum ungenannte Feind rückt heran: Bestürzung und Angst – verglichen mit der sprichwörtlichen Not der Gebärenden – bewegen zur Flucht. So wirkt die Stadt verlassen. Sucht man für die wechselnden Aussagen einen Zusammenhang, wird man V 24 f auf einen (nicht kämpfenden) Bevölkerungsteil beziehen, dem die Flucht nicht gelungen ist, während die Kriegsmänner fallen. In dem Geschehen, das Israel nicht unmittelbar betrifft, wirkt (V 27) verborgen wieder Jahwe.

---

[6] Es wird nicht im (älteren) Zusammenhang 27, 3, auch nicht in der (späteren) Becher-Perikope 25, 15 ff genannt.

Kedar
Jer 49, 28–33

28 Über Kedar und die Königreiche von Hazor[1], die Nebukadnezzar,
der König von Babel, schlug.
So spricht Jahwe:
Auf, rückt heran gegen Kedar[2] und überwältigt die Söhne des Ostens!
29 Ihre Zelte und ihre Schafe nehmen sie weg, ihre Zeltdecken
und all ihre Geräte,
ihre Kamele holen sie sich und rufen über sie aus „Grauen ringsum!"
30 Flieht, flüchtet mit aller Kraft, verkriecht euch tief[3],
Bewohner von Hazor – Spruch Jahwes;
denn gegen euch hat Nebukadnezzar, der König von Babel,
einen Beschluss gefasst
und einen Plan gegen ‚euch' geschmiedet.
31 Auf, rückt heran gegen ein sorgloses Volk, das in Sicherheit wohnt! –
Spruch Jahwes.
Es hat weder Tore noch Riegel. Sie wohnen allein.
32 Ihre Kamele sollen zum Raub
und die Menge ihrer Herden zur Beute werden.
Ich verstreue sie in alle Winde, die mit gestutztem Haar.[4]
Von allen ‚Seiten' bringe ich Unheil über sie – Spruch Jahwes.
33 Hazor wird zur Heimstatt der Schakale werden, zur Öde auf immer.
Niemand wird dort wohnen; kein Mensch wird sich darin aufhalten.

Zwei parallel aufgebaute, thematisch zusammengehörige, inhaltlich ähnliche
Abschnitte bzw. Strophen, die jeweils als „Spruch Jahwes" (V 30 f) bestimmt
sind, sind einander zugeordnet; sie gelten arabischen Stämmen, Kedar (I.)
bzw. Hazor (II.).

---

[1] Hazor meint hier nicht die bekannte Stadt (1 Kön 9, 15 u. a.), sondern „nichtbefestigte (vgl.
V 31b), aus Gehöften oder Zelten bestehende Siedlungen, die von halbansässigen Arabern bewohnt waren (Jes 42, 11)" – im Unterschied zu Beduinen (G. Wanke 428 im Anschluss an W. Rudolph 294; vgl. HAL 329; ThWAT III, 140 ff). „Königreich" (V 28) umfasst dann den Herr-
schaftsbereich eines Stammes. – Die LXX (30, 23) gibt wieder: „Kedar, der Königin des Hofes /
Palastes" (entsprechend V 30. 33 bzw. V 8. 10 „Palast"), wendet sich also nur an *einen* Adressaten.
[2] Kedar, schon im Aufruf zum Vergleich 2, 10 genannt, ist ein Stamm in der östlichen Wüste.
Vgl. Gen 25, 13; Jes 21, 16 f; 42, 11; 60, 7; Ez 27, 21; Ps 120, 5; Hld 1, 5.
[3] „In der Tiefe wohnen = sich verstecken" (HAL 801b).
[4] Vgl. Jer 9, 25 (I, 214 Anm. 71); auch 25, 23; vgl. ThWAT VI, 493.

I. V 28 Nach der Überschrift und Botenformel
Aufforderung zum Kampf an ein ungenanntes Volk
V 29 Unheilsansage
V 30 Aufforderung zu fliehen und sich zu verbergen (vgl. 4, 6; 48, 6; 49, 8 u. a.)
      V 30b (wohl prosaischer Zusatz mit V 28) –
      Zwischenstück zwischen beiden Strophen
II. V 31 Aufforderung zum Kampf wiederum an ein ungenanntes Volk;
      vgl. Ez 38, 11 f
      Zur Sorglosigkeit vgl. 49, 4; vielleicht 48, 11
V 32 Unheilsansage in Gottes Ich-Rede
      Vgl. den Namen von Jesajas Sohn (8, 3) „Eilebeute – Raschraub"
V 33 vgl. 9, 10; auch 10, 22
      Wüste menschenleer.[5] Nur Wohnstatt von Schakalen[6]

Die lebhafte Darstellung, etwa mit dem Aufruf zur Flucht, erinnert an Jeremia; eine Doppelstruktur begegnet bei ihm mehrfach.[7] „Grauen ringsum", ein thematisches Stichwort[8], deutet das von allen Seiten hereinbrechende Unheil an, wie es auch V 32 (vgl. 49, 5) beschreibt.

Die „*Söhne* des *Ostens*" oder Ostleute, Stämme der arabischen Wüste, sind bekannt für ihre Weisheit[9], im weiteren Sinn gehört Hiob (1, 1. 3) zu ihnen.

Das Wort deutet die Lebensumstände an – mit Zelten[10], Schafen und Ziegen sowie Kamelen als Tragtieren für Mensch und Güter, für den weit reichenden Handel (Gen 24, 10 f. 63 f u. a.). Die zerstörerischen Kriegsgeschehnisse rauben ihnen die Grundlagen ihrer Lebensweise und – durch Vertreibung – ihren Lebensraum.

Im poetischen Teil des Spruchs werden zwar die Betroffenen, aber – wie durchweg – nicht das Feindvolk genannt.

Vermutlich gehören V 28 und 30b zusammen und identifizieren – sachgemäß – den in den Völkersprüchen selbst zumeist nicht genannten anrückenden Feind.[11]

Die als Gotteswort angesagte Unheilsankündigung für die Stämme wird durch diese Angaben näher bestimmt; V 28 weiß von einem Zug Nebukadnezzars gegen diese Stämme.[12] Im Verborgenen lenkt wieder Jahwe das Geschehen (V 32), lässt es ansagen und fordert dazu auf, sich auf es einzustellen: „Flieht!"

---

[5] Vgl. V 18; im Vorwort Anm. 14.

[6] Vgl. Jes 13, 22; 34, 13; 35, 7; Jer 14, 6; 51, 37 u. a.; auf Dauer: vgl. 49, 13; 51, 26 u. a.

[7] Jer 1, 11 ff; 2, 10 ff; auch 23, 13 f u. a.; zu 21, 11 ff Anm. 48. 72.

[8] Seit der Frühzeit: 6, 25; 20, 3. 10; 46, 5; dazu I,171 (Anm. 97).332, bes. 337.

[9] Vgl. Gen 25, 6; 1 Kön 5, 10; Spr 30, 1; auch zu Edom (49, 7 ff) Anm. 16. In der Richterzeit (Ri 6, 3. 33; 7, 12; 8, 10) drangen sie in das Westjordanland ein; vgl. Jes 11, 14. Nach Ez 25, 4. 10 sollen sie Ammon bedrohen. Vgl. O. Eißfeldt, KS III, 1966, 297 f; H.P. Müller, TRE 3, 1978, 573.

[10] Vgl. Jer 10, 20 (dazu I,223 Anm. 61); 35, 7. 10.

[11] Anders in Überschriften 46, 2. 13; 47, 1; 49, 34.

[12] Die Babylonische Chronik belegt (für das Jahr 599/8 v. Chr.) einen Zug Nebukadnezzars: „Der König von Akkad bot seine Truppen auf"; „sie zogen in die Wüste hinein und raubten den Besitz, das Vieh und die Götter der zahlreichen Araber" (HTAT 416 f; vgl. TGI² 74; ANET 564).

Elam
Jer 49, 34–39

34 Was als Wort Jahwes an den Propheten Jeremia über Elam erging
zu Anfang der Regierung Zedekias, des Königs von Juda.
35 So spricht Jahwe Zebaoth:
„Siehe, ich zerbreche Elams Bogen, das Beste[1] ihrer Stärke.
36 Ich lasse über Elam vier Winde kommen
von den vier Enden des Himmels,
und ich zerstreue sie in alle diese Winde,
und kein Volk wird es geben,
zu dem nicht Versprengte aus ‚Elam'[2] kommen.
37 Ich jage den Elamitern Schrecken vor ihren Feinden ein
und vor denen, die ihnen nach ihrem Leben trachten,
und ich bringe Unheil über sie, die Glut meines Zorns – Spruch Jahwes.
Ich sende das Schwert hinter ihnen her, bis ich sie vernichte.
38 Und ich stelle meinen Thron in Elam auf
und rotte dort aus König und Beamte" – Spruch Jahwes.
39 Und es wird sein in künftigen Tagen[3] da wende ich das Geschick Elams –
Spruch Jahwes.

Der Spruch, der die Reihe von Jer 46–49 beendet, bezieht sich auf ein Land
östlich von Babylon, grob nördlich des Persischen Golfes, weitab, so dass
kaum engere Beziehungen bestanden. Immerhin wird es im Alten Testament
mehrfach[4] erwähnt. Gen 10, 22 vor Assur genannt, wurde die Macht des Reiches Elam durch Assur nach 650 v. Chr. gebrochen. Gehören Elamiter zu assyrischen Hilfstruppen (Jes 22, 6)? „Elams Bogen, das Beste ihrer Stärke"
(V 35) spielt auf ihre Fähigkeit an: Elamitische Bogenschützen galten „als besonders tüchtig"[5].

---

[1] Das Erste / Wesentliche ihrer, d. h. sinngemäß: seiner Kraft.
[2] So der zu lesende hebräische Text (Qere). Kann der geschriebene Text (Ketib) „auf Dauer /
ewig Versprengte" in Aufnahme der universalen Aussage von V 36a in späterem Sprachgebrauch
auch „Versprengte (aus) der Welt" bedeuten?
[3] Möglich auch: „am Ende der Tage". Allerdings ist an eine Zeit wohl nach der Gegenwart,
aber kaum jenseits der Geschichte gedacht.
[4] Gen 10, 22; 14, 1. 9; Jes 11, 11; 21, 2; 22, 6; Jer 25, 25; Ez 32, 24 f; Esr 4, 9 (Elamiter als zwangsweise Angesiedelte in Samaria); Apg 2, 9. Vgl. H. Wildberger, BK X/2, 1978. ²1989, 772 ff.818 f;
S. Herrmann, Elam und Israel: TRE 9, 1982, 491–493; M. Görg, NBL I, 1991, 508–510.
[5] H. Wildberger (o. Anm. 4) 819 zu Jes 22, 6.

Elams Hauptstadt Susa wurde – nach babylonischer und medischer Zwischenzeit – im 6. Jahrhundert Zentrum des persischen Großreichs.[6] Steht der Name Elam stellvertretend für diesen Nachfolger, ist Deckmantel für Persien? Eher hat man bei der Gleichsetzung zu unterscheiden: Die Unheilsankündigung richtet sich auf Elam, dessen politische Bedeutung in der 2. Hälfte des 7. Jh. zurücktrat, während – im gleichen Lebensraum – die abschließende Heilsansage Persien gilt; es erfuhr die Wiedererstarkung des Landes.

Dieser Spruch gegen Elam wird in der LXX doppelt bevorzugt:
    a) Er steht zu Anfang der Völkerreihe. Diese Voranstellung entspricht wohl dem Gewicht der mit „Elam" bezeichneten Macht zu dieser Zeit.
    b) Das abschließende Heilswort (49,39) lautet bei den beiden ostjordanischen Ländern (48,47a; 49,6) ähnlich und ist mit ihnen (wohl auch in der Entstehung) verbunden,[7] in der LXX aber nur hier bewahrt.
    Gehören beide Phänomene zusammen: Bezieht sich – nach Zerstörung und Zerstreuung – die Ankündigung der „Wiederherstellung" (49,39) auf die persische Großmacht? Vermutlich aus diesem Grund eröffnet der Spruch in der LXX die Reihe.

Die Erwartung, dass Gott Waffen zerbricht, ist im AT breiter gestreut.[8] Bedarf es eines Aufrufs zum Kampf nicht mehr? Er fehlt in dieser Sprucheinheit. Deutet sich im Schlussvers ein weniger kriegerisches, – im Vergleich mit der Vorherrschaft anderer altorientalischer Großmächten – eher friedvoll-erträgliches Leben unter persischer Herrschaft an?

Das Wort hat eine recht strenge Form, ist dabei auffällig durch Gottes Ich-Rede geprägt:

V 34 Überschrift, ähnlich 46,1; 47,1; auch 28,1[9]
V 35–38 Unheilsankündigung als Gottesrede
         Von Elam in 3.Ps.
         V 37b wie 9,15
V 39 Heilsankündigung – wiederum mit Gottes „Ich": Schicksalswende, Wiederherstellung durch Gottes Tat

Gab es für die Angabe „zu Anfang der Regierung Zedekias" (597 v. Chr.) einen Anlass? Immerhin ist eine auf Elam bezogene Hintergrundsituation möglich.[10] Der Unsicherheit in der Chronologie steht mit der Errichtung des

---

[6] Vgl. Neh 1,1; Est 1; Dan 8,2; neben Ekbatana Esr 6,2. Der Osten Elams wurde „persisches ‚Stammland'"(Christian, RLA II, 1938, 324–353, bes. 337).

[7] Vgl. das Vorwort, Abs.4.

[8] Vom eigenen Volk, dem Nordreich: „Ich zerbreche Israels Bogen"(Hos 1,5; vgl. 2,20; Sach 9,10; Ps 46,10 u.a.).

[9] Vgl. zur Form o.S. 258 Anm. 1 zu Jer 14,1. Die Zeitangaben bilden wohl einen Zusammenhang; vgl. das Vorwort.

[10] Die Babylonische Chronik deutet auf einen Einfall und den Rückzug des Königs von Elam im Jahre 596/5 hin (HTAT 406. 417 mit Anm. 100).

Throns Jahwes die Gewissheit des Bekenntnisses gegenüber: Gottes Herrschaft ist weltweit.[11]

Das Gericht gewinnt kosmische Ausmaße: Von den Enden der Erde, „von
vier Richtungen *her* blasen die Winde, gegen vier Richtungen *hin* werden die
Elamiter zerstreut"[12].

Ob das Wort mit Jeremia verbunden ist, bleibt ungewiss.[13] Allerdings
nimmt es eine Grundeinsicht Jeremias auf: Jahwe wirkt auch durch ein
Fremdvolk oder kann so seine Herrschaft aufrichten.

Bietet nicht noch das Neue Testament ein Zeugnis für die in alle Winde
Zerstreuten? Die Erzählung vom Pfingstwunder nennt (Apg 2, 9) auch die
Elamiter und enthält in der Einheit des Geistes zugleich eine Hoffnung gegen
die Vielfalt der Sprachen.

---

[11] „Hier erscheint Jahwe selbst als der Kriegsherr, der seinen Thron in Elam aufrichtet, wie ein
siegreicher Feldherr sein Hauptquartier im Feindesland aufschlägt und dort über die Besiegten
Gericht hält (vgl. 1, 15; 43, 10)." Das Bild dient dazu, „die überlegene Macht Jahwes" herauszustellen (A. Weiser 418). Vgl. Ps 89, 45; 103, 19; Jes 66, 1; Luk 1, 52 u. a.; auch, von Gott eingesetzt,
durch Nebukadnezzar Jer 43, 10.

[12] B. Huwyler, Völker 260. Vgl. Sach 2, 10; 6, 5; Ez 37, 9; Dan 8, 8; 11, 4.

[13] Ist V 37b wegen der Aufnahme von 9, 15 als Nachtrag literarkritisch auszugrenzen? Oder
greift der – jüngere – Spruch gegen Elam ein Jeremiawort auf?

Babel
Jer 50 f.[1]

50,1 Das Wort, das Jahwe über Babel, das Land der Chaldäer, geredet hat
durch den Propheten Jeremia.
2 Verkündet unter den Völkern und lasst hören,
richtet ein Signal[2] auf, lasst hören,
verschweigt nicht und sagt:
„Eingenommen ist Babel, beschämt ist Bel, zerbrochen Merodach (Marduk),
– beschämt sind seine Götzenbilder, zerbrochen seine Götter[3] –!"
3 Denn eine Nation aus dem Norden rückt gegen es heran;
sie macht sein Land zur Wüste,
so dass niemand in ihm wohnen wird,
vom Menschen bis zum Tier.
– Geflohen sind sie und weggegangen.[4]
4 In jenen Tagen und zu jener Zeit – Spruch Jahwes –
werden die Israeliten kommen, sie und die Judäer gemeinsam.
Weinend werden sie einhergehen
und Jahwe, ihren Gott, suchen.
5 Nach Zion fragen sie,
ihr Angesicht (richten sie) auf den Weg hierher.
Kommt, ‚lasst uns' Jahwe anschließen –
ein ewiger Bund[5], der nicht vergessen wird!
6 Eine Herde, die verloren geht[6], war mein Volk;
ihre Hirten führten sie in die Irre, auf Bergen, die abtrünnig machen.
Von Berg zu Hügel zogen sie,
vergaßen ihren Lagerplatz.

---

[1] Vergl. U. Sals (s.zu Jer 25 Anm. 12); M. Köszeghy, Der Streit um Babel in den Büchern Jesaja und Jeremia: BWANT 173, 2007.

[2] Zu der – in der LXX nicht bezeugten – Aufrichtung einer Signalstange bzw. des Feldzeichens für die Richtungsangabe vgl. Jer 4, 6. 21; 51, 12. 27; Jes 13, 2; 18, 3.

[3] Der dem Gedankenstrich folgende letzte Versteil, der in der LXX fehlt, ist wohl zugesetzt. Gab außer Jes 21, 9 auch Jes 46, 1 mit den Götternamen „Bel" (eigentlich „Herr"), „Marduk" und dem entsprechenden Wort „Götzenbild" (auch Jes 10, 11 u.a.) die Anregung? Ohne die Ergänzung ist der Heroldsruf (ähnlich Jer 48, 20; vgl. 31, 10; I,15 Anm. 100) kürzer. Zu der Form „Merodach" (statt Marduk) vgl. den Eigennamen Jes 39, 1.

[4] Der nach dem Gedankenstrich abschließende, erläuternde Versteil, der in der LXX fehlt, ist aus 9, 9 entlehnt und kann später eingefügt sein.

[5] Fehlt V 5b die Präposition mit Absicht: Kann sich der Mensch nicht von sich aus in den „ewigen Bund" begeben?

[6] Oder: „sich verläuft"; vgl. Dtn 26, 5.

7 Alle, die sie fanden, haben sie gefressen,
und ihre Bedränger sagten: „Wir machen uns nicht schuldig;
sie haben nämlich gegen Jahwe gesündigt,
die Aue der Gerechtigkeit und die Hoffnung ihrer Väter, Jahwe."
8 Flieht aus Babels Mitte
und aus dem Land der Chaldäer ‚zieht aus‘,
und seid wie die Leitböcke[7] vor der Herde;
9 denn, siehe, ich erwecke und führe herauf gegen Babel
eine Schar großer Völker aus dem Nordland.
Sie rüsten gegen es,
von dort her wird es eingenommen.
Seine Pfeile sind wie ein ‚erfolgreicher‘ Held[8];
er kehrt nicht leer zurück.
10 Und Chaldäa wird zum Raub;
alle, die es berauben, werden satt – Spruch Jahwes.
11 Ja, freut euch nur, ja, jubelt,
die ihr mein Erbe plündert,
ja, hüpft nur wie ein Kalb ‚im Grünen‘,
und wiehert[9] wie Starke.
12 Tief in Schande kommt eure Mutter,
beschämt wird, die euch gebar.
Siehe, das Ende der Völker[10]:
eine Wüste, ein dürres Land, eine Steppe!
13 Wegen Jahwes Zorns bleibt es unbewohnt
und wird gänzlich zur Öde werden.
Jeder, der an Babel vorübergeht, entsetzt sich,
pfeift wegen all seiner (empfangenen) Schläge.
14 Rüstet ringsum gegen Babel, alle Bogenschützen,
schießt auf es, spart die Pfeile nicht;
– denn gegen Jahwe hat es gesündigt[11] –.
15 Erhebt ringsum gegen es das Kriegsgeschrei!
Es gibt seine Hand[12], seine Pfeiler liegen gestürzt,
eingerissen seine Mauern.
Denn Jahwe Rache ist es, rächt euch an ihm,
wie es getan, tut ihm.

---

[7] Vgl. HAL 854b.

[8] Der direkte Vergleich wird oft als Abkürzung verstanden: „wie die eines erfolgreichen (HAL 1238. 1383) Helden".

[9] Vgl. 5, 8.

[10] Möglich wohl auch: das letzte unter den Völkern.

[11] Der Begründungssatz, der den Zusammenhang unterbricht und in der LXX fehlt, ist wohl sekundär.

[12] D. h.: Es ergibt sich.

16 Vertilgt aus Babel den Sämann und den, der die Sichel hält zur Erntezeit.
Vor dem gewalttätigen Schwert[13] wendet sich jeder zu seinem Volk,
  und jeder flieht in sein Land.
17 Ein versprengtes Schaf ist Israel,
Löwinnen trieben es auseinander.
Als erster fraß es der König von Assur,
und dieser hat als letzter seine Knochen abgenagt: Nebukadnezzar,
  der König von Babel.
18 Darum, so spricht Jahwe Zebaoth, der Gott Israels:
Siehe, ich suche heim am König von Babel und an seinem Land,
wie ich am König von Assur heimgesucht habe.
19 Ich werde zurückführen Israel zu seiner Aue,
und es wird weiden auf dem Karmel und in Baschan[14],
im Gebirge Ephraim und in Gilead wird es sich sättigen.
20 In jenen Tagen und in jener Zeit – Spruch Jahwes –
wird gesucht nach der Schuld Israels, aber sie ist nicht mehr da,
und die Sünden Judas, sie werden nicht mehr gefunden;
denn ich vergebe dem, den ich übriglasse.
21 Gegen das Land Meratajim[15] zieh hinauf
  und gegen die Bewohner von Pekod[16]!
Stich zu, banne, hinter ihnen her – Spruch Gottes –
und tu ganz, wie ich dir befohlen habe.
22 Kriegslärm im Land und schwerer Zusammenbruch!
23 Wie ist zerschlagen und zerbrochen der Hammer der ganzen Erde!
Wie ist zum Entsetzen geworden Babel unter den Völkern!
24 Ich habe dir eine Falle gestellt,
du wurdest auch gefangen, Babel,
aber du merktest es nicht.
Du wurdest gefunden und ergriffen;
Denn mit Jahwe hast du dich messen[17] wollen.
25 Geöffnet hat Jahwe seinen Schatz,
er führte die Werkzeuge seines Zorns[18] heraus;
denn Arbeit (wartet) auf den Herrn Jahwe Zebaoth im Land der Chaldäer.

---

[13] Vgl. o. zu 46, 16.

[14] Karmel wie Baschan / Basan sind waldreich (Jes 33, 9; Nah 1, 4; vgl. zu Jer 22, 20 Anm. 44).

[15] Der Name, im Hebräischen mit der Bedeutung „zweifache Widerspenstigkeit", klingt an den Namen einer Lagune im Mündungsgebiet von Euphrat und Tigris an (W. Rudolph 303; HAL 604a). „Ein widerspenstiges Herz" beklagt Jeremia (5, 23: vgl. 4, 18) bei seinem eigenen Volk; Ezechiel (2, 5 ff) nennt es „Haus Widerspenstigkeit".

[16] Der Name eines aramäischen Stammes im Osten Babylons vertritt hier die Gesamtbevölkerung und ist vermutlich wegen des Anklangs an pqd „heimsuchen" (50, 18. 31 u. a.) gewählt (W. Rudolph 303; HAL 903a).

[17] Wörtlicher: „Dich in Streit einlassen" (HAL 194; vgl. 1555).

[18] Mit den Waffen aus dem Schatz- bzw. Zeughaus sind die Völker gemeint.

26 Kommt über es vom Ende her, öffnet seine Speicher,
schüttet es auf wie Getreidehaufen und bannt es,
lasst von ihm keinen Rest!
27 Stecht alle seine Jungstiere[19] ab, sie sollen niedersinken zur Schlachtung!
Wehe ihnen, denn ihr Tag ist gekommen, die Zeit ihrer Heimsuchung.
28 Horch, Flüchtende und Entronnene aus dem Land Babel,
um zu verkünden in Zion die Rache[20] Jahwes, unseres Gottes,
    die Rache für seinen Tempel.
29 Bietet gegen Babel Schützen[21] auf, die Bogenspanner alle!
Belagert es ringsum, lasst ihm keinen entkommen!
Vergeltet ihm nach seinem Tun, ganz wie es getan, tut ihm!
Denn gegen Jahwe hat es sich erfrecht, gegen den Heiligen Israels.
30 Darum fallen seine Jungmannen auf seinen Plätzen.
Und alle seine Kriegsleute werden umkommen an jenem Tag – Spruch Jahwes.
31 Siehe, ich wende mich gegen dich, du Vermessenheit[22] – Spruch des Herrn,
    Jahwe Zebaoths;
denn gekommen ist dein Tag, die Zeit, an dem ich dich heimsuche.
32 Dann wird Vermessenheit straucheln und fallen,
niemand wird sie aufrichten.
Ich werde ein Feuer anzünden in ihren Städten,
es wird verzehren alle ihre Umgebung.
33 So spricht Jahwe Zebaoth:
Unterdrückt sind die Israeliten und die Judäer mit ihnen.
Alle, die sie in die Gefangenschaft geführt haben, halten sie fest,
weigern sich, sie zu entlassen.
34 Ihr Erlöser ist stark – Jahwe Zebaoth ist sein Name.
Gewiss wird er ihren Rechtsstreit führen,
um dem Land Ruhe zu verschaffen,
den Bewohnern Babels aber Unruhe.
35 Das Schwert über die Chaldäer – Spruch Jahwes –,
über die Bewohner Babels,
über seine Obersten und seine Weisen!
36 Das Schwert über die Orakelpriester, dass sie zu Toren werden!
Das Schwert über seine Helden, dass sie von Schrecken erfüllt sind!
37 Das Schwert über seine Rosse und seine Wagen
und über alles Völkergemisch in seiner Mitte,
dann werden sie sein wie Frauen.
Das Schwert über seine Schätze, dass sie geplündert werden!

---

[19] Werden selbst Tiere einbezogen? Eher bildlich für die Jungmannschaft; vgl. 48, 15; 50, 30
(W. Rudolph 303).
[20] Vgl. Anm. 26 zu 51, 6.
[21] MT punktiert: „viele".
[22] „Vermessenheit" oder „Stolz", „Übermut" wird (V 31 f) als Name gebraucht; vgl. ähnlich
Anm. 15.

38 Dürre[23] über seine Wasser, dass sie austrocknen;
denn es ist ein Land der Götterbilder,
und wegen ihrer Schreckensbilder verhalten sie sich wie von Sinnen.
39 Darum werden sich Wüstentiere mit Wildhunden aufhalten,
Strauße dort wohnen.
Nie mehr wird sie bewohnbar sein,
keine Wohnstatt mehr von Generation zu Generation.
40 Wie Gott Sodom und Gomorrha mit ihren Töchterstädten umgekehrt[24]
    hat, – Spruch Jahwes –
niemand wird dort wohnen und kein Mensch sich darin aufhalten.
41 Siehe, ein Volk kommt von Norden, eine große Nation,
und viele Könige machen sich auf von den Rändern der Erde.
42 Bogen und Krummschwert führen sie,
grausam sind sie und ohne Erbarmen.
Ihr Lärm tost wie das Meer,
auf Rossen reiten sie,
gerüstet wie ein Mann für die Schlacht
gegen dich, Tochter Babel.
43 Gehört hat der König von Babel die Kunde von ihnen,
seine Hände sind erschlafft.
Angst hat ihn ergriffen,
Wehen wie bei der Gebärenden.
44 Siehe, wie ein Löwe aufsteigt aus dem Dickicht des Jordan
zum Weideplatz mit immerfließendem Wasser,
‚so‘ vertreibe ich sie plötzlich und bestelle den Erwählten über sie.
Denn wer ist mir gleich, und wer will mich vorladen?
Und wer ist der Hirte, der vor mir bestehen könnte?
45 Darum hört den Beschluss Jahwes, den er über Babel beschlossen hat,
und seine Pläne, die er über das Land der Chaldäer geplant hat:
Wahrlich, man wird sie fortschleppen, die Kleinsten der Herde,
ihretwegen wird man die Weide verwüsten.
46 Vom Ruf: „Babel ist erobert!“ wird die Erde erschüttert,
ihr Geschrei wird unter den Nationen vernommen.

51,1 So spricht Jahwe:
Siehe, ich erwecke gegen Babel und gegen die Bewohner von Leb-Kamai
(‚Herz meiner Widersacher‘, d h. der Chaldäer‘)[25] den Geist eines Verderbers.

---

[23] Das Wort wandelt das im Konsonantenbestand gleiche „Schwert" ab. Vor Augen stehen die
Kanäle, die Babylon bewässern.
[24] Eine feste Redewendung; vgl. Jer 49,18 mit Anm. 12.
[25] Künstliche Buchstabenvertauschung, sog. Atbasch; vgl. 25,26. Durch eine gefundene
hebräische Inschrift in umgekehrter Richtung, (geschrieben) von links nach rechts, ist die Möglichkeit gegeben; vgl. M. Köszeghy (o. Anm. 1) 62 f.

2 Siehe, ich schicke nach Babel Fremde, die es zerstreuen,
dass sie sein Land entleeren;
denn sie gehen von ringsum gegen es vor am Tag des Unheils.
3 Wer seinen Bogen spannt, spanne ihn gegen den, der spannt,
und gegen den, der sich in seinem Panzer erhebt,
schont nicht seine (d.h. Babels) jungen Männer, bannt all sein Heer!
4 Erschlagene fallen im Land der Chaldäer, Durchbohrte auf ihren Straßen.
5 Denn verwitwet sind Israel und Juda nicht durch ihren Gott, Jahwe Zebaoth,
vielmehr ist ihr Land voll von Schuld gegenüber dem Heiligen Israels.
6 Flieht aus Babels Mitte, und rettet ein jeder sein Leben,
damit ihr nicht umkommt bei seiner Bestrafung;
denn eine Zeit der Rache[26] ist es für Jahwe,
was er getan hat, vergilt er ihm.
7 Ein goldener Becher war Babel in der Hand Jahwes.
Der die ganze Erde betrunken machte,
von seinem Wein tranken die Völker,
deshalb benahmen sich die Völker wie verrückt.
8 Plötzlich ist gefallen Babel und zerbrochen. Wehklagt über es!
Holt Balsam für seine Schmerzen! Vielleicht ist es zu heilen.
9 Wir wollten Babel heilen, aber es war nicht zu heilen.
Verlasst sie, und lasst uns gehen, ein jeder in sein Land;
Denn bis in den Himmel reicht das Gericht an ihm
und erhebt sich bis zu den Wolken.
10 Jahwe hat unsere gerechte Sache ans Licht gebracht.[27]
Kommt und lasst uns in Zion das Werk Jahwes, unseres Gottes, erzählen!
11 Schärft die Pfeile, füllt den Köcher[28]!
Jahwe hat den Geist der Könige der Meder erweckt;
denn gegen Babel richtet sich sein Sinnen, es zu zerstören;
denn die Rache Jahwes ist es, die Rache für seinen Tempel.
12 Gegen die Mauern von Babel erhebt das Feldzeichen[29], verstärkt die Wache,
stellt Wächter auf, legt einen Hinterhalt[30]!
Denn Jahwe hat es sich vorgenommen und führt es auch aus,
was er den Bewohnern Babels angekündigt hat.
13 Die du an vielen Wassern wohnst, an Schätzen reich,
dein Ende ist gekommen, dein Lebensfaden abgeschnitten.[31]

---

[26] „Rache" meint: „göttliche Vergeltung" (HAL 681), das im Parallelismus folgende Verb: „ver-
vollständigen", die Folgen der Tat in Kraft setzen, Vergeltung üben (HAL 1420; dazu K. Seybold,
TRE 12, 1984, 463 f.). Vgl. I,240 f.336 f.
[27] Wörtlich: „herausgeführt".
[28] Vgl. HAL 1409 f.
[29] Vgl. Anm. 1.
[30] Vgl. HAL 80b: „Leute im Hinterhalt".
[31] Wörtlich (HAL 141 f): „die Elle deines Abgeschnittenseins", des Endes.

14 Geschworen hat Jahwe Zebaoth bei sich selbst:
Auch wenn ich dich mit Menschen wie mit Heuschrecken[32] füllte,
wird man Kriegsgeschrei gegen dich erheben.
15 (Er ist es,)[33] der die Erde gemacht hat durch seine Kraft,
der das Festland gegründet durch seine Weisheit
und die Himmel ausgespannt durch seine Einsicht.
16 Wenn er die (Donner-)Stimme ertönen lässt, (entsteht) ein Rauschen des
Wassers am Himmel, und er lässt Nebelschwaden aufsteigen vom Ende der
Erde, macht Blitze für den Regen und holt heraus den Wind aus seinen
Kammern.
17 Dumm steht da jeder Mensch, ohne Erkenntnis, beschämt jeder Schmied
wegen des Götterbildes; denn Trug ist sein Gussbild, in ihnen ist kein Geist.
18 Ein Nichts sind sie, ein Spottgebilde. Zur Zeit ihrer Heimsuchung gehen
sie zugrunde.   19 Nicht wie diese ist Jakobs Anteil, ist er doch der Bildner
des Alls, und ‚Israel' ist der Stamm seines Erbteils, Jahwe Zebaoth ist sein
Name.
20 Ein Hammer bist du mir, ‚eine' Kriegswaffe,
mit dir zerschlage ich Völker,
mit dir vernichte ich Königsreiche.
21 Mit dir zerschlage ich Ross und seinen Reiter,
mit dir zerschlage ich Wagen und seinen Lenker,
22 mit dir zerschlage ich Mann und Frau,
mit dir zerschlage ich Alt und Jung,
mit dir zerschlage ich Jüngling und Jungfrau,
23 mit dir zerschlage ich Hirt und seine Herde,
mit dir zerschlage ich Landmann und sein Gespann,
mit dir zerschlage ich Statthalter und Befehlshaber.
24 So vergelte ich Babel und allen Bewohnern Chaldäas all das Böse, das sie
an Zion vor euren Augen getan haben – Spruch Jahwes.
25 Siehe, ich will an dich, Berg des Verderbens – Spruch Jahwes,
der du die ganze Erde verdirbst.
Ich strecke meine Hand aus gegen dich und wälze dich von den Felsen herab
und mache dich zu einem brennenden Berg,[34]
26 so dass man von dir weder Eckstein noch Grundstein nehmen kann;
denn in ewigen Trümmern wirst du liegen – Spruch Jahwes.

---

32 Vgl. V 27 und Anm. 21 zu 46, 23; zum Kriegsgeschrei: 25, 30 mit Anm. 30.
33 V 15–19, die mit hymnischen Partizipien einsetzen, stimmen mit 10, 12–16 überein.
34 Ist „Berg" V 25 f – im Anschluss an den Tempelberg – Bild für Höhe, Pracht (vgl. Gen 11,
bes. V 4)? V 26 wörtlich: „Berg des Brandes"; vgl. V 32; Feuer in Jerusalem: 37, 8. 10; 52, 13 u. a.

27 Richtet das Feldzeichen im Land auf, stoßt ins Horn unter den Völkern!
Weihet Völker gegen es (d. h. Babel),
ruft gegen es die Königreiche – von Ararat, Minni und Aschkenas[35] – auf!
Setzt gegen es Oberste[36] ein, lasst Rosse heraufziehen
wie borstige Heuschrecken!
28 Weihet Völker gegen es, die Könige von Medien,
seine Statthalter, alle seine Befehlshaber und ‚ihr‘ ganzes Herrschaftsgebiet!
29 Da erbebt und erzittert die Erde;
denn erfüllt haben sich gegen Babel die Gedanken Jahwes,
das Land Babel zu einer Wüste zu machen, ohne Bewohner.
30 Aufgehört zu kämpfen haben Babels Helden; sie sitzen in den Festungen.
Versiegt ist ihre Kraft, zu Weibern sind sie geworden.
Seine (d. h. Babels) Wohnstätten hat man angezündet,
seine Riegel sind zerbrochen.
31 Ein Läufer läuft einem (anderen) Läufer entgegen,
ein Melder einem anderen,
um dem König von Babel kundzutun,
dass seine Stadt von allen Seiten eingenommen ist,
32 dass die Übergänge besetzt sind,
dass man die Vorwerke mit Feuer verbrannt hat,
die Kriegsleute von Sinnen sind.
33 Denn so spricht Jahwe Zebaoth, der Gott Israels:
Die Tochter Babel ist wie eine Tenne zur Zeit, in der man sie feststampft.
Noch eine kurze Weile und es kommt die Zeit der Ernte für sie.
34 Gefressen, ausgesaugt hat uns Nebukadnezzar, der König von Babel,
weggestellt als leeres Gefäß.
Verschlungen hat er uns wie ein Ungeheuer,
seinen Bauch gefüllt mit meinen Leckerbissen[37], stieß uns fort.
35 „Die an mir begangene Gewalttat und meine Zerfleischung[38]
komme über Babel"
soll die Bewohnerschaft von Zion sagen,
„mein Blut über die Bewohner (des Landes) der Chaldäer"
soll Jerusalem sagen.
36 Darum so spricht Jahwe:
Siehe, ich führe deinen Rechtsstreit und vollziehe die Rache für dich,
lasse seine Gewässer austrocknen und seine Quellen versiegen.

---

[35] Die Namen (Ararat, d. h. Urartu), die im poetisch-bildhaften Text zur Identifikation der allgemeinen Angaben vielleicht nachgetragen sind, bezeichnen wohl Teile des medisch-persischen Großreichs (vgl. V 11. 28) im Bereich des Van- oder Urmia-Sees.

[36] Eigentlich „(Tafel-)Schreiber" (vgl. Nah 3, 17), hier militärischer Beamter (HAL 362b).

[37] „Ein Ungeheuer", wörtlich „der Drache" (vgl. Ez 29, 2 f; 32, 2; auch Am 9, 3; Jon 2, 1). Die Rede der Gemeinschaft („uns") geht in den Singular („meine" „die Bewohnerschaft") über. Die LXX (28, 44) spricht ohne den Gottesnamen von der Bestrafung Babels.

[38] Wörtlich: „mein Fleisch".

37 Babel soll zum Steinhaufen werden, zur Wohnstatt für Schakale,
zum Entsetzen und zum (Anlass für) Gezisch[39] ohne Bewohner.
38 Insgesamt brüllen sie wie Löwen,
knurren wie Junge von Löwinnen.
39 In ihrer Erregung[40] richte ich ihnen das Gelage aus
und mache sie betrunken, damit sie fröhlich werden;
sie werden schlafen zum ewigen Schlaf
und nicht mehr erwachen – Spruch Jahwes.
40 Wie Lämmer zur Schlachtung führe ich sie hinab,
wie Widder zusammen mit Böcken.
41 Wie ist Scheschach[41] eingenommen
und erobert der Ruhm der ganzen Erde!
Wie ist Babel zum Entsetzen unter den Völkern geworden!
42 Herauf stieg das Meer über Babel,
mit dem Tosen seiner Wellen ist es bedeckt.
43 Seine Städte sind verwüstet, ein dürres Land und eine Steppe,
ein Land, in dem niemand mehr wohnt, das kein Mensch durchzieht.
44 In Babel suche ich Bel[42] heim
und reiße, was er verschlungen hat, aus seinem Maul.
Die Völker werden ihm nicht mehr zuströmen.
Auch[43] Babels Mauer ist gefallen.
45 Zieht aus seiner Mitte, mein Volk,
und rettet ein jeder sein Leben vor der Glut des Zornes Jahwes![44]
46 Dass euer Herz nicht zaghaft werde und ihr euch nicht fürchtet wegen
der Kunde, die im Land hörbar wird: In dem Jahr kommt die (eine) Kunde,
danach im (nächsten) Jahr die (andere) Kunde,
dass Gewalttat im Land (regiert)
und sich Herrscher gegen Herrscher (richtet).
47 Darum, siehe, Tage kommen, da suche ich die Götterbilder Babels heim;
sein ganzes Land wird zuschanden,
alle seine Erschlagenen liegen in seiner Mitte.
48 Jubeln werden über Babel Himmel und Erde und alles, was in ihnen ist;
denn von Norden her kommen über es die Verwüster – Spruch Jahwes.
49 Zumal Babel muss fallen ,für‘ die Erschlagenen Israels,
(wie) auch für Babel gefallen sind die Erschlagenen der ganzen Erde.
50 Die ihr dem Schwert entronnen seid, geht fort, bleibt nicht stehen!
Denkt von der Ferne an Jahwe, und Jerusalem bleibe[45] in eurem Herz!

---

[39] Vgl. Anm. 6 zu 25, 9.
[40] Vgl. HAL 315.
[41] Durch Vertauschung bzw. Umkehr der Buchstaben Name für Babel; vgl. bildhaft Anm. 25.
[42] Vgl. V 2; o. Anm. 3.
[43] Ab hier fehlen V 44b–49a in der LXX.
[44] Vgl. V 6.
[45] Wörtlich „steige auf", komme in euren Sinn!

51 Wir sind beschämt; denn Schändliches haben wir gehört,
Scham bedeckt unsere Gesichter;
denn Fremde sind gekommen über die Heiligtümer des Hauses Jahwes.
52 Darum, siehe, Tage kommen – Spruch Jahwes –,
da suche ich seine Götterbilder heim,
und in seinem ganzen Land stöhnen Durchbohrte.
53 Wenn Babel gen Himmel hinaufstiege
und seine starke Höhe unzugänglich machte –
von mir kämen Verwüster über es – Spruch Jahwes.
54 Horch, Geschrei aus Babel und großer Zusammenbruch
vom Land der Chaldäer;
55 denn Jahwe verwüstet Babel, macht dem lauten Lärm aus ihm ein Ende.
Mögen ‚seine‘ Wellen wie gewaltige Wasser brausen,
ihr tosender Lärm erschallen,
56 – Ja, ihr Verwüster kommt über es, über Babel[46] –
ihre Helden werden gefangen, ihre Bogen zerbrochen.
Ein Gott der Vergeltung ist Jahwe; er wird bestimmt vergelten.
57 Seine Obersten und seine Weisen mache ich betrunken,
seine Statthalter, seine Befehlshaber und seine Helden,
dass sie entschlafen zu ewigem Schlaf und nicht mehr erwachen –
Spruch des Königs, Jahwe Zebaoth ist sein Name.
58 So spricht Jahwe Zebaoth:
Die breite ‚Mauer‘ Babels[47] soll vollständig geschleift
und seine hohen Tore mit Feuer verbrannt werden.
So mühen sich Völker um nichts und Nationen für das Feuer
– und werden müde.

Die Völkerworte, ja nahezu das Buch, enden mit einer – unter ihnen die umfassendste – Unheilsansage gegen die altorientalische Macht, die sich im Verlauf der Geschichte und im Fortgang der Überlieferung mehr und mehr als die beherrschende herausstellt, schließlich die Zerstörung Jerusalems und des Tempels herbeiführt. Hier wird Babel selbst in das Gericht einbezogen. Die Kap. 50 f haben – zumal mit den Begründungen durch das Verhalten gegenüber Israel[48] und anderen Völkern – eine gewisse Sonderstellung[49]: In einem Grundbestand setzen sie kaum die Zerstörung voraus; eher wird Babels Fall *angekündigt* (51, 12.33). Diese Ansage des Zusammenbruchs hat sich zudem *so* nicht, zumindest nicht sogleich erfüllt: Die Eroberung Babels bedeutete zunächst nicht die Zerstörung der Stadt.[50]

---

[46] Der in Gedankenstriche gesetzte Versteil ist vermutlich Wiederholung von V 53b.55a.
[47] Oder: die Mauern der ausgedehnten Stadt.
[48] Zum Gebrauch des Namens Israel vgl. I,80 f.
[49] Vgl. o. das Vorwort.
[50] Kyros nahm Babylon friedlich ein, erst Xerxes I. zerstörte um 485 v. Chr. mehr. Vgl. zuletzt M. Weippert, HTAT 431 ff.

Der umfangreiche Komplex bildet keine klar strukturierte Einheit mit deutlichem Gesamtaufbau. Innerhalb einer Art Rahmen mit Zusammenfassung der Botschaft (50, 2 f) mit Begründung (V 3) und ihren Folgen (V 4 ff) sowie 51, 54–58 am Schluss findet sich ein Mit- oder Nacheinander wechselnder Szenen: „Das breit zerdehnte Babelorakel ist eine lose Verknüpfung mehrfach sich wiederholender Worte ohne erkennbare Gedankenfolge und Gliederung."[51] Offenkundig zusammengehörig sind einzelne abgrenzbare Abschnitte, wie das Schwert- (50, 35–38), Becher- (51, 7–10) oder Hammer-lied (51, 20–23. 24). Zudem sind Einschnitte oder gelegentlich Bezüge[52] erkennbar. Wieweit waren die Worte einmal selbständig? Zudem finden sich mehrfach Aussagen in Prosa[53], sind sie nachträglich ergänzt? So sind die Sprüche eher zusammengewachsen oder über einen Zeitraum angereichert.[54]

50,*1–3* Einführung zu Kap. 50–51. Überschriftartige Zusammenfassung
    V 2 Heroldsruf mit vorweggenommenem Ergebnis: Babels Fall
        (vgl. V 46; 51, 31. 44) und V 3 Begründung
            Durch ein Feindvolk vom Norden Verwüstung und Flucht
    V *4–5* Bedeutung der Nachricht für Israel: Heimkehr – zu Jahwe
            „Suchen" nach Gott am Zion
    V *6–7* Schuldeinsicht: mit dem Motiv Hirte – Herde; vgl. V 17
            Wie Umkehrung von 2, 3 mit den Selbst-Zitaten 2, 23. 35
    V *8–10* Aufforderung zum Auszug, zur Flucht angesichts drohender Zukunft.
        Angriff steht bevor
            Ohne Angabe von Adressaten: Bezieht sich der Aufruf
            über die Deportierten hinaus auf weitere Einwohner?
            Vgl. 51, 6; gegenüber dem eigenen Volk 6, 1
    V 9a Gottes Wirken, Beauftragung der Völker: „Ich erwecke", V 9b Folge
    V 11–16
    V 11 (Wegen der drohenden Zukunft verfehlte) unbekümmerte Fröhlichkeit in Babel
    V 12 Unheilsansage mit Umkehrung der Situation: Schande
    V 13 Ausmalung: Durch Jahwes Zorn Veródung (zum „Pfeifen" vgl. 18, 16; 19, 8)
    V 14 f Aufforderung zum Kampf (zumal der Bogenschützen) gegen Babel
        Das feindliche Heer bleibt (wie 4, 5 ff) ungenannt
    V 16 Aufruf (wie V 14 f.26 f) und Unheilsansage: Gewalttätiges Schwert
        (wie 46, 16), d. h. Krieg

---

[51] A. Weiser 427; ähnlich wird oft geurteilt. Sagen die Wiederholungen, die kaum auf einen ursprünglichen Zusammenhang deuten, nur etwas über die Entstehung des Textes aus, oder haben sie eine Absicht? Etwa: die Szene eindringlicher auszugestalten.

[52] 50, 4. 20 nennen gemeinsam Israel und Juda. Dazwischen stehen Sprüche zu Babel (V 8–16), die wieder von Worten mit Israelbezug (V 6 f.17–19) gerahmt werden, so dass wenigstens hier „eine gewisse planvolle Anordnung" erkennbar ist (G. Wanke 433).

[53] Wie in 50, 17 f; 51, 10–12. 46. 57.

[54] Im folgenden Gliederungsversuch sind erkennbare Einzelabschnitte kursiv gesetzt, so von Unterpunkten abgehoben.

V 17–20
V 17 f Erinnerung an Israels Bedrückung durch Assur im Vergleich mit Babel
    In V 18 f Gottes „*Ich*" (wie in V 9. 24. 44; 51, 1 f. 20 ff. 25)
        V 19 Ziel: Heimkehr; vgl. V 33; 51, 9. 50
            Landschaften, Gebiete des Nordreichs
        V 20 Vergebung für die Übriggebliebenen
V 21–28
V 21–23 Aufforderung zum Kampf gegen Babel
        Vermessenheit und Heimsuchung bzw. Strafe? V 23 Folge
V 24 Durch Gottes Wirken Babel selbst gefangen
V 25 Entfaltung von V 24 mit Verweis auf den Urheber und Übergang zu V 26 f:
        Jahwe beruft Gerichtswerkzeuge (vgl. 50, 9; 51, 1)
V 26 f. 28 Aufforderung und Weheruf. Heimsuchung, Rache (vgl. 51, 11. 24. 35. 51
        V 28bβ (vielleicht in einem hier erläuternden, in der LXX fehlenden
            Zusatz) wie 51, 11:
        zumal wegen Zerstörung der heiligen Stätte
        Eher entgegen Jeremias Tempelkritik und Gerichtsansage 7, 12. 14; 26, 12
V 29–32 V 29 f Aufforderung zur Belagerung Babels
V 31 f Unheilsansage gegen Babel
        Vgl. Nah 3, 5 gegen Assur; auch 51, 9. 41 u. a.
V 33 f Notschilderung: Unterdrückung von Israeliten und Judäern
        Rechtsstreit (vgl. 51, 36) entgegen 2, 9:
        Rettung durch den „Erlöser" (vgl. 31, 11)
        Unterscheidung: dem Land Ruhe, Babel Unruhe
V 35–38 sog. Schwertlied
V 39–40 aus Jes 13, 19–22 mit Anschluss durch „Darum"
        Beschreibung des von Menschen nicht mehr bewohnten Babylons
        Vgl. thematisch 2, 15; 4, 7. 29; 9, 9 u. a.
        Zwei Zitate aus dem vorhergehenden Buchteil:
V 41–43 parallel zu 6, 22–24[55]
        Ankündigung des Volkes von Norden
V 44–46 parallel zu 49, 19–21 (Edom)
        V 44 Gottesrede
        V 45 f Gottes Ratschluss. V 46 nimmt die Kunde V 2 auf

51 V *1–6*
V 1 f Gottesrede „Ich erwecke"
V 3 f Aufforderung zur Schlacht
V 6 Aufforderung zur Flucht (vgl. 50, 8; ähnlich 51, 45; auch 48, 6)
        „Vergeltung" vgl. 51, 24. 56
V *7–10* sog. *Becherlied*: Babel als Becher zerbricht
        V 8 f Zum (fehlenden) Heilmittel vgl. 8, 15. 22; 46, 11
        V 10 Nach-Erzählen des Werkes Jahwes (vgl. Ex 10, 2 u. a.) –
        (wie 51, 15–19) aus gottesdienstlichem Gebrauch?[56]
V *11–19* Der eine Gott wirkt seiner Absicht entsprechend, bewegt die Welt
V 11 f Aufforderung, die Waffen vorzubereiten, mit Begründung

---

[55] Vgl. I, 170 Anm. 91.
[56] Vgl. I, 40 f; auch die folgende Anm. zu 50, 15–19.

Erwähnung der Meder V 11. 28
V 13–14 vgl. Nah 3, 1. 17
       V 13 mit Zitat von Am 8, 2; vgl. Ez 7, 2. 6
V 15–19 parallel zu 10, 12–16[57]
       Prädikation des Schöpfers V 15
       gegenüber Götterbildern und ihren Verehrern
V 20–23. 24 sog. *Hammerlied*; vgl. 50, 23
       Babel, zuvor der Hammer, wird jetzt selbst getroffen (V 24)
       Begründung: Sein Handeln an Zion
V 25–32 Gegen den Berg des Verderbens. Gerichtsansage
V 27 f Aufforderung, Zeichen (Panier) zu setzen und ins Horn zu stoßen
V 29 Folge
V 30–32 Stadt eingenommen
V 33–40 Babel wie ein Dreschplatz vor der Ernte
       Umkehrung: Der Bedrücker wird bedrückt
       Jahwes Rechtstreit (vgl. 50, 34) entgegen 2, 9. Vergleich mit Löwen wie 2, 15
       Beim Gastmahl trunken, schlafend – bis zum Schlachten; vgl. 11, 19
       Zwei Bilder – mit einer Intention:
       V 36 (vgl. 50, 38) Vertrocknen des Wassers als Lebensgrundlage
       V 42 Babel vom Meer bedeckt (vgl. V 55)
       V 37. 43 (vgl. 50, 39 f; 51, 29) Folge jeweils: unbewohnbar
V 41–44. 45 f Untergang Babels. Zerstörung einschließlich der starken Mauer
       (vgl. 50, 15; 51, 12. 58)
V 45 Aufforderung zur Flucht
V 46 (Prosa) Gegen Mutlosigkeit bei wechselnden Nachrichten
    und gewaltsamen Herrschaften
V 47–51
       Nach dem einleitenden Verweis auf die Zukunft („Darum, siehe"
       wie 7, 32 u. a.)
       V 47. 52 Heimsuchung auch der Gottesbilder; vgl. 50, 2; 51, 17; bes. Jer 10
       V 48 Kosmische Freude über Babels Fall
       (durch den Verwüster von Norden; vgl. 50, 3. 9. 41)

V 51 Bekenntnis „Wir sind beschämt" (vgl. 3, 3) wegen der Vergehen an Zion;
       vgl. V 24
V 52–53 In Anknüpfung an V 47 f
V 54–57. 58 Abschließend in thematischer Aufnahme von 50, 2
       mit Anschluss an 51, 44:
       Zusammenbruch Babels

Die gesamte Einheit ist schwer eindeutig datierbar. Grob geurteilt, bestehen zwei Möglichkeiten, die sich allerdings nicht ausschließen, vielmehr ineinander übergehen können: Kommen die Worte, wie man oft vermutet, a) aus der Zeit kurz vor dem Untergang des babylonischen Großreichs (vor 538 v. Chr.)? Falls der Kern von Kap. 50 f nicht erst spätexilisch ist, sondern b) bis in Jeremias Zeit zurückreicht, kann er nur von seinen prophetischen *Geg-*

---

[57] Von dort übernommen; vgl. I,220. Spricht der hymnische Charakter für gottesdienstliche Herkunft?

nern stammen. Die Worte erinnern – in ihrem Sachgehalt – an Hananjas Wort
(28, 2), an die sog. *Heilspropheten*, deren Botschaft zu Jeremias Lebzeiten
durch den geschichtlichen Verlauf, die Katastrophe, als „falsch"[58] erwiesen
wurde. Gelegentlich besteht offenkundig ein Widerspruch zu Jeremias Botschaft.[59] Die Worte stellen gleichsam einen Gegenentwurf zu seinen theologischen Einsichten dar. Zugleich stimmen sie etwa mit den ebenfalls Jeremia
entgegenstehenden politischen Ansichten der Hofpartei überein; allerdings
spricht das göttliche „Ich"[60] für prophetische Urheber. Stammen die Worte,
die kaum auf *einen* Verfasser zurückgehen, von einer Gruppe von Heilspropheten, die es auch noch im Exil[61] gab?

Etliche Jahrzehnte später – mit jüngeren Angaben der Überlieferung etwa
„70 Jahre"[62] – bekommen jene in Jeremias Situation unzeitgemäßen und
wirklichkeitsfremden Ankündigungen ein anderes Gewicht, werden gleichsam zeitgemäß.[63] Was zunächst „verfehlt" war, gewinnt dann aktuelle Bedeutung, ja scheint in veränderter Weltlage durch das Ende der babylonischen
Vorherrschaft „bestätigt" zu werden. So können diese Worte die Jeremia-
Überlieferung beschließen, in der jene zuvor angekündigte, jetzt unterge-
hende oder gar untergegangene Großmacht eine erhebliche Rolle spielt. Dadurch werden sie in ihrer früheren, ursprünglichen Zeit, wie die Frage (37, 19)
„Wo sind denn eure Propheten?" festhält, nicht „wahre" Aussagen, verführen vielmehr zu unwirklicher Hoffnung und falscher Haltung mit schrecklichen Folgen. Hier wird beispielhaft vor Augen geführt, dass sich prophetische Wahrheit – zunächst – in einer Situation ereignet, ja wie wichtig sie, für
Jeremia die Situation der Anfechtung, ist. Gewiss enthalten prophetische
Texte grundsätzliche Einsicht – wachsen sie aber nicht erst aus ihrer Situation
heraus, gewinnen dann eine von ihr unabhängige, den Ausgangspunkt weit
übergreifende Bedeutung auf Dauer?

In Kap. 50 f lassen sich mannigfache, nur beispielhaft genannte Beziehungen auf-
decken. Unter den anderen Texten, in denen das Ergehen Babels das prägende
Thema[64] ist, sind Jes 13 f „allenthalben verwertet"[65]. Darüber hinaus nehmen
Kap. 50 f Einsichten und Motive *Jesajas* auf – einschließlich des Gottesprädikats

---

[58] Vgl. die griechische Benennung „Pseudopropheten"; zum Thema I, 22; den Kleinen Exkurs
vor Jer 23; 27 f; auch zu 5, 12 f; 6, 14 f; 37, 19; 49, 1–6.

[59] Etwa 51, 5.

[60] Vgl. nur Jer 28, 2 f mit 50, 9. 19.

[61] Vgl. den Kleinen Exkurs vor Jer 23; 27 f zu Anm. 24; auch zu 42, 2 ff.

[62] Vgl. die redaktionellen Angaben Jer 25, 12. 14; 27, 7; auch die Nennung einer dritten Generation 29, 6.

[63] „Die Babylon Unheil ... androhenden Texte stammen", soweit vorexilisch, von den „Propheten, mit denen Jeremia sich auseinander setzte – und unter deren Nachstellungen ... er zu leiden hatte." Da sich fast ein Jahrhundert später das von jenen Propheten angesagte Unheil erfüllte,
konnten die Babelsprüche „als durch die Geschichte gültig erwiesenes und bestätigtes Gotteswort
dem Jeremiabuch ... hinzugefügt werden" (B. Huwyler, Völker 232; vgl. 392).

[64] Jes 13 f; 21, 1–10; 47; Sach 2, 10–13.

[65] W. Rudolph 298 mit Verweis auf 50, 16. 23. 25. 34. 39 f.

„Heiliger Israels".[66] So sind auch gegen Assur gerichtete Traditionen hier auf Babel übertragen.[67] Wie bei jenem Gottesprädikat finden sich auch Zusammenhänge mit dem Exilspropheten Deuterojesaja.[68]

Erst recht kehren in Kap. 50 f Sprache und Motive *Jeremias* oder der sich an ihn anschließenden Tradition wieder.[69] Die weithin ergehende Mitteilung vom „Zusammenbruch"[70] der Großmacht, unter der (die) Völker – „ringsum"[71] – leiden oder gelitten haben, nimmt ein wichtiges Stichwort auf. In seiner Entgegnung (28, 2) bedient sich auch Hananja des Verbs: „Zerbrochen habe ich das Joch des Königs von Babel"; mit der Ausdrucksweise reicht hier die Entsprechung bis in den Inhalt (51, 8. 30. 54). Sogar Abschnitte werden mehr oder weniger wörtlich übernommen, vermutlich sollen sie mit der Rückbindung Zusammenhänge aufweisen, die Gleichheit des Geschicks oder auch Gottes Macht betonen.[72] Zudem bestehen Verbindungen zu den vorher ergehenden Völkerorakeln.[73]

Einige Grundzüge oder Hauptmotive seien zusammengefasst:

1) Die im Ruf vorweggenommene Kunde von Babels Fall[74] soll sich überall ausbreiten: Die Bedrückermacht ist am Ende. Gewirkt hat es letztlich Jahwe. Vollzog sich Babels Herrschaft in seinem Auftrag (27, 11; 37, 7 ff u. a.), so lässt er jetzt gegen sein Strafwerkzeug aufmarschieren: „Ich erwecke und führe herauf."[75]

Hatte Jeremia den angekündigten „Feind aus dem Norden" in Babel[76] erkannt, so ist es jetzt selbst von einem – ebenfalls ungenannten – fremdem Volk aus dem Norden (50, 3. 9. 41; 51, 48), genauer „einer Schar großer Völker aus dem Nordland"[77] bedroht. So entspricht es Jahwes „Ratschluss" (51, 12. 29; 50, 45). Wer – durch andere Großmächte – verborgen die Geschichte lenkt, insofern auch Grausames durchführen lässt, ist – in Übereinstimmung mit der redaktionellen Ausgestaltung 27, 5 ff[78] – identisch mit dem Schöpfer (51, 15).

Gibt es für die Aufforderungen zum Kampf, wie „Stellt euch ringsum gegen Babel auf, all ihr Bogenschützen!" (50, 14 u. a.), eine Einschränkung?

---

[66] Jer 50, 29; 51, 9; vgl. zu Anm. 89.

[67] Assur und Babylon werden (im Prosasatz 50, 17) gemeinsam genannt.

[68] Vgl. zu Anm. 90.

[69] Wie „nicht mehr bewohnbar" (vgl. 51, 29. 43. 62 mit 2, 15; 17, 6 (.25) u. a.; I,135 Anm. 60; wohl auch „Feuer" für die Stadt 50, 32; 51, 32. 58; o. Anm. 34.

[70] Vgl. o. Vorwort Anm. 14.

[71] Vgl. 6, 3. 25 mit 50, 14 f.29; 51, 2. 7u. a.

[72] Jer 50, 41–43 (= 22–24) bzw. 51, 15–19 (=10, 12–16). Vgl. auch den Bezug zu 25, 1–11. 12.

[73] Schon in der Überschrift (46, 13; 50, 1).

[74] Jer 50, 2. 46; 51, 31. 41; vgl. Jes 13 f;21, 9. Die bekannte breite Mauer (Jer 51, 44. 53. 58) wird überwunden und zerstört.

[75] Jer 50, 9; vgl. 50, 40. 44 ff; 51, 25 f.44 ff; auch sonst Gottes „Ich" wie 51, 40 u. a.

[76] Wohl zum ersten Mal ausdrücklich 27, 11; im Er-Bericht schon 20, 6.

[77] Jer 50, 9; im Plural auch bildlich (50, 25): „Waffen seines Zorns". Es wird auch als „Meder" (51, 11. 28; vgl. Jes 13, 17; 21, 2) bestimmt. Schließt der Name hier die Perser ein?

[78] Auch 10, 2 ff mit V 11 f.

Zum einen richten sich die Aufrufe nicht an das eigene Volk; es beteiligt sich nicht selbst, bleibt passiv. Verbirgt sich darin noch die Einsicht, dass die „Rache" an Gott abzugeben ist: „*Ich* suche heim"[79]? Wie schon die Befreiung aus Ägypten (Ex 15, 21 u. a.) ist ihm die Rettung zu verdanken; er ist der „Erlöser" (Jer 50, 34).

Der Aufruf „Flieht!" (50, 8), der vom eigenen Volk (4, 6; vgl. 9, 9) auf andere übertragen wird[80], ergeht an nicht genannte Adressaten, wird dadurch ausgeweitet – über „mein Volk" (51, 45; vgl. 51, 6) hinaus auch auf andere Völker, in Babel Wohnende („ein jeder zu seinem Volk" 50, 16). Besteht für alle Bewohner in der Stadt ein Angebot zur Lebensbewahrung, wie es (zuvor) nicht nur an Israel (6, 1), sondern etwa auch an Moab (48, 6. 28; vgl. 49, 8. 30) erging? Darf man die Angehörigen der Bedrückermacht, die einzelnen Babylonier selbst (vgl. 50, 3b), einbeziehen? Allerdings spricht die Unterscheidung der Bewohner (50, 34) gegen diese Verallgemeinerung.[81] So richtet sich der Aufruf zur Flucht – in Übereinstimmung mit vorhergehenden Völkersprüchen – an Fremde in (der Bedrückerstadt) Babylon.

2.) Anders als durchweg bei den vorhergehenden Völkersprüchen oder weit über sie hinaus bedeutet die Übertragung von Jeremias Gerichtsansagen auf Babel eine Umkehrung. Wieweit ist mit dem Unheil für Babel Heil für Israel gegeben? Der Untergang der Großmacht ermöglicht die Rückkehr der Verbannten. Jeremia selbst scheint ihnen noch keine Heimkehr angekündigt zu haben.[82] Die Hoffnung auf ihre Rückkehr[83] regt sich schon in der Reaktion auf seinen Brief (29, 28 „noch lange"), dann kräftig in redaktionellen Erweiterungen.

Das Bild von der Herde, das schon zuvor (wie 23, 1 ff) begegnet, ist auch Ezechiel (34) oder dem Exilspropheten (Jes 40, 11) geläufig. Nord- und Südreich werden gemeinsam genannt[84], sind im kurzen geschichtlichen Rückblick, der Traditionen des Nordreichs aufnimmt, und in der Hoffnung auf künftiges Heil, verbunden (Jer 50, 17–20). Die Schuld, die nicht vergessen ist, wird in Zukunft weggenommen.[85] Mit der Heimkehr wird ein „Suchen" Gottes erwartet. (50, 4; vgl. 31, 6. 9), eine Ausrichtung auf ihn. Bleibt der „ewige Bund" (50, 5; 32, 40) aber nicht Gottes Sache? Ihrer gilt es zu gedenken.

3.) Die Begründung hat wesentlich zwei Schwerpunkte. Zum einen ist es das Verhalten gegenüber Israel und anderen Völkern.[86] Wie eine Aufnahme

---

[79] Jer 50, 18. 31; 51, 44. 47. 52; vgl. 51, 6. 56; o. Anm. 16. 26.

[80] Vgl. auch Jes 48, 20 u. a.

[81] Entsprechend sollen Flüchtlinge den Untergang melden (50, 28; vgl. Hi 1, 13 ff).

[82] Vgl. bes. Jeremias Brief 29, 5–7. 28. Texte wie 3, 14; 24, 6; 29, 10. 32 stammen (nach weithin übereinstimmender Auffassung) von der seine Botschaft entfaltenden Redaktion; vgl. die Auslegung zu 31, 7 ff.

[83] Jer 50, 4 f.16. 19. 28. 33 f; 51, 5. 9. 36. 50; auch DtJes 51, 11 f; 55, 12.

[84] Jer 50, 4. 33 – wie schon von Jeremia (23, 13); dann von der Redaktion (wie 3, 6 ff.18; auch 11, 10 ff.17), in der Heilserwartung Kap. 30 f.

[85] Jer 50, 20 – mit Anklang an die Zusage der Vergebung 3, 12; 31, 34?

[86] Ihre Krieger werden aufgefordert (50, 29): „Vergeltet ihm nach seinem Tun!"

der – für Jeremia selbst vergangenen – Zeit der Harmonie „Wer von ihm aß, machte sich schuldig" (2, 3): wirkt die Aussage (V 7): „Alle, die von ihm (Israel) aßen, machten sich schuldig." Zumal die Zerstörung des Tempels bzw. des Zion[87] ist ein Anklagethema. Zum andern wird Babel Vermessenheit, Überheblichkeit, Hybris[88] vorgeworfen; es überschätzt sich und seine Macht.

Widerspricht der Hochmut im Grunde der prophetischen Einsicht, von Jahwe – für eine Aufgabe – beauftragt zu sein? Diese Sicht steht in Jesajas Nachfolge (10, 5–7. 15): „Wehe Assur, Stock meines Zorns", zwar gegen ein „ruchloses Volk" entsandt, „in seinem Herzen" aber wünscht es, „nicht wenige Nationen auszurotten". „Rühmt sich etwa die Axt gegen den, der mit ihr haut?" Hat Babel nicht – wie Assur nach Jesajas Einsicht – seinen Auftrag weit überschritten?[89] Im Rahmen der Gerichtsansage an die Großmacht bleibt – wie bei Jesaja – einleitend das kritische Urteil über das eigene Volk bewahrt: Eine „verlorene Schafherde", „irregeleitet", „auf Bergen abtrünnig"(Jer 50, 6) – im Anschluss an Jeremias Anklagen wegen des Höhenkults (2, 17. 19 ff; 3, 2). Auch die Gottheit bzw. ihr Bild[90] ist betroffen. – Am Schluss (51, 58) steht eine skeptische Einsicht in den Geschichtsverlauf: „So mühen sich Völker um nichts".

Weil die Herrschaftszeit der Großmacht, wie schon zuvor in jüngeren Partien des Buches anklingt, begrenzt ist, können auch Sprüche, die eher von Jeremias Gegnern formuliert sind, in seiner Überlieferung abschließend breiten Raum finden. Der Ansage der Verwüstung Babels hat die Geschichte, wenn auch erst später, letztlich Recht gegeben.

Nimmt Jeremia selbst die Fremdmacht nicht noch ganz anders wahr? Er hat Babel nicht nur als Werkzeug verstanden, das Gottes Willen vollstreckt. Im Brief an die Exulanten, die das Gericht erfahren haben und noch in der entsprechenden Situation leben, ruft Jeremia zur Fürbitte für die Bedrücker auf und öffnet einen Raum mit der kaum übersteigbaren Einsicht[91]: „Ihr Wohl ist euer Wohl!"

---

[87] Jer 50, 28; 51, 11; sogar Frechheit gegenüber Jahwe 50, 29.

[88] Jer 50, 29. 31 f; 51, 9. 41; vgl. Jes 14, 4 ff.12 ff.

[89] Für Jesaja, der Gott „auf einem hohen und erhabenen Thron" sieht (6, 1), ist die Ansage der Demütigung des Hochmuts ein durchgehendes Thema bei verschiedenen Adressaten (2, 12–17; 3, 16 f.24; 5, 14. 21; 22, 15 ff; 28, 1–4; 32, 9 ff; auch Am 6, 8 u. a.).

[90] Jer 50, 2; vgl. 51, 44; auch V 17 f.47. 52; dazu o. Anm. 3; I,219 zu Jer 10. Auch der Exilsprophet Deuterojesaja erwartet den Untergang Babels (43, 14) mit dem Zusammenbruch der Götter Bel (-Marduk) und Nebo (46, 1 f). Von ihnen bzw. deren Statuen heißt es in der Nabonid-Chronik (AOT 367; HTAT 441 ff): „Nabu kam nicht nach Babylon, Bel zog nicht aus."

[91] Jer 29, 7; vgl. die Auslegung.

Zeichenhandlung gegen Babel
Jer 51, 59–64

59 Das Wort, das Jeremia[1], der Prophet, Seraja, dem Sohn Nerijas, des Sohnes Machsejas, befahl, als er mit Zedekia, dem König von Juda, im vierten Jahr seiner Regierung nach Babel zog – Seraja war Quartiermeister[2]. 60 Und Jeremia schrieb das ganze Unheil, das über Babel kommen sollte, in *ein* Schriftstück, alle diese Worte, die über Babel geschrieben sind. 61 Und Jeremia sagte zu Seraja: „Wenn du nach Babel kommst, so sieh zu und lies alle diese Worte 62 und sprich: ,Jahwe, du selbst hast gegen diesen Ort geredet[3], ihn auszurotten, dass kein Bewohner mehr darin sei, vom Mensch und bis zum Vieh, so dass es zur ewigen Einöde werden soll.' 63 Und es soll geschehen, wenn du dieses Schriftstück zu Ende gelesen hast, sollst du einen Stein an es binden und es mitten in den Euphrat werfen. 64 Und du sollst sagen: „So soll Babel versinken und nicht wieder hochkommen – wegen des Unheils, das ich über es bringe, und sie werden ermüden[4]."
Bis hierher die Worte Jeremias.[5]

Am Ende der umfangreichen, vielgestaltigen Darstellung von Jeremias Botschaft einschließlich der Erzählungen steht ein Bericht über eine Zeichenhandlung – wie zuvor gegen Ägypten (43, 8 ff), hier gegen Babel; sie vollzieht sich aber auf einer anderen Ebene. Die beiden Charakteristika – Auftrag zur Ausführung einer Symbolhandlung und deren Deutung – erinnern an die vorhergehenden Berichte, weichen allerdings erheblich ab „in drei entscheidenden Punkten: 1) der Auftrag zur Ausführung geht nicht von Jahwe, sondern vom Propheten aus; 2) die Handlung wird nicht vom Propheten selbst ausgeführt, sondern delegiert; und 3) die Deutung ist nicht als Jahwewort ausgewiesen."[6] Auch Ähnlichkeiten in Erzählzügen sind unübersehbar: 4) Seraja erscheint als Bruder Baruchs, „des Sohnes Nerijas, des Sohnes Machse-

---

[1] Die LXX nennt gemäß der üblichen Form des Eröffnungssatzes (und V 62) als Auftraggeber „der Herr".

[2] Wörtlich: Beamter der / für die Ruhe; vgl. HAL 1260.

[3] Vgl. zuvor 50, 1; zuletzt 51, 58; zu „ewigen Einöden / Trümmern" 51, 26; dazu 50, 13.

[4] Vgl. V 58 als Ausdruck der Erschöpfung.

[5] An diesem Ort setzt V 64b die Zugehörigkeit der Zeichenhandlung zu den „Worten" voraus (mit 1, 1 als Rahmen). Ist diese Schlussnotiz (ähnlich 48, 47; vgl. Ps 72, 20) bei der Hinzufügung der Völkerworte (vgl. das Vorwort zu Jer 46 ff) zur Überlieferung zugesetzt? Die Angabe fehlt in der LXX. Dieser Sachverhalt erlaubt allerdings keine sichere Folgerung. Die LXX bzw. ihre Vorlage musste „die Notiz streichen, da dort Jer 51 [LXX: 28] mitten im Buch steht" (K. Schmid, Buchgestalten 327 A 602).

[6] G. Wanke 461.

jas" (32, 12; vgl. 36, 4. 32 u. a.). Die Eröffnung der Szene „Das Wort, das Jeremia, der Prophet, zu Baruch redete" (45, 1) lautet hier ähnlich. Wie Jeremia
Baruch „gebietet" (36, 5), so „gebietet" er Seraja. Zwar schreibt (wie den
Kaufbrief 32, 10) Jeremia selbst dieses Schriftstück, Seraja soll es aber wie Baruch (36, 6 ff) verlesen. Im Zusammenhang mit Jeremias Brief[7] ist auch eine
Gesandtschaft nach Babel (29, 3) bezeugt, hier mit dem König. 5) Der Inhalt
des Schreibens wird nur blass-allgemein wiedergegeben: „das *ganze* Unheil",
„*alle* diese Worte"[8]. Sie können sich, wie die Anspielungen bestätigen, nur
auf die unmittelbar vorausgehenden umfangreichen Kap. 50 f beziehen. Angesichts seiner Botschaft[9] sind Worte gegen Babel aus Jeremias Mund unwahrscheinlich, kaum von ihm selbst gesprochen. 6) Die Symbolhandlung
findet nicht öffentlich, etwa vor Augenzeugen (19, 10), statt und kündet nicht
(wie 19, 11) Gottes Wirken an oder fordert auf (27, 11), sich auf diese Zukunft
einzustellen.[10] Schließlich fällt die Zweiteilung der Handlung auf: die geschriebenen Unheilsansagen bei Ankunft in Babel zu verlesen und dann ver-
senken, mit Stein beschwert, in den Euphrat zu werfen. Wie dieses Schriftstück versinkt, wird Babel untergehen und nicht wieder aufstehen.[11]
Allerdings wird (in der Anrede V 62) daran erinnert, dass die Zerstörung Babels göttlicher Ankündigung (50, 3; 51, 29. 43) entspricht. Die verschiedenartigen Beobachtungen legen die Folgerung nahe: Diese abschließende Darstellung ist höchstwahrscheinlich analog zu vorhergehenden Berichten gestaltet
zur Bekräftigung der Ansage von Babels Untergang.

---

[7] Wie hier „das Schriftstück" (29, 1; vgl. 30, 2); zur Zeitangabe vgl. 28, 1.
[8] Sollen sie „alle Worte" über den 36, 2 genannten Kreis um Worte gegen Babel ergänzen?
[9] Wie 27, 11; 37, 7 ff; 38, 3. 17 f. Vgl. das Vorwort zu Kap. 46 ff (Abs. 5) und die einleitenden Bemerkungen zu Kap. 50 f. Zudem ruft der Brief (29, 7) zur Fürbitte auf.
[10] Vgl. I, 20 f.
[11] „Indem die mit dem Stein beschwerte Fluchrolle in den Eufrat versenkt wird, verfällt Babel
der Zaubermacht des Fluchs." So betont P. Volz (442) den selbst wirksamen, „magischen Charakter des Vorgangs"; vgl. W. Thiel I, 175. Warnen Aufrufe wie 27, 8 f u. a. auch vor ähnlichen Prak-
tiken (vgl. Dtn 18, 10 f u. a.)?

Geschichtlicher Anhang
Jer 52 bzw. 2 Kön 25

1 Einundzwanzig Jahre alt war Zedekia / Zidkija, als er König wurde, und elf Jahre war er König in Jerusalem. Und der Name seiner Mutter[1] war Hamutal, die Tochter Jirmejas aus Libna. 2 Er tat aber das Böse in den Augen Jahwes – entsprechend allem, was Jojakim getan hatte. 3 Wegen des Zorns Jahwes kam es nämlich in Jerusalem und Juda dahin, dass er sie von seinem Angesicht verwarf.
Und Zedekia[2] lehnte sich gegen den König von Babel auf.
4 Im neunten Jahr seiner Königsherrschaft, im zehnten Monat, am Zehnten des Monats, kam Nebukadnezzar, der König von Babel, er[3] und sein ganzes Heer, nach Jerusalem, und sie belagerten es und sie bauten einen Belagerungswall[4] ringsum. 5 So kam die Stadt in Bedrängnis bis ins elfte Jahr des Königs Zedekia. 6 Im vierten Monat, am Neunten des Monats, war der Hunger[5] in der Stadt groß, und für das Volk des Landes[6] gab es kein Brot mehr. 7 Die Stadt(mauer) wurde aufgebrochen, und alle Kriegsleute flohen und zogen nachts aus der Stadt hinaus den Weg durch das Tor zwischen den beiden Mauern, das am Garten des Königs lag, obwohl die Chaldäer[7] die Stadt ringsum (belagerten), und sie nahmen den Weg zur Araba[8]. 8 Aber das Heer der Chaldäer verfolgte den König und holte Zedekia an den Steppen Jerichos ein; sein ganzes Heer hatte sich zerstreut – von ihm weg. 9 Und sie ergriffen den König und brachten ihn hinauf zum König von Babel nach Ribla im Land Hamat, und dieser sprach ihm das Urteil. 10. Und der König von Babel schlachtete die Söhne Zedekias vor dessen Augen; auch alle Beamten von Juda schlachtete er in Ribla. 11 Dann blendete er die Augen Zedekias und band ihn mit doppelten ehernen Fesseln[9], und der

---

[1] Der Mutter des Königs kommt eine besondere Stellung zu; vgl. 13, 18 (dazu I, 255); auch 22, 26; 29, 2. Hamutal war auch die Mutter des Königs Joahas; vgl. 2 Kön 23, 31; 24, 18.

[2] Er war vom König von Babel eingesetzt (2 Kön 24, 17; Jer 37, 1; s. dort) und hatte ihm als Vasall den Treueid zu leisten (vgl. Ez 17, 13).

[3] Nebukadnezzar selbst war nur zu Beginn der – etwa zweieinhalb Jahre dauernden – Belagerung anwesend; vgl. V 9.

[4] Das Wort wird auch als „Belagerungsturm" verstanden; vgl. HAL 212.

[5] Vgl. 37, 21; 38, 9; auch den Wunsch 42, 14.

[6] Vgl. 34, 19; 37, 2; dazu 39, 10; 40, 7.

[7] Vgl. zu 37, 5 (Anm. 3).

[8] Der königliche Garten lag im Südosten der Stadt, das Ziel ist die Steppe im Jordangraben.

[9] Vgl. HAL 653; demgegenüber „Handfesseln" 40, 1. 4. Im Folgenden: Haus der Aufsicht / Wache (HAL 902).

König von Babel brachte ihn nach Babel und setzte ihn ins Gefängnis bis
zum Tag seines Todes.

12 Im fünften Monat am Zehnten des Monats – das war das neunzehnte
Jahr des Königs Nebukadnezzar, des Königs von Babel – kam Nebusaradan,
der Oberste der Leibwache[10], der in Diensten[11] des Königs von Babel stand,
nach Jerusalem. 13 Und er verbrannte das Haus Jahwes und das Haus des
Königs und alle Häuser Jerusalems, und[12] (zwar) jedes Haus des Vornehmen verbrannte er mit Feuer. 14 Alle Mauern Jerusalems ringsum riss das
ganze Heer der Chaldäer, das bei dem Obersten der Leibwache war, nieder.
15 Von den Niedrigen des Volkes (einige)[13] und den Rest des Volkes, der in
der Stadt übrig geblieben war, und die Überläufer[14], die zum König von Babel übergelaufen waren, und den Rest der Handwerker führte Nebusaradan, der Oberste der Leibwache, in die Verbannung. 16 Und von den
Niedrigen des Landes ließ Nebusaradan, der Oberste der Leibwache, (etliche) zurück als Weingärtner und Ackerbauern.
17 Die bronzenen Säulen, die zum Haus Jahwes gehörten, und die Kesselwagen[15] und das Eherne Meer, das im Haus Jahwes war, zerbrachen die
Chaldäer und trugen all deren Bronze nach Babel. 18 Auch die Töpfe und
die Feuerschaufeln und die Messer und die Sprengschalen und die Schüsseln und alle Geräte aus Bronze, mit denen man den Dienst verrichtet
hatte, nahmen sie. 19 Auch die Schalen und die Eimer und die Sprengschalen und die Töpfe und die Leuchter und die Schüsseln und die Spendescha-
len, die aus reinem Gold oder reinem Silber waren, nahm der Oberste der
Leibwache. 20 Die beiden Säulen, das eine Meer und die zwölf Rinder aus
Bronze, die unter den Kesselwagen waren, die König Salomo für das Haus
Jahwes gemacht hatte; nicht zu wägen war das Gewicht ihrer Bronze, all
dieser Geräte. 21 Und die Säulen: 18 Ellen betrug die Höhe der einen
Säule, und ein zwölf Ellen langer Faden konnte sie umspannen, und ihre
Dicke war vier Finger, hohl. 22 Auf ihr war ein Kapitell aus Bronze, und
die Höhe des einen Kapitells betrug fünf Ellen; Flechtwerk und Granatäpfel

---

[10] Vgl. 39, 11–13; 40, 1 ff; auch 52, 30. Er trifft etwa einen Monat nach der Einnahme der Stadt
ein, in der man auf seine Anordnungen wartet. Dieser Zeitabstand ist für das Verständnis des
Handlungsablaufs nicht unwichtig; vgl. zu Kap. 40, 1–6.

[11] „Stehen vor" bedeutet „im Dienst von / ehrfurchtsvoll stehen"; vgl. 15, 19; 18, 20; 35, 19;
40, 10.

[12] Die folgende Aussage (2 Kön 25, 9: „eines Großen / Vornehmen"), die einen (korrigieren-
den) Zusatz darstellen könnte, schränkt die Angabe „alle Häuser" auf die (stattlichen) Häuser der
Oberschicht ein. Die Schonung der armen – zudem für die Kriegshandlungen weniger verantwortlichen – Bevölkerung und ihrer Wohnungen entspricht allerdings den sozialen Maßnahmen
39, 10; 52, 16; 2 Kön 25, 12.

[13] Die hier einleitend, nicht in 39, 9; 2 Kön 25, 11 genannte Gruppe wird gerne als Zusatz aus
V 16 (dort „des Landes" statt „des Volkes") angesehen. Allerdings bezeichnet die Angabe („von
den …") jeweils einen Teil des Personenkreises. So brauchen sich beide Erwähnungen nicht zu widersprechen.

[14] Vgl. 21, 9 (mit Anm. 2); auch 37, 13; 39, 9.

[15] Oder: Gestelle; vgl. HAL 549.

waren auf dem Kapitell ringsum. Alles war aus Bronze. Ebenso war es bei der zweiten Säule mit Granatäpfeln. 23 Es waren 96 Granatäpfel an den Seiten[16]; insgesamt waren es 100 Granatäpfel am Flechtwerk ringsum.

24 Und der Oberste der Leibwache nahm Seraja, den Oberpriester, und Zephanja, den zweiten Priester, und die drei Schwellenhüter. 25 Aus der Stadt nahm er einen Hofbeamten[17] mit, der als Beauftragter für die Kriegsleute eingesetzt war, und sieben[18] Männer, die die Umgebung des Königs bildeten[19], die sich in der Stadt befanden, und den Schreiber des Heeresobersten, der das Volk des Landes zum Heeresdienst aushob, und sechzig Männer vom Volk des Landes, die sich inmitten der Stadt befanden. 26 Sie nahm Nebusaradan, der Oberste der Leibwache, mit und brachte sie zum König von Babel nach Ribla. 27 Und der König von Babel (er)schlug sie und tötete sie in Ribla im Land Hamat. – So zog Juda von seinem Boden fort in die Verbannung.[20]

28 Dies ist (der Anzahl nach) das Volk, das Nebukadnezzar wegführte: Im 7. Jahr 3023 Judäer[21], 29 im 18. Jahr Nebukadnezzars[22] aus Jerusalem 832 Personen, 30 im 23.Jahr Nebukadnezzars führte Nebusaradan, der Oberste der Leibwache, an Judäern 745 Personen in die Verbannung, alle Personen (zusammen) waren 4600.

31 Und es geschah im 37. Jahr der Wegführung Jojachins, des Königs von Juda, im 12. Monat, am 25. des Monats[23], da begnadigte Ewil-Merodach, der König von Babel, im Jahr, in dem er ,König wurde', Jojachin, den König von Juda, und entließ ihn aus dem Gefängnis. 32 Er sprach freundlich mit ihm und setzte seinen Thronsessel höher als die Thronsessel der (anderen) Könige, die bei ihm in Babel waren. 33 Und er durfte seine Gefängniskleidung ablegen[24] und aß Brot vor ihm[25] auf Dauer, solange er lebte. 34 Und sein Lebensbedarf wurde ihm als ständiger Lebensbedarf gegeben von dem König von Babel, das tägliche Nötige an seinem Tag, bis zum Tag seines Todes, alle Tage seines Lebens.

Kap. 52 stimmt nicht nur weitgehend mit dem Abschluss der Königsbücher (2 Kön 25) überein, sondern überschneidet sich auch mit Darstellungen des Jeremiabuchs (Kap. 39 ff). Dieser Anhang an die Überlieferung lässt sich zu-

---

[16] Wörtlich: zum Wind hin.

[17] Vgl. 38, 7 (Anm. 17).

[18] Nach 2 Kön 25, 19: fünf.

[19] Wörtlich: das Angesicht des Königs sahen.

[20] Dieser zusammenfassende Satz fehlt in der LXX. Ist er nachträglich formuliert, oder meidet die LXX den Widerspruch zu V 28 ff?

[21] D. h. 597 v. Chr. 2 Kön 24, 14 ff nennt höhere Zahlen. Sind sie später ausgeweitet worden?

[22] D. h. 587/6 v. Chr.; vgl. V 15; 2 Kön 25, 11.

[23] Nach 2 Kön 25, 27 am 27. Tag. Im Folgenden „begnadigte" wörtlich: „erhob das Haupt", nahm freundlich auf.

[24] Wörtlich: „wechselte".

[25] D. h.: an der königlichen Tafel.

mindest teilweise als Bestätigung der Botschaft Jeremias verstehen. Die Gliederung sucht einerseits eine Nacherzählung der berichteten bitteren Ereignisse, andererseits eine Wiederholung der Auslegung (von Jer 39 ff) zu vermeiden, dabei wichtige Informationen im Überblick zu vermitteln. Zusammenfassende harte Urteile (52, 3b.27b) finden sich neben detaillierten Angaben:

52, 1 f; 2 Kön 24, 18 f Zedekias Alter, Regierungszeit, seine Mutter
und wertendes Urteil über das Handeln des Königs[26]
V 3a; 2 Kön 24, 20a Generelles Urteil über Jerusalem und Juda: Jahwe „verwarf";
vgl. schon 2 Kön 24, 3 f und vom Nordreich 2 Kön 17, 20. 23

Nach Zedekias Auflehnung (V 3b; 2 Kön 24, 20b) gegen die babylonische Vorherrschaft
I. 52, 4–11; 2 Kön 25, 1–7 Die Eroberung Jerusalems
und das Schicksal der Königsfamilie
Auch (32, 1;) 39, 1 Belagerung der Stadt[27]
(Hier nicht erwähntes) Zwischenstadium:
34, 7 Im Land nur zwei Städte noch nicht erobert
37, 5. 7 Kurze Unterbrechung der Belagerung
bei Herannahen des ägyptischen Heeres
V 7–11; 2 Kön 25, 4–7; Jer 39, 2–7
Nach Bresche in der Mauer Einnahme der Stadt
Flucht und Gefangennahme des Königs Zedekia
Zerstreuung der ihn begleitenden Truppe
Gericht in Ribla[28] am Orontes
Hinrichtung der Söhne
und (in 2 Kön 25, 7 nicht erwähnt) „aller Vornehmen Judas"
(vgl. V 24 ff)
Zedekia geblendet, gefesselt nach Babel und
(über 2 Kön 25, 7 hinaus:) in Gewahrsam bis zum Tod

Das Ergebnis von Zedekias schrecklichem Schicksal[29], mit dem Hoffnung untergeht, deuten rückblickend die Klagelieder (4, 20) an: „Der Lebensodem, der Gesalbte Jahwes, in ihren Gruben gefangen."

II. 52, 12; 2 Kön 25, 8 Nebusaradans Folge-Maßnahmen mit tiefen Eingriffen
V 12–16; 2 Kön 25, 8–12; Jer 39, 8 f Zerstörung der Stadt mit der Mauer[30]
Niederbrennen des Tempels (in Jer 39, 8 nicht erwähnt; vgl. Klgl 2, 7)
und von Häusern
Wegführung ins Exil

---

[26] Die Einführung entspricht der in den Königsbüchern üblichen dtr. Sprachgestalt; vgl. zuletzt 2 Kön 23, 31 f.36; 24, 8 f.

[27] Die Daten mit den tiefen Einschnitten (V 4. 6. 12 ff; 2 Kön 25, 1. 3. 8 ff.25) wurden später zu Fastentagen Sach 7, 3. 5; 8, 19.

[28] Schon Quartier des Pharao Necho 2 Kön 23, 33.

[29] Vgl. ausführlicher die Bemerkungen zu 39, 4 ff.

[30] Nehemia (2, 11 ff; bes. 6, 15) ließ die (streckenweise wohl im Fundament erhaltene) Mauer wiederaufbauen.

V 16; 2 Kön 25, 12 Die arme Bevölkerung im Land belassen; vgl. die Fürsorge 39, 10
V 17–23; 2 Kön 25, 13–17 (eine Ergänzung zu V 13; 2 Kön 25, 9)
        Plünderung der Tempelgeräte (vgl. schon 2 Kön 24, 13)[31]
        Beschreibung im Anschluss an 1 Kön 7, 15 ff (mit Unterschieden)
        Zuvor (in redaktionellen Worten) angekündigt: Jer 27, 19–22;
        vgl. 28, 3
V 24–27a; 2 Kön 25, 18–21a Schicksal der Oberschicht
        oder der höheren Beamten
        Hinrichtung der nach dem Urteil der Babylonier Mit-Verantwort-
        lichen
        V 27b; 2 Kön 25, 21b Zusammenfassendes Gesamturteil über Juda[32]

Der in Jer 52 fehlende Bericht 2 Kön 25, 22–26 mit der tragischen Episode um
Gedalja entspricht etwa Jer 40, 7–9; 41, 1 f.18; 43, 7.

Dem Gesamturteil (V 27b) folgt (wie schon V 15 f; 2 Kön 25, 11 f)
eine differenzierte Nachricht:

III. 52, 28–30 (so nicht in 2 Kön 25)
Drei Deportationen mit glaubwürdig niedrigen Zahlenangaben
        Über die Wegführung von 597 v. Chr. (2 Kön 24, 14–16)
und 587/6 v. Chr. (V 15; 2 Kön 25, 11) hinaus
eine nur hier überlieferte 3. Deportation (582 v. Chr.).

IV. 52, 31–34; 2 Kön 24,(6. 8. 12.)15; 25, 27–30; vgl. Ez 1, 2; Jer 22, 24 ff[33]
Begnadigung, Wiederherstellung des Ansehens bzw. Wiedereinsetzung als Vasall
des (597 v. Chr. weggeführten) Königs Jojachin –
zu Beginn der Herrschaft von Nebukadnezzars Nachfolger Amel-Marduk bzw.
Ewil-Merodach (561 v. Chr.).
Proviantlieferungen an Jojachin sind auch auf babylonischen Listen[34] bezeugt.

Selbst diese die Strafe abmildernde, insofern eine heilvolle Wende andeutende Nachricht am Buchschluss bestätigt Jeremias Ankündigung (22, 26),
der junge König werde „in ein anderes Land geschleudert", ohne die Heimat
wiederzusehen.

---

[31] Die Babylonier zerschlugen schwer transportierbare Kultgegenstände um des wertvollen
Metalls (der Bronze) willen. Nach Esr 5, 14; 6, 5 gab Kyros goldene und silberne Geräte zurück.
[32] Vgl. vom Nordreich Israel 2 Kön 17, 23b.
[33] Vgl. I,1. 256 und zu 22, 24 ff.
[34] Vgl. TGI² 78 f; HTAT 425 ff.